KB088504

CENGAGE

coming a Helper,
h Edition

arianne Schneider Corey
rald Corey

ISBN-13: 979-11-85617-84-8

Cengage Learning Korea Ltd.
14F YTN Newsquare 76 Sangamsan-ro
Mapo-gu Seoul 03926 Korea
Tel: (82) 2 330 7000
Fax: (82) 2 330 7001

Cengage Learning is a leading provider of customized learning solutions with office locations around the globe, including Singapore, the United Kingdom, Australia, Mexico, Brazil, and Japan.
Locate your local office at: **www.cengage.com**

Cengage Learning products are represented in Canada by Nelson Education, Ltd.

To learn more about Cengage Learning Solutions, visit **www.cengageasia.com**

n Korea
mber: 02   Print Year: 2021

좋은 상담자 되기 제7판

좋은 상담자 되기 제7판

Marianne Schneider Corey · Gerald Corey 지음

이지연 · 김아름 옮김

CENGAGE   사회평론아카데미

Andover • Melbourne • Mexico City • Stamford, CT • Toronto • Hong Kong • New Delhi • Seoul • Singapore • Tokyo

역자 소개

이지연   현재)인천대학교 창의인재개발학과 상담심리 전공주임교수
          이화여자대학교 상담심리 박사
          서강대 상담교수, 이화여대 전임강사
          상담심리사 1급, 청소년상담사 1급
          한국상담심리학회 인천대 분회장

김아름   현재)싱가포르 Agape Language School 한국어 강사
          서강대학교 국어국문학과 학사, 이화여자대학교 상담심리학과 석사
          이화여대 학생상담센터 인턴 수료
          한국상담심리학회 상담심리사 2급

좋은 상담자 되기 제7판
Becoming a Helper

2016년 9월 20일 1쇄 발행
2021년 2월 5일 2쇄 발행

지은이 마리안 슈나이더 코리 · 제럴드 코리
옮긴이 이지연 · 김아름
펴낸이 윤철호 · 고하영
책임편집 임현규
편집 최세정 · 정세민 · 김혜림 · 서은비 · 김채린 · 강연옥
디자인 김진운
마케팅 최민규

펴낸곳 ㈜사회평론아카데미
등록번호 2013-000247(2013년 8월 23일)
전화 02-326-1545
팩스 02-326-1626
주소 03993 서울특별시 마포구 월드컵북로6길 56
이메일 academy@sapyoung.com
홈페이지 www.sapyoung.com

ISBN 979-11-85617-84-8

이 책을 읽고 있는 여러분에게.

다른 이의 삶에 의미 있는 변화를 일으킬 수 있도록
이 책이 당신에게 영감을 주기를 바랍니다.

저자 소개

Marianne Schneider Corey는 캘리포니아주 면허를 가진, 결혼 및 가족 치료자이자 국가 공인 상담자이다. 그녀는 Chapman University에서 결혼, 가족, 아동 상담의 석사학위를 받았다. 그녀는 집단상담전문가학회(Association for Specialists in Group Work)의 펠로우(fellow)이며 2001년에는 이 학회의 우수커리어상(Eminent Career Award)을 수상하기도 했다. 그녀는 2011년 미국정신건강상담자학회(American Mental Health Counselors Association)로부터 평생 공로상(Lifetime Achievement Award)을 수상했고 이 학회의 회원이기도 하다. 또한 미국상담학회(American Counseling Association), 미국집단심리치료학회(American Group Psychotherapy Association), 집단상담전문가학회(Association for Specialists in Group Work), 다문화상담및발달학회(Association for Multicultural Counseling and Development), 상담자교육과슈퍼비전학회(Association for Counselor Education and Supervision), 상담자교육과슈퍼비전서부학회(Western Association for Counselor Education and Supervision)의 회원이다.

Marianne은 다양한 구성원을 위한 지도 집단에서, 집단 과정으로 트레이닝과 슈퍼비전 워크숍을 제공하고, 상담을 전공하는 대학원생들과 자기 탐색 집단을 진행하며, 집단상담자들을 위한 훈련자 집단과 개인 성장을 위한 1주간의 숙박 워크숍을 공동으로 제공하는 데 참여해 왔다. Marianne Corey와 Jerry Corey는 전문가 컨퍼런스에서 다수의 프리젠테이션을 해왔고 미국, 독일, 아일랜드, 벨기에, 멕시코, 홍콩, 중국, 한국에서 트레이닝 워크숍, 평생교육 세미나, 개인 성장 집단 등을 진행하고 있다.

이미 한국어와 일본어로 번역된 바 있는, *Becoming a Helper*(『좋은 상담자 되기』) 제7판(2016, Gerald Corey 공저) 외에도, Marianne은 다음과 같은 책을 모두 Cengage Learning을 통해 출판했다.

- *Issues and Ethics in the Helping Professions*(상담 및 심리치료 윤리), Ninth Edition(2015, Gerald Corey, Cindy Corey, Patrick Callanan 공저)[한국어, 일본어, 중국어로 번역]
- *Group Techniques*(집단상담 기법), Fourth Edition(2015, Gerald Corey, Patrick Callanan, Michael Russell 공저) [포르투갈어, 한국어, 일본어, 체코어로 번역]
- *Groups: Process and Practice*(집단상담 과정과 실제), Ninth Edition(2014, Gerald Corey, Cindy Corey 공저)[한국어, 중국어, 폴란드어로 번역]
- *I Never Knew I Had a Choice*, Tenth Edition(2014, Gerald Corey 공저) [중국어로 번역]

Marianne은 다수의 교육용 비디오 프로그램(학생용 워크북과 함께)을 Cengage Learning을 통해 만들었다. ⟨*Ethics in Action*: DVD⟩ and *Workbook*(2015, Gerald Corey와 Robert Haynes 공저), ⟨*Groups in Action: Evolution and Challenges* DVD⟩ and *Workbook*(2014, Gerald Corey, Robert Haynes 공저).

Marianne과 Jerry는 50년째 결혼생활을 해오고 있다. 그들에게는 성인이 된 두 딸, Heidi와 Cindy, 두 명의 손녀(Kyla와 Keegan)와 한 명의 손자(Corey)가 있다. Marianne은 독일에서 자랐고 그곳의 가족, 친구들과 친밀하게 지내고 있다. 그녀는 자유시간에 여행, 독서, 친구 방문, 자전거 타기와 하이킹을 즐긴다.

Gerald Corey는 Fullerton의 California State University, Human Service and Counseling의 명예교수이다. 그는 University of Southern California에서 박사학위를 받았다. 그는 미국전문심리학협회(American Board of Professional Psychology)에서 상담심리학 분야의 전문가이며, 면허가 있는 심리학자이자, 국가 공인 상담자이다. 그는 미국심리학회(American Psychology Association)(Division 17, 상담심리; Division 49, 집

단 심리치료)의 회원이며, 미국상담학회(American counseling Association) 회원이자 집단상담전문가학회(Association for Specialists in Group Work) 회원이다. 그는 또한 미국집단심리치료학회(American Group Psychotherapy Association), 미국정신건강상담자학회(American Mental Health Counselors Association), 영적윤리적종교적가치상담학회(Association for Spiritual, Ethical, and Religious Values in Counseling), 상담자교육및슈퍼비전학회(Association for Counselor Education and Supervision), 상담자교육과슈퍼비전서부학회(Western Association for Counselor Education and Supervision)의 회원이다. Jerry 는 2011년 미국정신건강상담자학회로부터 평생 공로상(Lifetime Achievement Award), 2001년 ASGW로부터 우수커리어상(Eminent Career Award)을, 1991년 Fullerton의 California State University에서 올해의 우수 교수상(Outstanding Professor of the Year Award)을 수상했다. 그는 학부와 대학원 수업에서 집단상담과 상담에서의 윤리를 꾸준히 가르치고 있다. 그는 60편이 넘는 논문과 책 그리고 현재 출판된 상담 관련 교과서 15편의 저자 혹은 공동저자이다.

지난 40년 동안 Jerry Corey와 Marianne Corey는 미국을 비롯한 캐나다, 멕시코, 중국, 홍콩, 한국, 독일, 벨기에, 스코틀랜드, 영국, 아일랜드의 다수 대학들에서 정신건강 전문가들을 위한 집단상담 훈련 워크숍을 진행해 왔다. 그는 여가 시간에, 여행, 하이킹, 산악 자전거, 1931년산 A Ford 모델 운전하기 등을 즐긴다. Marianne과 Jerry는 1964년에 결혼했다.

Jerry Corey의 최근 저작들은 모두 Cengage Learning에서 출판되었고 다음과 같다.

- *Theory and Practice of Group Counseling*(집단상담의 이론과 실제), Ninth Edition(학생 매뉴얼과 함께)(2016)[한국어, 중국어, 스페인어, 러시아어로 번역]
- *Issues and Ethics in the Helping Professions*(상담 및 심리치료 윤리), Ninth Edition(2015, Marianne Schneider Corey, Cindy Corey, Patrick

Callanan 공저) [한국어, 일본어, 중국어로 번역]

- *Group Techniques*(집단상담 기법), Fourth Edition(2015, Marianne Schneider Corey, Patrick Callanan, Michael Russell 공저) [포르투갈어, 한국어, 일본어, 체코어로 번역]

- *Groups: Process and Practice*(집단상담 과정과 실제), Ninth Edition(2014, Marianne Schneider Corey, Cindy Corey 공저)[한국어, 중국어, 폴란드어로 번역]

- *I Never Knew I Had a Choice*, Tenth Edition(2014, Marianne Schneider Corey 공저)[중국어로 번역]

- *Theory and Practice of Counseling and Psychotherapy*(심리상담과 치료의 이론과 실제), Ninth Edition(학생 매뉴얼과 함께)(2013)[아랍어, 인도네시아어, 포르투갈어, 터키어, 한국어, 중국어로 번역]

- *Case Approach to Counseling and Psychotherapy*, Eighth Edition(2013)(학생 매뉴얼과 함께)

- *The Art of Integrative Counseling*, Third Edition(2013)

Jerry는 *Boundary Issues in Counseling: Multiple Roles and Responsibilities*, Third Edition(2015)과 *ACA Ethical Standards Casebook*, Seventh Edition(2015)의 (Barbara Herlihy와) 공동 저자이고, *Clinical Supervision in the Helping Professions: A Practical Guide*, Second Edition(2010)의 (Robert Haynes, Patrice Moulton, Michelle Muratori와) 공동저자이며, *Creating Your Professional Path: Lessons From My Journey*(2010)의 저자이다. 위 네 권의 책들은 모두 미국상담학회에서 출판하였다.

그는 또한 실제 상담의 다양한 측면에 관해 여러 개의 교육용 DVD 프로그램을 만들었다. (1) 〈Ethics in Action: DVD〉 and *Workbook*(2015, Marianne Schneider Corey, Robert Haynes와 함께) (2) 〈Groups in Action: Evolution and Challenges DVD〉 and *Workbook*(2014, Marianne Schneider Corey, Robert Haynes와 함께) (3) 〈DVD for Theory and Practice of Counseling and Psychotherapy: The Case of Stan and Lecturettes(2013)〉 (4) 〈DVD for Integrative Counseling: The Case of Ruth and Lecturettes〉(2013, Robert Haynes와 함께) (5) 〈DVD for Theory and Practice of Group Counseling(2012)〉. 이 프로그램들 모두 Cengage Learning을 통해 이용할 수 있다.

차례

세부 차례

6장   상담 과정의 단계 283

7장   상담에 적용될 이론 331

처음 *Becoming a Helper*(『좋은 상담자 되기』)의 7판 번역을 출판사로부터 제의를 받으면서 여러 번 거절하고 망설였다. 처음 멋모르고 초판 번역을 할 때만 해도, Corey의 책을 좋아하는 사람으로서, 깊이 있는 탐색적 질문과, 다른 상담개론서에서 다루지 않는 실제적인 측면을 볼 수 있다는 장점 때문에 힘든 줄 모르고 했다. 하지만 Corey는 판을 거듭할수록 전혀 다른 내용의 책을 만들어서 처음부터 번역을 다시 해야 하다시피 하는 작업이 너무 번거롭고 엄두가 나지 않았다. 하지만 번역을 해가면서 다시금 Corey의 책에 매료되고 배우는 점들이 쌓이면서 이런 생각은 많이 누그러졌다.

이 책에서는 기존 판에서 더 나아가 상담자가 되려는 자기의 동기를 검토하고 상담자로서의 자신을 돌아보게 하는 내용이 더 포괄적으로 담겨 있다. 2장에서는 상담자의 원가족 경험, 자신의 발달에 대한 이해를 통해 내담자와 어떻게 작업할지에 대해 다루고 있다. 3장은 가치에 대한 부분으로 상담 과정에 영향을 줄 수 있는 상담자의 가치를 스스로 자문할 수 있도록 도와서 상담자의 역전이 문제와 한계를 인식할 수 있도록 성찰에 물꼬를 트고 있다.

다른 장에서는 상담 이론과 과정 등을 상담 실무자들로서 정리할 수 있도록 하고, 실제 상담을 하는 저자들의 경험을 초심상담자들의 눈높이에 맞춰서 실음으로써 전체 그림을 그릴 수 있도록 한다.

또 윤리적 이슈, 다문화, 장애, 인턴십과 슈퍼비전 등 상담 실제에 관련한 관심사들을 잘 안내해 주고 있다. 더불어 재난이나 트라우마 등 빈번한 사회적 문제와 개인적 이슈들에서 어떤 접근을 해야 할지 최근 상담의 이슈를 잘 다뤄 주고 있다.

상담이론에 대한 일반적 개론서보다 실제에 목마른 상담 실무자들이라면 많은 부분 공감을 하고 따라갈 수 있다는 점에서 참으로 친절한 안내서라고 생각한다.

멀리 싱가포르에서 따뜻한 엄마로, 상담자로 살아가면서 둘째를 뱃속에 품은 채, 인내심을 가지고 이 커다란 작업을 해준 김아름 선생이 없었다면 이 일은 가능하지 않았다. 다시 한번 속 깊고 성실한 상담자 김아름 선생에게 감사드린다. 그리고 도와준 출판사 관계자분들께도 감사의 말씀을 드린다.

역자를 대표하여
이지연

저자 서문

많은 책이 상담의 기술이나, 이론, 기법을 다루고 있다. 그러나 아직까지 어떻게 해야 유능한 상담자가 되는지 혹은 상담자로서 일할 때 어떤 개인적인 어려움이 있는지를 집중적으로 다룬 책은 거의 없는 실정이다. 이 책을 집필하면서 우리는 상담, 사회복지, 심리학, 부부와 가족 치료, 사회학, 혹은 이와 관련된 직업을 갖고 이제 막 출발했거나 앞으로 이러한 일들을 하려고 계획하는 학생들을 염두에 두었다. 이 책은 일반적인 개관과 서문 정도를 제공하며, 여러분은 우리가 여기서 제시하는 각 장의 주제에 대해 별도의 과목을 수강하게 될 것이다. 우리가 소개하는 이 주제들을 접하며 더 배우고 싶다는 기대가 생기길 바란다. 이 책은 상담의 기술, 상담의 이론과 실제를 다루는 교과서와 함께 사용될 수 있다. 『좋은 상담자 되기』는 사전 실습, 실습, 현장경험, 인턴십을 위한 과목에서뿐만 아니라 상담이나 사회복지 영역의 개론 수업에서도 유용한 것으로 검증되었다.

　이 책에서 우리는 상담자가 가질 수 있는 갈등, 불안, 불확실성에 상당한 주의를 기울였다. 그리고 상담자들이 받는 요구와 중압감, 그리고 이것이 상담자에게 미치는 영향을 심도 깊게 탐색했다. 1장에서 우리는 독자들에게 상담 직종에서 커리어를 가지려는 스스로의 동기에 대해 자각하고 검토해 보기를 요구한다. 이는 독자들이 상담자라는 직업을 통해 무엇을 얻으려는지를 평가하는 데 도움이 될 것이다. 전체적으로 이 책에서 우리는 상담자들이 직면하는 문제들과 내담자를 위해 취하는 선택들이 상담자에게 어떻게 영향을 미치는지에 줄곧 주목하였다.

2장에서는 상담자가 자신에 대해서 아는 것이 얼마나 중요한지를 강조하고 독자로 하여금 상담자의 원가족 경험, 즉 초기 관계가 이후 관계의 질에 얼마나 지속적으로 영향을 미치는지를 주목하면서 자신의 경험을 탐색하도록 하였다. 상담자들이 자신의 인생에서 발달적 전환기를 어떻게 이해할 수 있을지를 논하고 이러한 자기 이해가 삶의 전환적 단계에 있는 내담자와 작업할 때 어떻게 영향을 미치는지를 논의하였다.

가치관(values)은 상담자-내담자 관계에서 본질적인 부분으로, 3장에서 상담 과정에 가치관이 어떻게 영향을 미치는지를 분석하는 데 상당한 주의를 기울였다. 더불어 상담자의 임무는 내담자에게 특정 가치관을 강요하는 것이 아니라 내담자가 스스로 가치 체계의 윤곽을 뚜렷이 드러낼 수 있도록 돕는 것이라는 논지를 전개하였다. 따라서 훈련 중인 상담자는 필수적으로 다양한 주제에 걸쳐 자신의 가치관을 자각하려고 노력해야 한다. 우리는 상담자의 신념 체계를 탐색하고 다양한 신념과 가정들이 상담에 미치는 긍정적·부정적 영향에 대해 논의하였다.

문화적으로 다양한 내담자들과 작업하고 이해할 때 고려되어야 할 부분에 대해서는 이 주제가 관련될 때마다 언급하였다. 덧붙여 4장에서는 여러 가지 다양성 이슈들을 다루었다. 초심자이건 노련한 상담자이건 저항, 전이, 역전이, '까다로운' 내담자를 대하는 문제들은 공통적이며, 이 대단히 중요한 주제들은 5장에서 다루었다.

6장에서는 상담 과정의 단계에 대해 살펴보면서, 각 단계에서 성공하기 위해 필요한 지식과 기술을 간략하게 제시했다. 이 논의에서는 상담자의 기술 증진뿐만 아니라 좀더 효과적인 상담을 가능케 하는 상담자의 개인 특성도 함께 검토했다. 상담자가 내담자에게, 좀더 스스로를 충분히 이해하기 위해 자신의 행동을 돌아보게 하는 것과 마찬가지로, 우리는 상담자에게도 동등한 정도로 자신의 삶을 인식하는 데 전념하기를 요구한다. 상담자가 높은 수준의 자기 인식이 없으면, 특히 상담자가 직면하기를 피하는 주제로 내담자가 고군분투할 때, 그의 진전을 가로막을 수 있다.

7장에서는 다양한 이론들의 핵심 개념과 실제 상담에의 적용을 강조하며 개요를 제시했다. 상담의 통합적 접근에 대해서도 논의했는데, 이는 이론적 지향을 어떻게 선택할지에 대한 가이드라인을 제공한다. 윤리 의식에 대한 감각을 갖고 직업적 딜레마의 해결 방법을 배우는 것은 모든 상담자가 마주하는 과제이다. 8장에서 우리는 현재의 윤리적 이슈들을 둘러싼 다수의 도전들을 다룸으로써 독자들에게 윤리적인 결정이 복잡하다는 사실을 일깨우고자 하였다. 이 주제들은 고지된 동의, 비밀보장과 사생활, 문서화, 의료과실과 위기 관리 등을 포함한다. 9장은 개인적이고 전문적인 경계를 어떻게 세우는지, 다양한 역할들을 어떻게 윤리적으로 수행할 수 있을지에 대해 다뤘다.

10장에서 우리는 학생들이 교육과정에서 주도적인 태도를 취하도록 요구하였다. 주도성은 실습현장 배치와 인턴십을 선택할 때뿐만 아니라 슈퍼비전을 최대한 활용하는 것에도 적용된다. 따라서 우리는 현장 실습에서 질 높은 경험을 보장하고 슈퍼비전에서 이익을 얻게 할 몇 가지 실질적인 전략들을 제시했다.

11장에서는 집단상담의 과정과 상담 분야에서 집단으로 작업할 때의 가치에 대해 논의하였다. 12장은 지역사회에 적용될 방법들과 지역사회 개입의 다양한 형태에 대해 서술하였다. 13장에서는 스트레스, 소진, 손상, 자기 돌봄을 다뤘다. 특히 소진을 막기 위해 자신을 어떻게 모니터하는지, 개인적으로, 전문적으로 살아남기 위해 자기 돌봄 프로그램을 어떻게 디자인하는지를 역설하였다.

이 개정판에 새로 등장한 14장에서는 상담자의 개인적, 전문적 삶에서의 위기 관리를 탐색하였다. 재난행동건강이라는 다소 새로운 분야가, 자연적 혹은 인간에 의한 재난 시의 상담 전략과 함께 논의되었다. 이 장은 독자들에게 내담자와 상담자 모두 위기 상황에 어떻게 영향을 받는지에 대한 이해, 상담자의 일과 삶에서 위기를 더 잘 다루기 위한 계획, 내담자들이 자신의 삶에서 위기에 대처할 수 있도록 돕는 개입법 등을 제시한다.

이 책은 상담 직종에 입문하려는 모든 학생들에게 유용하겠지만, 우리의 배경은 상담 분야이며, 이런 지향은 책 전체에 반영되었다. 그러므로 그러한 학생들을 위해 사고와 행동 모두를 자극할 수 있는 책을 쓰려고 노력하였다. 각 장의 끝에서는 독자들이 목표에 좀더 가까이 가는 구체적인 행동을 할 수 있도록 격려하였다.

개정판의 새로운 내용들

1장: 상담자가 되고 싶은 여러분을 위해서
• 상담자가 되려는 동기의 확장
• 다양한 진로에 대한 최신 정보

2장: 상담자, 너 자신을 알라
• 전문적 상담이 상담자 개인적 삶에 어떻게 영향을 미치는지에 대한 내용 추가
• 좀더 구체적으로 토론하기 위한 많은 새로운 예들
• 상담자 측면에서 역전이에 대한 새로운 내용
• 삶의 단계들을 이해할 때 마주할 도전을 입증하는 새로운 사례들

3장: 가치들을 인식하고 다루기
• 내담자에게 과도한 영향을 미치지 않도록 상담자가 자신의 가치를 인식해야 함을 더 강조하는 방향으로 개정함
• 객관성을 유지하기 어려워질 때는 슈퍼비전이 필요하다는 것을 더욱 강조함
• 상담 종사자에게 함의가 있는, 가치 갈등을 포함한 법정 사건에 대한 새로운 내용
• 토론을 위해 좀더 많은 사례 연구들을 삽입

- 가치 갈등을 다루는 것에 대한 새로운 내용
- 상담관계에서 상담자의 개인적 가치를 유보할 것을 더욱 강조함
- 삶의 마지막 주제에 대한 논의를 업데이트함

4장: 다양성을 이해하기

- 다문화주의의 일부로 사회정의 관점을 더 많이 포함함
- 일상적이고 미묘한 차별(microaggression)에 대한 새로운 논의
- 요점을 분명히 드러내는 사례들을 더 많이 활용함
- 장애를 가진 사람들을 이해하는 것과 관련한 논의를 수정하고 확장함
- 다문화적 역량에 대한 내용 수정

5장: 초심상담자가 당면하는 문제들

- 저항에 대해 다시 개념화함
- 내담자의 방어, 양가 감정, 경계적 행동을 이해하는 대안적인 시각들
- 동기를 유발하는 면접에 대한 새로운 내용
- 다른 전문가에게 의뢰를 언제, 어떻게 할지에 대한 새로운 논의
- 핵심 개념들을 뚜렷이 보여줄 많은 새로운 예시들
- 비자발적인 내담자와 효과적으로 상담하기 위한 방법을 확장된 범위에서 다룸

6장: 상담 과정의 단계

- 상담 과정의 단계들을 수정하고 업데이트함
- 상담의 다양한 단계들에 적용될 개입의 주요개념을 뚜렷이 해줄 많은 새로운 사례들

7장: 상담에 적용될 이론

- 상담에 이론을 적용하는 것에 대해 더욱 강조함
- 상담에 대한 통합적 시각을 업데이트함

8장: 상담자가 당면하는 윤리적, 법적 문제들

- 동료의 비윤리적 행동을 다루는 새로운 내용
- 8단계 모형이 적용된 예시들을 확충함
- 토론을 위한 다수의 새로운 사례들
- 첨단기술 사회에서의 비밀보장과 사생활에 대한 새로운 절

9장: 경계 문제 다루기

- 다중 관계와 윤리 조항에 대한 개정된 내용
- 경계에 대한 문화적 관점의 새로운 절
- 소셜 미디어와 경계에 대한 새로운 절
- 물물교환이나 선물을 주는 것에 대해 확장된 범위에서 업데이트함

10장: 상담 실습과 슈퍼비전을 최대로 활용하기

- 우수한 실습 현장을 확보하는 것에 대한 확장된 논의
- ACES(2011) "임상적 슈퍼비전의 표준모델"

11장: 집단상담

- 집단상담의 문화적 맥락에 대한 새로운 문헌 자료들
- 집단상담에서 다문화적 이슈와 사회정의 주제들 및 역량을 언급하는 새로운 절

12장: 지역사회 상담

- 지역사회 상담의 특수한 과제에 대해 더 많이 언급함
- 지역사회 접근 범위에 대한 확장된 절
- 핵심 주제를 명료화할 더 많은 구체적 사례들을 삽입
- 사회정의 옹호자로서 학교 상담자에 대한 새로운 절

13장: 스트레스, 소진, 자기 돌봄

- 스트레스 관리와 자기 돌봄에 대한 참고문헌을 업데이트함
- 자기 돌봄 기법(마음 챙김과 같은)에 대한 더 많은 강조
- 자기 연민의 중요성에 대한 새로운 논의
- 자기 돌봄의 방식으로 신체적 활동과 운동의 중요성에 대한 새로운 절
- 새로운 사례들과 논의

14장: 위기 관리: 개인적으로 전문적으로

- 위기 관리에 대한 새로운 장
- 개인적 위기와 전문적 위기 모두를 이해하기
- 위기 상황이 개인에게 어떻게 영향을 미치나
- 위기를 더 잘 다루기 위한 전략들
- 내담자로 하여금 자기 대화와 회복 탄력성 개발을 통해 재조명하도록 돕는 방법
- 재난행동건강의 분야 소개

부록

MindTap

『좋은 상담자 되기』(*Becoming a Helper*)에는 MindTap이라는, 학생들의 성공을 위해 첨단기술의 힘을 빌려 탄생시킨 온라인 학습 솔루션이 딸려 있다. 이 클라우드 기반의 플랫폼은 맞춤형 학습 경험을 제공할 도구를 쉽게 사용하고 접근할 수 있도록 수많은 학습용 어플리케이션('앱스')을 통합했다. MindTap은 학생용 학습 도구들—읽을거리, 멀티미디어, 활동들 및 평가들—을 단일한 학습 경로로 결합하여 상담 수업 전반에 걸쳐 여러분을 안내할 것이다. 이 MindTap에는 다음과 같은 내용이 포함되었다.

- 각 장의 도입부에 자기 평가 검사들
- 토론을 위한 질문들
- 연습문제와 사례 연구들
- 〈Ethics in Action〉, 루스의 사례, 그 외 다른 비디오 프로그램의 내용을 포함, 갖가지 엄선된 비디오와 롤 플레이 활동들
- 장별 퀴즈
- 자기 성찰 활동들

Instructor's Resource Manual

*Instructor's Resource Manual*이 이 개정판에 포함되었다. 여기에는 상담을 가르치는 것, 수업 목표, 흥미를 유발하기 위한 수업활동, 파워포인트 자료, 모든 장의 시험문제 문항, 자기 성찰, 토론 주제, 온라인의 시험문제에 대한 제안들이 담겨 있다. 교육자는 제공된 다지선다, OX, 짝짓기, 간단한 주관식 문제들 중에서 선택할 수 있다. 이 자료들은 login.cengage.com의 교육자 안내 사이트를 통해 접근할 수 있다. 교수진은 Cengage Learning의 판매 담당자에게 연락하여 이 교재에 부수적으로 딸린 자료를 접할 수 있다.

상담자의 윤리 규범

정신건강전문가학회는 대개 자체 윤리 규범을 갖고 있다. 이 규범들 중 다수는 *Codes of Ethics for the Helping Professions*(2015)라는 제목의 소책자에 실려 있고, 이 책을 구입할 경우 최소한의 비용으로 구입할 수 있다. 우리는 상담자가 되려는 학생들이 다양한 정신건강관련 직종에서 기초적인 윤리 표준에 익숙해지길 바란다. 특정 학회의 윤리 규범은 인터넷을 통해 직접 그 학회에 문의하면 된다.

⟨Ethics in Action DVD⟩와 『워크북』

『좋은 상담자 되기』 7판에는 ⟨*Ethics in Action*: DVD⟩와 『워크북』(3판, 2015) 이란 제목의 통합적인 학습 패키지가 포함되어 있다. ⟨*Ethics in Action* DVD⟩ 는 상담자가 종종 당면하는 윤리적 주제와 딜레마들을 환기하고 토론, 자기 탐색, 이 문제의 해결을 위한 풍부한 기회를 제공하기 위해 고안되었다. DVD 에 실린 짧은 영상들은 Marianne Schneider Corey와 Gerald Corey가 공동 진행한, 상담 전공생을 위한 주말 워크숍에 기반한 것이며, 여기에는 도전적인 질문들, 생생한 토론, 문제들을 생생하게 전하기 위한 역할극, 학생들과 두 지 도자들의 코멘트가 실려 있다. DVD 프로그램의 추가 자료는 이 책을 종이책 으로 읽기도 할 학생들의 자기주도학습을 안내하기 위해 기획되었다. 이 교육 용 프로그램은 크게 세 부분으로 나뉜다. (1) 윤리적인 의사결정 (2) 가치관과 상담관계 (3)경계 문제와 다중 관계. 상호작용적인 이 프로그램은 학생들에게 복잡한 윤리적 문제를 다루도록 격려하고 제시된 문제 각각에 대한 자신의 관 점을 돌아보도록 할 것이다. 비디오를 시청하고 제시된 활동을 해나가면서 학 생들은 실제 수업의 토론 시간에 좀더 많은 준비를 할 수 있을 것이다. 이 책 몇몇 장의 끝에는 ⟨*Ethics in Action*⟩ 비디오 프로그램을 교재와 연계하여 해 볼 수 있는 활동과 가이드라인을 제시하였다. 이 프로그램을 좀더 적극적으로 활용하면 할수록 윤리적 문제에 대한 이해 역시 더불어 향상될 것이다. ⟨*Ethics in Action*⟩프로그램은 온라인으로도 이용할 수 있다.

통합적인 상담을 위한 DVD: Ruth의 사례와 짧은 강의

이 상호작용적인 비디오 프로그램은 Ruth라는 내담자와의 상담에서 Gerald Corey가 보여준 통합적인 관점을 삽화로 제시하였다. 초기부터 종결 단계까 지 13회기의 상담 구조로 짜여진 이 프로그램은 Ruth와의 상담 회기를 표본 으로 통합적 접근에 대해 학습할 수 있도록 하였다. 또한 상호작용적인 연습 문제와 각 회기에 대한 질문들은 학생 혼자 혹은 소집단에서 활용할 수 있다.

DVD는 온라인으로도 이용할 수 있다. 이 비디오는 MindTap 프로그램의 일부로 제공되었다. 인쇄된 윤리 조항은 교재와 함께 구입할 수 있고 즉시 이 조항을 확인하고 싶으면 온라인 www.cengagebrain.com에서도 구입 가능하다.

감사의 글

이 개정판을 준비하며, 웹 설문조사를 실시하여 45명의 교육자에게서 응답을 받았다. 이들의 코멘트는 개정 과정, 특히 상담, 인적 서비스(human service), 심리학, 사회복지를 포함하여 이 책을 교재로 사용하는 과목의 범위에 주목하는 데에 유용하였다.

또한 개정 과정의 다양한 단계에서 이 책을 검토하는 데 참여해 준 사람들에게도 감사의 인사를 전하고 싶다. 비록 그들의 제안을 다 포함하지는 못했으나, 이 개정판의 최종판을 진행할 때 그들의 조언에 의지했다. 제 6판의 개정에서 검토를 완료하고 7판에 대해 조언해 준 다음과 같은 사람들의 통찰력, 코멘트, 관점에 감사를 표한다.

John Tyler Community College의 Yvonne Barry

California State University, Sacramento의 Rose Borunda

Ivy Tech Community College의 Ruby Burris

Roosevelt University의 Catherine Campbell

Pasco-Hernando Community College의 Linda Chamberlain

Clayton State University의 Erica Gannon

Elon University의 Abbi Hattem

Northeastern University의 Eric Jacobs

Tillamook Bay Community College의 Richard Jenks

Ivy Tech Community College의 Anderson Tamala Jo Johnson

Corning Community College의 Fred Lawrence

University of Alaska Fairbanks의 Susan Renes

East Carolina University의 Mark Stebnicki

또한 개정된 7판을 검토해 준 다음 사람들에게도 감사드린다.

California State University, Fullerton의 Galo Arboleda
Roosevelt University의 Catherine Campbell
West Virginia University의 Sherry Cormier
Clayton State University의 Erica Gannon
University of north Texas at Dallas의 Eric J. Green
Borderline Productions의 Robert Haynes
Corning Community College의 Fred Lawrence
Pfeiffer University at Charlotte의 Deborah Lung
The Johns Hopkins University의 Michelle Muratori
Old Dominion University의 Ed Neukrug
New Mexico State University의 Michael S. Nystul
East Carolina University의 Mark Stebnicki

이 책은 집단적인 노력의 결과이며, 여기에는 Cengage Learning에서 함께 애써 준 여러 사람들도 포함된다. 기획자인 Jon-David Hague, 매니저인 Julie Martinez, 이 책의 내부 디자인과 커버를 작업한 아트 디렉터 Caryl Gorska, 평가 과정과 생산의 핵심적인 영역에도 참여해 준 내용 부개발자인 Amelia Blevins, 디지털·부록 자료들을 조직해 준 내용 부개발자 Sean Cronin, 이 책에 소개된 연구들을 업데이트하고 다양한 주제에 대한 사례와 논평을 제공했으며 *Instructor's Resource Manual*을 업데이트하고 다른 부록들 개발도 보조해 준 Johns Hopkins의 Michelle Muratori, 컨텐츠 프로젝트 매니저 Rita Jaramillo의 수고에 감사드린다. 또한 이 교재에 딸린 테스트 문항들을 개발하고 개정했으며 색인을 준비해 준 Susan Cunningham의 노고에도 감사드린다. 이 책의 생산을 편성해 준 Cenveo Publisher Services의 Ben Kolstad에게도 감사를 전한다. 이 개정판의 원고 에디터인 Kay Mikel은 뛰어난 편집 능력으로 이 책을 독자가 읽기 편하게 만들어 준 특별한 공로가 있다. 이 모든 사람들의 노력과 헌신은 분명 이번 개정판을 더 훌륭하게 만드는 데 기여하였다.

Marianne Schneider Corey

Gerald Corey

Chapter 1

상담자가 되고 싶은 여러분을 위해서

핵 심 질 문

1 상담자라는 직업의 어떤 점이 매력적이라고 느끼는가? 상담자라는 직업을 고려하는 데 여러분 삶에서 누가 영향을 주었는가? 삶의 어떤 주요 사건들이 이 분야로 가고 싶다는 생각을 하게 했는가?

2 상담자가 되려는 주요 동기는 무엇인가? 상담자라는 직업을 통해 어떤 개인적인 욕구가 충족될 것 같은가?

3 인생에서 중요한 누군가나 상담자로부터 도움이 필요했던 시간들을 떠올려보자. 그 사람으로부터 가장 원했던 도움은 무엇이었나? 그 사람은 여러분에게 도움을 주었는가? 아니면 도움이 되지 못했는가?

4 지금 이 시점에서 상담자가 되어 남을 도울 준비가(개인적 관점에서) 얼마나 되었다고 느끼는가? 어떤 면에서 준비되었고, 또 어떤 면에서 준비되지 않았다고 생각하는가?

5 교육 프로그램을 더 의미 있게 만들고, 학업 과정을 최대로 활용하기 위해서 무엇을 할 수 있을까?

6 대학원에 지원하거나 상담 현장에서 직업을 가지려 할 때, 지원서 혹은 인터뷰에서 받을 수 있는 다음 질문에 어떻게 대답하겠는가. "유능한 상담자가 되기 위해 어떤 특성, 태도, 가치관, 확신들이 가장 중요한가?" "이런 개인적 특징들이 상담자로 일할 때 자산이 될까, 아니면 걸림돌이 될까?"

7 자신의 진로를 상담 직종 중 하나에서 선택한다면, 특별히 어떤 일에 가장 매력을 느끼는가? 어떤 내담자와 작업을 하고 싶은가? 어떤 종류의 일을 할 때 가장 의미 있고 만족을 느낄 것 같은가?

8 상담자로 일할 때 자신의 어떤 개인적 강점이 도움이 될 것 같은가? 어떤 개인적 한계가 걸림돌이 될 것 같은가? 이런 한계들을 개선하기 위해 무엇을 시작할 수 있을까?

9 여러분이 선택한 특정 상담 직업에서 필요한 것을 어떤 방식으로 배울 수 있을까?

10 여러분의 가치관은 상담자를 직업으로 선택할 때 어떤 역할을 할까?

이 장의 목적

각 장의 시작에 제시된 핵심질문은 지금 읽고 있는 이 책의 내용을 보다 더 각자의 필요에 맞게 이용할 수 있도록 돕기 위한 것이다. 여러분이 상담자 역할에 대해 갖고 있는 자신의 신념과 태도를 이해할 수 있게 가장 잘 돕는 방법은 여러분으로 하여금 적극적인 학습자가 되어 이 내용들을 각자의 입장과 처지에서 소화하도록 격려하는 것이라 믿는다. 이 책을 읽기 전에 이미 이 주제들에 대한 자신의 생각을 명확히 갖고 있을 거라 기대하지 않는다. 상담자로서의 능력을 발달시키는 것은 수년간 슈퍼비전을 받으며 실습을 하고 자기 성찰을 해야 가능한, 지난한 과정이다. 여러분 중 다수는 이제 막 상담자가 되려고 교육과정을 시작하여 내담자와 만난 경험이 아직은 거의 없을지도 모른다. 아래 질문들은 상담자가 되어가는 여정을 시작할 때, 자기 성찰을 돕기 위해 고안된 것이다.

- 상담자[1]라는 직업을 고려하고 있다면 아마 스스로에게 다음과 같은 질문을 하고 있을지도 모르겠다.
- 상담자라는 직업이 나에게 적합한가?
- 처음 실습을 시작할 때, 타인을 돕는다는 것에 대해 충분히 알고 있을까?
- 나와 전혀 다른 사람과도 상담을 잘 할 수 있을까?
- 다른 사람을 돕는 일을 직업으로 갖는다는 것이 정서적으로 너무 강력한 영향을 미치지는 않을까?
- 상담자라는 직업을 안정적으로 유지할 수 있을까?
- 내 직업은 경제적인 안정성을 줄 수 있을까?
- 배운 것들을 충분히 응용할 수 있을까?
- 상담이라는 직업이 만족스러울까?
- 특히 어떤 전공이 나에게 가장 잘 맞을까?

1　저자는 상담자, 사회복지사, 부부와 가족 치료사, 정신보건 간호사 등을 포함하는 말로 'helper' 혹은 'human services professional'의 용어를 상호보완적으로 사용하였다. 그러나 통상 한국의 현실에서는 이렇게 세분화되어 있기보다는 '상담자'라는 통칭으로 포괄하고 있으므로 이 책에서는 상담자라는 용어를 일관되게 사용하고자 한다. [역자 주]

- 최고의 학교와 교육 프로그램을 어떻게 선택할 수 있을까?

이 책은 바로 위와 같은 질문과 상담직에 대한 다른 질문에도 답할 수 있도록 돕고자 한다. 여기에서 초점은 여러분 자신과, 가능한 한 최고의 상담자가 되기 위해 개인적, 전문적으로 무엇이 필요한가이다. 또한 전문가 세계에 들어서게 되면 분명히 직면하게 될 현실에 대해서도 강조할 것이다. 앞으로 전개될 내용을 통해 미리 배운다면, 여러분은 상담 전문가에게 요구되는 바를 훌륭하게 처리해낼 수 있을 것이다. 여러분이 맞닥뜨릴 수 있는 장애물을 제시하는 것 외에도, 타인을 돕는 일에 전념할 때 얻게 될 기쁨과 보상에 대해서도 언급할 것이다. 아마도 상담자에게 있어 가장 의미 있는 보상 중 하나는 자신의 길을 만들어가는 동시에 사람들을 도울 기회가 있다는 것이다.

우리는 이 장을 왜 여러분이 상담자가 되려고 하는지 그 이유를 탐색하는 것으로 시작하고자 한다. 여러분의 개인적 욕구와 직업과 관련된 동기를 명확히 하도록 도우면서, 초심자일 때의 우리 경험을 나누고 상담자가 되어가는 과정은 기쁨과 도전이 함께하는 것임을 보여주려고 한다. '이상적인 상담자'라고 할 만한 단일한 패턴의 성격 특성이 있는 것은 아니나, 자신의 성격 특성들이 다른 사람을 상담할 때 도움이 될지 방해가 될지 생각해 보길 적극 권장한다.

대부분의 학생들이 상담자로서의 경력 목표를 성취하기 위해 어떤 전문적 교육과정이 가장 잘 맞을지 궁금해 하므로, 다양한 교육과정 간의 차이에 대해서도 살펴볼 것이다. 여러분은 스스로 자신의 진로과정에 대해 어느 정도 알고 있다고 생각할 수도 있으나 이 책을 읽는 동안에는 자신의 선택지를 열어두길 바란다. 최종적으로 선택한 진로 안에서도 여러 다양한 역할을 갖게 될 수 있기 때문이다. 예를 들어, 어떤 사람은 지역사회 상담실에서 직접 내담자를 만나는 일로 시작했으나 이후에는 프로그램을 운영하는 업무로 옮겨갈 수도 있을 것이다.

상담자가 되려는 동기 검토하기

상담자라는 직업을 선택할 때, 이 분야로 가려는 이유가 무엇인지 곰곰이 생각해 보는 과정이 꼭 필요하다. 우리들 중 다수는 다른 사람의 인생에 영향을 미치고자 하는 개인적 욕구에서 상담자가 되기도 한다. 특히 변화에 대한 큰 기대가 없거나 더 나은 삶에 대한 신뢰가 없는 사람들에게, 삶에 아주 의미 있는 변화를 만들어줄 수 있다는 것은 만족스러운 일이다. 여러분은 그런 사람들을 위해 변화의 촉진자가 되어 그들 스스로 믿음을 갖게 만들 수 있다. 자신의 욕구와 동기들을 곰곰이 생각하면서 다음과 같은 질문을 해보자. "내 개인적 욕구들은 좋은 상담자가 될 역량에 어떻게 영향을 미치는가?"

상담자가 되고 싶어 하는 전형적인 욕구와 동기들

상담자가 되기 위해 공부하고 있는 학생들과 실습생들은 동기가 아주 다양하다. 자신의 동기, 욕구를 인식하고 이것이 타인과 상호작용할 때 나타나는 자신의 특징에 어떻게 영향을 미치는지 파악하길 바란다. 상담자가 되려는 몇 가지 이유들을 함께 살펴보자.

누군가에게 영향을 미치고 싶은 욕구

아마도 여러분은 도우려는 사람의 인생에 의미 있는 영향력을 행사하고 싶은 건지도 모른다. 누군가의 일상생활에 긍정적인 영향을 주었다는 것을 확인하고 싶은 것이다. 이 세상을 바꾸는 것은 어렵지만 누군가에게 힘을 부여하는 것은 가능하며, 여기서 만족을 얻을지도 모르겠다. 그러나 내담자 스스로 변화에 관심이 없거나 변화를 두려워하거나, 혹은 여러분의 도움을 바라지 않는다면, 좌절할 수도 있다. 만약 한 사람으로서의 자신의 가치가 누군가에게 영향을 미칠 수 있는지에 달려 있다면, 일에 쉽게 환멸을 느끼거나 실망하게 될 것이다. 이는 상담자로서의 자기 역할에서 마음이 멀어지게 하여 결국에는 더 이상 효과적으로 상담을 할 수 없게 만들 수도 있다. 전문가로서의 일은 삶에 의미를 주는 하나의 원천이나, 그것이 만족을 느끼는 유일한 원천은 아니기를 바란다. 내담자에게 지나치게 시간, 노력을 쏟아붓는 것은 상담의 경계를 모호하게 만들고 상담자를 소진으로 이끌 수 있다. 상담자로서 우리는 내담자를 촉진하고, 안내하며, 힘을 부여하고, 교육하고 지지하지만, 변화에 대한 힘과 결정은 내담자에게 달려 있음을 기억해야 한다. 우리가 돕는 사람들의 자기 결정권을 존중하는 것은 상담자의 가장 중요한 임무 중 하나이다.

보답하고 싶은 욕구

역할모델을 모방하려는 욕망이 가끔 상담자가 되겠다는 결심에 일조하기도 한다. 특별한 누군가, 선생님, 멘토, 혹은 상담자 등이 여러분 삶에 특별한 방식으로 영향을 주었을 수도 있고, 혹은 영향을 준 사람이 할머니, 삼촌 혹은 부모님일 수도 있다. 개인상담에서 많은 영향을 받은 사람들이 유능한 상담자를 양성하기 위한 교육에 참여하는 경향도 종종 발견하게 된다. '앞서 갚기(paying it forward)'라는 문구는 이런 발상을 잘 보여준다.

다른 사람을 돌보고 싶은 욕구

여러분 중 일부는 아마도 어린 시절부터 상담자 역할을 해왔을지도 모르겠다. 여러분은 가족들 중 다른 구성원들의 문제와 고민에 관심을 기울이는 사람이었는가? 동료나 친구들이 여러분에게 말 거는 걸 편하게 생각했는가? 여러분이 '천성적으로 타고난 상담자'라면, 자신의 특별한 재능을 향상시키기 위해 훈련을 받으려 한 것일지도 모르겠다. 우리 학생들 중 다수는 알코올 중독자의 성인 자녀로서 가족들 사이에서 중재자 역할을 취해 왔다. 이런 태도가 반드시 문제라고 할 수는 없지만, 이런 상담자는 자신의 역동을 자각하고 그것이 개인적인 삶과 상담자로서의 삶에서 어떻게 작용하는지를 알고 있어야 할 것이다. 자기 원가족에서 중재자였던 상담자는 갈등에 대한 그들의 혐오가 타인과의 상호작용에 어떤 영향을 미치는지 인식하지 못할 수도 있고, 내담자에게도 의도하지 않게 화나 분노와 같은 불쾌한 감정을 탐색하지 못하도록 할 수도 있다.

여러분의 인생에서 중요한 사람들을 돌보는 역할을 하는 것의 함정은 아무도 여러분의 욕구에 귀 기울이지 않는 상황이 자주 생긴다는 것이다. 그 결과, 여러분은 자신이 필요한 것을 요구하는 법에 대해서는 배우지 못했을 수도 있다. 스스로를 위해 도움을 청할 줄 모른다면, 개인적으로나 직업적으로나 쉽게 소진되고 정서적으로 고갈될 수도 있다. "아니오"라고 하는 법을 배우고 개인적인 한계와 경계들을 설정하는 것은 자기 돌봄의 핵심 요소이다. 타고난 상담자들은 꽤 자주, 이런 경계들에서 어려움을 겪는 것 같다.

Skovholt(2012b)는 개인적 자아를 유지하고 전문가적인 회복 탄력성을 개발시키는 것이 중요하다고 강조했다. Skovholt는 상담자들에게 직업에서 일방적인 돌보기의 위험성을 자각하라고 경고했다. 만약 도움이 필요한 모든 사람을 위해 항상 준비되어 있어야 한다는 책임감에 시달리게 된다면, 곧 타인과 치료적으로 작업할 능력이 방전되어 그들에게 줄 수 있는 것이 거의 남아 있지 않음을 발견하게 될 가능성이 높다. Skovholt가 지적하듯, "다른 직업인들은 일에서 사용하는 도구—오페라 가수의 목소리, 교사의 자세, 나무꾼의 도끼, 사진작가의 눈 등—를 잘 관리해야 한다는 사실을 알고 있다. 우리에게는 그 도구가 무엇인가?"(p. 139). 여러분은 가장 중요한 도구인 자기감(sense of self)에 의존해야 할 것이고, 내담자와 계속해서 효과적으로 작업하려면 자신을 보호하고 보존할 수 있도록 돌봐야 한다.

자기 도움에 대한 욕구

타인을 돕는 데 대한 관심은 자신의 갈등을 다루고 싶은 관심에서 비롯되기도 한다. 상처 입은 치유자는 자기를 발견하려고 애쓰는 내담자 앞에 진실되게 머물 수 있다. 만약 자신의 문제를 성공적으로 다루어왔다면, 유사한 문제로 찾아온 내담자를 알아보고 그에게 깊이 공감할 수 있을 것이다. 예를 들어 폭력적인 가정에서 성장하며 어려움을 겪었다면 여러분은 이 초기 상처에 민감할 것이다. 상담자로 일하면서 여러분은 비슷한 어려움을 갖고 갈등하는 개인들을 많이 만날 수 있을 것이다. 학대적인 관계를 경험한 여성들이 매 맞는 여성들을 상담하는 상담자가 되기도 한다. 어린아이 때 학대받은 경험이 있는 사람들은 학대 청소년이나 아동을 다루는 데 특별한 관심을 갖기도 한다. 중독 전문 상담자는 자신이 중독에서 회복됐거나, 알코올 중독 혹은 약물 중독 부모 아래에서 성장한 경험을 갖고 있을 수도 있다.

Stebnicki(2009a)는 상처 입은 영혼을 경험한 상담자들은 자신이 영적으로 건강한가라는 질문에 열려 있어야만, 내담자들이 상실, 비통함, 트라우마, 고통스러운 삶의 사건들에 대한 실존적 고민으로 고군분투하고 있을 때 도움을 줄 수 있다고 믿는다. 그는 우리에게 "고통스러운 사건에 대한 감정을 떠올리고 내면의 정서적 스크랩북을 다시 만들어내는 것은 내담자와 상담자 모두에게 힘든 것이다. 특히, 상담자가 상담 전문가로 시작한 지 얼마 안 되었다면 더욱 그러하다"(p.54)고 상기시킨다.

가끔 심리적으로 상처 입은 사람들이 자신의 문제를 어떻게 고칠 수 있을지 알고 싶어서 상담자가 되기 위한 공부를 시작하기도 한다. 만약 여러분이 자신을 치유하고 있지 않다면, 타인을 잘 상담할 것이라 보기 어렵다. 더군다나 다른 사람과 강도 높은 작업을 하는 것은 자신의 고통을 자극하고 훨씬 격렬하게 만든다. 만약 내담자의 이야기가, 자신이 개인적으로 싸워온 갈등들을 반영하며 불안, 우울, 비통함, 상실, 트라우마적 스트레스 등의 주제로 가득 차 있다면, 공감 피로(empathy fatigue)가 잇따를 것이다(stebnicki, 2008; 14장에서). 다른 사람의 인생을 다루려고 하기 전에 자신의 삶의 현상들을 잘 살펴보자. 이러한 자기 성찰 작업은 자기 인식을 향상시키고 덮어둔 문제를 내담자에게 부과하는 덫을 피하게 도와줄 것이다. 예를 들어 파트너 폭력의 희생자인 여성과 작업하는 여성상담자는 조언을 하고 내담자가 아직 준비되지 않은 결정을 강요함으로써 자신의 완료되지 않은 과제와 갈등을 작업하려 할 수도 있다. 상담자의 미해결된 문제로 인해 통제적인 남편에게 적개심을 보일 수도 있다. 또한 자신에게 '먹혔던' 방법이 다른 사람에게도 유효할 것이라 가정하기도 한다.

필요한 사람이 되고 싶은 욕구

누군가에게 필요한 사람이 되고픈 욕구에서 비켜서 있는 상담자는 거의 없을 것이다. 내담자들이 나의 도움으로 호전되고 있다는 증언은 상담자에게 심리적인 보상이 된다. 그러나 이런 말들은 여러분이 그들에게 준 희망에 대한 단순한 감사 표현일지도 모른다. 여러분은 다른 사람들의 욕구를 돌보는 것에 큰 가치를 두고 그런 행동에 크게 만족할 수도 있다. 이런 욕구를 충족하는 것 자체가 아마도 상담자가 받는 가장 큰 보상 중 하나일 것이다. 다른 사람이 나를 필요로 하고, 나를 인정하며, 나에게 고마워하는 걸 즐긴다는 사실을 부인하지 않아도 된다. 그러나 이런 역동이 지속적으로 가장 중요한 위치에 있다면, 내담자의 욕구는 그늘에 가려질 수 있다. 필요한 사람이 되고 싶은 상담자의 욕구로 인해 내담자의 건강하지 않은 의존성이 자라나기도 한다. 우리는 내담자들이 필요를 충족시키기 전에 상담을 종결하지 않기를 바라는 만큼이나, 치료적 목표가 달성된 이후에도 상담에 오래 머무르는 걸 원치 않는다. 상담자로서 가장 중요한 목표 중 하나는 내담자가 스스로를 도울 수 있게 힘을 부여하는 것이다. 내담자가 잘 기능할 수 있고 치료에 대한 필요가 충족되어 상담을 떠난다면, 우리는 그것을 성공적이라 할 것이다.

만약 여러분이 자기 가치를 입증하기 위해 전적으로 내담자에게 의지한다면, 이는 아주 불안정한 기반 위에 서는 것이다. 현실적으로 많은 내담자들이 상담자에게 감사를 표현하지 않고, 그들 중 일부는 삶에 별 변화가 없을 것이기 때문이다. 더군다나 기관에서는 종종 여러분의 수행이 기대한 기준에 만족스럽지 않을 때에만 피드백을 주곤 한다. 여러분의 성취가 어떻든 간에, 기관은 그 이상을 기대하곤 한다. 점차 여러분은 무엇을 하든지 충분치 않다고 느끼게 될 것이다. 타인을 위해 한 일에 대해 감사받고 싶은 마음은 분명 당연한 것이나, 자신이 한 일에 대해 스스로 평가하고 강화하는 능력은 유능한 상담자의 자기 돌봄에 핵심적 요소이다.

명성과 지위에 대한 욕구

여러분은 어쩌면, 일정 수준의 소득 외에, 명성과 어느 정도의 지위를 갖겠다는 희망이 있을지도 모르겠다. 그러나 만약 여러분이 기관에서 일한다면, 서비스를 받는 이들 중 다수는 경제적으로 어려운 처지일 것이다. 또한 보호관찰

중이거나 감금 중에 법적으로 상담자를 만나도록 조치된 내담자들, 빈곤하게 살면서 중독이나 만성적 정신질환·인종주의·다른 종류의 억압에 시달리고 있는 사람들, 직업을 잃고 혹은 일자리를 찾는 데 어려움을 겪는 내담자들과 만날 수도 있다. 이런 일은 경제적 보상이나 여러분이 추구하는 명성을 주지 못할지도 모른다. 그러나 노력은 다른 방식으로 깊이 보상받을 것이며 사회에 절실히 필요한 도움이 될 것이다. 어떤 상담자가 말하길, "이 일은 제 개인적으로는 돈과 지위보다 훨씬 의미 있는, 그 자체의 보상과 혜택 꾸러미를 가져다 줍니다. 제 경험상, 이런 내담자들은 변화와 치유에 이를 수 있고, 그것은 엄청나게 삶을 바꿔놓으며 그 변화에서 이어지는 파급효과로 가족과 아이들의 삶도 달라집니다." 이러한 현장에서는 지속적으로 교육과 훈련을 더 받고자 하는 상담자들에게 많은 기회가 열려 있고, 소외된 집단의 내담자와 작업하면서도 생계를 꾸려가는 일이 가능하다.

반대로 내담자나 동료들에게 존경받는 지위를 즐길 수 있는 환경에서 일하고 있다고 해보자. 열심히 일하고 또 잘하고 있다면, 자신이 얻는 명성을 기꺼이 받아들여라. 여러분은 자랑스러워 하면서도 겸손한 태도를 가질 수 있다. 만약 자신의 지위에 기대어 오만해진다면, 여러분은 접근하기 어려운 사람이 되고 동료와 내담자들은 그 태도 때문에 여러분을 싫어하게 될지도 모른다. 또한 여러분은 내담자의 변화 덕분에 실제 한 것보다 더 많은 인정을 받게 될 수도 있다. 어떤 내담자는 여러분을 숭상할 것이고 여러분은 이런 위치를 지나치게 즐기게 될 수도 있다. 여러분이 내담자 삶에서 변화를 촉진하는 데 중요한 역할을 담당한 것은 사실이나, 상담 회기 안팎에서 힘들게 작업을 해온 사람은 바로 내담자이다. 만약 자신의 자부심이 견고한 토대 위에 세워지길 바란다면, 언어적 칭찬이나 경제적 소득과 같은 외부에서 자신이 정말 가치 있다는 확신을 찾으려 하기보다, 내부로 시선을 돌려 지위에 대한 자신의 욕구를 만나보는 일이 더 중요하다.

정답을 주고 싶은 욕구

어떤 학생들은 타인에게 충고하고 '옳은 답'을 주고 싶은 욕구가 있는 듯하다.

그들은 친구가 고민을 이야기할 때 확실히 충고하지 못하면 어쩐지 무능하게 느껴진다고 한다. 그러나 그 친구들은 "이렇게 하라"는 이야기보다 진심으로 자신의 이야기를 들어주고 관심 가져주는 이가 필요한 것일 수도 있다. 비록 타인에게 영향을 미치는 것이 만족스러울지 몰라도, 여러분의 대답이 그들에게 최선이 아닐 수 있음을 염두에 둘 필요가 있다. 많은 경우, '정답'은 존재하지 않는다. 상담자로서의 역할은 방향을 제시하고, 내담자가 자신이 취할 행동을 발견하도록 돕는 것이다. 만약 충고와 해답을 줘서 문제를 고치고 싶은 욕구가 효과적으로 타인과 관계 맺는 걸 방해하고 있다면, 이 문제를 슈퍼비전에서 탐색해 보길 제안한다.

통제하려는 욕구

타인에게 충고와 해답을 주고 싶은 욕구와 관련 있는 것은 타인을 통제하려는 욕구이다. 우리 모두는 자기 통제 욕구를 갖고 있고 때로는 남을 통제하고 싶은 욕구 역시 느낀다. 만약 어린 자녀가 있는 부모들이라면, 안전상의 이유로 일정 범위의 통제를 당연히 행사할 필요가 있다. 그러나 어떤 이들은 지나치게가 아니라면 상당한 정도로, 타인의 사고, 느낌, 행동을 통제하려는 욕구를 보인다. 스스로에게 이런 질문들을 해보자. 다른 사람들은 좀더 진보적으로(혹은 좀더 보수적으로) 사고할 것이라고 확신하는가? 사람들이 화가 나거나, 우울하거나, 혹은 불안해 할 때, 그렇게 느끼지 말라고 이야기하거나 그들의 기분을 바꾸려고 애쓰는가? 때때로 친한 누군가의 행동이 직접적인 영향을 주지 않는데도, 그 행동을 변화시키고 싶은 강한 욕구를 느끼는가? 만약 내담자가 꺼내놓는 모든 문제에 대해 해결책을 주고 싶은 강한 욕구를 느낀다면, 이는 내담자의 최선을 위해서가 아니라 자신의 욕구를 채우기 위해 작업하는 것이다. 비록 도움을 가장해 타인을 조종하려는 상담자는 일부이나, 여러분이 만나는 사람들을 더 많이 통제하려 할 때, 어떤 결과가 나타날지 생각해 보는 것은 생산적일 것이다. 여러분의 역할은 타인의 인생을 통제하는 것인가, 아니면 다른 사람이 자신의 삶을 효과적으로 통제하는 방법을 다시 익힐 수 있도록 가르치는 것인가?

여러분의 욕구와 동기는 어떻게 작동하는가

종종 이상적인 상황에서는 내담자의 욕구를 충족시키는 동시에 상담자의 욕구도 충족시킬 수 있다고 이야기한다. 우리가 이야기하는 대부분의 욕구와 동기는 내담자의 복지에 유리한 것일 수도, 불리한 것일 수도 있다. 그러나 만약 상담자가 자신의 욕구를 알아차리지 못한다면, 상담자의 욕구가 개입의 본질을 결정할 공산이 훨씬 더 커진다. 예를 들어, 여러분이 타인의 문제에 집중함으로써 자신의 의식적 혹은 무의식적인 갈등을 작업하려 한다면, 자신의 욕구를 채우기 위해 무의식적으로 내담자를 이용할 가능성이 매우 높다. 더구나 이 욕구가 여러분에게 너무 중요하여 그에 사로잡혀 있다면, 여러분은 곤경에 빠지게 될 것이다. 예를 들어, 통제 욕구가 너무 강해서 타인이 취할 길들을 계속 여러분이 결정하려 한다면, 내담자가 독립과 자기 결정 능력을 발달시키는 것을 방해할 수 있다.

많은 상담 교육과정에서, 교육자는 학생들이 훌륭한 상담자가 되기 위한 과정으로써 그들 고유의 취약성, 갈등들, 그릇된 믿음들을 검토해 보길 기대한다. 이 교육과정들은 우리의 '건강한' 부분 못지않게 '상처 입은' 부분 역시 우리를 상담자로 이끈다는 전제에 기초하고 있다. 학생들은 미래 상담 전문가로 일하는 데 자신의 개인적인 이슈들과 심리적인 역사들이 자산이 될 수도, 방해물이 될 수도 있는 상황에 대해 검토하길 바란다.

내담자를 대가로 자신의 욕구를 채우는 상담자들은 내담자가 마땅히 누려야 할 양질의 관심을 빼앗는 것이다. 우리가 유용하게 생각하는 원칙 중 하나는 결과가 아닌, 내담자의 진행 과정에 집중하라는 것이다. 예를 들어, 내담자가 이혼을 고려하고 있는데 상담자가 이혼에 강력하게 반대하는 가치관을 갖고 있다면, 최대한 중립을 유지하며 내담자의 최종 결정을 존중하는 동시에, 내담자가 가진 선택지 각각의 장단점을 탐색하도록 도와야 할 것이다. 상담자는 다음을 꼭 기억할 필요가 있다. 내려진 결정에 따라 삶을 살아야 하는 주체는—우리가 아니라—내담자이다.

앞서 논의한 자신의 욕구를 돌아보며, 이것이 타인을 도울 수 있는 여러분의 능력에 어떻게 도움이 될지, 혹은 방해가 될지를 생각해 보도록 하자. 아직 상담경험이 없다면 친구나 가족이 고민하고 있을 때 어떻게 행동했는지를 회상해 보자. 그들이 최선의 방법을 찾고 있을 때 여러분은 어떻게 대처했는가? 이런 욕구들이 있음을 부정했을 때 그것이 문제가 되거나, 그 욕구들에 강박적으로 매였다거나, 다른 사람을 희생하면서까지 이 욕구들을 충족시키려고 했던 적은 없는지 최선을 다해 인정해 보자.

어떤 동기 하나가 여러분을 끌고 가는 것이 아니다. 그보다는 여러 욕구와 동기가 서로 뒤얽혀 시간에 따라 모습이 달라지게 된다. 여러분의 최초 동기와 욕구가 변할지라도 상담자가 되려는 열망은 변하지 않을 것이다. 개인의 성장은 지속적인 과정이므로, 상담자가 되려는 이유를 주기적으로 살펴보기 바란다. 이는 자기 자각과 내담자 복지에 기여하는 유용한 도구가 될 것이다.

초보 상담자로서 우리의 시작은

이 책은 두 가지 면에서 개인적인 책이라고 할 수 있다. 우선 여러분에게 이 책의 내용을 적용해 보도록 권한다는 면에서 개인에게 초점이 가 있다. 더불어 우리 부부의 관점과 경험이 유용하고 적절하다고 생각될 때마다 이를 나누며, 개인적인 목소리를 담아 책을 쓰고자 했다. 개인의 동기와 경험이 상담자로서의 직업 선택에 영향을 미치는 방식에 대한 구체적인 예로써, 상담자가 되어 현재에도 일하고 있는 우리의 동기들을 함께 나누고자 한다.

상담자로서의 시작이 항상 쉬운 것은 아니며 불안과 불확실성을 수반하게 된다. 지금 이 시점의 우리는 처음 상담을 시작하던 때보다 훨씬 자신감이 있지만, 그동안 싸워온 과정들을 잊지 않았다. 우리 역시, 앞서 언급한 많은 두려움과 자기 회의를 극복해야 했다. 우리가 겪었던 어려움을 함께 나눔으로써, 여러분이 쉽게 포기하지 않도록 격려할 수 있기를 바란다.

전문가로 살고 있는 지금도, 우리는 다양한 현장경험에서 무엇을 주고 무엇을 얻고 있는지 되돌아보는 시간을 지속적으로 갖고 있다.

Marianne Corey의 초기 경험들

상담을 공부하기 오래 전부터 나는 상담자였다. 어릴 때부터 나는 형제 자매들의 욕구에 반응했다. 8살 때는, 새로 태어난 남동생을 거의 전적으로 돌보게 되었다. 남동생뿐만 아니라 늘어난 가족의 다른 식구들도 돌보게 됐다.

우리 가족은 독일인 마을에서 식당을 운영했고, 나는 아주 어릴 때부터 거기에서 일했다. 우리 집이기도 했던 그 식당은, 동네 사람들의 회합장소나 마찬가지였다. 동네 사람들은 먹고 마시기 위해서뿐만 아니라 사람과 어울리기 위해 우리 식당을 찾았다. 그들은 몇 시간 동안이나 앉아서 이야기했고 나는 주의 깊게 듣는 것이 낫다는 걸 일찍 배우게 되었다. 더불어 개인적인 대화를 옮기거나 마을 사람들에게 소문내서는 안 된다는 것도 배우게 되었다. 어린 나이에 나는 세 가지 중요한 상담 기술—경청, 공감적 이해, 그리고 비밀유지—을 배운 셈이다. 전쟁에 참여했던 경험을 자주 이야기하던 남자들을 지켜보며, 자기 이야기를 말할 수 있다는 것이 얼마나 치유적인지를 알게 됐다. 나는 이 남자들이 변하는 걸 관찰하며, 그 경험에 깊은 영향을 받았다. 심지어 지금도, 사람들이 그들의 고통스러운 이야기를 공감적인 청자에게 털어놓을 때 경험하는 치유적 속성에 대해 자각하곤 한다.

나는 살면서 많은 장애물을 극복하고 내 꿈을 능가해 왔다. 그 결과 주어진 한계 앞에서 내담자들이 너무 빨리 포기하지 않도록 도전시키고 격려하는 데 자주 성공할 수 있었다. 자신의 선택에 따라 기꺼이 위험을 감수하고, 불확실성을 인내하며, 달라지겠다는 용기를 갖고, 더 충만한 삶을 살고자 하는 사람들에게 도움이 되었을 때, 나는 아주 큰 만족감을 느낀다. 그리하여 내담자들이 함께해온 작업에 대해 감사를 전할 때, 가치롭게 생각하는 그 변화를 만들기까지 그들의 고된 노력에 공을 돌리도록 격려한다.

살아오는 동안 나는 내담자들뿐만 아니라 친구들, 가족, 마을 사람들에게 주는 걸 더 편하게 느꼈다. 개인적으로나 직업적으로나 내게는 주는 것이 자연스러운 듯하다. 타인에게 주는 것과 나를 돌보는 것 사이의 균형을 찾는 갈등은 아직도 계속되고 있다. 나는 주는 건 잘하는 사람이나, 내 욕구를 알리고 원하는 걸 요구하는 것에 있어서는 아직도 서툴다.

원가족 안에서의 문화적 조건화와 초기 역할을, 전문적인 상담자로 발달해온 과정과 견주어보면 참 흥미롭다. 나는 형제자매들을 돌보는 역할을 '자연스럽게' 맡았지만, 공식적으로 상담을 시작했을 때는 그닥 자연스럽다고 느끼지 않았다. 학부 과정에서 처음 실습을 하게 되었을 때, 나는 스스로에 대해 회의를 느꼈다.

초기 인턴십 중 하나로, 대학 상담실에 배치되었을 때의 일이다. 어느 날 학생이 찾아와 상담을 신청했고 슈퍼바이저가 이 학생을 상담해 보라고 했을 때, 얼마나 겁에 질렸었는지 아직도 기억난다. 후에 슈퍼바이저로부터 받은 피드백은, 내가 느꼈던 것과 달리, 매우 자신 있어 보였다고 한다. 사실 그 내담자와 함께 내 방으로 걸어가며 내 머리를 스쳐가던 생각들은 이런 거였다. "아직 준비가 안 됐어. 뭘 어떻게 해야 하지? 이 사람이 말을 안 하면 어떡하지? 어떻게 도와줘야 할지 생각이 안 나면 어떡해. 이 상황에서 벗어날 수만 있다면!" 나는 내 생각에만 빠져 내담자가 느낄 그 어떤 감정도 전혀 생각해 보지 못했다. 예를 들면 그는 이 회기를 어떻게 느낄지, 어떤 두려움을 가질 수 있을지 등등에 대해 말이다.

나는 내담자보다 나를 더 많이 의식했다. 책임감에 짓눌려 '잘해야 한다'는 압박감을 느꼈고 그에게 해를 미칠까봐 걱정했다. 내담자가 변화를 위해 마땅히 나눠져야 할 책임의 몫을 갖지 못하게 한 것이다. 종종 내담자들보다 더 열심히 하려 했고, 가끔은 내담자가 자신을 위해 원하는 것보다 더 많은 걸 내가 원하고 있는 듯했다. 상담자로서의 자신에 대한 두려움과 불안감 때문에 해를 끼칠 수 있는 내 능력을 과장했던 것 같다. 슈퍼바이저에게 상담회기에 대한 압도적인 책임감과 내담자를 상처 입히지 않을까 하는 염려들을 이야기했을 때, 그는 "내담자에게 미칠 수 있는 영향력이 실제 당신이 가진 정도보다 더 크다고 생각하는 것 같다"고 대답했다. 동료들 중 몇몇도 처음 상담을 시작할 때, 내가 묘사한 것과 유사한 걱정과 불안을 토로했다. 여러분이 초심자라면, 내담자와 상담을 시작하며 불안을 느끼지 않는 걸 오히려 걱정해야 할 것이다.

또 다른 기회에 나는 슈퍼바이저에게 내 전문성에 대해 회의하고 있고, 주변에서 보는 모든 고통에 압도당했으며, 아무도 도울 수 없을 것 같은 걱정이 든다고 이야기한 적이 있다. 매우 감정적이고 극도로 의기소침해 있던 때로 기억한다. 슈퍼바이저의 미소는 나를 놀라게 했다. "이런 종류의 의문을 갖지 않고 자신의 이런 감정들과 직면하려 하지 않았다면 나는 상담자로서의 당신에 대해 걱정했을 것"이라고 말했다. 회고해 보면, 나의 갈등을 인식하고 어떤 두려움도 없는 완벽한 상담자인 척하지 않았기 때문에 그가 나를 격려한다고 말했던 것 같다.

초보상담자로서 나는 스스로의 불안에 대해서 정확히 인식하고 있었다. 경험이 쌓여가면서 내담자와 함께하는 그 순간에 더 잘 집중하고 그의 세계로 들어가는 방법을 더 잘 알게 되었다. 비록 지금도 불안에서 완전히 자유로운 것은 아니지만, 상담할 때 스스로를 덜 의식하게 되었다. 더군다나 내가 상담 과정에 대해서는 책임을 진다 해도, 회기 내에서 일어나는 모든 일이 전적으로 내 책임이라고 생각하지 않으며, 내담자보다 더 열심히 작업하지도 않는다.

한때 나는 상담자가 되려는 생각을 버리고 대신 독일어를 가르칠까 고민했었다. 경험 많은 선배들과 나를 비교했고 그들만큼 유능해야 한다고 생각했다. 나는 결국 내 기대가 극도로 비현실적이란 걸 깨달았다. 나는 순식간에 아주 경험이 많은 상담자들처럼 숙련되길 요구했던 것이다. 스스로에게 배우고 익혀나갈 시간, 아주 초보적인 시작을 견뎌낼 여유도 주지 않았던 것이다.

현재 내가 하는 활동 중의 하나는 초보상담자들과 작업하는 것이다. 종종 그들이 나의 초보 시절과 같은 어려움에 처해 있음을 확인한다. 이 학생들은 내가 얼마나 많이 알고 있고 나에게는 개입방법이 얼마나 쉽게 눈에 띄는지에 주목하는 듯하다. 반대로 자신은 지식이 부족하고, '올바른 말'을 찾기 위해 얼마나 고군분투해야 하나라는 생각에 낙담한다. 그들은 나의 초보 시절에 대한 몇 가지 일화와 나는 스스로를 전문가라기보다 상담 분야에서 일정 정도의 전문지식을 가진 사람이라고 생각한다는 이야기를 듣고서야 안도의 한숨을 내쉬곤 한다. 그들에게 배움은 결코 끝날 수 없으며, 그 시작은 언제나 어렵고 때때로 실망스럽다는 것을 가장 힘주어 전하고 싶다.

Jerry Corey의 초기 경험들

대학에서 교사가 되기 위해 공부하던 시절에, 내가 학습자로서 경험한 것과는 다른 학습 분위기를 만들고 싶었다. 다른 사람들을 돕고 싶었고 변화를 만드는 일이 중요했다. 지금에 와서 중요한 변화를 만들고 싶은 욕구가 전문가로서의 내 삶 전반에서 중요한 테마였음을 인식하게 되었다. 나는 아동기와 청소년기에 내 존재가 중요하다고 느끼지 못했다. 어린 시절, 여러 방식으로 나는 어디에도 맞지 않으며 사람들에게 보이지 않는 것처럼 느꼈다. 나는 대식구의 이탈리아 이민자 가족들 속에서 성장했는데, 그들은 이탈리아어를 썼고 나는 그걸 알아들을 수 없었다. 가족들이 나를 못 본 척한다는 느낌은 큰 고통을 줬고, 어린시절에 앞으로는 무시받는 존재가 되지 않겠다고 결심했다. 차라리 성가신 존재가 되는 방식을 취했고, 이는 당연히 부정적인 관심만을 야기했다. 대학에서 일정한 성공을 경험하면서 인정받는 존재가 될 수 있는 긍정적인 방법에 대해서도 알게 됐다. 이후에, 새내기 교수가 되었을 때 적어도 내 교실 범위 내에서는 중요한 사람이 될 수 있다는 걸 알게 되었다. 학생들이 즐겁게 배우도록 도울 수 있을 뿐만 아니라, 내가 유용한 사람이라는 걸 확인하는 데서 개인적인 만족감도 얻을 수 있었다. 이 확인은 유년기 동안의 스스로에 대한 인식과는 아주 다른 것이었다.

상담심리학자로서의 커리어 초기에, 나는 확신을 갖지 못하고 내가 이 분야에 맞는 건지 자주 궁금해 했다. 나는 슈퍼바이저와 함께 집단을 이끌었던 시기가 특별히 힘들었다고 기억한다. 경험 많은 상담자인 내 슈퍼바이저 옆에서 나는 능력도 없고 경험도 부족하다고 느꼈다. 많은 시간 동안 무엇을 말하거나 해야 할지 잘 몰랐다. 워낙 전문가였던 동료 지도자가 잘하고 있었기 때문에 개입할 여지가 거의 없다고 느낀 것이다. 집단원들에게 의미 있는 말 한마디 못하는 내 능력에 대해 많은 회의를 느꼈다. 내 슈퍼바이저는 통찰력 있고 너무나 숙련되어서 나는 절대로 그런 전문가 수준에 도달할 수 없을 것 같았다. 전문가인 동료와 한 작업의 영향으로, 스스로에 대한 불안감과 부족하다는 느낌이 고조되었다. 그러나 돌아보면 그것은 아주 귀중한 학습 경험이었음을 깨닫는다.

　　대학상담실에서 개인상담을 실습하는 것도 매우 어렵게 느껴졌다. 상담실습 초기에 내담자를 위해 무엇을 할 수 있을지 스스로에게 자주 질문했다. 기억하기로 발전은 매우 더디었고 나에게는 즉시적이고 긍정적인 피드백이 무한정 필요하다고 느꼈다. 내담자가 몇 주 후에도 여전히 불안과 우울에 대해 이야기를 할 때면, 즉시 상담자로서 내가 무능하다고 느꼈다. 수시로 이런 생각을 하고 있는 자신을 발견했다. "슈퍼바이저는 이에 대해 어떻게 이야기할까? 그라면 어떻게 했을까?" 슈퍼바이저의 몸짓, 표현방식, 버릇까지도 따라 하고 있는 나를 발견했다. 많은 순간, 유능한 상담자가 되기 위해 필요한 것을 갖지 못했다고 느꼈고, 내가 잘못된 길을 가고 있는 것은 아닌지 반문했다.

　　나는 자주 내담자가 상담회기에서 얻는 게 있다면 그게 무엇일지 알 수 없었다. 내담자가 나아지고 있는지, 같은 상태인지, 혹은 더 나빠지고 있는지의 징후는 일반적으로 아주 미묘하다. 그 당시 나는 내담자가 자신의 답을 찾기 위해서는 스스로 분투해야 한다는 사실을 몰랐다. 내담자가 금방 기분이 나아져서 내가 확실하게 그를 도왔다는 걸 알 수 있길 기대했던 것이다. 또한 내담자들이 자신의 방어기제를 포기하고 고통을 받아들이려 노력할 때 종종 더 나빠진다는 것도 이해하지 못했다. 내담자들이 자신의 미래에 대한 두려움과 불확실성을 표현할 때면, '내가 그들을 도울 수 있을까' 라는 부족한 확신도 호출당했다. 자주 '틀린 대답'을 하게 될까 우려하여, 듣고 나서도 그에 대한 반응은 많이 표현하지 못했다.

　　인정하기 불편하지만, 나는 우울하고 변화에 대한 동기가 적은 사람들보다 똑똑하고 말로 표현할 줄 알며, 매력적이고 자기 문제에 대해 이야기하려는 사람을 내담자로 더 받으려는 경향이 있다. 내가 '착하고 협조적인 내담자'라고 생각하는 이들을 다시 오도록 격려하는 것이다. 그들이 이야기하고, 작업하며, 가급적이면 우리가 회기의 어디쯤 와 있는지도 알려주는 동안은, 재빨리 다음 약속을 잡았다. 별다른 변화가 없어 보이는 내담자들은 내 불안을 증폭시켰다. 과정에서 내담자의 역할이 무엇이었는지 혹은 부족했는지를 보는 대신, 보통의 충분한 지식으로 그들의 문제를 해결하지 못하는 스스로를 비난했다. 나는 상담회기 동안 그들이 했던 것에 대해 전적인 책임을 떠안았다. 다음 회기에 내담자가 오지 않았다는 사실이 내담자와 그의 변화 의지에 대한 정보일 수 있다는 걸 결코 떠올리지 못했다. 나는 불확실성과 자기 스스로 방향을 찾으려는 내담자의 노력을 잘 견디지 못했다. 그들이 다음 약속시간에 나타나지 않으면 자기 회의는 더욱 커졌다. 이것이 내담자가 나에게서 얻어가는 게 불만족스럽다는 사인일 거라고 확신했었다.

특히 우울한 내담자들에게 다른 동료 상담자와 약속을 잡으라고 권하던 것이 떠오른다. 슈퍼비전을 통해 스스로가 우울에 대한 두려움을 다루기 꺼려하기 때문에, 우울한 내담자를 상담하기 어려워 한다는 걸 깨달았다. 만약 내가 나를 이 우울한 내담자의 세계로 들어가게 했다면, 내가 가진 불안과 만나게 됐을 것이다. 이 경험은 자신의 삶에서 탐색하려고 하지 않았던 방향으로는 내담자를 데려갈 수 없다는 중요한 교훈을 가르쳐 주었다. 스스로의 두려움과 자기 회의에 도전하지 않았기 때문에, 나는 내 작업에서 의미 있고 즐거운 많은 면들을 놓쳤었다고 확신한다.

전문성을 추구하는 가운데 외부의 인정이 없더라도 인내하며 지속하는 게 중요하다는 교훈도 얻었다. 중요한 타인에게서 강화가 없을 때에도 지속하려고 애쓴다는 것이 어렵지만, 밖에서 구하던 승인을 내가 스스로에게 주리라고 기대하는 법을 점점 알게 됐다. 내 개인상담에서 했던 작업은 의미 있는 통찰력을 주고 처음 이 일을 시작했을 때 기대했던 만큼 내가 유능해질 수는 없을 거라는 사실을 받아들이게 해줬다. 친구들과 가족 구성원들로부터 받은 도전적이고 건설적인 피드백 역시 내가 진실을 받아들이고 중요한 방향으로 변화할 수 있게 도와줬다.

나는 여러분이 자기 회의를 경험하더라도 포기하지 않고, 오히려 여러분을 붙잡아두는 게 무엇이든 도전해 보길 바란다. 가끔은 상담 전문가로서의 자기 미래에 대해 들뜰 것이고, 또 어떤 순간에는 낙담하며 대체 이런 노력을 할 가치가 있는지 모르겠다고 생각할지도 모른다. 만약 계속해서 자신의 개인적 삶을 탐험하려고 한다면, 타인이 자기 삶에서 중요한 결정을 내리려 애쓰고 있을 때, 훨씬 잘 도울 수 있는 자리로 점점 가게 될 것이다.

상담자라는 직업이 여러분에게 적합한가?

우리 이야기에서 분명해졌듯, 우리 두 사람 모두 자기 회의를 가졌었고, 상담을 시작하려는 초보 상담자와 이야기를 나눠보면, 이는 우리 동료들 다수에게도 마찬가지인 것 같다. 만약 여러분이 '상담자라는 직업을 계속 추구하고 싶은가'라는 질문에 열려 있다면, 반드시 자기 회의의 시기를 겪게 될 것이다. 때로는 여러분이 선택한 직업의 전망을 생각하며 흥분할 것이고, 또 어떤 때에는 절망하거나 의기소침해질지도 모른다. 이런 양가적인 감정들을 잘 견뎌보자. 초기 경험을 근거로, 상담자의 길을 계속 갈 것인지에 대해 결정 내리지 않길 바란다. 교수, 슈퍼바이저, 동료 들이 주는 피드백의 일관된 패턴에 대해 귀를 기울여보자. 어떤 상황에서는 여러분이 특정 분야에 맞지 않다는 이야기를 들을 수도 있다. 그런 피드백은 분명 받아들이기 힘들다. 그러나 만약 누군가가 여러분이 상담 전문가가 되는 것에 대해 걱정한다면, 경청하고, 그가 한 말을 곰곰이 생각해 보려고 노력해라. 이런 충고에 대한 여러분의 첫 반응은 '그 사람이 나를 좋아하지 않는구나'일 수도 있으나, 그 충고는 여러분을 위한 최선의 것일지도 모른다. 만약 그런 충고를 받는다면, 그 평가에 대한 구체적인 이유를 묻고 그 사람이 당신에게 제안할 수 있는 대안이 무엇인지도 알아내도록 해라.

여러분이 우리의 개인적인 여정들과 전문적 커리어의 진화에 대해 읽으며, 스스로의 개인적인 여정과 자신을 위해 만들어가고 싶은 전문적인 경로의 종류에 대해 생각하기를 바란다. 시간을 갖고 다음 질문을 숙고해 보자. 삶에서 경험한 주요 전환점은 무엇이었나? 지금 이 순간, 여러분의 포부는 무엇인가? 비전은 무엇이며, 누가 여러분을 여기까지 격려해 주었나? 비전을 현실로 만들기 위해 마주해야 하는 도전은 무엇인가? 길을 가다 우회로를 만날 때에도 자신의 비전에서 눈을 떼지 않기를 바란다. 자기가 의심스럽더라도 스스로를 믿고, 힘든 시기를 지날 수 있게 도와주는 지지의 원천을 찾아 자신의 커리어 목표를 성취하기 위해 애써라. 변화에 열려 있고 필요한 노력을 하려고 한다면,

여러분은 자신의 한계가 자산으로 바뀔 수 있음을 알게 될 것이다.

너무 일찍 포기하려는 경향은 학교 상황에서 배운 것을 상담 실습처럼, 실제 세계에 처음 적용해야 할 때 가장 많이 나타난다. 가장 어려운 순간은 연구실을 벗어나 실제 세계에 들어가려고 할 때이다. 실험실이나 책에서 잘 적용되던 것들이 현실의 상담 상황에서는 그렇게 잘 작동하지 않는다는 걸 알게 되기 때문이다. 연구실에서는 협조적인 동료들과 역할연기를 통해 상담을 연습했을 것이다. 그러나 이제는 아무리 열심히 노력한다 해도, 여러분에게 반응하지 않는 내담자들을 만나게 될 것이다. 상담이론과 기술에 관한 지식을 실제 상황에 적용하는 방법을 배우는 데는 시간과 경험이 필요하다. 상담에서 첫 시도들은 인위적이고 연습처럼 보일지도 모른다. 이 부자연스러운 느낌을 아마 여러분이 내담자보다 더 의식하게 될 것이다. 그러나 다시 한번 배운 것을 적용하고 상담자로서 역할을 수행하는 것을 편안하게 느끼기까지 시간을 스스로에게 허락해라.

'이상적인 상담자'의 자화상

'이상적인 상담자'의 특성을 추정해 보는 것은 유용한 일이기는 하지만 매우 유능한 상담자들도 이 기준을 모두 만족시키지는 못한다. 만약 우리가 지금 그리려는 이상적 그림에 스스로를 맞추려고 한다면, 이는 불필요한 실패와 좌절을 만드는 것이다. 대신 자신에게 강화되어야 하는 영역을 인식한다면, 이는 분명 좀더 유능한 상담자가 되는 걸 가능하게 해줄 것이다. 여러분은 알고 있는 기술을 향상시키고 새로운 기술을 익힐 수 있다. 자신의 능력을 높여줄 지식들을 통합할 수도 있다. 내담자의 삶에 개입할 때, 좀더 지금-여기에 깨어 있고 유능해지게 할, 개인적인 변화를 만들 수도 있다. 이러한 가능성을 염두에 두고, 이상적인 상담자의 모습에 대한 다음 내용을 음미해 보자.

- 자신의 장점과 약점에 대해서 정직하게 평가할 수 있다. 한 사람으로서의 자신이 어떤 사람인가가 상담자의 가장 중요한 도구라는 걸 이해한다.

- 양질의 치료적 관계가 그 어떤 이론, 개입 또는 기법보다 더 많이 성공을 예측한다는 걸 안다.

- 기본적으로 호기심을 갖고 있고 배우는 것에 열려 있다. 무엇을 알고 모르는지를 알며, 부족한 지식을 채우려고 한다.

- 타인과 좋은 관계를 맺는 데 필요한 대인관계 기술이 있고, 이를 상담관계에 적용할 줄 안다.

- 내담자를 진심으로 보살피며, 이러한 관심을 내담자에게 가장 도움이 되는 일을 하는 것으로써 표현한다. 내담자의 다양한 사고, 감정, 행동 등을 다룰 수 있다.

- 변화란 일반적으로 고된 작업이라는 걸 인식하고 있으며, 내담자가 이 어려운 과정을 겪어내는 동안 함께 머물려고 한다. 자신의 시각을 강요하기보다, 내담자의 세계로 들어가 내담자의 눈으로 세상을 볼 수 있다.

- 내담자들은 종종 미래에 대한 제한된 상상으로 자신의 가능성을 가두기도 한다는 걸 알고 있다. 내담자에게 꿈을 마음껏 그려보도록 요청하고 현실에서 그 꿈을 실현하기 위해 필요한 단계를 밟도록 할 수 있다. 자신이 삶 속에서 할 수 없거나 하지 않으려는 일들은 내담자에게도 해보도록 격려할 수 없다는 걸 잘 알고 있다.

- 내담자가 스스로의 목표를 실현하게 도와줄 여러 자원들을 기꺼이 찾아본다. 변화를 위한 전략을 유연하게 적용하며, 각각의 내담자가 처한 독특한 상황에 맞게 기법을 조정할 수 있다.

- 인종이나 문화적인 배경이 다른 내담자와 상담할 때, 선입견이 만든 틀에 그들을 맞추지 않고 존중한다. 특정 집단에 속한 개인들에 대해 갖고 있던 편견과 가정들에 도전하며 자신의 시각을 넓히고 다양한 문화적 관점을 더 배우는 일에 전념한다. 만나게 되는 모든 내담자에 대해 정중한 호기심을 유지하고 인종, 민족, 성별, 성적 지향, 비장애/장애, 사회경제적 지위, 종교적 배경에서 자신과 다른 사람들을 만나

활발히 교류한다.

- 내담자에게 부정적인 영향을 끼치는 사회의 불평등에 대해 기꺼이 목소리를 내려 한다. 소외되고 억압받는 사람들을 위해 싸우며, 그들에게 힘을 부과하는 사회정의 옹호자(social justice advocator)로서의 의무를 기꺼이 받아들인다.

- 자신의 신체적, 정신적, 심리적, 사회적, 영적인 면을 돌본다. 내담자에게 요구하는 것을 자신의 삶에서도 이행한다. 삶에서 문제가 생겼을 때, 그것을 성장을 위한 기회로 보고 용기 있게 그 도전들에 적극적으로 맞선다.

- 개인의 성장은 평생에 걸친 여정이란 사실을 잘 알고, 삶에서 변화를 만들기 위해 필요한 자기 성찰 작업에 열정적으로 임한다.

- 자신이 살고 있는 모습에 대해 질문하며, 신념과 가치들을 비판적인 시각으로 검토한다. 자신의 욕구와 동기에 대해 인식하고 있고, 삶의 목적에 부합하는 선택을 한다. 다른 사람이 부과한 것이 아닌, 스스로 만든 삶의 철학을 갖고 산다.

- 적어도 몇몇의 중요한 사람들과 의미 있는 관계를 맺고 있다.

- 자기에 대한 건강한 사랑과 자부심이 있지만, 거기에 함몰되지는 않는다.

우리는 이 목록을 통해 여러분을 압도시키려는 게 아니라, 심사숙고해 볼 만한 몇몇 특징들을 보여주려는 것이다. 여러분은 아마도 자신에게 이러한 특성들 중 다수가 부족하다고 생각할지도 모르겠다. 숙련되지 않은 상담자도 점차 노련한 전문가가 될 수 있으며, 우리 모두 우리가 만나는 내담자의 삶과 접촉하는 것에 점점 더 유능해질 수 있다. 여러분이 "상담자라는 직업이 나에게 잘 맞는가?"라는 질문에 고심하며, 이 책을 솔직한 자기 성찰의 촉진제로 이용하길 바란다. 또한 다양한 환경에서 일하고 있는 상담가들을 인터뷰하고 질문함으로써 상담자로서의 미래에 대한 가능성을 탐색해 보길 강력하게 권한다. 그들이 선택한 전문가가 되기까지의 여정은 어떠했는지, 그 길에서 맞닥뜨린 갈등들은 무엇이었는지에 대해 물어보길 바란다.

많은 훈련 프로그램들은 자기 탐색 경험을 제공하고, 이를 통해 학생들은 자신의 개인적인 특성이 대인관계에서 어떻게 분명해지는지를 더 잘 인식할 수 있게 된다. 상담 실습과 인턴십의 세미나는 일반적으로 개인적인 스타일이 내담자와의 치료적 관계 형성 능력에 영향을 미치는 방식에 대해 주목해 볼 기회를 제공한다. 만약 현재 참여하고 있는 프로그램에서 공식적으로 자기 성장 경험을 제공하지 않는다면, 지역사회에서 기회들을 찾아보라. 이 책의 나머지 상당 부분은 한 사람으로서의 여러분과 전문 상담자로서의 여러분의 일 사이의 상호작용에 대해 다룰 것이다. 우리는 열정적으로 자신의 직업을 준비하는 최고의 방법이, 여러분의 존재 자체가 지닌 풍요로움의 가치를 알아보고, 상담자로 진화해 가는 과정에서 자신의 생의 경험을 유용하게 활용하는 것임을 기본 전제로 삼고 있다.

교육과정에 투자하기

교육 프로그램을 시작하며, 여러분은 '하려는 것을 전문적으로 해내기 위해서는 평생 학교에 남아 있어야 하나'라는 생각이 들 수도 있다. 그러나 여러분이 경험을 즐기고 그것으로부터 배운다면, 교육과정이 얼마나 금방 끝나게 되는지에 놀라게 될 것이다. 핵심은 자신의 교육과정에 개인적으로 몰두하여, 공식적인 학업과 개인적, 전문적 목표 사이의 연결고리를 발견하는 것이다. 전념하여 교육을 의미 있게 만들기 위해 얼마나 많은 시간과 에너지를 각오하고 있는지 생각해 보자. 자신의 교육을 투자라고 생각하고, 이 투자에서 이익을 최대화하기 위해 무엇을 할지 생각해 보면 좀 도움이 될 것이다. 그러나 무엇보다, 과정을 즐길 방법을 찾아보라.

투자는 종종 비용편익비율(cost-benefit ratio)로 평가된다. 교육에 대한 투자 비용에는 금전적인 것뿐만 아니라 시간과 에너지 역시 포함된다. 얻고 싶은 것을 포함한, 이 투자의 잠재적인 이득을 살펴보자. 얻고 싶어하는 것(수익)이 쏟아부은 것(투자)만큼의 가치가 있는지 스스로에게 물어보라. 삶의 다른 측면에 사용될 수 있는 시간을 가져와 쓴다는 측면에서, 여러분의 교육에 대한 투자는 무엇이 책임질 것인가?

체계에 대항하는 법을 배우기

여러분은 목표를 달성하고 학습자와 전문 상담자로서의 자신의 잠재력을 극대화하는 것에서 내외의 장애물들에 맞닥뜨릴 것이다. 우리는 전문가들뿐만 아니라 학생들도, 힘을 행사하는 방식을 제한되게 추정하는 걸 종종 봐왔다. 예를 들어, 우리가 아는 한 학생은 자신의 학문기관 내의 여러 불공평한 관행들을 바꾸는 책임을 수행하기 위해, 단지 그녀의 우려를 제기하고, 그 문제에 교수진과 관리진의 관심을 집중시킬 뿐이었다. 많은 체계가 한계를 부과하고, 여러분은 그 안에서 자신의 온전함을 희생시키지 않으면서도 창의적으로 일하는 법을 배워야 하는 도전을 맞게 될 것이다. 사람들은 종종 너무 바빠서 그들이 일하고 있는 체계 내의 관행들과 절차들에 문제제기를 하지 못한다. 문제제기를 하고 이러한 기관들과 체계들을 바꾸기 위해 노력하는 것은 스스로에게 힘을 부여할 수 있는 계기가 될 수 있다.

여러분은 의심할 여지 없이, 자신의 교육과정 내에서 학점, 필수과제들, 행동방침들, 평가를 포함한 다수의 도전들에 맞닥뜨릴 것이다. 여러분은 평가받는 것에 긴장하며 학점이 학습의 정확한 척도가 아니라고 느낄 수도 있다. 대학을 졸업하면서 성적을 받는 일이 끝났다고 생각하는 건 오산이다. 전문가의 세계에서도 모든 수준에서 수행에 대한 평가와 비평이 있다. 예를 들어 회사에서 여러분의 관리자는 여러분을 평가하고 승진을 시킬지, 월급을 인상할 것인지 등을 결정한다. 만약 여러분이 전문 상담자라면, 여러분의 내담자와 소속 기관이 여러분의 수행을 평가할 것이다.

학생들은 가끔 대학에서 그들이 하는 역할들과 전문가로서 맡을 역할들 사이에 엄청난 차이가 있을 거라고 생각한다. 학생으로서 여러분이 보이는 많은 특성들이 직업인으로서의 행동에도 이어질 것이다. 예를 들면 만약 여러분이 수업에 꼬박꼬박 참석하는 게 많이 힘들었다면, 이 습관은 아마 여러분의 업무상 약속에서도 지속될 것이다. 지역사회 기관에 일자리를 얻는 것은 매우 치열한 노력이다. 만약 여러분이 전문가의 세계로 들어가고 싶다면, 시장의 현실에 대처할 준비를 하는 것이 필수적이다.

우리는 우리 학생들에게 학교에서의 시간을 긴 구직 인터뷰라고 생각할 것을 권한다. 여러분이 학교에서 만든 관계들, 여러분이 쌓은 평판이 미래의 직업과 전문적 기회들에 접속할 때 대단히 중요한 것이다. 학습자로서 여러분이 어떻게 수행했는지는 의심할 여지 없이, 여러분이 전문직에 지원할 때 교수들이 여러분을 얼마나 강력하게 지지하고 추천할지에 영향을 미친다.

전문적 학위 과정과 진로 선택

이 장에서는 교육과정과 상담 전문직에서의 커리어를 선택할 때 다양하게 고려해야 할 점들을 소개할 것이다. 다음과 같은 주제가 어떻게 여러분에게 적용될지 생각해 보기 바란다. 상담자로 사는 것의 보상, 현실적인 기대를 만들고 이를 시험해 보기, 어떤 교육과정과 전문적인 경로를 추구할지 결정하기.

상담자로 사는 것의 기쁨과 보상

타인의 삶과 밀접하게 관련된 일을 한다는 것은 개인적으로 많은 혜택과 선물을 가져다줄 수 있다. 자신의 삶의 특성에 대해 돌아볼 기회를 많이 주는 다른 일의 종류는 많지 않다. 타인을 돕는 것은 다른 사람에게 중요한 영향을 미친다는 사실에서 만족감을 주기도 하고, 그 자체로 삶의 의미를 향상시킨다.

Radeke와 Mahoney(2000)는 연구를 통해 정신건강 종사자들은 더 나은 사람, 더 현명한 사람으로 만들고 자기 인식을 높여주는 그들의 일의 영향에 대해 인지하고 있음을 확인했다. 상담자들이 하는 일은 자신의 심리적 발달을 가속화하고, 정서적 삶을 풍요롭게 하며, 그 결과로 스트레스와 만족감 모두를 주는 경향이 있다. 자신의 일에 전념한 결과, 상담자들은 인간 관계를 더 깊이 이해하게 되었고, 모호함을 더 잘 견디며, 삶을 즐길 능력이 더 커지고, 영적인 일을 하고 있다는 자각이 생겼으며 필요할 때 자신의 개인적 가치관을 검토하고 바꿀 기회를 갖게 됐다고 보고한다. 그러나 이는 상담자들이 자주 보고하는 심리적 혜택 중 일부에 불과하다.

현실적인 기대를 갖기

상담자가 되려는 학생들은 때때로 상담을 이상화하는 함정에 빠지기도 한다. 머릿속으로, 다른 사람을 돕는 일의 좋은 점만을 보며, 영예를 과장할 수도 있다. 자신을 찾아오는 거의 모든 사람을 도울 수 있고, 심지어 상담을 찾지 않는 사람들에게까지 손을 뻗을 수 있을 거라고 상상할지도 모르겠다. 비록 추구해야 할 이상과 목표를 갖는 것이 상담자가 되어가는 과정이기는 하지만, 상담자로서 자신의 커리어가 어떤 모습일지에 대해 쉽게 비현실적인 그림을 그리게 된다. 균형 잡힌 전망을 유지하기 위해서는, 현실을 지속적으로 검증해 봐야 한다. 서로 다른 조건에서 일하고 있는 다양한 상담자들과 이야기 나눠봄으로써 자신의 상상을 확인해 볼 수도 있겠다. 그들에게 일상적으로 한 주 동안 무엇을 하는지 물어보자. 상담을 선택하고 상담자로 남아 있는 이유가 무엇인지도 질문해 보자. 특히 일이 주는 보상, 도전, 요구, 좌절에 대해서도 알아보자.

실습을 시작하면 자신의 생각과 기대의 많은 부분을 실제 세계에 비추어 확인할 수 있게 된다. 이는 또한 상담을 직업으로 고려하게 된 자신의 동기와 욕구를 다시 되짚어볼 좋은 시간이 될 것이다. 다양한 상담 환경을 관찰하고 서로 다른 집단의 내담자들과 작업해 보는 경험을 통해 상담이라는 직업이 자신의 욕구를 어떻게 채워줄지 좀더 정확한 그림을 그릴 수 있을 것이다. 우리는 이 분야에 열정이 없다는 걸 발견한 후에도 학업 과정에 남아 있는 학생들을 만나봤다. 만약 여러분이 정말로 좋아하지 않는 교육과정 중에 있다고 생각하면, 계속 남아 있을 가치가 있는지 곰곰이 생각해 보기 바란다. 이때 좋아하지 않는 특정 과목이나 필수요건들보다 프로그램의 전반적인 방향성을 갖고 평가해야 함을 명심하기 바란다.

어떤 교육 경로와 전문가적 경로를 취할지를 선택하기

이 시점에서, 여러분은 상담자가 되기를 원하는지조차 확신할 수 없을지도 모른다. 지금 2년제 전문대학에서 상담을 공부하는 중이라면, 이 과정을 마친 후 직업을 갖는 게 좋을지도 고민일 것이다. 전문대를 졸업한 후 직업을 구해 경험을 쌓은 다음, 학교로 돌아와 공부를 더 하는 방법도 있다. 다른 사람을 돕는 직업은 사회복지 보조원, 지역사회 현장방문 활동가, 가석방자와 혹은 교도소 세팅에서의 상담, 신체적인 불편함이 있는 사람들과의 상담, 중독상담에 이르기까지 다양하다. 일반적으로 더 상위 수준의 교육을 받을수록 더 많은 직업의 기회를 가질 수 있다. 학사학위의 인적 서비스 교육과정은 학생들이 광범위한 범위의 직업들, 가족과 청소년 서비스, 청소년 교정, 위기 쉼터, 거주형 요양시설(정신병원), 정신건강 병동, 노인 센터, 요양원, 장애가 있는 사람들을 위한 기관 등에 진입할 수 있도록 훈련을 제공한다.

만약 여러분이 상담, 사회복지, 혹은 심리학의 석사과정에 있다면, 석사학위를 얻기 위해 무엇이 필요한지 생각하고 있을 것이다. 여러분 중 다수는 면허가 있는 전문 상담자, 면허가 있는 결혼 및 가족 치료자, 면허가 있는 임상 사회복지사 등 자신의 목표에서 요구하는, 지도감독을 받는 인턴십 시간을 축적하길 원할 것이다. 또한 지금 박사과정으로 진학할지 혹은 그걸 장기적인 계획에 추가할지를 생각하고 있을지도 모르겠다. 많은 길이 열려 있고, 여러분은 자신에게 가장 잘 맞는 진로를 선택할 필요가 있다.

여러분이 학부생이든 대학원생이든 아마도 자신에게 꼭 맞는 프로그램을 선택하는 데 일정한 불안을 경험할 수 있다. 우리는 학생들에게 특히 현장 실습 배치에 참여할 때 새로운 생각에 대해 열려 있으라고 충고한다. 절대적인 지침이나 완벽한 선택이란 있을 수 없고, 교육과정에 들어올 때부터 구체적인 진로 목표를 가질 필요도 없다. 여러 대학들의 프로그램 자료를 모아보고, 그곳의 교수, 학생들과 이야기해 보라. 예전 학생 중 하나는 대학원 과정을 고를 때의 경험을 다음과 같이 회고했다. "내가 사회복지 아니면 상담에서 석사과정을 하려고 망설이고 있을 때 도움이 됐던 것은 각 과정의 모든 수업에 대한 설명을 실제로 읽어본 것이다. 비록 사회복지사가 더 나은 수입과 기회가 있다는 말을 듣긴 했지만, 각 프로그램의 수업들에 대한 설명은 내가 상담에 소속감을 느낀다는 사실을 명확히 해주었다."

교수들과 그들의 직업 경험에 대해 이야기 나눠보는 것 역시 시야를 넓혀줄 수 있다. 그들에게 가장 도움이 된 구체적인 교육 및 실습 배경에 대해 물어보라. 프로그램을 선택하며 자신에게 다음 질문을 해보자. "그 프로그램이 원하는 일을 하기 위해 필요한 것을 줄 것인가? 프로그램의 오리엔테이션이 내 가치관과 잘 맞는가? 나는 이 프로그램에 잘 맞을 것인가?"

인적 서비스 분야에서 상담자가 되기 위해 여러분은 다양한 경로를 취할 수 있다. 사회복지사, 정신과 임상가, 커플 및 가족 치료사, 정신건강 상담자, 심리학자, 학교 상담자. 이 전문직들의 각 전공들은 각기 다른 초점을 갖고 있지만, 모두 사람과 일한다는 공통점이 있다. 상당수가, 여러분이 무엇을 원하는지, 교육과정에 얼마나 많은 시간을 투자하려고 하는지, 어디에서 살고 싶은지, 다른 관심사는 무엇인지에 달려 있다. 어디에도 '완벽한 직업'은 없고, 모든 직업은 각각의 장점과 단점을 갖고 있다.

학부 수준의 인적 서비스 프로그램들은 지역사회 기관에서 일할 수 있는 관리자를 훈련시킨다. 인적 서비스에서 일하는 사람들은 대개 임상 사회복지사, 심리학자, 상담 전문가의 지도하에 특정 역할과 기능을 수행하게 된다. 석사학위 수준에서, 학생들은 학교상담, 정신건강상담, 중독상담, 재활상담, 상담심리학, 임상심리학, 커플과 가족 치료, 임상 사회복지 등과 같은 다양한 종류의 프로그램을 선택할 수 있다. 각각의 전공은 고유의 관점을 갖고 있으며 상담자의 역할과 기능에 대한 강조점이 조금씩 다르다.

가장 흥미롭게 느끼는 상담 전문직이 무엇이든지 간에, 여러분은 전공 영역 안에서도 아주 다양한 위치가 있다는 것을 발견하게 될 것이다. '옳은 결정'을 내렸는지에 대해 지나치게 불안해 하거나, 어떤 진로와 교육과정을 선택할지 모르겠다는 이유로 결정을 유보하지 마라.

상담 전문직에 대한 개관

이 절에 기술된 다양한 전공 실무 영역에 대해 읽는 동안, 각자의 기대를 가장 잘 충족시켜줄 특성에 대해 생각해 보라. 이 전공들은 각각의 매력을 갖고 있으나, 아마도 다른 것보다 특히 더 끌리는 한 가지를 발견하게 될 것이다. 각 전공의 전문가 조직에 대해서도 기술할 것이며, 회원가입, 컨퍼런스, 조직의 윤리 강령에 대해 더 문의할 수 있도록 각 조직들의 연락처 정보도 제공하겠다.

사회복지

사회복지는 한 개인의 내면에 대한 작업뿐만 아니라 그의 환경에 대한 이해에도 주의를 기울인다. **사회복지학** 석사과정은(Master's program in Social Work: MSW) 개별사회사업, 상담, 지역사회 개입, 사회 정책과 계획, 연구와 개발, 행정과 관리 등을 폭넓게 다룬다. 이 과정의 수업내용은 상담의 수업내용보다 더 폭넓은 편이고, 개인을 넘어선 수준에서 개입하고 변화를 가져오는 기술들을 개발하는 데 초점을 둔다. 임상 사회복지사들도 개인, 커플, 가족, 집단을 평가하고 치료하는 일을 하지만, 이들은 환경적 요인이 개인이나 가족의 문제에 강하게 영향을 미치는 것으로 보는 경향이 있다. 학문적인 수업과 더불어, 지도감독을 받는 인턴십 역시 직, 간접적인 사회 사업에 대한 사회복지사의 준비 중 하나이다.

National Association of Social Workers(NASW)

NASW 회원은 모든 전문 사회복지사들에게 열려 있고, 학생 회원 범주도 있다. 회원 혜택으로써 사회복지와 NASW 뉴스를 발행하는 NASW 소식지는 전문성 신장을 위한 주요 서비스이다. NASW는 또한 관련 주제에 대해 다수의 팜플렛을 제공한다. 추가 정보는 웹사이트에서 찾아볼 수 있다. www.social-workers.org

커플과 가족 상담

커플과 가족 상담의 특별한 점은 주로 관계를 다룬다는 것이다. 이는 가족체계 관점에서 내담자들을 평가하고 치료한다. 커플과 가족 치료의 석사 혹은 박사 과정 학생들은 이론뿐만 아니라 평가와 치료에 관한 다양한 수업을 듣는다. 학생들은 또한 어린이와 성인, 커플과 가족을 대상으로 한, 지도를 받는 현장실습에 폭넓게 참여한다. 상담의 석사과정 중 다수도 관계 상담, 혹은 커플과 가족 치료를 하나의 전문영역으로 제공한다. 훈련 프로그램의 요소들에는 체계 이론에 대한 학습, 원가족 탐색, 커플과 가족들과 작업할 때, 특수한 윤리적·전문적 이슈들에 대한 내용이 포함된다. 대부분의 주에서 결혼과 가족 치료자 면허를 발급한다. 기본으로 석사학위에 다수의 인턴십 경험과 자격 시험 통과를 요구한다. 커플과 가족 치료 전문영역에서 학위를 받고 싶다면 개인의 맥락에서 사고하던 패러다임을 구조를 보는 방식으로 전환할 필요가 있다.

American Association for Marriage and Family Therapy(AAMFT)

AAMFT는 학생 회원 범주가 있다. 이 조직은 매해 10월에 열리는 컨퍼런스를 후원한다. 회원 지원서나 추가 정보는 웹사이트를 참고하기 바란다. www.aamft.org

International Association of Marriage and Family Counselors(IAMFC)

IAMFC 회원들은 온라인으로 토론을 하고 연구 관심사가 유사한 사람들과 네트워크를 만들 기회가 있다. 그 주제들로는 혼합가족, 가해자 상담, 별거 및 이혼 상담, 약물 중독, 명상, MFT 훈련, 게이·레즈비언·양성애 이슈들, 군인 가족들, 성폭력 가해자들, 정신질환에 대한 체계 중심 개입, 성폭력 생존자들, 학교에서 가족 개입들, 다문화적 상담, 가족과 폭력 등이 있다. 추가 정보는 웹사이트를 참고하기 바란다. www.iamfc.org

임상 및 상담 심리

임상과 상담 심리는 서로 다른 전문성을 갖고 있으나, 그들의 전문적 기능을 분명하게 나눌 경계가 없으므로, 이 둘을 함께 논의하겠다. 여러분이 석사학위를 얻은 후 사회복지사, 상담자, 커플 및 가족 치료자 면허를 갖는다 하더라도, 사실 심리학자라고 자신을 칭할 수 없다. 상담 및 임상 심리 모두, 면허 교부를 위해서는 박사학위를 요구한다. **임상심리학자**는 경미한 수준에서부터 심각한 수준까지 정신적으로 불안정한 사람들을 평가, 진단, 치료하는 절차에 초점을 맞춘다. 그들은 내담자를 인터뷰하고 사례 보고서를 작성한다. **상담심리학자**는 상대적으로 건강한 사람들이 발달적인 문제를 해결하고 보다 효과적으로 기능할 수 있도록 돕는다. 그들은 내담자가 개인적, 직업적 선택을 하기 위해 정보를 찾고 사용할 수 있도록 돕는다. 양쪽 전공 모두 전문 심리학자는 주로 개인, 커플, 가족과 집단에게 심리치료를 제공하지만, 가르치거나 연구를 수행하기도 한다. 두 전공 모두 처치와 프로그램을 평가하고 내담자가 행동 전략을 짤 수 있게 돕는 것에 초점을 맞춘다. 임상 및 상담 심리학자는 종종 같은 장소에서 일하기도 한다.

American Psychological Association(APA)

APA는 미국에서 심리학을 대표하는 최고 규모의 체계적, 전문적 기관으로, 학생회원이 아닌, 학생제휴 범주(대학원생 회원)를 갖고 있다. 매해 8월에, APA는 전국적 컨퍼런스를 개최한다. 추가 정보는 웹사이트를 참고하기 바란다. www.apa.org

American Counseling Association(ACA)

학생회원은 학부생, 대학원생 모두 가능하다. 이 기관은 매해 3월에 열리는 전국 컨퍼런스를 후원하고, 온라인 회의 또한 제공한다. ACA는 멤버십, 학회지, 서적, 통신 교육 프로그램, 비디오와 DVD 프로그램, 책임보험에 대한 자세한 정보뿐만 아니라 상담 전문직의 다양한 측면에 대한 정보를 제공하는 카탈로그를 만든다. 추가 정보는 웹사이트를 참고하기 바란다. www.counseling.org

자격 면허가 있는 전문 상담자

대부분의 주(state)에서 발급하는 주된 자격 면허들은 공인 전문 상담자, 공인 정신건강 상담자, 공인 임상 사회복지사, 공인 심리학자, 공인 결혼 및 가족 치료자 등이다. 자격증을 취득하기 위해, 응시자는 대개 먼저 전공 전문 분야의 석사(혹은 심사위원회에서 정한 수준의)학위를 확보해야 한다. 그 외에도, 최소 지도감독하의 임상 수련 시간을 충족해야 하고, 필기시험과 때에 따라서는 구술시험도 통과해야 한다.

자격 발급 규정은 자격증을 가진 자가 무엇을 할 수 있는지를 구체화하며, 전문가의 임상수행 내용을 결정하고 관리한다. 전문 자격 면허가 있는 사람은 임상적 과제를 일반적으로 수행하는 데 최소한의 능력이 있는 것으로 간주된다. 상담의 주 면허는 특정 주에서 상담자로 일할 수 있고 스스로를 면허가 있는 상담자라고 부를 수 있다는 허가이다. 상담자에 대한 주 면허의 이름들은 주에 따라 다양하다. 예를 들면, Licensed Professional Counselor(LPC), Licensed Professional Clinical Counselor(LPCC), Licensed Mental Health Counselor(LMHC), Licensed Clinical Professional Counselor(LCPC) 등이 있다. 주별로 필수요건이 다르므로, 여러분이 일하고 싶은 주에서 요구하는 자격 면허를 위한 과목들과 슈퍼비전 필수 사항들을 익혀두는 게 중요하다.

자격 면허는 일반인들에게 이 상담자가 최소 교육과정을 마쳤고, 일정 시간 지도감독 아래서 훈련을 받았으며, 평가와 검증 과정을 통과했다는 것을 보증하는 것이다. 그러나 자격 면허는 이 상담자가 면허가 허용한 일을 유능하게 할 수 있다는 걸 보증하지도 않고, 보증할 수도 없다. 자격 면허의 주된 이점은 극도로 부적격하고 훈련받지 않은 상담자들로부터 일반인들을 보호하고, 일반인들에게 상담자가 저명한 전문직 중 하나라는 사실을 공식적으로 표명하는 것이다.

American Mental Health Counselors Association(AMHCA)

AMHCA는 7,000명 이상의 임상 정신건강 상담자들의 공동체이다. 그 임무는 면허 교부, 옹호(advocacy), 교육, 전문성 개발을 통해 임상 정신건강 상담의 전문성을 진작시키는 것이다. AMHCA의 비전은 교육, 훈련, 면허 발급, 관행, 옹호, 윤리에 있어 일관된 기준을 갖고, 자격 면허를 받은 임상 정신건강 상담자들과 주 지부들을 대표하는 전국적인 조직이 되는 것이다. AMHCA는 학생과 전문가 회원 범주를 모두 갖고 있으며, 연차 컨퍼런스를 후원하고, 윤리 강령을 작성하였다. 추가 정보는 다음 웹사이트를 참고하기 바란다. www.amhca.org

학교상담

Neukrug(2012)는 취업지도 요구에 대한 부응이었던 학교상담 초기부터 오늘날 하나의 전문직으로 점점 성장하는 생존력에 이르기까지, 그 역사적 발달을 추적했다. 학교상담의 인가 지침은 지난 20년 동안 시행되어 왔고, 이는 학교 상담을 상담 전문 분야로서의 책임감 측면에서 더 진전할 수 있게 만들었다. 현재 모든 주에서 학교 상담자에게 석사학위를 요구하고 있고, 전문가 조직들은 입법 발의와 자격증 수여를 공식적으로 수립하기 위한 지지 운동과 로비 활동을 벌이고 있다.

학교 상담자들은 초등학교, 중학교, 고등학교에서 개인상담, 집단상담, 집단 지도, 자문(consultation), 옹호(advocacy), 조정(coordination) 등과 같은 광범위한 역할을 수행한다. 학생들과 작업하는 것 이외에도, 많은 학교 상담자들은 교사들, 행정가들, 때로는 학부모들에게 자문을 제공한다. 학교 상담자들은 학생들과 다양한 교육 이슈들에 관해 작업하지만, 이 중 다수가 개인적이고 사회적인 상담 또한 진행하기도 한다. 다문화적 관점에서, 학교 상담자들은 언어 장벽을 낮추기 위해 노력하고, 소수자 학생들의 편에 서서 옹호하며, 학교 공동체가 문화적 다양성 이슈에 민감해질 수 있도록 하고, 교육 자료들이 학생들의 문화에서 적절한지 확인하며, 포괄적으로 발달적 상담 및 지도 프로그램을 수립해야 하는 과제들을 갖고 있다(Neukrug, 2012).

American School Counselors Association(ASCA)

ASCA는 학교상담에 전념하는 주요 전문가 조직이다. ASCA는 윤리 강령을 갖고 있으며 학생 회원 범주가 있다. 추가 정보를 위해서는 웹사이트를 참조하기 바란다. www.schoolcounselor.org

재활상담

재활상담은 의학적·물리적·발달적·인지적·정신적 장애를 가진 사람들이 그들의 개인적·직업적·독립적 생활 목표를 성취할 수 있도록 가능한 한 가장 통합적인 환경에서 도움을 주는 개인 중심의 프로그램 및 서비스이다. 이 분야는 모든 개인은 독특한 문화적 특성을 갖고 있다는 인본주의적 가치와 신념에 근거하고 있다. 재활상담은 의학적, 물리적, 심리사회적, 직업적 개입들의 전체적이고 통합적인 프로그램이다[재활상담자자격위원회(Commission on Rehabilitation Counselor Certification, CRCC, 2014)]. 재활상담자들은 만성적인 질병이나 장애가 있는 사람들이 그들 환경과 상호작용을 충만하게, 사회적으로 의미 있게, 기능 측면에서도 효과적으로 함으로써, 각자가 최대 수준의 독립성과 심리사회적 적응을 획득해 낼 수 있는 힘을 부과하기 위해, 직업적·정신건강적·사례 관리적 상담 전략들을 사용한다.

역사적으로 재활상담자들은 주로 '재활상담사'라는 직함을 갖고 주-연방 직업 재활 프로그램 내에서 일해왔다. 그러나 수년 동안, 다수의 재활상담자들이 약물 남용 상담자, 사례 관리자, 직업 혹은 진로 상담자, 직무 배치 전문가, 더 최근에는 면허가 있는 전문 상담자 등 다른 직종에서 전문성을 쌓고 수련해 오고 있다(Dew & Peters, 2002; Goodwin, 2006).

Commission on Rehabilitation Counselor Certification(CRCC)

현재의 재활상담 수행은 1972년, 재활교육위원회[Council on Rehabilitation Education(CORE, 2014a)]가 석사 수준에서 재활상담자로서 업무를 할 때 필요한 핵심 내용과 능력들을 정립했을 무렵부터 발전하기 시작했다. 1974년 CRCC는 상담 전문가 중에서 처음으로 자격증을 수여하는 단체가 되었다. 이 조직은 석사학위 수준의 공인된 재활상담자(Certified Rehabilitation Counselor, CRC) 자격증을 제정하며, 실무의 전문적 기준과 윤리 강령을 발전시켰다

(Stebnicki, 2009a).

　　CORE가 인가한 모든 프로그램에 대한 최근 조사 결과에서는 모든 재활 상담자 훈련 프로그램의 60%가 집중적으로 주안점을 둘 세부전공을 권하는 것으로 나타났다. 가장 빈번히 눈에 띄는 영역으로는 약물 남용 상담, 임상적 정신건강 상담, 난청과 청력 손상 상담 등이 있다(Goodwin, 2006). 재활상담 전문직에 대한 추가 정보는 웹사이트를 참고하기 바란다. www.crcertification.com

　　CORE의 인가를 받은 프로그램에서 가장 눈에 띄는 변화 중 하나는 2012년 12월 7일에, CORE와 Commission on Accreditation of Counseling and Related Programs(CACREP)가 역사적인 협정을 맺고, CORE가 CACREP의 제휴 법인이 됐다는 사실이다. 이 협정에 따라 새롭게 채용된 CORE/CACREP 기준에서 인가를 신청하기로 한 CORE 프로그램은 임상 재활 상담 프로그램(Clinical Rehabilitation Counseling Program)에도 지원할 수 있다. 이 전공을 선택한 모든 CORE 프로그램은 기준, 내용, 지식 영역이 상담 전문직에 맞게 조정되었는지를 보증하기 위해, CORE와 CACREP 양쪽 모두의 평가위원들이 공동으로 조사하는 인가 평가 과정을 반드시 거쳐야만 한다(CORE, 2014b). 재활상담 내 임상 전공을 둔 의도는 구조, 틀, 내용들을 주 자격위원회와 연방 정부의 채용 자격 관례와 좀더 일관성 있게 만들기 위해서이다.

약물과 알코올 상담

중독은 오늘날 미국의 주된 공중 보건 이슈들 중 하나이다. 약물 남용 상담자는 다양한 중독에 대한 교육, 예방, 개입, 치료 업무에 활발하게 참여한다. 이 분야의 상담자들은 다양한 환경에서—사설·공공 치료 센터, 거주형 치료 시설, 병원, 개인 개업, 지역사회 기관 등—치료를 제공한다.

National Association of Alcohol and Drug Abuse Counselors(NAADAC)

NAADAC는 중독 전문가들이 윤리적 기준에 맞춰 실무를 할 수 있게 노력하는 주요 전국적 전문 기관이다. NAADAC의 임무는 교육, 주창, 지식, 실무의 기준, 윤리, 전문성 발달, 연구를 통해 중독에 집중하는 전문가가 탁월함을 성취할 수 있도록 이끌고 통합하고 힘을 부여하는 것이다. 더 많은 정보는 웹사이트를 참고하기 바란다. www.naadac.org

준전문가, 비인가 복지 인력들(paraprofessional and nonlicensed human services workers)

지역사회 내에는 다양한 내담자들이 심리적 지원을 필요로 한다. 그러나 이를 충족시킬 수 있는 전문 면허를 가진 상담자는 충분하지 않은 것이 명백한 사실이다. 게다가, 비용을 감당할 수 없는 사람들은 정신건강 서비스를 이용할 수가 없다. 이러한 현실에 맞닥뜨려 많은 정신건강 분야들은 비인가 인력에게 일정한 심리적 서비스를 제공할 수 있도록 훈련과 슈퍼비전을 주기로 결론내렸다.

비인가 복지 인력, 때때로 **준전문가**라고 부르는 이들은, 석사학위, 학사학위, 2년제 준학사학위, 복지의 특정 분야 자격증을 갖고 있거나, 혹은 그 분야의 전문가로부터 공식적인 훈련을 받은 경우이다. **준전문적 상담자**는 면허가 있는 정신건강 전문가들이 전통적으로 제공하던 서비스 중 일부를 수행할뿐만 아니라, 옹호나 지역사회 동원과 같은 더 폭넓은 역할들에도 개입한다. 준전문가(paraprofessional)란 용어의 의미는 "일부 기술과 전문직에서 요구하는 본성적인 상담능력을 지닌 사람들이며, 그들은 주로 훈련과 책임소재의 이유로, 전문가의 지도 아래 도움이 필요한 사람들과 직접적으로 작업한다"(Brammer & MacDonald, 2003, p.17).

준전문가들은 종종 **전반적인 문제를 관리하는 인적 서비스 종사자**로, 학부 수준에서의 교육과 훈련을 받은 사람들이다. 이들은 다양한 직함을 갖고 있는데, 지역사회 지원 담당자, 복지 담당자, 보조 사회 사업가, 알코올이나 약물 남용 상담자, 정신건강 기술자, 보모, 지역사회 현장 개입가, 거주 상담자, 내담자 옹호자, 위기 개입 상담자, 지역사회 조직가, 정신의학 기술자, 교회 복지사, 사례 관리자 등이 있다(Woodside & McClam, 2015).

도움이 절실히 필요한 사람에게 얼마나 양질의 서비스를 전달해야 하는

가는 논쟁적인 주제이다. 모든 정신건강 전문가들이 비인가 인력들과 준전문적 상담가를 사용하는 데에 점점 더 적극적인 태도를 보이지는 않는다. 어떤 이들은 훈련이 충분하지 않은 사람들이 긍정적인 영향보다 해를 끼칠 수 있는 위험에 대해 지적한다. 또 다른 이들은 가난한 사람은 질 낮은 서비스를 받게 될 거라고 주장한다. 어떤 이들은 점점 더 많은 상담자들이 슈퍼비전이나 필요한 훈련 없이도 현장에 투입될 수 있음을 우려한다. 한편에선 만약 비인가 상담자들이 전문가가 하는 것과 유사한 서비스를 제공하게 될 경우, 자신의 일자리나 수입이 위태로워질 거라고 걱정한다.

준전문적 상담자는 그 분야에서 기대하지 않았던 역할과 책임들을 효과적으로 수행하며, 복지 분야에 긍정적인 영향을 끼친 것으로 나타나고 있다 (Woodside & McClam, 2015). 서비스 기관들은 준전문적 노동자들도 실제로 훈련받은 전문가만큼이나 효과적으로—더 저렴한 비용으로—특정 서비스를 제공할 수 있다는 것을 발견하고 있다.

National Organization for Human Services(NOHS)

전국휴먼서비스조직(National Organization for Human Services: NOHS)은 교육, 장학금, 실습을 통해 복지를 우수하게 실천할 수 있게 한다는 임무를 갖고, 다양한 교육적 전문적 배경을 가진 회원들로 구성되었다. 일반적인 멤버십은 교육자와 실무자들에게 열려 있고, 학생 멤버십도 가능하다. NOHS의 연차 컨퍼런스는 매해 10월이다. 추가적인 정보는 웹사이트에서 확인하기 바란다. www.nationalhumanservices.org

진로선택에서 고려해야 할 가치들

일반적으로 사람들은 진로를 선택할 때 일련의 단계들을 거친다. 전문 분야를 정할 때 실제 상담자나 교수들로부터 정보를 얻으면 도움이 된다. 그러나 자신의 진로를 결정하면서 타인의 충고에 전적으로 의존할 수는 없을 것이다. 요즘 같은 세상에서는 다방면에 지식을 가진 사람이 되는 것이 점점 더 중요해지고 있다. 만약 여러분이 다양한 호소 문제를 다룰 수 있다면 관리의료 체계 내에서 일자리를 얻을 확률이 높아질 것이다. 여러분이 특정 분야의 전문성을 쌓았다고 하더라도 유연성은 시장의 변화하는 요구를 충족시키기 위해 필수적이다.

궁극적으로 여러분은 어떤 진로가 자신의 재능에 가장 잘 맞고, 최고의 성취감을 줄지 스스로 결정해야 한다. 진로를 선택하는 과정에서, 자신의 자아개념, 동기와 성취, 흥미, 능력, 가치관, 직업에 대한 태도, 사회경제적 지위, 부모의 영향, 민족 정체성, 성, 신체 · 정신 · 정서 · 사회적 장애 등을 고려해야 한다. 여러분의 가치관은 진로 선택에 영향을 주므로, 진로 포부에 자신의 가치관이 잘 어울리는지 평가하고, 확인하고 명료화하는 작업이 필요하다.

여러분의 **직업 가치관**은 직업에서 무엇을 달성하고자 하는지와 관련 있다. 직업 가치관은 전체적인 가치 체계에서도 중요한 측면이다. 자기 삶에 의미를 가져다주는 것이 무엇인지를 인식하는 것은 자신에게 가치가 있는 진로를 찾는 데에 아주 핵심적이다. 직업 가치관의 몇 가지 예를 들자면, 타인을 돕는 것, 사람들에게 영향을 미치는 것, 의미를 찾는 것, 명성을 얻는 것, 지위를 얻는 것, 유능함, 우정, 창의력, 안정성, 인정, 모험, 신체적 도전, 변화와 다양함, 여행을 다닐 수 있는 기회, 도덕적 만족, 독립심 등이 있다. 특정 가치들은 특정 직업과 관련 있으므로 이는 여러분과 잘 맞는 직업을 선택할 때 근거가 된다. 일에 관련된 자신의 가치가 무엇인지 구체화하는 방법으로서, 다음의 목록들을 체크해 보자.

다음 문항을 읽으면서 자신에게 얼마나 중요한 가치인지를 판단해 보라. 자신에게 적합한 정도에 따라 점수를 매겨보자.

4＝매우 중요한
3＝중요하지만 우선순위는 아닌
2＝약간 중요한

1＝중요하지 않거나 거의 중요하지 않은

___ 1.   **높은 임금** : 높은 월급수준 혹은 다른 경제적 소득의 기회

___ 2.   **파워 혹은 힘** : 타인에게 영향을 미치거나, 이끌고, 지시할 수 있는 기회

___ 3.   **명성** : 타인으로부터 존경과 경탄을 받을 수 있는 기회

___ 4.   **직업 안전성** : 해고와 경제적 변화로부터 안전함

___ 5.   **다양성** : 직업에서 다양한 일을 할 기회

___ 6.   **성취** : 목표를 달성할 수 있는 기회

___ 7.   **책임감** : 타인을 책임 있게 담당할 기회. 신뢰감을 줄 수 있음

___ 8.   **독립성** : 짜여진 시간과 제재로부터 자유로움

___ 9.   **가족관계** : 직업 외에 가족과 함께 보낼 수 있는 시간

___ 10. **흥미** : 나의 흥미 분야와 일치하는 일들

___ 11. **사람들을 위해 봉사할 수 있는 기회** : 타인의 삶에 중요한 영향을 미치거나 자력으로 도울 수 있도록 하는가

___ 12. **모험** : 직업에 있어서 짜릿함을 맛볼 수 있는가

___ 13. **창의성** : 새로운 생각이나 창의적인 수행을 할 수 있는 기회

___ 14. **내적 조화** : 일을 통한 평화와 만족

___ 15. **팀워크** : 공통의 목표를 위해 타인과 함께 협동할 수 있는 기회

___ 16. **지적 도전** : 고도의 문제 해결과 창의적 사고를 할 기회

___ 17. **경쟁** : 타인과 경쟁할 필요성 제기

___ 18. **발전** : 승진의 기회

___ 19. **끊임없는 학습** : 배움과 현재 지식에 대한 끊임없는 도전

___ 20. **구조화된 과정** : 요구되는 반응들이 예측 가능한 일들

목록을 다시 살펴보고 상위 가치들 세 가지가 무엇인지 확인해 보자—여러분이 직업에서 꼭 필요하다고 여기는 것들이다. 체크한 내용들은 무엇을 말해주는가? 그 외 일에서 극히 중요하다고 여기는 가치는 무엇인가? 이러한 가치들 중 몇 가지를 명확히 하기 위해 다음과 같은 질문을 해보자. 다양한 사람들과 일하는 것을 좋아하는가? 문제상황에 처했을 때 타인에게 도움을 요청

할 수 있는가? 내가 타인에게 권한 것을 내 삶에서도 할 가치가 있다고 여기는
가? 다른 사람의 문제를 돕는 것에 대해 어떻게 생각하는가? 일을 수행할 때
사람들을 조직하고, 조정하고, 이끄는 것에 흥미가 있는가? 내가 설계한 프로
젝트를 수행하길 좋아하는가, 아니면 내가 참여할 수 있는 프로젝트에 아이디
어를 줄 타인을 찾아보는 편인가? 여러분의 가치와 흥미는 서로 얽혀 있다. 그
것들을 확인하는 것은 자신이 가장 만족스러워 할 일의 분야를 찾는 데에 도
움이 될 것이다.

전문성 여정을 설계하기 위한 제안들

Conyne와 Bemak(2005)의 책, *Journeys to Professional Excellence; Les-
sons From Leading Counselor Educators and Practitioners*에서는 15명의
상담 분야 전문가들이 각자의 개인적이고 전문적인 여정을 공유한다. 그들은
자신의 진로를 어떻게 결정하였는지, 어떤 도전들에 맞닥뜨렸는지, 그들의 성
공과 실패에 어떤 요인들이 기여했는지, 어떻게 개인적 삶과 전문적 일의 균
형을 유지하고 있는지, 상담 분야에 들어서고자 하는 후배들을 위해 어떤 조
언을 하고 싶은지 등에 대해 이야기한다. 이들의 이야기 중 공통되는 주제 몇
가지를 요약하고 이 조언들을 이 분야에 입문한 사람들과 학생들에게 하고자
한다.

- 뻗어나갈 기회를 찾아라. 자신의 한계보다 가능성에 주목하라.
- 개인적인 삶에 대한 것이든 업무와 관련된 것이든 필요할 땐 도움을
  구하라.
- 여러분에게 지지적이고 격려를 주는 집단을 찾아라.
- 적어도 한 명의 멘토를 찾고 상담 전문 분야에 있는 사람들과 밀접하
  게 네트워크를 만들라.

- 슈퍼비전을 받고 피드백과 학습에 열려 있어라.
- 삶에서 가장 중요한 사람들과 연결되어 있어라. 가족과 영적인 핵심을 위해 시간을 마련하라.
- 개인적인 성장과 전문적인 성장의 여정을 통합하기 위해 노력하라. 모든 면에서 자신을 돌보는 데 전념하라.
- 다른 문화권 사람들에 대해 배우고 문화적으로 유능해져라.
- 겸손하고 열려 있어라. 진정한 자기로 머물라. 다른 사람으로부터 배우고 이를 자기 것으로 통합하라.
- 직관의 목소리를 듣고 자신만의 길을 만들어가라.
- 실수를 실패가 아닌, 성장과 변화를 위한 기회로 생각하라.
- 장, 단기 목표를 모두 세워라.
- 받은 교육의 대부분은 금방 유효기한이 지나버린다는 걸 기억하라.
- 장애물, 실망스러운 일, 실패는 모두 잘 배울 수 있는 순간임을 인식하라.
- 유머 감각을 유지하라.
- 여러분은 미래의 일부이다. 여러분은 중요한 변화를 만들 수 있다. 개인적 변화와 사회적 변화의 주체가 되라.
- 열심히 일하고 자신을 위해 기준은 높이 세우되, 원하는 것을 전문적으로 달성하기 위해서는 현실적인 목표와 기대를 찾아라.
- 쉽게 낙담하지 마라.
- 전문가 조직에 가입하고 컨퍼런스에 참여하라.
- 읽고, 토론하고, 성찰하며, 일기를 쓰라.
- 일의 경제적 측면에 집중하지 마라.
- 상담 분야 이외의 흥미를 개발하라.
- 자신의 강점과 한계를 인식하라. 자기 탐색과 치료적 경험의 기회를 찾아라.
- 삶을 단순하고 열정적으로 만들라.
- 꿈을 꾸길 두려워하지 말고 자신의 열정을 추구할 용기를 가져라.
- 자신의 영향력의 영역을 확인하고, 그것을 할 수 있는 힘이 있을 때 행하라.

- 훈련을 받는 동안, 때로는 낙담하고 정말 중요한 것에 집중하기 어려울 수 있다. 그때는 이 목록들을 다시 살펴보고, 추진력을 얻는 방법으로 사용하라. 여러분에게 가장 크게 다가오는 항목을 심사숙고하라. 어떤 미래를 개인적으로나 전문적으로 원하고 있는가? 여러분이 가장 원하는 것을 얻기 위해 지금 행동을 시작하라.

자기 진단 : 상담에 대한 태도와 신념 검사

자기 진단은 모든 상담자에게 있어 계속되는 과정이다. 아래의 목록을 완성해 보면서 자신의 신념과 가치가 좀더 명확해질 것이다. 아래 문항들은 이 책에서 제시된 이슈들과 주제들을 소개하고, 여러분의 생각과 흥미를 고무하기 위해 고안되었다. 각 질문들에 단숨에 대답하려 하지 말고, 온전히 집중하며 곰곰이 생각해 보자.

아래의 문항들은 '하나의 정답'을 고르는 전통적인 선다형 시험이 아니다. 이보다는 상담 과정에 관한 특정 주제에 대해 여러분이 갖고 있는 기본적인 신념, 태도, 그리고 가치들을 알아보기 위한 것이다. 각각의 질문을 잘 읽고 이 시점에서 자신의 관점을 가장 잘 반영하는 문장을 골라보자. 많은 경우에, 각 대답들은 서로 배타적이지 않기 때문에 원한다면 하나 이상의 답도 가능하다. 게다가 각 문항은 빈 줄이 있어, 여러분의 생각에 좀더 맞는 응답을 적거나 선택한 응답에 단서를 달 수도 있게 하였다.

또한 각 문항에는 두 개의 빈칸이 있다는 점에 주목해 보자. 왼쪽 빈칸은 이 책을 처음 시작할 때의 응답을 적고, 책을 다 읽고 나서는 다시 오른쪽 칸에 답을 써보자. 처음 한 응답에 영향받지 않기 위해서는 왼쪽 칸을 가리는 것이 좋다. 이 책을 읽으면서 자신의 태도가 어떻게 변했는지 알 수 있을 것이다.

___ ___1. **유능한 상담자** 상담자들의 개인적 특징들은
  a. 상담 과정과 실제로는 무관하다.

b. 상담 과정의 질을 결정하는 가장 중요한 변인이다.

c. 정신건강 종사자들에게 가르침을 준 사람들에 의해 조형되고 주조된다.

d. 상담자가 가진 기술과 지식만큼 중요한 것이 아니다.

e. _____

___ ___ 2. **개인적 특질** 다음 중 유능한 상담자의 개인적 특성 중 가장 중요하다고 여기는 것은

a. 내담자에게 모델이 되고자 하는 자발적 의지

b. 용기

c. 개방성과 정직

d. 인간으로서 '중심잡힌' 존재감

e. _____

___ ___ 3. **자기 개방** 상담자의 자기 개방은 내담자에게

a. 상담관계를 형성하는 데 필수적이다.

b. 적합하지 않으며 그저 내담자에게 부담이 될 뿐이다.

c. 내담자에게 도움이 된다고 판단할 때만 드물게 해야 한다.

d. 상담자와의 공식적인 관계 맥락에서 상담자가 내담자를 어떻게 생각하고 있는지를 나타내는 데 유용하다.

e. _____

___ ___ 4. **상담료** 상담료를 낼 수 없어서 상담을 더이상 지속할 수 없는 내담자가 있다면,

a. 무료로 상담을 하면서 대신 내담자가 지역사회에서 자원봉사하기를 기대한다.

b. 내담자가 갈 수 있는 다른 상담자들을 소개한다.

c. 상담료에 상응하는 물건이나 서비스를 제공할 것을 제안한다.

d. 내담자가 낼 수 있는 수준으로 상담료를 조정한다.

e. _____

___ ___5. **변화** 상담에서의 변화를 가져오는 가장 중요한 요인은

a. 상담자가 어떤 사람인가

b. 상담자가 사용하는 기술과 기법

c. 내담자가 지닌 변화에 대한 동기

d. 상담자의 이론적 틀

e. _____

___ ___6. **핵심 자질** 다음중 유능한 상담자의 가장 중요한 자질이라고 생각하는 것은

a. 상담과 인간행동에 대한 이론적 지식

b. 기법을 적절하게 사용하는 능력

c. 진실성과 개방성

d. 치료계획을 구체화하고 결과를 평가할 수 있는 능력

e. _____

___ ___7. **현장 실습** 상담현장 배치에 관련하여

a. 아직 상담현장에서 일할 준비가 되지 않았다고 느낀다.

b. 직업처럼 대할 것이다.

c. 내가 이후 직업에서 최종적으로 맡고 싶은 범주의 내담자에 국한하여 작업할 것 같다.

d. 나에게 도전이 될 만한 내담자와 작업을 하고 싶다.

e. _____

___ ___8. **유능성** 유능한 상담자가 되기 위해서, 나는

a. 내담자의 문화적 배경에 대해 깊이 있는 지식을 가져야 한다.

b. 내담자와 작업하고 있는 영역에서 어떤 개인적 갈등도 없어야 한다.

c. 내담자가 호소하는 문제와 같은 경험이 있어야 한다.

d. 상담 분야로 가고자 하는 나의 욕구와 동기에 대해 인식하고 있어야 한다.

e. ———————————————————

____ ____9. **상담관계** 상담자 - 내담자 관계와 관련하여

    a. 상담자는 객관적이고 중립적이어야 한다.

    b. 상담자는 내담자에게 친구 같아야 한다.

    c. 우정은 아니지만 사적인 관계가 필수적이다.

    d. 사적이고 따뜻한 관계는 중요하지 않다.

    e. ———————————————————

____ ____10. **개방성** 나는 내담자에게 개방적이고 정직해야 한다.

    a. 내가 내담자를 좋아하고 존중할 때에.

    b. 내담자에게 부정적인 감정을 갖고 있을 때에.

    c. 상담자 - 내담자 관계에 부정적인 영향을 주지 않기 위해, 거의 그렇게 하지 않는다.

    d. 직관적으로 그게 옳다고 느껴질 때만 그렇게 한다.

    e. ———————————————————

____ ____11. **윤리적 의사결정** 윤리적인 딜레마에 맞닥뜨렸을 때, 내가 취할 첫 번째 조치는

    a. 슈퍼바이저와 상의하거나 자문을 구한다.

    b. 스스로 문제를 해결하고자 시도한다.

    c. 문제의 본질이나 문제들을 규명한다.

    d. 내담자에게 이야기하고 이러한 딜레마를 작업하는 데 함께 참여하도록 한다.

    e. ———————————————————

____ ____12. **불충분한 슈퍼비전** 내가 원하고 필요로 하는 슈퍼비전을 받지 못한다면 나는

    a. 그 상황에 충실하고 어떤 문제도 일으키지 않는다.

    b. 슈퍼바이저에게 적절한 지도감독을 제공하도록 요구한다.

    c. 자기주장 기술을 익히고 슈퍼비전을 통해 내게 필요한 것을 지속적으로 요구한다.

　　　　d. 동료들과 동료 슈퍼비전 집단을 만들어서 당면한 관심에 대해 함께 의논한다.

　　　　e. ─────────────────────

___ ___ 13. **역량** 실습 중에 슈퍼바이저가 맡아보라고 권유하는 내담자가 내 능력 이상이라는 확신이 들 때 나는

　　　　a. 슈퍼바이저와 이 문제를 우선적으로 의논한다.

　　　　b. 슈퍼바이저에게 추가적인 도움과 나와 함께 직접적으로 개입해줄 것을 요청한다.

　　　　c. 부정적 결과가 두려워 그 상황을 무시한다.

　　　　d. 내 능력 이상의 어떤 서비스에도 참여하길 거절한다.

　　　　e. ─────────────────────

___ ___ 14. **문화적인 유능성** 다문화적인 지식과 기술 없이, 문화적으로 다양한 집단과 작업하는 상담자는

　　　　a. 효과적인 서비스를 제공할 수 없을 것이다.

　　　　b. 비윤리적 행동에 죄책감을 느낄 것이다.

　　　　c. 강의를 듣거나 독서, 평생교육 등을 통하여 다문화적 지식을 획득해야 한다.

　　　　d. 상담관련 소송을 받을 가능성이 크다.

　　　　e. ─────────────────────

___ ___ 15. **까다로운 내담자** 대하기 힘든 내담자와 상담할 때, 내 접근은 아마도

　　　　a. 내담자의 행동에 대한 내 반응에 대해 내담자와 이야기한다.

　　　　b. 내 반응을 지속하면서 내담자보다 우위를 점할 방법을 찾는다.

　　　　c. 슈퍼바이저나 동료와 함께 내담자를 대할 방법을 의논한다.

　　　　d. 내담자가 보이는 저항을 존중하려 노력하며, 내담자가

자신의 태도와 행동을 탐색하도록 격려한다.

e. ———————————————————

___ ___ 16. **준비됨** 나는 타인에게 전문적인 도움을 줄 준비가 되지 않은 듯하다.

a. 현재 하고 있는 프로그램을 다 마치기 전에는

b. 특정 분야의 전문가가 될 수 있는 자신의 전공을 개발하기 전까지는

c. 내가 유능하다고 느끼고 그에 대해서 확신하기 전까지는

d. 자신에 대해 잘 알고 있고 내 삶과 주변의 관계를 지속적으로 탐색하는 능력을 갖게 되기 전까지는

e. ———————————————————

___ ___ 17. **성적인 끌림을 다루기** 내담자가 나에 대해 뚜렷한 호감 또는 불쾌감을 드러낸다면, 나는

a. 즉각적으로 이 문제를 슈퍼비전에서 의논한다.

b. 어떻게 반응해야 할지에 대해 갈피를 잡을 수 없을 것 같다.

c. 빠른 시간 안에 내담자를 다른 상담자에게 의뢰한다.

d. 자기 개방을 통해 내담자에게 내가 어떻게 영향받고 있는지를 알린다.

e. ———————————————————

___ ___ 18. **다양성** 자신과 성별, 인종, 나이, 사회계층, 성적 지향이 다른 내담자를 상담하는 상담자들은

a. 내담자들에게 끊임없이 시험당할 것이고, 신뢰를 만드는 것은 거의 불가능할 것이다.

b. 내담자와 상담자 간의 차이점이 주는 의미를 이해할 필요가 있다.

c. 문화적으로 유능한 상담자가 될 수 있는 지식과 기술을 획득하려고 한다면 이 상황은 매우 도움이 될 것이다.

d. 이런 차이들로 인해, 상담이 내담자들에게 별로 효과적
이지 않을 것이다.

e. ―――――――――――――――――――――――

_____ _____ 19. **가치의 우선순위** 내가 상담자가 되려고 고민할 때, 내가 가
장 가치 있게 생각한 것은

a. 내가 벌게 될 수입

b. 직업과 연관된 지위와 인정

c. 더 나은 삶을 지향하는 사람들과 밀접하게 관계 맺는다
는 사실

d. 내 일을 통해 경험하게 될 개인적 성장

e. ―――――――――――――――――――――――

_____ _____ 20. **가치 판단** 상담관계에서 가치를 판단하는 것에 대해, 상담
자는

a. 내담자의 행동에 대해 거리낌없이 가치를 판단해야 한다.

b. 내담자가 다른 가치관이 필요하다고 생각되면, 상담자
의 가치관을 적극적으로 가르쳐야 한다.

c. 중립적인 태도를 유지하며, 자신의 가치관이 상담 과정
에 관련되지 않게 한다.

d. 내담자가 자신의 가치관에 대해 질문하고 자신의 행동
을 스스로 평가할 수 있도록 격려해야 한다.

e. ―――――――――――――――――――――――

_____ _____ 21. **상담자의 과제** 상담자는

a. 내담자에게 바람직한 행동과 가치에 대해 모범이 되어
가르쳐야 한다.

b. 내담자가 자신에게 의미 있는 가치를 발견할 수 있도록
스스로를 들여다보게 격려해야 한다.

c. 사회의 지배적인 가치를 갖도록 강화해야 한다.

d. 만약 한다면, 아주 섬세하게 내담자의 가치관에 도전해

야 한다.

e. _____

___ ___ 22. **의뢰** 이런 경우 나는 내담자를 다른 상담자에게 의뢰할 것이다.

    a. 어떠한 이유에서든 이 내담자와 더 이상 효과적으로 작업할 수 없다고 확신할 때

    b. 내담자가 제시하는 문제 종류를 다뤄본 경험이 별로 없을 때

    c. 내담자와의 사이에, 어떤 가치관의 갈등이라도 생기게 될 때

    d. 내담자가 저항하는 듯 보이고 상담자의 제안을 받아들이려고 하지 않을 때

    e. _____

___ ___ 23. **비밀보장** 비밀보장과 관련하여

    a. 내담자가 전적인 비밀보장을 확신하지 못한다면 신뢰는 확고해질 수 없다.

    b. 내담자가 누군가를 해치거나 자신을 해칠 거라고 판단할 충분한 이유가 있는 경우, 비밀보장의 약속을 깨는 것이 윤리적이다.

    c. 내담자와 첫 회기에 비밀보장의 목표와 한계에 대해 상세히 의논하는 것은 필수적이다.

    d. 내담자가 법을 어겼을 때 공기관에 정보를 제공하는 것이 윤리적이다.

    e. _____

___ ___ 24. **이전 내담자와의 성관계** 상담자와 이전 내담자와의 성적인 관계는

    a. 그 관계가 이전 내담자에게 해를 끼치지 않을 거라고 증명할 수 있다면 윤리적이다.

b. 상담관계가 종료된 지 5년 이상이 되었다면 윤리적인 것으로 볼 수 있다.

c. 상담자와 내담자가 이 이슈에 대해 의논하고 성적 관계에 동의했을 때만 윤리적이다.

d. 시간이 얼마가 지났다 하더라도 결코 윤리적일 수 없다.

e. ──────────────────────────

___ ___25. **선물을 받기** 내담자가 내게 선물을 한다면, 나는

a. 내담자와 이 문제를 충분히 다루고 나서야, 아마도 받게 될 것이다.

b. 어떠한 경우라도 받을 수 없다.

c. 상담관계가 끝났을 때만 선물을 받을 수 있다.

d. 선물을 주는 것이 내담자가 속한 문화 중 일부이고, 이를 거절하는 것이 내담자를 모욕하는 것이라면, 선물을 받을 것이다.

e. ──────────────────────────

___ ___26. **영적·종교적 가치들** 상담 과정에서 영적·종교적 가치의 역할과 관련하여, 나는

a. 내 가치관이 상담 과정에서 내담자에게 지나치게 영향을 미치지 않도록 최선을 다할 것이다.

b. 내담자에게 영성 혹은 종교가 그의 삶에 어떻게 새로운 의미를 가져올 수 있을지 생각해 보도록 권유할 것이다.

c. 내담자가 이야기를 시작하지 않는 한 상담회기에서 이러한 주제를 다루지 않도록 할 것이다.

d. 새로운 내담자와의 접수면접에서 내담자의 영적·종교적 신념을 통상적으로 평가할 것이다.

e. ──────────────────────────

___ ___27. **상담의 목표** 상담 과정에서 누가 목표를 설정해야 하는가, 라는 이슈에 관해 나는

a. 목표설정은 상담자의 책임이라고 생각한다.

b. 목표설정은 내담자의 책임이라고 생각한다.

c. 목표설정은 내담자와 상담자 공동의 노력에 책임이 있다고 생각한다.

d. 목표설정을 누가 할 것인가의 문제는 어떤 종류의 내담자를 만나고 있는지에 따라 다르다고 생각한다.

e. _____

___ ___ 28. **사회정의 상담** 사회정의의 관점에서 상담은 억압, 특권, 사회적 불평등을 다루는 것과 관련 있고, 그 의미는

a. 내담자에게 영향을 미치고 있는 사회정치적인 힘을 인식한다는 것이다.

b. 내담자에게 어떻게 자신을 옹호할지를 가르쳐야 한다는 것이다.

c. 사람들이 사회에 전면적으로 참여할 수 있도록 도와야 한다는 것이다.

d. 변화를 만들 수 있다면 옹호자 역할을 기꺼이 맡아야 한다는 것이다.

e. _____

___ ___ 29. **옹호 역량** 내담자를 유능하게 대변하려면, 상담자는

a. 소수자나 취약계층에 영향을 주는 사회적 · 정치적 요인들에 대해 이야기할 때, 자신의 신념, 태도, 편견 들을 잘 인식해야 한다.

b. 불평등에 대항하여 목소리를 낼 용기가 있어야 한다.

c. 행동하기 전에 충분히 성찰해야 한다.

d. 사회 옹호 활동에 참여할 것인지를 점검해야 한다.

e. _____

___ ___ 30. **온라인 상담** 온라인을 이용해 상담하는 것에 관해, 나는

a. 윤리적으로나 법적으로 문제가 많다고 생각한다.

b. 면대면 상담을 하지 않으려거나, 할 수 없는 많은 내담

자에게 앞으로 전망 있을 테크놀로지 방식이다.

c. 적절한 평가를 할 수 없으므로, 간단한 문제를 다루는 선에서 제한해야 한다.

d. 결국에는 전통적인 면대면 상담을 대체하게 될 것이다.

e. _____

____ ____31. **비윤리적인 행위** 내가 상담자의 행위 중 가장 비윤리적이라고 생각하는 것은

a. 내담자를 버리고 떠나는 것이다.

b. 내담자와 성적으로 연루되는 것이다.

c. 나의 가치관을 내담자에게 부과하는 것이다.

d. 내담자가 내 능력을 넘어서는 문제를 호소하는데도 맡는 것이다.

e. _____

____ ____32. **서비스 교환** 나는 상담에 대한 대가로 내담자와 서비스 교환을 하는 것은

a. 각 개인의 상황에 따라 다르게 판단해야 한다고 생각한다.

b. 만약 내담자가 상담료를 지불할 수 없다면, 고려해 볼 것이다.

c. 어떤 상황에서나 좋은 생각이 아니다.

d. 내담자에게 잠재적인 해가 없을지 탐색을 위한 자문을 받기 전이라면, 해서는 안 된다.

e. _____

____ ____33. **지역사회** 지역사회에 대한 상담자의 책임에 관련하여 나는

a. 상담자가 심리적인 서비스의 본질에 대해 지역사회를 교육해야 한다고 생각한다.

b. 상담자의 핵심적 역할은 변화를 촉진하는 것이라고 생각한다.

c. 지역사회에서 소외된 계층의 대변자로서 역할을 하는

　　　　　　　　　것이 적절하다고 생각한다.

　　　　　d. 상담자는 내담자가 지역사회의 자원을 이용할 수 있게
　　　　　　　도와야 한다고 생각한다.

　　　　　e. ───────────────────────

___ ___34. **체계** 기관 혹은 체계 내에서 일하는 것에 관해 나는

　　　　　a. 조직 내에서 품위 있게 살아남는 방법을 배워야 한다고
　　　　　　　생각한다.

　　　　　b. 내가 옳다고 굳게 믿는 바를 할 수 있도록 조직을 바꾸
　　　　　　　는 방법을 배워야 한다고 생각한다.

　　　　　c. 기관은 나의 열정을 억압하고 어떠한 실질적 변화도 차
　　　　　　　단할 것이다.

　　　　　d. 내가 하는 프로그램이 성공하지 못한다면 기관을 비난
　　　　　　　할 수 없다.

　　　　　e. ───────────────────────

___ ___35. **철학의 충돌** 나의 철학이 내가 몸담은 기관의 철학과 충돌
　　　　할 때에 나는

　　　　　a. 이 위치에서 남아 있는 것이 윤리적인가를 심각하게 고
　　　　　　　민할 것이다.

　　　　　b. 가능한 어떤 수단을 동원해서라도 기관의 정책을 변화
　　　　　　　시키려 노력할 것이다.

　　　　　c. 직업을 잃지 않기 위해 기관이 내게 기대하는 어떠한 일
　　　　　　　이라도 동의할 것이다.

　　　　　d. 숨겨야 할지라도 내가 원했던 것을 조용히 수행할 것이다.

　　　　　e. ───────────────────────

복습

각 장을 마치면서는 그 장에서 중요한 내용들을 요약하였다. 이 핵심 내용들은 전달하려는 메시지들을 다시 점검하는 역할을 맡고 있다. 각 장을 마친 후, 잠깐 시간을 내어 가장 의미 있게 다가왔던 핵심 이슈들과 요점을 적어보길 바란다.

- 적극적으로 교육을 최대한 활용하라. 완벽한 교육과정은 없지만, 자신의 학습 과정을 보다 의미 있게 만들기 위해 할 수 있는 일은 많다.

- 여러분은 교육과정 중에 평가와 학점을 받는 것과 마찬가지로 전문가의 세계에서도 평가를 받게 된다. 평가는 스트레스를 유발할 수 있지만, 이는 교육 프로그램에서도, 미래 직업에서도 한 부분을 차지한다.

- 자신이 '상담자라는 직업에 적합한가'라는 질문에 열려 있어라. 상담 전문직 중 하나를 추구할 것인가를 결정할 때 너무 쉽게 포기하지 마라. 다가올 회의와 좌절에 대비하라.

- 비록 '이상적인 상담자'가 현실에 존재하지는 않으나, 유능한 상담자를 결정짓는 많은 행동과 태도는 있다. 이상적인 기준에 도달하지 못한다 해도 노력하고 애쓸 목표를 가질 수는 있다.

- 상담자가 이 분야에 진입하려고 하는 자신의 동기에 대해 탐색하는 일은 아주 필수적이다. 상담자들은 자신의 일을 통해 스스로의 욕구를 충족시키게 되므로 이러한 욕구에 대해 반드시 잘 인식하고 있어야 한다. 상담 관계를 통해 상담자와 내담자 모두의 삶을 향상시키는 것이 가능하다.

- 상담자가 되려는 욕구들 중에는 누군가에게 필요한 사람이 되고 싶은 욕구, 명예와 지위를 얻으려는 욕구, 영향을 미치고 싶은 욕구 등이 있다. 이 욕구들은 유능한 상담자가 되는 데 도움이 될 수도, 해가 될 수도 있다.

- 적절한 교육 프로그램을 찾기 위해서는 자신의 흥미를 잘 살펴보자. 수업을 듣고 자원봉사를 통해 경험을 쌓으면서 여러 실험을 해보자.

- 특정 진로에 전념하기 전에 상담 분야의 다양한 전공 영역에 대해 조사해보자. 각 전공별 전문가 조직이나 학회의 홈페이지를 방문하여 여러분이 자신의 진로 방향에 대해 갖고 있던 생각들을 명확히 해보자.

- 실제 그 분야에 종사하고 있는 전문가나 교수들로부터 진로에 대한 조언을 구해보자. 그러나 어떤 진로가 자신에게 가장 최선일지 최종적으로 결

정할 사람은 여러분이라는 사실을 명심하자.

- 진로결정을 일회성의 이벤트로 여기지 말자. 오히려 여러분의 일생 동안 많은 직업을 선택해볼 가능성이 열려 있다는 사실을 즐기도록 하자.
- 어떤 직업에서든 여러분은 초보시절을 거쳐야 한다는 사실을 기억하자. 인내심을 갖고 상담자 역할이 편하게 느껴질 때까지 스스로에게 시간을 주자. 여러분은 완벽한 사람도, 완벽한 상담자도 될 필요가 없다. 상담자로서 역량을 쌓아가는 것은 수년간의 슈퍼비전과 성찰이 필요한 지속적인 과정이란 사실을 유념하자.
- 상담자라는 커리어는 개인의 삶에도 큰 도움을 준다. 자신의 삶에 대해 돌아볼 수 있는 기회, 타인의 삶에 중요한 영향을 미칠 수 있는 기회는 다른 종류의 일에선 거의 드물기 때문이다.

이제 무엇을 할 것인가

각 장의 복습 뒤에, 실제 행동에 옮길 수 있는 구체적인 제안들을 제시하였다. 여기서 제안하는 활동들은 각 장의 주요 내용에서 발전한 것들이다. 각 장을 읽으면서, 실행 계획을 발전시킬 방법을 찾아보길 바란다. 만약 각 장의 활동 중 하나라도 실천해 본다면, 자신만의 학습 여정에 보다 적극적으로 참여하는 것이 될 것이다.

1 지금 만약 학부생이고 대학원에 진학하고 싶다면, 대학원을 찾아가 선배들이나 교수들과 이야기를 나눠보라. 혹은 여러분이 대학원생이라면, 지역사회 상담실에 연락해 보거나 전문가들의 컨퍼런스에 참석하여 어떤 일들이 자신에게 가능할지 살펴보자. 만약 전문 자격증을 획득하는 데 관심 있다면, 자격조건에 대한 정보를 얻기 위해 프로그램 내 해당 담당자에게 연락해 보라.

2 아는 상담자를 찾아가 그가 상담자가 되고 지금까지 일을 유지하고 있는 동기가 무엇인지 물어보라. 그 사람은 내담자를 돕는 과정에서 무엇을 얻고 있는가?

3 자신이 원하는 것과 유사한 자리에서 정신건강 전문가로 일하는 사람과 인터뷰를 해보라. 면담 전에 여러분이 탐색하고 싶은 목록을 만들어보자. 면담에서 가장 핵심적인 내용을 적어보고 그 결과를 수업 시간에 나눠보자.

4 대학의 진로지도센터에서는 진로를 선택할 때 도움이 되는, 컴퓨터 기반의 프로그램들을 제공할 것이다. 만약 여러분이 성격 유형과 가능한 직업 혹은 전공 분야 간의 관계를 설명해 줄, 좀더 포괄적인 자기평가에 관심 있다면, Psychological Assessment Resources에서 온라인으로 이용 가능한 *Self-Directed Search*(SDS)를 실시해 보길 강력히 권한다(www.self-directed-search.com). SDS는 완성하는 데 20-30분 정도 소요된다. 여러분의 결과 보고서는 스크린에 제시될 것이다.

5 읽은 내용을 적용할 방법에 대해 생각해 보자. 구체적이고 지금 해볼 수 있어서, 적극적으로 노력해볼 수 있게 도와주는 것을 선택해 보자. 예를 들어 이번 장에서 상담자라는 진로를 고민하는 자신의 욕구와 동기를 성찰해 보기로 결심할 수 있다. 지금까지 살아오는 동안, 상담자에 대한 갈망을 갖게 한 몇몇 중요한 전환점에 대해 생각해 보자.

6 만약 여러분이 훈련을 받는 중이라면, 지금이 전문가 조직에 참여할 좋은 기회이다. 이 장에서 언급한 조직 중 적어도 한 군데에서 학생 회원으로 적극적인 활동을 해보자. 전문가 조직이나 학회에 가입하게 되면, 워크숍이나 컨퍼런스에 학생 회원가로 참여할 기회를 가질 수도 있다. 또한 회원이 되면, 비슷한 관심사를 가진 전문가들과 접촉할 수 있고, 최신 동향에 대한 정보를 업데이트하며 유능한 전문가들을 만날 기회도 가질 수 있다. 이 장에서 소개된 각 전문가 조직이 무엇을 제공하는지 확인하거나, 그 조직의 미션에 대해 알고 싶거나, 윤리 강령을 다운 받으려면, 웹사이트를 방문해 보길 바란다.

7 상담학, 상담교육학, 사회복지학, 심리학, 커플 및 가족 상담학에서 석사 혹은 박사 학위를 따는 것은 정신건강 전문가로서의 교육 여정에 최종 목적지가 아닌, 출발지점이다. 만약 파트타임이라도 사설 상담 기관을 설립하거나, 정신건강 관련 기관에서 일정한 지위로 일을 하고 싶다면, 상담 관련 자격증을 획득해야 한다. 면허나 자격증은 상담자가 능숙하게 다룰 수 있는 문제나 내담자의 종류를 명시하지도, 상담자가 능숙하게 사용할 줄 아는 기법을 구체화하지도 않는다. 많은 자격 규정은 자격증이 상담자가 전문 역량을 지닌 치료적 과제에만 참여하도록 하는 것이라고 명시한다. 각 주별로 핵심 필수 교육과정에 더해 평생교육과정 필수요건을 각기

달리 적용하고 있다. 이것이 주들 간의 상호주의(두 집단 간의 동일한 것을 교환하거나 등가인 행동을 취하는 것: 역주)를 더 복잡하게 만든다. 만약 자격면허 과정에 대해 더 많은 정보를 얻고 싶으면, 여러분의 주에서 통용되는 특정 면허와 이 면허들을 신청하기 위한 필수요건들에 대해 조사해 보길 바란다. 사회복지사, 결혼 및 가족 치료자, 전문 임상 상담자, 그 외 다른 전공으로 자격증을 얻기 위해 필요한 조건은 무엇인가? 다양한 전문분야 자격증들 간의 필수 요건들을 비교해 보라.

8 이 책을 읽거나 이 수업 과정을 듣는 것에 더해, 일지를 작성해 보길 강력히 추천한다. 일지를 작성할 때는 자유 형식으로, 편집하지 말고 작성해 보라. 최대한 솔직하게 일지를 작성하며, 이를 자기에 대해 더 알아볼 기회로 활용하라. 각 장에서 제시된 주제들에 관해 자신의 생각을 정리하고 상담 전문가로 일하는 것에 대한 자신의 생각과 감정들을 탐색해 보라. 각 장이 끝날 때마다 성찰하고 일지 작성에 포함시켜 볼 만한 몇 가지 주제들을 제안하겠다. 이 장에서는 다음과 같은 주제들을 생각해 보자.

- 상담자가 되고 싶은 가장 중요한 동기에 대해 써보자. 그 욕구가 일을 통해 어떻게 충족될 거라 기대하는가?

- 여러분이 생각하는 상담자가 된다는 것의 의미에 어떤 요인들이 영향을 미쳤는지 써보자. 누가 여러분의 역할모델이었는가? 여러분은 어떤 도움을 받았는가?

- 이상적인 상담자의 특징에 대해 생각해 보자. 더 유능한 상담자가 될 수 있게 해줄 자신의 강점은 무엇인가? 여러분이 되고자 하는 전문가에 대한 기대는 얼마나 현실적이라고 생각하는가?

- 추구하려는 전문가 경로나 교육과정을 선택할 때 무엇을 고려하는가? 진로를 선택할 때 고려할 가치관에 대해 적어보자.

9 전문가학회나 기관에서 개최하는 다양한 컨퍼런스에 참석해 보자. 학생으로서 참여하게 되면 일자리나 실습 현장을 위한 네트워크를 형성하거나, 비슷한 흥미를 가진 동료를 만날 수 있는 등 다양한 이점이 있다.

10 자기 진단 목록들을 수업시간에 가져가 다른 동료들의 견해와 여러분의 생각을 비교해 보라. 이 비교는 논쟁을 촉발하고 수업시간 동안 이 주제에 대해 활발히 토론할 수 있게 할 것이다. 수업시간에 토론주제를 선정

할 때에, 자신이 특히 강력하게 대답하고 싶은 주제를 표시해 보자. 특히 이 주제들에 대해 다른 사람들은 어떻게 생각하는지를 물어보는 것은 매우 유익할 것이다.

11 각 장의 끝에 추가적인 참고 논문 목록을 제시하였다. 이 자료들의 자세한 서지 사항은 책 뒤의 **참고문헌** 목록을 활용하라. 상담 전문가가 맞닥뜨리는 더 광범위한 이슈에 대한 논의는 Kottler(2000a, 2010)를 찾아보라. 상담자 정체성, 윤리적 기준, 기본 상담 기술, 상담의 접근, 상담 전문가가 되는 것과 관련해서는 Kottler와 Shepard(2015), Neukrug(2012)을 찾아보자. 초심상담자를 위한 다양한 주제들에 대한 지혜는 Yalom(2003)을 참고하라. 다양한 상담 교육자와 실무자의 전문적 여정에 대한 설명으로는 Conyne와 Bemak(2005), Corey(2010)를 참고하기 바란다.

Chapter 2

상담자, 너 자신을 알라

핵 심 질 문

1 사람이 변하는 게 가능하다고 생각하는가? 자신에게는 변화의 과정이 무엇이었다고 생각하는가?

2 상담자가 되기 위한 과정 중 일부로서 자기 탐색에 얼마큼의 중요성을 부여하는가? 비판적 사고는 여러분의 성장과 발달에서 어느 정도로 자리 잡고 있는가?

3 자신의 발달에 원가족이 미친 영향에 대해 얼마나 알고 있는가? 부모님, 조부모님, 다른 가족들의 인생 경험에 대해 얼마나 잘 알고 있는가?

4 원가족 내에서의 경험이 어떤 방식으로 현재의 관계들에 영향을 미치는가? 이 같은 경험들이 상담자로서의 역할에는 어떻게 영향을 미칠 것이라 생각하는가? 전문적 일에 영향을 줄 수 있는 가족과의 해결되지 않은 이슈가 무엇인지 발견할 수 있는가?

5 자신의 개인사에서 해결되지 않은 문제가 어떤 유형의 내담자와 작업하는 데 어려움을 줄 것 같은가? 이 이슈들을 다루기 위해 어떤 조치를 취할 수 있는가?

6 마주하게 될 다양한 종류의 호소 문제를 이해하기 위해 자기 삶의 어떤 경험들을 참조할 수 있는가?

7 자신의 발달 패턴을 되돌아봤을 때, 생애 주요 전환기에 받은 영향을 얼마나 잘 다뤄왔는가? 현재 태도와 행동에 가장 영향을 준 사건은 무엇인가?

8 현재의 삶은 대체로 이전에 내린 결정들의 산물이다. 특히 어떤 선택이 오늘날 한 사람으로서의 자신의 모습에 영향을 미쳤는가?

9 가족에 대한 작업을 효과적으로 할 수 있기 위해 학문적 수업 이외에, 어떤 것이 필요하다고 생각하는가?

10 어떤 연령대의 사람들이 상담하기 가장 어렵다고 느끼는가?

이 장의 목적

우리 대다수는 적어도 한 명의 부모 혹은 부모 같은 사람과 어느 정도의 구조, 그리고 삶에 대해 대처하고 닥쳐올 도전들에 맞설 수 있게 도와줄 일련의 규칙이 있는 가족 안에서 성장했다. 내담자가 상담에 가져올 많은 문제들은 그들이 가족 안에서 성장하던 어린 시절 경험에 기반하고 있다. 유능한 상담자가 되기 위해서는 원가족이 현재 여러분의 모습에 어떻게 영향을 주는지, 또 초기 경험이 상담자의 전문성에 어떤 영향을 주는지 인식해야 한다. 여러분이 상담하려는 내담자가 개인, 집단, 커플 혹은 가족 중 어떤 대상이든, 자신의 원가족과 관련된 문제를 잘 알고 있어야 한다. 내담자에 대한 반응이나 지각은 종종 여러분 원가족과의 개인적 경험에 영향받기 때문이다. 만약 이를 민감하게 자각하지 못한다면 내담자를 엉뚱하게 해석하고 상담자가 가진 불안을 자극하지 않는 방향으로 내담자를 몰고 갈 수도 있다. 그러나 자신의 방어를 불러일으킬 정서적 이슈들에 대해 잘 인식하고 있다면, 내담자와의 문제에 말려드는 것을 피할 수 있다.

이 장에서 제시하는 내용은 상담자의 개인적인 측면과 관련된 것으로 원가족과의 문제를 다각도로 점검해 보는 데 도움이 될 것이다. 원가족과의 관계에서 온 미스테리를 풀어내어 유년 시절에 형성된 패턴들이 어떤 식으로 현재에 영향을 미치는지 더 깊은 이해를 발달시키길 바란다. 이런 이해는 상담에서 역전이로부터 여러분을 보호할 수 있도록 도와줄 것이다. 이 메시지—너 자신을 알라—는 아무리 강조해도 지나치지 않다. 만약 여러분이 타인의 삶에서 치료자가 되고 싶다면 자신을 알아야 하고, 필요하다면 스스로를 치유할 수 있어야 한다.

우리가 초보 상담자를 훈련시키는 방법 중 하나는 한 개인으로서의 자신의 발달에 주목하도록 돕는 것이다. 상담자들을 위한 훈련 워크숍은 개인적 이슈들을 중심으로 구조화한다. 우리는 훈련을 받는 상담자들에게 특정 인생의 테마에 대해 읽고, 자신의 발달과 전환점에 대해 생각하며, 그들이 내린 결정적 선택들을 회상하도록 한다. 인생의 테마로는 아동기, 청소년기, 성인기를 지나는 동안의 발달적 전환기, 우정에 대한 경험, 사랑과 친밀한 관계들, 외로움과 고독, 죽음과 상실, 성, 일과 여가, 삶의 의미 등이 포함된다. 이 내용들은 내담자들이 상담 회기에 가져오는 주제들 중 일부이며, 만약 여러분이 자신의 갈등에 대해 한정된 인식을 갖고 있다면, 유능한 상담자가 되기 어려울 것이다. 훈련 워크숍에서, 훈련 중인 상담자는 자신의 삶의 경험이 내담자에게 미치는 영향과 내담자 삶의 경험이 자신에게 미치는 영향을 발견하곤 한다.

전문적인 실무 경험이 상담자의 인생에 미치는 영향

초보자나 숙련된 상담자나, 개인사와 전문가로서의 삶을 분명하게 구분하는 게 어렵다고 느낀다. 상담자가 자신의 심리적 건강을 유지하고 돕고 있는 사람들에게 효과적으로 다가가기 위해서는, 전문적 일에, 한 개인으로서의 자신이 어떻게 영향을 받는지 이해할 필요가 있다. 상담자는 매일같이 고통스러운 이야기들을 들으며, 자신의 고통을 스스로 자각하고 건설적 방식으로 작업할 줄 알아야 이 전문적 일에 효과적으로 머무를 수 있다. 자기 이해는 아주 좋은 시작이다. 규칙적으로 자기 돌봄을 실천하고 개인적, 전문적 삶에서 건강한 경계를 유지하는 것은 소진과 공감 피로를 예방하는 데 도움을 줄 것이다. 자신의 욕구를 지속적으로 무시하고, 자신의 감정과 반응의 중요성을 간과한다면, 이는 반드시 소진과 공감 피로를 불러올 조건에 무릎꿇을 기회를 높이게 된다 (소진과 자기 돌봄에 대해서는 13장에서 자세히 언급했다).

만약 자신의 취약성에 대해 자각하지 못하고 심리적 상처를 준 경험에 대해 어느 정도 이상으로 작업하지 않았다면, 내담자가 하는 이야기에 의해 지속적으로 자극받을지도 모른다. 그 결과 오랜 상처가 개인적, 전문적 영역의 삶 모두에 영향을 주며 봉인이 해제될 수 있다. 치료적 작업은 자신의 초기 경험을 활성화시키고 미해결된 욕구와 문제를 다시 일깨울 수 있기 때문이다. 여러분은 내담자와의 작업에서 자극받은 개인적 이슈들을 적극적으로 다루려고 노력해야 한다.

사례 예 **개인적 고통을 촉발시킨 치료**

상담 기관의 초심상담자인 Nancy는 성인 애도 집단에 공동 지도자 요청을 받았다. 낸시는 이런 작업이 정말 필요한 것이라 믿었고, 공동 지도자 역할을 기꺼이 수락했다. 그녀는 비극적으로 남편을 잃었으나 그 죽음에 대한 고통을 충분히 경험하도록 스스로를 허용했고 이 상실을 수용해 왔다고 생각했기 때문이다. 회기가 시작되자 그녀는 집단원과 잘 작업하는 듯했다. 그녀는 자애롭고, 지지적이며, 공감적인 태도로 그들의 고통을 작업하도록 도울 수 있었다. 그러나 몇 주 후 낸시는 더 이상 그 집단을 즐겁게 기다리지 않는 자신을 발견했다. 그녀는 다소 우울하고 구성원에게 무감각해지는 걸 느꼈다.

여러분의 입장 만약 여러분이 바로 얼마 전까지 열정적으로 이끌던 집단에 가기 무서워하고 있는 자신을 발견했다면, 어떻게 하겠는가? 이 혼란스러운 감정들의 밑바닥에 어떻게 가닿을 수 있을까? 동료에게 조언을 구하거나 개인상담을 찾겠는가? 여러분은 계속해서 이 집단을 이끌 것인가?

토론 낸시의 오래된 상처는 치유되었음에도 불구하고, 많은 사람들의 강렬한 고통에 노출되면서 이 상처가 다시 자극되었다. 집단 안에서 혹은 밖에서, 자신의 감정을 '다루길 유보'함으로써, 그녀는 상담자로서 무능해질 수밖에 없었다. 그녀는 자신이 상실에 대한 고통에 취약하다는 점과 이 고통을 재경험함으로써 표현하고 작업해야 한다는 사실을 무시했다. 이런 무감각이 그녀를 우울에 이르게 했고 내담자와 효과적으로 작업할 수 없게 만들었다. 게다가 낸시의 내담자들은 그녀의 철수에 대해 그들이 무언가 잘못했기 때문에 그녀가 흥미를 잃은 거라고 해석했고, 이는 집단원들의 치료에 악영향을 미쳤다.

단순히 오랜 고통을 재경험한다는 사실이 필연적으로 이런 종류의 집단에서 효과적으로 작업할 수 없게 한다는 의미가 아니다. 아주 반대로, 그녀가 여전히 상처가 있다는 사실을 수용하고 이런 감정들을 탐색했다면, 집단원들의 치유 과정을 촉진하는 동시에 자신의 상처도 치유할 수 있었을 것이다. 지속적인 애도 작업의 속성을 보여주는 역할 모델이 되어, 고통이 완전히 사라지지 않더라도 덜 지배적이게 만들 수 있다고 집단원들에게 가르쳐줄 수 있었을 것이다. 적절한 순간에 낸시는 현재 자신의 반응과 감정들을 나눠볼 수도 있었다. 그러나 비록 자기 경험을 집단에 밝히지 않기로 했다 하더라도, 그 경험을 고군분투 중인 다른 사람들과 연결하는 다리로 사용할 수 있을 것이다.

낸시는 개인상담을 통해 우울, 무감각과 무관심에 대해 다루는 것이 현명할 듯하다. 위와 같은 종류의 개입만을 오랜 시간 지속한다면, 소진을 경험하게 될 가능성이 높다.

사례예 다시 떠오른 오래된 상처

학대하는 아버지 손에서 자라난 마리아는 성인이 되어 해결되지 못한 고통을 다루기 위해 심리치료를 찾기로 결정했다. 그녀는 수년간 치료를 받았고 어린 시절 트라우마에 대해 충분한 통찰을 얻었다고 느꼈을 때 치료를 종결했다. 몇 년 후, 마리아는 사회복지사가 되어 아동 및 가족 서비스 부문에 소속되었다. 한번은, 마리아의 슈퍼바이저로부터 아동을 집에서 빨리 분리시키는 듯하며 다른 동료들보다 가족 보존 서비스를 추천하지 않는 경향이 있다고 지적받았다.

처음에 마리아는 이런 피드백에 대해 방어적이었으나 곧 그녀가 담당한 가족들 중 몇몇에 역전이를 경험하고 있다는 걸 깨달았다. 이 깨달음은 특히 아버지에 관한 고통스러운 기억을 촉발했고, 그 결과 어떤 내담자들을 다시 만났을 때, 공황발작을 야기하여 마리아는 치료자와 약속을 잡게 됐다. 해결되지 않은 이슈가 사회복지사로 유능하게 기능하는 능력을 방해했고, 그녀는 다시 치료가 필요하다고 느꼈다.

여러분의 입장 만약 여러분이 마리아의 입장이라면, 슈퍼바이저로부터 이런 피드백을 받는 것이 어떻겠는가? 만약 여러 명의 내담자에 대해 유사한 역전이를 보이는 걸 알아차렸다면, 여러분은 어떻게 하겠는가? 만약 마리아가 다시 떠오른 심리적 상처를 다루지 않는다면 어떤 결과가 있을 거라고 생각하는가?

토론 낸시의 경우처럼, 마리아는 자신이 상담자라는 역할을 수행하는 것에 정서적으로 준비가 되었다고 지각했다. 역전이를 경험하고 있고 미해결된 이슈가 여전히 남아 있다는 걸 인식하지 못했던 것이다.

다행스럽게도 마리아는 자신의 방어를 낮추고 슈퍼바이저로부터 받은 중요한 피드백에 귀를 기울일 수 있었다. 치료를 다시 받기로 한 결정이 주로는 더 효과적인 사회복지사가 되겠다는 열망에서 비롯된 것이긴 하나, 자신의 상처를 다시 돌아보겠다는 결정은 또한 자신의 삶과 사적 관계들을 풍요롭게 만들 수 있는 내적 성장으로도 귀결될 것이다.

상담자에게 있어 자기 탐색의 가치

여러분은 아마도 개인이나 가족과 작업을 하는 동안 자신의 삶의 많은 주제들, 이전에는 의식적인 자각 밖에 밀려나와 있던 주제들이 되살아나는 걸 느끼게 될 것이다. 만약 원가족과의 경험에서 비롯된 이슈를 자각하지 못한다면, 내담자의 잠재적 고통 영역을 알아차리고 다루는 걸 피하려고 할 수도 있다. 내담자가 고통을 불러일으키는 사건을 직면하려 할 때, 여러분의 고통스러운 기억도 활성화될 수 있다. 예를 들어 여러분이 부모의 이혼으로 인해 큰 상처를 입었다고 하자. 일정 정도 자신이 그 이혼에 책임이 있으며, 혹은 부모의 결합을 위해 뭔가를 했어야 했다고 생각할 수 있다. 이 상태에서 만약 이혼하려는 부부를 상담하게 된다면, 아이들을 위해 결혼생활을 유지하는 방향으로 이끌고 싶어질지도 모른다. 본인의 고통스런 경험에서 비롯된 해결책을 그들에게 내놓고 있는 것이다. 일정 수준에서, 여러분은 충분히 깨닫거나 이해하지 못한 채, 자신만큼 고통스러우리라 추측되는 상황으로부터 아이들을 보호하려는 것이다. 다른 사람의 치유를 촉진시키는 능력은 기꺼이 자신의 상처를 느끼고 치료의 과정으로 가려는 의지에서 비롯됨을 인식하는 것이 중요하다.

부정적 관계 패턴을 반복하지 않으려면 원가족과의 미해결 과제를 인식하고 해결하는 것은 필수적이다. 이 장을 통해 자신의 가족사를 되새겨보며,

원가족으로부터 '채택한' 패턴에 대해 통찰할 수 있을 것이다.

여러분이 상담 실습을 시작했다면, 상담장면에서 취하는 전문적 역할이 가족관계에서 했던 역할을 닮아 있다는 걸 깨달았을지도 모르겠다. 예를 들면 타인을 돌보는 사람이 됨으로써 평화를 유지하려는 욕구 같은 것 말이다. 아동기 때 여러분은 부모를 챙기려는 행동으로 어른 역할을 맡아왔을 수도 있다. 그렇다면, 전문가로 일하기 시작했을 때, 내담자가 만들 변화의 책임을 내담자보다 더 맡으려 하면서 자신의 패턴을 지속하고 있을 가능성이 높다.

전이와 역전이는 치료과정에서 일상적으로 발생하는 현상이다. **전이**는 일반적으로 내담자가 유의미한 대상과 해결하지 못한 갈등에 뿌리를 두고 있다. 이 미해결된 과제 때문에 내담자는 왜곡된 방식으로 상담자를 지각하고 과거의 관계를 상담자와의 현재 관계로 가져오는 것이다. 전이는 내담자가 다양한 관계에서 어떻게 행동하는지 통찰을 줄 수 있다. 상담자에 대한 내담자의 전이 감정에 대응하는 것이 상담자의 **역전이**, 즉, 상담자 삶의 일부에서 비롯된, 내담자를 향한 정서-행동적 반응들이다. 이 지점에서 각자 역전이의 원천이 될 만한 경험들을 떠올려보자. 예를 들어, 여러분이 자신, 혹은 부모의 죽음이나 노화에 대한 불안을 갖고 있다면, 노인과 작업할 때 어려움을 겪을 가능성이 아주 높다. 이러한 내담자의 갈등이 여러분의 무의식적인 과정을 활성화할 수 있는데 이를 의식하지 못하면, 진정 도움을 줄 수 있는 능력을 방해하게 된다. 내담자의 전이를 다루는 방식은 아주 중요하다. 만약 자신의 역동을 인식하지 못하면 중요한 치료적 이슈를 놓치게 되고 내담자가 상담에 가져온 감정들을 해결하는 데 도움을 주지 못할 것이다. 여러분에게 해결되지 않은 이슈를 알아보는 단서 중 하나는 자신이 **감정적**으로 민감하게 반응하게 되는 순간이다(Kerr & Bowen, 1988; 즉, 자기답지 않게 거의 자동적이고 반사적인 감정의 도화선을 갖고 있다는 것이다).

가족과 관련된 많은 상황이 역전이로 발전될 씨앗이 될 수 있다. 예기치 못한 폭력, 결코 해결하려 하지 않는 갈등, 어떤 대가를 치르더라도 지켜져야 하는 비밀, 근친상간을 둘러싼 공포, 심리적 경계의 부재, 심리적 수준에서 무시되어 온 중요한 사건(가족 구성원의 죽음이나 위독한 병 등)과 같은 성장 경험.

예를 들어 아무리 열심히 해도 어머니의 인정을 받기에는 항상 부족하다고 느껴왔다면, 현재에도 여러분은 어머니를 떠올리게 하는 여성의 평가에 아주 세심하게 맞추려 노력하고 있을 수도 있다. 만약 아버지가 한 인간으로서 여러분의 가치를 완전히 인정하거나 무시하였다면, 남성 권위적 대상이 자신을 어떻게 생각하는지에 무척 예민해질 것이다. 여러분이 유능하다 혹은 무능하다고 느끼게 할 힘을 그에게 주고 있는 것이다. 어린 시절 종종 거부당한다고 느꼈다면, 홀로 남겨지거나 스스로 적절하지 않게 느낄 상황을 만들지 모른다. 반대로 여러분은 항상 칭찬받으며 커서 이제는 이것이 모든 상황에서 항상 지속되어야 한다고 생각할지도 모른다. 위와 같은 상황들이 자신의 상담 회기에서 반복되고 있지 않은지 알아보고, 자기 삶에서 심리적으로 멈춰선 부분을 작업해 나가는 데 도움을 받을 수 있을 것이다(전이와 역전이에 대한 내용은 5장에서 더 자세히 다루겠다).

> ### 사례 예   다루지 못한 역전이의 대가
>
> 미레크는 몇 년 전 헤로인 과다 복용으로 남동생이 죽은 트라우마를 경험했다. 동생의 죽음 앞에서, 그는 약물 남용 상담자가 되어, 동생이 재발하여 과다복용하는 걸 막지 못했던, 그의 입장에선 '충분히 일하지 않은' 상담자들보다 중독을 더 잘 치료하겠다고 맹세했다. 미레크는 자신이 '문제'가 있었던 가족의 일원이라는 걸 생각하지 못했고, 따라서 한 번도 자신을 위한 치료를 받지 않았다.
>
> 미레크는 스스로 유능한 상담자가 되어 자기 동생과 같은 운명에 처한 내담자를 100% 구할 수 있을 거라고 생각했다. 그는 약물 남용 치료 기관에 고용됐고 곧바로 점점 더 장시간 일하며 거의 항상 내담자들이 이용할 수 있도록 했다. 슈퍼바이저가 그에게 내담자와의 경계를 잘 세우고 자기 시간을 보호해야 한다고 하자, 그는 분노하며 언제든 내담자에게 필요한 도움을 거부하는 것은 형편없는 방침이라고 말했다. 슈퍼바이저 방에서 뛰쳐나오며, 그는 "내 내담자가 나를 필요로 할 때 내가 거기에 없어서 과다복용하게 된다면, 당신이 책임져야 할거요"라고 말했다. 결국 반

항했다는 이유로 상부에 보고됐고, 이 기관에서 계속 일하고 싶으면 심리 치료를 통해 자기 문제를 다뤄야 한다는 분명한 메시지를 받게 됐다.

여러분의 입장 미레크의 역전이가 그의 상담에 어떤 식으로 방해가 되었다고 생각하는가? 그의 반응은 자기 동생의 과다복용과 관련된 해결되지 않은 문제를 반영하는 것인가? 아니면, 슈퍼바이저가 내린 상담자로서 견고한 경계를 설정하라는 지시에 정당한 문제제기를 한 것일까? 무엇이 내담자와의 적절한 경계인가? 상담자로서, 여러분은 내담자에게 하루 24시간, 주 7일 내내 열려 있어야 한다고 생각하는가?

토론 내담자가 약물을 과다복용하거나 자해하는 건 극도로 괴로운 일이고, 이런 사건이 발생하지 않도록 우리의 한계 내에선 뭐든지 하고 싶은 것이 당연하다. 내담자에게 접근 가능해야 한다는 것은 중요하지만, 전문적 역할을 유능하게 계속하고 싶다면, 적절한 경계를 세우는 것 또한 필요하다. 미레크는 상담자가 '충분히 역할을 다한다'면 다른 사람의 약물 과다복용을 막을 수 있을 것이라는 잘못된 믿음을 작동시키고 있다. 가장 유능한 중독 상담자라 할지라도 모든 내담자를 자기 파괴적인 결과로부터 구해낼 수는 없다.

미레크가 치료 기관을 향해 투사했던 비난과 분노는 문제 있는 동생을 '충분히' 돕지 못한 데 대한 억압된 죄책감을 반영하는 것일 가능성이 높다. 미레크가 다루지 못한 역전이는 치료 기관에서 그의 전문성을 위태롭게 했고, 슈퍼바이저에 대한 부적절한 반응은 그의 일을 잃을 뻔하게 했으며, 더 개인적 차원에서는 좌절을 겪게 했다. 만약 미레크가 자신을 위한 치료를 받기로 했다면, 그는 동생의 죽음에 대해 의심의 여지없이, 여전히 갖고 있는 비통함을 작업할 기회가 있을 것이다. 이 치료를 통해, 미레크는 동생의 행동과 선택이 자신의 책임이 아님을 깨달을 것이고, 이는 그의 죄책감을 더는 동시에 내담자들 역시 자신의 선택을 하는 것이란 사실을 인식하게 해줄 것이다. 상담자 역할에 대한 시각을 왜곡시켰던 무의식적인 과정들을 작업함으로써, 미레크는 미래의 내담자들이 스스로 치유되도록 더 잘 도울 수 있게 될 것이다.

자기 이해를 위한 개인 및 집단상담의 활용

개인적인 경험에서 비롯된 패턴을 전문적 생활에서도 지속하고 있다는 걸 알아차렸다면, 개인 및 집단상담이 이 개인적 경험에 관한 고통스런 기억에 대해 말하고 탐색하는 안전한 장소가 될 수 있다. 치료에 대한 이들 접근방법은 서로 보완적이므로 개인상담과 집단상담을 조합하여 참여하는 것이 이상적이다.

개인상담은 전문 상담자가 되려는 학생들의 성장에 아주 중요한 요소이다. 개인상담은 자신을 깊이 있게 들여다볼 기회를 준다. 인턴십 과정 중에, 내담자와 집중적인 작업을 하며 오래된 정서적 상처가 재개방되는 경험을 할 수도 있다. 치료적 작업은 의미 있는 대상 상실에 대해 표현되지 않고 해결되지 않은 감정을 표면화시키거나, 성장 환경에서의 성인지적 관점과 문화적 고정관념에 도전하게 만들 수도 있다. 이때, 개인상담은 건강한 성장과 발달을 지지할 뿐만 아니라 필요한 때에는 교정을 위한 길을 제공하기도 한다. 따라서 만약 여러분이 인턴십을 하는 과정에서 개인상담을 받게 된다면, 위에서 언급한 문제들을 자신의 상담에서 다뤄볼 수 있다. 직접 내담자를 경험해 보면, 치료 여정에서 내담자에게 얼마나 용기가 필요한지에 대해 더욱 잘 이해할 수 있을 것이다. 그 뿐만 아니라, 우리는 개인상담이 지속적인 자기 돌봄의 가장 기본이라고 믿는다. 전문적인 상담자로서, 우리는 대개 주는 역할에 머문다. 활력을 유지하기 위해서는 '주는 사람'도 도움받을 수 있는 공간을 만들어야 한다. 윤리적인 상담자라면 자신의 복지와 안녕을 유지하는 데 전념해야 한다. 대규모의 연구에 따르면 정신건강 전문가 중 대다수가 자신을 위한 개인상담을 받았고 그 경험을 매우 긍정적으로 평가한다(Orlinksy & Ronnestad, 2005; Orlinsky, Schofield, Schroder, & Kazantzis, 2011). Norcross(2005)가 수집한 개인상담에 대한 자기 보고 결과는 긍정적인 이득이 다양한 영역에서 나타난다고 밝혔는데, 자존감, 업무 기능, 사회 생활, 정서적 표현, 대인관계 갈등, 증상의 심각도 등이 포함된다. 상담자들이 자신의 상담 경험에서 얻었던, 명확하게 오래 지속되는 교훈이 무엇인가에 대해, 가장 많이 응답한 내용은 대인관계 및 심리치료의 역동과 관련 있다. 이 교훈들 몇 가지를 소개하자면, 따뜻함의 중요성과 대인관계, 상담에서 내담자가 된다는 것이 무엇인가에 대한 감각, 전이와 역전이를 어떻게 다루어야 하는지를 알아야 할 필요성 등이 있다.

개인상담과 더불어 집단상담 역시 자기 인식의 다른 경로를 열어준다. 집단상담은 다른 사람으로부터 피드백을 듣고 이를 생각해 볼 수 있는 기회를 제공한다. 집단 경험은 자신의 대인관계 스타일을 자각하도록 돕고 집단 장면에서 새로운 행동을 시험해 볼 수 있는 기회를 제공한다. 다른 이들로부터 받는 반응은 상담자로서의 강점이나 제한점이 될 수 있는 개인적인 특성에 대해 알 수 있도록 도울 수 있다. 아동기 때 획득하여 지속하고 있는 패턴 중 많은 부분이 지금은 역기능적일 수 있다. 부모와의 관계에서 미해결된 이슈들, 그동안 받아 들여온 가족규범, 꼼짝할 수 없다는 느낌을 주는 상황 등을 다룰 때 집단상담 작업이 유용할 수 있다. 결혼 및 가족 치료자가 되기 위해 훈련 중인 대학원생인 빅토리아는, 개인상담과 집단상담 모두에 참여한 것이 어떻게 자기 이해를 증진시켰는지 다음과 같이 설명한다.

내가 개인상담을 받지 않았더라면 어땠을지는 상상할 수도 없다. 나는 석사과정에 들어오기도 전에 상담을 받기 시작했고 지금까지 수년간 지속해 오고 있다. 작년에는 집단상담에도 참여했었는데, 개인상담을 보완하는 데 유용했다. 상담은 나의 성장과 내 내담자 복지 모두에 기여했다. 개인상담은 나 자신과 내 직관을 강력한 치료적 도구로써 내담자의 경험을 이해하는 데 이용할 수 있게 했으며 또한 내담자와 깊이 연결될 수 있게 해주었다. 내담자가 가져온 자료는 종종 나를 위한 작업 영역을 비춰주었다. 나는 매주 상담을 받고 있었기 때문에 나는 이런 이슈들이 떠오를 때마다 다룰 수 있었다. 이런 자각을 통해 자신의 정서적 취약성은 잠시 옆으로 미뤄둘 수 있었고, 내담자에게 더 온전히 집중할 수 있었다. 나는 자주 내담자와 평행적인 과정을 가고 있다는 생각이 들었는데, 내담자의 작업이 나의 작업에 영감을 주고, 이는 다시 내가 더 효과적으로 작업할 수 있게 해주었다.

빅토리아의 경험에 대한 회고가 말해주듯, 상담은—개인이든 집단이든 가족이든—단순한 처치뿐만 아니라 뿌리 깊은 성격적 장애를 치료하는 데에도 도움이 된다. 우리는 이 치료가 자기를 깊이 이해할 수 있게 하고 자신의 욕구가 상담이라는 직업과 관련되는 방식을 자세히 살펴보게 하는 통로라고 생각한다. 어떤 형태로든 집중적으로 자기 탐색적인 치료 과정에 몰두하는 것은 1장에서도 제시했듯, 상담자가 되려는 자신의 욕구와 동기를 평가할 수 있게 도와줄 것이다. 상담 전문직에 종사한다는 것은 일생에 걸쳐 자기 탐색에 몰두하는 걸 순순히 받아들인다는 의미이다. 상담자는 자신의 개인적인 문제가 표면 위로 떠올랐을 때, 내담자를 보호하기 위해 이를 인식하고 잘 다루어야만 한다. 치료자는 인생에서 고통스러운 상황이 다른 기능을 손상시키기 전에 필수적으로 개인상담을 받아야한다(Barnett, Johnston, & Hillard, 2006).

비록 개인상담과 집단상담 모두 자기에 대한 깊은 이해를 얻는 귀중한 통로이기는 하나, 개인적이고 전문적인 성장을 위한 덜 형식적인 방식도 찾아볼 수 있다. 훈련 중인 상담자의 다수가 개인상담을 받는다는 것은 실현 가능성과 경제적인 이유에서, 현실적이지 않을 수도 있다. 개인 성장을 위한 다른 방편으로는 자신의 삶과 일의 의미에 대해 성찰해보기, 책을 읽고 일기를 쓰기, 동료 집단에 참여하기, 자신의 삶에서 중요한 사람들의 반응에 열려 있기, 여행하고 다른 문화에 푹 빠져보기, 명상과 같은 정신적 활동에 참여하기, 육체적인 도전을 해보기, 가족 및 친구들과 시간을 보내기 등이 포함된다. 이렇게 다양한 형태로 자기 탐색을 해 봄으로써, 내담자들이 무엇을 경험하게 될지에 대해 직접적인 지식을 얻을 수 있다. 이 과정은 내담자와 그들의 고군분투에 대해 더 존중할 수 있게 할 것이다. 만약 여러분이 이 과정 끝에서 얻게 되는 결과를 스스로 경험하지 않았다면, 이 성장과정에서 얻는 고통과 기쁨을 다른 사람에게 가르쳐주기 어려울 것이다. 직접 자기 탐색 여정에 참여해보지 않고서 어떻게 다른 이를 안내할 수 있겠는가?

어떤 상담자들은 자신보다 내담자의 역동에 초점을 두는 걸 종종 목격하게 된다. 내담자와 작업하며 더 나은 방식을 찾으려는 것이 잘못된 건 아니지만, 이를 잘하기 위해선 상담자가 자신의 경험에 가능한 한 개방적으로 반응하는 것이 최선이다. 자신을 좀더 온전히 이해하려는 대책을 강구할 때, 자기이해를 위한 내담자의 탐구를 더 잘 도울 수 있게 스스로를 준비하게 된다.

원가족에 대해 작업하기

결혼 및 가족 치료의 어떤 프로그램은 학생들이 원가족에 대한 수업을 수강할 것을 요구한다. 이 전제는 앞으로 개인, 부부, 가족과 전문적 작업을 하기 전에 우선 자신의 **원가족**이 현재의 모습에 어떻게 영향을 미치는지를 알고 있어야 한다는 것이다. 몇몇 주에서는 위와 같은 수업을 커플 및 가족 치료자 면허를 위한 자격조건으로 제시한다. 몇몇 저자들은 상담수련 프로그램이 학생들에게 원가족과 관련된 작업을 성장집단경험의 한 부분으로 제공할 것을 제안하기도 했다(Bitter, 2014; Lawson & Gaushell, 1991). 한 연구에선 대학원생들이 상담 훈련 과정의 일부로서 가계도 작업을 아주 가치 있게 생각한다는 것을 입증했다(Lim, 2008). 한 개인의 원가족을 도표로 표현한 가계도는, 상담 훈련에서 효과적인 심리사회적 도구이다. "훈련을 받는 사람들이 자기와 세계에 대한 선입견을 점검하고, 그들을 형성해 온 이야기들을 비판적으로 평가하며, 존재와 관계 맺기의 새로운 방식을 결정할 수 있는 기회를 제공한다"(p. 42). 원가족의 역동을 탐색해 봄으로써, 상담자들은 현장에서 맞닥뜨리는 가족에 대한 주제들에 대해 좀더 효과적으로 작업할 수 있다.

가계도 작업은 공식적 과정이므로 지침서를 따르는 것이 도움된다(Mc-Goldrick, 2011a; McGoldrick, Gerson, & Petry, 2008). 가계도는 정서적으로 중요한 가족 이야기에 구조 혹은 뼈대를 제공한다. 처음에는 사각형(남성)과 원(여성), 관계의 선으로 된 간단한 지도에서 시작할 수 있지만, 점차 세대 간에 스며들어 있는 대처 전략과 이슈들에 대한 복잡한 그림으로 진화해 갈 것이다. 많은 사람들이 자신의 가계도를 가족 사진, 예술작품, 비디오 등으로 더 발전시키곤 한다.

여기 짐의 초기 가계도가 있다.

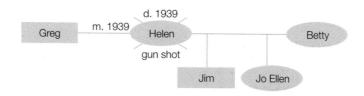

위와 같은 짐의 가계도에서 여러분은 무엇이 눈에 띄는가? 짐이 자신, 자기의 삶, 남성과 여성들 간의 관계들을 보는 방식과 관련 있을 만한 어떠한 질문들이 떠오르는가? 그레그의 첫 번째 부인인 헬렌은 어떻게 사망했는지 궁금해지는가? 그 사건이 자기 혹은 결혼에 대한 그레그의 그림에 부정적인 영향을 미쳤을 거라고 생각하는가? 베티는 이 죽음에 대해 어떻게 생각하고 혹은 느끼고 있을 거라고 짐작하는가? 이것이 짐의 삶에도 이어졌을까? 만약 그렇다면 어떻게 작용했겠는가?

Lawson과 Gaushell(1991)은 상담 훈련 프로그램이 학생들을 받기 전에 지원자들의 가족 이슈들을 고심해 볼 것을 제안했다. 가족 자서전을 지원 서류 중 하나로 요구하라고도 제안했다. 이는 가족 작업에 대한 상담자의 능력과 관련된 유용한 세대 간 가족 특성 정보를 제공할 것이다. Lawson과 Gaushell은 상담 훈련생의 다음과 같은 세대 간 가족 특성들을 역설했다.

- 부정적 가족 경험을 해결한 상담자들이 특히 공통된 이슈를 가진 내담자들을 더 잘 도울 수 있었다.
- 상담자로서의 효능과 심리적 기능을 향상시키기 위해, 훈련생들이 문제가 되는 가족 이슈들을 인식하고 다룰 수 있도록 도움이 필수적으로 주어져야 한다.
- 초기 가족 경험에서 채워지지 않은 욕구는 이후에 유사한 가족구성원들과의 강렬하고 갈등적인 연합을 통해 그 모습을 드러낸다.
- 평화조정자 역할은 이후 유의미한 타인과의 친밀감에서 양가감정을 만들어 낸다.
- 상담수련자의 원가족 경험은 현재 대인관계에서 어려움을 초래할 수 있다.

원가족에서의 자신의 문제 확인하기

한 사람의 원가족에 대한 많은 논의가 가족 치료의 선구자 중 하나인, **Virginia Satir**의 공헌에 기반하고 있다. Satir가 5살 때 부모님이 이야기하는 걸 듣고 무엇을 하려는지 알고 싶어 했다는 걸 기억한다. 그녀는 워크숍에서 종종 이 때, '부모님에 대한 탐정'이 되기로 결심했다고 말했다. 이후에 그녀는 스스로를 내담자의 자존감을 반영하는 정보를 찾아내고 귀를 기울이는 탐정이라고 여겼다. 치료작업을 하며 그녀가 돌보는 이들과의 관심과 매력에 기반한 강력하고 양육적인 관계의 가치를 확신하게 됐다.

일반적으로 가족상담자들은 치료하는 가족들 안에서 자신의 원가족의 역동 중 일부를 만날 수밖에 없다고 생각한다. Satir는 12명의 사람이 있는 방에 들어가면 알고 있는 모든 사람과 만나게 되는 거라고 말하곤 했다. 여러분이 커플 혹은 가족을 상담하고 있을 때, 이 상호작용에 많은 사람들이 참여하고 있다. 다시 말해, 여러분이 만나게 되는 사람들을 항상 새롭고 편파적이지 않은 시각으로 지각하는 게 아니라는 뜻이다. 이런 패턴에 대해 자각하면 할수록, 내담자는 더 많이 이득을 얻게 된다. 지금 자신이 상대하고 있는 사람이 누구인지, 눈앞에 있는 사람인지 아니면 과거의 어떤 사람인지를 자각하는 것이 무엇보다 중요하다.

사람들은 삶 속에서 계속 사랑했던 사람과 친구들과 재회한다는 걸 입증하기 위해 Satir가 사용했던 이 활동을 한 번 해보자. 여러분의 현재 삶에서 관심이 가는 혹은 불편함을 주는 어떤 (A라는)사람 앞에 서보자. 이 사람은 내담자나, 지인, 가족 혹은 친구일 수 있다. 만약 현재 그런 사람이 없다면 그녀 혹은 그를 상상해 보라. 이 사람을 자세히 보고 마음의 스크린에 그림을 그려보자. 이제 과거의 어떤 사람(B라는 사람)의 형상을 불러오자. 누가 떠오르는가? 여러분은 몇 살이고 B는 몇 살인가? 기억나는 이 사람과의 관계는 어떠한가? 혹은 어떠했는가? 이 관계에 연결된 감정은 무엇인가? 이제 A에 대한 반응을 점검해 보자. A가 촉발하는 감정과 B가 촉발시켰던 감정 사이에 관련성이 보이는가? 여러분이 특히 잘 알지 못하는 사람에 대해 강렬한 정서적 반응을 경험할 때, 이미지를 사용해서 이 활동을 적용해 볼 수 있다. 이 과정을 통해 지금-여기의 반응에 영향을 주는 과거 관계의 효과를 인식할 수 있을 것이다 (Satir, Banmen, Gerber, & Gomori, 1991). 어쩌면 과거를 현재 상호작용에 끌어들이는 방식을 자각하는 것이야말로 가장 중요한 것인지도 모르겠다.

이 장에서 우리는 여러분에게 가능한 한 많은 원가족 경험을 떠올려 보고 이 경험들이 이 시점의 내가 누구이고 어떤 사람인지에 어떻게 영향을 주는지 되새겨 보길 요청한다. 여러분은 초기 경험에 의해 필연적으로 결정되는 것이 아니며, 그 경험이 현재 중요한 관계에서 판박이로 작용할 필요도 없다. 그러나 자신의 경험을 인식하고 다룰 수 있어야만, 기존의 시각을 바꿀 수 있다. 여러분이 지금 가족과 작업을 하고 있다면 더구나, 가족 내의 개인과 시스템이란 관점에서 자신의 경험들이 어떻게 작용하는지를 자세히 살펴볼 경험적인 시작점을 갖게 될 것이다.

이 절의 나머지 많은 부분은 가족사에 대한 우리의 관점에 근거하는데, 이는 다양한 출처의 자료들을 수정하고 통합한 것이다. (1) 아들러 생활양식평가도구(Corey, 2013c; Mosak & Shulman, 1988; Powers & Griffith, 2012) (2) 가족 작업에 대한 Satir의 의사소통 접근(Satir, 1983, 1989; Satir & Baldwin, 1983; Satir, Bitter, & Krestensen, 1988; Bitter, 2014도 참고) (3) 가족시스템 개념(Bitter, 2014; Goldenberg & Goldenberg, 2013; Nichols, 2013) (4) 가계도 방법(McGoldrick, 2011a; McGoldrick et al., 2008) (5) 가족자서전 방법(Lawson & Gaushell, 1988). 아래 자료를 읽으면서 이 정보를 자기 경험에 맞게 소화하기를 바란다. 우리는 먼저 여러분 가족 자료를 이해하고 작업하는 방식을 알려주고 나서, 여러분이 전문적 작업에서 개인과 가족을 이해하기 위한 기초를 제공하도록 하겠다.

가족 구조

가족의 다양한 유형에는 핵가족, 확대가족, 한부모가족, 조손가족, 이혼가족, 입양가족, 동성부모가족, 가족 밖에서 아이를 양육하는 가족, 혼합가족 등이 있다. **가족 구조**라는 용어는 가족맥락에서의 자기에 대한 지각, 출생순위와 같은 요소를 포함하며, 가족체계의 사회·심리적 조직화를 의미한다. 다음 질문을 곰곰이 생각하고 답해 봄으로써 여러분의 원가족에 대한 자각을 확장해 보길 바란다.

- 여러분은 어떤 가족 구조 속에서 성장했는가? 시간에 따라 가족 구조가 변화했는가? 만약 그렇다면, 이 변화는 무엇이었는가? 가장 중요한 가족의 가치들은 어떤 것이었나? 가족의 삶에 대해 여러분에게 가장 두드러지는 것은 무엇이었나? 이 경험들이 현재의 모습에 어떻게 영향을 미쳤는가?

- 현재의 가족 구조는 무엇인가? 원가족에 여전히 주 구성원으로 포함되어 있는가, 아니면 다른 가족 구조를 형성했는가? 만약 그렇다면, 원가족에서 맡았던 역할을 현재 가족에서도 재현하고 있는 것은 무엇인가? 원가족에서부터 현 가족으로까지 이어오고 있는 특정한 패턴이 있는가? 두 가족 간에 있어 자신이 어떻게 다르다고 생각하는가?

- 원가족의 가계도 혹은 도표를 그려보자. 모든 구성원을 포함시키고, 의미 있는 동맹을 찾아보자. 어린 시절과 현재에 각 구성원들과 자신의 관계에 대해 생각해 보자.

- 원가족에서 어린아이로서의 자신을 어떻게 묘사하겠는가? 무엇을 두려워했나? 또 어떤 희망이 있었나? 어떤 야망을 가졌나? 학교는 어떤 곳이었나? 또래집단에서 역할은 무엇이었나? 아동기의 신체, 성, 사회적 발달에 있어 의미 있는 사건들을 떠올려 보자.

- 자신의 역경이 무엇이었는지 생각해 보자. 가족과의 관계가 이 역경의 발달과 지속에 어떻게 기여했는가? 실질적인 변화를 위해 여러분이 할 수 있는 선택은 무엇인가? 가족 안에서 다르게 행동할 방법에는 어떤 것이 있는가?

- 여러분의 강점 목록을 작성해 보자. 이 강점이 발달하는 데에 가족은 어떻게 공헌했는가?

부모 그리고 부모와의 관계

부모는 여러분이 가족과 사랑으로 연결되어 있는지 혹은 어떤 연결이 결핍되어 있다고 느끼는지에 대한 감각을 발달시키는 데 있어 핵심적인 역할을 한다. 성격 형성 시기에 이 대상의 존재 여부는 이후 발달에 엄청난 영향을 미친다. 만약 아버지 혹은 어머니가 어린 시절 가족사에서 존재하지 않았다면, 어떤 대리적 역할을 하는 사람이 있었는가? 만약 한부모가족에서 성장했다면, 한부모가 어머니와 아버지 역할을 모두 했었는가? 혹은 동성의 두 부모 가족에서 성장했다면 여러분이 세상과 자신에 대해 무엇을 알게 됐는가? 다른 사람들은 동성 부모를 가졌다는 것에 어떻게 반응했는가? 부모에 대한 사회적 규준은 그 당시와 지금 자신의 삶에 어떻게 영향을 미쳤는가?

만약 여러분이 이성인 두 부모의 가족에서 성장했다면 여러분은 그들이 가족의 삶에 대해 모델로 보여주는 행동을 통해 무엇을 배웠는가? 시간을 내어 부모 역할을 했던 대상과 그들과의 관계에 대해 생각해 보자. 부모를 관찰하고 그들과 상호작용하면서 무엇을 배웠는지, 부모들끼리의 상호작용에서는 무엇을 관찰했는지에 주목해 보자. 그들은 어떻게 싸웠는가, 혹은 어떻게 문제를 해결했는가? 서로에게 애정을 어떻게 표현했는가? 결정은 누가, 어떤 방식으로 내렸는가? 누가 가족의 경제 상황을 다루었는가? 각 부모는 각각의 자녀들과 어떻게 상호작용했었는가? 각 형제자매들은 부모에 대해 어떻게 생각하고 반응했었는가?

아버지(혹은 그를 대신했던 사람)에 대해 묘사해 보라. 그는 어떤 사람이었나? 자녀들 각각에 대한 그의 야망은 무엇이었는가? 어린 시절, 그를 어떻게 생각했는가? 나이가 들면서 그를 어떻게 생각하게 되었는가? 지금은 어떻게 생각하나? 그를 닮은 부분은 무엇이고 닮지 않은 부분은 무엇인가? 그는 여러분을 칭찬하거나 비판할 때 어떤 말을 하는가? 어린 시절 그는 어떤 조언을 했고 지금은 무슨 조언을 하는가? 지금 그를 무엇으로 실망시키고 무엇으로 기쁘게 할 수 있는가? 자녀들과 그의 관계는 어땠는가? 현재는 관계가 어떠한가? 형제자매 중 누가 그와 가장 닮았는가, 무엇이 닮았는가?(직접적, 혹은 간접적으로) 아버지가 여러분에 대해 뭐라고 이야기했는가? 삶, 죽음, 사랑, 성, 결혼, 남자, 여자, 여러분의 탄생에 대해서는 뭐라고 했는가? 여러분 자신에 대해서나 혹은 여러분의 행동에 대해 그가 모르길 바라는 것은 무엇인가? 만약 연애 중이라면, 여러분의 파트너와 아버지 사이에 어떤 공통점이 있는가?

이제 어머니에 대해 묘사해 보자. 동일한 질문 목록을 사용하여 어머니(혹은 그녀를 대신했던 사람)에 대해서도 각각 대답해 보라. 어머니를 어떻게 보고 있는지에 대한 윤곽이 그려질 것이다.

부모 혹은 여러분을 키워준 이들은 삶의 '항공교통관제원'이었다. 그들은 여러분을 이 땅에 이륙시켰고, 안내했고, 살아남도록 도와줬다. 그들은 생존을 위해 의지했던 대상이고 그들과의 관계에서는 여전히, 다 자란 성인이라는 느낌을 갖지 못할 수도 있다. 부모와 함께 있을 때 심리적인 성인으로 기능하기보다는 어린 시절 했던 방식 그대로 행동하는 스스로를 발견할지도 모르겠다. 많은 사람들이 가장 마지막으로 하는 작업이 바로 부모와의 관계라는 점을 명심할 필요가 있다.

나 자신이 되기

자율성과 개인주의를 강조하는 문화에서 성장한 사람의 관점에서, 건강한 사람은 부모로부터 심리적으로 분리되는 동시에 친밀감 또한 성취할 수 있다. 심리적 성숙은 한 번에 모두 달성할 수 있는 고정된 종착점이 아니다. 오히려 사랑하는 대상과의 내적 갈등과 친밀감의 이슈들을 재검토하고 해결하는 과정에서 성취되는 전 생애적 발달 과정이라고 봐야 한다. 여러분은 자신을 별개로 발견할 수 없다. 자기 발견 과정은 그것보다 타인과 맺는 관계의 질에 달려 있다. 자기 자신이 된다는 것은 여러분과 접촉하는 사람에게 미칠 영향력을 무시하고 "자기 하고 싶은 대로 한다"는 의미가 아니다.

어린 시절 다른 사람에게 기대했던 것을 이제는 스스로를 위해 함으로써 책임을 다할 수 있다. 여러분은 하나의 독립적인 개체가 되어도, 여전히 생생하게 관계를 유지하면서, 다른 이에게 다가갈 수 있고 그들과 나누고, 관계에 기꺼이 자신을 줄 수 있다. 통합된 사람이 된다는 것은 존재의 다양한 측면을 인식하고 긍정적, 부정적 면을 모두 수용하면서 자신의 어떤 부분을 버리지 않는다는 의미이다.

독립성, 자율성, 자기 결정 개념은 서구적 가치이며, 원가족의 중요성을 축소하는 경향이 있다. 좀 더 집단적인 사회에서는, 가족의 유대와 화합이 자기 결정성이나 독립성보다 더 많이 강조된다. 다수의 중국계 미국 가족에서 효, 즉 부모에게 순종하고 부모를 존경하며 공경하는 것은 아주 가치 있게 여겨진다. 자녀에게는 부모에게 충성할 것을 기대하며, 이는 그가 결혼해서 자기 가족을 이룬 후에도 지속된다. 아들은 가족 내 역할의 한계를 넘어 자신만의 독립적인 존재가 된다는 것을 생각하기 어려울 수 있다. 그런 사람에게 개별화는 이상적이지도 특별히 기능적이지도 않다. 가족으로부터 분리되고 개별화된다는 개념은 가족관계에서 갈등을 일으키기 쉽다. 그는 밖에서보다 가족의 맥락 속에서 자신이 누구인지를 좀더 쉽게 발견할 것이다. 문화적 가치가 개인주의 혹은 집단주의 정신을 반영하는 행동을 채택하는 데 있어 결정적 역할을 하는 것은 아주 자명해 보인다. 여기서 다음 질문에 대해 생각해 보자.

- 자율성과 독립성을 추구할 것인가, 아니면 상호의존성과 가족과의 조화를 추구할 것인가 중 더 중요하게 생각하는 가치들에 여러분의 문화적 양육 환경은 어떻게 영향을 미쳤는가? 여러분의 문화에서 비롯된 가치 중 유지하고 싶은 것은 무엇인가? 문화적 가치들 중 바꾸거나 도전하고 싶은 것이 있는가?

- 어느 정도로 스스로를 원가족에서 심리적으로 분리되어 독립적인 정체감을 가진 존재로서 지각하는가? 또 어느 정도로 자신이 원가족과 심리적으로 연결되어 있다고 느끼는가? 이 관계에서 변하길 바라는 측면이 있는가? 변화가 불편하거나 그대로 유지되길 바라는 측면이 있는가? 여러분의 답변을 설명해 보라.

가족 내 갈등에 대처하기

여러분의 현재 관계에서 갈등을 다루는 게 어렵다면, 그 이유 중 하나는 원가족에서 갈등을 직접적인 방식으로 다루지 않았기 때문일 수 있다. 갈등은 무슨 수를 써서라도 피해야 하는 어떤 것이라고 배웠을지도 모르겠다. 만약 갈등이 가족 내에서 결코 해결되지 않거나, 갈등이 생긴 후 몇 주간 서로 이야기하지 않는 걸 보았다면, 갈등이 불거질 때, 아마 두려워질 것이다. 비록 부모들이 종종 자녀가 문제인 것처럼 묘사하지만, 갈등은 전체 가족에 해당되는 것이다. 성공적 관계를 위한 열쇠는 갈등이 없는 것이 아니라 갈등의 근원을 인식하고 갈등을 일으킨 상황을 직접적으로 다룰 수 있는가에 달려 있다. 인정하지 않은 갈등은 관계를 왜곡시키고 곪게 만든다. 사실 가족 갈등과 관련된 패턴이 점검되지 않는다면, 그 후세에도 이 역사는 계속 반복되곤 한다. 예를 들어 부모가 의견이 맞지 않는 사람들을 정서적으로 고립시키는 방식을 써왔다면, 여러분은 이 패턴을 성인관계에서도 따르고 있을지도 모른다. 혹은 다른 사람과 의견이 맞지 않을 때 그들의 삶에서 여러분이 배제될 것이라는 메시지를 내면화했을 수도 있다. 이는 관계에서 평화를 유지하기 위해 자신의 의견과 신념을 굽히는 패턴으로 이어질 수 있다. 어떤 패턴이 드러나건 간에, 원가족에서 갈등이 소통되고 다뤄졌던 방식을 인식하는 것이 현재 여러분이 갈등을 다루는 방식에 받은 영향을 이해할 수 있게 도와줄 것이다. 여러분의 가족은 갈등을 어떻게 표현하고 다뤘는가? 갈등의 원인은 무엇이었나? 여러분의 역할은 무엇이었나? 여러분과 가족 구성원 간의 논쟁에서 자기 의견을 말하는 것이 안전하게 느껴졌는가? 더 큰 문화의 맥락에서 갈등과 그 해결에 대해 여러분의 가족이 배운 메시지는 무엇인가? 이 메시지들이 어떻게 여러분에게로 전수되었는가?

시스템으로서의 가족

가족은 상호작용을 지배하는 특정한 규칙을 갖고 있다. 이 **가족 규칙**(family rules)은 아이가 데이트를 마치고 몇 시까지 집에 와야 한다는 것과 같은 단순한 계율이 아니다. 여기에는 묵시적 규칙, 아이에게 주어지는 메시지, 명령, 신화, 비밀 등이 포함된다. 이 규칙은 종종 '해야 할 것' 혹은 '하지 말아야 할 것들'의 관점에서 표현된다. "예의 바르게 행동해라." "완벽하게 해라." "가족을 부끄러워하지 마라." "가족에게 의리를 지켜라." "어른이나 권위자에게 의문을 제기하지 마라." "부모에게 대들지 마라, 그렇지만 부모를 기쁘게 할 수 있는 일은 해라." "가족의 일을 남들에게 이야기하지 마라." 아이들이 어떤 규칙이나 명령 없이 자라는 것은 거의 불가능하고 이 규칙들을 기반으로 아이들은 빠르게 결정을 내릴 수 있다. 그들은 가족의 규칙을 수용할 것인지 아니면 맞서 싸울 것인지를 결정한다. "아이들은 보이지만 소리가 들려서는 안 된다." "할 일은 다해 놓고 놀아라." 부모는 걱정되고 무력감을 느낄 때, 상황을 통제하려는 시도로 규칙을 명령하는 경향이 있다. 이런 가족 규칙들은 초기에는 아이들이 화, 무력, 공포감을 다룰 수 있도록 돕는다. 이는 세상으로 모험을 나설 때, 아이에게 안전망을 제공하기 위해 계획된 것이다(Satir et al., 1988).

가족 안에서 성장하며 들어온 주된 하라, 하지 마라 명령과 그에 대한 자신의 대응에 대해 깊이 생각해 보자.

- 여러분이 수용했던 메시지나 규칙은 무엇이었나?
- 반발해서 싸웠던 규칙들은 어떤 것이었나?
- 현재 삶에 있어 가장 의미 있었던 초기 결정은 무엇이었나? 어떤 가족 맥락 속에서 이 결정을 내렸는가?
- 부모로부터 들은 것과 같은 메시지를 다른 이에게 말하고 있는 자신을 발견한 적이 있는가?

Virginia Satir(1983)는 우리가 학습한 가족 규칙들은 종종 선택의 여지가 없거나 시행하기 불가능한 형태라는 걸 인식했다. "나는 절대로 화내선 안 돼"가 이런 종류의 가족 규칙 예이다. "나는 항상 최고여야 해"나 "나는 항상 친절해야 해"도 마찬가지이다. 인지 치료사들은 내담자들이 '반드시', '항상', '절대로'와 같은 단어들을 비합리적인 것으로 이의를 제기하길 바라지만, 사티어는 내담자들이 이 규칙을 변형시키는 과정에 참여하는 걸 선호한다. 변형 과정은 이렇게 진행된다.

1 내가 배운 규칙에서 시작한다. "나는 결코 화를 내선 안 돼."
2 '해야 돼'를 '~수 있어'로 바꾼다. "나는 결코 화를 안 낼 수 있어." 여전히 문제가 있는 문장이긴 하나, 적어도 여기엔 선택이 있다.
3 '결코' 혹은 '항상'을 "때때로'로 바꿔보자. "나는 때때로 화를 낼 수 있어" 이제 좀 현실성 있게 들린다. 다음 단계는 이걸 각자의 상황에 적용해 보는 것이다.
4 여러분이 화를 내도 괜찮은 상황을 적어도 세 가지 생각해 보자. 예

를 들면 다른 사람이 공정하지 못한 대우를 받는 걸 보거나, 다른 사람이 내가 생각하고 느끼는 걸 안다는 듯 말하거나, 동물이 잔인하게 다뤄지는 걸 볼 때 나는 화낼 수 있다. 이런 경우에 화내는 건 여러분이 감정적으로 대응하거나 폭발적이지 않는다는 걸 주목하길 바란다. 폭발성으로 마음에 상처를 남기지 않고도 화를 표현할 수 있는 많은 방법이 있다.

여러분은 가족에게서 어떤 규칙을 배웠는가? 이 규칙들을 큰 소리로 들어 본 적은 없을 수도 있다. 규칙들은 종종 가족의 반응과 행동을 통해 법으로 만들어지고 지배되는 것이다. 여러분의 양육의 일부였던 세 가지 가족 규칙을 발견할 수 있는지 알아보라. 그 후 각각에 대해 Satir의 규칙 변형 과정을 적용해 보자.

건강한 가족에게는 규칙의 수가 적고 또 일관되게 적용된다. 그 규칙은 인간적으로 가능하고, 적절하며, 유연하다(Bitter, 1987). Satir와 Baldwin(1983)에 따르면 가장 중요한 가족 규칙은 개별화(유일무이한 존재로)를 감독하고, 정보를 공유(의사소통)하는 것들이다. 이는 가족이 개방적인 방식으로 기능하고 모든 구성원들의 변화 가능성을 허용하는 능력에 영향을 미친다. Satir는 많은 사람들이 가족 규칙의 제약에서 야기되는 스트레스에 대처하기 위한 수단으로 다양한 양식을 개발한다고 지적한다.

Bitter(2014)는 역기능적 가족 구조와 기능적 가족 구조를 대비시킨다. **기능적 가족**에서는 각 구성원들이 가족 전체와 공유되는 삶뿐만 아니라 개인적 생활을 갖는 것이 허용된다. 다른 관계들이 자랄 여지가 있는 것이다. 변화를 기대하고 반기며 위협으로 간주하지 않는다. 서로 달라 의견차이가 생겨도, 이를 가족체계에 대한 공격이 아닌, 성장의 기회로 여긴다. 기능적 가족 구조는 자유, 유연성, 개방적 의사소통을 특징으로 한다. 모든 가족 구성원들이 발언권을 갖고 자신의 입장에 대해 말할 수 있다. 이런 분위기에서 개인은 위험을 감수하고 세상을 탐험하는 데 든든한 지지가 있다고 느낀다.

반면 **역기능적 가족**은 폐쇄적 의사소통, 하나 혹은 두 부모의 빈약한 자존감, 엄격한 패턴으로 특징지어진다. 규칙은 차이에 대한 공포를 위장하기 위해 쓰인다. 그것은 엄격할 뿐만 아니라 종종 상황에 부적절하게 적용된다. 건강하지 못한 가족은 구성원들이 같은 방식으로 생각하고 느끼고 행동하길 기대한다. 부모들은 공포, 체벌, 죄책감이나 지배를 통해 가족을 통제하려 한다. 종국에 가서 이 체계는 붕괴하는데 그 이유는 가족 규칙이 더 이상 가족 구조를 지탱할 수 없기 때문이다. 이는 극심한 스트레스를 유발한다.

가족체계의 붕괴로 스트레스가 증폭될 때 구성원들은 방어적인 태도에 기대는 경향이 있다. Bitter(1987, 2014)는 조화로운 사람이 스트레스에 대처하는 방식에 대해 묘사했다. 그들은 스트레스를 다룰 때, 단일한 방식으로 자신을 희생시키지 않는다. 대신 스트레스를 하나의 도전으로 전환하여 이를 유용하게 받아들였다. 이런 사람들은 자기 중심이 견고하고 카멜레온처럼 자신의 색깔을 바꾸려 하지 않았다. 그들은 내적 경험과 일치하는 언어로, 직접적이고도 분명하게 이야기할 수 있었다. 그들은 확신과 용기를 갖고 스트레스를 직면하는데, 이는 자신이 가진 내적 자원으로 효과적인 대처와 괜찮은 선택이 가능하다는 걸 알기 때문이다. 그들은 또한 소속감과 타인과 연결되어 있다는 느낌을 갖고 있다. 그들은 사회적 이익의 원리에 따라 움직이는데, 이는 단순한 자기 확장에 관심을 갖기보다는 공동의 선에 기여해야 한다는 의식이 높다는 뜻이다.

기능적, 역기능적 가족 구조 각각에서 가족 규칙이 어떻게 드러나는지를 생각해 보길 바란다. 자신의 가족을 '기능적' 혹은 '역기능적'이라고 꼬리표를 붙이기보다, 구체적으로 어떤 측면이 건강해지길 바라는지 생각해 보자. 또한 여러분 가족의 삶에서 건강하고 유용하며 기능적인 특성에 대해서도 생각해 보자. 가족 구조와 가족 규칙에 대한 논의를 자신의 경험에 적용해 보자. 이 주제에 대해 좀더 상세한 정보를 제공하는 몇 권의 책들을 추천한다[Satir(1983), Satir(1989), Satir와 Baldwin(1983) Satir(1983)].

가족 비밀 역시 가족의 기능과 구조에 영향을 미친다. 비밀은 특히 파괴적일 수 있는데 보통 비밀을 숨기는 것이 개방해서 내놓는 것보다 더 많은 권력을 주기 때문이다. 일반적으로 가족 내에 역경을 초래하는 것은 공개적으로 이야기되는 문제가 아니라 숨겨지는 문제인 경우가 많다. 가족 내 비밀이 있게 되면, 아이들은 집에서 무슨 일이 벌어지고 있는지 알아내는 일에 남겨진다. 여러분은 가족 내 비밀이 있다고 의심한 적이 있는가? 만약 그렇다면, 그 비밀을 계속 유지한다는 것이 여러분에게 어떻게 느껴졌는가? 반대로 비밀을 폭로하는 것은 어떻게 느껴졌는가? 비밀을 유지하는 것이 가족 분위기에 어떤 영향을 주었다고 생각하는가?

가족의 중요한 발달

가족의 인생 사이클을 그려보면 그 유용함을 알 수 있을 것이다. 여러분의 가족 발달을 특징짓는 중요한 전환점을 도표로 만들어보자. 한 가지 방식은 앨범을 보며 각 사진이 무엇을 드러내는지 생각해 보는 것이다. 사진들이 당시의 기억과 생각을 자극하도록 하라. 부모, 조부모, 형제, 친척들의 사진을 볼 때 가족 역동의 단서를 제공하는 패턴을 눈여겨보라. 가족의 발달에서 전환점이 되는 것을 도표로 그려보며 다음 질문들을 생각해 보자.

- 여러분 가족에게 최악의 고비는 무엇이었나?
- 어떤 예기치 못한 사건들을 기억할 수 있는가?
- 취업, 군입대, 혹은 수감 등으로 가족이 별거한 기간이 있는가?
- 가족 내 문제를 가진 사람은 누구였나? 그 문제는 어떤 식으로 드러났는가? 다른 가족들은 문제를 일으킨 사람을 어떻게 대했나?
- 구성원의 출생이 가족에게 어떤 식으로 영향을 주었나?
- 가족 내에 심각한 질병, 사고, 이혼, 죽음이 있었나? 만약 있었다면, 이는 가족 구성원 각각에게, 전체로서의 가족에게 어떻게 영향을 미쳤나?
- 신체적, 성적, 혹은 정서적 학대의 역사가 있었나? 있었다면, 이는 가족 단위 내 개인들에게, 전체로서의 가족에게 어떤 영향을 주었는가?

위와 같은 영역을 살펴보는 것은 여러분을 형성케 한 가족의 영향력을 확인할 수 있게 할 것이고 이는 다시 내담자와 할 여러분의 작업을 도와줄 것이다.

조심스럽게 진행하기

가족에게 심각한 트라우마가 있었던 것이 아니라면, 가족사를 돌아보게 하는 위 질문에 대한 답을 생각해 보는 것만으로도, 어느 정도 혼란을 동반하겠지만, 그 자체로 치유적일 수 있다. 만약 이 단계에서 좀더 나아가 가족 구성원과 인터뷰를 하기로 결심한다면, 그들의 감정과 반응을 섬세하게 살피는 것이 가족 구성원과 소원해질 가능성을 줄이며 긴 여정을 갈 수 있게 하는 방법이다.

4장에서는 내담자와 그 가족의 삶 내의 문화적 주제에 민감해지는 것이 필수적이고, 문화가 그들의 선택과 행동에 미치는 방식을 이해한다는 걸 보여주지 못할 경우, 특정 내담자를 잃을 수 있다는 걸 배울 예정이다. 이 일반 원칙을 여러분 가족 구성원에게 접근할 때에도 똑같이 적용해라. 가족 구조의 문화적 규칙에 민감해지고, 이러한 역할, 규칙, 신화, 의식과 같은 개념이 가족 내에 작동하는 방식을 고려하라. 어떤 가족에서는, 아이가 고모, 이모, 삼촌과 같은 어른에게 정보를 구하는 것에 대해 어머니나 아버지는 불쾌하게 받아들인다. 한 일본인 대학원생이 가족 자서전 과제의 일환으로 아버지를 인터뷰하기 위해 찾아갔다. 그의 아버지는 이 정보를 얻는 것이 중요하다고 그가 설득했는데도 불구하고, 중요한 가족의 자료를 나누길 거부했다. 가족 구성원에게 이 질문들을 하는 이유에 대해 잘 설명하길 바란다.

가족사를 돌아보는 과정에서 여러분이나 가족에게 위기 상황이 전개될 가능성에 대해서도 대비해야 한다. 이런 수준의 작업은 준비되지 않은 수많은 발견과 놀라움을 가져올 수 있기 때문이다. 어떤 학생은 자신이 입양되었다는 사실을 알게 되었다. 그녀는 가족들이 알려주지 않은 데 대한 실망과 분노를 다뤄야 했다. 여러분 역시 가족의 비밀을 알게 되거나 여러분의 '이상적 가족'이 생각만큼 완벽하지 않다는 걸 알게 될지 모른다. 너무 당연하게도 여러분의 가족이 기능적인 측면과 역기능적 측면을 모두 갖고 있다는 걸 발견하게 될 것이다. 우리의 개인성장집단에 참여했던 학생들 상당수가 자신과 가족에 대해 알게 되면서 불안하거나 우울해졌고 자기에게 미친 그 영향에 대해 이야기하고 싶어 했다.

또한 여러분은 심지어 조부모에 대해서도 정보가 별로 없었다는 사실을 알게 될 것이다. 예로 나 '(Jerry)'는 아버지가 어머니와 결혼하기 전에 어떤 삶을 사셨는지에 대해 중요한 정보는 거의 모르고 있었다. 아버지에게서 이 나라에서의 시작이 어려웠다는 이야기는 조금 들은 적이 있다. 7살 때, 그와 형이 이탈리아에서 뉴욕으로 왔다고 한다. 그의 아버지(아는 것이 거의 없는)는 부인이 죽은 후 두 아이를 이 나라로 데리고 온 것이다. 여기서도, 아버지의 어머니에 대한 정보 역시 거의 희박하다. 심지어 그녀가 어떻게 돌아가셨는지도 모른다. 분명 할아버지는 그의 아들을 보살펴줄 친척을 찾아서 온 것일 텐데, 그 친척은 다른 가족을 부양하느라 그럴 여유가 없었던 것이다. 이런 연유로, 우리 아버지는 고아원에 맡겨졌다. 아동기를 시설에서 보내면서 겪은 외로움과 영어를 한 마디도 못하는 데서 오는 어려움에 대해 아버지가 말씀하시던 것이 기억난다. 내게 충격적이었던 것은, 아버지 쪽 가족에 대해 아는 바가 거의 없다는 사실이었고 이는 그 자체로 얼마나 많은 정보들이 부정되고 비밀에 부쳐져 왔는지를 말해준다. 아버지는 45년 전에 돌아가셨기 때문에 나는 어머니나 아버지의 삶을 아는 친척을 찾아가 그들이 이야기하는 아버지의 역사에서 조각을 찾아야만 했다.

반면, Marianne의 가족사는 1600년도까지 쉽게 거슬러 올라갈 수 있었다. 나(Marianne)는 수년간 우리 가족사를 수놓은 풍부한 이야기들을 들어왔다. 독일의 마을, 대가족 속에서 자랐기 때문에, 많은 친척과 동네 사람들이 여러 세대에 대한 이야기를 나눠주었던 것이다. 나는 아버지 쪽 가족의 어떤 패턴에 대해 인식하게 되었다. 어떤 사람은 전형적으로 화를 내고 나서 정서적 단절을 낳고 개중에는 다시는 한 마디도 하지 않곤 하였다. 이 경험은 가족패턴이 재발되고 다른 이들을 변화시킬 수 없다는 것을 가르쳐주었다. 우리가 비록 다른 사람을 바꿀 수는 없더라도, 다른 사람의 행동과 결단에 의해 스스로 어떠한 영향을 받게 할 것인지는 우리에게 결정할 힘이 있다.

만약 여러분이 가족상담을 할 생각이 있다면, 이 정도의 자기 탐색은 필수적이다. 여러분 스스로 이 과제에 전념해 본다면, 여러분과 치료 과정을 함께할 내담자 가족 구성원들이 무엇을 경험하는지 더 잘 이해하게 될 것이다. 이 발견 과정에서 가급적이면 슈퍼비전을 받길 바란다. 여러분이 새로 알게 된 것을 다른 누군가와 이야기 나눌 기회가 되기 때문이다.

변화는 고통과 불안 없이는 오지 않는다. 탐색과 변화에 몰두하는 것은 여러분 삶의 유의미한 사람들에게 고통을 줄 수도 있다. 상담자가 되기 위한 훈련프로그램에 참여하다 보면 현재 관계를 다소 위험하게 만든다. 부모, 형제, 남편, 아내, 아이들 혹은 다른 친척들이 여러분의 변화를 위협적으로 느낄 수 있기 때문이다. 여러분은 고통을 인식하고 이를 다루는 것의 가치를 신뢰하게 되어, 부모나 형제들 역시 새로운 세계관을 받아들여 삶의 방식을 바꾸길 바라게 될지도 모른다. 그러나 아마도 그들은 고통을 피해 왔으며, 이 패턴을 흐트러뜨리는 데 전혀 관심이 없을 것이다. 비록 상황을 직시할 때 근본적인 변화와 더 충만한 존재감을 가질 수 있을지라도, 그들이 현재 모습에서 달라져야 한다는 결정은 여러분이 할 수 있는 것이 아니다.

훈련을 통해 인간관계에 대해 배우고, 삶에서 긍정적 변화를 만들게 되면, 사랑하는 사람이 파괴적 삶의 양식, 적어도 제한된 존재로 사는 데 만족해 하는 걸 보고 있기란 쉽지 않은 일이다. 여러분은 "내 가족도 도울 수 없는데 곤경에 처한 다른 가족은 어떻게 도울 수 있을까?"라고 반문할지도 모르겠다. 여러분의 가족을 변화시켜야 하는 사람이 자신이라고 생각해 부담을 지운다면, 결국 좌절하게 될 것이다.

한 상담 전공 대학원생은 수업시간에 배운 것을 자기 가족에게 적용할 때, 부담을 느낀다고 말했다. 그럼 주말 자기 탐색 집단에서 무엇을 얻고 싶냐고 묻자, 그는 "주말 이 워크숍 동안 우리 가족의 모든 문제를 해결해야겠다는 생각에 조바심이 납니다. 어쨌거나 제 가족에게 문제가 있으면, 미래 내담자가 문제를 해결할 때 어떻게 도울 수 있겠어요?"라고 말했다. 이 학생이 자신의 문제를 다루려 했다는 점에서는 격려를 받아야 하지만, 비현실적 기대를 충족시키려는 노력은 실패로 끝날 수밖에 없다. 삶의 중요한 사람들을 변화시키는 것이 자신의 역할이라는 신념은 더 큰 부담이 된다. 가족 내 구성원이 변화에 대해 동기가 없다면, 그가 아무리 뛰어나더라도 해줄 수 있는 것이 전혀 없다는 사실을 깨달아야 한다. 그에게 가능한 것은 초점을 자신에게 맞추고 진실된 자기가 되는 것이다. 이는 그 자체로 다른 사람을 변화에 초대하는 것이다.

그는 자신이 이룬 변화에 대해 말해주면 된다. 또한 가족들의 행동에 어떻게 영향 받았는지, 가족들과 어떤 관계를 맺고 싶은지에 대해서도 이야기해 볼 수도 있다.

여기에서 중요한 것은 다른 사람들이 변해야 한다는 태도를 멀리하라는 것이다. 인내와 존중이 대단히 중요하다. 삶에 변화를 이루기 위해, 여러분은 겹겹의 방어를 뚫고 나와야 했을 것이다. 자신이 좀더 취약해지는 걸 용납하고 새로운 가능성을 허락하는 것은 시간과 인내 모두를 필요로 한다. 다른 사람들에게도 변화를 고려해 볼 수 있는 이와 같은 여지를 허락하도록 해라.

삶의 전환기를 이해하기

이 절에서는 유아기에서 노년기에 이르기까지 인간 발달의 다양한 단계에 등장하는 주된 삶의 주제들을 논의할 것이다. **개인적인 변화**를 위해서는 과거에 발달과업을 어떻게 다루어왔는지 그리고 현재 이 이슈들을 어떻게 다루고 있는지에 대한 자각이 필요하다. 자신의 과거와 현재 모두의 경험을 끌어내 봄으로써 내담자의 고군분투를 더 잘 이해할 수 있고, 이는 보다 유능하게 개입할 수 있도록 도와줄 것이다.

우리의 목표는 여러분이 자신의 삶의 전환기를, 각 단계마다 중요했던 결정들과 함께 되돌아볼 수 있게 하는 것이다. 결혼과 이혼, 자녀의 출산과 죽음, 실직과 은퇴와 같은 대변동의 시기를 작업하는 것은 주요한 도전이 될 것이다. 모든 전환 지점은 불확실성을 견디며, 익숙하고 안정된 곳을 떠나 삶의 새로운 방향을 취하는 능력을 시험한다.

삶의 각 시기에서 맞았던 도전을 이해함으로써, 성격발달의 초기 단계가 이후 삶에서 내리는 결정에 어떻게 영향을 미치는지 이해할 것이다. 특정 발달단계 내에서도 개인 간 차이가 크다. 원가족, 문화, 인종, 성, 성적 지향, 사회경제적 위치 모두가 발달 과정을 경험하는 방식에 크게 관련 있기 때문이다.

생활 연령은 정서, 신체, 사회적 연령을 고려하는 데 있어 단지 하나의 지표일
뿐이다.

발달단계를 이해하는 이론적 근거

인간의 발달을 이해하는 데 다양한 이론적 접근이 있는데, 각각은 유아기부터
노년에 이르는 단계들을 조금씩 다르게 개념화한다. 이 이론들은 사람들이, 역
할을 맡는 영역 모두에서 어떻게 성장해 가는지를 이해하기 위한 로드맵을 제
공한다. 우리는 이 장에서 전 생애에 걸친 성격발달에 대한 세 가지 대안적인
관점에 대해 다룰 것이다. Erik Erikson(1963, 1982)의 심리사회적 발달이론
에서 그리는 모형에 대해 설명하고, Thomas Armstrong(2007)이 주장한 생
애 각 단계에서의 '선물'에 대한 내용을 포함하며, 체계적 관점(McGoldrick,
Carter, & Garcia-Preto, 2011b)에서 생애 주기를 강조하는 맥락적 자기(self-in-
context) 접근의 주요 아이디어에 대해 알아볼 것이다.

　　체계적 관점은 우리가 어떻게 성장했는지는 원가족 내의 역할과 위치에 대
한 깨달음(인식)을 통해 가장 잘 이해할 수 있다는 가정에 근거한다. 체계적 시
각은 자신이 속한 가족체계와 분리해서는 개인을 진정으로 이해할 수 없다고
본다.

　　우리는 유아기에서 노년기까지 각 시기의 **심리사회적 과업**에 주목하며, 발
달의 아홉 단계를 서술하고자 한다. 또한 이 과업이 달성되지 않았을 때 생길
수 있는 성격발달의 잠재적 문제에 대해서도 간단히 기술할 것이다. 삶의 어
느 기간 동안에서든 급성 및 만성 질환은 삶의 다른 단계로 이행하는 걸 방해
할 수 있다. 예를 들면, 소아 당뇨는 유년 시절의 일반적인 경험을 방해할 수
있다. 척수 손상, 암, 후천성 면역결핍증후군(HIV 양성/AIDS)은 중년기 직업
적 경력과 사회적 발달을 방해할 수 있다. 자신의 발달 여정이 다른 사람을 도
우려는 노력에 자산이 될지 혹은 방해물이 될지를 인식하는 것이 아주 중요하
다. 발달단계들에 대해 읽고 회상하면서, 자신이 각 발달 시기의 주된 심리사
회적 과업을 얼마나 잘 완수했는지 자문하길 바란다.

　　Erikson의 모델은 생리적, 사회적, 심리적 존재로서의 인간을 포괄적으로

언급하는 전체론적인 모델이다. **심리사회적 이론**은 발달의 경향을 이해하는 데 개념적 틀을 제공한다. 각 단계의 주요 발달과업, 핵심욕구와 그것의 만족 혹은 좌절, 삶의 각 단계에서 선택의 잠재성, 주요 전환점 혹은 발달 위기들, 후에 성격 갈등으로 이어지는 불완전한 성격발달의 기원들. Erikson의 이론은 삶의 각 단계에서 자신과 우리의 사회 세계 간의 균형을 확립해야 하는 과업을 직시해야 한다고 강조한다.

Erikson은 전 생애에 걸친 인간의 발달을 다양한 단계들의 측면에서, 각각 해결해야 할 구체적인 위기로 특징지어 묘사한다. Erikson에게 있어 **위기**란 삶의 전환점, 발달을 전진시킬 수도 혹은 후진시킬 수도 있는 변화의 순간을 의미한다. 삶의 결정적인 전환점은 다양한 생물학적, 심리적, 사회적 요인들에 영향 받는다. 우리 발달에서 생애 초기 경험이나 유전자와 같은 핵심 요소들을 직접적으로 조정할 수는 없지만, 우리는 이 경험들을 어떻게 해석하고 자신의 성장을 위해 어떻게 사용할지는 결정할 수 있다. 핵심적인 삶의 전환점에서, 우리는 성공적으로 기본 갈등을 해결할 수도 혹은 발달의 도로 한가운데에서 멈춰설 수도 있는 것이다. 이 전환점들은 위험과 기회 둘 다에 해당된다. 위기는 여러분에게 그저 발생한 재앙적인 사건이거나 혹은 맞닥뜨려야 할 도전으로 보여질 수 있다. 각 발달단계는 이전 단계에서의 심리적 결과를 기반으로 하며, 사람들은 때때로 갈등을 해결하는 데 실패하여 퇴행하기도 한다. 현재 삶은 상당한 정도로 이전 선택들의 결과이다. 삶은 연속적이기 때문이다.

The Human Odyssey : *Navigating the Twelve Stage of Life*에서 Thomas Armstrong(2007)은 삶의 모든 단계가 동등하게 의미 있고, 인간다운 행복을 위해 필요하다고 주장한다. 삶의 각 단계는 세상에 기여할 수 있는 각각의 독특한 **선물**을 갖고 있다. Armstrong은 우리가 인간의 생명 순환을 잘 돌보는 것과 같은 태도로 지구온난화나 다른 위협으로부터 환경을 보호해야 한다고 생각한다. 그는 각 발달단계들을 지원하는 것은, 사람들이 보살핌을 받고, 잠재력을 최대한 개발할 수 있도록 보장하는 방법이라고 주장한다.

McGoldrick, Carter와 Garcia-Preto(2011b)는 Erikson의 발달 이론이

대인관계적 영역과 타인과의 연결의 중요성을 간과한다고 비판한다. 맥락적 요인은 한 개인으로서 명확한 정체감을 형성하는 능력, 타인과 관계를 맺을 수 있는 능력과 관련 있다. McGoldrick과 그 동료들이 묘사한 것처럼, **맥락적 자기**(self-in-context) **시각**은 한 개인의 생애를 관통하여 발달 과정에 영향을 미치는 핵심요소들, 즉 인종, 사회경제적 계층, 성, 민족, 종교 등을 고려한다. 이 요소들은 어린 시절부터 자기 자신에 대한 신념, 타인과 정서적으로 연결되는 방식에 영향을 준다. 건강한 발달을 위해서는, 삶의 각 단계마다 타인과의 관계 맥락 속에서, 독특한 존재인 나에 대한 명확한 감각을 확고히 할 필요가 있다.

유아기

생후 1년간인 **유아기**의 기본 과업은 자기, 타인, 환경에 대한 신뢰감을 발달시키는 것이다. 유아는 활기차며, 겉으로 보기에 끝없는 에너지의 원천이다(Armstrong, 2007). 이 시기의 핵심 갈등은 **신뢰 대 불신**이다. 유아기에 중요한 타인으로부터 필요한 따뜻함, 관심을 받으면 아동은 신뢰감을 발달시킨다. 사랑받는다는 느낌은 불안, 위험, 부적절감에 대한 최상의 보호장치이다.

만약 가정에서 이런 안정감이 부재하다면, 이후에 성격문제가 발생하는 경향이 있다. 불안정한 아동은 세상을 잠재적으로 무섭고 위험한 곳으로 인식하게 된다. 그들은 다른 사람에게 다가가는 것에 대한 두려움과 사랑하고 신뢰하는 것에 대한 공포가 있고 친밀한 관계를 형성하거나 유지하는 능력이 없다. 거부당한 아동은 세상을 불신하고 대체로 자신을 해칠 수도 있다는 관점으로 세상을 바라본다. 유아기에 거부당한 경험의 결과는 이후 아동기에서 두려움, 불안정, 질투, 공격, 적의, 소외감의 경향으로 나타난다.

삶을 불신의 기초에서 시작하게 되었을 때의 부정적인 영향을 이해하기 위해, 가정 위탁에 가기 전, 방치하는 부모 아래서 처음 몇 달을 보낸 Lionel의 예를 살펴보자. 어른인 Lionel은 사람들이 주위에 있을 때 극도로 경계하며, 사람들이 그에게 실망을 안겨줄 거라고 굳게 믿는다. 그는 사람들, 특히 친밀한 관계를 서로 가까워지려고 할 때마다 스스로를 고립시킴으로써 밀어내곤 한다.

Daniel Goleman(1995)는 유아기가 **정서지능**을 구축하는 시기라고 믿는다. 그는 이 정서지능을 충동을 조절하고 타인에게 공감하며, 책임있는 대인관계를 형성하고, 친밀한 관계를 발전시킬 수 있는 능력이라고 정의한다. 그는 정서적 능력을 가르치는 데 가장 핵심적인 요소를 타이밍이라고 밝히며, 특히 유아기 동안의 원가족과 원문화 내에서의 시간을 강조한다. 더불어 아동기와 청소년기에 다양한 인간의 능력을 학습하기 위한 토대가 확장된다고 덧붙인다. 이후 발달은 생애 나머지를 지배할 기본 정서패턴을 획득하기 위한 결정적인 기회를 제공한다.

숙고 및 적용

이 시기 동안의 발달과업에 대해 숙고해 보면서, 최초 시기 동안 자신이 마련한 토대와 그 경험이 지금 맞닥뜨리는 과업에 어떻게 도움이 되는지 혹은 방해가 되는지 생각해 보자. 다음 질문에 대해 생각해 보라. 원가족으로부터 세상에 대해 배운 것은 무엇인가? 다른 사람을 믿는 게 어려운가? 스스로와 세상을 헤쳐나갈 자신의 능력을 신뢰하는가? 다른 사람이 여러분을 실망시키지 않을까 두려워하거나, 자신을 얼마나 보여줄지 조심해야 한다고 생각하는가?

초기 아동기

1세에서 3세까지, **초기 아동기**의 가장 중요한 발달과업은 자율성으로의 여정을 시작하는 것이다. 이 시기 핵심 갈등은 **자율성 대 수치심과 의심**이다. 다른 사람의 돌봄을 받는 것에서 스스로 자신의 욕구를 보살필 수 있게 되면서, 아동은 상호의존을 좀더 이해하게 되고 욕구지연과 같은 정서적 유능감이 발달한다.

자신을 어느 정도 통제하고 주변 세상에 대처하는 과업을 달성하지 못한 아동은 자신의 능력에 대한 의구심과 수치심을 발달시킨다. 아동에게 지나치게 개입하는 부모는 이 시기 발달을 방해할 수 있다. 부모가 아동의 의존을 고집하게 되면, 이런 아이는 자기 능력의 가치를 회의하기 시작한다. 이 시기 동안, 분노와 같은 감정은 판단되기보다는 수용되어야 한다. 만약 분노를 수용받지 못하면, 아이들은 이후 삶의 대인관계에서 분노를 다룰 수 없게 될 것이다.

그들은 '수용할 수 없는' 정서는 모두 부정해야 한다고 느끼는 성인으로 자랄 것이다. 한 예로 대학 졸업반인 Courtney는 다른 사람들을 기쁘게 하기 위해 애쓰고, 다른 사람을 실망시켰다고 생각될 때 수치심을 느끼곤 했다. 진심으로 작가로서의 커리어를 갖고 싶었지만, 그러면 부모님이 화를 낼까봐 두려웠다. 부모님이 원하는 진로(MBA 학위 과정)를 따름으로써, 부모님을 실망시키지 않고 수치심을 피해갈 수 있을 것이다. 자기 꿈을 버린 선택을 정당화하기 위한 한 방법으로, 스스로에게 절대 작가로 성공할 수 없었을 텐데 뭐하러 애를 쓰냐고 설득했다. 작가로서의 능력을 의심하는 것은 또한, 자신의 삶을 통제하기 위한 시도로, 부모에 대한 분노에서 주의를 돌리게 했다.

숙고 및 적용

어떤 상담자들은 분노의 감정을 지각하거나 표현하는 데 곤란을 겪는다. 이들은 또한 내담자가 이 '수용할 수 없는' 감정을 갖게 하는 것이 어려워 이 감정에서 내담자가 비껴가도록 할지도 모른다. 만약 이 설명이 여러분에게도 해당되는 것이라면, 분노로부터 철수하는 것 외에 어떤 대안을 생각해 볼 수 있는가? 다르게 행동해 볼 수 있는 한 방법은, 내담자가 자기의 화를 여러분에게 직접적으로 표출할 때, 그 방에 신체적으로나 심리적으로 머물러 보는 것이다. 이후 슈퍼비전 시간에, 자기 안에서 떠올랐던 공포를 다뤄볼 수 있을 것이다. 만약 이 감정과 태도가 내담자와의 작업을 방해한다면, 개인상담을 통해 이 문제를 다룰 필요가 있다.

학령전기

3세에서 6세 사이, **학령전기**의 아동들은 그들이 할 수 있는 것을 찾아내려고 한다. 이 시기의 핵심 갈등은 **주도성 대 죄책감**이다. Erikson에 따르면 학령전기의 기본 과업은 유능감과 주도성을 확립하는 것이라고 한다. 학령전기 아동은 사랑과 애정을 주고받는 법을 알게 되고, 성에 대한 기본 태도를 배우며 좀 더 복잡한 사회적 기술들을 학습한다. Armstrong(2007)에 따르면 삶의 이 시기에 해당하는 선물은 놀이성(playfulness)이다. 어린아이들은 놀이를 하며 세상을 새로 재현한다. 그들은 존재하는 것과 가능한 것을 합쳐 새로운 이벤트를 만들어낸다. 만약 아동에게 스스로 활동을 선택하고 결정하는 현실적인 자유가 주어진다면, 그는 일을 시작하고 완수해내는 능력에 대한 자신감과 같은 긍정적 성향이 발달될 것이다. 맥락적 자기(self-in-context) 관점에 따르면, 이 시기에는 성, 인종, 무능력의 측면에서 '다름'을 자각하기 시작한다. 핵심 과업은 다른 사람에 대한 신뢰를 증진시키는 것에 있다(McGoldrick et al., 2011b).

만약 스스로 결정을 내리는 것이 지나치게 제한되거나 허용되지 않으면, 아동은 죄책감을 발달시키고 궁극적으로는 삶에 적극적인 태도를 갖는 것에서 철수해 버린다. 이를 이해하기 위해, 학령기 동안 무엇을 입고 무슨 게임을 할지를 결정할 권한이 없었던 Debo를 생각해 보자. 성인이 된 Debo는 수동적이고 회피적인 방식을 사용하고 있다. Debo는 무언가를 결정해야 하는 순간, 잘못된 선택을 할까봐 두려워하며 죄책감을 느낀다

또한 이 시기 동안에는 성 역할 정체감의 기초가 마련되고, 아동은 적절한 남성적, 여성적 행동에 대한 그림을 형성하기 시작한다. 특정 시점에서 여성과 남성 모두, 되고 싶은 사람으로 개념을 확장해 갈 것이다. 그러나 종종 초기 조건화는 자기 개념의 확대를 다소 어렵게 만들기도 한다. 많은 사람들이 성 역할 정체감과 관련하여 경험한 문제들 때문에 상담을 찾곤 한다.

숙고 및 적용

이 시기 발달과업을 읽고 여러분의 삶에 이를 적용해 보며, 학령전기로 거슬러 올라가 기원을 찾을 수 있는 현재의 태도와 행동 패턴을 찾아보자. 다음 질문들에 대해서도 생각해 보라. 여러분이 그려왔던 여성 혹은 남성이 되어가는 중인가? 적절한 성역할행동의 규준을 어디에서 획득했는가? 아동기의 어떤 갈등이 오늘날까지 영향을 미치고 있는가? 현재의 행동이나 지금의 갈등이 미해결된 과제의 영역을 나타내는 것인가?

학령중기

Erikson은 6세에서 12세에 이르는 **학령중기**의 주요 갈등을 **근면 대 열등감**이

라고 기술했다. 주요 과업은 근면성을 획득하는 것이며 실패할 경우 부적절감을 야기한다. 아이들은 세상에 대한 이해를 넓혀야 하고 적절한 성 역할정체감을 지속적으로 발달시켜 나간다. 근면성의 발달에는, 학교에서의 도전에 부응하고 성공하는 것과 같은 목표 창출에 집중하는 것이 포함된다. Armstrong(2007)에 따르면, 이 시기 처음 절반 동안의 핵심 선물은 상상력이다. 내면의 주관적 자기감이 발달하고, 이러한 자기감은 환경으로부터 차용한 이미지로 풍부하다. 이 단계 이후 절반 동안에는 독창성이 주요 특징이다. 더 큰 아이들은 점점 커지는 압력을 다룰 수 있게 해줄, 다양한 사회적, 사무적 기술을 획득한다.

맥락적 자기(self-in-context) 관점에서 봤을 때, 이 시기는 아동이 성, 인종, 문화 그리고 능력의 측면에서 자기에 대한 이해를 증진시키는 때이다. 가족, 또래, 사회와의 관계 속에서 자기에 대한 이해가 증진된다. 핵심 과업은 공감의 발달, 즉 타인의 관점을 채택할 수 있는 능력이다(McGoldrick et al., 2011b).

초기 학령기에 실패를 겪은 아동은 종종 이후 삶에서 주요한 장애를 겪는다. 초기 학습문제를 가진 아동들은 자신이 무가치하다고 느끼기 시작한다. 이런 느낌은 종종 또래와의 관계에 엄청난 영향을 주는데, 이는 그 시기에 상당히 중요한 것이다. 학령중기에서 비롯할 수 있는 문제들은 부정적 자기개념, 사회적 관계를 형성하고 유지하는 것에서의 열등감, 가치관에 대한 갈등, 혼란스러운 성 역할 정체감, 의존성, 새로운 도전에 대한 두려움, 주도성의 결여 등이다. 한 예로, Bronwyn은 학령중기 동안 학교에서 학습이 부진했던 경험의 지속적인 영향 중 하나로, 성인이 된 후에도 자신은 한 사람으로서 다른 이들에게 줄 수 있는 게 별로 없고 그다지 중요한 사람이 아니라는 뿌리 깊은 믿음을 갖고 있었다. 그녀는 자신이 어떤 의미 있는 목표도 이룰 수 없을 거라고 생각했기 때문에, 약간의 위험을 감수해야 하는 사적이든 직업적인 상황이든 대부분을 피하려 했다.

숙고 및 적용

학교에서의 처음 몇 해 동안 중요한 사건들은 어떤 것이었나? 학습자로서 자신이 유능하다고 느꼈는가 혹은 무능하다고 느꼈는가? 학교가 가고 싶어 흥분되는 장소라고 여겼는가 아니면 피하고 싶은 장소라고 생각했는가? 스스로가 성공적이라고 혹은 실패자라고 느꼈던 구체적인 방식은 무엇이었는가? 초기 학령기 동안 한 사람으로서 자신의 능력에 대해 어떤 태도를 형성하게 되었는가? 이 시기에 부정적 혹은 긍정적으로 영향을 준 중요한 사람들에 대해 생각해 보자. 그들이 기대한 바에 대해 떠올려 보고 여러분의 가치와 잠재력에 대해 그들이 전한 메시지를 기억해 보라. 이는 오늘날의 여러분에게 어떻게 영향을 미쳤는가?

청소년기

12세에서 20세의 **청소년기**는 정체감을 찾아가는 시기로 자신의 목소리를 찾고 자기를 돌보는 것과 타인을 돌보는 것 사이에서 중심을 잡아가는 시기이다. 이 시기의 핵심 갈등은 **정체감 대 정체감 혼미**이다. Armstrong(2007)은 삶의 이 단계에 주어진 독특한 선물은 **열정**이라고 했다. 청소년의 신체에서 일어나는 강력한 일련의 변화들은 성적, 정서적, 문화적, 영적인 열정과 삶에 대한 깊은 내면의 열의로 나타난다. 맥락적 자기(self-in-context)의 관점에서 보면, 이 시기의 핵심 발달 과업은 급격한 신체변화와 신체 이미지의 문제를 다루기, 자기 관리를 배우기, 자신의 성 정체성을 발달시키기, 삶의 철학과 영적 정체감을 개발하기, 친밀한 관계를 다루는 방식을 학습하기, 타인과의 관계에서 자기에 대한 이해를 확장하기 등이다(McGoldrick et al., 2011b).

　Erikson에게 있어, 청소년의 주된 발달적 갈등은 자신이 누구인지, 어디로 가고 있는지, 어떻게 도달할 것인지에 대한 명료화에 집중된다. 그 갈등은 신체적인 변화와 사회적인 변화를 통합하는 것에 관련된 것이다. 청소년들은 진로를 빨리 결정하고, 대학이나 취업 시장에서 경쟁하여 경제적으로 독립해서, 신체적·정서적으로 친밀한 관계에 몰입해야 할 것 같은 압박을 느낀다. 또래집단에게서 받는 압박감이 주된 영향력으로, 친구들의 기대에 따르느라 자신을 쉽게 잃어버리기도 한다. 많은 청소년들이 스트레스를 점점 더 많이 경험하게 되면서, 자살을 생각하는 일도 드물지 않다.

청소년 시기 동안, 정체감을 형성해 가는 과정의 핵심적인 부분은 가족체계에서 분리되어 자신의 경험을 기반으로 한 정체감 형성으로 구성된다. 부모로부터 분리되는 과정은 개별화를 향한 투쟁의 고통스러운 측면일 수도 있다. 청소년들은 부모의 가치관 다수를 취하게 되더라도, 개별화를 위해서는 생각 없이 받아들이기보다는 이 가치들을 자유롭게 선택할 수 있어야 한다. 한 예로, 15세의 Bradley는 자녀들이 매주 교회 예배에 참석하길 바라는 부모의 바람에 점점 더 저항하기 시작했다. 아주 신실한 가톨릭 가정에서 성장한 Bradley가 자신의 신앙에 대해 의문을 갖기 시작한 것이다. 집에서 부모가 종교에 대해 이야기할 때마다, Bradley는 짜증을 냈고 친구들에게 문자메시지를 보내며 무시해 버렸다.

숙고 및 적용

여러분의 청소년기 경험 중 되돌아볼 몇몇 순간들을 골라보자. 이 시기에 자신에 대해 어떻게 생각했는가? 이 시기를 돌아보면서, 여러분의 경험이 내담자와 작업할 때 어떻게 도움 혹은 방해가 될까? 청소년기 동안 여러분의 독립과 상호의존의 정도는 어떠했는지도 생각해 보자. 여러분 삶에 의미를 준 것에 집중해 보자. 내 인생의 이 시점에, 내가 누구인지, 어디로 가는지에 대해 명확하게 감지했었는가? 청소년기 동안 고민했던 주요한 선택들은 무엇이었나? 이 시기를 돌아보면서, 청소년기 경험이 지금 자신에게 어떻게 영향을 주는지 생각해 보자.

초기 성인기

Erikson에 따르면, 우리는 정체감에 대한 청소년기의 갈등을 극복한 후, 20에서 35세에 이르는 **초기 성인기**에 들어선다. 그러나 정체감은 성인기에 들어서며 **친밀감 대 고립** 간의 핵심 갈등을 통해 다시금 시험대에 올라선다. 친밀한 관계를 형성하는 능력은 대체로 자기에 대한 명확한 인식에 기초한다. 친밀감은 나 자신을 나누고, 나를 내어주고, 내 강점에 기초하여 다른 이와 관계 맺고 그 사람과 함께 성장하려는 욕구와 관련 있다. 만약 자기에 대해 거의 생각해 보지 못했다면, 다른 사람과 의미 있게 나를 나눌 기회는 별로 없을 것이다. 친밀감 성취의 실패는 종종 고립감과 소외감을 낳는다. Judith가 바로 초기 투쟁에서 실패하여 확실한 자기감을 발달시키지 못한 젊은 여성의 대표적인 예이다. 그녀는 사랑, 승인, 수용을 필사적으로 얻기 위해 다른 사람들이 자기에게 원한다고 생각하는 방식대로 행동하려 애쓰지만, 결국 언제나 상실감과 외로움을 느끼게 된다. 그녀는 여러 명의 친밀한 파트너가 있었지만, 얼마 안 가 멀어진 느낌이 들었다.

　Armstrong(2007)은 이 시기의 핵심 특징을 진취성의 원리라고 표현했다. 청소년이 자신에게 닥친 과제(주거지와 파트너를 찾는 것과 진로를 설정하는 것 등)를 완수하기 위해서는 진취성이 필요하다. 이 특징은 세상에 들어가 성공하고자 할 때, 어느 인생의 단계에서나 우리를 도와주는 것이다.

　초기 성인기의 주된 목표는 친밀한 관계를 맺고 만족스러운 일을 찾는 것이다. 여기에 해당되는 발달적 이슈로는 자기와 타인을 돌보고, 장기적 목표에 집중하며 타인을 신체적 · 정서적으로 돌볼 뿐만 아니라, 삶의 의미를 발견하고, 장기적 목표를 달성하기 위해 욕구를 지연할 수 있는 능력을 개발하는 것 등이 있다(McGoldrick et al., 2011b).

　청소년기를 벗어나 초기 성인기로 들어설 때, 주요 과제는 증가된 책임감과 독립을 감수하는 것이다. 우리 대부분이 물리적으로는 부모를 떠날지 모르지만, 모든 사람이 심리적으로도 부모를 떠나지는 않는다. 정도의 차이는 있지만, 부모들은 우리 삶에 지속적으로 영향을 미칠 것이다. 이때, 문화적 요소가 부모가 내 삶에 영향을 미치는 정도를 결정하는 데 중요한 역할을 한다. 예를 들면, 어떤 문화에서는 독립성을 개발하는 걸 장려하지 않는다. 대신 이 문화들은 타인과의 협조, 상호의존에 중요한 가치를 부여한다. 이런 문화에서는 자율성을 위한 투쟁이 가족으로부터의 분리가 아니라 가족 내에 자신의 자리를 규정하는 것일 수 있다.

　자율성은 초기 성인기의 핵심 발달 과업으로서, 성숙한 자기 규제(self-governance)를 의미한다. 만약 여러분이 자율적인 사람이라면, 지속적인 승인이나 재확인 없이도 움직일 수 있고, 다른 사람의 욕구에 민감하며, 일상생활에서의 필요를 효과적으로 충족시키면서, 도움이 필요한 사람을 기꺼이 도우려 하고, 다른 사람에게 지지를 제공할 수 있다. 또한 내면 세계와 외부 세계 모두를 다루는 것에도 능숙할 것이다. 자신의 필요를 충족시키는 데 신경 쓰고 있을 때조차도, 주변 사람들을 희생하면서까지 무리하지는 않는다. 자신의 행동이 타인에게 줄 영향에 대해 잘 인식하고 있으며, 자신의 발달뿐만 아니라 타인의 복지도 고려한다. 자신이 원하는 삶에 대해서 결정을 내리고 이 선택을 확인하는 것은 자율성의 한 부분이다. 또한 자율성은 삶이 만족스럽지 않을 때에도, 그 책임을 다른 이에게 전가하기보다 자신의 선택에 대한 결과로서 기꺼이 수용하려는 의지를 필요로 한다. 더구나 독립과 상호의존 사이의 건강한 균형은 주어진 시간에 한꺼번에 얻을 수 있는 것이 아니다. 자율성과 상호의존을 향한 투쟁은 초기 아동기에 시작되어 전 생애 동안 지속된다.

McGoldrick, Carter와 Garcia-Preto(2011b)는 맥락적 자기(self-in-context) 관점에서 진정한 성숙함에 대해 저술하며, 서구 사회에서의 궁극적 목표는 성숙하면서도 상호의존적인 자기를 발달시키는 것이라고 했다. 우리는 타인과 연결된 맥락 속에서도 자신만의 독특한 자기감을 확고히 하도록 요구받는다. 이 체계적 관점은 우리가 성숙하기 위해서는 다른 사람들과 공감하고, 소통하고, 협동하고, 관계 맺고, 신뢰하고, 존중하는 능력이 필요하다는 가정에 기반하고 있다.

숙고 및 적용

만약 여러분이 중년 혹은 노년의 사람이라면, 초기 성인기에 내렸던 어떤 결정이, 이 결정에 대한 여러분의 생각이 내담자와 작업하는 방식에 어떻게 영향을 미칠 것이라고 생각하는가? 자신이 했던 선택들 중 후회되는 것은 없는가? 개인적으로나 직업적으로나 자신이 원하는 결정을 내리는 걸 힘들어하는 내담자와 작업할 때, 여러분 자신이 겪은 어려움 혹은 그런 경험의 부족이 어떻게 영향을 미칠 것이라고 생각하는가?

성인중기

35세에서 55세의 **성인중기**는 '자신의 밖으로 나아가는' 특징이 있다. 이 시기 핵심 투쟁은 **생산성 대 침체**이다. 이는 자신과 또 타인과 창조적으로 살아가는 방식을 배우는 시기이자, 생애에서 가장 생산성이 높은 시기이기도 하다. 이 시기에 사람들은 자신의 삶을 이끌어왔던 철학에 대해 재점검하게 되고, 그 결과 직장이나 소속된 공동체에서 이전과는 다른 모습을 보이게 될 수 있다 (McGoldrick et al., 2011b). Armstrong(2007)은 성인중기의 선물을 성찰이라고 했다. 중년기에 이른 사람들은 삶의 더 깊은 의미에 대해 성찰하고, 이는 어느 연령에서나 삶을 더 풍부하게 이끄는 중요한 원천이다. 다른 과업으로는 자녀를 성장시키고, 배우자, 노부모를 부양하는 것이 있다. 여기서의 도전은 자신의 성취를 인정하고 한계를 받아들이는 것이다. 생산성에는 자신의 직업에서 창조적이고 의미 있는 여가생활을 찾고, 주고받는 의미 있는 관계를 만드는 것이 포함된다.

다른 단계와 마찬가지로, 이 시기에도 위험과 기회가 함께 공존한다. 이때 위험이란 틀에 박힌 안전한 일상에 갇혀 삶을 풍요롭게 할 기회를 활용하지 못하는 것도 포함한다. 많은 이들이 중년의 위기를 경험하고, 이때 세상은 온통 불안정해 보인다. 중년에는 때때로 우울한 시기가 찾아온다. 사람들은 자신의 어떤 비전들은 실현되지 않았다는 걸 깨닫게 될 때, 더 나은 미래에 대한 희망을 접을 수도 있다. 결혼해서 가족을 최우선으로 하는 여성들은 이것이 삶의 전부인가 하는 회의를 느끼기도 한다. 이 시기의 문제는 생산적이라는 느낌을 성취하는 데에 실패하여, 결국 침체감으로 이어지는 것이다. 이때, 삶에서 내린 결정들을 인식하고, 환경의 희생자라는 생각에 굴복하기보다, 우리가 변화시킬 수 있는 부분을 찾아보는 것이 중요하다. 48세의 Steve는 기업의 계층적 서열 꼭대기로 올라가려던 꿈이 실현되지 않을 것이란 걸 깨닫게 됐다. 그는 수년간 중간 관리자 지위에서 일해 왔고 계속해서 승진의 고려대상이 되지 못했다. Steve는 젊은 동료의 성공에 화가 났지만 현재 자리에 남는 것이 유일한 선택지라고 확신하여 다른 직업을 찾아볼 생각도 못했다.

숙고 및 적용

여러분이 만약 성인중기에 도달했다면, 자신의 어떤 고군분투와 결정들이 자원으로 활용될 수 있을까? 아직 성인중기에 도달하지 않았다면, 이 시기가 되었을 때 자신의 삶에서 가장 이루고 싶은 것은 무엇인가? 인간 관계에 대해서는 무엇을 기대하는가? 직업에서 얻고자 하는 것은 무엇인가? 자신을 살아있게 하고 틀에 박히지 않게 하려면 어떻게 해야 하는가?

중년후기

Erikson은 중년과 중년후기를 구분하지 않고, 30대 중반에서 60대 중반까지의 기간을 하나의 공통적 단계로 두었다. Armstrong(2007)에게 이 시기의 선물은 자비심이다. 그들의 모범을 보며, 다른 사람들도 세상을 더 나은 곳으로 만들기 위해 노력할 방법들을 배울 수 있게 된다. McGoldrick와 동료들(2011b)은 중년을 두 단계로 구분한다. 그들에게 55세에서 70세에 이르는 **중년후기**는 많은 사람들이 은퇴를 고려하고 새로운 흥밋거리를 찾으며 남은 생에 무엇을 하고 싶은지에 대해 더 많이 생각하게 되는 시기이다. 이 시기에는 새로운 관심사를 받아들이게 되는데, 이는 자녀 양육이나 경제적인 책임의 중요성이 점차 줄어듦에 따라 가능성이 점점 높아졌기 때문일 것이다. 이 시기에 사람들은 점점 더 죽음의 실제에 대해 더 많이 의식하게 되고, 지금 잘 살고 있는지에 대해 더 많이 반추하게 된다. 삶의 교차로에 서서 재평가를 하는 시간인 것이다. 무엇이 더 남아 있는지에 대한 질문을 시작하면서, 우선순위를 새로이 설정하거나 헌신의 대상을 새로 교체하기도 한다. 중년후기는 산의 정상에 서서 이제 하산의 여정을 시작해야 한다는 것을 깨닫는 시기이다. 그들은 젊은 날 꾸었던 꿈과 이제껏 삶에서 이뤄놓은 가혹한 현실 간의 불일치를 뼈아프게 경험하게 될지도 모른다. 이 시기에서의 도전은 모든 것이 다 이뤄질 수 없다는 현실에 대한 이해이다. 사람들은 그들이 품었던 꿈의 일부를 놓아야 하고, 자신의 한계를 수용해야 하며, 할 수 없는 것에 대해 더 이상 머무르지 말고, 할 수 있는 것에 대해 집중해야 한다(McGoldrick et al., 2011b).

50대에 이르면, 많은 이들이 지위와 개인의 능력 측면에서 정점에 있고,

이는 삶에서 꽤 만족스러운 시간일 수 있다. 이 단계에서 사람들은 자신에 대해 많은 반추, 사색, 재초점화, 평가를 하곤 하여 계속해서 새로운 방향을 발견해 나갈 수 있게 된다.

숙고 및 적용

잠시 동안, 중년후기에 이르를 때까지 여러분이 가장 실현하고 싶은 개인적, 직업적 성취 몇 가지에 대해 생각해 보자. 만약 그 시기에 새로운 방향을 창출해 나간다면, 어떤 것이 될 수 있겠는가?

성인후기

70세 이후의 **성인후기**는 그 핵심 투쟁을 **자아 통합 대 절망**으로 특징지을 수 있다. 부모의 죽음, 친구나 친척의 상실을 맞으면서 우리 자신의 죽음을 준비해야 하는 현실에 맞닥뜨리게 된다. 성인후기의 필수 과업은 자신의 삶을 거리를 두고 보며, 삶에 대한 평가를 마치고, 내가 어떤 사람이고 무엇을 해왔는지를 받아들이는 것이다. Armstrong(2007)의 관점에서, 성인후기의 사람들은 지혜를 선물로 받는다. 노인은 우리 각자에게 있는 지혜의 원천을 대표하고, 이는 우리로 하여금 과거에 했던 실수를 방지하고 삶이 준 교훈의 혜택을 수확할 수 있게 해준다. 이 시기는 또한 점차 타인에 대한 의존이 커진다는 걸 직면하면서도, 영성이 새로운 의미를 찾아주고 우리에게 목적의식을 제공하는 때이다(McGoldrick et al., 2011b). 성인후기 사람들의 일반적인 주제는 상실, 고독과 사회적 소외, 배척당하는 느낌, 삶의 의미를 발견하려는 몸부림, 의존, 쓸모없고 희망이 없으며 절망적인 느낌, 죽음과 죽어가는 것에 대한 공포, 다른 이들의 죽음에 대한 큰 슬픔, 신체적·정신적 쇠퇴에 대한 슬픔, 지난 시절에 대한 후회 등이다. 오늘날 이런 주제들 대부분은 60대, 70대보다 80대 중반의 사람들에게서 나타나는 것이 특징이다.

자아 통합을 획득하는 데 성공한 사람은 그들이 생산적이었고 어떤 실패를 했든 대처해 왔다는 사실을 수용할 수 있다. 이런 사람들은 삶의 과정을 받아들일 수 있고, 그들이 하지 못한 할 수 있었던 것들, 해야만 했던 것들에 대해 끊임없이 되새김질하지는 않는다. 반면, 어떤 노인들은 자아 통합을 획득하는 데 실패한다. 그들은 자신이 하지 못했던 모든 것을 생각해낼 수 있고 종종 다른 방식으로 삶을 살아갈 기회를 갈망한다. 72세의 Florence는 2년 전 운명을 달리한 남편 James에게 온 시간을 바치기로 결심하면서 수년간 친구를 잃었던 것을 후회하느라 괴롭다. 그녀는 또한 취미를 개발하거나 경력을 쌓을 기회를 포기한 것에 대해서도 후회한다. 만약 이 모든 것을 다시 한다면, James에게 좀더 적극적으로 둘 관계 밖의 친구도, 관심사도 찾고 싶다고 주장할 것이다.

성인후기는 이전의 중년기 단계들만큼이나 급격하게 변화한다. 이 발달단계들 각각의 경우에서처럼, 개인차가 제법 크다. 다수의 70세들은 많은 중년기 사람들만큼이나 많은 에너지를 갖고 있다. 성인후기 동안 사람들이 어떻게 느끼고 보는지는 신체적 나이의 문제라기보다, 대체적으로 태도의 문제이다. 상당한 정도로 단순히 살아온 세월보다 정신 상태에 의해 활력이 좌우된다.

숙고 및 적용

만약 여러분이 아직 노년기에 이르지 않았다면, 그 시기의 자신을 상상해 보라. 자신의 삶에 대해 뭐라고 말할 수 있을지 생각해 보라. 삶의 이 시기에 여러분이 가장 공고히 하고 싶은 관계는 어떤 것인가? 특히 여러분이 지닌 노화에 대한 두려움과 이즈음까지 성취하고 싶은 것은 무엇인지 집중해 보자. 이 이후 시기에서 여러분이 기대하는 것은 무엇인가? 나이가 들면서 만들어질 성품에 영향을 줄 것 같은 현재의 행동은 무엇인가? 여러분이 후회할 것이라고 생각하는 부분이 있는가? 나이가 들어갈 것이라는 예상을 하며, 노인이 되어 통합감을 성취할 가능성을 높이기 위해 지금 할 수 있는 일에 대해서도 생각해 보자. 후반기 삶에서 만족감의 근원이 될 만한 관계나 관심사를 지금 가꾸고 있는가?

만약 여러분이 지금 하고 싶은 많은 일들을 연기하고 있다면, 이유가 무엇인지 자문해 보자. 오늘날 자신의 모습에 대해 만족하는 정도를 평가해 보자. 마지막으로, 노인 내담자들과 작업할 수 있는 지금 자신의 능력에 대해서도 평가해 보자. 여러분이 아직 이 나이에 이르지 않았다면, 노인 내담자의 세계를 이해하기 위한 방법으로서 의지할 수 있는 경험들은 무엇인가? 설사 여러분이 똑같은 경험을 해 보지 못했다고 하더라도, 여러분과 아주 유사한 그들의 어떤 감정과 연결할 방법이 생각나는가?

우리 대부분은 삶을 되돌아보고 과거 전환기나 경험에 대해 효과적으로 반추하는 것에 대해서는 아주 잘 기억하고 있지만, 현재 나이를 넘어서는 시간에 대해서는 고작 10년 정도 내다볼 수 있을 뿐이다. 여러분이 지금 후기 청소년기 혹은 초기 성인기에 속해 있다면, 우리 앞에 놓인 시간을 더 잘 이해하기 위해 다른 발달단계에 있는 노인들을 인터뷰해 보자. 이분들은 여러분에게 삶과 아직 오지 않은 시간에 대해 무엇을 가르쳐줄 수 있을까?

여러분 자신의 삶에서 전환점을 이해하고 돌아봄으로써 내담자와 작업할 프레임을 갖게 되는 것은 매우 중요한 일이다. 자기 탐색과 자기 이해는 지속적인 과정이다. 만약 타인의 삶에서 치료적 동인이 되길 바란다면, 자신에 대해 잘 알아야 할 필요가 있다. 우리 학생들에게 자주 하는 이야기지만, "여러분은 자기 삶에서 스스로 가려고 하는 지점 이상으로 내담자를 데려갈 수 없다."

복습
- 어떤 훈련 프로그램들은 자신의 가족 경험이 내가 누구이며 어떤 사람인지에 어떻게 영향을 미쳤는지를 보다 충분히 이해하는 방법으로써 원가족 작업을 권한다. 이 훈련은 상담자가 실제 임상현장에서 만나게 될 가족들을 좀더 잘 공감하는 데에 도움이 된다.
- 가족상담에서 여러분의 효과성을 높이려면, 자신의 원가족과 연결된 미스테리들을 풀어내고 아동기에 형성된 패턴을 계속해서 되풀이하는 방식에 대해 자각하는 것이 필수적이다.
- 자신의 가족 속에서 성장한 경험의 의미를 해석할 때는 가족 구조, 부모와 형제자매들과의 관계, 가족의 주요 전환점, 부모가 전달했던 메시지 등을 생각해 보는 것이 유용하다.
- 전문 상담자로 산다는 것은 종종 자신의 심리적 상처를 다시 개방하게 만

든다. 만약 자신의 미해결 과제를 작업할 마음이 없다면, 내담자의 과거 상처를 다루는 여정에 정말 동행하고 싶은 것인지 재고해야 할 것이다.

- 개인이든 집단 작업이든 직접 상담을 받아보는 경험은 자기 인식을 증진시키고 해결되지 않은 갈등을 탐색할 기회도 제공한다는 점에서 가치가 있다. 자신을 위한 상담에 참여함으로써 여러분은 일에 방해가 될 수도 있는 개인적 이슈들에 대해 더 많은 통찰을 얻게 될 것이다.

- 가족 치료와 개인상담은 전이와 역전이가 발생할 수 있는 여러분의 취약한 영역을 분명히 밝혀주고, 자신의 원가족 경험이 어떻게 이후 대인관계의 견본으로 작용해 왔는지에 대해 시각을 넓혀준다. 치료 과정을 직접 경험해 봄으로써 자신의 일정한 사고, 감정, 행동 패턴에 대한 자각을 높일 수 있다.

- 삶의 각 단계는 개인이 자신에게 주어진 운명을 완수해야 하는 도전에 부딪힐 때, 전환점에 해당한다. 상담자와 내담자 모두 변화를 위해서는 고통과 불확실성을 기꺼이 감수해야 한다는 사실을 인식할 필요가 있다. 성장은 대체로 순조로운 과정이 아니라 어느 정도의 혼돈을 수반한다.

- 삶의 각 단계마다 내려야 하는 결정이 있다. 여러분이 이전에 한 선택이 현재의 모습에 영향을 미치는 것이다.

- 유아기에서 노년에 이르기까지 특정한 과업과 특유의 위기가 발생한다. 자신의 발달사를 돌아보고 여러분의 내담자가 발달과정에서 겪을 분투에 대한 관점을 가져라. 여러분이 자신의 삶의 경험과 취약함을 이해하게 된다면, 내담자 문제를 이해하고 그들과 작업하기에 더 유리한 자리에 서게 될 것이다.

- 여러분이 삶의 위기에 어떻게 대처하는지는 위기에 처한 내담자를 도울 수 있는 능력에 대한 좋은 지표이다. 만약 여러분이 가능한 모든 자원을 동원하여 문제를 직면하고 다룬다면, 내담자가 위기에 빠져 있는 순간에도 함께 머물 수 있을 것이다. 내적 자원을 이용하는 방법에 대해 여러분이 습득해온 지식은 내담자가 변화를 위한 자원을 발견하도록 안내할 수 있을 것이다.

이제 무엇을 할 것인가?

1 원가족에 대해 더 많이 알아가기 위한 기초로서 부모와 자신의 성장을 잘 알고 있는 다른 사람을 인터뷰해 보라. 여러분에 대한 구체적인 일련의 질문들을 이들에게 해볼 수 있다. 이 활동은 아동기에 대한 더 큰 그림을 그릴 때 도움이 되는 사건이나 상황에 대한 정보를 수집하게 해줄 것이다. 각 사람들이 여러분에 대해 주로 무엇을 기억하는가? 인터뷰한 사람들이 기억하는 내용에서 어떤 주제들을 찾을 수 있는가?

2 자라는 동안 부모는 어떤 사람이었는지 이해하기 위해 일련의 질문을 만들어보자. 예를 들면 6, 14, 21세에 부모와 그들의 부모의 관계는 어땠는지 물어볼 수도 있다. 이 활동의 목적은 그들을 곤혹스럽게 만들려는 것도 혹은 무슨 비밀을 캐내려는 것도 아니다. 오히려 아동, 청소년, 청년으로서 부모들이 지녔던 희망, 목표, 걱정, 두려움, 꿈 들을 이해하기 위해서다. 그들의 이전 경험이 부모로서의 그들에게 어떻게 영향을 미쳤는지에 대해서도 얘기해 볼 수 있을 것이다. 그들과 여러분 사이에 어떤 패턴이 보이는지에 대해서도 논의해 보자.

3 가능하다면 조부모와 인터뷰하는 것도 고려해 보자. 그들에게 묻고 싶은 질문을 생각해 보고, 그들이 자신의 개인적 삶을 나누는 것에 대해 어떤 반응을 보이는지에 대해 민감하게 살펴라. 노출하기 편하게 느끼는 기억이나 사건을 나누어줄 것을 요구해볼 수도 있다. 단순히 질문을 던지기보다 자라면서 그들에게서 가진 유의미한 기억을 함께 나누는 것을 고려해 보라. 그들은 무엇을 가르쳤던가? 혹시 어떤 유사한 패턴이 조부모로부터 부모에게, 여러분에게 그리고 자녀들에게 전해져 내려오는 것이 있는가?

4 원가족에 대한 유의미한 정보를 모은 개인잡지나 스크랩북을 시작하는 것도 고려하길 바란다. 이 프로젝트를 준비하며 이 장에서 제기한 자기 탐색 질문에 집중해 보자. 삶의 주요 전환점을 나타내는 자료를 포함해 볼 수도 있을 것이다. 예를 들면, 여러분이 쓴 시나 받았던 카드들—의미 있다고 생각되는 것은 무엇이나—을 포함시킬 수 있다. 이 작업을 할 때, 여러분과 부모, 형제, 조부모, 다른 친척들과 친구들의 사진을 넣는 것도 유용할 것이다. 원가족 경험을 좀더 자세하게 나타내는 관련자료를 그들에게서 얻을 수 있으면 이 역시 포함시키길 바란다. 오늘의 여러분에게

여전히 미치는 영향력을 분명히 보여주는 주제나 패턴을 찾아보자.

5   이 장의 많은 부분은 원가족과의 경험이 현재 나라는 사람에게 어떻게 영
    향을 미치는지에 대해 생각해 볼 수 있는 자료들을 제공한다. 시간을 내
    어, 이 장을 읽는 동안 나라는 한 사람에 대해 무엇을 알게 되었는지 생각
    해 보자. 미해결되었거나 여전히 탐색하느라 전념 중인 이슈가 있는가?
    만약 그렇다면, 노트에 이 미해결 과제에 대해 써보자. 자신의 미해결 이
    슈들이 가족에서 비롯된 문제로 고민 중인 사람과의 상담 능력에 어떻게
    영향을 미칠 수 있을까?

6   개인적 성장의 자원들과 자기 인식을 증진시킬 방안의 리스트를 작성해
    보자. 여러분의 입장에서 자기 탐색을 증진시킬 수 있는 방법을 생각하
    라. 당신이 삶의 질을 반추하도록 고무하는 것은 무엇인가?

7   삶에서 가장 힘들었거나(고통스럽거나) 가장 신났던(즐거웠던) 시간을 생
    각해 보자. 이 경험에서 무엇을 배웠는가? 이 시간이 만약 아동기에 있었
    다면, 그 시기 여러분을 잘 아는 사람과 그들이 기억하는 여러분은 어떠
    한지 이야기해 보자. 이 경험들이 상담자로서의 여러분에게 주는 의미는
    무엇인가? 자신의 생애 경험들이 여러분과 비슷한 사람들과 작업할 때 어
    떻게 영향을 줄 것 같은가? 여러분과 다른 사람과 작업할 때는 어떠할까?

8   여러분이 내담자와 작업할 때, 이를 촉진시켜줄 것이라 생각되는 생애 경
    험 몇 가지를 생각해 보자. 일지를 이용하여 삶에서 중요했던 몇 가지 핵
    심 전환점에 대해 기록해 보자. 중요한 결정을 내려야 했던 순간 하나 혹
    은 둘을 떠올려볼 수 있겠는가? 만약 그렇다면, 이 전환점이 지금까지 어
    떻게 영향을 주고 있는가? 그 결정으로부터 무엇을 배웠고 이 경험이 내
    담자의 고민을 이해하는 데 어떻게 도움이 될 것 같은가?

9   소규모 집단에서, 일정 시간을 들여 가족과의 경험이 여러분이 하게 될
    가족 및 개인 상담에 어떻게 영향을 미칠 수 있을지 탐색해 보라. 전문적
    업무에서 드러날 수 있는, 가족의 삶에 대한 여러분의 태도들은 어떤 것
    이 있는가?

10 이 출처들에 대해 이 책 뒷부분의 참고문헌을 찾아보라. 체계적 관점에
    서 개인의 삶의 주기를 강조하는 맥락적 자기 발달적 접근에 대해서는
    McGoldrick, Carter와 Garcia-Preto(2011b)를 참고하라. 삶의 주기에서

발달의 단계들에 대한 논의는 Armstrong(2007)을 참고하기 바란다. 심리사회적 관점에서 삶 전체에 걸친 발달적 개관이 궁금하면, Newman과 Newman(2009)을 찾아보라. 가족 치료에 대해 포괄적으로 잘 쓰여진 책은 Bitter(2014)가 있다. 어린 시절, 청소년기, 성인기에 다루는 주제들과 선택에 대해서는 G. Corey와 Corey(2014)를 참고하기 바란다.

Ethics in Action 비디오 연습문제

11 비디오 롤 플레이 2, '분노를 다루기: 방어적인 오빠'에서 내담자(Richard)는 여동생이 아시아 남자와 데이트를 한다고 이야기했다. Richard는 화를 내며 이 상황을 좌시하지 않겠다고 말한다. 덧붙여 그는 여동생이 가족을 그렇게 엉망진창으로 만들어서는 안 된다고 한다. 상담자(Nadine)는 Richard에게 여동생이 그를 행복하게 해주기 위해 사는 거라고 생각하는지를 묻는다. 그는 "제 여동생은 내가 이야기하는 대로 할 거고, 바로 그 점이 핵심입니다"라고 말한다. 이 이야기는 상담자 자신의 해결되지 않은 개인적 이슈가 분노를 표현하는 내담자를 상담하는 방식에 어떻게 방해가 될 수 있는지를 보여준다. 이 이야기에서 여러분이 발견한 윤리적 문제를 찾아보고 토론해 보자. 내가 상담자라면 어떻게 다르게 해볼 수 있을지 상담자 역할을 여러 학생들이 돌아가면서 재연해 보자.

12 비디오 롤 플레이 5, '조언하기: 책임을 떠안기'는 상담자의 부족한 자기 인식이 어떻게 문제가 될 수 있는지를 분명히 보여준다. 상담자(Nadine)는 엄청나게 많은 조언을 쏟아낸다. 그녀는 내담자(John)에게 책임을 지고 아이들을 대하는 올바른 방법이 무엇인지를 결정해야 한다고 말하고 있다. 상담자가 내담자가 무엇을 해야 하는지를 이야기하는 데 집중하고 있다면, 이는 역전이 이슈가 치료적 과정을 방해하는 건 아닌지 생각해 볼 적절한 지점이다. 여러분이라면, 자녀를 어떻게 대해야 할지에 대한 John의 고민을 어떻게 다룰지 롤 플레이를 해보자. 또한 여러분의 조언을 요청하는 내담자를 어떻게 대할 것인지도 보여주기 바란다.

13 비디오 롤 플레이 7, '가족의 가치관: 이혼'에서 내담자(Janice)는 남편을 떠나 이혼을 하기로 결정했다. 그녀는 상담자(Gary)에게 더이상 결혼생활을 지속하고 싶지 않다고 말한다. Janice는 남편이 화내고 기분이 안 좋

은 순간들에 신물이 난다고 이야기한다. 상담자는 이렇게 대답한다. "그 이야기를 듣는 게 불편하군요. 아이들은 어떻게 합니까? 그 아이들의 입장은 누가 대변할거지요?" 그러자 내담자는 "제가 행복하면 아이들도 행복할 거예요. 제가 아이들을 돌볼 거고요"라고 말한다. 상담자는 이런 질문을 던지며 마무리한다. "이혼이 당신의 아이들을 돌보는 최선의 방법인가요?" 여기에서 상담자는 내담자와 관련된 아젠다가 있고(내담자의 이야기에 걸리는 것이 있고) 자녀들의 복지에 초점을 맞추고 있는 것이 분명하다. 내담자는 이해받지 못한다고 느끼고 상담자가 그녀를 도와준다고 생각하지 않는다. 소집단에서 이 사례의 주요한 윤리적 문제에 대해 토론해 보자. 여러분이 만약 Janice의 상담자가 되어 질문을 한다면, 어떤 것을 물어볼 것인가?

여러분이 Janice와 같은 내담자와 함께 있다고 생각해 보자. 지금 내담자는 자신의 결혼생활에 희망이 없다는 걸 확신한다고 말하면서도, 이혼을 하는 것에 대한 엄청난 양가감정을 경험하는 중이다. 그녀는 지금 여러분에게 결혼생활을 지속해야 할지, 아니면 이혼을 해야 할지 말해 달라고 애원한다. 여러분은 이를 어떻게 접근하겠는가? 한 학생이 답을 찾으며 혼란스러워하는 내담자 역할을 맡고, 다른 학생들은 이 내담자와 진행해 볼 수 있는 다양한 방법들을 모색해 보자.

가치들을 인식하고 다루기

핵심 질문

1 자신의 핵심 가치관은 무엇이며 그 가치관이 내담자와 작업하는 방식에 어떻게 영향을 미칠지에 대해 얼마나 잘 알고 있는가?

2 가치를 판단하지 않으면서 내담자와 상호작용하는 것이 가능할까? 가치판단이 적절한 순간도 있다고 생각하는가? 그렇다면 어떤 상황에서일까?

3 자신의 가치관에 충실하면서도 여러분의 가치와는 전혀 다른 내담자의 선택을 존중할 수 있는가?

4 친구나 가족이 '옳은' 선택을 하도록 영향을 끼치려는 경향이 있는가? 만약 그렇다면 상담자로서 역할을 하는 듯한, 그런 방식이 갖는 의미는 무엇인가?

5 내담자가 다른 길을 선택하는 게 더 이득일 거라고 생각되는 상황에서, 어느 정도까지 내담자가 내린 결정을 지지할 수 있는가?

6 상담을 진행하는 데 있어 필수적이라고 생각하는 핵심 가치들은 무엇인가? 이 가치들을 내담자와 어떻게 소통하려 하는가?

7 가치관을 강요하는 것이 왜 윤리적인 문제일까?

8 내담자와 작업할 때 도전이 될 것이라고 생각하는 구체적인 가치 한 가지를 꼽아본다면 무엇일까?

9 다양한 범주의 내담자와 작업할 때, 상담자가 자신의 가치관을 다루는 데 어떤 것이 필요하다고 생각하는가?

10 내담자와의 가치관 갈등을 해결하기 위해 다른 상담자에게 의뢰하는 것이 윤리적인 해결책이 될 수도 있다고 생각하는가?

이 장의 목적

상담과 심리치료는 가치 판단이 개입되는 과정이다. 우리가 내담자에게 도움을 주고 그의 변화와 역량 강화의 주체가 되기 위해서는 그들의 세계관을 받아들이고, 가치 체계를 이해해야만 한다. 비록 우리가 아주 다른 일련의 가치관을 갖고 있을지라도, 우리의 윤리적 의무는 우리가 아닌 내담자의 세계관과 가치들과 일치하는 치료적 목표를 충족시키기 위해 내담자를 돕는 데 있다. 상담을 통해 그들이 만든 변화의 결과대로 살아가야 하는 것은 바로 내담자이기 때문이다.

내담자와 상담자 사이의 갈등은 주로 문화, 성적 지향, 가족, 성 역할 행동, 종교와 영성, 낙태, 성생활, 죽음에 관한 결정과 같은 가치 포함적 토론에서 표면화된다. 여러분의 가치관을 분명히 하고 그것이 효과적인 상담을 방해할 수도 있는 방식에 대해 알아보기 위해, 우리는 여러분이 맞닥뜨릴 수 있는 일련의 실제 상황들을 묘사해 보겠다. 다문화 주민들과 관련된 가치관 문제는 특별히 더 중요하므로, 4장에서 이 주제에 대해 더 논의하도록 하겠다.

이 장에서 여러분은 자신의 개인적 가치관이 내담자에게 잠재적으로 미칠 수 있는 영향력, 내담자의 가치관이 여러분에게 줄 수 있는 효과, 여러분과 내담자가 서로 다른 가치관을 갖고 있는 경우 발생할 수 있는 갈등들, 이 갈등을 효과적으로 관리하는 법을 배울 필요성에 대해 비판적으로 평가해 보길 바란다.

상담에서 가치관의 역할

상담의 이론과 실제 안에는 이미 가치들이 포함되어 있다. Levitt과 Moorhead(2013)는 가치들은 상담관계에만 들어오는 게 아니라 관계의 많은 측면에 중요한 영향을 끼친다고 주장한다. 상담자들은 다양한 범주의 내담자와 작업할 때 개인적인 신념과 가치들은 잠시 한쪽으로 밀어놓을 수 있을 것으로 기대된다. 비록 상담자가 내담자의 어떤 가치들에 동의하지 않을지라도 상담자는 내담자가 자기만의 관점을 가질 권리를 존중할 것으로 기대된다. 유능한 상담자는 다양한 세계관과 가치관을 지닌 여러 내담자와 작업하는 것을 익혀야만 한다.

여러분의 상담에서 작용할 가치관의 역할을 생각해 보는 데 집중하기 위한 방법의 하나로 다음 자기보고 검사를 완성해 보자. 각 진술들을 읽고 상담자로서의 역할에 대한 나의 태도와 신념을 잘 나타낸다고 생각되는 정도를 판단해 보자. 3점 척도로 된 체크리스트에 체크해 보자.

3＝나에게 맞다
2＝나에게 맞지 않다
1＝아직 불확실하다

___ 1.   나는 내담자 삶의 철학에 도전하는 것이 상담자의 임무라고 생각한다.

___ 2.   나와 전혀 다른 가치관을 가진 내담자와 객관적이고 효과적으로 상담할 수 있다.

___ 3.   상담에서 가치관에 대해 중립적인 자세를 유지하는 것이 가능할 뿐만 아니라 바람직하다고 생각한다.

___ 4.   나는 명확한 가치관을 갖고 있지만, 내담자가 내 신념을 택하도록 부당한 영향을 미치지는 않을 거라고 확신한다.

___ 5.   내담자에게 내 가치관을 강요하지 않는 한, 내 입장을 표현하고 가치관을 드러내는 것은 적절하다.

___ 6.   내담자에게 내 가치관을 숙고해 보도록 은근하게 영향을 미치려 할 것 같다.

___ 7.   만약 내담자와 첨예한 가치관 갈등을 발견한다면, 내담자를 다른 상담자에게 의뢰하는 걸 고려할 것이다.

___ 8.   상담에 영향을 미칠 수 있는 특정한 영성적, 종교적인 가치관을 갖고 있다.

___ 9.   나는 대안 중 하나로 낙태를 알아보고자 하는 임신한 청소년

을 상담하는 게 별로 어렵지 않을 것 같다.

____ 10. 나의 상담 방식에 영향을 미칠 수도 있는, 성 역할에 대한 일
정한 시각을 갖고 있다.

____ 11. 관계에 대한 고민을 가진 동성애 커플을 상담하는 데 어려움
이 없다.

____ 12. 상담 과정에서 내담자의 가치관을 명료화하는 작업은 중요한
과제라고 본다.

____ 13. 가족 생활에 대한 내 견해는 이혼을 고려 중인 부부와 상담하
는 방식에 영향을 미칠 것 같다.

____ 14. 나는 내담자가 결정한 것이라면, 자녀를 떠나 혼자 살려는 여
성(혹은 남성)을 상담하는 것이 어렵지 않을 것 같다.

____ 15. 나는 대체로 기꺼이 내 가치관을 비판적으로 평가하려고 한다.

____ 16. 헌신을 약속한 관계가 있으면서도 바람을 피우는 내담자가
파트너에게 이 사실을 말하지 않으려고 할 때에도 그 혹은 그
녀와 기꺼이 개인상담을 할 것이다.

____ 17. 나는 상담할 때 객관적인 방식으로 개인적 가치관을 전문적
가치관으로부터 분리할 수 있다고 꽤 확신한다.

____ 18. 나와 유사한 가치관을 가진 내담자와 가장 상담을 잘할 것이
라고 생각한다.

____ 19. 만약 내담자가 요청한다면 상담회기 동안 내담자와 함께 기
도하는 것이 적절하다고 생각한다.

____ 20. 정맥주사나 무방비의 성관계를 통해 AIDS에 감염된 내담자
와도 효과적으로 상담할 수 있다.

이 진술들에는 '옳거나', '그른' 답이 없다. 이 문항들은 여러분의 가치관
이 상담자로서 역할을 수행하는 방식에 어떻게 영향을 미칠 수 있는지를 생각
하도록 돕기 위해 고안된 것이다. 여러분의 주의를 끄는 구체적인 항목 몇 가
지를 골라 보자. 그리고 동료 학생과 여러분의 견해에 대해 이야기해 보자. 이
장의 나머지 부분을 읽어가면서 적극적인 태도로 우리가 제기하는 가치관의
이슈에 대한 자신의 입장을 생각해 보자.

가치관을 강요하지 않기

여러분과 작업 중인 내담자는 최종적으로 어떤 가치를 받아들이고, 어떤 가치를 수정하거나 버리며, 어떤 방향으로 자신의 삶을 살아야 할지 선택할 책임을 갖고 있다. 상담 과정을 통해 내담자는 선택하기 전에 가치관을 점검하는 것을 학습하게 된다. 여러분은 내담자와 작업할 때 자신의 가치관 일부를 개방하는 것이 좋은 관례라고 믿고 있을지도 모르겠다. 만약 여러분의 가치관을 개방할 생각이 있다면, 이것이 내담자에게 줄 수 있는 영향에 대해 평가하는 것이 아주 중요하다. 다음 질문을 스스로에게 해보자. 나는 왜 나의 가치관을 내담자에게 개방하고 토론하고자 하는가? 나의 자기 개방이 내담자에게 줄 수 있는 치료적 이득은 무엇인가? 나에게 과도하게 영향받을 가능성에서 내담자는 얼마나 취약한가? 내담자가 내 가치 체계를 너무 열정적으로 받아들이려고 하는가? 여러분과 일치되는 가치 지향으로 내담자를 조종하기 위해 자신의 특정 가치를 개방하는 것을 피하는 것이 중요하다. 이 장에서 앞으로 계속해서 발견하겠지만 상담 과정은 내담자의 가치에 관한 것이지, 상담자의 가치에 관한 것이 아니다.

　여러분이 자신의 가치관을 내담자에게 강요하는 게 부적절하다고 생각하더라도, 의도치 않게 미묘한 방식으로 내담자가 여러분의 가치관에 동의하도록 영향을 미치게 될 수도 있다. 예를 들어 만약에 여러분이 낙태에 강력히 반대한다면, 낙태를 고려할 수 있는 내담자의 권리를 존중하지 않을지도 모른다. 자신의 신념에 기반하여 여러분은 미묘하게(혹은 그다지 미묘하지 않게) 내담자를 낙태가 아닌 다른 선택지 쪽으로 안내할 수도 있다. 상담자는 완전하게 객관적이며 가치에서 자유롭기는 힘들지만(Shiles, 2009), 상담자는 상담 과정에서 자신의 개인적 가치관을 분리하는 걸 배워야만 한다. Kocet과 Herlihy(2014)는 이 과정을 **윤리적인 괄호치기**(ethical bracketing)라고 설명한다. "모든 내담자들 특히 세계관, 가치관, 신념 체계, 결정들이 상담자의 것과 유의미하게 다른 사람들에게 윤리적이고 적합한 상담을 제공하기 위해 상담자 개인의 가치관은 의도적으로 한쪽에 치워 두는 것이다(p.182)". 여러분은 의도 했든 의도치 않았든 간에, 내담자에게 영향을 미치게 되는 방식을 필수적으로 고려해야 한다. Francis와 Dugger(2014)는 상담자는 내담자에게 그들의 가치 관이 전달될 수 있는 다양한 방식을 면밀히 모니터하고 "각 상담관계 안에서 존재하는 영향력의 차이가 어떻게 자신의 가치관을 강요하는 결과를 낳을 수 있는지에 대해 인식할" 윤리적 책임이 있다고 역설한다(p.132).

선의를 가진 어떤 상담자는 자신의 임무가 사람들이 수용 가능하고 절대 적인 가치 기준을 따를 수 있게 돕는 것이라 생각한다. 여러분이 이를 드러내 놓고 공유하지 않았다 하더라도, 내담자에게 자신의 가치관을 전달하지 않기 란 쉬운 일이 아니다. 상담 회기 동안 여러분이 무엇에 주의를 두는가가 내담 자가 무엇을 탐색해야 하는지를 안내하게 된다. 여러분이 사용하는 기법은 내 담자에게 여러분이 가치롭게 생각하는 것에 대한 단서를 제공한다. 여러분의 비언어적 메시지는 내담자들이 하고 있는 걸 언제 좋아하고 좋아하지 않는지 암시를 준다. 왜냐하면 내담자들은 여러분의 승인이 필요하다고 느낄 수 있기 때문에 자기 스스로의 방향을 개발하는 대신 여러분의 가치를 반영하는 방식 으로 행동함으로써 이런 단서에 반응하게 된다.

내담자의 가치관에 동의하지 않는다는 단순한 이유로 상담하길 거부한다 면 이는 비윤리적이다. 우리는 여러분이 내담자의 관점에서 숙고해 보길 바란 다. 용기를 내어 개인적 고민에 대한 도움을 얻고자 왔는데, 치료자가 여러분 이 지닌 특정 가치가 현재 고민에 관련 있거나 관련 있지 않다는 이유로 여러 분을 내담자로 받지 않겠다고 하는 이야기를 전해 들었다고 상상해 보라. 불 쾌해지고 화가 나며 거부당했다고 느끼는 게 당연하다. 만약 여러분이 낮은 자존감을 갖고 있고 이런 치료자에게 거절당했다고 느낀다면, 여러분은 자신 에 대해 좀더 안 좋게 느낄 것이며 다른 상담자에게 치료를 받으려는 생각을 포기할 수도 있다. 여러분도 알 수 있듯, 가치 차이를 이유로 내담자를 다른 상 담자에게 의뢰하는 것은 내담자에게 해를 끼칠 수 있다.

다른 상담자에게 의뢰하는 것은 여러분의 능력이 부족하거나 그런 고민 을 지닌 사람을 돕기에 어떤 일련의 기술이 아직 부족한 상황에서로 한정되어야 한다. 예를 들어 만약에 여러분이 학습 장애가 있는 어린아이와 작업하는 데 전문적이라면, 성격 문제가 깊이 뿌리박힌 성인 내담자에게 변증법적 행동 치료(DBT)를 실시하기 위한 훈련은 받지 않았거나 능력을 개발하지 못했을 수 있다. 만약 여러분이 DBT를 할 수 있는 관련 전문가를 잘 안다면, DBT로부터 효과를 볼 누군가에게 상담 의뢰를 제공하는 것은 가장 윤리적인 방책일 수 있다. 만약 상담 의뢰가 필요하다면 일반적으로 예상 내담자가 여러분의 서비스에 대해 물어보기 위해 처음 연락했을 때 여러분은 알아챌 것이고, 이 때가 아니라면 초기 평가를 하고 그 사람의 필요를 확인하자마자 상담 의뢰의 필요성이 명백해질 것이다.

상담관계에서 가치관에 대한 우리의 관점

윤리적 관점에서 보면 상담자는 반드시 자신의 가치관이 상담 중인 내담자에게 미치는 영향을 인식해야 한다. 만약 여러분이 내담자와 그들이 왜 여러분을 만나러 오는지에 주의를 기울인다면, 가치관이 내담자의 행동에 어떻게 영향을 미치는지에 대한 토론을 요청할 기반을 갖춘 것이다.

우리의 입장에서 상담자의 주요 임무는 내담자들 스스로 자신의 행동을 반추하고, 그것이 자신의 가치관과 일치하는지 살펴보며, 현재의 행동이 그들이 원하는 바에 기여하는지 생각할 수 있게 동기를 제공하는 것이다. 만약 내담자가 자신의 삶이 만족스럽지 않다고 결론내린다면, 상담관계를 활용하여 자신의 가치관과 행동을 재검토하고 수정하며, 자신에게 열린 다양한 선택을 탐색할 수 있다. 상담은 내담자의 가치 체계의 틀 내에서 그들과 함께 하는 작업에 관한 것이다. 무엇을 변화시키려고 하는지, 행동을 어떻게 수정하고 싶은지는 내담자가 결정하는 것이다.

가치관 갈등을 다루기

여러분의 임무는 내담자가 자신의 신념을 탐색하고 명료화하며 자신의 가치관을 적용해서 문제를 해결할 수 있도록 돕는 것이다. 미국상담학회(American Counseling Association)는 이를 다음과 같이 분명히 명시한다(ACA, 2014).

> 상담자는 자신의 가치관, 태도, 신념과 행동들에 대해 인식하고 이를 강요하지 않도록 해야 한다. 상담자는 내담자, 수련생, 연구 참여자의 다양성을 존중하고 특히 상담자의 가치관이 내담자의 목표에 부합하지 않거나 사실상 차별적인 경우에 자신의 가치관을 내담자에게 강요할 위험이 있는 영역에 대해서는 교육을 요청해야 한다. (Standard A.4.b)

가치관 차이를 두고 윤리적 딜레마에 빠져 발버둥치고 있다고 생각될 때, 최선의 방침은 슈퍼비전을 받아 내담자에게 적절한 수준의 보호를 제공할 수 있도록 하는 것이다(Kocet과 Herlihy, 2014). 슈퍼비전은 내담자와의 가치관 갈등을 탐색하는 유용한 방법이다. 만약 여러분이 특정 가치와 관련하여 객관성을 유지하기 어렵다면, 이는 내담자의 문제가 아닌 자신의 문제라고 봐야 한다. 아마도 개인상담이 여러분의 개인적 가치가 어째서 전문적 일을 침범하고 있는지 이해할 수 있게 도와줄 것이다. 앞서 언급한 것처럼 다른 상담자에게 의뢰하는 것은 내담자가 겪고 있는 문제를 다루는 데 필요한 기술이 분명하게 부족한 경우에만 고려되어야 한다. 정신건강 종사자들 사이에 의뢰의 남용은 종종 차별적인 관행을 수반하고 있으나 내담자에게 해를 끼치지 않기 위해서나 능력 이상을 수행하는 걸 피하기 위한 방법이라는 이유로 합리화될 수 없다.

다른 상담자에게 의뢰하는 것은 가치관 갈등에 대한 해결책이 될 수 없다

갈등을 성공적으로 작업해내는 것은 자기 성찰 과정을 통해 가능하다. 내담자와 작업하기 어렵게 만드는 것은 내담자에 관한 무엇인가 아니면 어떤 특정 가치의 차이인가? 여러분 안의 어떤 장애물이 전문적 책임에서 개인적인 가치들을 분리하기 어렵게 만드는가? 여러분과 내담자가 특정 영역에서 공통된 일련의 가치들을 공유하는 것이 필요한가? 정신건강 종사자들은 가끔 내담자의 문제를 어떻게 작업할 수 있을지 탐색하기보다 다른 상담자를 추천하는 데 급급해 한다. Shiles(2009)는 내담자를 다른 상담자에게 의뢰하는 것이 부적절하고, 비윤리적이며, 차별적 행동이 될 수 있는 상황에 대해 쓰여진 바가 거의 없다는 사실을 지적한다. 예를 들면 다른 상담자에게 부적절하게 의뢰하는 경우가 종교적 신념, 성적 지향 혹은 문화적 배경이 다른 내담자를 두고 이루어진다.

가치관 갈등에 대한 중요한 법정 소송 사건들

두 가지 최근 법정 소송 사건들 중에서 보수적인 기독교 신자이며 수련 중인 상담자는 국립대학교를 대상으로 내담자에게 자신의 개인적이고 도덕적인 가치를 강요하지 말아야 한다는 요구에 대해 소송을 제기했다.

Ward v. Wilbanks

Ward v. Wilbanks(2010)에서, Julea Ward는 그녀의 대학(Eastern Michigan University)을 상대로 주요한 가치관 갈등이 있는 경우에도 내담자를 상담해야 했던 상황에 대해 소송을 제기했다. Ward는 자주 기독교적 신앙 때문에 내담자의 동성애 관계나 혼외 이성애 관계를 긍정할 수 없다는 강한 신념을 얘기했다. 2009년 대학원 프로그램의 마지막 단계 동안 Ward는 내담자와 상담을 하는 실습 과목에 등록했고 무작위로 게이 내담자 상담에 배정됐다. 그녀는 슈퍼바이저 교수진에게 내담자를 다른 학생에게 의뢰하거나 그녀가 상담을 시작하되, 상담회기에 내담자의 관계 이슈에 대한 논의가 포함될 경우 의뢰를 하게 해달라고 요구했다. 그러자 내담자의 성적 지향을 근거로 상담을 거절하는 것은 상담 전문가의 윤리 조항을 위반하는 것이며 따라서 윤리적으로 허용될 수 없다는 대답이 돌아왔다. 상담심리학과에서는 처음에는 비공식적으로, 그 후에는 공식적으로 Ward가 한 의뢰 요청을 재검토했다. 상담심리학과에서는 그녀에게 상담관계에서 자신의 가치관을 분리시킬 수 있도록 치료 교육을 제안했으나 자신의 기본 권리를 위반하는 기초 위에 세워진 치료 교육 계획이

라며 거부했다.

Ward는 학과에서 퇴학당했고 이후 그 대학을 미국 연방지방법원에 고소하며, 퇴학조치는 그녀의 종교적 자유와 시민권을 침해한 것이라고 주장했다. 연방법원은 인종, 종교, 출신 국가, 나이, 성적 지향, 젠더, 젠더 정체성, 장애, 혼인 여부, 선호 언어, 사회경제적 지위를 근거로 한 차별 금지 윤리 규정을 위반했다는 이유로 Ward를 퇴학시킨 대학 당국은 정당하다고 판결했다. 또한 대학이 합법적인 교육과정상의 요구사항, 구체적으로 상담을 공부하는 학생은 비차별적인 방식으로 다양한 내담자와 작업하는 걸 배워야 한다는 원칙을 시행한 것도 정당하다고 판결했다.

Ward는 동맹방위기금(Alliance Defense Fund: ADF/'진실을 말하고 들을 권리를 수호하기 위한' 기독교 우파 비영리단체: 역주)의 도움을 받아 미국연방항소법원에 사건을 항소했고, 연방항소법원은 그 사건을 다시 배심재판을 위해 지방법원으로 넘겼다. 비용이 많이 드는 재판을 모면하기 위해, 그 사건은 합의를 통해 해결하기로 했다. 합의의 일부로써, ADF는 대학교의 커리큘럼, 정책, 실습 절차를 변경하라는 요구를 중단했다(이 사건에 대한 더 자세한 내용은 www.emich.edu/aca_case/에서 찾아볼 수 있다. Dugger & Francis[2014]; Herlihy, Hermann, & Greden[2014]; Kaplan[2014]도 참고하길 바란다).

Keeton v. Anderson-Wiley.

Jennifer Keeton은 Augusta State University(ASU)의 상담전공 학생이었다. *Keeton v. Anderson-Wiley*(2010)에서 Keeton은 성경적 가르침에 대한 해석을 근거로 '동성애를 비난한다'는 입장을 지속적으로 고수했다. Keeton은 게이 내담자에게 '(성적 지향) 전환치료'를 권유할 것이고, 이성애자가 되기로 선택할 수 있음을 알리겠다고 말했다. 교수진은 Keeton이 상담 업무에서 성적 도덕률에 관한 개인적인 종교적 시각을 분리할 수 없을 거라고 걱정했다. 그녀에게 치료 교육 계획을 제시했으나, 그녀는 이를 이행하지 않았고 수련 프로그램에서 퇴학당했다. 연방항소법원은 학생이 종교적 이유로 반대하더라도 대학은 상담 프로그램에 속한 학생들에게 기대되는 기준을 이행할 권리가 있다고 옹호했다(특정 내담자에 대한 상담을 거부하는 근거로써 종교적 신념을 사용하는 것의 윤리적이고 법적인 결과에 대한 비평적 검토는 Herlihy 외[2014]를 참고하기 바란다).

법정 소송 사건의 함의

일부 정치 집단들과 입법자들은 '사상의 자유' 조항을 통과시킴으로써 종교와 성적 지향을 근거로 한 차별 금지에 대해 보복했다. 예를 들어, 애리조나의 상원법안 1365는 정신건강 전문가들이 자신의 종교적 신념을 근거로 내담자에 대한 서비스를 거부함으로써 면허 자격을 위험에 빠뜨리지 않도록 하고 있다. 이 법안은 2012년 5월, 애리조나 주지사에 의해 법으로 제정되었다. 다른 주에서도 유사한 법안이 제출된 바 있으나, 상담자들은 상담의 최고 수준을 보장하기 위해 직업 윤리 조항을 수용해야 한다.

Kaplan(2014)은 *Ward v. Wilbanks*가 지난 25년 동안 상담 직종에서 가장 중요한 법적 사건이라고 주장한다. *Ward v. Wilbanks*의 윤리적 함의에 대한 논의에서 Kaplan은 몇 가지 두드러지는 특징을 지적했다.

- 상담자들은 자신의 가치관을 근거로 보호계층(미연방정부는 인종, 피부색, 종교, 국적, 나이, 성별, 임신, 시민권, 결혼상태, 장애, 전쟁참전, 유전정보와 같은 특징을 차별의 대상으로 삼지 못하도록 이런 특성을 지닌 사람들을 보호계층으로 지정한다. 출처, 위키피디아, 역주)에 속한 사람에 대한 전문적 서비스를 거부할 수 없다.
- 다른 상담자에게 의뢰하는 것은 기술적으로 수행 역량이 부족한 경우에서만 적절하다. 윤리적인 의뢰의 초점은 상담자의 가치가 아니라 내담자의 필요인 것이다.
- 내담자를 유기하지 않기 위해서, 의뢰는 최후의 수단으로써 고려되어야 한다.
- 사람에 대한 상담자의 의무는 첫 회기가 아니라 첫 만남에서부터 시작되는 것이다.

Eastern Michigan University의 교수진인 Dugger와 Francis(2014)는 *Ward v. Wilbanks*로부터 배운 교훈을 언급하며 다음과 같은 내용을 권고했다.

- 소송이 제기되기 전에 정책과 절차를 준비해두는 것이 중요하다.
- 수련 프로그램들은 윤리적인 관행에 근거한 행동과 수행에 대한 기대치를 분명히 설명하고, 이 기대수준을 충족시키지 못했을 때의 결과에 대해서도 알려주며, 학생들에게 가능한 정당한 법적 절차에 대해서도 상세히 설명해야 한다.
- 수련 프로그램들 역시 그들이 마련한 정책과 절차를 충실히 지켜야 한다.
- 프로그램들은 소송절차에 대응하는 구체적인 과정에 대해서 잘 알고 있어야 한다.

우리는 수련 프로그램의 상담자가 학생들이 윤리적인 상담자로서 어떤 기대를 받는지에 대해 명확히 알 수 있도록 할 책임이 있다는 점에 전적으로 동의한다. 프로그램에 등록한 학생들은 수련 시 가치 차이를 이유로 내담자를 윤리적으로 차별하거나 일반적 범주의 내담자와 작업하길 거절할 수 없다고 처음부터 알고 있어야 한다. 이러한 요구사항은 상담자로 성장해 가는 데 영향을 미치고 프로그램에 대한 학생들의 참여에도 영향을 미치기 때문에 윤리조항의 근본적인 측면에 대해 잘 인지할 필요가 있다.

이 장의 남은 부분에서는, 여러분이 다양한 내담자들과 작업할 때 맞닥뜨릴 수 있는 몇 가지 가치판단적인 이슈에 대해서도 살펴보겠다. 여기에는 레즈비언·게이·양성애자·트렌스젠더인 사람들, 가족 가치 이슈들, 성 역할 정체감 이슈들, 종교와 영적 가치들, 낙태, 성생활, 생애 마지막 결정과 관련한 내용이 포함될 것이다.

레즈비언, 게이, 양성애자, 트렌스젠더에 관한 우려들

인류의 다양성에 대한 개념은 인종, 민족적 요인 이상을 망라한다. 이는 나이, 젠더, 사회경제적 지위, 종교적 소속, 장애, 성적 지향을 근거로 사람들에게 직접적으로 가해지는 모든 종류의 억압, 차별, 편견을 아우른다. **레즈비언, 게이, 양성애자, 트렌스젠더**(LGBT)인 사람들과 작업하는 것은 전통적 가치관을 가진 상담자들에게는 도전으로 다가온다.

동성애와 양성애는 백 년 넘게 정신적 질환의 하나로 받아들여졌다. 1973년 미국정신의학회(American Psychiatric Association)는 **동성애**(Homosexuality)—동성의 사람과 정서적이고 성적인 관계를 추구하는 사람들의 성적 지향—를 정신질환의 형태로 분류하는 걸 멈췄다. 정신건강 체계는 마침내 게이, 레즈비언, 양성애, 트렌스젠더 사람들을 문제로서 취급하기보다 그들의 문제를 다루기 시작한 것이다. 오늘날 모든 주요한 미국 정신건강 전문가 협회는 동성애가 정신질환이 아니라고 단언한다.

이성애주의는 LGBT 사람들의 성적 지향, 젠더 정체성, 행동의 건강한 기능 수행을 잠식할 수 있는 세계관이자 가치 체계이다. 상담자들은 이성애주의가 사회와 많은 조직의 문화 근간에 만연해 있고 이는 종종 이성애가 아닌 사람들 혹은 사회적으로 받아들여지는 스테레오 타입의 성 역할과 행동 기준에 맞지 않는 사람들에 대해 부정적인 태도와 차별에 기여하고 있음을 이해해야 한다. 치료자들은 사회에서 LGBT 사람들에게 선입견, 차별, 다양한 형태의 억압이 가해지는 방식을 이해하고자 한다면, 성적 지향에 관한 개인적인 선입견, 편견, 공포, 태도, 가정, 스테레오 타입들에 도전해 보아야 한다.

성적 지향에 대한 이해에 진전이 있었음에도 불구하고, 동성애와 양성애에 대한 편견과 잘못된 정보는 사회에 여전히 퍼져 있고, 다수의 LGBT 사람들이—가끔은 치료자들로부터도—사회적 낙인, 차별, 폭력에 시달리고 있다. 만약 상담자들이 자신의 가정과 가능한 역전이를 자각하지 못하면 오해와 두려움을 내담자에게 투사하게 될 수도 있다. 일부 종교적으로 보수적인 상담자들과 수련 중인 상담자들은 동성 간의 관계를 부도덕한 것으로 여긴다. 상담자의 이러한 태도는, 상담자가 판단적일 것이라는 두려움 없이 친밀한 관계에 대한 고민을 상담시간에 이야기할 수 있는 LGBT 내담자들의 권리를 손상시킬 가능성이 있다(Herlihy et al., 2014).

여러분이 파트너와의 관계에서 의사소통의 어려움에 대해 이야기하고 싶어하는, 게이인 한 남성을 상담하고 있다고 생각해 보자. 그와 상담을 해나갈수록, 자신이 그의 성적 지향을 받아들이기 힘들어한다는 걸 깨닫게 되었다. 따라서 그가 작업하고 싶어하는 바에 집중하기보다 이 부분에 대해 이의를 제기하는 자신을 발견하게 된다. 여러분은 그의 성적 지향에 너무 집중하게 되고, 이는 여러분이 도덕적으로 옳다고 믿는 바와 배치되며, 결국 여러분이 내담자를 돕지 못하고 있음을 자신과 내담자 모두 알게 되었다. 여러분은 이런 가치관 차이를 다루기 위해 어떤 조치를 취할 수 있겠는가? 여러분은 슈퍼비전에서 이 남성에 대한 개입에 여러분의 가치관이 미친 영향에 대해 기꺼이 탐색하려 하겠는가?

LGBT 커뮤니티에 대해 부정적인 반응을 가진 상담자는 자신의 가치관과 태도를 강요하거나, 적어도 강한 반감을 전할 가능성이 높다. 여러분이 지닌 신화나 오해가 어떤 것인지 확인하고 검토해 보라. 그리고 여러분의 가치관과 성적 지향에 관해 가능한 편견이 여러분의 상담에 어떻게 영향을 미칠지 다음 예시를 읽어 보며 생각해 보자.

사례 예 **외로움과 소외감에 맞서기**

상담자의 가치관이 33세 게이인 Eric과 상담하는 방식에 어떻게 영향을 미치게 될지 생각해 보자. 상담자는 지금 Eric과 접수면접을 하고 있고, 그는 외롭고 소외된 감정을 자주 느껴서 상담하러 왔다고 이야기한다. 내담자는 남녀 상관없이 친밀한 관계에 어려움을 느낀다. Eric은 사람들이 그에 대해 알게 되면, 자신을 수용하지 않고 어떤 이유에서든 자신을 좋아하지 않게 된다고 느낀다. 상담자는 면접을 하는 동안, Eric이 지금은 거의 만나지 않는 아버지에 대해 상처가 아주 많다는 걸 알게 된다. 내담자는 아버지와 친밀한 관계를 원했지만, 게이라는 사실이 이를 방해하고 있다. 그의 아버지는 Eric이 '그렇게 되어버린 것'에 대해 죄책감을 느낀다고 말했다. Eric이 왜 '정상'이 아닌지, 왜 형처럼 여자를 만나 결혼하여 살 수 없는지 이해할 수 없다고 했다. Eric은 주로 아버지와의 관계를 상담에서 다루고 싶어 하며, 더불어 친밀해지고 싶은 사람에게서 거절당하는 것에 대한 두려움을 극복하고 싶어 했다. 그는 자기가 좋아하는 사람들이 그를 있는 그대로 수용해 주면 좋겠다고 말한다.

여러분의 입장 Eric의 상황을 읽고 난 후, 여러분의 첫 반응은 무엇인가? 여러분의 가치관을 떠올려 봤을 때, 그와 상담관계를 수립하는 데 어려움이 생길 것으로 예상되는 부분이 있는가? 그가 자신의 성적 지향에 대한 탐색은 원하지 않는다고 말한 사실을 고려해 볼 때, 여러분은 이 결정을 존중할 수 있는가? 상담에서 Eric과 어떻게 작업해 나갈지 생각해 보면서, 게이 남성에 대한 자신의 태도를 심사숙고해 보자. 만약 이 내담자가 게이 남성이 아니라 레즈비언 여성이었다면 여러분의 태도는 달라졌겠는가? Eric과의 상담 회기에서 여러분이 초점을 맞출 것이라 생각되는 몇 가지 이슈들을 생각해 보자. 거절에 대한 두려움, 아버지와 관련된 상처, 아버지가 변하길 바라는 마음, 남성과 여성 모두와 친밀해지는 것에 대한 어려움, 성적 지향, 가치관들. 지금 가진 정보들 중 역점을 두고싶은 영역은 무엇인가? Eric과 함께 탐색해 보고 싶은 그 밖의 다른 영역이 있는가?

사례 예 갈등상황에 갇혀

Margie는 자신이 레즈비언이란 사실을 상담에서 말하기까지 수개월이 걸렸다. 매회기 그녀가 느끼는 불안과 우울에 대해 이야기했지만, 정작 그녀를 쇠약하게 만든 근본 원천—가족들에게 룸메이트인 Sheila가 사실은 연인이라고 말하면 소외당할 것이라는 두려움—에 대해서는 말하지 않았던 것이다. Margie의 부모는 매우 독실했고 그녀 앞에서 공공연하게 LGBT라고 스스로 밝힌 사람들을 비난하곤 했다. 따라서 커밍아웃을 하는 것은 그들을 비탄에 빠뜨리고, 자기와 의절하게 만들 거라고 Margie

는 확신하고 있었다. 동시에 그녀는 Sheila로부터 가족들에게 자기를 연인으로 소개해 달라는 압박을 점점 더 크게 받고 있었다. 연인을 기쁘게 해주고 싶은 마음과 가족과 좋은 관계를 유지하고 싶은 마음 사이에서 옴짝달싹할 수 없어서 Margie는 몹시 갈등했고 이것이 불안과 우울을 악화시키고 있었다. 그녀는 상담자가 자기 가족들이 보일 거라고 생각되는 것과 유사한 반응을 할 것 같아 걱정한 나머지 더 일찍 성적 지향을 밝히는 것이 두려웠다고 말한다. 그녀는 결국 이를 더 이상 비밀로 할 수 없었고 말할 누군가가 필요했기에 상담자에게 말하기로 결심한 것이다.

여러분의 입장 여러분이 이 이야기를 Margie로부터 들었다면 어떻겠는가? 그녀에게 뭐라고 이야기하고 싶은가? 여러분의 가치관은 Margie의 상황에 대한 인식에 어떻게 영향을 주고 이 사례에 개입하는 방식에 어떻게 작용하겠는가? 여러분은 Margie가 경험하고 있는 갈등 상황에 어떻게 반응할지, 이 상황을 돌파해 나가기 위해 그녀를 어떻게 지지할지 생각해 보자. 지금이 바로 여러분이 가진 특정 신념 혹은 가치관에 관계없이 Magie에게 자신의 가치관을 강요하려는 유혹에 넘어가지 않도록 자기 성찰을 해야 하는 결정적 시점이다. 만약 여러분의 종교적 가치관이 Margie 부모님과 유사하다면, 그녀와 효과적으로 작업할 수 있도록, 여러분의 편견이 치료적 과정에 악영향을 미치지 않도록 하기 위해 어떤 조치를 취할 수 있는가?

토론 Lasser와 Gottlieb(2004)은 성적 지향이 우리 사회를 괴롭히는 가장 만성적이고 성가시게 하는 도덕적 논쟁 중 하나라고 말했다. 많은 LGBT 사람들이 자신의 도덕성에 관해 부정적인 사회적 메시지를 내면화하여 심리적인 고통과 이로 인한 갈등을 경험한다. Schreier, Davis와 Rodolfa(2005)는 LGBT 사람들을 향한 부정적인 사회적 고정관념, 편견, 심지어 증오의 영향으로부터 그 누구도 예외일 수 없다고 상기시킨다. 더구나 유색인이면서 레즈비언, 게이, 양성애자인 사람들, 여러 방면의 편견과 차별에 맞서야 하는 사람들에게는 특히 더 그러하다(Ferguson, 2009).

여러분은 아마도 스스로에게, 또 다른 사람들에게 사람이 자기에게 맞는대로 살 권리가 있다는 걸 받아들인다고 이야기할지 모르겠다. 그러나 실제 내담자를 만나게 되면 여러분도 곤란을 겪을 수 있다. 인지적으로 수용하는 것과 정서적으로 받아들이는 것 사이에는 간극이 있기 때문이다. 여러분의 가치 체계가 LGBT인 사람들을 받아들이는 데 갈등을 겪는다면, 그들과 효과적으로 작업하는 것 역시 어렵다고 생각할 가능성이 높다.

LGBT인 내담자의 욕구를 이해하기

LGBT인 사람들과 작업하는 상담자는 자신의 개인적인 가치관이 전문성의 영역을 방해하지 않도록 할 윤리적인 의무가 있다. ACA(2014), APA(2010), AAMFT(2012), Canadian Counselling and Psychotherapy Association([CCA], 2007), NASW(2008)의 윤리조항(2014)은 특정 집단의 사람들에 대해 **차별**, 혹은 다르게 대개는 불공평하게 행동하는 것이 비윤리적이고 용납할 수 없는 일이라고 분명하게 명시하고 있다. 윤리적 견지에서 상담자는 성적 지향에 관한 자신의 개인적인 선입견과 편견에 대해 잘 인식해야만 한다. 이는 내담자가 상담관계가 공고히 수립된 후 자신의 성적 지향을 밝히는 순간 특히 중요하다. 위와 같은 상황에서 상담자가 보인 판단적인 태도는 내담자에게 치명적인 해가 될 수 있다. 물론 이런 편견과 선입견은 상담의 어느 순간에서나 직접적이든 간접적이든 내담자에게 전달될 때 해로운 것이다.

The Association for Lesbian, Gay, Bisexual and Transgender Issues in Counseling(ALGBTIC, 2008)은 상담자들이 이 다양한 집단의 독특한 욕구에 대해 잘 알고 있어야 한다고 주장한다. ALGBTIC는 실습생들이 LGBT인 사람들에 관한 자신의 편견과 가치관을 검토하는 데 도움이 되도록 일련의 구체적인 역량 리스트를 개발했다(웹사이트에서 열람 가능). 이런 역량을 갖춘 상담자들은 이 내담자 집단에게 효과적인 상담 서비스를 보장해줄 적절한 개입 전략을 잘 수행할 자리에 서게 될 것이다.

ALGBTIC(2009)는 또한 트렌스젠더 내담자와 상담할 때 필요한 역량들(*Competencies for Counseling with Transgender Clients*)을 개발하여, 트렌스젠더 개인, 가족, 집단 혹은 공동체와 상담하는 상담자들에게 적합하게 맞추었다. 이런 역량들은 안녕감, 회복 탄력성, 강점 기반 접근에 기초하며, 상담자는 제도적인 변화를 만들어 그 결과 트렌스젠더인 사람들에게 더 안전한 환경을 줄 수 있는 독특한 지위에 있는 것처럼 느껴진다. 이는 상담자가 트렌스젠더인 사람과 그들을 사랑하는 사람들에게 환영받고 긍정되는 환경을 만들어주는 것에서부터 시작된다. 상담자는 그 사람 전체를 존중하고 돌봐야 하며, 단순히 성 정체성 이슈에 초점을 맞춰서는 안 된다.

여러분은 치료적 관계가 진전되기 전까지 내담자의 성적 지향에 대해 잘 인식하지 못할 수도 있다. 혹은 이성애적 관계만 가져왔던 내담자가 치료 과정에서 자신의 성적 지향에 대한 의문을 제기하기 시작할 수도 있다. 이 내담자는 내적 평화를 찾기 위해 자신의 성적 지향을 탐색하는 것에 상담 시간을 필요로 할지도 모르고, 여러분은 이 과정을 충분히 적절하게 촉진할 수 있어야 한다. 만약 여러분이 다양한 내담자 집단의 커뮤니티 시설에서 상담을 제공하게 되었다면, 성적 지향에 관한 이슈들에 대해 자신의 가치관이 어떠한지 명확하게 알고 있어야 한다. 성적 지향에 관련된 자신의 가치관을 명확히 하는 방법으로써 다음의 질문지에 체크해 보자.

3=나는 이 진술에 대부분 동의한다
2=나는 이 진술에 대한 의견을 결정하지 못한다
1=나는 이 진술에 대부분 동의하지 않는다

_____ 1. 레즈비언, 게이, 양성애 내담자들은 레즈비언, 게이, 양성애 상담자에게 가장 잘 상담 받을 수 있다.

_____ 2. 동성애 혹은 양성애 상담자는 이성애 내담자에게 자신의 가치관을 주입할 가능성이 높다.

_____ 3. 나는 아이를 입양하려는 게이 부부 혹은 레즈비언 부부를 상담하게 되면 어려움을 겪을 것 같다.

_____ 4. 동성애와 양성애는 비정상일뿐만 아니라 부도덕하다.

_____ 5. 레즈비언, 게이, 양성애, 트렌스젠더인 사람들은 이성애인 사람으로 잘 조정될 수 있다.

_____ 6. 나는 레즈비언, 게이, 양성애 혹은 트렌스젠더인 내담자와 상

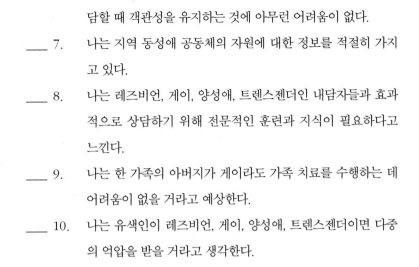

담할 때 객관성을 유지하는 것에 아무런 어려움이 없다.

____ 7. 나는 지역 동성애 공동체의 자원에 대한 정보를 적절히 가지고 있다.

____ 8. 나는 레즈비언, 게이, 양성애, 트렌스젠더인 내담자들과 효과적으로 상담하기 위해 전문적인 훈련과 지식이 필요하다고 느낀다.

____ 9. 나는 한 가족의 아버지가 게이라도 가족 치료를 수행하는 데 어려움이 없을 거라고 예상한다.

____ 10. 나는 유색인이 레즈비언, 게이, 양성애, 트렌스젠더이면 다중의 억압을 받을 거라고 생각한다.

질문지를 완성한 후 여러분의 반응에 특정 패턴이 있는지 면밀히 살펴보라. 변화시키길 원하는 태도가 있는가? 여러분이 습득해야 할 분야의 정보나 기술이 있는가?

가족관(Family Values)

상담자의 가치 체계는 가족 안에서 발견되는 문제, 치료의 목표와 계획, 치료가 취할 방향을 정의하고 개념화하는 데에 결정적인 영향을 미친다. 상담자는 결혼, 가족의 유지, 이혼, 동성간 결혼, 가족 내 성 역할과 책임의 분담, 동성 커플의 아이 입양, 아이 양육, 혼외 정사와 관련하여 자신만의 가치관을 갖고 있다. 상담자는 가족 구성원 중 한쪽 편을 들며 다른 편을 반대할 수도 있고, 가족 구성원들에게 자신의 가치관을 강요할 수도 있고, 가족 구성원들보다 가족을 유지하려고 더 노력할 수도 있다. 의도적이든 무의식적이든 자신의 가치관을 커플 혹은 가족에게 강요하는 상담자는 상당한 손상을 끼칠 수 있다. Wilcoxon, Remley와 Gladding(2012)는 가족상담을 하는 치료자가 자신의 개인적인 가치관에 대해 잘 아는 것은 전문적 일의 아주 중요한 측면이라고 주장하며, 치료자들이 자신의 가치관을 내담자에게 강요하지 말아야 한다고 경고한다. 치료자의 역할은 가족 구성원이 어떻게 변해야 하는지를 결정하는 것이 아니다. 치료자의 역할은 가족 구성원들이 보다 분명하게 자신이 무엇을 하고 있는지를 보게 하고, 현재 패턴이 어떤지를 솔직하게 평가하도록 하며, 그들이 필요하다고 여기는 변화를 만들어갈 수 있도록 격려하는 것이다. 다음 사례에 대해서 생각해 보자.

사례 예 **불안정한 엄마를 상담하기**

Veronica는 제한적인 삶을 살아왔다. 그녀는 17세에 결혼해서 22세가 됐을 무렵엔 4명의 자녀를 두었고 32세인 현재 대학교에 다니고 있다. 그녀는 활달하고, 배우려는 동기가 높고, 자신이 놓친 모든 것을 찾으려는 훌륭한 학생이다. 그녀는 자신이 더 어린 동료들과 교수들에게 인기가 있다는 사실을 알게 되었다. 그녀는 새로운 해방감을 느끼고 있으며, 전에 받아보지 못한 많은 긍정을 받고 있다. 집에서 그녀는 인정받지 못하고, 가족들은 그저 그녀가 그들을 위해 해줄 수 있는 것에만 관심을 갖고 있다. 반면 학교에서 그녀는 특별하며 지적인 능력을 존경받고 있다.

Veronica는 남편과 10세에서 15세 사이의 네 자녀들을 떠나려고 생각 중이다. 그녀는 대학 상담센터의 상담자를 찾아왔고 어떻게 해야 할지 혼란스러워하고 있다. 그녀는 자신의 죄책감과 양가감정을 다룰 방법에 대해 알고 싶어 한다.

여러분의 입장 남편과 네 자녀를 떠나겠다는 Veronica에게 여러분은 어떤 반응을 보이겠는가? 그녀의 의향대로 하라고 격려하겠는가? 만약 Veronica가 이 문제에 대해 충분히 생각한 끝에, 몹시 고통스럽지만 가족을 떠나야겠다고 이야기한다면, 여러분은 상담 회기 중에 한번 전체 가족을 데리고 오라고 권유할 의향이 있는가? 잠시 동안 자신의 가치 체계에 대해 생각해 보자. 여러분은 어떤 가치관을 강요할 것 같은가? 만약 Veronica가 분개하면서도 결혼을 유지하며 집을 떠나지 않겠다고 말한다면, 여러분은 어떤 개입을 할 것 같은가? 만약 언젠가 부모 혹은 배우자가 여러분을 떠났었다면 이 경험이 Veronica와의 상담에 어떻게 영향을 미칠 수 있을까?

토론 상담자인 여러분의 가치관은 치료의 결과에 영향을 미칠 가능성이 있고, 이 사례에 대해 아무런 판단도 하지 않는 것은 쉽지 않을 것이다. 만약 여러분이 Veronica가 자신에게 진실하게 어떤 대가를 치루더라도 마음을 따라야 한다고 생각한다면, 아마도 가족을 떠나려는 그녀의 갈망대로 행동하길 격려하게 될 것이다. Veronica가 스스로 자신의 가치관을 검토할 수 있도록 도와준다면 그녀는 남편과 아이들로부터 경계를 확립함으로써 가족의 상황을 더 개선시키고 자신의 욕구도 더이상 무시되지 않을 수 있는 방법을 찾아낼 수도 있다.

사례 예 위기에 처한 가족

아내, 남편, 세 명의 청소년 자녀가 상담자의 사무실로 찾아왔다. 이 가족은 가장 어린 아들의 사회복지사에 의해서 의뢰되었다. 그 아들은 도둑질을 하고 가족 내에서 문제아로 찍혔다.

남편은 마지못해 상담실에 앉아 있다. 그는 화가 나 있고 말 붙이기가 어려웠으며 상담자에게 '상담 같은 거'는 믿지 않는다고 말했다. 그는 아들에 대해 변명하며 결혼 혹은 가족에게 문제가 있는 것은 아니라고 이야기했다.

부인은 남편과 많이 싸우고, 그래서 집안 분위기가 긴장되며, 아이들이 고통스러워한다고 말했다. 그녀는 가족에게 무슨 일이 일어날지 두려워했다. 그녀는 자신과 세 명의 자녀들을 부양할 방법이 없었고, 가족들 간의 관계에 대해 기꺼이 작업하고자 했다.

여러분의 입장 여러분은 이 가족에 대해 어떠한 감정이 드는가? 여러분은 어떤 행동방침을 취하겠는가? 가족 생활에 관한 여러분의 가치관이 이 가족에 대한 개입에 어떤 영향을 미치겠는가? 여러분은 이러한 경우에, 가족 구성원들이 묻지 않더라도 자신의 가치관을 노출시키겠는가? 만약 그들이 자신들의 상황에 대해 어떻게 생각하는지, 구성원들이 어떻게 해야 한다고 생각하는지 묻는다면, 여러분은 무엇이라 말하겠는가?

토론 여러분의 전문적 역할에 내재한 권력에 대해 항상 의식할 필요가 있다. 여러분이 이 위기에 빠진 가족과 작업하며 자신의 가치관을 강요하지 않으려고 아무리 주의하더라도 여러분이 하는 말은 자신의 핵심 가치관에 영향받기 쉽다. 만약 이 상황에서 부인이 남편에게 좀더 주장적이어야 한다고 생각한다면 여러분은 그녀가 남편에게 도전하는 걸 격려할 것이다. 이러한 전략은 관계를 위험에 빠트릴 수 있어 여러분은 부모 사이의 분노 이슈와 이것이 어떻게 악화될 수 있을지에 대해 유념하고 있어야 한다. 이 상담자에게 핵심 과제는 아버지가 치료 과정에 참여하고 전체 가족과 관계 맺을 수 있도록 격려하는 것이다.

사례 예 혼외 정사와 관련된 상황

한 부부가 상담을 받으러 왔다. 남편은 부인에게 혼외 관계가 있다는 것을 고백했고 그 사건은 그들의 관계에서 최근의 위기를 촉발시켰다. 부인은 매우 혼란스럽지만 결혼을 유지하고 싶어 한다. 그녀는 그들의 결혼생활에 노력이 필요하며 둘 사이에 정서적인 연결은 부족하지만, 이를 살려낼 가치가 있다고 생각한다. 그들은 자녀가 있고 이 가족은 지역사회에서 존경받으며 평판이 좋다.

남편은 가족을 떠나고 싶었지만, 상반되는 감정들로 갈등하며 어떻게 해야 할지 확신하지 못했다. 그는 매우 혼란스러웠고, 여전히 자녀와 부인을 사랑한다고 말했다. 그는 일종의 중년의 위기를 겪고 있으며 매일 다른 결정을 떠올린다는 걸 자각하고 있었다. 그의 부인은 상당한 고통 속에서 절망감을 느끼고 있었다. 그녀는 남편에게 의존하고 있었으며 스스로 생계를 꾸릴 수단이 없었다.

여러분의 입장 서로 충실하기로 한 관계가 있을 때 그 관계 밖 불륜에 관한 여러분의 가치관은 무엇인가? 각각의 파트너에게 여러분은 무슨 이야기를 하겠는가? 상담자는 이 부부가 관계를 유지하는 쪽으로 상담을 해야 하는가 아니면 이혼하는 방향으로 상담해야 하는가? 이 가족과 진행해 나가려는 방향을 떠올려 보며, 여러분이 자신의 가족 안에서 이런 상황에 처한 적이 있었는지 생각해 보자. 만약 그렇다면 그 경험이 이 부부와 작업하는 방식에 어떻게 영향을 미칠 것이라고 생각하는가? 만약 한 쪽이 혼란스러워하며 필사적으로 대답을 원할 때 여러분이 그 혹은 그녀에게 방향을 알려 주길 기대하면, 여러분은 그럴 의향이 있는가? 그들 중 한 명에게 어떻게 하라고 이야기하겠는가?

토론 그들이 결정한 결과에 따라 살아야 하는 것은 내담자라는 사실을 스스로 상기시키는 게 좀 도움이 될 것이다. 그들이 여러분에게 어느 방향으로 가야 할지 말해 달라고 하는 만큼이나, 여러분의 임무는 내담자들이 스스로 준비되었을 때 스스로 결정을 내릴 수 있도록 권한을 부여하는 것이다. 친밀한 관계가 망가지는 것은 그 관계 안에 있는 사람들에게 고통스러운 일이고, 여러분은 특정한 방향을 제시함으로써 그 고통을 줄여 주고 싶을 수도 있다. 그들이 꼼짝할 수 없을 것 같고 여러분에게 결정을 도와달라고 요청하면 더욱 그럴 것이다. 과정에서 인내를 연습하고 이를 내담자들에게 모범으로 보여줌으로써, 여러분은 그들이 행동하기 전에 충분히 선택지를 검토할 수 있도록 도울 수 있다. 실행 가능한 방향이 그들 중 한 명에게 분명해지기 전까지 더 많은 치료적 작업이 필요하다. 부부에게는 그들이 가장 잘 살아나갈 수 있는 선택지를 결정하는 것이 중요하다.

성 역할 정체성 이슈들

모든 상담자들이 젠더에 대한 자신의 가치관과 신념에 대해 잘 의식하고 있어야 한다. 커플과 가족을 상담하는 상담자는 그들이 자신의 가족을 포함하여 가족의 사회화 과정에서 성 고정관념화의 역사와 영향에 대해 잘 인식하고 있는 경우 좀더 윤리적인 상담이 가능하다. 사람들이 젠더를 인식하는 방식은 그들의 문화적 배경과 큰 관련이 있다. 여러분은 적절한 가족의 역할과 책임, 자녀 양육 관행, 다중 역할, 남성과 여성에 대한 비전통적인 직업들에 대한 자신의 신념을 기꺼이 평가하려고 하는 경우 좀더 효과적인 상담자가 될 수 있다.

> **사례 예** **엄마의 전통적인 역할에 도전하기**
>
> John과 Emma는 최근 Emma가 수년간 전업주부로 살다가 직업을 다시 갖게 되면서 생긴 갈등을 해결하고자 커플상담을 신청했다. 두 사람 모두 "이 문제에 대해 많이 다툰다"고 보고했다. John은 Emma가 집에 쭉 머물며 어린 두 자녀들을 돌보고 집안일을 하길 바란다고 말했다. Emma는 파트타임으로 일하며 가정에 경제적으로 기여할 수 있을 때 더 행복하다고 했다. 이는 또한 집안일과 아이 돌봄을 위해 사람을 고용할 수 있도록 했다. 그녀는 자신의 일을 사랑했고 동료들과 사회적으로 상호작용하는 걸 즐겼으며 이를 포기하고 싶지 않았다. John은 엄마만큼 아이들을 잘 돌볼 수 있는 사람은 없다고 믿었으며, 그가 더 큰 수입원을 갖고 있으므로 집에 남아야 하는 사람은 Emma여야 한다고 생각했다. Emma는 자녀들이 전업주부인 엄마보다 행복한 엄마를 갖는 게 더 중요하며, 가족 이외에 일을 갖고 싶은 소망은 소득에만 관련된 것이 아니라고 말했다. John과 Emma 모두 관계에 많은 투자를 하고 있었지만, 이 난관을 넘어설 수가 없었다.
>
> **여러분의 입장** 양육과 성 역할에 관한 여러분의 가치관은 John과 Emma와의 작업에서의 평가와 접근에 어떻게 영향을 미치겠는가? 이러한 경우에 상담자의 가치관에 대한 윤리적인 경계는 무엇인가? 여러분은 어떻게 자신의 신념을 강요하지 않고 이들을 설득하거나 지시하는 걸 피하겠는가? 여러분은 이 커플이 이야기한 단일한 문제보다 이들의 갈등이 더 광범위한 것인지 탐색해 보겠는가?
>
> **토론** 만약 여러분이 결혼과 가족에서 성 역할에 대해 확실한 개인적 가치들을 갖고 있다면, 이 사례에서 여러분은 자신의 가치를 강요하게 되기 쉬울 것이다. 정치적인 지지, 결탁, 양시론은 모두 상담자가 자신의 가치관을 이 토론에 주입했을 때 가능한 건강하지 않은 결과들이다. 여성이 선택권을 가져야 하고 전통적인 가족 역할에 묶여서는 안 된다는 신념은 여러분을 Emma에게 동조하게 하여 John을 설득하게 만들 수 있다. 학대나 위험의 예외가 아닌 이상 치료자가 내담자들에게 관련된 목표를 확

정하는 것은 비윤리적이다.

사례 예 전통적인 가족에서의 양육

Fernando와 Elizabeth는 스스로 '고리타분한 부부'라고 말한다. 그들은 두 청소년 자녀를 양육하는 데서 오는, 부부관계에서의 긴장 때문에 부부상담에 왔다. 그들은 자녀들에 대해 많은 이야기를 한다. Fernando와 Elizabeth는 모두 집 밖에서 하루종일 일을 한다. Elizabeth는 초등학교 교장으로서 일하는 것 이외에, 엄마로서 가정주부로서 또 하루종일 일한다. Fernando는 자기는 집에서 '여자의 일'을 할 생각이 없다고 말한다. Elizabeth는 자신이 이중으로 일을 하고 있다는 사실에 대해 많이 생각해 본 적이 없다. Fernando와 Elizabeth 중 그 누구도 그들이 포함된 문화적 가치관과 고정관념을 검토하는 데 별 관심을 보이지 않았다. 그들은 각각 여자와 남자가 무엇을 '해야 한다'에 대한 명확한 생각을 갖고 있었다. 그들은 부부관계나 집에서의 업무 분담에 대한 이야기보다 자녀들에 대한 문제에 초점을 맞춘다. Elizabeth는 그들의 문제를 어떻게 다룰지에 대한 조언을 원하고 있다.

여러분의 입장 여러분은 만약 이 부부가 전통적인 성 역할을 두고 긴장이 있다는 것을 자각한다면, 상담에서 이 부분에 대한 주의를 환기시키겠는가? 여러분은 Fernando의 전통적인 관점을 직면시키는 것이 자신의 업무라고 생각하는가? Elizabeth가 그들의 관계에서 좀더 균형 있는 책임감을 원하도록 격려하는 것이 여러분이 해야 할 일이라고 보는가? 만약 이 부부를 상담한다면, 여러분은 그들 각각에게 무슨 이야기를 할 것 같은가? 여러분의 가치관이 상담 방향에 어떻게 영향을 미치겠는가? 여러분의 성 역할 조건화와 시각은 자신이 해오던 바와 어떻게 관련 있는가?

토론 만약 여러분이 부부, 가족과 상담을 하게 된다면 성 역할 고정관념이 도움이 되는 부분이 있으며, 쉽게 변하지 않는다는 사실을 이해하는 것이 필수적이다. 상담자의 역할은 내담자가 상담 받길 원하는 문제와 관련 있는 경우, 자신의 성 역할 태도와 행동을 점검해 볼 수 있도록 안내하는 것이다. 때로 여자와 남자가 어떻게 생각하고 느끼고 행동하는지에 관한 고정관념은 상담자와 내담자 간의 효과적인 의사소통을 손상시킬 수도 있다. 여러분은 남자와 여자가 서로 갈등하는 특정 문제와 그들이 갇혀 있는 전통적인 역할에서 젠더에 대한 시각을 주의 깊게 의식하고 있어야 한다. 여러분은 남성과 여성 내담자가 성 역할 기대에 대해 받아온 문화적인 메시지를 탐색하고 평가하는 것을 도울 수 있다. 그들이 무엇을 변화시켜야 하는지 결정하지 않고도, 내담자의 자각을 촉진시킬 수 있으며, 이는 자발적인 선택을 위한 새로운 가능성을 열 수 있다.

Margolin(1982)은 대표적인 논문에서 어떻게 성차별적이지 않은 가족 치료자가 될 수 있을지, 가족에서의 부정적인 기대와 관념 역할을 직면시킬 수 있는지에 관한 몇 가지 조언을 제공한다. 한 가지 제안은 상담자가 성차별적인 역할과 지위를 함축하고 있는 자신의 행동과 태도를 검토해야 한다는 것이다. 예를 들어 상담자는 결정에 대해 말할 때는 남편을 보거나 가정 문제와 자녀 양육에 대해 얘기할 때는 아내를 봄으로써, 미묘하게 자신의 편견을 드러낼 수 있다. Margolin은 또한 상담자가 특히 잘못하기 쉬운 편견을 다음과 같이 제시한다. (1) 여성에게는 결혼 생활을 유지하는 것이 최선의 선택이라고 가정하는 것 (2) 남성의 직업보다 여성의 직업에 관심을 덜 보이는 것 (3) 부부에게 자녀 양육이 어머니 단독의 책임이라는 신념을 수용하도록 권유하는 것 (4) 아내의 불륜에 남편의 불륜과 다르게 반응하는 것 (5) 아내의 욕구를 만족시키는 것보다 남편의 요구를 만족시키는 것에 더 중점을 두는 것. Margolin은 부부와 가족과 작업하는 상담자에게 두 가지 중요한 질문을 던진다.

- 가족 구성원들이 (상담자가 보기에) 사실상 성차별적인 상담 목표에 의견이 일치된 것처럼 보일 때 상담자는 어떻게 반응해야 하는가?
- 상담자는 어느 정도에서 성 역할 정체성에 대한 가족의 정의에 도전하고 결국에는 변화시키려고 하는 대신, 이를 수용해야 하는가?

종교적 · 영적 가치관

효과적인 상담자는 신체, 정신, 영성을 다루지만, 상담 전문가가 영적이고 종교적인 관심을 인식하기까지 오래 걸렸다. 오늘날 영적이고 종교적인 신념과 가치관을 상담과 상담자를 위한 훈련 프로그램에서 탐색하는 것에 대한 자각과 의지가 점점 높아지고 있다(Dobmeier & Reiner, 2012; Hagedon & Moorhead, 2011; Johnson, 2013). 종교와 영성은 종종 내담자의 문제 중 일부였고, 또한 문제에 대한 내담자의 해결책 중 일부였다. 영적 가치관은 많은 사람들이 우주와 삶의 목적을 이해할 수 있도록 돕는다. 영적이고 종교적인 가치관은 인류의 삶에서 중요한 부분을 담당하기 때문에 이러한 가치관은 무시되어도 좋은 어떤 것이 아니라 상담관계에서 잠재적인 자원으로 간주되어야 한다 (Harper & Gill, 2005; Johnson, 2013). 내담자의 영적 혹은 종교적 가치관은 상담 과정을 향상시키기 위한 다른 치료적 도구들과 통합될 수 있다.

문화적으로 유능하고 윤리적인 방식으로 상담을 하려는 상담자는 내담자의 영적이고 종교적인 관점을 간과해서는 안 된다(Johnson, 2013; Robertson & Young, 2011; Young & Cashwell, 2011a, 2011b). Johnson(2013)은 내담자가 규정한 영적인 의미는 내담자와 연결될 수 있는 아주 중요한 통로가 될 뿐만 아니라 치료적 변화 과정의 협력자가 될 수 있다고 주장한다. 그러나 그는 모든 내담자가 영적 혹은 종교적인 관심사를 이야기하는 것에 관심을 보이는 건 아니라고 인정한다. 이러한 내담자에게는 영적인 관점을 강요하지 않는 것이 중요하다. 상담자는 내담자가 의미, 가치관, 도덕성, 세계 안에 존재와 같은 실존적 관심에 대해 어떻게 이야기하는지를 듣는 기술을 습득할 필요가 있다. 어떤 내담자들은 영성에 대해 직접적으로 이야기하지 않지만, 치료 과정에서 실존적인 주제를 드러내곤 한다. 내담자가 자신의 삶과 도출된 의미를 이해하는 독특한 방식에 귀 기울임으로써, 상담자는 내담자가 그들의 핵심 가치관과 내적 지혜에 연결될 수 있게 도와주는 것들을 어떻게 정의하고, 경험하고, 접근하는지에 대해 열려 있을 수 있게 된다.

여러분 자신의 종교와 상담에 관한 가치관을 명료화하기 위해, 다음과 같은 질문을 생각해 보자. 종교나 영성에 대한 탐색이 공식적인 상담관계에 속하는 것인가? 상담 과정이 영적인 차원 없이도 완결될 수 있는가? 만약 내담자의 종교적인 욕구가 치료적 관계에서 등장한다면, 이를 다루는 것이 적절한가? 여러분은 종교적인 갈등을 지닌 내담자와 효과적으로 작업하기 위해 동일한 종교적 신념을 가져야 하는가, 아니면 아무런 신념이 없어야 하는가?

만약 영적이고 종교적인 이슈가 내담자 관심의 초점이 아니라고 할지라도, 이런 가치관은 내담자가 도덕적 갈등을 탐색하거나 삶의 의미에 대한 질문으로 고심할 때 간접적으로 회기 내에 등장할 수 있다. 여러분은 자신의 종교적이고 영적인 가치관을 회기 내에서 배제할 수 있는가? 이들은 여러분이 상담하는 방식에 어떤 영향을 미치겠는가? 만약 여러분이 영성에 대한 믿음이 거의 없거나 조직화된 종교에 적대적이라면, 비판단적인 자세를 유지할 수 있겠는가? 스스로를 깊이 영적이라고 생각하는 내담자, 혹은 특정 교회에서 교사 활동을 열심히 하는 내담자에게 공감할 수 있겠는가?

Johnson(2013)은 치료자가 자신의 영적 정체성과 여정, 특히 정서적으로 거슬리고 강한 반응을 유발하는 경험에 대해 시간을 들여 잘 성찰해야 한다고 믿는다. 만약 치료자가 자신의 영적이고 정서적인 앙금을 이해하고 잘 작업한다면, 내담자에게 감정적으로 반응하거나 개인적인 아젠다를 부과하는 일 없이 내담자의 이야기에 집중할 수 있게 된다. 상담자는 내담자가 영적 혹은 종교적 고민을 탐색할 수 있도록 돕는 위치에 있는 사람이다. 내담자의 종교적이고 영적인 신념과 의식이 치료적 과정의 일부로 통합되기에 적합한지에 대해서는 포괄적인 평가 결과에 근거하여 결정할 수 있다(Dailey, 2012).

사례 예 **영성에서 평안을 찾기**

Peter는 옳고 그름, 죄, 죄책감, 파멸에 대한 명확한 신념을 가지고 있고, 근본주의 신앙의 가르침을 수용해 오고 있다. 과거에 그가 곤경에 빠졌을 때, 기도를 하고 신과의 관계에서 위안을 찾을 수 있었다. 그러나 최근 그는 만성적인 우울, 수면장애, 깊은 죄의식, 자신의 죄 때문에 신이 벌을 내릴 것이라는 비운에 압도되어 고통을 받고 있다. 그는 의사를 찾아가 수면제를 달라고 요청했다. 그러자 목사에 이어 그 의사까지 상담을 받아보라고 제안했다. 처음에 Peter는 자신은 종교 안에서 위안을 찾아야 한다고 강력하게 생각하여 이를 반대했다. 그러나 우울과 수면장애가 지속되자 주저하며 상담을 받으러 왔다.

그는 상담의 시작을 기도로 열어, 그가 적절한 영적인 마음의 상태를 얻을 수 있게 해달라고 요청했다. 또한 그에게 특별한 의미가 있는 성서 구절을 인용하며 이야기했다. 그는 상담을 믿지 않는다고 말하며, 자신이 삶의 중심이라고 생각하는 종교적 신념에 대해 상담자가 수용하지 않을까봐 걱정했다. 그는 상담자의 종교적 신념에 대해 알고 싶어 한다.

여러분의 입장 여러분은 Peter와 상담할 때 어떤 어려움을 겪을 것 같은가? 그는 상담자를 신뢰하고 상담에서 가치를 발견하려고 고군분투하고 있다. 그의 관점 특히 처벌에 대한 두려움과 관련된 시각에 대해 여러분은 어떻게 반응하겠는가? 그의 강한 근본주의적 신념에 대해 여러분은 어떤 반응을 느끼는가? 여러분은 그와 객관적으로 작업할 수 있겠는가? 아니면 그의 세계관을 포기하도록 그를 동요시킬 방법을 찾으려고 하겠는가? 만약 여러분이 그의 신념에 분명하게 반대한다면, 이는 그와 작업하는 것에 방해가 될 것 같은가? 여러분은 그에게 스스로 옳다고 생각하는 바를 하도록 도전하게 하겠는가?

논의 윤리적인 상담을 위해서는 특정한 영적 혹은 종교적 가치관을 내담자에게 주입하지 않도록 해야 한다. 여러분은 자신의 신념이 상담에 어떻게 영향을 미치는지를 자각하고, 내담자에게 지나친 영향을 미치지 않도록 할 윤리적 책임이 있다. 여러분도 종교가 있는데, 신은 사랑의 존재라고 믿는 반면, Peter는 신을 두려운 존재라고 믿는다고 가정해 보자. 여러분은 두 사람이 다르게 종교를 지각하는 방식에 대해 토론한다. 그러나 여러분은 또한 그의 종교적 신념이 삶에서 어떻게 도움이 되는지를 탐색하고 그의 신념 중 일부와 그가 보이는 증상 사이에 가능한 관련성에 대해서도 점검해 보고 싶다고 말한다.

상담관계에서 영적이고 종교적인 가치의 위치에 대한 자신의 입장에 대해 숙고해 보며, 다음의 질문도 깊이 생각해 보자.

- 상담 과정에서 내담자의 욕구가 표현되었을 때, 종교적인 문제를 개방적이고 솔직한 태도로 다루는 것이 적합한가?
- 내담자는 상담 과정이라는 맥락에서 자신의 종교적인 고민을 탐색할 권리가 있는가?
- 만약 여러분이 종교나 영적인 지향이 없다면, 이는 다양한 내담자를 상담하는 것에 방해가 될 것인가, 아니면 도움이 될 것인가?
- 만약 내담자가 여러분이 대답하는 데 한계가 있는 질문을 한다면, 기꺼이 랍비나 목사, 이맘, 사제에게 내담자를 의뢰하겠는가?

영성에 주목하는 것은 내담자가 갈등을 해결하고 건강을 증진시킬 뿐만 아니라 삶의 의미를 발견할 수 있도록 돕기 위한 통합적이고 전체적인 노력의 일부이다(Shafrahsie & Sperry, 2005). 내담자의 신념, 가치관, 신앙 체계는 종종 힘든 시기에 지지의 원천이 되며, 상담자는 치료 과정에서 내담자를 돕기 위해 이를 사용할 수 있다(Francis, 2009).

사례 연구 **상담과 영성**

Guiza는 영성에 깊이 전념하는 인턴 학생으로, 자신의 종교적인 신념이 인생의 의미를 발견하는 것을 안내했다고 주장한다. 그녀는 내담자에게 자신의 가치관을 강요하고 싶지 않았지만, 적어도 접수면접에서 내담자의 영적·종교적 신념과 경험을 전반적으로 평가하는 것은 필요하다고 느낀다. 그녀의 내담자 중 한 명인 Alejandro는 대부분 우울하고 공허함을 느낀다고 말한다. 그는 인생의 의미가 무엇인지 고민하고 있다. Alejandro에 대한 평가에서, Guiza는 그가 가정에서 어떤 종류의 영적 혹은 종교적 지도도 받지 못하고 성장했다는 것을 알게 되고, 그는 자신이 불가지론자라고 말한다. 그는 종교 혹은 영성에 대해 탐색해본 적이 전혀 없는데, 이러한 개념이 너무 추상적이어서 일상의 현실적인 문제에는 도움이 안 되는 듯 보이기 때문이다. Guiza는 Alejandro에게 적어도 몇 번 정도 예배에 가보고 그게 의미가 있을지 알아보라고 제안하고 싶은 유혹을 느낀다.

그녀는 이런 갈등을 슈퍼바이저에게 이야기하고자 한다.

상담자의 입장 여러분의 가치관이 내담자에 대한 접근에 미치는 영향에 대해 반추해 보며 Guiza의 상황에 대해 생각해 보자. 여러분은 만약 한다면, 언제 목사, 이맘, 사제, 혹은 랍비에게 이야기해 보라고 권하겠는가? 만약 여러분이 슈퍼바이저에게 자문을 구한다면, 여러분이 가장 탐색하고 명확히 하고 싶은 핵심 문제는 무엇인가? 여러분은 객관성을 유지할 수 있겠는가? 여러분은 내담자의 영적·종교적 신념과 가치관과 관련하여 갈등이 생긴다면, 다른 상담자에게 의뢰하는 것을 고려하겠는가?

토론 여러분은 내담자와 영성의 영역에서 가치관의 갈등을 경험할 수도 있다. 명확한 종교관을 갖고 있다는 것이 문제는 아니나, 내담자가 여러분의 가치관을 채택하길 바라는 건 문제가 될 수 있다. 여러분의 가치관을 노골적으로 강요하지 않더라도, 미묘하게 내담자를 여러분의 종교적 신념 쪽으로 설득하거나, 혹은 여러분이 데리고 가고 싶은 방향으로 이끌 수도 있다. 정반대로, 여러분이 영성에 우선순위를 두지 않거나 종교가 자신의 삶에 핵심적인 힘이 아니라고 본다면, 내담자의 종교적이고 영적인 신념에 대해 평가할 여지가 없을 수도 있다.

사례 연구 가치관 갈등을 해결하기

Yolanda는 신실한 가톨릭 신자이다. 25년간의 결혼 생활 끝에 남편은 그녀를 떠났다. 그녀는 지금 다른 남자와 사랑에 빠졌고 그와의 관계를 무척이나 원하고 있다. 하지만 그녀의 종교가 이혼을 인정하지 않기 때문에, Yolanda는 다른 남자와 연루된 것에 대해 죄책감을 느낀다. 그녀는 자신의 상황을 절망적이라고 생각하며, 만족스러운 해결책을 찾을 수가 없다. 남은 생을 혼자 살아야 한다는 것이 그녀를 겁먹게 한다. 하지만 그녀가 그와 결혼한다면, 교회가 그 결혼을 정당한 것으로 인정하지 않기 때문에 결국에는 그녀의 죄책감이 관계를 망쳐버릴까봐 두렵다.

여러분의 입장 다음 질문들을 Yolanda와의 상담에 여러분의 가치관이 어떻게 영향을 미칠지 명료화하는 방식으로 생각해 보자. 여러분은 가톨릭 교회에서 재혼에 관한 그녀의 가능한 선택지에 대해 알려줄 수 있을 만큼 충분히 아는가? 여러분은 Yolanda에게 사제와 이야기해 볼 것을 제안하겠는가? 그렇다면 이유가 무엇인가, 그렇지 않다면 이유가 무엇인가? 만약 Yolanda가 여러분에게 어떻게 해야 하는지, 혹은 여러분이 그녀의 딜레마에 대해 어떻게 생각하는지를 물어본다면, 여러분은 어떻게 대답하겠는가?

토론 영적인 욕구를 충족시키는 길은 다양하고, 어느 특정한 방향을 규정하는 것은 상담자의 업무가 아니다. 그러나 우리는 많은 내담자에게 영성은 아주 중요한 힘이라는 걸 자각하는 것이 상담자의 책임이라고 생각한다. 상담자는 내담자가 영적인 관심을 먼저 제기했을 경우, 이를 계속해서 다루는 것이 특히 중요하다. 상담자는 내담자의 이야기와 그 혹은 그녀가 전문적 도움을 찾게 된 목적에 대해 섬세하게 조율되어 있어야 한다. 내담자의 구체적인 요구에 이용 가능한 자원을 소개해 주는 것 또한 중요하다.

사례 연구 │ 카르마의 경우?

힌두교 신자인 Pratiksha는 우울과 불안을 다루고자 상담에 찾아왔다. 그녀는 신체적인 장애가 있는 딸이 있었고, 그녀의 형제 자매가 자기 자녀들의 성취와 성공에 대해 좋은 소식을 알려오면, 그녀는 화가 나곤 했다. 그녀는 조카들을 사랑하고 그들의 성공에 기뻐했지만, 그들의 성공은 그녀에게 딸의 한계를 상기시켰다. 형제 자매들과 대화할 때면, 그녀는 딸에 대한 이야기를 거의 하지 않았다. 그녀는 딸의 한계를 수치스럽게 여겼고, 이는 그녀의 죄책감을 강화시켰다. Pratiksha는 그녀와 그녀의 딸이 이번 생에서 겪는 고통은 카르마 때문이라고 믿었다. 그녀는 자신과 딸이 이런 벌을 받아야 할 정도로 전생에 그릇된 행동을 했을 것이라고 확신했다.

여러분의 입장 Pratiksha의 상담자로서, 여러분은 그녀의 딸과 그녀가 이번 생에서 지난 생의 죄에 대한 벌을 받고 있다고 믿는 것에 대해 어떤 반응을 보이겠는가? 이런 신념에 대해 도전하고 싶은가? 만약 그렇다면 여러분은 자신의 가치관을 그녀에게 강요하는 위험을 감수하며 그녀의 힌두교 가치관이 말이 안 된다는 메시지를 전달하겠는가? 개인적인 수준에서 여러분은 이 상황에 어떻게 반응하겠는가? Pratiksha가 자기 자녀에 대해 표현하는 수치심을 들으며 여러분의 가치관은 어떻게 도전받는가?

토론 내담자의 종교적 견해를 존중하는 것은 중요하지만, 카르마가 삶에서 어떻게 작동하는지에 대한 Pratiksha의 해석은 **결국** 도전받게 될 것이다. 그녀의 치료자로서, 여러분은 Pratiksha가 좀더 낙관적이고 희망적이 될 수 있도록 딸의 장애에 대한 대안적인 사고방식을 생각해 보도록 요구할 수도 있다. 예를 들면 딸의 장애를 처벌로 보는 대신, 영성적 수준에서 삶의 중요한 교훈을 배울 기회라고 느끼게 될 수도 있다.

Pratiksha의 내적 경험을 공감하는 것은 중요하다. 만약 여러분이 Pratiksha의 딸의 상황에 대한 의미를 그녀의 종교적이고 문화적인 가치관의 틀 내에서 재구조화하는 개입을 하려면, 이 개입의 타이밍을 심사숙고해야 한다. 만약 이런 개입을 섣불리 도입한다면 Pratiksha는 틀렸음이 입증되었다고 느낄 수 있다. 이 내담자가 자신의 고민을 판단받지 않고 충분히 표현할 기회를 갖고, 그럼으로써 따뜻하고 신뢰할 수 있는 치료적 관계를 형성하는 것이 아주 중요하다. 공감적인 청자와 함께 딸에 대한 그녀의 감정을 처리할 수 있는 시간과 공간을 갖는 것은 오래 지속적으로 수치심과 죄책감의 감정을 해소하는 것을 도와줄 것이다.

낙태

상담자는 낙태의 이슈에 대해 내담자와 가치 충돌을 경험할 수도 있다. 낙태를 한 선택지로 탐색하고 있는 내담자는 종종 상담자에게 법적이면서도 윤리적인 도전장을 내놓는다. 법적인 관점에서, 정신건강 전문가는 '합리적인 돌봄'—전문가에게 기대되는 수준에 따라 행동할 것—을 수행하길 기대받고, 그렇게 하지 못했을 경우, 내담자는 상담자의 과실에 대한 법적 행동을 취할 수 있다.

우리는 여러분이 내담자와 작업하는 데 영향을 미칠 해당 주의 법적인 조항을 알아두길 추천한다. 특히 여러분이 낙태를 고려하는 미성년자를 상담할 가능성이 있다면 더욱 그러하다. 여러분이 상담하는 기관의 정책을 알아두고 적용하는 것 역시 중요한 일이다.

계획되지 않은 임신을 둘러싸고 선택을 해야만 하는 내담자와 작업할 때는 그들이 갖고 있던 가치 체계와 이 가치관이 어떤 방식으로 그들이 고려 중인 선택과 일치 혹은 배치되는지에 대해 이야기해 보도록 하는 것이 유용할 수 있다. 상담자는 내담자로 하여금 토론할 때 반드시 자신의 참조 틀을 사용하면서도 자신의 선택지를 탐색해 볼 수 있도록 해야 한다.

사례 연구 **모순적인 조언의 균형잡기**

19세 대학생인 Connie는 낙태를 고려하며 상담자를 찾아왔다. 어떤 순간에는 이 임신을 끝내는 것만이 유일한 답이라고 생각했다가, 또 다른 순간에는 이 아이를 원한다고 느꼈다. 그녀는 낙태를 포기하고 아기를 낳는 선택지 또한 고려하고 있다. Connie는 부모님에게 이야기하려고 생각했으나, 부모님이 그녀에게 어떻게 해야 한다고 명확한 입장을 보일까봐 두렵다. 그녀는 통 잠을 잘 수가 없고 스스로를 이러한 상황에 빠지게 한데에 죄책감을 느끼고 있다. 그녀는 친구들에게 이야기하여 조언을 구해봤지만, 서로 모순되는 충고를 많이 받게 됐다. Connie는 자기는 어떻게 해야 할지 전혀 모르겠다며 상담자에게 도움을 요청했다.

여러분의 입장 이와 같은 정보를 토대로, 여러분은 Connie에게 어떤 이야기를 하겠는가? 낙태에 대한 자신의 가치관에 대해 생각해 보라. 그녀에게 낙태를 단념시키고 다른 선택을 제안하겠는가? 여러분은 어느 정도까지 자신의 가치관을 이 상담에 개입시키지 않을 수 있겠는가? 때때로 우리는 자신의 가치관 때문에 낙태를 고려 중인 내담자를 다른 전문가에게 의뢰하겠다는 학생들의 얘기를 듣는다. 그들은 이 내담자를 동요시키고 싶지 않으며, 객관성을 유지할 수 없을 것 같아 두려워한다. 이 내용이 여러분에게도 해당되는가? 오래전부터 여러분과 상담을 했던 내담자가 임신을 하게 되어 낙태를 생각 중이라고 말한다면, 여러분은 어떻게 하겠는가?

　　토론　임신을 종결시킬지 혹은 아이를 낳을지, 아이를 데리고 있을지 혹은 입양을 보낼지를 결정하는 것은 아주 중대한 삶의 결정이다. Connie의 사례는 비슷한 곤경에 처한 여성들에게서 공통적으로 나타날 수 있는 혼란과 스트레스를 보여준다. 그녀는 자신의 삶을 관통하여 중대한 영향을 미칠 결정을 내리는 데 비교적 시간의 제한을 받고 있다. 결정의 급박함 때문에 Connie는 심리교육적 요소가 포함된 집중적인 탐색에 참여해야 할 것이다. Connie의 가치관(상담자의 가치관이 아니라)을 토론에서 가장 중요한 위치에 두고 모든 가능한 선택지들의 영향들을 검토함으로써 그녀는 좀더 현명한 결정을 내릴 수 있는 위치에 서게 될 것이다.

　　내담자가 아이를 갖고 있겠다 혹은 낙태를 하겠다는 결정을 존중하는 게 어렵다면 상담자는 이 문제로 내담자에게 부담을 지우기보다, 슈퍼비전이나 자문을 통해 이를 다뤄 보도록 해야 할 것이다.

성생활

성생활에 관한 여러분의 가치관을 돌아보며 이를 어떻게 갖게 되었는지도 생각해 보자. 여러분은 내담자와 성에 대한 이슈를 이야기하는 것이 얼마나 편안한가? 여러분은 내담자와 성적인 주제로 작업하는 데 방해가 되는 장애물에 대해 잘 의식하고 있는가? 여러분의 성관계(혹은 그 경험의 결여)는 내담자와 이 영역을 작업하는 데에 어떻게 영향을 미치겠는가? 여러분은 자신의 성적 가치관을 장려하겠는가? 예를 들면 만약 십대 내담자가 성생활이 문란하며 이 행동이 큰 범주에서 부모에 대한 반항의 형태라면 여러분은 그녀의 행동을 직면시키겠는가? 만약 십대 내담자가 피임을 하지 않고 다수의 파트너와 활발한 성생활을 하고 있다면 여러분은 그 혹은 그녀에게 피임을 하거나 자제할 것을 권하겠는가? 여러분은 그 혹은 그녀에게 좀더 선별적으로 성적 파트너를 고르라고 권장하겠는가?

아무리 여러분이 개방적이고, 자신과 다른 성적 태도와 가치관을 수용할 수 있다고 할지라도, 여러분이 자기 파괴적이라고 생각하는 행동을 하는 내담자를 본다면 그를 변화시키려고 할 수도 있다. 어쩌다 만난 사람과의 성행위, 혼전 관계, 십대의 성생활, 혼외 정사 등에 대한 여러분의 태도를 평가해 보자. 일부일처제에 대한 여러분의 태도는 어떠한가? 한 명 이상의 파트너와 성관계를 하는 것의 신체적, 심리적 위험은 무엇이라고 생각하는가? 이 이슈에 대한 여러분의 시각은 성적 고민을 탐색하는 내담자와의 상담 방향에 어떻게 영향을 미치는가?

이 평가를 하는 동안 스스로에게 자신과 뚜렷이 다른 성적 가치관을 지닌 사람과 객관적으로 상담하는 것이 가능할지 물어보라. 예를 들어 만약 여러분이 성행위에 대해 아주 보수적인 시각을 갖고 있다면 여러분의 내담자가 보이는 자유분방한 시각을 수용할 수 있겠는가? 만약 내담자의 도덕적 가치관이 삶에서 겪고 있는 어려움에 원인이 된다고 생각한다면 여러분의 보수적인 가치관을 채택하도록 설득할 의향이 있는가?

다른 관점에서 만약 여러분이 스스로 성적으로 자유로운 태도를 갖고 있다고 생각한다면 보수적인 가치관을 갖고 있는 사람에게 어떻게 반응하리라 생각하는가? 여러분의 미혼인 내담자가 자기는 좀더 많은 성경험을 하고 싶지만 종교적 훈육이 혼전 관계는 죄라는 신념을 주입시켰다고 말한다고 가정해 보자. 그가 성경험을 하려는 순간마다 그의 죄책감이 이를 막아선다. 그는 죄책감 없이 성을 즐기는 법을 배우고 싶지만, 그의 가치관을 배신하고 싶지는 않다. 여러분은 그에게 뭐라고 하겠는가? 여러분은 자신의 가치관을 강요하여 그의 딜레마를 강화하지 않고 그 자신의 가치관 갈등을 탐색할 수 있도록 도울 수 있겠는가?

여러분은 자신의 성적 가치관과 행동과는 판이하게 다른 내담자와 작업하게 될 수도 있고, 이 내담자 앞에서 자신의 가치관을 감당하느라 고군분투하게 될 수도 있다. 가치관이 다르다는 이유로 내담자를 다른 전문가에게 의뢰하는 것은 비윤리적이며, 마찬가지로 여러분의 가치관을 내담자에게 강요하는 것 또한 비윤리적이다. 다음 사례를 생각해 보며 여러분의 성적 가치관이 어떻게 작동하는지 반추해 보자.

사례 연구 장애인 그룹 홈에서의 성행위

장애 성인을 위한 그룹 홈에서 일하고 있는 사회복지사는 거주자 중 몇몇이 서로 성관계를 갖고 있는 걸 발견하게 됐다. 이 내담자들은 성인이기는 하지만, 사회복지사는 그들의 부모들이 장애가 있는 성인 자녀들의 법적 관리인으로 지정되어 있기 때문에 그들에게 연락을 해야 할지 고민이다.

여러분의 입장 만약 여러분이 그룹 홈에서 내담자들이 서로 성관계를 갖고 있다는 걸 발견했다면 첫 반응은 무엇이겠는가? 만약 부모들이 강한 반감을 드러내며 그룹 홈 직원이 성행위를 방지하는 조치를 취해 달라고 요구한다면 여러분은 어떻게 대응하겠는가? 만약 어떤 내담자들이 서로에 대한 자신의 사랑을 표현하며, 부모들의 반대에 아랑곳하지 않고 성관계를 계속 하겠다고 분명히 밝힌다면, 여러분은 어떻게 하겠는가? 이 성인들이 장애인이라는 상황을 고려했을 때, 이 사건에 대한 법적인 결과는 무엇이겠는가?

토론 이 사례에는 고려해야 할 몇 가지 요소가 있다. 만약 여러분이 이곳의 상담자라면 다음과 같은 질문을 제기해 보는 것이 현명할 것이다. 이 상황에 내 가치관이 왜 들어가야 하는가? 나는 내 가치관이 내담자의 결정과 행동을 방해하지 않도록 한쪽으로 밀어둘 수 있는가? 이 문제에 관한 기관의 정책은 무엇인가? 나는 기관의 슈퍼바이저와 어떤 법적인 고려 사항을 의논하고 싶은가? 그룹 홈에 있는 사람들의 취약성, 특히 학대나 강압이 있진 않았는지 생각해 보자. 이런 상황에서 이런 질문들을 동료 및 슈퍼바이저와 의논하는 것은 아주 필요한 조치일 것이다.

생의 마지막 결정

상담 서비스는 미래에 대한 계획을 세우고자 하는 건강한 사람들에게 유용하다. 그러나 이런 서비스는 시한부 삶을 살고 있는 사람들, 삶의 마지막 순간에 대한 돌봄을 제공해야 하는 가족들, 스트레스와 소진을 경험한 의료인들에게도 또한 유익하다(Haley, Larson, Kasl-Godley, Neimeyer, & Kwilosz, 2003). 의사조력자살(Physician assisted suicide)에 대한 대중적 공감대가 증가하고 이를 법제화하려는 국가 차원의 끊임없는 노력에 힘입어, 점점 더 많은 숫자의 내담자들이 죽음을 결정하는 데에 전문적인 도움을 구할 가능성이 높다. 따라서 죽음을 결정할 수 있는 개인의 자유에 대한 여러분의 관할 지역 및 주의 법령에 대해 잘 알아두고, 소속 전문가 조직의 윤리적 지침에 대해 익혀두는 것이 필수적이다. 내담자가 죽음을 앞당기기 위해 좀더 노골적인 도움을 요청하는 경우에는 법적인 자문을 받길 바란다.

여러분 중 일부는 죽음을 앞당기기 위해 적극적인 조치를 취할 것인지를 결정하는 것을 포함하여, 내담자가 죽음을 결정하는 것을 도와야 하는 상황에 처할 수 있다. 상담자로서, 여러분은 내담자가 이러한 주제를 가져온다면, 죽음에 대한 결정에 대해 기꺼이 토론할 수 있어야 한다. 만약 이 주제에 대한 개인적인 점검을 차단해 왔다면, 여러분은 아마도 이런 대화들을 방해하고, 내담자의 감정에 대한 탐색을 중단시키며, 혹은 자신의 개인적인 가치관과 신념에 근거한 해결책을 제시하려고 시도할지도 모른다.

어떤 죽음 결정은 의사조력자살의 경우보다 훨씬 더 광범위하게 이루어진다. 어떤 사람은 삶을 종결하겠다는 선택으로 모든 치료를 거부할 수 있다. 이런 선택은 죽음에 이르기 위해 어떤 행동을 하거나 혹은 하지 않은 것이기 때문에 소극적인 접근이라고 간주되어서는 안 된다. 이런 상황에서 상담자는 내담자가 치료를 거부한 결정에 대해 탐색할 윤리적인 책임이 있는가? 치료를 거부하는 것이 법에는 저촉되지 않는다 하더라도, 내담자가 내린 결정이 그릇된 정보에 기초한 것일 수도 있다. 상담자는 내담자가 자신의 결정이 근거하고 있는 정보의 본질에 대해 평가할 수 있도록 도와줄 수 있다.

Gamino와 Bevins(2013)는 상담자가 삶의 마지막 순간에 대한 돌봄과 관련하여 고려해야 할 다수의 윤리적인 도전과 딜레마에 대해 다음과 같이 정리했다. 내담자의 자율성을 존중하는 것, 내담자의 의사결정 능력을 평가하는 것, 사전의료의향서(advance directives)를 이행하는 것, 개인의 문화적 가치관을 존중하는 것, 비밀을 유지하는 것, 무의미한 치료를 다루는 것, 적절한 경계를 확립하고 유지하는 것, 돌봄의 범주에 가족들을 포함시키는 것. 이런 윤리적인 이슈들을 다룸에 있어 상담자는 내담자가 자신의 문화적 신념과 가치 체계의 틀 내에서 결정을 내릴 수 있도록 도와야 한다. 상담자는 자율성에 대한 내담자의 권리를 보호해야 할 삶의 마지막 순간에 대한 돌봄과 관련하여 상담자의 윤리적, 법적 책임을 다하기 위한 자기 결정권 사이에서 균형을 잡아야 하는 윤리적 곤경에서 고군분투할 수밖에 없다. 그들은 죽어가는 사람과 그들 가족 구성원들 모두와 함께 작업할 준비가 되어 있어야 한다.

문화적인 고려 사항 역시 상담자와 삶의 마지막 순간에 다다른 사람들 사이의 관계에 영향을 미친다(Kwak & Collet, 2013). 문화적 신념은 삶의 마지막에 대한 많은 일을 둘러싼 결정에 영향을 준다. 모든 문화 집단에 대해 완전히 안다는 건 불가능하지만, 상담자들은 문화가 상담 과정에 교차하게 되는 시점을 준비하기 위한 방법으로써, 과정 초기에 죽어가는 사람과 가족 구성원들의 신념에 대해 토론해야 한다(Werth & Whiting, 2015).

죽음 이슈들을 다룰 때의 지침

죽음 결정을 명확히 하고 탐색하는 데 도움을 구하려는 상담자를 위해 Werth 와 Holdwick는 다음과 같은 몇 가지 지침을 제공한다.

- 이성적인 자살을 수용하는 것에 대한 상담자 자신의 가치관과 전문적인 신념을 평가하라.
- 고지된 동의 과정의 하나로서, 상황에 따라, 내담자에게 비밀보장의 한계가 조력자살에도 적용된다는 정보를 제공하라.

- 전 과정에서 자문을 충분히 활용하라.
- 위험 관리에 초점을 맞춘 기록을 남겨라.
- 적용될 윤리 조항과 주 법률을 찾아보라.
- 의료 서비스에 대해 내담자가 합리적인 결정을 내릴 수 있는지 평가하라.
- 자신의 상태, 예후, 치료 선택권에 대해 내담자가 잘 이해하고 있는지 점검하라.
- 상담 과정에 내담자에게 중요한 사람들을 포함시키려고 노력하라.
- 내담자의 의사결정에 외부의 강압적인 영향은 없는지 평가하라.
- 내담자의 결정이 그의 문화적, 영적인 가치관에 일치되는 정도를 알아내라.

죽음 결정에서의 주요 질문과 관련한 자신의 입장에 대해 생각해 볼 때, 위 지침을 숙고해 보자. 사람은 자신의 삶과 죽음을 결정할 권리가 있는가? 고통 속에 있는 사람들은 삶을 끝내고자 하는 것과 고통을 끝내고자 하는 것을 구별하는 데 어려움을 겪는가? 만약 그렇다면 여러분은 내담자가 단순히 자신의 고통이 끝나기를 바라는 건지, 아니면 진실로 삶을 끝내고자 하는 건지 명확히 하도록 도울 윤리적인 의무가 있다고 느끼는가? 여러분은 죽음을 결정할 개인의 자유에 관하여 해당 주의 법률과 자신이 속한 전문가 조직의 윤리적 기준에 대해 잘 알고 있는가? 만약 여러분의 개인적 혹은 전문적 가치 체계가 생을 마감하려는 사람을 받아들이지 못한다면, 여러분의 신념은 이 결정을 고민하고 있는 내담자를 돕는 데 어떻게 방해가 될 것 같은가? 자신과 내담자 사이에서의 가치관 갈등을 다루기 위해 여러분은 무엇을 할 수 있는가?

사례 연구 **죽음을 선택할 권리**

30세 남성 Andrew는 자신이 HIV바이러스 검사에서 양성판정을 받았다는 사실을 알게 되었다. 그가 견딜 수 없는 상태가 되기 전에 의사조력자살(physician-assisted suicide)을 원한다고 말한다. 그의 친구들 중 다수가 AIDS로 죽었고, 그는 같은 방식으로 죽지 않도록 적극적인 조치를 취하겠다고 맹세했다. 그는 이성적이고 자신이 무엇을 원하는지 알기 때문에 이러한 행동을 하는 것은 합당하며 그의 기본 인권에도 일치되는 것이라고 믿는다. 그는 몇 달 동안 상담을 받아 왔고, 성공적으로 삶의 다른 문제들을 탐색해 왔다. 그런 그가 최근 자신의 HIV 상태에 대해 알게 되자 암울한 미래만이 그를 기다리고 있는 듯했다. 그는 결심을 하는 데 상담자의 도움을 받고자 했지만, 이미 그는 삶을 마감하는 방향으로 분명히 기울어져 있었다.

여러분의 입장 여러분이 이미 그와 얼마 전부터 작업을 해왔다고 한다면, 그의 자기 결정권을 존중할 것인가, 아니면 삶에서 자살의 대안을 찾아보라고 역설하겠는가? 상담자로서 그의 의도를 보고해야 할 법적 의무는 없더라도 Andrew가 마음을 바꾸도록 설득하는 게 정당하다고 느끼는가?

죽음을 앞당기려는 어떤 방식들을 고려 중인 사람과 상담하는 정신건강 전문가의 역할은 무엇인가? 내담자에게 특정한 방향으로 영향을 미치려는 것은 상담자의 적절한 역할이라고 할 수 있는가? Andrew가 죽음을 재촉하기 위한 행동을 하지 못하도록 막는 것이 여러분의 역할인가?

토론 삶과 죽음에 관한 문제를 결정할 수 있는 인간의 권리에 대한 여러분의 입장은 무엇인가? Andrew가 이성적이고 자기 삶에 영향을 주는 결정을 내릴 수 있다는 이유로 위독해지기 전에 삶을 끝내려는 행동을 인정해야 하는가? 그가 아직 심각하게 아픈 것은 아니기 때문에 비록 선택에 대한 그의 자유를 빼앗는 결과가 될지라도 삶을 끝내지 못하도록 막아야 하는가? 내담자가 자신의 신념과 가치 체계의 틀 내에서 결정할 수 있도록 돕기 위해 죽음 결정에 관한 스스로의 가치관과 신념을 명료화하는 것은 여러분의 책임이다. 일단 죽음 결정에 대한 자신의 시각을 이해하고 나면, 내담자의 욕구와 개인적인 가치관에 집중할 수 있게 될 것이다.

사례 연구 죽을 권리에 맞서기

40대 초반인 Esmeralda는 심각한 류머티스 관절염으로 고통스러워한다. 그녀는 통증이 끊이지 않았고, 다량의 진통제가 심각한 부작용을 발생시켰다. 이것은 쇠약해지는 질병으로, 그녀는 어떠한 치료에도 희망이 없다는 것을 안다. 그녀는 살아야 할 의지를 잃고 오랫동안 자신의 치료자였던 상담자를 찾아와 이렇게 말한다. "저는 너무 괴로워요. 더이상 고통받고 싶지 않아요. 선생님을 끌어들이고 싶지 않지만, 제 상담자이기에, 저의 마지막 바람을 알아주셨으면 좋겠어요." 그녀는 고통을 계속 견디는 것보다 더 인간적인 행동이라고 생각한다며, 약을 과다 복용할 거라고 말한다.

상담자의 입장   정신건강 상담자는 반드시 죽음 선택에 대한 자신의 가치관(내담자의 자율성과 자신의 죽음을 앞당기는 행동을 할 수 있는 권리 등)을 이해하고 있어야 한다. 더불어 상담자는 죽음 과정을 앞당기려는 선택에 대한 내담자의 의사결정 과정에서 어떤 역할을 해야 하는지에 대해서도 잘 알고 있어야 한다(Bevacqua & Kurpius, 2013). 여러분은 Esmeralda가 의도한 행동 방향과 계획을 실행하는 걸 막아야 할 윤리적이며 법적인 책임이 있는가? 여러분은 극한의 환경에서 고통을 통해 의미를 찾는 것이 가능하다고 생각하는가? 이전의 상담 회기로부터, 여러분은 Esmeralda의 부모님이 자살을 하는 것은 항상 틀렸다고 믿는다는 사실을 알고 있다. 여러분은 Esmeralda의 부모에게 삶을 끝내려는 그녀의 결정에 대해 알려야 하는가? 만약 여러분이 그녀의 소망에 전적으로 동의한다면, 이는 여러분의 개입에 어떤 영향을 미치겠는가?

사례 연구   **보고에 대한 상담자의 법적 의무**

Josh—65세, William의 기존 내담자—는 다시 상담자를 찾아온다. 그는 지금 홀아비이고, 외동 아이는 죽었으며 생존한 친척이 아무도 없다. 그는 서서히 퍼져가고 있는, 그러나 고통스러운 말기 암 진단을 받았다. Josh는 William에게 자신의 삶을 끝내려고 생각 중이나 이 결정을 점검해 보고 싶다고 말한다. William은 Josh가 생을 끝내기로 결정할 경우, 그를 보고해야 할 법적 요구사항이 생기는 것 때문에 곤경에 처하게 될까 두렵다. Josh는 매주 와서 그의 치료자와 많은 이야기를 나누고, 고인이 된 아내와 딸에 대해서도 사랑을 담아 이야기한다. 그는 William의 친절함과 수년에 걸친 도움에 고마워한다. 그는 며칠 안에 삶을 끝내기로 마음먹었고, 작별 인사 후에 집으로 돌아간다.

여러분의 입장 여러분은 William이 Josh를 보호하기 위한 조치로서 보고서를 작성해야 한다고 생각하는가? 죽음 결정에 대한 여러분의 가치관의 맥락에서 자신의 입장을 설명해 보라. 여러분은 이 사례에서 윤리와 법이 상충하는 지점이 있다고 보는가?

토론 여러분이 삶을 의미 있게 만들기 위해 다양한 방법을 시도했음에도 삶이 끝난 듯이 느낀다고 가정해 보자. 그 무엇도 효과가 없었고 변한 것은 아무것도 없는 것처럼 느낀다고 상상해 보자. 여러분은 어떻게 할 것인가? 여러분은 자연 요인이 끝낼 때까지 삶을 지속할 것인가? 여러분은 어떤 이유들이 자살을 정당화할 수 있다고 생각하는가?

복습

- 여러분의 가치관이 잠재적으로 내담자의 가치관과 충돌할 수 있는 영역은 수도 없이 많다. 윤리적인 관례는 여러분이 자신의 가치관이 내담자에게 미칠 영향에 대해 진지하게 고려하길, 내담자와 갈등을 일으킬 수도 있을 가치관을 어떻게 다뤄야 하는지를 학습하길 요구한다.
- 상담자가 전적으로 객관적이고 가치중립적일 수 있다는 믿음은 더 이상 심리학계에서 지배적인 시각이 아니다.
- 궁극적으로 어느 방향으로 갈지, 어떤 가치관을 채택할지, 어떤 가치관을 수정하거나 버릴지를 결정하는 것은 내담자의 책임이다.
- 내담자에게 상담자의 가치 체계를 택하도록 강요하는 것은 상담자의 역할이 아니다.
- 단순히 내담자의 가치관을 받아들일 수 없다는 것이 여러분이 그 사람과 효과적으로 상담할 수 없다는 것을 의미하지는 않는다. 개인적인 가치관을 전문적 의무로부터 분리시킴으로써, 여러분은 객관적이고 비판단적으로 내담자의 자율성을 존중할 수 있게 된다.
- 내담자를 다른 전문가에게 의뢰하는 것은 부적절하고, 비윤리적이며, 차별적인 행동으로 여겨질 수 있다. 분명하고 엄격한 가치관을 지닌 정신건

강 전문가들 사이에서 내담자를 다른 전문가에게 의뢰하는 행위는 종종 내담자를 해치거나 자신의 역량 범위를 넘어서 작업하는 것을 피하기 위한 방법이라고 합리화하는 차별적인 행위를 포함한다.

* 최근 두 대법원 사건에서, 학생들에게 내담자를 상담하는 동안 차별 금지 지침을 따르라고 요구할 수 있는 대학의 권리가 학생들의 종교적 자유에 대한 권리를 침해하는 것은 아니라고 밝혔다. 두 사건 모두에서 학생들은 치료 교육을 제안받았으나, 가치관이 다른 내담자를 상담할 때 자신의 개인적 가치관의 경계를 명확히 하기 위한 교육적 도움을 거절했었다.

이제 무엇을 할 것인가?

1   다양한 내담자와 상담할 때 자신의 가치관이 어떤 역할을 할 것이라 생각하는지 시간을 내어 깊이 생각해 보자. 여러분의 가치관이 도움이 될 것 같은가? 아니면 불리하게 작용하겠는가? 가치관의 출처에 대해서도 생각해 보자. 이 장에서 제기된 가치관 이슈에 대한 여러분의 입장이 어디에 근거하고 있는지 확실히 알고 있는가? 이러한 질문에 대한 자신의 생각을 일기에 적어보자. 여러분은 어떤 상황에서 내담자와 자신의 가치관 및 신념을 공유하고 탐색할 의향이 있는가? 그렇게 하는 것이 역효과를 초래할 수 있는 상황에 대해서도 생각해 볼 수 있겠는가?

2   내담자와 상담하는 동안 객관성을 유지하는 데 방해가 될 수 있는 개인적인 가치관에 대해서도 깊이 생각해 보자. 여러분이 강력하게 생각하고 있는 가치관을 골라서 이의를 제기해 보자. 여러분과 반대되는 가치관의 출처로 가서 이 작업을 해보자. 예를 들어, 낙태가 부도덕하다고 굳게 믿고 있다면, 낙태 클리닉에 가서 그곳에 있는 사람들과 이야기를 나눠보는 것을 고려해 보자. 혹은, 여러분의 가치관 때문에 동성애가 불편하다면, 학교 혹은 지역사회의 LGBT 단체에 가서 그곳의 사람들과 이야기해 보자. 만약 종교적인 가치관을 가진 내담자와 상담하는 것이 어렵게 생각된다면, 자신과 다른 종교적인 관점을 가지고 있는 집단에 대해 더 많이 알아보라.

3   상담자들은 때때로 내담자의 문제를 어떻게 작업할 수 있을지 탐구해 보

기보다 다른 상담자를 추천하는 데 더 열성을 보이는 듯하다. 여러분이 내담자를 어떻게 다른 전문가에게 의뢰할 수 있을지가 아니라, 맞닥뜨린 가치관 갈등의 상황을 어떻게 다룰 수 있을지를 소집단에서 토론해 보자. 내담자에게 여러분의 가치관을 강요하지 않으면서 양질의 서비스를 제공하기 위해서는 어떤 조치를 취해야 하는가?

4 여기 소개된 각 자료의 출처는 이 책 뒷부분 참고문헌에 나와 있다. 상담 과정에서 영적 가치관의 역할을 다루는 책으로는 Cashwell and Young (2011), Frame(2003), Johnson(2013)을 생애 마지막 이슈에 대한 훌륭한 논의에 대해서는 Werth(2013a)를 참고하기 바란다.

Ethics in Action 연습문제를 위한 DVD와 워크북

5 이 장에 딸린 추가 활동에 대해서는 *Ethics in Action* DVD와 워크북 프로그램, 혹은 온라인 프로그램의 2부 **가치관과 상담관계**를 참고하라. 각각의 이야기에 대한 대답을 완성해 보고 여러분의 답을 수업에서 토론해 보자.

6 비디오 롤 플레이 8, '성생활: 난잡함'에서 내담자(Suzanne)는 무차별적인 성적 접촉을 갖고 있고, 상담자(Richard)는 그녀의 난잡한 성생활을 알게 됐을 때 우려를 나타냈다. 그 후 Richard는 Suzanne의 행동이 아버지로부터 버림받았다는 주제를 어떻게 되풀이하는지에 초점을 맞추었으나 Suzanne은 이 관계를 깨닫지 못했다. 만약 여러분이 Suzanne의 상담자라면, 그녀가 이런 상황을 표현했을 때 이를 어떻게 다루겠는가? 이 이야기는 어떤 윤리적 이슈에 대한 내용을 담고 있는가? 그녀의 요구가 없었음에도, 여러분이 내담자에게 좀더 안전한 성생활을 하도록 강하게 영향을 미치는 것은 윤리적으로 적절한가? 여러분은 Suzanne의 사례를 어떻게 접근하고 싶은지 롤 플레이를 통해 시연해보자.

7 비디오 롤 플레이 9, '비판적인 태도: 불륜'에서 내담자(Natalie)는 자신의 상담자에게 그녀가 결혼생활에서 벗어나고자 발버둥치고 있으며, 장기간의 불륜 관계가 있다고 털어놓았다. 상담자(Janice)는 "불륜은 누구에게도 좋은 해결책일 수 없어요. 모두에게 상처를 입힐 뿐입니다. 좋은 생각이 아닌 것 같아요"라고 말했다. 여러분의 가치관은 이 상황에 개입

할 때 어떤 영향을 미치겠는가? 관계에 대한 어떤 가치 영역에서 객관성을 유지하기 어려운가? 내담자가 여러분의 가치관을 채택하도록 하고 싶은 어떤 상황이 있는가?

이 이야기는 소규모 집단 토론과 롤 플레이에 유용하게 쓰일 수 있다. 한 학생이 상담자 역할을 하고 Natalie와 어떻게 상담을 할지 롤 플레이해 보라. 두 번째 롤 플레이에서는, 다른 학생이 상담자의 슈퍼바이저가 되어 Janice의 어떤 이슈들을 탐색해 볼지 시연해 보라.

8   비디오 롤 플레이 10, '가치관을 강요하기: 종교적인 내담자'는 내담자와 상담자 사이의 가치관 갈등을 그리고 있다. 내담자(LeAnne)는 기도가 그녀의 문제에 대한 해결책일 것이라고 생각한다. 그녀는 신의 소리를 분명히 듣고 있다고 생각하지 않는다. 상담자(Suzanne)는 LeAnne에게 종교가 무슨 의미인지 이해하기 어려우며, 상담관계에서 LeAnne의 종교적 틀을 갖고 작업하는 것도 힘들게 느껴진다. 대신 Suzanne은 신 및 내담자의 종교와 경쟁관계에 있는 것처럼 느껴진다고 말했다. Suzanne은 그녀의 내담자가 문제를 풀기 위해 종교에 의존하기보다 상담 과정을 좀더 신뢰하길 바란다.

소집단에서 다음 질문에 대해 토론해 보자. 여러분이 기도의 영향력에 대한 내담자의 믿음과 문제 해결을 위해 신에 의존하는 것에 이의를 제기하는 것은 윤리적인가? 여러분의 생각을 설명해 보라. 만약 내담자가 영적 혹은 종교적 관심사를 소개했는데, 상담자가 내담자의 이런 관심사를 탐색하고 싶지 않다면, 어떤 윤리적 문제가 제기되는가? 만약 LeAnne이 여러분의 내담자라면, 여러분은 어떻게 진행하겠는가? LeAnne이 종교에서 찾은 해결책에 대해 이야기하고 싶어 할 때, 객관성을 유지할 수 있을지에 대해 혹시 우려되는 점이 있다면 어떤 것인가?

9   비디오 롤 플레이 11, '가치관의 충돌: 낙태를 계획하기'에서, 내담자와 상담자의 가치관이 충돌한다. 내담자(Sally)는 낙태를 생각하고 있고 상담자(Lucia)는 이 잠재적 결정에 곤란을 겪는다. Lucia는 수정될 때부터 생명이 시작된다는 믿음 때문에 마음이 불편하여 Sally에게 자기 생각을 정리하기 위해 자문을 받을 거라고 말한다.

소집단에서 이 상황에 관련된 윤리적 이슈에 대해 토론해 보자. Sally

는 상담자의 반응을 어떻게 느낄 것 같은가? 내담자에게 낙태에 대한 자기 생각을 개방한 상담자에 대한 여러분의 생각은 어떠한가? 이 상담자가 가치관의 충돌을 이유로 다른 전문가를 추천하는 것은 윤리적인가? 이는 롤 플레이하기 좋은 사례이며 내담자와 작업하는 다양한 방법을 보여줄 것이다. 내담자와 가치관 갈등이 생긴다면, 슈퍼비전이나 자문을 언제 구해야 하는가?

10 비디오 롤 플레이 12, '상담자의 반감: 커밍아웃'에서 내담자(Conrad)는 동성애를 지향한다고 밝혔다. Conrad는 이것이 그가 고군분투하는 문제이며, 주되게는 그의 문화 혹은 종교에서 용인되지 않기 때문이라고 말했다. 내담자는 상담자(John)를 신뢰하며, 이런 개방을 할 수 있다는 게 기분 좋다고 말했다. Conrad는 친구와 가족들에게 커밍아웃을 하는 데 상담자의 도움을 바라고 있다. John은 선뜻 받아들일 수 없어 "이게 정말 당신을 위해 최선이라고 확신하나요?"라고 말했다. 그 후, John은 동성애가 '아주 건강하다'고 생각하지 않는다는 걸 강조하며, 동성애를 찬성하지 않는다고 밝혔다. Conrad는 John의 판단적인 태도와 한 인간으로 받아들여지지 않는다는 것에 부정적으로 반응했다.

소집단에서 다음 질문에 대해 토론해 보자. John의 자기 개방은 내담자-상담자 관계에 어떤 영향을 주는가? 만약 가치관 갈등 때문에 상담자가 Conrad를 다른 상담자에게 의뢰하려고 한다면, 이는 비윤리적인, 차별적인 의뢰라고 간주되겠는가? 이 내담자와 효과적으로 작업하기 위해 상담 의뢰 외에 상담자가 할 수 있는 조치는 무엇이겠는가?

11 비디오 롤 플레이 13, '윤리적이고 법적인 이슈: 죽음 결정'에서, 내담자(Gary)는 상담자에게 자신이 HIV에서 양성인 것으로 발견됐고 심각하게 삶을 끝내려고 생각 중이라고 말했다. 상담자(Natalie)는 Gary에게 자기 귀를 의심한다고 말했다. Natalie는 Gary에게 자살하지 말라고 설득하려고 최선을 다했다. 그러면서 삶을 끝내려는 결정은 곤란한 상황에서 벗어나기 위해 쉬운 길을 택하는 거 아니냐고 말했다. 그녀는 내담자가 구체적인 계획이 있는지 물었다. Natalie는 그의 가족과 다른 선택지에 대해서도 생각해 보라고 제안했다. 그녀는 Gary가 위기 상황이라 현명한 결정을 내릴 수 없는 거라고 말했다.

여러분은 이 상황에서 잠재적인 윤리적, 법적 이슈가 무엇인지 보이는가? 여러분이 만약 Gary의 상담자라면, 삶을 끝내려는 그의 결정을 존중하겠는가, 아니면 자살의 대안을 찾아보도록 영향을 주기 위해 애쓰겠는가? 이 상황에 대한 이슈를 토론한 후 여러분이 Gary를 상담하려는 방식을 롤 플레이해 보자.

Chapter 4
다양성을 이해하기

핵 심 질 문

1   자신의 문화적 배경에 대해 얼마나 생각해 보았고, 이것이 어떤 영향을 미쳤는가?

2   자신과 여러 면(나이, 성별, 문화, 인종, 민족성, 성적 지향, 사회경제적 지위, 교육적 배경)에서
    현저한 차이가 있는 내담자 집단과 상담하기 위해 어떤 준비가 되어 있는가?

3   자신의 어떤 가치관이, 다른 세계관을 가진 내담자와의 작업을 어렵게 하는가? 자신과 다르게
    생기고, 생각하고, 느끼고, 행동하는 사람들에 대해 어떤 편견과 가정을 갖고 있는가?

4   만약 세계관 혹은 문화적 차이로 인해, 여러분이 자신을 도와줄 수 있을지 내담자가 의구심을
    갖는다면 어떻게 하겠는가?

5   장애가 있는 사람들과 얼마나 관계를 맺고 있는가? 일반적으로 그들의 존재를 어떻게 느끼는
    가? 자신의 어떤 성격, 혹은 경험이 이 집단과 작업할 때 도움이 될 것 같은가?

6   장애가 있는 사람에 대한 사회적 고정관념에는 어떤 것이 있나? 여러분이 속한 사회의 이런 신
    념을 바꾸기 위해 어떻게 할 수 있을까?

7   문화적으로 다양한 집단에 대한 자신의 지식과 인식을 증진시키기 위해 무엇을 할 수 있는가?
    다른 문화적 집단에 대해 알아갈 때, 고정관념을 만들지 않으려면 어떻게 해야 하는가?

8   문화적 역량을 강화시키겠다는 목표는 단기간에 성취될 수 있는 것인가, 아니면 직업생활 전반
    에 걸쳐 진행되는 과정인가?

9   억압 받고 있거나 사회에서 주변화된 내담자를 옹호하기 위해 어떤 준비가 되어 있나? 사회적
    지지자가 되는 것의 어떤 측면이 가장 어렵다고 생각하는가?

10 현재의 태도와 세계관을 확장하기 위해 계획 중인 첫 번째 조치는 무엇인가?

이 장의 목적

여러분은 일하게 될 대부분의 자리에서 아주 다양한 내담자를 접하게 될 것이다. 상담자로 성장하는 이 지점에서 자신과 다양한 면에서 차이가 있는 내담자들과 어떻게 관계를 수립할지를 배우려는 자세는 아주 필수적이다. 내담자와 효과적인 치료 동맹을 형성하기 위해서 같은 견해나 같은 배경을 가져야하거나 같은 삶의 환경을 경험해야 하는 것은 아니다. 그러나 인간사를 잘 이해하기 위해서 다양한 경험을 하는 것이 필요하다. 비록 보편적인 인간의 주제가 사람들을 하나로 묶어주기는 하나 우리의 다름을 인정하는 것 또한 매우 중요한 것이다.

삶이 제시하는 교훈들로부터 배우려는 열린 태도, 서로 다른 관점에 대한 존중, 만나게 될 내담자들의 다양한 세계관을 이해하는 것에 대한 흥미, 억압받는 사람들을 기꺼이 옹호하려는 의지가 필수적인 태도와 기술에 속한다. 비록 여러분이 단일 문화 맥락에서 성장했다고 할지라도 자신과 다른 세계관을 가진 사람들로부터 배울 수는 있다. 여러분이 결연한 노력을 한다면 현재의 태도와 시각을 확장할 수 있다.

상담자로서 효과적으로 기능하기 위해서는, 내담자의 문화적 태도에 익숙해지고 상담 과정에서 문화적 가치관이 어떻게 작동하는지 인식하고 있어야 한다(3장을 참고). 지금 여러분을 있게 한 자신의 문화적 배경에 대해 이해함으로써, 다른 관점을 이해할 기반을 갖게 된다. 모든 상담자들은, 자신의 인종, 민족성, 문화적 배경에 상관없이 이 이슈들을 진지하게 고려해야만 할 것이다.

여러분은 아마도 사회의 인구통계학적 변화와 상담자들에게 쏟아지는 문화적 역량 강화에 대한 시급한 요구를 강조하는, 문화적 다양성에 대한 수업을 듣게 될 것이다. 그 수업에서 필연적으로 사회의 구성원 다수가 소외되고 차별받는 방식들을 면밀히 살펴보게 될 것이다. 또한 개인적인 방식에서 힘과 특권의 비판적 개념에 대해서도 탐색하고 내담자와의 대화에서 어떻게 차이에 대한 이야기를 꺼낼지에 대해서도 배우게 될 가능성이 높다. 이런 주제와 화제를 탐색한다는 것이 때로는 여러분을 안전지대에서 벗어나게 하겠지만, 이는 여러분을 깨우쳐주고 세계에 대한 시각을 확장시키는 데 도움을 줄 것이다. 문화적 다양성을 존중함으로써, 여러분은 대안적 시각을 형성하고 다양한 내담자 집단을 상담하는 데 적합한 도구들을 개발시킬 수 있다.

상담에서의 다문화적 시각

우리는 **다문화적 상담**을 폭넓은 시각에서 바라보며, 이 주제에 대한 숙고를 인종이나 민족성에 한정하지 않는다. Pedersen(2000)은 문화적 집단을 민족지학적 변인(국적, 민족성, 언어와 종교), 인구학적 변인(나이, 성별, 거주지), 사회적 지위 변인(교육적 배경, 사회경제적 배경), 공적·사적 소속에 의한 것으로 정의한다. Pedersen에 따르면, 다문화적 관점은 다원주의 사회의 복잡한 다양성을 인식하는 동시에, 그 차이들에 관계없이 모든 사람들을 연결하는 공통 관심사에 대한 다리를 제안하는 개념적 틀을 제공한다. 이런 시각에서는 한 개인의 독특한 측면과 서로 다른 우리가 공유하는 공통 주제를 모두 살핀다.

다문화적 상담은 "상담자와 내담자 모두의 문화적 역동과 함께 그들의 개인적 역동을 고려하는, 상담자와 내담자 사이의 작업 동맹이라고 조작적으로 정의할 수 있다"(Lee & Park, 2013, p.5). 효과적인 다문화적 상담은 내담자의 삶의 경험 및 문화적 가치관과 일치하는 맥락적 목표로 정의되며, 평가, 진단, 치료에서 개인주의 대 집단주의의 중요성 사이에서 균형을 유지한다(Sue & Sue, 2013).

이 장에서 우리는 **다문화주의**와 다양성의 관점을 모두 다룰 것이다. **다문화주의**는 민족성, 인종, 문화에 초점을 맞춘다. 우리는 **문화**를 성별, 나이, 종교, 경제적 지위, 국적, 신체적 능력 혹은 장애, 애정 혹은 성적 지향성에서의 차이를 포함하는 광범위한 용어로 해석한다. **다양성**은 내담자를 차별의 위험에 처하게 하는 다수의 변인들에서의 개인적 차이를 나타낸다. 다문화주의와 다양성은 모두 미국에서 분열을 초래하는 방식으로 정치적인 이슈가 되어왔지만, 이 용어들은 동시에 다원주의 사회의 긍정적 자원을 표현하는 것이기도 하다.

문화적 다원주의는 문화의 복잡성을 인지하고 신념과 가치관의 다양성을 가치 있게 생각한다. Lee와 Park(2013)은 "상담자들은 반드시 광범위한 인구학적, 사회학적 변화 한가운데서 사람들이 문제를 해결하고 결정을 내릴 수 있도록 도울 수 있는 서비스를 제공해야 한다"(p.5)고 덧붙인다.

여러분이 상담자가 되면, 자신과 다른 문화에서 온 많은 내담자와 맞닥뜨리게 될 것이다. 그들과 효과적으로 작업할 준비를 하기 위해서 교과서, 웹사이트, 다른 정보원을 통해 내담자의 문화에 대해 찾아보게 될지도 모르겠다. 어쩌면 문화적으로 유능한 상담자가 되어가는 길이 바로, 자신의 문화적 유산, 가치관, 편견들에 대한 탐색에서 시작된다는 사실에 놀랄지도 모르겠다. Lee와 Park(2013)은 "문화적으로 유능한 상담자는 문화적 집단 사이의 차이에 민감한데, 이는 문화적 존재로서 자신의 정체성을 잘 인식하고 있기 때문"(p.7)이라고 지적한다. 다문화적 역량은 자기 탐색에서 시작되고, 이는 자기 인식으로 이어지며(Lee & Park, 2013), 이 과정은 경력 전반에 걸쳐 지식과 이해를 위한 노력에 기초를 제공한다(Shallcross, 2013b). 다문화적으로 유능해지고 그 능력을 유지하기 위해서는 상당한 양의 작업, 학습, 임상적 경험이 필요하다.

다문화적 주안점에 대한 필요

지난 몇 세기 동안 우리는 상담 전문가들이 다양한 문화의 사람들과 작업하는 것에 관해 특별한 이슈들을 언급하는 것을 보며 이들의 인식이 확장되고 있음을 목격해 왔다. 미국 사회에서 인구통계학상의 변화로 인해, 문화적으로 다양한 배경에서 온 내담자들에게 만족할 만한 서비스를 전할 수 있도록 상담자를 도울 수 있는 개념적 틀이 필요해졌다(Lee & Park, 2013). Lee와 Park의 개념적 틀에서 자기 인식과 글로벌적 소양은 다문화적 상담 능력의 기초를 이루는 두 핵심 요소이다. 다른 기본적 측면으로는 전통적 상담 이론에 대한 지식과 윤리적 기준에 대한 지식이 있다.

문화적 요소는 상담 과정의 통합적인 부분이며, 문화는 우리가 내담자들에게 하는 개입에 영향을 미친다. Pedersen(2008)은 우리가 인식하든 못하든 문화는 우리의 삶을 지배하고 우리 각각의 현실을 규정한다고 주장한다. 다문화적 관점을 채택함으로써 우리는 이슈들을 '옳고', '그름'으로 양분하지 않으면서도 다양성에 대해 생각할 수 있게 된다. 문제라고 여기던 문화적 관점에서, 다수의 적절한 해결책이 있을 수 있다. 어떤 경우에는 유사한 문제가 내담자의 문화에 따라 아주 다른 해결책을 갖고 있을 수도 있다. 예를 들면 상담자는 부모님께 상처받은 감정을 내담자가 표현하도록 격려는 하지만, 내담자 삶의 중요한 사람들을 공격하지 않기 위해 스스로 이를 표현하는 데 저항을 느끼는 내담자의 마음 또한 존중할 것이다.

다문화적 관점은 다양한 내담자 집단의 욕구와 강점을 존중하고, 이는 내담자들의 경험을 인정하는 것이다. 그러나, 단순히 사람들이 어느 집단에 속해 있다는 것만 인식하는 것은 실수일 수 있다. 동일 집단 내 개인차는 종종 집단 간의 차이보다 더 클 때도 있기 때문이다. Pedersen(2000)은 동일한 민족성과 문화적 배경을 공유하는 개인들 간에 선명한 차이가 있을 수 있음을 지적한다. 모든 북미 원주민들이 같은 경험을 가진 것은 아니며, 모든 아프리카계 미국인, 모든 아시아계 미국인, 모든 유럽계 미국인, 모든 여성들, 모든 노인들, 모든 신체적 혹은 지적 장애가 있는 사람들 역시 경험이 같지 않을 수 있다. 상담자는, 그들의 문화적 배경에 관계없이 다양한 집단에서 온 개인들 사이의 복잡한 차이를 다룰 준비가 되어 있어야 한다.

Pedersen(2000)은 다문화적 인식은 삶의 질을 향상시킬 수 있으며, 하는 일 또한 좀더 수월하게 만들 수 있다고 주장한다. 문화적 차이는 관계에 추가되는 긍정적 특질이라는 시각을 채택하는 것은 다양한 내담자 집단과 작업할 수 있는 능력을 확장시킬 것이다. 우리는 여러분이 모든 상담관계의 직물에 엮여진 문화의 테피스트리*를, 돌파할 장애물이라기보다 내담자들이 의미를 찾는 데에 편안함을 제공할 수 있는 의상으로 생각해 주길 바란다.

---

* 몇 가지 색실로 무늬를 짜서 만드는 실내 장식물(역자 주)

다문화적 상담에서 윤리 범위

우리 사회의 다양성을 인정하고 상담관계에서 다문화적 접근을 포용하는 것은 전문가의 윤리 조항의 근본 원리가 되었고, 이 윤리 조항들은 상담자들에 의한 차별을 비윤리적인 것으로 명시하고 있다. 대부분의 윤리 조항들은 상담자는 다양한 내담자 집단의 특수한 요구를 인식할 책임이 있다고 언급한다. Lee(2015)는 상담자들은 반드시 문화적으로 민감하며 윤리적으로 책임 있는 방식으로 다양성을 다뤄야 한다고 주장한다. 문화적 역동과 그것이 내담자 행동에 미치는 영향에 대해 잘 인지하지 못하는 상담자는 비윤리적으로 상담할 위험에 노출되어 있다.

다문화적 사회에서 윤리적이며 효과적인 상담자가 되는 것은 지속적인 과정이다. 효과적인 **다문화적 상담**은 세 가지 주요한 태도로부터 발달한다. 첫 번째, 상담자는 인간 행동에 대한 자신의 가정, 편견, 가치관 및 세계관에 대해 잘 인식하고 있어야 한다. 두 번째, 상담자는 우리 사회의 다양한 집단들에 대한 문화적 가치관, 편견과 가정에 대해서 점점 더 의식해야 하고, 문화적으로 다른 내담자들의 세계관을 비판단적인 방식으로 이해할 수 있어야 한다. 세 번째, 이런 지식을 갖고 상담자는 개인과 체계에 개입하기 위해 문화적으로 적절하고, 관련 있으며 섬세한 전략을 개발하기 시작해야 할 것이다(Lee, 2013a; Sue & Sue, 2013).

Dolgoff, Loewenberg와 Harrington(2009)은 서비스 제공에서의 차별은 종종 인종적·문화적 요인, 사회경제적 계급, 성별과 관련 있으며 이런 차별과 오진은 상담자 쪽의 편향된 태도 때문일 수 있다고 강조한다. 예를 들어 사회경제적으로 낮은 계급의 사람들은 높은 계급의 사람들보다 한결같이 더 심각한 진단을 받는다. Diller(2015)는 이런 차별은 단순히 특정 내담자 집단에게 서비스를 제공하길 거절하는 일보다 훨씬 더 많이 일어난다고 주장한다. 상담자에 의한 차별은 다음과 같은 형태 중 하나를 띠기도 한다.

- 자신의 편견을 인식하지 못하고, 그것이 어떻게 무심코 내담자에게 전달될 수 있는지에 대해 알지 못하는 것
- 수련 프로그램에서 배운 어떤 이론들은 문화에 속박된 것일 수 있음을 의식하지 못하는 것
- 건강과 질병에 대한 정의가 문화에 따라 다르다는 사실을 인식하지 못하는 것
- 치료 양식은 내담자의 문화적 배경과 일치되어야 한다는 것을 의식하지 못하는 것

의심할 여지 없이 인식이 부족한 상담자는 무심결에 인종차별적 행동을 할 수 있고, 이는 내담자에게 끔찍한 해를 끼치게 된다.

불행하게도 다수의 유색인들은 매일의 삶에서, "고의든 무심결이든, 짧고도 흔한 매일의 언어적, 행동적, 혹은 환경적 수모로, 적대적이고, 경멸적이며, 부정적인 인종적 무시와 모욕을 전달하는(Sue et al., 2007, p.271)" 일상적이고 미묘한 인종차별(racial microaggressions)의 대상이 된다. 이 "일상적이고 사소한 인종차별은 백인 – 흑인, 백인 – 히스패닉, 백인 – 유색인의 상호작용에만 국한되지 않는다. 이민족 간의 일상적이고 사소한 인종차별이 유색인들 사이에서도 마찬가지로 발생하기 때문이다"(p.284). 개인의 성별, 성적 지향, 장애에 관한 일상적이고 사소한 차별 역시 강력하고 잠재적인 파괴적 효과를 갖고 있다. 예를 들면, 어떤 내담자가 관계, 형제자매들 혹은 부모와의 갈등이나 사랑하는 사람을 상실한 데 대한 비통함에서 오는 불안을 다루는 데 도움을 받으러 왔는데, 상담자는 그의 뇌성마비 때문에 맞닥뜨려야 하는 사회적 도전에 대한 대화로 자꾸 이어가려 할 수도 있다.

문화적 차이는 실재하며, 모든 인간의 상호작용에 영향을 미친다(Lee & Park, 2013). 상담자들은 자신과 다른 성별, 인종, 민족성, 나이, 사회 계층, 성적 지향의 내담자들을 오해할 수도 있다. 만약 상담자가 이렇게 다양한 요소들을 상담에 통합시키지 못한다면, 내담자의 문화적 자율성과 기본 인권을 침해하게 되고, 이는 효과적인 상담관계를 수립할 가능성을 떨어뜨릴 것이다. 다양성의 모든 측면을 다룰 수 있는 것이 중요하다. 어떤 내담자에게는 종교적 가치

관이 중요할 것이다. 또 다른 내담자는 성 혹은 나이 차별에 집중할 것이다. 내담자가 하는 이야기에 집중함으로써, 상담자는 내담자의 정체성 중 어떤 측면이 이 시점에 가장 두드러지는지 알아낼 수 있을 것이다.

Cardemil과 Battle(2003)은 인종과 민족성에 대해 솔직하게 논의하는 것이 상담에 다문화적 요소를 적극적으로 포함시키는 한 방법이며, 치료 동맹을 강화하고 더 나은 치료적 결과를 촉진하는 방법이라고 믿는다. 예를 들어 상담자는 이렇게 이야기해 볼 수 있다. "오늘 우리는 당신 동료 중 다수가 편견을 갖고 있는 듯한 느낌에 대해 이야기했어요. 이런 대화를 저와 함께 나눈 것이 어땠나요? 이런 종류의 경험이 없는 백인 치료자와 차별의 경험을 나눈다는 것이 당신에게는 어떻게 느껴지나요?"(p.282). Day-Vines와 동료들(2007)은 이를 **브로칭 행동**(broaching behavior)이라 일컬으며, '상담자가 다양성의 이슈를 탐색할 수 있게 내담자를 지속적으로 초대하려 진심어린 헌신을 쏟으며 한결같이 지속되는 솔직한 태도'(p.402)를 지니는 것의 중요성을 강조한다. 인종은 내담자가 제시하는 문제의 원인일지도 모르며, 이를 인정하는 것은 치료적 작업 관계를 수립하는 데 중요한 역할을 할 수 있다.

문화적 터널 시각을 극복하기

인적 서비스 수련 프로그램의 학생들과 함께한 작업을 통해 우리는 학생들이 **문화적 터널 시각**으로 고심하고 있다는 걸 알았다. 많은 학생들이 자신과 다른 문화적 배경에서 온 내담자를 다루는 것의 어려움을 잘 인식하지 못하고 있었다. 그들의 문화적 경험은 제한적이었고 어떤 경우에는 자신의 가치관을 내담자에게 전파하는 것이 자신의 역할이라고 생각했다. 일부 학생들은 특정 내담자 집단에 대해 부적절한 일반화를 하기도 했다. 예를 들어 수련 중인 어떤 학생들은 특정 집단 사람들이 변화에 대한 동기가 부족해서 심리적인 개입에 반응하지 않는다고 주장한다. 동기 부족이라고 지각된 부분은 어쩌면, 문화 차이를 반영하는 것일 수도, 변화에 대한 내담자의 양가 감정일 수도, 혹은 자기 가족 외의 사람에게 지지를 구하는 것에 대한 주저함을 나타내는 것일 수도 있는 일이다. 게다가 차별과 억압에 대한 과거 경험으로 인해 상담 과정을 불신하는 것일 수도 있다.

모든 상담관계는 다문화적이다. 상담을 제공하는 사람과 도움을 받는 사람 모두 상당히 다를 수 있는, 자신의 상담관계에 태도, 가치관, 행동들을 가져온다. 한 가지 실수는 이런 문화적 변인들의 중요성을 부정하는 것이고, 다른 실수는 상담자가 자연스러움을 잃고 내담자와 함께 머무는 것에 실패할 정도로 이 문화 차이를 지나치게 강조하는 것이다. 여러분은 삶에 대해 일련의 다른 가정을 가진 내담자를 이해하고 수용해야 하며, 자신의 세계관을 강요할 가능성에 대해 경계해야 한다. 문화적 경험이 다른 내담자와 작업할 때는 그들에 대한 가치판단을 하지 않도록 참는 것이 중요하다.

Wrenn(1962, 1985)이 소개한 개념인 **문화적으로 밀폐된 상담자**(culturally encapsulated counselor)는 흔히 문화적 터널 시각의 특질을 보인다. 문화적으로 밀폐된 상담자의 아래와 같은 특질을 숙고해 보면서 자신의 시각은 얼마나 폭넓은지 생각해 보자.

- 현실을 일련의 문화적 가정들에 따라 규정한다.
- 사람들 간의 문화적 변인에 대해 무신경하다.
- 자신의 가정을 반박할 수도 있으므로 증거 없이 혹은 증거를 무시하고 불합리한 가정들을 수용한다.
- 다른 관점에 대해 검토하지 못하고 타인의 행동을 수용하려는 시도를 거의 하지 않는다.
- 일방적 사고에 갇혀 있고, 적응에 저항하며, 대안을 거절한다.

밀폐된 문화는 모든 상담자가 빠질 수 있는 잠재적인 덫이다. 만약 특정 문화의 가치관이 최고라고 생각하게 되면, 대안을 고려하길 거부하며 자신을 제한하게 될 것이다. 만약 여러분이 문화적 터널 시각을 갖고 있다면, 자신과 문화적으로 다른 내담자가 보이는 행동 패턴을 오해할 가능성이 높다. 이런 이해 부족으로 인해 특정 내담자의 행동을 저항이라고 꼬리표 붙이거나, 특정 행동을 부적응적이라고 부정확한 진단을 내리거나, 자신의 가치 체계를 내담자에게 강요할 수도 있다. 예를 들어 히스패닉 여성은 여러분이 남편에게 의존한다고 생각하는 부분을 바꾸지 않으려고 저항할지도 모른다. 만약 히스패닉 내담자와 작업한다면, 라틴 아메리카의 전통에서 여성은 남편이 외도를 하더라도 그를 떠나는 것이 결코 적절하지 않다는 사실을 제대로 인식하고 있어야 한다. 이런 전통적 가치관에 대해 잘 알지 못하면, 이 여성이 자신의 신념 체계를 위반하는 행동을 취하도록 밀어붙이는 실수를 하게 될 수도 있다.

사례 예 **좁은 렌즈 너머로 보기**

상담교사인 Marcia는 개인적으로 학생들이 스포츠에 참여하고 적당한 학점을 수강할 때, 교실 밖에서 너무 많은 시간을 소비하지 않게 됨으로써 더 건강한 자존감이 발달된다고 믿는다. 민준이와 그의 가족은 자녀들을 우수한 미국 대학에 입학시키고자 최근 한국에서 미국으로 이주했다. 그들의 첫 만남에서 민준이는 Marcia에게 AP(미국에서 고등학생이 대학 진학 전에 대학 인정 학점을 취득할 수 있는 고급 학습 과정: 역주) 수업을 여러 개 들으려 하고 학구적 클럽에도 가입하고 싶다고 말했다. 그는 특별활동으로 스포츠에 참여할 의향이 없었다. Marcia는 AP 수업을 많이 듣는 걸 강력히 말리며, 학업적 활동에 그렇게 집중하기보다 야구나 축구 팀에 가입해 보는 게 어떠냐고 제안한다. 민준이는 Marcia의 권위를 존중하며, 그녀의 제안에 예의 바르게 동의했지만, 우수한 대학에 들어가기 위해 어떻게 잘 준비할 수 있을지 불안해 하며 상담실을 떠난다.

여러분의 입장 만약 여러분이 민준이와 같은 상황이라면 상담교사가 여러분의 문화적 가치관을 고려하지 않은 내용을 강요할 때, 어떤 느낌이 들겠는가? 만약 Marcia가 여러분의 동료이고 그녀가 상당 부분 자신의 가정과 삶의 경험에 근거한 제안을 하는 걸 알게 됐다면, 그녀에게 무슨 이야기를 할 것 같은가?

토론 아무리 Marcia의 의도가 선한 것이고 그녀의 제안이 민준이의 자존감을 북돋으며, 원만한 개인으로 성장하는 걸 촉진하는 데 도움이 될 지언정, 그녀는 이 학생의 문화적 맥락을 고려하지 않고 있다. 민준이네 가족은 그와 누나의 학문적 기회를 위해 미국으로 이주한 것이고, 이는 이 가족의 교육에 대한 가치관을 반영한다는 점을 주목할 필요가 있다. Marcia는 또한 민준이가 지원하려는 일류 대학에서 입학 허가를 받기가 얼마나 치열한지를 고려하지 못했다. 민준이가 속한 문화에서 권위를 존중한다는 측면을 고려해 볼 때, 그가 Marcia의 제안에 이의를 제기하기란 어려울 것이다.

내담자의 문화적 가치관을 존중하기

문화는 인간인 우리에게 아주 중요한 역할을 한다. 내담자에게 (명시적이든 암시적이든) 이렇게 중요한 부분을 버리고 지배 문화를 받아들여야 한다는 메시지를 전하는 것은 상담자로서 우리가 지지해야 하는 것과 정반대되는 것이다. 내담자의 가치관과 충돌하는 문화적 기준에 따라 안건을 갖는 것이, 비윤리적인 것이 아니라면, 적어도 내담자가 상담을 조기에 종결하게 만들 수 있다. 어떤 행동은 한 문화에서 수용 가능하나, 다른 문화에서는 용납되지 않고, 심지어 불법일 수도 있다(예, 특정 자녀 양육 방식). 상담자는 내담자가 이런 이슈들을 다룰 때 비판단적인 자세를 유지할 필요가 있다.

Chung와 Bemak(2012)은 상담자가 내담자와 작업하는 정치적 맥락에 대한 개인적 반응을 설명하기 위해 **정치적 역전이**(political countertransference)란 용어를 만들었다. 예를 들어 상담자는 테러리즘, 낙태, 이민법 개정, 동성애 결혼과 같이 팽팽한 긴장감이 도는 정치적 이슈들에 대해 강한 개인적 반응을 보일 수 있다. 상담자는 자신의 반응을 면밀히 관찰하며 자신의 정치적 역전이가 내담자에게 미칠 잠재적 영향에 대해 인식하고 있어야 한다.

문화적 편견으로부터 성역은 없다는 걸 깨닫기 바란다. 우리는 자신을 둘러싼 편견들을 계속 이어가는 경향이 있으나, 종종 이 사실을 인식하지 못한다. 편견과 가치 체계가 성공적인 상담관계를 수립하고 유지하는 걸 방해하지 않게 하기 위해서는 이를 추적 관찰하기 위해 결연한 노력과 조심성이 요구된다.

문화적 가치관과 상담 과정

6장과 7장에서 논의할 다수의 이론과 상담 과정에 대한 내용은 미국 주류 문화의 핵심 가치 지향성에 근거한다. Hogan(2013)은 이런 기저 가치관을 가부장적 핵가족, 바쁘게 지내기, 측정 가능하고 가시적인 성취, 개인의 선택·책임·성취, 자기 의존과 자기 동기화, 변화와 새로운 생각들, 경쟁, 직접적 의사소통, 물질주의, 평등·격식에 얽매이지 않기·공명정대한 행동 등을 강조하는 것이라고 특징지었다. 이런 가치 지향성이 다른 문화에서 온 내담자에게 어느 정도 맞는지는 상담자가 아주 세심하게 고찰해 봐야 한다.

다문화 분야의 어떤 작가들은 현대 이론들이 강한 개인주의적 편견을 갖고 있고 가족, 집단, 공동체와 같은 더 넓은 사회적 맥락에 대한 강조가 결여되어 있다고 비판한다(Chung & Bemak, 2012; Ivey, D'Andrea, & Ivey, 2012; Pedersen, 2003). 서구적 가정에 근거한 개입 전략은 어떤 내담자들의 가치관과 일치하지 않을 수도 있고 부당한 방식과 제도적인 인종차별을 영속화할 수도 있다. 억압받는 집단의 내담자는 상담자와 신뢰 관계를 형성하는 데 더 많은 시간이 소요될 수 있으며, 정신건강 전문가들은 이런 내담자들이 불신의 역사 혹은 맥락을 못본 척하는 것이 아닌지 확인하는 데 곤란을 겪을지도 모른다. 상담자들은 자신의 전문가로서의 역할을 재정립하고 상담이 내담자의 세계관, 삶의 경험, 문화적 정체성에 좀더 잘 맞도록 기꺼이 조정해야 한다.

Ivey, D'Andrea와 Ivey(2012)는 사회경제적인 요소, 성차별주의, 이성애주의, 인종차별주의가 내담자의 세계관에 어떻게 영향을 미치는지에 대해 특별히 관심 가져야 한다고 믿는다. Ivey와 동료들은 전통적인 상담 전략이 좀더 문화를 존중하는 방식으로 사용될 수 있도록 바뀌어가고 있다고 말했다. 전문적 도움을 구하는 것은 다양한 배경의 사람들 다수에게 일반적인 것이 아니므로, 상담자는 정신건강 서비스가 가족, 친구, 공동체, 자립 자조 프로그램, 신앙 치유 실천, 직업적 네트워크와 같은 지원 체계를 포함하는 것으로 자신의 인식을 확장할 필요가 있다.

이전에 우리는 홍콩에서 상담자를 대상으로 한 일련의 워크숍을 진행했었다. 그때 우리는 중국계 내담자들과 작업할 때 적용하는 우리의 접근 방식 중 일부에 대해 적절한지 다시 생각해 볼 수 있었다. 이 워크숍 대부분의 참가자들이 중국인이었으나, 그 중 일부는 미국에서 사회복지, 혹은 상담 분야의 대학원 훈련을 받은 사람들이었다. 이 전문가들은 미국에서 공부한 상담 접근들을 통합하는 동시에, 중국의 문화유산에서 기본이 되는 가치관을 유지하기 위해 고군분투했다.

이 상담자들과 이야기를 나누며, 우리는 그들이 개입할 때 개인적 관심보다 가족에게 더 많이 주의를 기울인다는 것을 발견했다. 많은 사람들이 우리에게 인내심과 내담자에 대한 이해를 보여야 한다고 말했다. 그들은 직면을 하기에 앞서 신뢰 관계를 형성하는 것이 핵심적이라고 본 것이다. 비록 이 필요성이 일반적인 상담에 적용되는 것이긴 하나, 다양한 문화 집단의 내담자에게는 특히 더 중요해 보인다.

사례 예 **문화 차이를 고려하기**[*]

상담자 Doug는 인도 북부 지방에서 최근에 이주해온 전통적 대가족의 최연장자로부터 전화로 부탁을 받는다. Kishore는 새 나라에 적응하기가 힘들어 최근 가족에게서 도망가려고 한 막내 동생에 대한 상담을 요청하고 있다. 그는 여동생 Savita와 나머지 가족들 간에 그녀가 누구와 결혼해야 할지를 둘러싸고 의견충돌이 있다고 말한다. Doug의 일반적인 태도는 문의에 긍정적으로 대답하지만, 잠재적 내담자가 그에게 직접 연락해 약속을 잡도록 요구하는 것이다.

---

[*] 우리는 영국 Bristol 대학의 Tim Bond와 인도 뭄바이에 있는 타타 사회과학연구소의 Lina Kashyap에게 이 사례 연구를 제공해 준데 대해 감사한다.

Doug는 특히 문화 차이를 고려했을 때 이런 상황에서 어떻게 해야 할지 모르겠다. 이 오빠가 자기 여동생 Savita의 상담 회기에 참석하려고 하는 것이 분명해졌다. 이는 내담자를 단독으로 만나는 Doug의 일반적인 관행에 반하는 것이다. 그는 이런 배치를 수용해야 할지를 결정하기에 앞서 주저하고 있다.

여러분의 입장 만약 여러분이 이 상황의 상담자라면, 여러분은 이 전화에 어떻게 대응하겠는가? 여러분의 의견을 정리하기 위해 다음과 같은 이슈들을 고려해 보자.

- 상담자와 예상 내담자 사이의 문화 차에 대한 암시는 무엇인가?
- 내담자가 누구인가?
- 이러한 문화 차에 대응하기 위해 상담자는 어느 정도까지 자신의 일반적 관행을 조정해 가야 하는가?
- 만약 상담자가 요청받은 대로 진행할 경우, 상담은 어떤 방식으로 윤리적인 타협을 이룰 수 있을까?
- 여러분의 전문가 상담 조직에서 이용 가능한 윤리적 지침은 이 상황에 대응하는 데 있어, 어떻게 도움이 되거나 혹은 방해가 되는가?

토론 이 사례 연구는 문화적 역량과 다른 윤리적 요구사항을 충족시키는 것 사이에서 발생할 수 있는 긴장으로서 주목할 만하다. 대부분의 전문가학회에서 공표하는 윤리적 지침은 문화적 민감성과 역량을 요구하며, 선입견을 갖지 말라고 경고한다. 그러나 윤리 조항은 이런 요구 조항을 어떻게 달성해야 하는지에 대해 좀더 정확한 지시를 거의 주지 않을 뿐만 아니라, 문화 차에 대응하여 만든 조정과 다른 윤리적 요구 사항 사이의 충돌을 어떻게 해결해야 할지에 대한 조언도 제공하지 않는다.

이 사례에서 문화적으로 가장 중요한 특징은 Kishore가 도움을 위해 가족 밖으로 손을 뻗었다는 사실이다. 전형적으로, 그의 문화에서 문제는 가족 내에서 해결하거나 머물러야 하며, 가족의 사적인 일을 외부인과 의사소통하는 것에는 커다란 저항이 있다. 만약 문제가 가족의 사생활을 노출시키는 걸 정당화할 정도로 심각한 것이라면, 상담자는 이 요청의 심각성과 이런 식으로 도움을 요청하는 것에 대한 가족의 불안감 및 취약성을 인지해야 한다. 그들은 지금 자신의 문화적 규준 밖으로 중요한 걸음을 내딛는 중이다. 상담자가 맞닥뜨릴 첫 번째 도전 중 하나는 이 가족이 감수하려는 위험이 어느 정도인지와 확신 및 안전감을 주기 위해서는 문화적으로 적절한 방식으로 반응하는 것이 중요하다는 것을 인식하는 것이다.

두 번째 문화적으로 중요한 특징은 상담 요청이 모든 가족 구성원의 안녕에 책임감을 갖고 있는 가장 연장자인 남성에게서 왔다는 사실이다. 이는 가장 연장자인 남성의 책임감을 존중하는 동시에 이 남성을 따를 것이라 예상되는 다른 가족 구성원과 작업하는 것 사이에서 균형을 잡아야 하는 상담자에게 새로운 도전을 안긴다. 상담 회기에 같이 있고 싶다는 Kishore의 바람은 아마도 여동생에 대한 돌봄과 관심을 전하려는 그의 방식 혹은 통제력을 발휘하려는 방식으로 해석될 수 있을 것이다. 이는 처음 전화통화에서 명확해질 수는 없고, 돌봄과 지배 사이의 균형과 오빠와 여동생 사이의 관계의 본질이 분명해지기까지 몇 회기가 지나야 할 것이다.

상담자로서 Doug는 그 오빠의 제안에 근거하여 작업을 시작할지 아니면 Savita가 상담을 원하도록 하기 위해 그녀의 의도를 알아내기 위해 스스로 자신을 내보일 수 있도록 보장할지를 둘러싼, 아주 중요한 결정에 직면했다. 전자는 그의 내담자에게 좀더 문화적으로 적합한 것이고, 후자는 개인의 자율성과 여성의 권리에 대한 측면을 좀더 존중하는 것이라고 할 수 있겠다. Doug는 Savita가 자신의 상황을 어떻게 보고 있는지에 대해 거의 정보가 없기 때문에, 이 상황을 논의하고 어떻게 작업할지를 합의하기 위한 초기 면접을 갖기로 결정할 것이다. 한 번의 만남으로 Savita가 자유롭게 말하기는 충분하지 않을 수 있다. 그녀의 문화적 배경은 남성 앞에서 자유롭게 이야기하는 걸 삼가하거나 혹은 함묵하도록 장려할 수 있기 때문이다. 겸손의 전통은 남성인 낯선 이와 시선을 교환하는 것도 막을 것이다. Doug는 그녀가 자신의 입장에 대해 이야기할 만큼 충분한 신뢰를 얻기 위해 민감해야 하고 인내심을 가져야 할 것이다. 그는 만약 Savita가 주 내담자가 되어야 한다면, 여성 상담자가 좀더 적절할지에 대해 검토하려 할 수도 있다.

Doug의 다문화적 역량은 다른 방식으로 검증될 수도 있다. 문화 차를 막론하고 안전감을 주는 데에는 말만큼이나 행동이 중요하다. 그는 공손한 환영을 나타내기 위해 문화적으로 적합한 방식으로써 만남을 시작하며 차 한 잔 혹은 물 한 컵을 제공하는 것도, 이것이 그의 일반적 관행이 아닐지라도, 하나의 방법일 수 있다.

어느 지점에서 Doug는 누가 '내담자'가 될지를 결정해야 할 것이다. 이는 문화적 가치관을 고려하지 않고서는 할 수 없는, 윤리적인 동시에 전문적으로 중요한 결정이다. 상담자를 위한 전문적 윤리 지침은 핵가족에 대한 가정과 모든 가족 구성원이 자율적일 권리에 근거하는 경향이 있다. 따라서 윤리적인 고려의 기본 단위는 개인이다. 이는 북미 지역 및 유럽 일부 지역의 특징에 문화적으로 구체화된 가정이다. 대가족 제도에서 윤리적인 고려의 기본 단위는 그 안의 특정 개인이라기보다 전체로서의 가족일 수 있다. 이런 관점에서 보면, 도움 요청을 지명된 두 사람과 관련된 개인적 관점으로 이해하는 것은 잘못일 수 있다. 대신 어머니나 누나처럼 호명되지 않은 다른 주요 인물들을 포함한 전체 가족을 대신한 요청으로 이해하는 것이 더 알맞을 것이다.

상담 진행 방식을 정하기 위해 이 요청과 그 함축적 의미를 어떻게 해석할지를 결정하는 것이 초기 평가의 주요 과제 중 하나일 것이다. 그뿐만 아니라 이는 윤리적으로도 중요한 일이다. 상담자는 개인의 자율성을 희생시키더라도 가족 전체의 자율성을 작업해야 하는가? 아니면, 가족 정체성을 희생시키며 개인의 자율성을 우선시해야 하는가? 현존하는 가족 구조와 성별 관계에 대한 상담자 자신의 입장을 어떻게 정할지는 상담 과정 전반에서 세심하게 고려되어야 하는 또다른 도전적 이슈이다. 상담자가 익숙치 않은 문화적 배경의 삶과 상담할 경우, 외부에서 치료적인 도움 혹은 슈퍼비전을 받는 것 외에도 문화에 대한 적절한 조언을 구해야 하는 강력한 논거가 있다. 몇몇 전문가 조직은 이 추가적인 문화적 조언을 강력하게 권장 혹은 요구한다.

누가 내담자인지에 대한 결정은 상담자가 고지된 동의에 대한 이슈를 어떻게 접근해야 하는지를 결정하는 데, 누구의 동의가 필요한지, 가족 구성원들 사이의 비밀보장은 어떻게 운영될지 등이 포함된다. 대부분의 전문가 윤리 조항의 특징인 동의를 강조하다 보면, 이 상담이 성취해야 하는 윤리적 목표 수준의 존중을 전하지 못할 수도 있다. 많은 상담자들이 어떻게 진행할지 최종 결정을 내리기 전에 예상 내담자와 이 문제를 논의하여 결정을 내리는 것을 좋은 방식으로 여긴다. 이런 논의가 어느 정도까지 가능하고 바람직한지는 받으려는 상담의 급박한 정도와 목적에 달려 있다.

상담자들 중 다수는 개인의 자율성을 존중하는 것에 기초한 윤리적 원칙이 집단주의 문화의 사람들이 가진 욕구를 얼마나 적절하게 다룰 수 있을지에 대해 의문을 나타낸다. 개인적 자율성에 대한 존중을 강조하는 전문가 윤리는 그 자체로 문화적인 몰이해를 나타내며 다른 문화적 가치관을 가진 사람들을 배제하는 것이지 않은가?

자신의 문화적 가정들을 점검해 보기

문화적으로 학습된 기본 가정들은 그것을 인식하든 인식하지 못하든 현실을 지각하고 생각하는 방식과 행동 양식에 중요한 영향을 미친다. 이런 가정들을 기꺼이 점검하려는 의향은 기존 관점이 아닌, 상대의 관점에서 타인을 이해하기 위한 문을 여는 것이다. 상담자들은 종종 자기도 모르게 다양한 주제에 대해 문화적으로 가정한다. 여러분에게 영향을 미치는 문화적 기본 가정들을 검토해 보고 어떻게 자신의 관점을 강요하게 될 수 있을지 알아보자. 자신과 다른 내담자를 상담할 때 이런 가정들의 적절성을 생각해 보는 것에 개방적인가? 이 이슈들에 대한 여러분의 이해가 내담자와의 작업에 어떻게 영향을 미칠 것 같은지 숙고해 보자.

자기 개방에 대한 가정

자기 개방은 상담에서 높이 평가되며, 대부분의 상담자들이 상담관계에서 내담자가 스스로를 드러내지 않으면 효과적인 상담이 될 수 없다고 생각한다. 내담자가 의미 있는 자기 개방을 하도록 촉진하는 한 방법은, 상담자가 적절한 자기 개방의 모델이 되는 것이다. Ivey, Ivey와 Zalaquett(2014)는 상담자의 자기 개방은 내담자의 자기 개방을 증가시키고, 상담자와 내담자 사이의 신뢰를 형성하며, 상담에서 좀더 평등한 관계를 수립할 수 있다고 평했다. 그러나, 어떤 저자들은 상담자의 자기 개방의 가치에 대해 의문을 가지며, 이런 종류의 공유 없이도 상담 과정이 제법 잘 진행될 수 있다고 주장한다.

Ivey와 동료들(2014)은 고려해 볼 만한 몇 가지를 제시한다. 내담자가 일정 수준의 개방까지 장애물을 통과해내지 않는 한, 상담관계에 참여하지 못할 가능성이 크다. 그러나 여러분은 어떤 내담자들은 자기 문제의 본질을 알리기 위해 애쓰고 있다는 것을 인식하고 이해할 수 있을 것이다. 이런 분투는 그 자체로 유용하게 탐색될 수 있다. 이런 내담자가 자유롭게 개방하길 기대하기보다, 여러분이 그들의 가치관을 존중하고 있음을 보여주고 무엇을 원하는지 물어볼 수 있다. 여러분의 지지와 격려에 힘입어 내담자는 자기 개방에 대한 자신의 가치관과 사회화를 자세히 살펴보고 스스로 변하고자 하는 정도를 결정할 수 있다.

음악 치료, 직업 및 오락요법 기타 활동 치료 등 어떤 형식의 상담은 언어적인 개방을 덜 강조한다. 상담자들은 또한 체계 내의 내담자를 위해 옹호자의 역할을 자임하거나, 내담자가 자기 주변에서 지지의 자원을 마련하는 걸 돕거나, 지역사회 내의 자원들을 활용하도록 가르쳐줄 수 있다. 12장에서 살펴보겠지만, 다수의 지역사회를 기반으로 한 개입들은 어떤 내담자들에게는 전통적인 상담 접근보다 더 적절할 수 있다.

비언어적 행동에 대한 가정

내담자들은 수많은 비언어적 방식으로 자기를 개방할 수 있지만 문화적 표현은 잘못 해석되기 쉽다. 개인적 공간에 대한 요구, 눈맞춤, 악수, 옷차림, 인사의 형식, 시간 관념 등은 문화 집단에 따라 서로 다르다. 주류 미국인들은 종종 침묵을 불편해 하며 고요한 공백을 말로 채우려는 경향이 있다. 대조적으로 어떤 문화에서는 침묵은 존중과 공손함의 신호로 해석된다. 만약 여러분이 내담자가 질문을 받길 기다리는 것일 수도 있다는 걸 알지 못한다면, 내담자의 고요함을 오해할 수 있다. 비언어적 행동들에 보편적 의미란 없다는 걸 유념해 두길 바란다.

여러분은 아마도 수많은 마이크로 상담 기법에 대해 체계적인 훈련을 받아왔을 것이다. 몇 가지만 언급하자면, 주의를 기울이기, 대화를 시작하기, 관찰하기, 내담자의 말을 정확하게 듣기, 감정에 주목하고 반영하기, 선별하고 구조화하기 등이 있다(Ivey et al., 2014). 이런 행동들이 비록 긍정적인 치료적 관계 형성을 목적으로 하지만, 특정 민족 집단 내담자는 상담자 태도와 행동의 의도를 이해하거나 긍정적으로 반응하기 힘들 수 있다. 직접적인 눈맞춤, 신체적 몸짓, 개인적인 질문을 캐묻는 등 공격적인 방식을 지닌 상담자는 다른 문화의 내담자에게는 무례하고 침범적이라고 비춰질 수 있다.

미국 중산층 문화에서 직접적인 눈맞춤은 일반적으로 관심과 존재의 표현으로 여겨지고, 이의 부족은 회피하는 것으로 해석된다. 사람들이 듣고 있을 때 더 많이 눈맞춤을 하고 말할 때 덜하는 것이 일반적이다. 어떤 연구에 따르면, 아프리카계 미국인은 이 패턴이 반대로, 말할 때 더 많이 바라보고 들을 때 다소 덜 바라본다고 한다. 어떤 북미원주민과 라틴계 집단에서는 어린 사람이 눈맞춤을 하는 것은 무례한 표현이다. 특정 문화 집단들은 일반적으로 심각한 주제에 대해 이야기할 때 눈맞춤을 피한다(Ivey et al., 2014). 낮은 빈도의 눈맞춤을 병리화하는 상담자는 명백하게 중요한 문화 차이를 이해하지 못하거나 존중하지 못하는 것일 가능성이 높다. 상담자는 비언어적 행동에 대한 의사소통 오류, 오진, 잘못된 해석의 가능성을 줄이기 위해, 문화 차에 대한 다양한 지식을 획득해야 한다.

신뢰 관계에 대한 가정

모두가 그런 건 아니지만, 다수의 유럽 배경의 미국인들은 빠르게 관계를 형성하고 개인사에 대해 쉽게 이야기하는 경향이 있다. 이런 특성은 상담자 스타일에도 종종 반영되는데, 상담자는 내담자가 개방적이고 신뢰적인 태도로 관계에 접근할 것이라 기대할 수 있다. 그러나 이는 어떤 내담자들에게 무척 어려운 일이다. 특히 그들이 낯선 이에게 개인적인 방식으로 자신에 대해 이야기해야 한다는 점을 고려해 보면 말이다. 여러분과 다른 문화의 내담자가 의미 있는 작업 관계를 발전시키는 데에는 시간이 걸릴 수 있다.

자아실현에 대한 가정

상담자들은 흔히 사람들이 자아실현을 하는 것이 중요하다고 가정한다. 그러나 어떤 내담자들은 자신의 문제 혹은 변화가 타인에게 어떻게 영향을 미치게 될지에 대해 좀더 걱정한다. 집단주의 문화에서 개인은 타인과의 관계 속에서 존재하며, 삶의 지침 중 하나는 집단적인 목표를 달성하는 것이다. 마찬가지로 북미 원주민들은 주되게 그들의 행동이 부족의 조화로운 작동에 어떻게 영향을 미쳤는지와 관련하여 자신의 가치를 판단한다. 강조점이 사회적 관계와 모든 것과의 상호연결성에 놓여 있다. 공유된 경험은 사람들을 치료하는 수단으로 사용되며 이는 타인과의 관계 맥락에서만 일어나는 것이다(McWhirter & Robbins, 2014).

직접적인 표현과 자기 주장에 대한 가정

어떤 문화는 직접적인 표현을 소중히 여기는 반면, 다른 문화에서 노골적인 자세는 무례함의 신호이자 피해야 할 어떤 것으로 여겨진다. 만약 여러분이 이런 문화 차이를 잘 알지 못한다면, 솔직성 부족을 존중의 신호라기보다 자기 주장이 없는 것으로 잘못 해석할 수 있다. 요점을 즉시 이해하는 것이 어떤 문화에서는 가치롭게 여겨지나, 다른 문화에서는 의사소통의 덜 노골적인 방식을 가치롭게 생각한다. 치료적 개입이 효과가 없을 때 내담자에게 책임을 돌리기 쉽다. 그러나 자신이 배운 기법을 사용하여 내담자와 연결될 수 없었다면, 그와 작업하기 위해 다른 방식을 찾는 것이 상담자의 책임이다.

만약 여러분이 개인주의적 지향에서 활동하고 있다면, 내담자가 자기가 무엇을 생각하고 느끼고 원하는지를 사람들에게 이야기하는 것처럼 자기 주장적으로 행동할 때 그가 좋아졌다고 생각할 가능성이 높다. 직접적으로 표현

하는 태도와 자기 주장성은 존재의 한 방식일 뿐이라는 걸 이해할 필요가 있
다. 상담자는 자기 주장적 행동이 규준이며, 모두에게 바람직한 것이라고 가정
하지 말아야 한다. 특정 내담자들은 만약 그들이 좀더 주장적이 될 때 좋아지
는 것이라고 자동적으로 여겨진다면, 불쾌해 할지도 모른다. 예로 자기가 원하
는 걸 거의 요구하지 않고, 다른 사람이 자신의 우선순위를 결정하도록 하며,
가족 중 누구의 부탁이나 요구를 거의 한 번도 거절한 적이 없는 여성을 상담
한다고 가정해 보자. 그녀가 자기 주장적이 되도록 열심히 돕는다면, 이는 그
녀 가족체계 내에서 갈등을 만들어낼 공산이 매우 높다. 만약 그녀가 자신의
역할을 바꾼다면, 그녀 가족 혹은 그녀 문화에 더이상 어울릴 수 없을 것이다.
따라서 문화적 가치관을 점검하고 변경한 결과에 대해 여러분과 내담자 모두
숙고해 보는 것이 매우 중요하다.

　　내담자를 존중하는 방법 중 하나는 그들이 가치롭다고 이야기하는 것이
무엇인지를 듣는 것이다. 내담자에게 자기 삶에서 어떤 행동이 효과가 있고
효과가 없는지를 물어보라. 만약 내담자가 우회적인 표현과 자기 주장을 하지
않는 것이 문제라고 이야기한다면, 그때 이 부분이 탐색되어야 한다. 그러나
만약 그런 행동이 내담자에게 곤란을 가져오지 않는다면, 여러분은 내담자가
관심 없어 하는 방향으로 변화시키려고 하는 것에 자신의 편견이 어떻게 작동
하는지 잘 감시해야 한다. 내담자가 여러분에게 무엇을 원하는지를 묻는 것이
여러분의 문화적 가치관을 내담자에게 강요할 가능성을 줄이는 한 방법이다.
이 지점에서 다음의 사례를 살펴보자.

사례 예　**내담자 이야기를 충분히 듣고 있는가?**

성공한 심리학자 Mac은 다문화적 움직임이 많은 것에 대해 우려한다. 그
는 이를 유용하다기보다 유행을 좇는 것이라고 생각한다. "저는 제 가치
관을 강요하지 않습니다. 내담자에게 어떻게 해야 한다고 이야기하지 않
지요. 저는 듣고 뭔가 확인해야 할 것이 있을 때 질문을 합니다. 물어보지
않고 제가 어떻게 일본계 미국인이 일본인보다 미국인 쪽에 가까운지 혹

은 그 반대인지 알 수 있겠습니까? 저는 내담자가 상담자가 알 필요가 있는 모든 걸 이야기할 거라고 믿습니다."

여러분의 입장 Mac의 태도에 대해 여러분의 반응은 어떠한가? 내담자의 문화 적응 수준을 어떻게 판단할 수 있을까? 내담자가 문화적 이슈에 대해 가르쳐줄 거라는 Mac의 기대에 대해 어떻게 생각하는가?

토론 우리는 Mac이 말한 내용이 아니라 그 말이 함축하는 바에 반대한다. 분명히 내담자가 상담자가 알아야 할 내용에 대해 이야기할 거라는 사실은 중요하다. 그러나 Mac은 더 효과적인 질문을 할 수 있도록 도와주는, 지속적인 교육에 대한 필요성과 문화적 이슈에 대한 민감성을 다소 경시하는 듯 보인다. Mac을 위한 교육은 내담자의 책임이 아니다. 내담자의 이야기를 잘 듣는 것만으로는 충분하지 않다. 우리는 또한 공식적, 비공식적으로 교육을 받을 필요가 있다.

자신의 정형화된 신념에 도전하기

여러분이 스스로 편견이 없다고 생각할지라도, 정형화된 신념이 여러분의 상담에 많은 영향을 미칠 수 있다. **고정관념**에는 한 개인의 행동이 그가 속한 문화 집단을 나타내거나 그 구성원들 대다수의 일반적인 행동이라고 가정하는 것이 포함된다. 이런 가정은 다음과 같은 진술을 만들어낸다. "아시아계 미국인 내담자들은 정서적으로 억눌려 있어." "아프리카계 미국인 내담자들은 상담 전문가를 의심하며 신뢰하지 않을 거야." "백인은 오만해." "북미 원주민은 동기 수준이 아주 낮아."

Sue(2005)는 **현대의 인종차별주의**는 종종 미묘하고, 간접적이며 무심결에 일어나 사람들이 그 존재 자체를 망각하게 한다고 주장한다. Sue에 따르면 인종차별주의는 흔히 의식적인 자각 수준 밖에서 작동한다. 스스로가 어떤 고정관념, 편견, 선입견도 갖고 있지 않다고 생각하는 상담자들은 대부분 자신의 사회화의 영향을 과소평가하고 있을 가능성이 높다.

Pedersen(2000)에 따르면 이런 유형의 인종차별주의는 일반 대중보다 문화적 편견이 더 많거나 더 적지 않은, 선의를 가진 배려심이 많은 전문가들에게서 무심결에 발생한다. 그는 무의식적인 인종차별주의자는 고의적인 인종차별주의자가 되거나 자신의 태도 및 행동을 수정해야 하는 도전을 받을 수밖에 없다고 생각한다. 무의식적인 인종차별주의를 변화시키는 열쇠는 우리가 앞서 설명했던 것과 같은 기본 기저 가정들을 점검하는 데 있다.

문화적 고정관념 외에 어떤 고정관념들은 장애가 있는 사람들, 노인, 노숙자 등 특정 집단과 관련되어 있다. 집단 내 사람들을 하나로 뭉뚱그려 규정하는 진술들은 균질성의 신화를 반영한다. 여러분이 전문적으로 상담을 할 때 문화 집단 내에도 차이가 있으며, 이 차이는 적어도 다른 집단에서의 차이만큼이나 중요할 수 있다는 사실을 깨달아야 한다. 문화적으로 민감해지기 위해서는 특정 집단에 대한 추가적인 정형화를 피하도록 주의하길 바란다.

비록 집단 사이와 집단 내 문화 차이가 모두 명백할지라도, 우리를 구분짓는 차이들에만 지나치게 집중하지 않는 것이 중요하다. 외국에서 정신건강 전문가와 작업하며, 우리는 세계의 사람들 사이에 근본적인 유사성이 있다는 사실을 더욱 확신하게 되었다. 보편적 경험은 사람들을 하나로 묶어줄 수 있다. 아무리 개인적인 환경이 다르다 하여도, 대부분의 사람들은 결정을 내리고 그 세계 안에서 성실하게 노력하며 사는 경험을 한다. 현실에서 문화 차이가 실재한다는 것을 존중하는 것은 필수적이나, 모든 사람들이 공통 분모를 갖고 있다는 사실을 잊지 않는 것 역시 중요하다.

장애가 있는 사람들을 이해하기*

다양성을 이해하는 것의 일부에는 능력과 장애 역시 관련된 요소라는 것을 이해하는 것이 포함된다. 유색인과 비슷한 방식으로, 장애를 가진 사람들은 그들

---

* 　장애를 가진 사람들에 대한 이해를 위해 이 장을 수정하는 데 컨설팅을 통해 우리에게 도움을 준 East Carolina 대학의 중독 및 재활학과 Mark Stebnicki 교수에게 감사드린다.

의 신체적, 정서적, 정신적 장애 때문에 편견, 적대감, 이해 부족, 차별에 시달리기 때문이다. DePoy와 Gilson(2004)은 인종, 민족성, 성별과 같은 다양성 범주가 유사한 분석적 렌즈에 영향을 받는다고 지적한다. 장애가 없는 사람들은 종종 자신과 다르다고 생각되는 사람들을 볼 때처럼 일그러진 안경을 통해 장애가 있는 사람들을 바라본다. 상담자 시야의 선명도는 장애가 있는 사람에 대한 근거 없는 믿음, 오해, 선입견, 고정관념에 의해 손상될 수 있다.

장애가 있는 사람들의 잠재력을 인식하는 것이 중요하다. 상담자의 태도는 장애가 있는 사람들의 삶에 성공적으로 개입하기 위한 핵심 요소이다. 장애가 있는 사람들이 그들의 목표를 성취할 수 있게 도울 때에는 근거 없는 믿음과 오해를 떨쳐버리는 것이 중독 이슈나 심각한 결혼 갈등을 겪는 사람 혹은 비정상적이고 스트레스가 가득한 트라우마적 사건의 생존자와 작업할 때만큼이나 꼭 필요하다.

신체적 장애에 대한 고정관념을 점검하기

신체적 장애가 있는 사람들은 '앉은뱅이', '괴로움에 시달리는', '특별한', '불구'라는 언어로 낙인찍히길 원치 않는다. 옹호자들 다수는 장애가 있는 사람에 대한 타인의 부정적인 태도와 그런 환경 자체가 진정 불리한 조건이라고 생각한다(Smart, 2009). 역사적으로, '장애 경험'을 나타내는 언어 중 다수는 인쇄 및 전자 매체에서 그리는 것처럼 장애가 있는 사람들을 업신여기는 듯한 태도를 전달하곤 한다. 예를 들어 **정신지체**(mental retardation)란 용어는 의학적 용어로 시작되어 『정신질환의 진단 및 통계편람』(*Diagnostic and Statistical Manual of Mental Disorders : DSM*)(American Psychiatric Association, 2000)에 등장했으나, 우리 사회에서 시간이 지나는 동안 반복적으로 상처를 주고 경멸적인 방식으로 오용되었다. 이에 대응하여, 이 오래된 명칭을 **지적 장애**(intellectual disability)라는 용어로 바꾸자는 Rosa의 법이 통과됐다. 최근 개정된 *DSM-5*(American Psychiatric Association, 2013a)는 이제 신경발달장애 범주 아래에 '지적 장애'를 둔다. 척수 손상을 입은 사람들 또한 어떤 면에서 '신체 혹은 정신 박약'으로 정형화되고 있으며, 이는 사회화, 취업 전망, 자존감, 기본적 독립 기능에 엄청난 영향을 미친다(Marini, 2007). 종합적으로, 장애가 있는 사람들은 그들의 민족성과 상관없이 대부분의 사회에서, 가장 권리를 박탈당한 집단으로 남아 있다. 장애가 있는 소수자들은 가장 교육 수준이 낮으며, 미국 내에서 실업률도 어느 추정치에서는 66%에서 70%에 이를 정도로 아주 높다(Roessler & Rubin, 1998; Szymanski & Parker, 2003). 장애가 있는 사람들은 종종 일이 없거나 능력 이하의 일을 하며 다수가 빈곤선 이하에서 살아간다(Olkin, 2009). Olkin은 장애가 있는 사람들은 대개 장애를 갖고 사는 것의 가장 큰 걸림돌로 신체적인 장벽보다 심리사회적인 문제를 더 많이 호소한다고 말한다. 장애가 있는 사람들은 종종 상담 분야의 보호를 덜 받지만 인식이 높아지고 옹호를 위한 노력이 더해지면서 변화되기 시작했다. 심각한 장애가 있는 사람들에게 지역사회를 기반으로 한 상담을 제공하는 주들이 점차 증가하는 추세이다. 이들은 전통적인 사무실 환경에서 진행되는 치료에 접근할 수 없기 때문에 이러한 서비스를 제공하는 것이다.

장애가 없는 사람들은 종종 장애가 있는 사람 앞에서 과장된 관심이나 친절로 자신의 어색한 감정을 숨기려고 한다. 상담자들은 장애에 대한 수많은 부정적인 메시지들을 배워왔고 처음에는 다소 불편함을 느낄 수도 있다. 어떤 종류든 장애가 있는 사람들과 작업하게 되면, 상담자들은 자신의 태도를 기꺼이 점검하려고 하는 의지가 필수적이다. 자기 인식의 대단히 중요한 측면은 장애가 있는 내담자와 상담할 때 자신의 역전이를 인식하고 이해하고 다루는 것이다(Olkin, 2009).

장애가 있는 사람들 사이에 어떤 공통적인 관심사가 있다 하더라도, 신체적 장애가 있는 사람들 사이에는 엄청난 다양성이 존재한다. 여러분이 상담하는 그 어떤 특별한 집단과 마찬가지로 자신의 가정들을 발견해내는 것이 중요하다. 예를 들면 어떤 특정 직업은 장애가 있는 내담자들이 손닿을 수 없는 곳에 있다고 생각할 수 있다. 그러나 내담자와 함께 확인해 보지 않고 이런 가정을 갖는 것은 내담자의 선택지를 제한해 버리는 것과 다름없다. Smart(2009)는 장애가 있는 사람들에 대한 우리 가정의 다수는 부정확하고, 더 나아가 이를 통해 내담자를 정형화시켜 버리기 때문에 상담 과정에 방해가 될 수 있다고 이야기한다. 지금이 바로 장애가 있는 사람들에 대해 갖고 있을 수 있는 고정관념에 대해 되돌아보고 자신의 가정들을 면밀히 살펴볼 좋은 기회이다.

장애가 있는 사람들과 작업하는 상담자의 주된 역할은 이 사람들이 장애를 둘러싼 편견과 차별을 알게 하는 것이다. Palombi(Cornish, Gorgens, Monson, Olkin, Palombi, & Abels, 2008 중에서)에 따르면, 장애가 있는 사람들은 잘 드러나지(대표자가 충분치) 않는 다른 집단과 마찬가지로 같은 편견과 어느 정도의 차별을 자주 경험한다. 장애가 없는 사람들 태도의 장벽이 고용에 대한 장벽이나 심지어 신체적이거나 건축상의 장애물보다 훨씬 더 크다. 예를 들면 발음이나 말, 의사소통에 어려움이 있는 만성적인 의학적 혹은 신체적 조건의 사람들(예를 들어, 뇌성마비, 다발성 경화증)은 자주 지적 장애를 갖고 있는 것으로 인식된다. 또한 눈에 보이는 신체적 장애에 대해 전문가들은 돌봐주는 사람에게 크게 의지하거나 전반적으로 독립보다 의존이 필요한 정신적 혹은 신체적 무능으로 지각하기도 한다.

장애가 있는 많은 사람들이 부정적인 사회적 고정관념 및 태도를 자존감과 자기 개념에 통합시키기 때문에 전문 상담자들은 이들이 치루는 궁극적으로 해로운 희생에 대해 이해해야 한다. 상담자들이 자신의 편견을 인식하고 다루는 것이 핵심적인데 그렇지 못했을 경우 무지, 그릇된 믿음, 편견에 기반한 태도적 장벽을 영속시키는 결과를 낳기 때문이다(Cornish et al., 2008). 상담자들은 사회적 고정관념이 장애를 가진 내담자들이 스스로를 바라보는 자신의 시각에 끼친 영향을 이해해나갈 수 있도록 도울 수 있어야 한다.

지각된 한계를 뚫고 나가기

여러분이 장애가 있는 내담자를 상담한다면, 내담자가 자신이 가진 힘과 자원들을 인식할 수 있게 하는 태도와 개입 기술을 반드시 발달시켜야 한다. 상담자로서 여러분은 장애를 갖고 태어난 내담자, 트라우마적 사고로(운동 중 부상이나 자동차 사고처럼) 최근에 장애를 갖게 된 청소년, 뇌졸중이나 심장병으로 갑작스럽게 발생한 장애가 영속화될 수도 아닐 수도 있는 성인, 파킨슨병, 다발성 경화증, 인슐린 의존형 당뇨병처럼 만성적인 퇴행성 질환으로 진단 받은 성인 등을 만날 수 있다.

장애가 있는 사람들이 필요로 하는 도움은 폭넓은 범위의 서비스를 아우른다. 이런 사람들은 주로 독립적인 기능 수준을 최대화하기, 긍정적인 대처 기술을 개발시키기, 회복 탄력성을 기르기, 건강의 최적 수준을 달성하기 등을 목적으로 한 심리사회적 적응 서비스에서 혜택을 받을 수 있다. 어떤 내담자들은 직장에서 충분히 참여할 수 있게 해줄 지역사회 자원을 찾는 데 도움을 필요로 할 수 있다. 다른 내담자들은 모든 삶이 한순간에 뒤집어진 것 같아 불안과 우울을 이겨내기 위한 상담을 필요로 하기도 한다. 재활 계획은 고도로 개별화되어 각각의 사람들이 최적 수준의 의료적, 신체적, 심리적, 정서적, 직업적, 사회적 기능 수준에 도달할 수 있는 방식으로 제시되어야 한다. 장애가 있는 사람들은 종종 복잡한 이슈들을 갖고 있다. 이 내담자들 혹은 이들의 요구에 대해 첫 번째 만남을 갖고 판단하지 않는 것이 최선이다. 장애가 있는 많은 사람들이 그 장애의 영향을 다루는 상담을 원하고 필요로 하나, 이를 지레짐작하는 것은 실수이다. 예를 들어 태어날 때부터 맹인이었던 27세 여성은 만약 상담자가 계속해서 그녀의 실명에 집중한다면 불쾌해 할 수 있다. 그녀는 어릴 때부터 이런 조건에 적응해 왔다. 장애에 초점을 맞추는 그 상담자가 바로 자기 앞에 있는 한 존재의 전체성을 못 보는 맹인일지도 모른다. 내담자가 현재 호소하는 부분은 장애와 거의 상관없을 수도 있으므로, 내담자의 이야기를 적극적으로 경청하라. 그녀는 엄마, 아이, 자매나 누이, 직업인, 파트너 등 다른 속성 역시 갖고 있다. 장애는 단지 그 개인의 삶의 한 측면일 뿐, 상담할 때 아주 중요한 관심사는 아닐 수 있다.

Smart(2009)는 장애가 있는 사람에게 윤리적이고 효과적인 상담을 제공하기 위해서는 '장애 경험에 대한 광범위한 지식을 갖는 것이 필수적'(p.643)이라고 말한다. Cornish와 동료들(2008)은 전문가들이 장애가 있는 내담자들과 작업하게 될 가능성이 높음에도 불구하고, 상담 서비스를 제공하기에 충분할 정도로 훈련을 받지 못하고 있으며, 이에 윤리적이고 만족스러운 돌봄을 제공할 수 없을지도 모른다고 역설한다. 상담자들은 장애가 있는 사람들에게 만족할 만한 서비스를 제공할 수 있을지를 정확하게 판단하기 위해 스스로 성찰해 보아야 한다. Cornish와 동료들은 "장애가 있는 사람들에게 윤리적인 처치를 제공하고, 돌봄의 장벽을 낮추며, 이런 노력의 일환으로 미래 심리학자들을 훈련시키는 것이 필수적"(p. 369)이라고 주장한다.

Olkin(2009)은 장애 차별금지 치료(disability-affirmative therapy)를 "바라는 결과를 얻기 위해 상담자들이 장애에 대한 지식과 문화를 치료로 통합시키도록"(p. 369) 하는 것이라고 묘사한다. 장애 차별금지 치료의 전제는 "장애의 역할을 부풀리지도, 과소평가하지도 않으면서 장애 정보를 사례개념화에 포함시키는 것"(p. 355)이다.

Mackelprang과 Salsgiver(2009, pp.436-438)는 장애가 있는 사람을 상담할 때의 가이드라인을 다음과 같이 제시한다.

- 내담자가 유능하거나 혹은 잠재적으로 유능하다는 가정을 작동시켜라.
- 장애와 관련된 문제가 그 사람에게 있고 그가 사회에서 적절하게 기능하기 위해 장애를 가진 개인이 변해야 한다는 가정을 비판적으로 평가하라.
- 장애가 있는 사람들은 다른 소수자 집단과 마찬가지로 종종 차별과 억압을 마주한다는 사실을 인정하라. 그들이 사회의 혜택에 접근하는 걸 막는 정책적 장애물을 제거하기 위한 정치적인 옹호와 행동을 여러분의 개입에 잘 포함시킬 수 있음을 인지하라.
- 장애가 있는 사람들이 자신의 삶을 통제할 권리를 갖고 있다는 가정에 기반한 개입을 함으로써 이들에게 힘을 실어주라.

재활 심리학자인 Carolyn Vash와 Nancy Crewe(2004)는 장애가 있는 사람들을 위해 35년간 옹호 활동을 해오고 있다. 그들은 우리 사회에 '독립적인 삶'의 기본 개념에 대한 정의가 제한적이라고 설명한다. Vash와 Crewe는 타인에 의한 지나친 영향, 통제, 제한으로부터 진정한 '독립'이란 없다고 지적한다. 오히려, '상호의존'이 우리의 현실을 보다 정확하게 아우른다는 것이다. 상호의존적인 세계에서 최적으로 살아가기 위해 우리 모두는 삶 전반에 걸쳐 다양한 사람들, 조직들, 기관들로부터 도움을 필요로 한다(예를 들어, 신체적·정신적 건강 관리, 적절한 주거·교통·경제적 지원, 교육의 기회 등). 장애가 있는 사람들 역시 장애가 없는 사람들만큼이나 이 세계의 일부일 뿐이다.

장애가 있는 사람들을 상담할 때 사람을 우선시하는 언어를 사용하고(예를 들어, 사지마비 내담자 대신, 경직성 사지마비의 뇌성마비가 있는 내담자), 장애에 대한 현재의 용어를 사용하여 존중을 표현하며(예를 들어, 정신지체 대신 지적 장애), 장애 에티켓에 대한 지식을 찾아보라(예를 들어, 휠체어는 흔히 그 사람의 확장으로 여겨지며 허락 없이 휠체어에 기대거나 손잡이에 물건을 거는 것은 무례한 일이다). 그 어떤 단일 특성으로 한 사람이 규정되는 것이 아니므로, 현재 상황과 관련되지 않는다면, 장애에 집중하는 걸 피하라. 내담자의 장애에 대해 언급할 때는 직접적으로 그들의 경험과 선호에 대해 묻는 것이 무엇보다 가장 중요하다.

사례 예 **우리의 인식에 도전하기**

나(Marianne)는 거주형 시설에서 살고 있는, 장애가 있는 사람들과 이야기를 나눴다. 그들이 묻는 질문의 종류는 내가 이야기를 나눠본 다른 집단의 사람들과 조금도 다르지 않았고, 대다수의 거주자들은 자신이 장애가 없는 사람들과 전혀 다르지 않다고 강조했다. 후에 나는 이 기관의 직원에게 다음 질문을 몇몇 거주자들에게 물어봐 달라고 요청했다. "훈련 중인 상담자들이 특별한 집단과 더 잘 작업할 수 있도록 하기 위해서, 여러분에 대한 어떤 이야기를 하고 싶은가요?" 몇몇 거주자들이 다음과 같이 대답했다.

- "제가 비록 휠체어에 앉아 있더라도 저를 보통 사람으로 대해 주길 바란다는 사실을 상담자들이 알아줬으면 좋겠어요. 휠체어가 아니라 사람을 보라고요. 우리를 무서워하지 마세요."
- "저는 아주 좋은 사람입니다. 저는 아주 똑똑한 사람이에요. 장애를 갖고 있지만 동시에 지능도 갖고 있어요."

• "저는 보통 사람들과 똑같이 느끼고 생각합니다."

그 직원은 편지로 자신이 돕는 사람에 대해 갖게 된 생각의 많은 내용을 아주 적은 단어들로 이야기했다. 그들은 성인기 삶의 대부분을 보호시설에서 살고 있습니다. 그들은 자신이 장애가 없는 사람들과 조금도 다르지 않다고 이야기하지만, 제 생각에는 엄청나게 넓은 마음을 가진 사람들입니다. 제가 만나본 사람들은 편견이 없고, 사랑이 많으며 주는 걸 좋아합니다. 그들은 우리가 매일 당연하게 여기는, 삶의 아주 사소한 것에도 큰 감사의 마음을 갖습니다. 이들은 아주 특별한 사람들이며 저는 이들과 함께 일하게 되어 다행이라고 생각합니다.

여러분의 입장 여러분이 만나는 장애가 있는 사람들에 대한 자신의 가정과 태도에 대해 숙고해 보자. 이 사람들을 '돕기 위해' 특별히 애쓰고 있는가? 혹은 편리하게 이들과 너무 가까워지는 걸 '피하려고' 하는가? 여러분의 반응이 이 집단과의 상담에 어떤 영향을 미치겠는가?

토론 사회적 태도는 유명한 사람들이 기초적인 진실—장애를 갖고 있다고 해서 그 사람이 불구라는 의미는 아니라는—을 입증함에 따라 서서히 변화하고 있다. 그 예가 Erik Weihenmayer로 그는 퇴행성 안구 장애를 갖고 태어나 13세에 시력을 잃었다. Weihenmayer(2001)은 *Touch the Top of the World*에서 놀라운 신체적 위업을 달성하게 만든 투지의 삶에 대해 기록했다. 그는 세계 최상급의 운동 선수, 곡예를 하는 스카이다이버, 장거리의 자전거를 타는 사람, 스키를 타는 사람, 산악인, 얼음 등산가, 암벽 등반가이다. 지금까지 그는 세계에서 가장 높은 산 7개 중 5개에 올랐으며 7개 대륙 각각에서 가장 높은 산 정상 7개 모두에 오르는 것을 목표로 하고 있다. Weihenmayer는 감각의 장애가 꿈에 도달하려는 한 사람의 능력을 반드시 제한하는 건 아니라는, 살아있는 증거이다. 그의 이야기와 이보다는 덜 극적인 다른 이들의 이야기는 장애에 대한 오해에 이의를 제기할 수 있음을 증명한다. Weihenmayer의 성취는 '신체적으로 도전을 받는'이란 용어에 새로운 의미를 부여한다.

우리 대부분은 스페셜 올림픽에 대해 잘 알고 있는데, 이는 신체적 장애가 있는 사람들이 자신의 최대치를 갖고 참여한다. 실제로 잘 알려지지 않은 많은 사람들이 매일매일의 삶에서 경이로운 목표에 도달하기 위해 스스로에게 도전하고 있다. 이런 사람들은 지속적으로 우리에게 그 어떤 장애도 극복할 수 있는 인간 정신의 능력과 인간에 대해 가르쳐 준다. 그렇다면 희망이 없고 포기하고 싶어하는 장애가 있는 내담자는 어떠한가? 만약 상담자가 그의 절망과 체념을 받아들인다면, 그 내담자에게 별다른 치료적 도움을 주지 못하는 셈이 된다. 상담 전문가는 내담자의 힘을 발견하고 그에게 힘을 실어주는 방향으로 작업을 해나가야 한다.

다문화적 상담 역량

상담 전문직은 그 훈련과 실습에서 단일 문화적 접근을 계속 강조하고 있어, 많은 상담자들이 문화적 다양성을 효과적으로 다룰 준비가 되어 있지 않다 (Sue & Sue, 2013). 비록 다른 전문가에게 의뢰하는 것이 때로는 적절한 방침일 수 있으나, 이것이 적절하게 훈련받지 못한 상담자들에게 있어 문제의 한 해결책으로 간주되어서는 안 된다. 우리는 인적 서비스 전문직 분야에 속해 있는 학생들에게, 자신의 인종 혹은 민족적 배경에 관계없이, 다문화적 상담에 대한 훈련을 받을 것을 권한다. 모든 문화적 배경에 대해 깊이 있는 지식을 갖길 기대하는 것은 비현실적이지만, 문화적 다양성을 성공적으로 다룰 수 있을 정도의 일반적인 원칙을 포괄적으로 이해하는 것은 실현 가능하다. 만약 다양성의 관점에 내재된 가치들에 열려 있다면, 편협성의 덫에 걸리지 않을 방법을 찾을 수 있으며, 자신이 문화적으로 밀폐된 정도에 도전할 수도 있을 것이다(Wrenn, 1985를 참고).

　Sue와 동료들(1982; Sue, Arredondo, & McDavis, 1992)은 **다문화적 상담 역량**에 대한 개념적 틀과 세 영역에서의 기준을 개발했다. 첫 번째 영역은 인종, 문화, 성별, 성적 지향에 대한 상담자의 신념과 태도를 다룬다. 두 번째 차원은 상담자의 세계관에 대한 지식과 이해 및 그/그녀가 작업하는 다양한 집단에 대한 구체적 지식을 수반한다. 세 번째 영역은 다양한 내담자 집단을 돕기 위해 필요한 기술과 개입 전략을 다루고 있다. Arredondo와 동료들(1996)은 이 역량들을 조작적으로 정의했고, Sue와 동료들(1998)은 다문화적 상담 역량을 개인과 조직적 성장으로까지 확장시켰다. Sue와 Sue(2013)는 다문화적 역량에 대해 실무에 적용해 보면서 재정리하였다. 이 다문화적 역량은 다문화적상담및발달학회(Association for Multicultural Counseling and Development, AMCD), 미국상담학회(American Counseling Association, ACA), 상담자교육및슈퍼비전학회(Association for Counselor Education and Supervision, ACES), 미국심리학회(American Psychological Association, APA)의 지지를 받아왔다. 이 역량에 대한 확장된 버전이 궁금하다면, *Multicultural Counseling Competencies 2003*; *Association for Multicultural Counseling and Development*(Roysircar 외, 2003)를 참고하기 바란다. APA(2003)의 '심리학자들을 위한 다문화 교육, 훈련, 연구 및 실습과 조직적 변화에 대한 지침(Guidelines on Multicultural Education, Training, Research, Practice, and Organizational Change for Psychologists)' 역시 참고해 보라.

이 자료들에서 편집한, 문화적으로 숙련된 상담자의 핵심 특징은 다음에 제시하였다. 이 체크리스트를 사용하여 현재 갖고 있는 다문화적 역량의 영역뿐만 아니라 추가적으로 획득해야 할 지식과 기술에 대해서도 확인해 볼 수 있다.

문화적으로 숙련된 상담자의 신념 및 태도

이미 갖고 있다고 생각하는 이 영역에서의 신념 및 태도, 혹은 이미 인식하고 있는 각 영역 옆의 박스에 표시를 해보자.

신념과 태도에 관해 문화적으로 숙련된 상담자는…

☐ 자신의 개인적인 문화에 대해 잘 알고 있고, 이것이 다양한 방식에서 차이가 있는 사람들에게 어떻게 받아들여질지에 대해 인식하고 있다.

☐ 자신의 문화적 유산, 성별, 계층, 민족적 정체성, 성적 지향, 장애, 나이 등이 관련 집단에 대한 가치관, 가정, 편견을 어떻게 형성해 왔는지 잘 알고 있다.

☐ 자신이 속한 집단과 다른 사람들, 집단에 대한 개인적이고 문화적 편견들을 인식한다.

☐ 개인적인 편견, 가치관, 문제들이 자신과 다른 내담자와 작업하는 능력을 방해하지 않도록 한다.

☐ 문화적인 자기 인식과 자신의 문화적 유산에 대한 감수성이 어떤 종류의 상담에서든 필수적이라고 믿는다.

☐ 협력적인 상담관계를 수립하는 데 유해할 수 있는, 자신의 타인에 대한 부정적 및 긍정적인 정서적 반응에 대해 인식하고 있다.

☐ 문화적으로 인식하지 못하던 상태에서 자신의 문화적 유산을 아는 상태로 변해 왔다.

☐ 상담하고 있는 사람과 자신의 닮은 방식, 다른 방식 모두에 대해 깨닫는다.

☐ 내담자의 입장에서 세상을 검토하고 이해하려고 노력한다.

☐ 다양성의 어떤 측면(나이, 장애, 인종, 민족성)이 부정적인 행위의 표적물이 되는 방식에 대해 이해하게 된다.

☐ 자신의 다문화적 역량 및 전문지식의 한계에 대해 인정할 수 있다.

☐ 내담자의 종교적, 영적 신념과 가치관을 존중한다.

☐ 내담자와 타인 사이에 존재하는 차이가 불편함의 근원일 수 있음을 인정한다.

☐ 인간 행동에 대한 다양한 가치 지향성과 다양한 가정들을 환영하며, 이에 따라 문화적으로 밀폐되기보다는 내담자의 세계관을 나눌 기반을 갖고 있다.

☐ 자신의 문화적 유산이 더 우월하다는 태도를 갖지 않으며 다양성의 많은 형태를 받아들이고 가치롭게 생각할 수 있다.

☐ 내담자의 중심 문화적 생각들을 확인하고 이해할 수 있으며, 자신의 문화적 생각을 상담하고 있는 사람들에게 부적절하게 적용하지 않는다.

☐ 그 문화 고유의 도움을 주는 방식과 지역사회 내에서 도움을 제공하는 네트워크를 존중한다.

☐ 자문, 슈퍼비전, 추가적인 훈련과 교육을 통해 스스로 잘 기능하고 있는지를 점검한다.

☐ 서양의 주류 상담 전략이 모든 사람 혹은 모든 문제에 맞지 않을 수 있다는 걸 이해하며 내담자의 필요에 따라 개입을 어떻게 조정해야 할지 알아차린다.

문화적으로 숙련된 상담자들의 지식

이미 갖고 있다고 생각하는 이 영역에서의 각 지식의 종류 옆 박스에 표시를 해보자.

지식 영역에 관해 문화적으로 숙련된 상담자는…

☐ 자신의 인종과 문화적 유산에 대해 알고 이것이 개인적으로나 일할 때에 어떻게 영향을 주는지에 대한 지식을 갖고 있다.

☐ 억압, 인종차별주의, 편견, 차별, 고정관념이 자신에게 개인적으로나 전문적으로 어떻게 영향을 미치는지 알고 이해한다.

☐ 문화적 배경이 다른 내담자에게 자신의 가치관과 기대를 강요하지 않으며 내담자를 정형화하지 않는다.

☐ 함께 작업하는 내담자의 세계관, 가치관, 신념을 이해하려고 애쓴다.

☐ 어떤 사람들에게는 자신의 지역사회에서 이용 가능한 정신건강 서비스를 활용할 수 없게 하는 제도적 장벽이 있음을 인지한다.

☐ 측정 도구들에 잠재적인 편견이 있다는 사실을 알고 사용 절차와 결과 해석에 있어 내담자의 문화적, 언어적 특징을 유념한다.

☐ 자신이 상담하는 특정 개인에 대한 구체적인 지식과 정보를 갖고 있다.

☐ 다른 문화 집단 사람들의 의사소통 방식에는 차이가 있음을 알며 이 방식이 어떻게 상담 과정과 충돌하거나 상담 과정을 촉진시킬 수 있는지를 이해한다.

☐ 내담자가 속한 공동체의 특징과 가족뿐만 아니라 지역사회 내의 자원들에 대해서도 잘 안다.

☐ 함께 작업하는 내담자가 속해 있는 집단에서 가족 구조의 기본과 성
역할에 대해 공부한다.

☐ 다양한 문화에 속한 사람들이 전문적 도움을 요청하는 것을 어떻게
느끼는지를 이해한다.

☐ 이민 문제, 빈곤, 인종차별주의, 고정관념화, 낙인, 무력감을 포함한,
인종적, 민족적 소수자의 삶을 침해하는 사회정치적 영향력에 대해
인지하고 있다.

☐ 다양성을 긍정적인 측면에서 바라봄으로써, 다양한 범주의 내담자 집
단과의 작업에서 제기되는 도전을 기꺼이 마주하고 풀어갈 수 있다.

☐ 내담자로 하여금 자기 문화 고유의 지지 체계를 활용할 수 있도록 돕
는 방법을 안다. 이러한 지식이 부족한 영역에서는 그들을 도와줄 자
원을 찾는다.

문화적으로 숙련된 상담자의 기술 및 개입 전략

이미 갖고 있다고 생각하는 이 영역에서의 각 기술 분야 옆 박스에 표시를 해
보자.

구체적인 기술에 관해 문화적으로 숙련된 상담자는…

☐ 상담의 목표, 기대, 법적 권리, 상담자의 이론적 지향과 같은 문제를
포함하여 상담이 진행되는 과정에 대해 내담자에 대한 교육을 책임
진다.

☐ 다양한 내담자 집단에 영향을 미치는 정신건강 및 정신질환에 대한
관련 연구와 최신 연구 결과를 익힌다.

☐ 문화적으로 다양한 내담자 집단과 작업하는 능력을 향상시키기 위해
교육, 자문, 훈련 경험을 기꺼이 찾아다닌다.

☐ 자신의 다문화 역량 및 개인문화적 역량 수준을 평가하고 문화적으
로 유능한 상담자가 되기 위해 할 수 있는 일을 한다.

☐ 문화적으로 다른 내담자를 더 잘 상담하기 위해, 필요한 경우 전통적
치유자 혹은 종교적, 영적 지도자에게서 자문을 받는 것에 개방적이다.

☐ 내담자의 삶의 경험과 문화적 가치관과 일치하는 목표를 설정하고

그에 맞는 방법과 전략을 사용한다. 자신의 개입 또한 문화적 차이에 맞춰 조정하고 수정한다.

□ 문화적으로 민감한 방식으로 내담자와 라포를 형성하고 공감을 전달한다.

□ 특정 집단 내담자에게 편견 없는 효과적인 개입을 설계하고 수행할 능력을 갖고 있다.

□ 적절할 경우 자신과 내담자 사이의 차이에 대한 이슈를 제기하고 탐색할 수 있다.

□ 상담에 있어 어느 한 가지 접근에만 제한되지 않으며 상담 전략은 문화와 밀접하게 관련되어 있음을 인식한다.

□ 언어적, 비언어적 메시지 모두를 정확하고 적절하게 주고받을 수 있다.

□ 내담자의 입장에 서서 제도적으로 개입하는 기량을 발휘할 수 있다.

□ 사무실 밖의 사람들과(지역사회 이벤트, 기념행사, 이웃 사람들 등) 가능한 정도까지 활발하게 교류한다.

□ 자신의 한계를 다루기 위해 전문적, 개인적 성장 활동을 적극적으로 추구하고 참여한다.

□ 다른 상담자에게 의뢰하는 것이 필요한지 혹은 어디로 해야 할지를 결정하기 위해 문화적 이슈에 대해 다른 전문가들과 주기적으로 상의한다.

숙고해 볼 문제들

이제 체크리스트를 마쳤다면, 현재 의식, 지식, 기술 수준에 대해 요약해 보고 그 의미에 대해 생각해 보자. 현재의 다문화적 역량 수준을 평가하기 위한 방식으로, 다음 질문을 곰곰이 생각해 보자.

- 자신의 문화가 생각하고 느끼고 행동하는 방식에 어떻게 영향을 주는지 잘 알고 있는가? 자신의 문화와 다른 문화 모두에 대한 이해의 기반을 확장하기 위해 취할 수 있는 조치는 무엇인가?

- 여러분의 기본 가정들이, 특히 문화, 민족성, 인종, 성별, 계층, 종교, 장애, 성적 지향에서의 다양성에 적용될 때 이를 알아차릴 수 있는

가? 자신의 가정이 상담자로서의 수행에 어떻게 영향을 미칠 것인지에 대해 어느 정도로 확실히 알고 있는가?

- 자신이 사용하는 기법을 내담자에게 적용할 때 얼마나 개방적으로 유연할 수 있는가?
- 지금 자신의 문화적 관점을 다른 문화 사람의 관점으로부터 어느 정도까지 변별해낼 수 있는가?
- 여러분의 교육 프로그램은 다양한 내담자 집단과 일하기 위해 필요한 인식, 지식, 기술 들을 얻을 수 있도록 준비되고 있는가?
- 자신이 가진 어떤 종류의 삶의 경험이 다른 세계관을 지닌 사람들을 더 잘 이해하고 상담할 수 있게 하는가?
- 자신과 다른 사람들과 효과적으로 작업하는 능력을 방해할 수도 있는 개인 문화적 편견의 영역에 대해 지각할 수 있는가?

자신의 한계를 인정하기

문화적으로 숙련된 상담자로서 여러분은 자신의 다문화적 역량과 전문 지식의 한계를 인식할 능력이 있다. 여러분이 상담하게 될 사람들의 문화적 배경에 대해 전부를 알 수 있다고 기대하는 것은 현실적이지 않다. 내담자로 하여금 관련된 그들 문화에 대해 알려 달라고 하라는 데에는 충분한 이유가 있다. 내담자에게 그들과 효과적으로 작업하기 위해 필요할 정보를 달라고 요청하라. 문화적으로 다양한 사람들과 작업할 때에는 그들이 겪어온 문화적응 및 정체성 발달의 정도를 평가하는 것이 유용하다. 이는 다른 문화에서 산 경험이 있는 사람들에게 특히 더 그렇다. 그들은 흔히 고유 문화에 충성하지만 새로운 문화의 어떤 특징에 매력을 느낀다. 그들은 자신이 살고 있는 두 문화들의 가치관을 통합할 때에 충돌을 경험할 수 있다. 이 핵심 갈등은 협력적인 상담관계 맥락에서 생산적으로 탐색될 수 있다.

여러분이 자신의 한계를 받아들이고 내담자 곁에 인내심 있게 머무르며 자신의 문화가 지금의 여러분에게 어떻게 지속적으로 영향을 미치고 있는지에 대한 시각을 확장해 볼 것을 격려한다. 알지 못하는 모든 것에 압도되거나 자신의 한계 혹은 편협한 시각에 죄책감을 느끼는 건 도움이 안 된다. 모든 내담자의 문화적 배경에 대해 완벽하게 알아야 한다고 기대한다고 해서, 기술의 레퍼토리를 완벽하게 갖고 있어야 한다고 생각한다고 해서, 혹은 완벽주의를 요구한다고 해서 더 유능하며 문화적으로 숙련된 상담자가 되지는 않는다. 오히려 좀더 유능한 다문화 상담자가 되고자 하는 스스로의 노력을 알아주고 환영하길 바란다.

사회정의 역량

억압과 차별이 내담자의 삶에서 작동하고 있음을 이해하는 것은 윤리적인 상담의 근본이며, 이런 깨달음을 다양한 형식의 사회적 행동으로 변환시켜야 한다. 우리는 체계적인 불공정에 도전함으로써 사회를 더 나은 곳으로 바꾸는 데 아주 의미 있는 역할을 할 수 있다. **사회정의적 관점**은 억압, 특권, 사회적 불평등이 실제로 존재하며 다양한 문화적 집단 사람들 다수의 삶에 부정적인 영향을 미친다는 점을 전제로 한다. 광범위하게 구성해 보자면, "**사회정의**는 특히 인종/민족성, 성별, 나이, 신체적 혹은 정신적 장애, 교육, 성적 지향, 사회경제적 지위, 혹은 다른 배경적 특징이나 어떤 집단 구성원이라는 이유로 체계적으로 배제되어 왔던 사람들이, 사회적인 생활에 온전히 참여할 수 있도록 보장하는 접근 기회와 형평성을 수반한다"(Lee, 2013a, p.16). 우리가 다양한 배경의 사람들과 효과적으로 작업할 수 있기 위해서는, 사회정의적 관점에서 역량을 획득하는 것이 대단히 중요하며, 이러한 역량을 상담에 포함시키는 것은 본질적인 것이다.

　사회정의적 관점은 사회에서 우리가 공평하게 나누고 있지 않은, 주변화되고 낮게 평가받는 사람들을 공정하고 동등하게 대우하는 것을 가치롭게 생각하는 태도를 나타낼 뿐만 아니라, 또한 우리 삶에 영향을 미치는 문제들에 대한 결정을 내리는 것에 참여할 권리를 포함한다(Crethar & Ratts, 2008;

Crethar, Torres, Rivera, & Nash, 2008). 여러분 자신의 문화적 준거틀을 인식하는 것이 세상에 참여하는 방식의 첫 시작점이다(Hogan, 2013). 여러분 중 모두가 제도적인 변화를 가져올 만한 시간, 에너지 혹은 능력을 갖고 있는 것은 아니나, 각각이 어떤 종류의 사회 변화를 위해서든 일할 수 있다.

Chung과 Bemak(2012)은 사회정의 작업을 **제5세력**(the fifth force)이라고 부른다. 이는 개인을 넘어서는 패러다임의 전환을 수반하며, 옹호와 사회 변화에 대한 적극적인 관심을 표명한다. 예를 들면 사회정의에 몰두하고 있는 상담자는 '선거 기간 동안 투표를 억제시키려는 움직임'을 해결하고자 하는 지역 조직에서 활발하게 활동할 수도 있다. "옹호자가 된다는 것은 에너지, 전념, 동기, 열정, 끈질김, 강인함, 유연성, 인내심, 자기 표현, 준비, 기지, 창조성, 다중시스템 및 다학제적인 관점, 갈등을 다루고 협상하며 체계에 접근할 수 있는 능력에 덧붙여, 핵심적인 상담 기술과 다문화적 역량이 요구된다."(p.175)

억압받는 집단을 옹호하는 데에는 대규모로 지속적인 노력이 필요하지만, 매일의 삶에서 작은 실천으로도 사회정의를 촉진시킬 수 있다. 예로 동료가 휴게실에서 혹은 페이스북 '친구'가 주변화된 집단의 누군가에 대해 무신경한 말을 할 때, 편향된 그 발언에 대해 언급함으로써 여러분은 사회정의를 옹호할 기회를 갖는다. 사회정의 역량을 개발하는 것은, 다문화적 역량과 마찬가지로, 하루아침에 완전히 성취되는 것이 아니다. 이 분야의 역량은 광범위한 내담자 집단에게 최상으로 복무할 준비를 갖춰줄 태도와 행동을 개발시키는 일생의 여정 중 일부라고 생각하는 것이 가장 적절하다.

다문화적 훈련

상담자가 자신의 일에서 다문화적 관점을 활용할 수 있게 하기 위해, 우리는 다양한 내담자 집단에 대한 공식적인 커리큘럼과 슈퍼비전을 동반한 현장 경험을 통해 전문화된 훈련을 지지한다. 우리는 상담자에게 자기 탐색적인 수업이 요구되어야 하며, 그 결과 상담자들은 자신의 문화와 민족성의 사각지대를 좀더 잘 이해할 수 있을 거라고 믿는다. 학생들이 자신의 것이 아닌 문화에 대해 배우도록 하는 것 이외에도 이런 수업은 훈련생들에게 자신의 인종, 민족성, 문화에 대해 더 잘 알아볼 기회를 제공할 수 있다.

좋은 프로그램은 오직 다문화적 이슈와 다양한 배경의 사람들에 대해서만 다루는 수업을 적어도 하나는 포함해야 한다. 하지만, 전문가의 윤리, 다문화적 상담 역량, 사회정의 상담 이슈들의 접점을 다루기 위해 설계된 단일한 수업 하나에 의존하는 것은 상담자들이 맞닥뜨릴 일들을 돕기에 충분하지 못하다(Bemak & Chung, 2007). 개별적인 수업에 더해 다문화적 상담에 관한 폭넓은 범위의 윤리적인 의사결정 능력이 커리큘럼 전반에 걸쳐 통합되고 훈련 프로그램의 모든 측면에 스며들어 있어야 한다. 예를 들면 현장실습 혹은 인턴십 세미나에서 다양한 내담자 집단에서의 특수한 요구에 상담 전략을 맞추는 방법을 소개하고 어떤 기법이 문화적으로 다른 내담자들에게 어떤 식으로 상당히 부적절할 수 있는지를 보여줄 수 있을 것이다. 다문화주의와 성평등의식의 통합은 분명히 관련 정규 과정을 관통하는 맥락이 될 수 있다. 게다가 실습생들에게 다문화적인 경험을 할 수 있는 곳에서 적어도 한 번 이상의 현장 배치나 인턴십을 요구할 수도 있다. 이상적으로는 이 기관의 슈퍼바이저가 특정한 환경에서의 문화적 변인들에 대해 정통하며 비교 문화적으로 이해하는 데에도 숙련되어 있을 것이다. 더 나아가 실습생들은 교내에서 교수진으로부터 개인 및 집단 슈퍼비전 모두를 받을 수 있어야 한다.

슈퍼비전을 동반한 경험은, 실습생들이 자신이 배운 것을 토론할 기회와 함께, 좋은 프로그램의 핵심이다. 우리는 여러분이 성별 이슈, 문화적 관심, 발달적 이슈, 삶의 방식 차이에 관해 작업하도록 도전시켜줄, 슈퍼비전을 동반한 현장 배치나 인턴십을 선택할 것을 권장한다. 여러분은 오로지 자신에게 편안하고 익숙한 문화의 내담자와만 작업해서는 다양성을 효과적으로 다루는 법을 배울 수가 없다. 지역사회로 나가 수많은 문제를 겪고 있는 다양한 집단과 상호작용한다면 아주 많은 것을 배우게 될 것이다. 잘 선택한 인턴십 경험을 통해 여러분은 자신의 의식을 확장할 뿐만 아니라 다양한 집단에 대한 지식 또한 늘릴 수 있을 것이다. 이는 개입 기술을 획득하는 데 기반이 될 것이다.

Pedersen(2000)은 효과적인 다문화 훈련 프로그램은 인식, 지식, 기술 개발, 경험적인 상호작용을 구성요소로 포함하며 이 모든 것이 실제 실습에 통합되어야 한다고 파악했다. 여러분이 봐왔듯, 개인적인 태도와 다양한 내담자 집단에 대한 자세를 인식하는 것은 유능한 상담자가 되기 위해 필수적이다. 지식의 관점에서, 상담자는 다양한 집단을 특징짓는 것이 무엇인지 이해할 필요가 있다. 그들은 다양한 집단 내에서 어떤 행동이 용인되며, 이런 행동이 어떻게 다른 집단에서와 다른지 알아야 한다.

기술 개발은 필수적이나 다양한 집단과 작업하는 걸 배우는 데 충분한 구성요소는 아니다. 기술은 그 자체로 아주 특별한 것은 아니나, 이런 기술들이 특정 내담자에게 적용되는 방식이 훈련의 초점이 되어야 한다. 효과적인 훈련은 이 영역들 각각에 대해 충분한 관심을 할애할 것이다. 만약 이 중 어느 것 하나라도 무시된다면, 상담자는 불리한 입장에 서게 된다.

훈련 프로그램은 지난 몇 년 동안 크게 발전해 왔지만, 다양한 내담자들의 필요를 맞추기 위해 요구되는 지식과 기술을 갖추도록 상담자를 준비시키려는 목표를 갖고 있다면 아직도 가야 할 길이 남아 있다. 학생으로서 여러분은 자신의 문화적 배경의 영향을 인식하고 검토하며 자신과 다른 문화에 대해 배우려는, 작지만 의미 있는 단계를 밟고 있다. 위에서 제시된 제안들 중 몇 가지라도 실천하려고 결심하는 것이 문화적으로 숙련된 상담자가 되는 방향으로 움직이는 한 방법이다.

복습

- 다문화주의는 상담관계에서 다양성을 인식하고 가치 있게 생각하며 상담자들이 문화적으로 적절한 전략을 개발하도록 요구한다.
- 다문화적 견지는 인종, 민족성, 성별, 나이, 능력, 종교, 언어, 사회경제적 지위, 성적 지향, 정치적 견해, 지리학적인 지역과 관련하여 특정 가치관,

믿음, 행동 들을 고려한다. 다문화적 상담은 폭넓게 구성되며 상담자와 내담자가 의미 있게 상호작용하는 맥락을 형성하는 데 있어 두 사람 모두의 성격 역동과 문화적 배경을 고려한다.

- 다양한 문화의 내담자와 효과적으로 기능하기 위해서, 상담자들은 특정 문화적 차이를 알고 존중하며, 이런 문화적 가치관이 상담 과정에서 어떻게 작동하는지 인식할 필요가 있다.

- 문화적 터널 시각을 가지려는 그 어떤 경향에 대해서도 주의하라. 만약 여러분의 문화적 경험이 제한적이라면, 다른 세계관을 가진 내담자와 관계를 맺는 데 어려움을 느낄 수 있다. 여러분은 이런 내담자들이 보이는 많은 행동 패턴을 잘못 해석하기 쉽다.

- 인종과 민족성의 주제를 꺼내는 것은 다문화적 요소를 상담에 적극적으로 포함하는 한 방법이다. 이는 상담 동맹을 강화시키고 더 나은 상담 결과를 촉진할 수 있다.

- 많은 다양한 내담자들이 불평등한 대우를 받았던 역사 때문에 기득권 혹은 사회 서비스 기관과 연합되어 있는 상담자를 불신하게 되었다.

- 여러분의 태도와 행동을 통해 무심코 인종차별주의를 표현하게 되는 방식에 주의를 기울이는 것이 중요하다. 이런 형태의 인종차별주의를 바꾸는 한 방법은 자신의 가정을 명료화해 보는 것이다.

- 개인의 성별, 성적 지향, 장애에 대한 일상적이고 사소한 차별(Microaggressions)은 인종적인 차별만큼이나 강력하고 유해한 잠재력을 가질 수 있다.

- 상담자들은 지속적으로 자신의 정치적 역전이를 감시하는 데 전념함으로써 이러한 편견과 가정들이 상담 과정에 악영향을 미치지 않도록 해야 한다.

- 다른 문화의 사람들과 작업할 때, 정형화를 피하고 자기 개방, 비언어적 행동, 신뢰 관계, 자기실현, 단순 명쾌함, 자기 표현을 사용하는 것에 대한 자신의 가정들을 비판적으로 평가하라.

- 상담자로서 여러분은 어떤 종류의 장애를 가진 사람들과 작업하든 간에 자신의 태도를 기꺼이 점검하려는 의지를 보이는 것이 중요하다.

- 장애를 가진 많은 사람들이 비범한 성공을 성취한다. 여러분의 초점을 내

담자가 지각하는 한계가 아닌 잠재성에 맞추도록 하라.

- 유능한 다문화 상담자는 그들이 지닌 특정 지식, 신념, 행동, 기술의 면에서 식별되고 있다.
- 상담 전문직에서 제5세력인 사회정의는 억압, 특권, 사회 불평등의 이슈를 다룬다. 상담 전문가는 사회정의 역량을 획득함으로써 사회에서 드러나고 있는 사회정의 이슈들을 다루는 일에 적극적인 입장을 취해야 한다.
- 다문화적, 사회정의 역량을 획득하고 연마하는 것은 지속적인 성찰, 훈련, 교육이 필요한 일생의 발달적 과정으로 생각해야 한다.
- 차이를 긍정적인 특징으로 생각하는 상담자는 다문화적 상담 상황에서 제기되는 도전들을 대부분 마주하고 풀어나갈 수 있다.

이제 무엇을 할 것인가?

1   만약 여러분의 프로그램에서 문화적 다양성에 대한 수업을 필수로 요구하지 않는다면, 선택 과목으로라도 이런 수업을 수강하는 것을 고려하길 바란다. 또한 특수 집단을 다루는 다른 과목들의 수업을 몇 차례 청강할 수 있는지 부탁해 볼 수도 있다. 예를 들면, 종합대학에는 다음과 같은 수업들 중 몇 가지가 있을 것이다. 흑인 가족(The Black Family), 멕시코계 미국 가족(The Chicano Family), 미주 원주민 여성(American Indian Women), 아프리카계인들의 경험(The African Experience), 멕시코계 미국인과 현안 과제(The Chicano and Contemporary Issues), 아프리카계 미국인 음악의 이해(Afro-American Music Appreciation), 미국에서 백인 민족성(The White Ethnic in America), 여성과 미국 사회(Women and American Society), 멕시코계 아이들(The Chicano Child), 바리오(미국 내 스페인어 사용자 거주 지역: 역주) 연구(The Barrio Studies).

2   학내에서 여러분은 특정 문화 집단에 대한 다수의 학생 조직을 찾을 수 있을 것이다. 이 조직 중 몇몇 구성원에게 그 집단에 대한 정보를 부탁해 보라. 그들 문화를 더 잘 이해하기 위해 행사에 참여해 볼 수 있는지도 알아보라.

3   자신의 문화 지평을 넓힐 수 있는 방법에 대해 생각해 보자. 레스토랑에

가거나, 사교 모임, 종교적 예식에 참여하는 것, 콘서트, 연극 또한 영화를 관람하는 것 등은 여러분이 잘 알지 못하거나 더 알고자 하는 문화를 경험할 수 있게 해줄 것이다. 가능하다면 자신과 다른 문화적 배경의 사람과 함께 이런 활동을 해보길 바란다. 그리고 그 혹은 그녀 문화에서 두드러지는 측면에 대해 가르쳐 달라고 해보자.

4   만약 가족 중 누군가가 다른 나라 출신이라면, 그 문화에서 성장했던 경험에 대해 인터뷰해 보자. 만약 그들이 이중문화에 속한다면, 두 문화가 뒤섞인 경험은 어떤 것이 있는지 물어보자. 동화 과정에서 그들은 어떤 경험을 했는가? 그들은 원래 문화적 정체성을 유지하고 있는가? 양쪽 문화에서 그들이 가장 가치롭게 생각하는 것은 무엇인가? 여러분의 문화적 뿌리 중 지금의 생각과 행동에 영향을 준 것을 찾아내기 위해 할 수 있는 것을 해보자. 2장에서 여러분은 원가족이 어떻게 자신에게 영향을 미치는지 발견하는 것이 중요하다는 것을 배웠다. 이 활동들이 문화적 유산을 더 풍부하게 이해하도록 도와줄 것이다.

5   상담자는 다양한 장애를 가진 내담자들을 만날 가능성이 높다. 광범위한 장애의 종류로는 이동성 장애(mobility disabilities), 시각 장애, 발달 장애, 정신과적 장애, 인지 장애 등이 있다. 서너 명씩 집단을 만들어, 이 범주에서 하나를 선택하여 이런 장애를 지닌 사람을 위해 여러분 지역사회에서 이용 가능한 도움에는 어떤 종류가 있는지 조사해 보자. 이 집단에게 어떤 추가적인 서비스가 도움이 될 것인가? 여러분이 조사한 내용을 수업 시간에 발표해 보자.

6   여기 소개된 각 자료의 출처는 이 책 뒷부분 참고문헌에 나와 있다. 다양한 민족 및 인종 집단에 대한 상담 전략과 이슈에 대해서는 Atkinson(2004)를 참고하라. Pedersen(2000)은 다문화적 인식, 지식, 기술의 향상에 대한 주제를 광범위하게 다루고 있다. 상담에서 무심결에 발생하는 인종차별주의에 대한 논의는 Ridley(2005)를 참고하라. Ivey, D'Andrea와 Ivey(2012)는 다문화적 시각에서 상담 이론을 포괄적인 방식으로 다룬다. 상담 전문가들에게 있어 사회정의적 관점에 대한 훌륭한 논의는 Chung과 Bemak(2012)를, 상담에서의 다문화적 이슈에 대한 유용한 논의는 Lee(2013c)를 찾아보라. Sue와 Sue(2013)는 다양한 내담자

집단을 상담하는 것에 대한 종합적인 내용을 집필했다. 문화적 인식, 지식 습득, 기술 향상의 영역에서 문화적 역량을 개발시키는 것에 대한 관점은 Lum(2011)을 참고하기 바란다.

Ethics in Action 비디오 연습문제

7   비디오 롤 플레이 3, '도전받는 상담자: 문화 충돌'에서, 내담자(Sally)는 직접적으로 상담자의 배경에 대해 질문한다. 그녀는 상담자(Richard)가 이렇게 어리고 경험이 부족한 듯 보일 줄 몰랐다고 말한다. 그녀는 그에게 중국 문화에 대해 잘 아는지 모르는지 물어봄으로써 더 압력을 가하고 있다.

여러분이 이 상담자이고, 내담자가 직접적으로 여러분 배경에 대해 질문하며, 자신의 삶의 경험을 이해하고 나아가 자신을 도울 수 있을지 궁금해 한다고 생각해 보자. 여러분은 내담자와의 수많은 차이들을 고려할 때, 어떤 차이에 대해 특히 더 걱정하겠는가? 여러분과 내담자 사이의 충돌이(나이, 인종, 성적 지향, 문화 등에서의 차이로 인해) 고조되어 가는 상황을 롤 플레이해 보자.

8   비디오 롤 플레이 6, '다문화 이슈: 삶보다 더 많은 것을 추구함'에서, 내담자(Lucia)는 자신의 고민을 털어놓는데, 이는, 상담자(Janice)가 그녀의 문화적 가치관을 이해하는 정도까지만 이해될 수 있는 것이다. 이 사례에서, Lucia는 자기 삶에서 원하는 바를 결정하기 위해 분투하고 있다. 부모님은 그녀가 집에서 머물며 아이들을 돌보길 바란다. 그녀는 Janice에게 자기를 어떻게 도와줄 수 있는지 묻는다. 상담자는 가장 중요한 것은 어떤 결정을 내리든 그 결정에 대해 평온해지는 것이라고 이야기했다. 이 상황을 수업 혹은 소집단에서 롤 플레이해 보고 상담자가 다양한 내담자를 윤리적이고 효과적으로 상담할 수 있기 위해서는 무엇이 필요한지를 토론하는 도약대로 삼아볼 수 있을 것이다.

Chapter 5

초심상담자가 당면하는 문제들

핵심 질문

1 여러분이 가장 다루기 힘들 것이라고 예상하는 내담자의 행동은 어떤 것인가?

2 상담자로서 다루기 힘든 행동(예를 들어, 수동 공격, 낮은 동기, 철수적인 태도 등)을 보이는 내담자를 어떻게 하면 잘 다룰 수 있겠는가?

3 내담자가 갈등을 겪고 있을 때, 어떻게 하면 개방적이고 민감하게 머무르는 동시에 그 문제에서 적절한 거리를 유지할 수 있을 것인가?

4 다양한 내담자와 상담하면서 자극을 받은 자신의 반응을 어떻게 다룰 수 있겠는가?

5 일반적으로 까다로운 행동을 보이는 친구 혹은 가족 구성원을 어떻게 대하는가? 이런 행동을 내담자가 보인다면 여러분의 반응은 어떻게 달라지겠는가?

6 어떤 과거의 경험이 특정 유형의 내담자와 작업하는 능력에 영향을 미칠 것 같은가?

7 다른 전문가에게 의뢰하고 싶게 만드는 내담자의 행동과 태도는 무엇인가?

8 만약 자신과 같은 내담자들로 구성된 사례들을 담당하게 된다면 자신의 일에 대해 어떻게 느낄 것 같은가?

9 전문가로서의 성장을 위해 자신의 이슈들을 얼마나 기꺼이 점검하고자 하는가?

10 상담자로서 자신의 역량을 가장 잘 측정할 수 있는 방법들에는 어떤 것들이 있는가?

이 장의 목적

2장에서 우리는 상담자의 자기 인식을 갖는 것이 중요하며, 자기 삶의 경험을 어떻게 하면 내담자들을 더 잘 이해하기 위한 방식으로 사용할 수 있을지에 대해 강조했다. 이 장에서는 상담자로서의 업무가 개인적 차원에서 어떤 영향을 줄 수 있을지에 대해 살펴보겠다. 내담자의 방어적인 행동에 맞닥뜨렸을 때 여러분 안에서 어떤 것이 떠오를지에 대해 기꺼이 열려 있고자 하는 의지와 능력이 바로 이 장의 주제이다.

상담자로서 일하는 동안 다양한 종류의 문제에 부딪히게 될 텐데, 그 중 몇몇은 특히 여러분을 짓누를 것이다. 이때 내담자가 상담자에게 갖는 감정 및 그에 상응하는, 내담자가 상담자에게 불러일으키는 감정을 어떻게 효과적으로 다룰 수 있을지를 이해하고 배우는 것은 아주 필수적이다. 숙련된 상담자조차도 까다로운 내담자, 특히 상당한 저항을 보이는 내담자를 어떻게 하면 창의적으로 대할 수 있을지를 배우는 데 관심을 보인다. 이 장에서 우리는 까다로운 내담자와 상담할 때 일어나는 전이, 역전이, 저항, 상담자 자신의 행동과 감정에 대한 이해와 조절이라는 중요한 문제에 대해 서술할 것이다. 제시되는 몇몇 사례들은 복잡하여 고도의 지식과 기술을 필요로 한다. 이런 사례들을 여러분이라면 어떻게 다룰지 생각해 보길 바란다.

어떤 상담자들은 잘 방어하는 내담자를 변화시키는 데 너무 몰두한 나머지, 까다롭다고 지각하는 내담자들과 상호작용하는 순간의 자신의 역동과 반응에 대해서는 알아채지 못하곤 한다. 내담자에게 하는 만큼, 자신을 눈여겨보는 것이 건설적일 것이다. 모든 복잡한 상황에 대해 어떻게 해야 할지 정확히 알고 있어야 한다고 생각하지 않길 바란다. 교육과정 중에 부담스러운 상황에 적용할 수 있는 기술을 배우고 연습할 기회가 많을 것이다. 지도감독을 받는 현장실습이나 슈퍼비전 시간은 이 장에서 제기된 문제들을 이야기하고 다양한 개입 기술을 연습하기에 이상적인 장소이다.

이 장은 아마도 해답을 주기보다는 더 많은 의문을 갖게 할 것이다. 상담자가 상담관계에서 접하게 되는 복잡하고 까다로운 여러 상황에서 간단한 해결책이란 없다. 숙련된 상담자와 치료자조차도 그들의 다층적인 이슈들을 통과해야 하는 내담자를 돕는 일이 때로 당혹스럽고 도전적이라고 느낀다. 우리의 목적은 초심상담자가 전형적으로 직면하게 되는 다양한 문제들을 소개하는 데 있다.

자기 회의와 불안을 탐색하기

상담훈련을 받고 있는 학생들은 종종 불안, 완벽주의 추구, 그 외에도 다른 개인적인 문제들을 경험한다. 많은 학생들은 종종 내담자와의 상담에서 예상될 수 있는 불안을 표현한다. 그들은 스스로 다음과 같은 질문을 한다. "내담자는 뭘 원하지? 내가 내담자를 도울 수 있을까? 무슨 말을 할지 모르겠으면 어떻게 하지? 내담자가 다시 올까?" 불안은 새로운 혹은 두려운 상황에 맞닥뜨리는 순간의 정상적인 반응이라는 걸 깨닫기 바란다. 때때로 상담의 훈련생들은 지나치게 불안해져서 내담자에게 집중하지 못하기도 한다. 그렇기 때문에 상담자들은 자신의 불안을 어떻게 다룰지를 꼭 배워야 하는 것이다. 많은 학생과 실무자들의 또 다른 걱정은 자신이 모든 내담자들을 도울 수 있어야 한다는 기대이다. 그들은 종종 스스로 완벽하지 못하고 실수하는 것을 감당하지 못할 것이라는 신념으로 스스로에게 부담을 주고, 이러한 기대는 내담자와 상담자 모두에게 비참한 결과를 가져온다.

상담 실습 과정에서 우리는 상담을 시작하는 사람들에게서 자기 회의(self-doubt)라는 말을 자주 듣는다. 다음의 진술들을 스스로에게 적용해 보며, 체크리스트를 이용하여 그 걱정이 어느 정도인지 확인해 보라.

5＝매우 동의한다

4＝동의한다

3＝동의하는 것도 동의하지 않는 것도 아니다

2＝동의하지 않는다

1＝전혀 동의하지 않는다

____ 1.   내 실수나 어떻게 해야 할지 확신 없는 나 때문에 내담자가 악화되지 않을까 불안하다.

____ 2.   종종 내가 실제에서 하는 것보다 더 많이 알고 있어야 한다고 느낀다.

____ 3.   상담장면에서 침묵이 불편하다.

____ 4.   내담자가 꾸준히 개선되고 있음을 아는 것이 나에게는 중요하다.

____ 5.   요구가 지나치게 많은 내담자를 대하기가 어렵다.

____ 6.   변화할 의지가 없거나 판사의 명령 때문에 온 내담자를 상담할 때 어려움을 겪을 것 같다.

____ 7.   변화에 대한 책임이 나와 내담자에게 각각 어느 정도 있는지 판단하기가 어렵다.

____ 8.   내 내담자에게 책임감을 강하게 느낀다.

____ 9.   상담할 때 나 자신으로 존재하고 내 직관을 신뢰하기 어려울까봐 걱정된다.

____ 10.   갈등과 직면하는 것이 두렵고, 이것이 상담에서 문제가 될 수 있다고 생각한다.

____ 11.   내가 초심자이기 때문에, 내담자가 나를 유능하지 않다고 생각할까봐 걱정이다.

____ 12.   상담장면에서 개인적인 반응을 어느 정도까지 개방해야 하는지 모르겠다.

____ 13.   내가 적절하게 개입하고 있는지에 대해 염려하곤 한다.

____ 14.   내담자의 문제를 나의 문제처럼 과도하게 동일시하고 있는 건 아닌지 걱정한다.

____ 15.   상담하면서 조언을 하고 싶어 하는 나를 발견한다.

____ 16.   내담자를 매우 혼란스럽게 하는 무언가를 말하거나 할까봐 두렵다.

____ 17.   다른 가치관과 문화를 가진 내담자를 상담하기에 나의 지식과 기술이 부족하지 않은지 걱정스럽다.

____ 18.   내담자가 나를 좋아하고 인정해줄지 걱정이 된다.

    19.   내 상담을 녹음하는 것은 불안하다.

    20.   상담 회기 혹은 상담관계를 끝내는 것에 대해 걱정한다.

    21.   차별과 억압을 받고 있는 내담자를 위한 유능한 대변자가 되지 못해 내담자를 실망시킬까봐 염려스럽다.

    22.   불평등과 불공정한 정책에 도전하려는 내 노력이 반대에 부딪힐까봐 불안하다.

    23.   내담자의 이슈에 사로잡힌 나머지 그에 압도되고 마침내는 내가 소진되지 않을까 두렵다.

    24.   모든 임상 업무와 상담자가 해야 하는 행정 업무 사이에서 이리저리 치일까봐 걱정된다.

    25.   상담자가 되기 위해 요구되는 개인적 성장이 미처 다룰 준비가 되지 않았고 사적 관계에 영향을 미칠 수도 있는 개인적 이슈들을 파헤쳐야 하는 것일까봐 걱정된다.

이제 가장 관심이 가는 이슈를 선택하여 그 이슈로 돌아가 보자. 스스로에게 전하고 있는 부정적인 메시지는 무엇이며, 그 메시지들이 여러분에게 쓸모 있는지 아닌지 어떻게 비판적으로 평가해 볼 수 있을까?

전이와 역전이

체크리스트에 응답한 내용에서 여러분은 효과적인 상담 능력에 영향을 미칠 수 있는 걱정과 두려움을 정확히 집어낼 수 있었을 것이다. 확실히 많은 상담자들이 개인적으로나 전문적으로나 주되게 걱정하는 바는 상담자에 대한 내담자의 반응을 건설적으로 다룰 수 있을 것인가에 대한 것이다. 이때 핵심 과제는 여러분의 반응이 내담자의 역동에서 비롯된 것이 아니라 자신의 내적 갈등에 의해 촉발되는 순간을 알아차리는 것이다.

전이의 다양한 형태

이전 장들에서 전이와 역전이에 대한 개념을 소개하였으나, 이번 장은 이 주제를 좀더 자세하게 다루고자 한다. 여러분은 원가족과의 경험이 내담자가 여러분에게 투사하는 감정을 다룰 수 있는 정도에 영향을 미친다는 점을 기억할 것이다. **전이**는 종종 무의식적인 수준에서 작동하며 내담자가 과거 삶에서 중요한 사람들에 대해 가졌던 감정과 태도를 상담자를 향해 투사하는 것을 의미한다.

전이는 일반적으로 초기 아동기에 그 뿌리를 두고 있으며, 과거의 재료들이 상담자와의 현재에서 반복적으로 재구성된다. 이 패턴은 내담자가 상담자를 지각하고 반응하는 방식에 왜곡을 가져온다. 내담자는 여러분에 대해 다양한 감정과 반응을 느낄 것이다. 또한 긍정적이고 부정적인 감정이 뒤섞인 채로 여러분을 바라볼 수도 있다. 서로 다른 시기에 동일한 인물이 사랑, 애정, 원한, 격분, 의존, 양가감정을 표현할지도 모른다. 단기상담에서도 전이감정은 발생한다. 따라서 전이가 무엇을 의미하고 이를 숙련되고 치료적으로 다루는 법을 이해하는 것은 필수적이다.

학생들과 정신건강 종사자들을 위한 훈련 워크숍에서, 우리는 참여자들이 제시하는 대하기 어려운 내담자의 사례들을 탐색한다. 우리는 이런 행동들이 그 사람에게 어떤 기능을 하고 있는지를 이해하고, 내담자의 방어적 스타일이 치루는 대가를 검토하며, 그것이 불안에 어떤 식으로 대처하려는 시도인지 이해할 필요가 있다고 강조한다. 대하기 어려운 내담자의 역동과 그것을 다루는 방식에 주목하기보다는 상담자들이 자신의 반응을 자각하고 이해하고 탐색할 수 있도록 돕는 데 더 전념한다. 우리는 가르치는 사람들에게 조급해 하며 판단하기보다는 관심과 존중을 갖고 이러한 도전 혹은 방어적 행동에 접근하도록 격려한다.

여기에 여러분이 맞닥뜨릴 가능성이 높은 전이 상황의 몇 가지 예들이 있다. 각각에서 내담자가 여러분에게 가질 감정에 대한 자신의 반응은 어떠할지, 여러분 안에서는 어떤 감정이 촉발될 것 같은지 자문해 보라.

상담자를 왜곡된 방식으로 지각하는 내담자

어떤 내담자는 여러분을 이상적인 부모로 지각할 것이다. 그들은 여러분이 자기 부모가 결코 해주지 않았던 방식으로 자신을 돌봐줄 거라는 기대를 가질 수 있다. 여러분을 부모로 만들고 자신을 자녀로 받아들여주길 원하는 내담자를 떠올려보며, 다음과 같은 질문을 스스로에게 해보자. "나를 비현실적인 특징과 속성을 가진 사람으로 여기는 내담자에 대해 나는 얼마나 편안 혹은 불편한가? 사람들이 나에 대해 비현실적인 기대를 갖고 있을 때 어떻게 느끼는가?"

다른 내담자들은 여러분이 이전 배우자, 비판적인 부모, 자신의 삶에서 어떤 중요한 인물을 생각나게 한다는 이유로 즉시 여러분을 불신하기도 한다. 예를 들어 한 여성 내담자가 남자 상담자에게 배정되어 자기는 남자에 대해 어떤 존경도 없다고 이야기하고 있다. 그녀의 인생에서 남자들은 믿을 만하지 않았고, 상담자 역시 남성이기 때문에 그녀를 배신하는 게 당연하리란 것이다. 만약 여러분이 이전 경험에 비추어 여러분을 속단하는 내담자를 만난다면, 어떻게 반응하겠는가? 내담자의 행동을 전이반응으로 인식하며 방어적이지 않은 방식으로 다룰 수 있겠는가? 만약 여러분이 그녀와 아무리 긍정적으로 상호작용하려고 한들, 내담자는 여러분이 결국 자신을 실망시킬 거라고 말한다면, 어떻게 반응하겠는가?

어떤 내담자는 어린 시절 버림받았던 경험 때문에 여러분을 신뢰하지 않으려 하고 여러분 역시 그들을 버릴 거라고 확신한다. 그들은 과거의 경험을 여러분에게 겹쳐놓고 있는 것이다. 이혼 가정에서 자란 내담자를 생각해 보자. 그녀는 어떤 까닭에선지 그녀가 부모를 갈라놓게 했다고 확신한다. 그녀는 과거에 버려졌고 그녀 삶에서 그때의 고통을 기억하기 때문에 여러분을 실망시키지 않으려고 경계한다. 여러분과 가까워지면, 그녀는 무엇을 어떻게 해야 할지 모를까봐, 여러분 역시 그녀를 버릴까봐 두려워한다. 이러한 내담자와 상담할 때, 다음 질문에 대해 생각해 보자. "나는 그녀를 버리고 떠날 생각이 없다는 걸 납득시키기 위해 무엇을 해야 하는가? 내가 그녀의 부모처럼 할 것이라는 말을 들으면 어떤 반응을 하겠는가?"

정치적 전이를 경험하는 내담자

전이는 내담자의 다른 사람이나 기관에 대한 과거의 부정적인 경험 및 태도에서도 비롯될 수 있다. 여러분은 내담자가 억압당하고 있는 체제의 부분으로서 지각될 수도, 혹은 내담자를 학대했던 집단의 구성원 중 한 명을 떠올리게 할 수도 있다. **정치적 전이**에서, 내담자들은 자신의 경험을 형성해온 정치적 맥락에 대한 반응을 상담자에게 투사한다(Chung & Bemak, 2012). 예를 들어 여러분이 주류 미국인 학교 상담자로서 사이버 폭력의 표적이 되고 있는 아랍계 미국 남학생을 만나고 있다고 생각해 보자. 그의 미국인 친구들은 그를 테러리스트라며 심술궂게 비난하고, 그로 인해 내담자는 우울과 불안을 느끼고 있다. 여러분 역시 지배 집단의 일부이기 때문에, 이 어린 남학생은 여러분 또한 그에게 인종차별적인 감정을 품고서 고정관념을 가질 거라 믿을 수 있다. 그의 진실성을 공격하고 무척 불쾌하게 만든 주류 미국인에 대한 과거 경험에 근거하여 그는 여러분을 신뢰하지 않을지도 모른다. 그가 여러분에게 적대감을 드러낸다면, 여러분은 그의 방어를 생각하며 이 학생에게 어떻게 반응하고 싶은가? 그가 만약 여러분에게 겁먹거나 자기를 드러내는 걸 두려워하는 듯 보인다면? 이는 여러분에게 어떤 느낌을 줄 것 같으며 여기에 어떻게 반응하겠는가?

여러분이 완벽하다고 생각하는 내담자

다음과 같은 남성 내담자를 떠올려보자. 그는 여러분을 묘사할 때 최고의 형용사를 사용한다. 여러분은 항상 이해심이 많고 지지적일 것이라고 여긴다. 여러분이 이상적인 가정생활을 꾸리고 있다고 확신하며 어떤 개인적인 어려움이 있을 거라고는 상상조차 할 수 없다. 그가 상담을 통해 만든 변화를 모두 여러분의 공이라고 믿는다. 이 내담자가 스스로 만든 변화에 대한 공적을 자기에게 돌릴 수 있도록 도우려면 어떤 조치를 취할 수 있는가? 내적으로는 여러분을 완벽하다고 생각하는 내담자의 투사에 대해 어떻게 반응할 것이라 생각하는가?

상담자와 사랑에 빠진 내담자

어떤 내담자는 여러분을 애정의 대상으로 삼을 것이다. 그들은 이 세상 그 누구도 여러분만큼 애정을 느끼게 한 사람이 없다고 말할지도 모른다. 그들은 만약 여러분처럼 자신을 사랑하고 수용해 준 사람이 있었다면, 지금 당면하고 있는 문제를 갖지 않았을 것이라고 확신한다. 여러분은 이런 찬사에 어떻게 반응하겠는가? 내담자의 이런 반응이 스스로에 대한 인식을 높이거나 왜곡시킬 수 있을 것 같은가?

비현실적인 요구를 하는 내담자

어떤 내담자는 여러분이 생각하는 바를 먼저 알기 전에는 아무 결정도 내리지 않는다. 그들은 여러분에게 아무 때나 전화해도 되는지 알고 싶어 한다. 그들은 정해진 시간을 초과하여 상담을 해달라고 요구할 수도 있다. 그들은 여러분에게 얼마나 친밀감을 느끼는지를 이야기하며 친구가 되고 싶어 한다. 인지적으로는 이런 비현실적인 요구의 본질이 무엇인지 이해한다 하더라도, 그러한 요구가 여러분에게 어떻게 영향을 미칠 것이라고 생각하는가? 이런 내담자들에게 여러분을 대하는 방식과 과거 중요한 인물을 대하던 방식 사이의 관련성을 볼 수 있도록 어떻게 도울 수 있을까?

여러분에게 분노를 퍼붓는 내담자

어떤 내담자는 다른 곳에서 추방된 분노를 상담자를 향해 맹렬히 쏟아부을 것이다. 만약 여러분이 이에 맞서면 짜증을 낼 것이다. 여러분이 그들의 행동에 대해 관찰한 것이나 반응을 하려고 하면 여러분에게 분개하고 있다는 걸 분명히 알게 할 것이다. 여러분은 아마도 마땅히 받아야 하는 것보다 더 큰 분노에 맞닥뜨리고 있다는 걸 인식하고 내담자와 논쟁에 휘말리는 것을 피하도록 하라. 만약 내담자의 반응을 너무 개인적으로 받아들이게 되면 방어적으로 반응하게 될 것이다. 상담자로서 이런 식으로 행동하는 사람에 대한 자신의 감정을 어떻게 다룰 수 있을까? 이런 종류의 내담자를 만난다면, 여러분은 슈퍼바이저나 신뢰하는 동료와 함께 자신의 감정을 표현하고 다루어야 할 것이다.

전이를 치료적으로 이해하고 작업하기

위에서 제시한 전이 행동에 대한 설명은 자신의 욕구와 동기를 자각하는 것이 얼마나 필요한지를 잘 드러낸다. 만약 스스로의 역동을 자각하지 못한다면, 내담자의 투사와 역동 안에서 길을 잃을 수 있다. 핵심 문제에 주목하지 못하고, 대신 스스로를 방어하는 데 급급할 가능성이 높다. 여러분에게 투사하고 지나친 요구를 하는 내담자가 어떻게 느껴지는지 자신의 감정에 주의를 기울이게 되면, 이 내담자의 삶에서 중요한 사람들이 내담자의 행동에 어떻게 영향을 미쳤는지를 감지할 수 있을 것이다.

그렇다고 내담자가 여러분에게 갖는 모든 감정이 단순한 전이라고 여기는 것은 잘못된 것이다. 때때로 내담자는 여러분이 한, 혹은 하지 않은 말과 행동 때문에 상담자에게 현실적으로 화를 내기도 한다. 내담자의 화가 반드시 과거의 상황에서 촉발된 비합리적인 반응인 것만은 아니다. 만약 여러분이 상담시간 동안 전화를 받는다면, 내담자는 방해를 받은 것과 함께 있어 주지 않은 것 때문에 화가 날 수 있다. 이때 내담자의 화는 정당한 반응일 수 있으며, 전이의 표현에 불과한 것으로 '변명할 수 있는' 반응이 아니다.

마찬가지로, 여러분에 대한 내담자의 애정도 항상 전이를 나타내는 것은 아니다. 그들은 순수하게 여러분의 어떤 특성을 좋아하고 함께 있는 것을 즐거워할 수 있다. 물론 몇몇 상담자들이 긍정적인 반응은 현실적인 것으로, 부정적인 감정은 왜곡된 것으로 재빨리 해석하는 것이 사실이다. 내담자가 말하는 모든 것을 무조건적으로 수용하려고 하거나 모두 전이의 신호라고 해석해 버리는 것 둘 다 오류를 범하는 것이다.

내담자가 상담자의 거절을 받으려고 아주 애쓰는 것처럼 보일 때, 이런 자기 파괴적인 행동을 통해 그들이 취하는 것, 혹은 그들의 행동이 하는 역할에 대해 탐색해 보는 것이 유용할 수 있다. 적절하게 다룬다면, 내담자는 여러분을 향해 좀더 적절하게는 그들 삶에서 중요했던 타인에게 속했던 감정들을 경험하고 표현할 수 있게 된다. 이런 감정들이 치료적으로 탐색되면, 내담자는 자신의 현재 관계들 다수에서 오랜 패턴을 어떻게 작동시켜 왔는지를 깨닫게 된다. 내담자가 여러분에게 어떻게 행동하고 반응하는지를 살펴봄으로써, 여러분은 내담자가 삶의 중요한 타인들에게 어떻게 반응하는지를 이해하기 시작할 것이다.

전이는 치료적 관계에서 생산적으로 작업될 수 있다. 상담자와의 관계에 초기 기억들을 가져옴으로써, 내담자는 중요한 타인과의 과거 관계가 어떻게 해결되지 않은 갈등을 통해 현재 관계에도 영향을 미치고 있는지에 대한 통찰력을 얻을 수 있다(Safran & Kriss, 2014). "전이는 일종의 현재에 되살아난 내담자의 초기 관계를 의미하기 때문에 치료자의 관찰과 피드백은 내담자가 이 상황에 어떻게 기여했는지를 보고, 이해하고, 인정할 수 있게 도와줄 수 있다"(p.36). 인간중심적 치료자와 게슈탈트 치료자는 치료적 관계에 대해 이와는 다른 관점을 갖고 있어 내담자와 작업할 때 전이의 개념이 치료적으로 유용하다고 생각하지 않는다.

집단상담에서 전이를 다루는 작업

집단상담에서 우리는 집단원들이 다른 집단원과 리더에 대한 자신의 전이 반응을 점차적으로 자각하는 것이 유용하다는 것을 알게 됐다. 집단상담 초기에 우리는 가장 주목을 끄는 참여자에게 집중해 보라고 요구한다. 집단원들이 타인에 대해 더 잘 자각하도록 촉진하기 위해 다음과 같은 질문을 한다.

- 집단에서 누가 가장 의식되는가?
- 자신이 어떤 사람들에게, 다른 사람에게보다 더 끌리고 있다는 걸 알겠는가?
- 특히 위협적으로 보이는 사람들이 있는가?
- 타인에 대해 빠르게 가정을 세운다는 걸 깨닫겠는가? 예를 들면, "그는 판단적인 것 같아요" "그녀는 나를 위협해요" "그는 믿을 수 있다고 생각돼요" "확실히 그녀와 떨어져 있고 싶어요" "이 세 사람이 파벌을 만들 것 같아요"처럼 말이다.

우리는 잘 모르는 사람에게 강한 반응을 보이는 집단원들을 특히 주목한다. 사람들이 자기 안에 있다는 걸 부인하는 특성을 타인에게서 '보는 것'은 흔한 일이다. 이러한 투사 과정이 전이의 근거를 형성한다. 우리가 참여자들에게 타인에 대한 첫 번째 반응을 자각해 보라고 질문하긴 하지만, 이 생각들을 밝히거나 다른 사람에게 너무 빨리 반응해 보라고 하지는 않는다. 대신 상호작용할 기회를 가진 후에 자신의 반응을 공유하도록 제안한다. 이렇게 반복적으로 긍정적 혹은 부정적인 반응을 개방함으로써, 그들은 스스로 깨닫지 못하던 자신의 측면들과 사람들에 대해 자기가 얼마나 빠르게 가정을 세우는지를 좀더 깊이 이해할 기회를 갖는다.

치료적 집단은 심리적인 취약성의 특정 패턴에 대한 인식을 증진시킬 수 있는 맥락을 제공한다. 집단 구성원들은 자신의 해결되지 않은 갈등이 어떤 방식으로 역기능적인 행동 패턴을 만드는지에 대한 통찰력을 얻게 된다. 집단 회기 내에 무슨 일이 벌어지고 있는지에 주목함으로써 집단은 사람들이 집단 밖 상황에서 어떻게 기능하고 있는지에 대한 역동적인 이해를 제공한다. 이러한 통찰에는 그들이 유년시절 중요한 인물에게 어떻게 영향을 받았는지 현재 중요한 사람들에게 어떻게 행동하는지에 대한 이해까지 포함되기도 한다. 새로운 통찰이 생기면 일상적인 상호작용에서 과거의 패턴이 분명히 드러나는 순간 스스로 이를 멈출 수 있게 된다. 그들은 이제 자동적으로 반응하는 대신, 다른 방식으로 반응할 수 있게 된다. 따라서 권위적 역할을 지닌 대부분의 여성들을 존대하며 대하는 남성은 그 여성들을 어머니의 대리인으로 삼는 것을 중단할 수 있다. 그러면 그는 다른 여성들에게 그들이 실재하는 대로 반응할 수 있다.

역전이 이슈를 이해하고 다루기

전이는 상담자 내부의 반응을 촉발시키곤 하며, 이런 반응들은 역전이로 이어질 때 문제가 될 수 있다. **역전이**(countertransference)란 내담자 행동에 대한 왜곡된 인식을 만들어내는, 내담자를 향한 치료자의 무의식적인 정서적 반응을 의미한다. 이런 현상은 부적절한 정동이 있을 때, 상담자가 대단히 방어적인 방식으로 반응할 때, 자신의 갈등이 촉발되어 관계 안에서 객관성을 잃을 때 발생한다. 역전이의 가능성을 예의주시하고, 상담자의 객관성을 방해하는,

내담자를 향해 상담자가 느낄 수 있는 비현실적인 반응들에 대해 경계하는 것이 중요하다. 여러분이 상담에 쏟는 노력이 효과가 있길 바란다면, 역전이를 역경의 잠재적인 원천으로 여기는 것이 아주 필수적이다. 여러분이 아무런 문제도 없어야 하는 것은 아니지만, 자신의 문제와 역전이가 내담자와의 관계 질에 어떻게 영향을 줄 수 있는지를 이해하는 것이 핵심적이다.

역전이가 항상 해롭기만 한 것은 아니다. 여러분이 역전이의 근원에 대해 결국 자각하게 된다면, 자신의 모든 반응을 치료적으로 사용할 수 있다. Murphy(2013)는 역전이가 상담실 밖에서 인식되고 다뤄질 때, 이는 내담자에 대한 상담자의 공감 능력을 향상시킬 수 있다고 이야기한다. 여기서 이야기하는 역전이는 내담자와 효과적으로 작업하기 위한 전제로서 극복되어야 하는, 미해결된 개인적인 내적 갈등으로 보는 정신분석적 관점이 아닌, 좀더 포괄적인 관점에서 고려되고 있다는 걸 기억하길 바란다. 현재 실무에서, 역전이는 내담자에 의해 촉발된 것이든, 상담자 삶에서 겪은 사건에 의한 것이든, 내담자를 향한 상담자의 모든 사고와 감정을 나타낸다. 언급했다시피 **정치적 역전이**는 심지어 감정이 잔뜩 고조된 정치적 이슈에 대한 상담자의 반응에 의해서도 발생할 수 있다(Chung & Bemak, 2012). 역전이는 감정, 반응, 연상, 환타지, 잠깐의 이미지 등을 포함한, 내담자에 대한 상담자의 전체적인 정서적 반응을 일컫는다(Safra & Kriss, 2014). 역전이를 문제로 여기기보다 내담자의 경험을 이해하는 한 방식으로 생각한다면, 내담자와 상담자 모두에게 가치 있는 정보를 제공할 수 있을 것이다.

상담자의 과제는 내담자와의 관계에서 경험하는 감정에 주의를 기울여, 이 정서적 반응의 원인을 규명하는 것이다. 상담자가 내담자와의 회기 동안 자신의 감정을 잘 관찰하고, 내담자를 이해하여, 그들이 스스로를 이해할 수 있도록 돕는 자원으로 자신의 반응을 이용하는 것이 필수적이다. 상담자의 개인적 이슈가 자각되면, 역전이를 적절히 다룰 수 있는 가능성이 높아지며, 이는 상담자의 반응이 상담관계를 방해할 가능성이 더욱 낮아진다는 것을 의미한다. 상담자는 슈퍼비전, 자기 성찰, 자신을 위한 상담치료를 통해 자신의 역동과 역전이 현상에 대해 더 잘 이해할 수 있게 될 것이다. 역전이를 자각한다는 것은 일회성의 사건이 아니다. 그것은 지속적이고 진화하는 과정인 것이다.

단순하게 내담자를 향해 느끼는 감정이 자동적으로 역전이 반응을 의미하지는 않는다. 우리는 어떤 내담자들에게 그가 처한 삶의 상황에 따라 깊은 공감과 연민을 느낄 수 있다. 역전이는 우리의 욕구가 상담관계의 너무 큰 부분이 되거나 혹은 내담자가 우리의 오래된 상처를 작동시킬 때 발생한다. 내담자가 우리에게 어떤 부분에서 비현실적으로 반응하고, 미해결 과제를 투사하게 되는 것처럼, 우리도 똑같이 그들에게 비현실적으로 반응하게 될 수 있다.

역전이의 한 예는, 15년 전에, 불륜을 가진 후 이혼했던 상담자(Trudy)의 일화에서 살펴볼 수 있다. Trudy는 그녀 행동에 대해 여전히 어느 정도 후회하고 있지만, 그에 대해 생각하는 걸 피하려 하며 어떤 사적인 일도 관여하지 않고 있다. Trudy는 지금 불륜을 저지르고 있는 내담자를 만나게 되어 스스로가 이 내담자의 행동을 판단하고 탐탁잖아 하는 걸 느낀다. Trudy는 그 내용이 마주하기에 너무 위협적이기 때문에 이 내담자에게서 분리되고 싶어 한다. 역전이에 대한 이런 종류의 반응은 내담자에게 해로울 수 있다.

가까운 파트너의 폭력(intimate partner violence : IPV)은 흔히 IPV의 역사가 있는 상담자들에게, 그 역사가 없는 사람도 마찬가지지만, 역전이 이슈를 촉발시킨다. 스스로 IPV역사를 가진 상담자들은 수치심, 자기 비난을 느끼고, 이런 감정들은 의식 바로 아래에 자리하고 있었을지도 모른다. 내담자의 이야기가 표면 가까이에 있던 자신의 경험을 불러와 상담자는 자기 결정에 근거하여 내담자의 행동을 판단하고 있는 스스로를 발견하게 될 수 있다. 개인적인 IPV 경험이 없는 상담자 역시, IPV는 누구에게나 발생할 수 있는 일이라는 느낌과, 취약해지는 것과 피해자가 된다는 것은 받아들이기에 너무 위협적이라는 생각에 무의식적으로 저항하기 때문에 내담자와 연결되는 데에 어려움을 겪을지도 모른다. IPV에 대한 보다 자세한 논의는 *It Could Happen to Anyone : Why Battered Women Stay*(La Violette & Barnett, 2014)를 참고하기 바란다.

이제 특정 내담자와 상담하며 여러분이 정서적으로 촉발될 수 있는 방식에 대해 떠올려보며 특히 까다롭게 여겨지는 내담자에게서 어떻게 영향을 받는지 생각해 보자. 서로 다른 형태의 전이에 어떻게 반응하는가? 어떤 종류의 내담자가 여러분의 역전이를 끌어내곤 하는가? 여러분은 내담자가 보이는 문제적 행동을 개인적으로 받아들이는가? 여러분이 까다롭다고 지각하는 내담자에게 호전적으로 반응하는 경향이 있는가? 자신의 역전이를 끌어내는 어떤 내담자들에 대해 시간과 에너지를 들여 자신을 위한 상담이나 슈퍼비전을 받으며 더 잘 이해하려고 하는 대신, 재빠르게 다른 전문가에게 의뢰하거나 상담을 종결하는가?

우리는 여러분이 때때로 실질적으로 방어를 조성할 수도 있는 내담자들에 대한 자신의 태도, 행동, 반응 들을 살펴보길 바란다. 지나치게 자기를 비판하거나 비난하지 말고, 여러분이 하고 있는 것이 내담자가 드러내는 문제적 행동을 어떻게 감소시키거나 증가시킬 수 있는지 밝히기 위해, 그들에 대한 스스로의 반응을 점검해 보자. 상담자로서 내담자가 보이는 문제 행동에 여러분이 기여하고 있는 부분을 기꺼이 보려고 하는 자세가 아주 중요하다. 여러분이 내담자와 치료적 관계에 영향을 미치는 다양한 방식에 대해 객관적인 목록 조사를 하는 것은 아주 유용한 연습이다. 유사한 역동을 지닌 내담자와 관계를 맺는 것을 방해할 수도 있는, 여러분이 알고 싶지 않거나 싫어하는 자신의 측면은 어떤 부분인가?

만약 여러분 자신, 내담자, 그리고 둘 사이의 관계를 이해하기 위한 수단으로서 자신의 감정을 사용한다면, 이러한 감정은 긍정적이고 치료적인 힘이 될 수 있다. 아무리 여러분이 통찰력 있고 자기 지각이 뛰어나다고 할지라도 상담자에게 요구되는 바는 실로 크다. 내담자와 발전시켜 가는 정서적으로 강렬한 관계는 미해결된 갈등을 수면 위로 떠오르게 할 것이기 때문이다. 역전이는 내담자와 동일시하는 한 형태일 수 있기 때문에, 내담자의 세계에서 쉽게 길을 잃게 되기도 하고, 그리하여 내담자를 도울 수 있는 능력이 제한되기도 한다. 역전이의 몇 가지 예를 소개하겠다.

- **"내가 도와줄게요."** 내담자는 아주 쉽지 않은 삶을 살아왔다. 아무리 열심히 노력해도 최선을 다했을 때조차 일이 잘 풀리지 않았다. 내

담자가 여러분을 의지하게 될 정도로, 그를 돕기 위해 특히 애를 쓰고 있는 스스로를 발견한다. 여러분의 개입은 어쩌면 내담자에게 도움이 되는 것보다 스스로를 위로하는 데 더 많이 초점이 맞춰져 있는 걸지도 모르겠다.

• **"내담자가 상담을 취소하면 좋겠어요."** 여러분 혹은 타인을 겨냥한 내담자의 분노에 위협을 느낀다. 이 내담자와 함께 있을 때면, 여러분은 자기로 존재하지 못하고 자신을 의식하며 조심하게 된다. 그래서 그가 상담을 취소하면 안도감이 든다.

• **"내 방식대로 봐주면 좋을 텐데."** 여러분은 자신이 열정적으로 생각하는 사회, 정치적 이슈에 대해 180도로 다른 견해를 가진 내담자와 상담하고 있다. 그녀가 여러분의 시각으로 세상을 보면 더 행복해지고 건강해질 거라고 확신한다. 여러분은 일주일 내내 이 내담자에 대해 생각하며 그녀의 견해가 변화하길 바란다.

• **"제 반응이 방해가 돼요."** 때때로 내담자는 고통과 눈물을 보인다. 내담자의 괴로움은 여러분을 불안하게 만드는데, 자신의 과거 삶에서 피하려고 했던 상황을 떠오르게 하기 때문이다. 여러분은 내담자의 감정을 멈추게 하려고 질문을 하며 개입하기도 한다. 이런 개입은 상담자에게 위안을 가져오려는 동기에서 비롯된 것이지, 내담자에게 가장 이득이 되는 방향이 아니라는 걸 알아차리는 것이 중요하다.

• **"나와 너무 똑같아요."** 어떤 내담자들은 여러분이 자신에게 있는 줄 몰랐던 어떤 특징들을 반드시 떠올리게 한다. 심지어 여러분이 알고 있던 특징에 대해서도 자신과 꼭 같은 문제와 상황에 대해 이야기하는 내담자와 작업하는 것은 당황스러울 수 있다. 예를 들면 한 내담자가 강박적인 일중독인데, 여러분 역시 스스로 일을 너무 열심히 한다고 생각할 수 있다. 이 내담자가 속도를 늦춰 쉬엄쉬엄 일하게 하려고 정말 많은 에너지를 쓰게 될 수도 있다.

• **"내가 아는 누군가를 생각나게 해요."** 내담자들은 여러분 삶에서 중요한 사람을 떠오르게 할 것이다. 아래 각 상황에 스스로를 놓아보고 자신이 어떻게 반응할지, 내담자에게 반응을 보일 때 그건 누구에게 하는 반응일지 생각해 보자.

1 여러분의 파트너는 바람이 나서 다른 사람에게로 떠나갔다. 그리고 지금 바람을 피며 수년간의 파트너를 떠날까 생각 중인 내담자를 마주하고 있다.

2 여러분은 성폭행 희생자인데, 내담자가 성폭행을 당한 적이 있다고 밝힌다. 혹은 내담자가 여러 해 전에 한 여성을 성폭행했었다고 말한다.

3 여러분은 유년기에 학대를 당했었는데, 내담자가 몇 달이 지난 후 자기 아이를 학대하고 있다고 말한다.

4 집에서 막 반항적인 십대 딸을 상대하고 나왔는데, 그날 첫 내담자가 아주 반항적인 청소년이었다.

5 할아버지를 잃은 후 진정한 애도 과정도 거치지 못하고 그의 죽음을 받아들이지도 못하고 있는데 나이가 많은 남자 내담자 중 하나가 건강이 나빠져 거의 죽어가고 있다. 그가 자신의 감정에 대해 말할 때마다, 여러분은 매우 불편하고 아무 반응도 할 수 없는 자신을 발견하게 된다. 그저 다 잘될 거라고 그를 안심시키려 애쓴다.

6 여러분은 아버지가 헤로인 중독에 빠져 있느라, 어머니 혼자 가장으로서 경제적으로 홀로 고군분투하던 가운데서 성장했다. 새로운 내담자가 수년간의 헤로인 중독 때문에 팔에 눈에 띄는 피하지방 주사 자국이 있고, 여러분은 그의 팔을 볼 때마다 자꾸 집중이 안 되고 아버지와의 심란했던 상호작용이 떠오르는 스스로를 발견한다.

7 여러분의 어머니는 비판적이고 쉽게 만족하지 않는 완벽주의자였다. 이런 비슷한 성격을 보이는 나이 든 여성 내담자를 만났다. 그녀와의 상담 직전에 특히 불안해지고 평소보다 외모에 더 신경을 쓰게 되며 치료적으로 바람직할 때조차 이 내담자에게 이의를 제기하는 걸 피하고 있다는 걸 발견하기 시작했다.

역전이에 영향을 받지 않을 사람은 아무도 없고 따라서 그 미묘한 신호를 민감하게 알아차리는 것이 아주 중요하다. 어떤 내담자들은 상담자 안에 존재하던 부모로서의 반응을 불러일으키기도 한다는 걸 알게 될 것이다. 그들의 행동은 내담자에 대한 여러분 특유의 결정적인 반응을 끌어낼 수도 있다. 자신에 대해 이런 부분을 알고 있는 것은 스스로의 투사 혹은 여러분이 강력하게 영향받는 지점을 작업할 수 있도록 해준다.

역전이의 영향에서 가장 취약한 사람은 아마도 심각하게 아프거나 죽어가고 있는 사람들과 작업하며 돌보는 사람들일 것이다. 이 돌보는 사람들은 죽음이라는 현실을 끊임없이 직면한다. 또 일을 하며 주변에 있던 사람들이 죽는 걸 지켜보게 된다. 만약 이들이 자신의 반응을 작업할 수 없다면, 이 일은 그들에게 정서적으로 큰 타격을 가져올 것이다. 여러분이 죽음, 상실, 분리, 깊은 슬픔과 같은 자신의 감정을 탐색하지 않는다면, 그 감정들은 내담자와 상담할 때 지속적으로 활성화될 것이다. 훈련 중인 학생들과의 경험을 통해, 우리는 이들 중 대다수가 자기도 언젠가는 죽게 된다는 걸 지속적으로 상기하게 되므로 불치병 환자 혹은 노인과 작업하는 데에 어려움을 겪는다는 것을 알게 됐다.

역전이의 한 형태인 공감 피로는 특히 자신의 해결되지 않은 개인적 이슈들에 대해 지각하지 못한 채, 내담자가 표현하는 고통에 노출된 상담자에게 생기는 것이다(Stebnicki, 2008). Stebnicki는 상담자들이 여러 내담자들의 비탄, 스트레스, 상실과 트라우마에 대한 이야기를 듣는 것에 압도되는 강렬한 감정을 쉽게 경험할 수 있다고 말한다. 상담자들은 내담자들의 트라우마와 고통의 주제 안에서 길을 잃을 수 있다. 이때 그에 대한 방어로서 내담자가 압도 당하고 있는 비통함과 무력감으로부터 스스로를 분리하고 개입하지 않으려 할 수 있다. 공감 피로는 소진과 손상으로 가는 통로이며, 이는 14장에서 다시 자세하게 다루겠다.

아무래도 역전이를 완전히 제거할 수는 없겠지만, 역전이의 징후를 알아차리고 그것을 내담자의 문제가 아니라 나의 문제로 다루는 법을 배울 수는 있다. 역전이는 인식되지 못하고, 이해되지 못하고, 감시받지 않고, 관리되지 못할 때 문제가 되는 것이다. 역전이를 인식하는 것이 이를 다루는 법을 배우는 데 가장 중요한 첫걸음이다. 자신의 역전이를 인식하기 위해 주시해야 하는 몇 가지 신호들은 다음과 같다.

- 어떤 내담자에게 몹시 짜증이 난다.
- 어떤 내담자와 계속해서 상담시간을 초과한다.
- 어떤 가난한 내담자에게 돈을 빌려주고 싶어 한다.
- 학대받는 아동을 입양하고 싶다.
- 슬퍼하는 내담자에게서 재빨리 고통을 제거해 준다.
- 특정 내담자를 만나고 나면 대개 우울해진다.
- 어떤 내담자에게 성적인 감정이 고조된다.
- 어떤 내담자와는 지루함을 느끼는 경향이 있다.
- 자주 내담자보다 더 열심히 노력한다.
- 특정 내담자에게 지나치게 감정적이 된다.
- 내담자에게 상당히 많은 조언을 하고 내가 생각하는 대로 내담자가 행동하도록 바란다.
- 어떤 유형의 내담자들은 쉽게 받지 않거나 내담자에 대한 정보가 거의 없을 때조차 다른 전문가에게 의뢰하려고 한다.
- 어떤 내담자들에게 훈계하거나 논쟁하는 자신을 발견한다.
- 특정 내담자들로부터 인정이나 존경을 필요로 한다.
- 어떤 내담자와 만나는 날 자신의 외모에 특히 더 신경쓰는 걸 발견한다.
- 어떤 내담자들과 있을 때 공상에 빠져 집중하려고 애쓰게 된다.

여기서 문제는 이 감정들이 아니라, 우리가 우려하는 감정들이 만들어내는 행동이라는 걸 명심하길 바란다. 역전이를 다루기 위해서 여러분은 수용적인 태도로 자기 인식을 환영해야 한다. 죄책감을 갖거나 판단하지 말고 경험되는 감정이 무엇이든 수용하라.

특정한 주제 혹은 이슈들이 감정을 고조시키거나 자신의 특정 반응을 자극한다는 걸 깨닫게 되면, 이 과도한 혹은 부적절한 반응을 유발시키는 것이 무엇인지 이해하려고 노력하라. 전이와 역전이 반응을 모두 어떻게 효과적으로 다룰 수 있는지를 배우는 데에는 슈퍼비전이 핵심 요소일 것이다. 여러분은 슈퍼비전에서 자신에게 주목함으로써 역전이의 징후를 더 잘 알아차릴 수 있을 것이다. 오로지 내담자의 문제에 대해서만 이야기하는 것보다, 역전이를 불러일으키는 그 내담자와의 회기에서 여러분 안에서는 무슨 일이 일어나고 있는지를 이야기하는 데 시간을 할애하라. 슈퍼바이저와 자신의 역전이 반응을 작업하는 것은 생산적이지만, 여러분이 하는 반응에 대해 내담자를 비난하지는 않도록 하라.

지속적인 슈퍼비전은 자신의 반응에 대한 책임을 수용할 수 있게 하고 동시에 내담자가 가야 할 방향에 대해 전적인 책임을 떠맡지 않을 수 있게 해준다. 슈퍼비전 외에도 개인상담 역시 전이와 역전이 현상을 작업하는 데 적용할 수 있는 통찰력을 제공하는 자기 앎으로 가는 경로이다. 자기를 이해하고 내담자들과 적절한 경계를 형성할 수 있는 능력은 자신의 역전이 반응을 다루고 효과적으로 사용하기 위한 근본이다. 다른 사람의 변화를 돕는 것은 여러분 또한 분명히 변화하게 한다는 걸 기억하는 게 좋을 것이다. 상담자가 자신의 반응은 잠시 한쪽에 미뤄뒀다가 이후 자신의 치료에서 이를 작업하는 **병렬적 과정**으로 진행되면 유용한데, 이런 과정이 내담자와 상담자 모두에게 도움이 되기 때문이다. 만약 자신의 개인적인 문제와 갈등을 해결하길 꺼려하면, 내담자에게 더 깊은 작업을 하도록 요구할 때, 신뢰를 받지 못할 것이다.

문제적인 행동을 보이는 내담자와 작업하기

전문 상담자와 학생들 모두 '까다로운' 내담자를 어떻게 다뤄야 할지에 비슷하게 관심을 갖고 있다. 이런 내담자들은 개인적으로나 전문적으로나 힘들게 하기 때문에 이 내담자들이 덜 성가시도록 만드는 기법을 배우고 싶어 하는 것이다. 워크숍에서 우리는 참가자들이 문제로 여기는 행동에 대한 자신의 반응을 알아차리고 이해할 수 있도록 돕고, 내담자에 대한 그들의 반응을 건설적으로 공유하는 방식을 가르친다.

상담자들에게 도전을 제기하는 내담자와 작업하면서 자주 경험하게 되는 상담자의 고민을 이야기할 때 내담자에게 꼬리표를 붙이지 않도록 사용하는 언어에 주의한다. 상담자가 내담자와 작업 동맹을 형성하는 데 장애물이 생기면, 가끔 '저항하는' 혹은 '까다로운' 내담자라고 부르곤 한다. 도움을 청하는 사람들을 '까다롭다'고 칭하는 것은 비난의 요소가 포함될 수 있으므로 상담자의 목표는 공감과 연민, 무엇이 이 까다로운 행동을 하게 만드는지, 그 복잡성을 밝혀보고자 하는 건강한 호기심을 갖고 내담자에게 접근하는 것임을 유념하는 게 좋겠다.

내담자가 보이는 문제적 행동을 이해하고 작업하는 것에 대한 태도 척도

내담자가 보이는 저항과 문제가 되는 행동에 대한 자신의 태도를 점검하기 위해 이 자기보고형 질문지를 완성해 보자. 각 체크리스트에 대한 자신의 입장을 다음의 척도로 표시해 보자.

1＝매우 동의한다
2＝약간 동의한다
3＝약간 동의하지 않는다
4＝전혀 동의하지 않는다.

____ 1. 도전적인 내담자는 유능한 상담자가 되는 데 방해가 되는, 자신의 해결되지 않은 문제를 들여다보고 탐색할 수 있도록 만든다.

____ 2. 문제적 행동은 관심을 갖고 접근하는 것이 최선이다.

____ 3. 내담자가 보이는 부정적인 태도는 일반적으로 상담 과정에서 비효율적인 결과를 낳는다.

____ 4. 내담자가 내켜 하지 않을 때, 대개 이 행동에 내가 기여한 부분이 무엇인지 자문하게 된다.

____ 5. 자발적이지 않은 내담자는 전문적인 상담관계에서 거의 이득을 보지 못할 것이다.

____ 6. 내담자가 침묵하면, 이는 대부분 치료에 협조할 의사가 없는

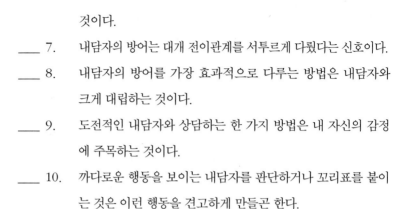

것이다.

_____ 7. 내담자의 방어는 대개 전이관계를 서투르게 다뤘다는 신호이다.

_____ 8. 내담자의 방어를 가장 효과적으로 다루는 방법은 내담자와 크게 대립하는 것이다.

_____ 9. 도전적인 내담자와 상담하는 한 가지 방법은 내 자신의 감정에 주목하는 것이다.

_____ 10. 까다로운 행동을 보이는 내담자를 판단하거나 꼬리표를 붙이는 것은 이런 행동을 견고하게 만들곤 한다.

이제 자신의 반응을 살펴보고 저항과 까다로운 행동에 대한 지각에서 패턴을 찾아보자. 이 지점에서 내담자의 문제적 행동은 일반적으로 여러분에게 어떤 영향을 미치는가? 이를 어떻게 효과적으로 다룰 수 있겠는가?

이해와 존중으로 저항을 다루기

내담자들 대부분은 어떤 방식으로든 상담자와의 관계가 안전한지를 판단하기 위해 여러분을 시험할 것이다. 이때 내담자가 자신의 주저함과 불안을 표현할 수 있도록 격려하는 것이 아주 중요하다. 상담자는 내담자가 각 회기를 어떻게 경험하고 있는지, 첫 만남의 시작에서부터 탐색해 볼 수 있다. 상담자가 상담 과정에서 잠재할 수 있는 문제에 대해 내담자에게 묻지 않는다면, 그들의 염려는 말하지 못한 채 남을 가능성이 높다. 대부분의 내담자들이 상담 과정의 다양한 시점에서 양가감정과 방어를 경험할 것이다. 내담자들은 안전한 곳에 머물 것인지, 상담자에게 자신을 알리는 위험을 감수할 것인지에 대해 혼합된 감정을 느끼곤 한다. 이런 양가감정은 내담자의 이익을 위해 상담관계에서 탐색될 수 있다.

정신분석적 관점에서, **저항**은 이전에 억압하거나 부인해 왔던 위협적인 자료를 의식화하길 꺼려하는 행동으로 정의된다. 이는 또한 무의식적인 내용을 다루지 못하도록 막는 어떤 것이라고도 볼 수 있다. 더 넓은 관점에서 보면 저항은 개인의 갈등 혹은 고통스러운 감정을 탐색하지 못하도록 하는 행동으로 볼 수 있는 것이다. 결국 저항은 불안으로부터 우리를 보호하고, 고통으로부터 우리를 방어하려는 시도로서 그 기능을 한다고 해석할 수 있다.

저항을 바라보는 방식은 아주 다양하며, 저항을 판단적으로 해석하는 상담자들도 있다. 그 개념을 다시 구성함으로써, 우리는 저항으로 보이는 것을 치료적인 방식으로 활용할 수 있게 된다. 저항과 회피의 다양한 형태를 존중하는 법을 배우고 이 행동들의 의미를 이해하려고 노력하길 바란다. Teyber와 McClure(2011)는 이제는 도움이 되지 않는 내담자의 저항이 한때는 자기를 보존하며 적응적인 기능을 했던 대처전략이었다는 것을 상담자들이 이해할 수 있어야 한다고 말한다. 내담자의 저항을 존중함으로써, 상담자는 그것이 힘든 상황에 대한 최선의 반응이었던, 특정 대처 전략이란 사실을 인정할 수 있게 된다. 상담자와 내담자 모두 어떤 저항은 완벽하게 정상적이며 아주 이치에 맞다는 것을 알 수 있을 것이다. Teyber와 McClure는 내담자의 저항을 동기의 부족이라기보다 치료 과정의 자연스런 일부분으로 간주한다.

내담자가 자신의 삶에서 변화를 고민하고 있을 때, 그 변화에 대해 많은 걱정과 두려움을 갖는 것은 아주 당연하다. 낮은 동기처럼 보이는 것은 실은 변화에 대한 내담자의 양가감정을 반영하는 것일 수 있다. **동기강화상담**(Motivational Interviewing: MI)은 인간 중심적이고, 내담자 중심적이며 치료적 관계가 변화 과정의 핵심이라고 이해하는 지시적인 상담 접근이다(Miller & Rollnick, 2013). MI 틀에서 변화에 대한 저항은 정상적이고 치료 과정의 예정된 부분으로 간주된다. 내담자가 변화할 준비가 되어갈수록, 그의 내재된 동기 역시 커질 것이다. 여러분은 자신 혹은 자기 삶의 무언가를 바꾸고 싶지만 망설이며 변화를 가져오지 못했던 적이 있는가? 만약 그렇다면 행동하는 걸 막아섰던 것은 무엇이었나?

상담자가 내담자의 저항에 대해 이해, 연민, 관심과 존중을 갖고 접근한다면, 내담자는 상담자를 신뢰하게 되고 방어자세를 누그러뜨리게 될 것이다. 저항을 존중한다는 것은 일면 그 방어가 복무하는 기능을 상담자가 이해한다는 의미이다. 치료적 관계에서 내담자는 스스로를 비난하고 비판적인 자세를 취하는 대신, 스스로를 수용하는 법을 배울 수 있다. 위기 상황에서 살아남으려면 방어가 필요한 순간들이 있다. 이러한 상황에서는 내담자의 자기 보호를 포기하라고 주장하기보다 이를 지지하는 것이 필요하다.

아마도 내담자가 보이는 다양한 방식의 방어 행동을 이해하는 핵심은 내담자 행동에서 유발된 자신의 역전이에 주목하는 것일 수 있다. 전문적인 상담자라면 자아가 취약해선 안 된다. 내담자에게 일정한 자유를 주고 그들이 보이는 문제적 행동에 방어적으로 반응하지 않도록 노력하길 바란다. 여러분의 내담자는 도움을 받으러 온 것이라는 사실을 기억한다면 아마도 그들에게 좀더 인내심을 발휘할 수 있을 것이다.

문제적 혹은 방어적 행동을 보이는 내담자를 대할 때 그 행동에 대한 자신의 반응을 관찰하라. 까다롭다 혹은 도전적이라고 지각되는 내담자들은 상담자에게 자기 회의와 무력감을 느끼게 하여 때로 부적절한 감정과 좌절감을 불러일으키기도 한다. 이런 내담자들에게 재빨리 화를 내버린다면, 내담자에게 가닿을 수 있는 길을 차단하기 쉽고 이런 긴장 상황이 악화될 가능성이 높다. 만약 내담자가 처음 불신을 드러내면 이를 힘이 있다는 신호로 해석하고, 상담 과정에서 내담자의 신중한 면을 활용할 방법을 알아보라. 내담자들이 비협조적이고 그들이 찾던 도움을 거절하는 데에는 자기만의 이유가 있다. 상담자와 내담자는 이러한 이유가 무엇인지를 발견하고 상담관계에서 이를 다룰 필요가 있다. 여러분의 과제는 까다로운 내담자들에게 다른 방식으로 접근하여 그들과 협력함으로써 내담자들이 새롭고 좀더 적응적인 대처방식을 학습할 수 있게 하는 것이다.

우리는 여러분이 내담자에게 '저항적' 혹은 '까다롭'고 규정하는 대신, 관찰되는 행동을 서술하기 바란다. 내담자가 공포에 떨고 있다거나, 슬픔에 압도당하거나 혹은 조심스럽다거나, 상처받은 거라고 여기게 되면, 내담자가 보이는 어떤 문제적인 행동도 새로운 틀로 바라볼 수 있게 된다. 단지 '저항적인'이라는 단어를 더 서술적이고 비판단적인 용어로 바꿨을 뿐인데도, '까다롭게' 보이던 내담자에 대한 태도가 변하게 될 것이다. 내담자의 행동을 인식하는 렌즈를 바꿨기 때문에, 내담자의 태도를 이해하고, 저항의 의미를 탐색하도록 내담자를 격려하기가 더 쉬워질 것이다.

내담자의 까다로운 행동을 상담을 무력화시키기 위한 무언가로 규정하는 대신, 순수한 관심과 호기심을 갖고 그 행동에 다가가려고 노력하라. 만약 내담자인 Enrique가 적대적인 행동을 보인다면, 그 경험을 다음과 같이 재구성해 보자. "Enrique가 이렇게 열심히 내가 자기를 좋아하지 않도록 노력한다니, 참 흥미롭다. 나는 그의 이런 행동이 어떻게 목적에 부합하는지, 그가 원하는 걸 좀더 직접적으로 얻을 다른 방법을 찾을 수 있을지 궁금하다." 혹은 매 회기 대부분의 시간을 침묵하며 앉아 있는 Maribel이라는 내담자를 생각해 보자. "Maribel은 불안해 하는 것 같다. 상담회기 동안 그녀가 침묵하는 이유는 아마도 자기 문제를 위해 도움을 어떻게 요청하는지를 잘 모르기 때문인 듯하다." 내담자가 여러분을 향해 어떻게 행동하는지를 서술하고 그 행동의 의미를 탐색해 보도록 청해 보라. 내담자에게 그들의 특정 행동이 여러분에게 어떻게 영향을 미치는지 알려주는 것이 적절할 수 있다. 여러분이 느끼는 바를 명확히 한 후에, 내담자들은 여러분과 다른 사람들로부터 원하는 바를 얻기 위한 대안적 방식을 좀더 탐색할 가능성이 높다.

도전하게 하는 내담자의 유형

만약 도전하게 하는 내담자를 효과적으로 대하고 싶다면, 인내심을 갖고 내담자가 움직일 수 있는 여지를 줄 필요가 있다. 내담자들이 문제적이라고 인식하는 행동 패턴을 변화시키는 데 관심이 있는지 규명해 보라. 만약 내담자가 특정 행동을 바꾸고 싶지 않다거나, 이 행동이 그 외 생활에서 문제가 안 된다고 주장한다면, 변화를 촉진하려는 여러분의 노력은 헛수고로 돌아갈 가능성이 높다.

까다롭다고 생각하는 내담자와 작업하는 동안 초점을 전적으로 그들에게만 맞추지 않기 바란다. 내담자가 보이는 문제적 행동에 계속해서 관심을 두기보다는 내담자에 대한 자신의 반응을 살펴보자. 내담자가 어떤 행동을 보이는지에 상관없이 상담자 자신의 역전이를 이해하는 것이 아주 중요하다. 다음에서 묘사하는 잠재적으로 문제적일 수 있는 내담자들 중에서 여러분이 가장 도전하게 할 것 같은 특성에 대해 생각해 보자.

비자발적인 내담자

비자발적인 내담자의 유형은 아주 다양하다. 어떤 내담자들은 법정에서의 판결 때문에, 부모 때문에, 친밀한 파트너의 협박 때문에 혹은 다른 상담자의 의뢰로 여러분을 찾아온 것일 수 있다. 비자발적인 내담자들은 변화에 대한 동기가 낮고 여러분이 제공하는 도움에 대해 그다지 가치 있다고 여기지 않을 수 있다. 비자발적인 내담자와 관계 맺기는 어려울 것이다. 때때로 내담자들은 상담 과정이 수반하는 것에 대한 오해 때문에 혹은 이전 상담에서의 부정적인 경험이 있어 도움을 구하기 꺼려 한다. 이런 내담자들에게 어떻게 접근하는지가 그들이 더 혹은 덜 협조적인 자세가 되는 정도를 결정할 것이다.

음주운전 판결을 받고 치료 집단에 참여하게 된 Yuri는 비자발적인 내담자의 전형이다. 이 교육을 받으러 오는 그의 주된 동기는 판사에게 명령 받은 시간을 채우는 것이다. 감옥에 가는 것보다 교육에 참석하는 것이 낫다고 생각해서이다. 그는 집단에 기꺼이 오려고는 하나, 자신이 문제가 있다고 생각하진 않는다고 말한다. 오히려 그때 취했던 것은 연달아 운이 나빴기 때문이라고 생각한다. 그의 감정을 타당화하고 여러분이 제공하는 서비스에 대한 정보를 제공해 준다면, Yuri는 조금 더 협조적으로 관심을 보일 수도 있다. Yuri는 감옥에 가는 대신 치료에 참여하기로 스스로 결정했다. 그가 이런 결정을 했다는 사실에 대해 인식할 수 있도록 돕는다면, 그는 좀더 통제감을 갖고 자신의 선택에 보다 책임감을 느낄 수 있을 것이다. 이런 인식은 자주 좀더 적극적인 참여로 이어진다. 동시에 여러분과 Yuri 모두 생산적으로 작업하겠다는 의지를 구체화하는 계약을 맺을 수도 있다. Yuri처럼 명령을 받고 치료에 오게 된 많은 내담자들이 현저한 변화를 이뤄내기도 한다.

침묵하고 철회적인 내담자

거의 언제나 말이 없는 내담자는 상담자의 우려를 자아낸다. 이런 내담자가 여러분 앞에 앉아 있다고 상상해 보라. 대부분의 시간을 바닥만 쳐다보고 있고, 질문에는 정중하고 간단하게 대답하지만, 자발적으로 무언가를 이야기하지는 않는다. 여러분에게 그 회기는 영원히 지속될 것 같고, 그에게 아무 도움이 안

되는 것처럼 느껴진다. 이때 여러분은 이렇게 물어볼 수 있다. "여기에 있고 싶어요?" 그는 "예. 상관없어요"라고 대답할 것이다. 그리고 다시 삶에서 무엇을 바꾸고 싶은지, 무슨 이야기를 하고 싶은지 물어보면 모르겠다고 할 것이다.

이 내담자가 이야기를 시작하도록 하는 것이 여러분의 책임인가? 그의 침묵을 사적인 감정이 있는 것으로 받아들이는가? 그가 말을 꺼내게 할 방법을 궁리하고 있는가? 지나치게 많은 책임을 떠안기 전에, 혹은 그의 침묵을 비판적으로 판단하기 전에, 내담자의 침묵을 맥락에서 보려고 노력하라. 여러분 스스로에게 혹은 가끔 내담자에게 이렇게 물어볼 수 있다. "무엇이 말을 하기 어렵게 만드는가?" 그 침묵의 이유는 다음 중 어떤 것일 수 있다. 그는 무서워하고 있다. 여러분을 전문가로 생각하여 질문을 해주거나 무엇을 하라고 말해주길 기다리는 중이다. 그는 위축되어 있다. 그는 모든 생각을 되풀이해서 상술하고 모든 반응을 비판적으로 평가하는 것일 수 있다. 그는 도움을 요청하는 것을 창피하게 생각한다. 그는 "눈에 띄되, 얌전하게 있으라"는 과거의 조건화에 반응하는 중이다. 내담자의 문화에서는 침묵을 가치롭게 생각하는 것일 수 있다. 공손하게 듣고 질문에만 대답하라고 배워왔을 수 있다. 더군다나 내담자는 어린 시절, 이러한 패턴이 자기 보호에 도움이 됐기 때문에 조용하고 눈에 띄지 않으려는 걸지도 모른다. 과거에 불리하게 이용당했던 경험 때문에 정보를 주지 않고 말을 아끼는 것일 수도 있다. 다시 말해 모든 형태의 침묵을 도움을 주려는 상담자의 노력에 협조하지 않겠다는 거부로 해석해서는 안 된다는 것이다. 어떤 내담자는 표현예술 치료나 모래놀이 치료처럼 덜 언어적인 형태의 치료에 더 잘 반응한다. 많은 십대 내담자들이 전통적인 면대면 치료를 힘들어하고 게임을 하며 이야기하는 걸 훨씬 더 편안해 한다.

침묵하는 내담자는 집단상담에서도 상담자와 다른 참여자들에게 여러 방식으로 영향을 미치곤 한다. 여러분은 어쩌면 '무슨 말을 어떻게 해야 할지 잘 알았더라면 내담자가 자기를 개방하고 충분히 이야기했을 텐데'라며 자신을 평가할지도 모르겠다. 여러분은 내담자에게 말을 걸거나 계속해서 그가 말하도록 노력할 수 있다. 이런 종류의 이야기를 해보면 도움이 될지 모르겠다. "제가 느끼기에 이 집단에서 당신은 별로 말이 없는 것 같아요. 다른 참여자들이 하는 이야기에 주의를 기울이지만, 당신이 하는 말은 거의 듣지 못했네요. 이 집단에 있는 것이 어떻게 느껴져요?” 만약 이 내담자가 자신의 침묵을 문제라고 생각하지 않는다면, 여러분이 그를 변화시키려는 노력은 헛수고로 돌아갈 것이다. 이 집단원이 침묵하는 데는 여러 이유가 있을 수 있다. 만약 그가 자신의 침묵을 문제로 여긴다면, 그와 함께 문제가 되는 방식을 탐색해 볼 수 있다. 여러분이 그를 끌어내는 것에 전적인 책임을 떠안는다면, 그는 결코 그 침묵 기저에 있는 이유에 대해 고심하지 않을 것이다.

말을 지나치게 많이 하는 내담자

거의 아무 말 안 하는 내담자의 맞은편에는 말을 지나치게 많이 하는 내담자가 있다. 어떤 내담자는 이야기를 하다 그 안에서 방향을 잃곤 한다. 그들은 제대로 이해받지 못할까봐 아주 세세하게 이야기를 한다. 그러나 여러분은 이야기의 초점이 무엇인지 의문을 갖게 될 수 있다. 그들은 특정 상황에 자신이 어떤 영향을 받았는지를 이야기하는 대신, 관련 없는 정보로 듣는 사람을 압도하기 때문이다.

Jianni라는 내담자가 아주 세세한 정보를 감당할 수 없을 정도로 늘어놓는다고 가정해 보자. 말하는 속도를 좀 늦추려는 그 어떤 시도도, 자신이 무슨 이야기를 하는지 상담자가 이해하고 있다는 확신을 갖고 싶어서라는 말로 끝이 난다. Jianni는 속도를 늦추어 자신이 하는 이야기의 일부를 경험하게 되면, 불안해질 것 같아서 멈추지 않고 이야기를 하는 것이다.

Jianni와 상담하며 여러분은 압도되고 어떻게 개입해야 할지 모르겠다고 느낄 수 있다. 고통스러운 상황에 대해 말할 때조차 그녀는 객관적인 태도로 마치 암송하듯이 말한다. 여러분은 그녀를 중단시키기가 무서워 개입하는 걸 주저할지도 모르겠다. 여러분의 역할 중 하나는 Jianni가 자신의 행동이 어떻게 방어기제로 쓰이고 있는지를 자각할 수 있게 돕는 것이다. 여기에 몇 가지 도움이 될 만한 언어반응의 예가 있다.

- 당신이 어머니와의 관계에 대해 이야기할 때 눈물이 핑 도는 걸 봤어

요. 그런데 그 후 재빨리 주제를 바꿔 다른 문제를 이야기하더군요.

- 당신이 하는 이야기를 따라가기가 어렵네요. 저에게 하려는 말이 뭔지 잘 모르겠어요.
- 여기에서 잠깐 말을 멈추고 지금 이 순간에 어떤 것이 느껴지는지 말해줄래요?
- 제가 당신을 더 잘 이해할 수 있도록 자세한 정보를 주려고 애쓰는군요. 저도 당신을 이해하고 싶은데, 너무 많은 세부사항들이 정작 당신이 무슨 말을 나에게 하려는 건지 이해하기 어렵게 만들어요.
- 저에게 했던 이야기들을 한 문장으로 표현한다면, 뭐라고 말하겠어요?

여러분이 Jianni처럼 말로 압도시키는 내담자에 대해 어떤 반응을 느낀다면, 그녀와 함께 있는 것이 힘들다는 걸 알아차렸을 때처럼, 자신의 반응을 다루는 것이 치료적일 수 있다. 아마도 Jianni는 여러분에게 영향을 미친 것과 마찬가지 방식으로, 삶에서 많은 사람들에게 영향을 미치고 있을 것이 분명하다. 이는 그녀가 다른 사람들에게 어떻게 보이는지에 대한 피드백을 받고, 어떻게 다르게 해 볼지를 결정할 수 있는 기회이다. 여러분이 만성적으로 자신의 반응을 억눌러가며 무조건적인 긍정적 관심으로 듣고 있는 척한다면, 이는 그녀의 수다스러움을 강화하게 될 뿐이다.

스스로 압도되는 내담자

내담자들은 보통 수많은 문제들을 갖고서 이 문제들을 한꺼번에 모두 처리하려고 함으로써 스스로 압도된다. 그들은 하나의 문제를 이야기한 후 재빨리 다음을 꺼내놓으며, 그러는 동안 공황에 빠져 집중하지 못하는 것처럼 비춰지곤 한다. 상담자로서 여러분은 적시에 개입하여 그들의 속도를 늦출 필요가 있다. 실패한 의사소통의 다른 형태와 마찬가지로, 압도된 내담자와 함께 당면한 문제 중 일부를 어떻게 하면 더 잘 다룰 수 있을지 탐색해 보라. 이렇게 이야기를 해보는 것도 도움이 될 수 있다. "오늘 당신을 서두르게 만드는 많은 이야기들이 있는 것 같네요. 잠깐 가만히 앉아서 오늘 상담에서 가장 원하는 게 뭔지 생각해 보길 바래요. 이번 시간에 가장 강조하고 싶은 내용 하나를 골라보세요." 이런 내담자들에게는 상담 시간에 차분하게 스스로에게 집중할 수 있도록 짧은 이완이나 명상으로 회기를 시작하는 것이 유용할 수 있다.

자주 "예, 하지만…" 이라고 말하는 내담자

여러분은 여러분의 개입이 적용될 수 없는 풍부한 이유를 갖다대는 내담자들을 만나게 될 것이다. 상담자로서 여러분은 과연 내가 도움이 되고 있는 걸까 하고 의구심을 가질 수 있다. 그 어떤 통찰이나 직감을 나눈들, 어떤 제안을 한들, 내담자는 곧바로 이의를 제기한다. 도움을 주려는 최선의 노력을 거슬러가는 내담자의 반응에 대한 일화는 다음과 같다.

> 상담자 : 상담 회기 중에 한번 아내를 데리고 오면 어때요?
> 내담자 : 그게 도움이 될 거라는 데에는 동의해요. 하지만 아내가 무척
>   두려워할 거예요. 제 아내는 결코 변하지 않을 거고요. 그녀에게
>   말은 해보겠지만, 그게 도움이 될 것 같진 않아요.
> 상담자 : 제가 도움이 될 만한 것을 제안할 때마다 당신은 그게 왜 도움
>   이 안 되는지 이유를 이야기한다는 걸 혹시 알고 있나요?
> 내담자 : 선생님은 제 상황을 이해 못하세요. 전 변하려고 애쓰고 있는데,
>   그걸 가로막는 게 많아요.

여러분이 이런 내담자를 도우려고 할 때, 쉽게 낙담하게 될 가능성이 높다. 짜증이 나는 것도 놀랍지 않다. 여러분이 이 내담자를 기꺼이 도우려는 데도 그는 도움받지 못할 거라고 확신한다. 결국 여러분은 무기력해져서 포기하는 쪽으로 기울 수 있다. 여러분이 내담자가 하는 것보다 더 열심히 하고 있다고 느낀다면, 그때가 바로 그가 무엇을 원하는지, 왜 여러분을 보러 오는지, 다시 협상해야 하는 순간이다.

도움이 필요하다는 걸 인정하지 않는 내담자

어떤 사람들은 자신이 문제를 갖고 있다고 생각하지 않는다. 그들은 커플상담 회기에 와서, 자신의 배우자를 돕고 싶어 하지만, 문제가 된 관계에서 자기 몫

은 보지 않으려고 한다. 이런 내담자들이 자신은 문제가 없다고 주장할 때, 실은 문제가 있다고 설득시키려는 것은 시간 낭비가 될 수 있다.

예를 들어 여러분이 Roy에게 뭘 원하는지 물어보면, 그는 아마도 다음과 같이 대답할 것이다. "제 아내가, 제가 상담에 오길 바랬어요. 그래서 저는 여기에 그녀를 위해 왔고요." 그의 말을 그대로 받아들여, 문제가 있는 사람이 그가 아니라는 견해를 수용한다면, 비로소 Roy에게 가닿을 수 있을 것이다. 아내의 문제가 그에게 어떻게 영향을 미치는지 물어보면, 마침내 그가 부정하고 싶어 하던 문제를 이해할 수 있게 될 것이다. 여기에 그가 "아, 괜찮아요"라고 한다면, "이 상담실이 가까워질 때 무슨 생각을 했었나요?"라고 물어볼 수도 있다. 아니면 이렇게도 물어볼 수 있다. "당신은 아내를 돕고 싶어서 여기에 왔다고 하셨어요. 아내에게 필요한 도움이 어떤 부분이라고 생각하세요?" 혹은 다음과 같은 질문도 가능하다. "당신은 아무 문제도 없는데 아내가 오늘 여기에 오게 했다고 하셨어요. 오늘 같이 가자고 했을 때 어떻게 반응하셨어요?"

수동-공격적인 행동을 나타내는 내담자

어떤 내담자는 사람들을 간접적으로 상대함으로써, 상처받지 않도록 자신을 보호하는 법을 배운다. 그들은 회피의 방식 중 일부로, 적대적이고 빈정대는 태도를 사용한다. 이런 태도에 대해 직면시키면, 고도로 얼버무리고 만다. 따라서 여러분이 어떤 반응을 하게 되면, 이렇게 말할 것이다. "이거 참, 선생님, 진짜 그렇게 생각하실 필요 없어요. 그렇게 말한 건 정말 농담이었어요. 너무 심각하게 받아들이시네요."

수동-공격적인 행동(passive-aggressive behavior)을 보이는 내담자들의 몇 가지 공통적인 신호는 다음과 같다. 자주 지각한다. 말을 적게 한다. 얼굴에 반응이 나타나는 데도, 모든 것이 괜찮다고 여러분을 납득시킨다. 여러분이 말하고 있을 때 킥킥대며 웃는다. 눈썹을 올리고, 얼굴을 찌푸리고, 한숨을 쉬고, 머리를 흔들고, 지루해 보이고, 핸드폰을 보느라 산만해 하며, 다른 비언어적인 반응을 보이지만 자신에게 무언가 일어나고 있다는 사실을 부인한다. 그들은 상습적으로 다른 사람의 주의를 끌지만, 정작 주목을 받으면 별 관심 없어 한다.

수동-공격적인 방식으로 행동하는 내담자는 다루기가 힘들 것이다. "당신은 수동-공격적이군요"라는 말로 그들에게 꼬리표를 붙이고 행동을 해석하는 것은 그다지 도움이 되지 않는다. 그러한 행동은 뭐라 딱 꼬집어 말하기 힘든 특성이 있어 직접적으로 다루는 것이 어렵다. 하지만 호전적인 발언을 하거나 빈정대는 내담자에 대해 여러분은 분명히 반응하게 될 것이다. 이런 간접적인 행동을 뚫고 나갈 한 방법은 여러분 안에서 무엇이 불러일으켜지는지를 자각하고 이런 반응을 내담자에게 주는 것이다. 판단하는 것은 피하되, 여러분이 본 행동에 대해 서술하고 그런 행동이 어떻게 영향을 주는지에 대해 내담자에게 말하도록 하라. 내담자에게 자신의 행동에 대해 의식하고 있는지 물어보고, 그게 무슨 의미인지 말해 달라고 하는 것 역시 도움이 된다. 예를 들어 이렇게 말해 볼 수 있다. "제가 이야기할 때, 당신이 가끔 미소 짓거나, 눈을 굴리거나, 고개를 돌리는 걸 봤어요. 당신이 그럴 때마다 제가 거기에 반응하게 되어, 저에게 하고 싶은 말이 있는 건지 궁금해져요." 이런 발언은 내담자가 좀더 직접적인 방식으로 자신의 행동을 해석할 기회를 준다.

여러분 스스로의 역전이 반응을 관찰하기 위해, 여기서 몇 가지 질문을 자신에게 던져보자. "적대적인 태도를 보이는 내담자들은 내 삶에서 어떤 사람들을 떠올리게 하는가? 사람들이 단도직입적이지 않고 내게 말하지 않는 뭔가가 있다고 느낄 때, 어떻게 느끼는가? 내담자에게 느끼는 적대감에 대한 내 반응을 말하는 것이 시기적절하고 적합한가?

자신의 지성에 주로 의존하는 내담자

어떤 내담자들은 감정을 차단하고 주로 지적인 방식으로 스스로를 나타낸다. 그들은 감정에 가까워지면 언제든 감정을 회피하여 안전한 인지적 영역으로 전환할 방법을 찾아낸다. 계속해서 왜 문제가 생겼는지 알아내기 위해 노력한다. 그들은 스스로 진단을 내리는 데 능숙하며 자신이 지닌 역기능의 본질에 대해 관념적으로 이론화시킨다. 그들은 지적인 수준에서 주로 기능하는 한 안전하다는 것을 안다. 만약 질투, 고통, 우울, 분노 그 외 다른 감정을 느끼려고 하면, 안전하지 않다고 느낀다. 불안을 경험하지 않기 위해 감정으로부터 격리

되는 법을 익혀온 것이다.

이런 내담자들이 감정 수준에 가닿아야 한다고 고집하지 말기 바란다. 그들이 어떠한 정서적인 반응을 보이지 않을 때, 여러분이 함께하고 있다는 걸 알려줄 수는 있지만, 그들의 방어를 벗겨 버리려는 시도는 도움이 안 된다. 스스로 해나갈 준비가 되었다고 느낄 때, 그들은 움직일 것이다.

매우 지적인 수준에만 머무르는 여성을 대할 때, 여러분이 어떤 방식으로 영향을 받을지 생각해 보자. 만약 여러분이 그녀의 방어를 포기시키는 데 성공한다면, 그녀를 도울 수 있게 된 것인가? 그녀가 자신의 방어를 낮추고 수년 동안 억압해 왔던 감정에 접촉했을 때, 이 사람 곁에 머무를 수 있는가? 그녀의 고통에 압도되지 않을 수 있는가? 그녀가 자신의 공포를 표현할 때 함께 머물 수 없다면, 과연 그녀에게 자신의 감정에 대해 사람들은 신뢰할 만하지 않다고 증명하는 게 되지는 않겠는가?

감정을 방어로 사용하는 내담자

지성을 방어로 사용하는 내담자의 반대편에는 자주 감정을 과장되게 드러내는 내담자들이 있다. 이 내담자들은 자신의 감정을 방어로 사용한다. 이런 행동은 여러분을 곤경에 처하게 할 것이다. 그들의 감정을 신뢰하는 게 힘들어지기 때문이다. 화가 나고, 조종당하는 듯한 느낌이 들며, 그들이 진실한지 의심이 들 수 있다.

이런 내담자와 함께할 때, 여러분 안에서 무엇이 불러일으켜지는지 가만히 들여다보자. 대단히 감정적인 내담자 중 어떤 사람은 여러분의 감정을 조종했던 과거의 누군가를 떠올리게 할 가능성이 높다. 예를 들어 한 여자가 상담실 밖까지 들리도록 울면서 소리 지를 때, 그녀는 여러분이 죄책감을 느끼게 하는 데 성공한 것일지도 모르겠다. 이제 이런 행동을 보이는 내담자들과 작업하며, 여러분은 그들에 대한 연민을 덜 느끼게 되고, 결국 자신이 공감에 문제가 있는 게 아닌지 의심할 수 있기 때문이다.

양가감정과 저항을 효과적으로 다루기

내담자가 자신의 불안, 경계, 양가감정 및 저항을 표현하면, 이를 주의 깊게 존중하며 경청하는 법을 배워라. 내담자가 문제적 행동을 보이거나 저항의 신호를 보낼 때, 여러분이 개입할 수 있는 방법들에 대해 생각해 보자. 여기에 생각해 볼 만한 지침을 몇 가지 소개한다.

- 내담자를 존중하며 여러분의 반응을 표현하라.
- 빈정거리는 말에 빈정대거나, 적대적인 발언에 적대적으로 반응하지 않도록 하라.
- 내담자에게 필요한 정보를 제공하여 그들이 상담 과정을 최대한 활용할 수 있게 하라.
- 즉각적인 신뢰를 기대하지 말고, 내담자가 스스로 불안과 머뭇거림을 탐색할 수 있도록 격려하라.
- 내담자를 판단하지 마라. 대신 문제를 더 크게 만들어버리는 행동들에 대해 관찰한 바를 말해 주라.
- 관찰한 내용과 직감에 대해 단정적이 아니라, 잠정적인 방식으로 서술하라.
- 내담자의 문화로 인한 선입견 없이 자신과 문화적으로 다른 내담자에게 민감하게 반응하라.
- 자신의 역전이 반응을 관찰하라.
- 도움을 구하는 사람들을 위협하기 위해 자신의 지식, 전문성, 권력을 사용하지 마라.
- 내담자의 반응을 지나치게 개인적인 방식으로 받아들이지 마라.

워크숍에서 우리가 까다로운 내담자의 행동을 다루는 것에 대해 이야기할 때면, 참여자들은 항상 그들이 가장 좌절스러웠던 유형의 내담자 행동을 다룰 구체적인 전략을 배우는 데 관심을 보인다. 지금 우리의 논의에서는 내담자를 바꿀 수 있는 기법을 제안하지 않으려고 한다. 대신 한 사람이자 상담자인 여러분에게 초점을 맞춰 보겠다. 여러분은 방어적인 행동을 보이는 내담자를 직접적으로 변화시킬 수는 없지만, 그들의 행동뿐만 아니라 자신의 방어적 행동의 역동에 대한 아주 중요한 교훈을 배울 수 있다.

내담자가 왜 여러분에게 왔는지, 무엇을 얻고 싶어 하는지, 그들의 욕구를 충족시켜줄 더 좋은 방법을 어떻게 가르쳐줄 수 있을지에 주목하라. 부정적인 행동을 보이는 내담자에게 부정적인 태도로 반응해 버린다면, 여러분의 효과적인 상담에 방해가 될 것이다. 그들의 방어를 공격하고 싶은 유혹을 참고, 그들을 판단하거나 꼬리표를 붙이지 않는다면, 방어가 누그러질 가능성은 점점 커질 것이다.

역량에 대한 추구

초심상담자가 자신의 전반적인 역량의 수준을 궁금해 하는 것은 보편적인 현상이다. 사실상 경험이 많은 정신건강 종사자들조차도 때로는 어떤 내담자와 작업하는 데 필요한 개인적·전문적 능력, 지식, 기술이 있는지 심각하게 고민하는 것이 드문 일이 아니다. 상담자가 자신의 기술이 적합한지에 대해 의문을 거의 갖지 않는다면, 이것이 좀더 문제라는 생각이 든다. 이 문제를 고민하며, 여러분은 때로는 자기 회의에 가득찼다가 또 가끔은 내담자가 제시하는 어떤 문제라도 다 다룰 수 있을 것처럼 생각하며 한 극단에서 다른 극단으로 오갈지도 모르겠다.

역량은 윤리적인 동시에 법적인 개념이다. 윤리적 견지에서 보면, 역량은 내담자를 보호하고 내담자에게 도움이 되기 위해, 상담자에게 요구되는 덕목이다. 정신건강 전문가가 설사 내담자에게 해를 끼칠 의도가 없었다고 하더라도, 무능은 흔히 피해를 양산하는 데 가장 기여하는 요소이다. 법적인 관점에서 무능한 상담자는 의료 과오 소송을 당하기 쉽다.

역량에 대한 추구는 인생 전반에 걸쳐 노력해야 하는 것이며(Barnett, Doll, Younggren & Rubin, 2007), 역량을 단번에 획득하는 무엇이라기보다 과정으로 생각하는 것이 최선이다. 여러분이 특정 영역에서 역량을 성취하더라도 자신의 경력 전반에 걸쳐 이 수준의 지식과 기술을 유지하기 위해서는 또 다른 조치가 필요하다. 우리의 역량을 유지하기 위해 가장 중요한 단계 중 하나는 경력 전반에 걸쳐 다른 전문가에게서 정기적인 자문을 받는 것이다(Bennett et al., 2006).

역량을 평가하기

모든 전문가 윤리 조항들은 자신의 능력 한계를 벗어나는 수행은 하면 안 된다고 설명한다. 그러나 역량을 평가한다는 것은 쉬운 일이 아니다. 박사과정을 마친 많은 사람들도 특정 치료적 과제를 수행하는 데 필요한 기술이나 지식이 없을 수 있다. 명백하게 학위 하나만으로 어떤 혹은 모든 상담 서비스에 대한 능력을 보장하지는 못한다. 상담자로서 역할을 하다보면 아주 다양한 장면에서 폭넓은 범위의 내담자와 작업을 하게 될 것이고, 이는 서로 다른 기술과 역량을 요구한다. 여러분은 어디까지 내담자와 안전하게 갈 수 있을지, 언제 자문을 구해야 하는지, 언제 내담자를 다른 전문가에게 의뢰해야 할지 평가를 해볼 필요가 있다. 세심한 자기 점검은 양질의 서비스 제공을 보장하는 효과적인 방법이다. 특정 문제에 대해 폭넓은 경험이 없다면 언제 다른 전문가에게 자문을 받아야 하는지를 배우는 것도 중요하다.

언제 그리고 어떻게 의뢰를 해야 하는지 알기

앞서 서술한 것처럼 문제적인 행동을 보이는 내담자를 대면했을 때, 여러분은 자신의 능력에 대해 상당히 의심하며 다른 전문가에게 의뢰하고 싶어질 수 있다. 대부분의 전문가 조직의 윤리 조항은 적절한 때(능력 부족과 같은)에 의뢰를 하는 것은 전문 상담자의 책무라고 명시한다. 예를 들어 전미사회복지사협회(National Association of Social Workers)(2008)에서는 이런 지침을 제공하고 있다.

사회복지사들은 다른 전문가의 전문화된 지식 혹은 전문성이 내담자를 충분히 돕기 위해서 요구될 때, 혹은 사회복지사가 내담자의 합리적인 진보를 만들어내는 데 효과적이지 않다고 판단하여 추가적인 서비스가 필요하다고 여길 때, 다른 전문가에게 내담자를 의뢰해야 한다. (2.06.a.)

그러나 여러분은 언제 그리고 어떻게 의뢰를 할지 어떻게 알 수 있을까? 내담자는 어떻게 영향을 받게 될까? 여러분은 왜 의뢰하길 원하는가? 어떤 방식의 의뢰가 가장 적절할까? 의뢰할 자원이 거의 없으면 어떻게 할까? Herlihy와 Corey(2015d)는 "가치관의 충돌로 내담자를 의뢰하는 것은 차별적인 의뢰로 여겨지며 이는 비윤리적"이라고 주장한다(p.194). 내담자를 의뢰하는 것이 가치관의 갈등에 맞닥뜨렸을 때 편리한 해결책으로 사용되어서는 안 되지만(3장을 참고), 자신의 능력 밖의 내담자를 상담하게 됐을 때 다른 자원에게 내담자를 의뢰하는 것은 아주 중요한 일이다. 의뢰가 필요해졌을 때 일반적으로 내담자에게 세 가지 의뢰 선택지를 제공하도록 추천한다.

여러분이 너무 빨리 내담자를 의뢰하게 되면 내담자는 부정적인 영향을 받을 수 있다. 우리는 여러분이 도전적인 내담자를 상담하게 되었을 때, 다른 전문가에게 의뢰하는 것을 일상적으로 그 해답이라고 생각하지 않길 바란다. 여러분을 어렵게 만드는 모든 내담자들을 의뢰해 버린다면, 조만간 내담자가 거의 남아 있지 않게 될 것이다! 여러분에게 있어 의뢰를 제안하게 만드는 동기와 이유가 무엇인지를 생각해 보는 것은 좋은 생각이다. 만약 빈번하게 의뢰하는 패턴이 있다는 걸 깨닫게 된다면, 그렇게 하는 이유에 대한 검토가 필요할 것이다.

여러분이 제한된 경험을 갖고 있을 경우 자신의 기술을 향상시키기 위한 방법으로 다른 전문가에게 개방적인 태도로 자문을 구하는 것이 특히 중요하다. 우리는 여러분이 내담자에게 이렇게 말할 수 있기를 바란다, "무엇을 해야 할지 모르겠군요. 하지만 우리가 어디서 도움을 얻을 수 있을지는 안답니다." 초심상담자는 때때로 자신이 무엇을 할지 항상 알고 있어야 한다고 믿으며, 내담자에게 무엇이 최선의 진전일지 확신하지 못한다는 걸 알리기 주저한다. 우리는 여러분이 모든 것을 알 것이라고 기대하지 않지만, 슈퍼비전을 받으며 훨씬 많이 배울 수 있을 거라고 분명히 확신한다.

최신 경향을 알기

여러분의 학교에서는 가장 기본적인 훈련의 일부만을 제공하기에 졸업 이후에도 교육을 연장시킬 방법을 찾는 것이 필수적이다. 여러분이 습득한 지식과 기술은 새로운 발전들을 계속 접하기 위한 조치를 취하지 않는 한, 금방 시대에 뒤떨어진 것이 되고 만다.

점점 더 주목받고 있는 상담 전문가들에게 있어 최근 이슈들에는 약물 남용과 식이 장애를 다루는 방법들, 게이·레즈비언·양성애자·트렌스젠더 내담자 및 신체적·인지적·지적·정신적 장애를 가진 사람들처럼 억압당하는 집단에 대한 상담, 트라우마적 스트레스, 자연 및 인적 재해 생존자들에 대한 조력, 가정 폭력, 아동에 대한 신체적·정신적·성적 학대, 노인 및 배우자 학대, HIV·AIDS, 갈등 해결 기술, 부모교육, 청소년 자살, 학교 폭력과 총기 난사 사건, 문화적으로 다양한 내담자 집단에 대한 도움, 법적·윤리적 이슈들 등이 있다. 많은 전문가 조직은 회원 자격 면허를 갱신하기 위해 평생교육을 필수 요건으로 제시한다. 최신 경향을 익히는 데에 현장 연수 교육과 보수 교육 프로그램의 기회를 활용해 보자. 특정 내담자 집단과 새로운 개입방법을 다루는 전문 과정이나 워크숍에 참여함으로써 새로 등장한 내용에 대한 정보를 계속 접할 수도 있다. 자신의 분야에서 새로운 경향을 파악할 수 있는 또 다른 방법은 독서를 통해서이다. 자신의 특정 관심 주제를 다룬 전문가의 논문이나 책에 더해, 다른 문화에 대한 소설과 비소설 작품 역시 평생교육에 이바지할 수 있다.

최신 정보를 계속 접할 수 있는 최선의 방법은 아마도 가르치는 역할뿐 아니라 서로에게서 배우려는 의지가 있는 동료들로 구성된 전문가 네트워크에 속하는 것이다. 동료들은 각자가 전문적 임상 현장에서 맞닥뜨리게 되는 문제들에 대해 새로운 시각을 채택할 수 있도록 서로를 도전시키고 지지하는 역할을 제공할 수 있다. 전문가들 사이의 네트워크는 또한 부정적인 감정과 객관성 상실에 대한 내용을 확인하고 다룰 수 있는 일관된 방도를 제공할 수도 있다. 이 네트워크를 개발시키는 탁월한 방법은 여러분에게 가장 관심이 가는 전문가 조직에 참여하여, 이 조직에서 제공하는 주, 지역사회, 전국 단위 학회에 참여하는 것이다(1장 참고).

복습

- 유능한 상담자는 내담자의 전이와 자신의 역전이를 알아차려야 한다. 이 요인들 중 그 어느 것도 발생하지 않게 할 수는 없지만, 이해하고 치료적으로 다룰 수는 있다.

- 역전이는 상담자가 내담자를 향해 갖는 비현실적인 반응을 의미하며, 이는 상담자의 객관성을 방해할 가능성이 높다. 자신의 잠재적 역전이를 좀 더 잘 자각할 수 있는 한 가지 방법은 흔쾌히 개인상담을 찾아보는 것이다. 더불어 슈퍼비전 시간에 자기 스스로와 내담자에 대한 자신의 반응에 주목하는 것도 다른 방법이 될 수 있다.

- 방어적인 행동과 저항은 여러가지 형태로 나타나며 그것이 내담자를 보호하는 방식에 대한 이해가 필요하다. 모든 조심스러운 태도와 거리낌이 내담자의 완고함에서 비롯되는 것은 아니다. 그 중 일부는 상담자의 태도와 행동이 만들어내거나 아니면 적어도 기여한 것이라고 볼 수 있다.

- 상담관계에서 목표는 방어적인 행동을 없애는 것이 아니라, 그 기능을 이해하고 탐색을 위한 초점으로 이를 활용하는 것이 되어야 한다.

- 저항에 대한 개념을 검토하는 유용한 방법은 이를 치료적 과정의 아주 정상적인 부분으로 간주하는 동기강화상담자의 시각을 통해 바라보는 것이다.

- 내담자들은 다양한 종류의 까다로운 행동을 보이고 그들 중 일부는 여러분의 역전이 반응을 불러일으킬 것이다. 이런 상황이 발생하면, 이제 여러분은 문제의 일부가 된다. 자신의 역전이가 내담자와의 양질의 치료 작업을 방해하게 두지 말고, 이를 자신의 미해결된 문제를 효과적으로 작업하기 위한 개인적 치료 과정에 참여할 기회로 삼아라.

- 역량은 윤리적인 동시에 법적인 개념이며, 역량을 위한 노력은 전 생애에 걸친 여정이다.

- 윤리 조항은 여러분 능력 범위 이상의 상담을 하는 것이 비윤리적이라고 분명히 명시한다. 특정 내담자와 효과적으로 작업할 수 있는 자신의 능력을 판단하기 위해 현재의 지식과 기술에 대한 정확한 평가를 하는 것이 필수적이다. 여러분은 자신이 어떤 내담자와 최선으로 작업할 수 있는지를 터득하고, 언제 의뢰가 적절한지를 알아야 한다.

- 인턴을 할 때나 전문 상담자로 일을 하게 되었을 때 여러분은 어떤 내담
  자를 맡으라거나 자신의 훈련과 경험의 범위를 넘어서는 치료 전략을 마
  련해 달라는 요청을 받을 수 있다. 이때 단호한 태도로 자신의 한계를 벗
  어나지 않는 법을 배우도록 하라.
- 훈련 과정을 졸업한다는 것은 배움이 끝났다는 신호가 아니라 이제 막 전
  문적 성장과 발달 과정을 시작한다는 의미이다. 역량을 유지하기 위해 평
  생교육은 불가피하다.
- 자신의 전문성을 최첨단으로 유지할 수 있는 최상의 방법 중 하나는 전
  문가들이 서로의 관심을 나누고 서로에게서 배울 수 있는 기회를 제공하
  는 동료 상담 집단에 참여하는 것이다. 동료 집단을 통해, 상담자들은 자
  신과 동료들을 위한 개인적 성장 및 전문성 신장에 적극적으로 기여할 수
  있다.

이제 무엇을 할 것인가?

1   여러분이 상담하기 극히 어려울 것 같은 내담자를 그려보고 이 내담자가
    문제가 되는 측면에 대해 곰곰이 생각해 보자. 이 사례가 여러분에게 어
    려운 이유는 무엇인가? 만약 이 사람을 실제 내담자로 만난다면 어떻게
    할 것 같은가? 그와 상담할 수 없겠다고 느낀다면 어떻게 하겠는가?

2   자신 안에서 발견되는 방어적 행동에는 어떤 종류가 있는지 반추해 보자.
    자신의 한계를 받아들이는 데 여러분은 얼마나 개방적인가? 여러분이 상
    담에 온 내담자라면, 변화에 대한 방어를 어떻게 전개할 것 같은가? 만약
    내담자가 여러분과 똑같은 사람이라면 여러분은 그를 어떻게 생각하겠
    는가? 여러분의 시각을 확인(혹은 부정)하기 위해 친구와 이 주제로 이야
    기를 나눠보자.

3   다루기 어려운 내담자의 행동에 대한 내용 목록을 다시 살펴보며 상담관
    계에서 가장 다루기 어렵다고 생각하는 내담자 행동의 특정 유형에 대해
    찾아보라. 일기에다 내담자가 보이는 특정 행동에 대한 자신의 반응에서
    무엇을 알 수 있을지를 적어보자.

4   기관, 학교, 혹은 다른 환경에서 일하면서 여러분은 내담자가 아닌 동료
    와 슈퍼바이저들에게서 변화에 대한 저항과 방어에 맞닥뜨릴 것이다. 소

집단에서 여러분이라면 이런 상황을 어떻게 처리할 것인지 토론해 보자. 돌아가며 방어적인 동료에게 어떻게 접근할 수 있을지에 대한 롤 플레이도 해보자.

5 소집단에서 치료자가 유능한지를 판단할 수 있는 기준이 무엇이라고 생각하는지 탐색해 보자. 구체적인 기준 목록을 만들고, 이를 수업 내 다른 친구들과 나눠보자. 역량을 판단하기 위한 어떤 공통의 기준이 발견되는가?

6 소집단을 구성하여 언제, 어떻게 다른 전문가에게 의뢰를 할 것인지에 대한 주제를 탐구해 보자. 한 학생은 내담자를, 다른 학생은 상담자를 맡아 의뢰를 롤 플레이해 보자. 그런 후, '내담자'와 '상담자'가 상황을 처리한 방식에 대해 피드백을 해보자.

7 이 장 도입 부분에서 상담자로서의 역할에 대한 자기 회의 및 두려움을 알아보기 위해 작성했던 자기 평가를 다시 찾아보자. 이 내용 중 한두 가지 정도를 골라 그에 대한 글을 써보자. 가장 어렵다고 생각하는 문제를 다룰 때 취할 수 있는 조치에는 어떤 것들이 있나?

8 저항적이고 까다로운 내담자와 작업하는 것에 대한 태도 검사지를 다시 살펴보자. 이런 내담자를 다룰 때 좀더 치료적인 태도를 가질 수 있는 아이디어에 대해 적어보자.

9 여기에 소개된 모든 자료의 각 출처는 책 뒷부분의 참고문헌과 읽기 목록을 참고하라. 내담자의 저항을 존중하는 것에 대한 심도 깊은 논의는 Teyber와 McClure(2011)를, 변화에 대한 양가감정을 다룸으로써 저항에 대해 새로운 시각에서 재해석한 내용은 Miller와 Rollnick(2013)를 찾아보라.

상담 과정의 단계

핵 심 질 문

1 사람이 변할 수 있는 능력에 대해 여러분이 갖고 있는 신념은 무엇인가? 상담관계에서 변화에 대한 책임은 누구에게 있는가?

2 인간 본성에 대한 여러분의 철학은 내담자와 상담할 때의 접근 방식과 어떤 관계가 있는가?

3 상담 과정에 대해 갖고 있는 근본 신념은 무엇인가? 이런 신념들이 임상 실제에 어떻게 영향을 미친다고 생각하는가?

4 상담관계를 형성하는 데 도움받을 수 있는 자신의 자산, 강점, 자원은 어떤 것인가?

5 내담자가 여러분과의 상담에서 도움받는 것이 별로 없어 보일 때, 스스로와 내담자에게 어떤 질문을 해볼 수 있을까?

6 상담 단계에 대한 지식은 내담자와 하는 작업에 어떻게 영향을 주는가? 상담 과정의 다양한 단계에서 상담자의 역할은 무엇인가?

7 내담자에게 도전할 때, 여러분이 사용할 지침은 무엇인가? 도전과 지지 사이의 적절한 균형점은 무엇인가?

8 상담자의 자기 개방이 상담관계에서 얼마나 중요한가? 자기 개방이 적절한지를 판단할 때 여러분이 사용할 지침은 무엇인가?

9 상담관계에서 목표를 설정하기 위해 내담자와 어떻게 작업하겠는가? 내담자가 자신의 목표를 확인하고 이 목표를 성취할 때에 여러분이 취해야 하는 역할은 무엇인가?

10 효과적인 종결을 위해 여러분이 사용할 지침은 무엇인가?

이 장의 목적

이 장의 목적은 상담 과정의 다양한 단계에서 상담자로서 여러분의 역할을 명료화할 수 있도록 돕는 것이다. 따라서 여러분에게 필요할 기술 및 지식과 그 기술을 적용하기 위해 요구되는 개인적 특성을 자세히 살펴볼 것이다. 또한 상담관계의 다양한 단계에서 특히 관련 있는 구체적인 기술을 알아보고 현재 자신의 기술 발달 수준에 대해 평가해 보도록 할 것이다. 여기에서 기본 가정은 여러분이 어떤 사람인가와 상담관계에서 보이는 태도가 상담의 질을 주로 결정한다는 것이다.

유능한 상담자가 되기 위해서는 지식, 기술, 그리고 한 사람으로서의 자신을 통합시켜야 한다. 지식은 단독으론 충분치 않지만, 그것 없이 여러분은 유능한 상담자가 될 수 없다. 만약 기술을 획득하는 데에만 주로 집중하고 이론과 지식을 등한시한다면, 이 기술은 거의 의미가 없을 것이다. 유능한 상담자는 각 상황에서 자신의 기술과 지식을 건설적으로 적용하기 위해 상담 과정의 대인관계적 차원에 민감하게 반응해야 한다. 자신에 대해 거의 자각하지 못하는 상담자는 기껏해야, 내담자 삶의 변화를 만드는 능력에 한계가 있는, 솜씨 좋은 기술인에 지나지 않는다. 상담이란 전문적인 기법 이상이다. 이는 또한 상담자를 표현할 때도 마찬가지이다. 상담 전문직은 임상가가 창의적이고 개인적인 방식으로 사용할 수 있는 과학적 지식을 기반으로 한다. 요약하자면 상담 과정은 예술인 동시에 과학이다.

이 장에서 우리는 여러분이 상담자로서의 자신의 스타일에 대해 여러가지 질문을 제기해 봄으로써 상담에 대한 생각을 명확히 할 수 있도록 도울 것이다. 어떻게 하면 감정, 사고, 행동에 대한 초점의 적절한 균형을 가장 잘 판단할 수 있을까? 많은 구조를 주는 것과 최소한의 구조만 제공하는 것 사이의 최적의 균형은 무엇인가? 내담자가 전문적 도움 없이도 문제에 대한 자신만의 해결책을 찾아낼 수 있다고 믿는가? 어떻게 하면 내담자와 최상의 협력적인 작업 동맹을 형성하고 유지할 수 있는가?

상담 과정에 대한 시각

상담 과정에 대한 여러분의 관점은 대체로 인간 본성에 대한 자신의 믿음 및 사람이 어떻게 변화하는지에 대한 신념들의 함수이다. 어떤 직장에서 직위를 맡기 전에, 그 기관의 철학에 대해 이해하는 것은 필수적이다. 이는 그 기관이 기능하는 방식에 영향을 미치기 때문이다. 여러분은 행동수정 전략을 강조하는 주(state) 시설, 혹은 단기 치료의 형태만 제공하는 상담 기관에서 일하게 될 수도 있다. 또는 여러분이 만나는 모든 내담자에게, 때때로 가장 첫 회기부터 구체적인 진단을 내리기 위해 『정신질환의 진단 및 통계편람』[*Diagnostic and Statistical Manual of Mental Disorder* 'DSM-5', American Psychiatric Association, 2013a]을 사용하도록 하는 기관에서 일할지도 모른다. 아주 좋은 출발점은 상담이 어떻게 하면 가장 잘 이루어질 수 있는지에 대한 자신의 관점을 확인하고 명료화하는 것이다.

신념이 상담에 미치는 영향

인간 본성에 대한 우리의 관점과 믿음은 내담자에게 적용할 상담 전략과 밀접한 관련이 있다. 만약 사람이 근본적으로 선하다고 생각한다면, 내담자가 자기 삶의 방향에 대한 책임을 짊어질 것이라고 믿을 것이다. 반대로 인간 본성을 부정적인 렌즈로 본다면, 인간의 결점을 교정하는 것이 우리 의무라고 생각할 수도 있다. 인간 본성에 대한 자신의 견해를 분명히 하기 위해, 다음의 문장을 깊이 생각하며 이 체크리스트에 체크해 보자.

5=전적으로 동의한다

4=동의한다

3=잘 모르겠다

2=동의하지 않는다

1=전혀 동의하지 않는다

_____ 1.   사람들은 문제 해결을 위해 외부의 지시를 필요로 한다.

_____ 2.   사람들은 자기 안에서 답을 찾을 수 있는 능력이 있다.

_____ 3.   사람들은 자신의 불행을 자초한다.

_____ 4.   사람들은 외부환경의 희생자다.

_____ 5.   사람들은 근본적으로 선하며 신뢰할 만하다.

_____ 6.   사람들은 자기 선택의 산물이다. 즉 그들은 그들 삶의 조각가다.

_____ 7.   사람들은 운명에 의해 만들어진다.

_____ 8.   사람들은 고통이 없으면 변하지 않는다.

_____ 9.   사람들은 목표에 의해 동기화된다.

_____ 10.   사람들의 행동은 초기 아동기 경험에 의해 결정된다.

여러분이 한 선택을 검토해 보고, 인간 본성에 대한 견해가 여러분의 상담 스타일 및 상담 과정에 어떻게 영향을 줄 수 있을지 알아보라.

유능한 상담자는 사람에 대해 긍정적인 믿음을 가지며, 건강한 자기개념이 있고, 이론적 근거를 가지고 개입하며, 문화적 차이를 존중할 뿐만 아니라, 충분히 경청하며 이해하고, 공감·일치·온정·연민·진실성·긍정적 관심을 갖는다. 그들은 자신의 개입 방식이 사람이 어떻게 변화하는지에 대한 핵심 신념과 가정을 표현하는 것인지에 대해서도 점검한다. 유능한 상담자는 내담자를 소중하게 생각하며 협력적인 자세를 취한다. 반면 유능하지 못한 상담자는 엄격하고 판단적이며, 내담자에게 어떻게 생각하고 문제를 어떻게 풀어야 할지를 지시하는 경향이 있다. 유능하지 못한 상담자는 내담자가 자신의 운명을 통제할 수단이 있다고 보지 않는다. 상담자로서 자신의 특질에 대해 생각해 보며, 우리가 1장에서 기술한 '이상적인 상담자'의 특징에 대해 다시 확인해 보기 바란다.

사람들에게 최고를 기대한다면, 그들도 우리에게 최고를 줄 것이다. 우리가 타인을 자신의 문제를 이해하고 해결할 능력이 있는 존재로 대하면, 그들은 좀더 자기 안에서 답을 찾으려고 할 것이다. 내담자와 협력적인 파트너십을 발전시키는 동안, 우리는 그들에게 상담관계를 자기 삶을 재창조하는 통로로 사용할 수 있다고 말하고 있는 것이다. 역으로, 우리가 사람은 일반적으로 변화에 저항한다고 가정하면, 이런 기대를 증명하는 행동을 더 많이 보게 될 것이다. 내담자에게서 가정을 강화시켜줄 자기 충족적 예언을 키워가는 것이다. 스스로에게 다음과 같은 질문을 해보자. 나에게 사람에 대해 재빨리 판단하고 제한된 정보에 근거하여 일반화하는 경향이 있지는 않은가? 내가 가진 가정들을 진지하게 점검하고자 하고, 이를 수정하는 것에 개방적인가? 나의 가정들은 시간에 따라 점점 변해 왔는가? 내가 가진 가정의 기원에 대해 기꺼이 이의를 제기하고, 필요한 경우 수정하려는 자세는 상담자로서의 성장을 촉진한다.

가정을 비판적으로 평가하는 법을 배우기

몇 해 전, 우리는 한 주립기관에서 일련의 직무 연수 워크숍을 진행했다. 몇몇 헌신적이고 유능한 상담자를 만나 작업하는 행운도 있었지만, 또한 내담자들은 아무것도 할 수 없다고 생각하는 듯 보이는, 판단적이고 유능하지 못한 사람들과도 마주치게 됐다. 그 기관의 어떤 상담자들은 내담자들이 치료에 저항적이고 변화에 대한 동기가 없으며, 법정에서 명령한 시간을 채우려할 뿐이라고 거침없이 말했다. 내담자가 상담시간에 말을 하지 않으면 '저항적'이라고 낙인을 찍고, 말을 하면 '사람을 조종한다'고 생각했다.

그 워크숍에서 우리는 적어도 치료를 제공하고 있는 시간 동안만이라도 자신의 판단을 유보해야 한다고 강력하게 권고했다. 내담자에게 그들이 가진 문제 이상으로 어떤 것을 보여줄 기회를 주라고 격려했다. 만약 상담자들이 내담자 성격의 다른 부분을 발견하는 데 좀더 개방적이었더라면, 내담자가 삶 속에서 힘들게 몸부림치고 있는 것을 볼 수 있었을 것이다. 이 상담자들에게 비치료적으로 보이는 자신의 가정들을 신중하게 평가하고 내담자와 상담 과정을 다른 관점으로 보기 시작할 가능성에 여지를 두라고 요청했다.

만약 여러분도 여기서 이야기한 가정들 중 어떤 것을 갖고 있다면, 그것이 내담자에게 접근하는 방식을 어떻게 결정하게 될지 생각해 보라. 자신과, 함께 작업하는 사람들 그리고 상담 과정의 특성에 대한 여러분의 신념은 여기서 우리가 강조한 것보다 훨씬 미묘하다. 그러나 신념이 극단적이든 미묘하든, 여러분은 여기에 근거하여 행동하게 된다. 만약 내담자가 자신의 문제를 이해하고 다룰 수 있다고 믿지 않으면, 여러분의 진단을 받아들이고 그에 따른 처방을 따르도록 하는 전략을 구사할 것이다.

자신의 가정을 확인하고 나면, 여러분의 행동에서 자신의 입장이 어떻게 드러나는지가 보이기 시작할 것이다. 그러고나면, 그러한 태도와 행동이 여러분 자신과 내담자를 돕는 데 얼마나 효과적인지를 꼭 평가해 보기 바란다. 또한 상당한 변화를 만들 수 있는 개인의 능력에 관한 믿음과, 변화를 만드는 데 있어 상담자 – 내담자 관계의 역할에 대한 믿음의 원천들에 대해서도 점검해 보길 제안한다. 지속적인 자기 점검 과정에서, 이러한 신념들을 충분히 생각해 보고, 명료화하고, 의문을 제기해 보라.

만약 여러분이 이제 막 훈련을 시작했다면, 상담 과정에 대한 신념이 아직 명확하지 않을 수 있다. 무비판적이고 무의식적으로 자신의 신념을 반영시키고는 그것이 타당한지, 혹은 기능적인지를 판단하기 위한 점검을 하지 않았을 수도 있다. 만약 여러분이 온실 속 화초 같은 환경에서 자라, 익숙한 사회적 · 문화적 집단 밖으로 발을 내디딘 경험이 거의 없다면, 자신의 신념 체계가 얼마나 협소한지조차 자각하지 못했을 것이다. 캡슐로 싸여진 환경에서 살며 자신이 지닌 기존의 신념 체계를 확증하는 것만 '보고' 있었을 수도 있다. 이는 **확증적 편향**인 것으로 알려져 있다.

자신의 신념을 확인하고 명료화할 수 있는 좋은 방법은 이 신념들에 의문을 제기하게 만드는 상황에 자신을 던져보는 것이다. 예를 들면 여러분이 알코올 중독자를 접해 본 경험이 많지 않다면, 알코올 중독자 치료모임에 대해 알아보고 그 모임에 참석해 보라. 특정 문화와 인종 집단에 대한 경험이 제한적이라면, 다양한 문화 집단에서 자원봉사를 하거나 관련 현장에서 실습을 해보라. 만약 노년층에 대한 고정관념이 있다는 걸 자각했다면, 노인들을 위한 거주시설이나 보호주택에서 자원봉사를 해보라. 열린 마음으로 이 상황에 다가가고, 이전의 편견을 지지해줄 증거를 그저 찾기만 하는 행동은 하지 않길 바란다. 개방적인 자세는 상담에 대한 이전과는 다른 지향들을 발달하게 해줄 것이다.

상담 과정에 대한 우리의 신념들

내담자에게 접근하는 방식에 하나의 정답은 없다는 걸 배우는 데까지는 시간이 좀 필요하다. 말하거나 행동해야 하는 정답을 찾는 대신, 우리가 내담자와 함께 밀고 나갈, 건설적인 방향이라고 믿는 바를 따르기 위해 애써야 한다. 이 과정에서 우리는 자신의 직관을 믿고 자기만의 상담방식을 개발하게 된다. 내담자에 대한 직관이 맞지 않다면, 우리가 그 관계에 주의를 기울였는지가 분명해질 것이다. 우리는 상담자와 내담자 사이에 일어나는 일에 대해 내담자와 얘기하는 것이 중요하다는 사실을 새삼 깨닫게 되는데, 이는 **즉시성**의 기술로 알려져 있다. 예를 들어 만약 내담자가 극도로 고통스러운 무언가를 말하기를 피하느라 남의 이야기를 전달하는 것처럼 보인다면, 이렇게 말해 볼 수 있다. "당신이 이렇게 고통스러운 이야기를 하고 있을 때, 저는 당신이 얼마나 냉정하게 보이는지에 주목하게 되네요. 바로 지금 어떤 게 자각되나요?"

때때로 어떤 내담자에게 특히 공감하기 어렵다면, 그 사람은 여러분이 받아들이기 꺼려하는, 자신의 어떤 측면을 반영하는 것이다. 내담자가 나라는 사람의 어떤 측면을 반영하는 거울이라고 상상해 보는 것도 도움이 될 수 있다. 융 심리학자들은 이런 개념을 **그림자 측면**이라고 부른다. 우리가 뭔가를 반드시 바꿔야 하는 것은 아니나, 내담자와 공통적으로 갖고 있는 패턴을 알아보는 것은 도움이 될 수 있다. 예를 들면 상담자(Claire)는 다른 사람의 주목을 끌려고 행동하는 내담자를 이해하기 위해 애쓰는 중인데, 그 내담자는 관계를 희생시키면서까지 과도하게 언니와 경쟁하고 있었다(이 내담자는 스스로 낫다고 여기기 위해 자기 언니를 깎아내리고, 성취에서 언니를 앞서려고 하며, 심지어 언니의 남자친구와 데이트를 하기 시작했다). Claire는 마음 속에서 어느 정도의 분노가 느껴졌고, 이는 내담자와의 단절감으로 이어졌다. 만약 Claire가 호기심을 갖고 비판단적으로 자기 탐색을 했더라면, 아마도 자신의 반응이 자기가 별로 좋아하지 않는 자기 안의 동일한 핵심 역동에 기인하고 있다는 것을 발견했을 것이다. 대학시절 Claire는 평점 4.0을 유지하기 위해 정말 애를 썼었고, 그녀를 아는 사람들은 그녀를 강한 완벽주의 성향을 지닌 과잉성취자라고 특징지었다. 표면적으로 이 두 사람은 다르게 보일 수 있지만, 궁극적으로는 양쪽 모두 자신이 가치 있고 괜찮은 사람이라고 느끼기 위해 외부의 검증을 필요로 하는 핵심 역동을 공유한다. 만약 Claire가 이 영역에서 자기 인식을 얻었다면, 이 내담자와 회기를 진행하면서, 회기 밖에서 자기 자신의 치료 작업을 진행함으로써 병렬적 과정의 이득을 취할 기회를 가졌을 것이다. 이후에 유사한 역동을 지닌 내담자와 작업하는 데 방해가 될 수도 있는, 여러분이 싫어하거나 인정하기 어려운 측면은 어떤 것이 있는가?

우리는 상담관계의 중심이 무엇이 될지 결정하는 책임을 전적으로 떠안지 않는다. 내담자가 무엇을 원해야 하는지를 밝혀내려고 너무 열심히 작업하는 대신, 그들이 원하는 게 무엇인지 자주 물어본다. 우리는 이렇게 묻곤 한다. "지금 하고 있는 방식이 도움이 됩니까? 그렇지 않다면, 그걸 바꾸기 위해 뭘 해보고 싶은가요?" 내담자의 현재 행동이 전반적으로 삶을 잘 지탱하고 있다면, 특정한 방식으로 바꾸고 싶은 강한 욕구는 별로 느끼지 않을 것이다. 지금의 방식대로 행동할 때 지불해야 하는 대가에 대해 살펴보도록 격려할 뿐, 변화에 대한 결정은 내담자에게 맡겨둔다. 내담자가 자신의 삶을 어떻게 살아야 할지를 결정하는 것은 우리의 과제가 아니라고 보기 때문이다. 오히려 우리의 역할은 내담자들이 자기 평가를 하고 나서, 우리와의 전문적 관계를 통해 무엇을 가장 탐색해 보고 싶은지를 결정하도록 격려하는 것이다.

충분한 시간이 지난 후에도 내담자가 상담관계에서 얻는 것이 별로 없어 보이면, 스스로에게 이 내담자에게 얼마나 몰입했는지, 내담자와 기꺼이 위험을 감수하려고 했는지를 질문해 봄으로써, 이 결과에 대한 우리의 몫을 점검한다. 내담자에게 물어보는 방법도 있다. "당신이 진행해 나가는 것을 제가 어렵게 만들고 있는 게 있나요?" 그뿐만 아니라, 우리는 더딘 진전에 대해 내담자 몫에 대해서도 함께 탐색한다. 우리는 내담자가 변화를 원하도록 만들 수는 없지만, 특정 변화를 만드는 것의 장단점을 함께 살펴보는 환경은 조성할 수 있다는 것을 알고 있다. 우리는 상담 과정을 양쪽 모두 변화가 일어나게 하는 책임을 공유하는 공동의 노력이라고 생각한다.

동기강화상담(motivational interviewing: MI) 전략(5장 참고)은 내담자들이 자기가 원한다고 주장하는 변화를 만들도록 움직이는 데 효과적인 도움을 줄 수 있다. 내담자들이 변화를 주저하는 걸 병리적인 방식으로 보고, '까다롭다' 고 꼬리표를 다는 대신, 저항은 양가감정에 대한 아주 정상적인 반응이라고 생각하라. 이 양가감정을 탐색하고 변화가 말을 걸도록 유도하는 질문을 함으로써, 여러분은 Prochaska와 Norcross(2014)가 윤곽을 잡은 변화의 5단계로 나아가도록 내담자를 돕는 데 성공하게 될 것이다. 이들의 관점에 따르면 전숙고 단계의 사람들은 가까운 미래에 행동 패턴을 바꿀 의사가 없다. 숙고 단계로 나아간 사람들은 문제가 있다는 걸 인식하고 작업을 해볼까 고려하지만, 행동을 취하는 데에는 아직 미온적이다. 준비 단계의 사람들은 당장 행동으로 옮기고자 하고 심지어 작은 행동의 변화도 보고한다. 실행 단계에서는 사람들이 이미 문제를 풀기 위해 자신의 행동을 수정하기 위한 조치를 취하고 있다. 이 프레임의 다섯 번째이자 마지막 단계인 유지 단계에서 사람들은 그들이 얻은 바를 공고히하고 재발을 방지하기 위해 노력한다.

내담자가 이 변화 과정 어디에 있든, 그들이 앞으로 좀더 나아갈 수 있도록 하는 대화를 촉진하라. 내담자가 자신의 양가감정의 다른 측면을 검토하도록 하는 것은 변화에 대한 동기를 향상시킬 수 있다. 양가감정의 수렁에 빠진 내담자를 도와줄 몇 가지 질문이 있다.

- 당신의 현재 행동이나 상황이 자신에게 어떤 식으로 효과가 있나요? 여기에 대해 어떤 고민을 하고 있나요?
- 지금으로부터 일 년 후쯤 이것들이 어떻게 달라지면 좋겠어요?
- 당신이 변한다면 바랄 수 있는 최상의 결과는 무엇인가요? 당신을 고민하게 만드는, 변화의 결과로 바라지 않는 잠재적 결과가 있나요?
- 당신은 우리가 토론했던 변화를 만드는 것이 얼마나 중요하다고 말할 수 있나요? 1부터 10까지의 척도를 사용한다면(1=전혀 중요하지 않다, 10=매우 중요하다), 자신이 지금 어디에 있다고 말하겠어요?

단기적 개입

여러분이 만약 기관 세팅에서 일한다면, **단기 개입**에 전문성을 갖길 요구받을 것이다. 내담자가 원하는 구체적인 행동상의 변화를 위해, 그들에게 힘을 줄 수 있는 여러가지 시간 제한적이고, 해결 중심적이며, 구조화된, 효과적인 전략을 배워야할 것이다. 여기서 강조점은 장기적인 행동상의 변화를 목표로 하는 집중적인 자기 탐색보다, 내담자의 문제에 대해 상대적으로 빠른 평가를 내리고 문제적 증상을 좀더 경감시키기 위해 설계된 단기적 개입을 고안한다는 것이다. 단기 치료는 전통적으로 내담자 상황에 따라 12회기에서 25회기 정도로 구성되나(Miller & Marini, 2009), 심지어 한두 회기 정도의 더 적은 회기로 제한될 수도 있다(Pfund & Prochaska, 2013). 심리치료의 미래에 대한 여론조사에 참여한 전문가들은 단기 치료(5~12회기)와 초단기 치료(1~3회기)가 향후 10년 안에 점점 더 인기를 얻을 것으로 전망했다(Norcross, Pfund, & Prochaska, 2013). Miller와 Marini(2009)는 단기 치료 모형의 몇 가지 주요 특징에 대해 기술했다. 이 모형에서의 주안점은 첫 회기에 내담자가 설명한, 당면의 고민을 밝히는 데 있다. 치료자는 다음 질문에 대한 답을 찾으려고 한다. "이 내담자가 왜 지금 이 시점에 상담을 받기로 결정했을까?" 단기 치료 모형을 작동시키는 상담자는 처음부터 내담자와 협력적인 관계를 형성하는 것에 적극적으로 몰두하고, 항상 종결을 염두에 두며, 각 회기를 요약하고, 회기 사이에 내담자가 실행할 숙제를 내담자와 함께 궁리한다. 이후 삶의 적응이나 발달적 도전을 다루는 데 도움을 받고 싶다면 종결 후 몇 달 혹은 몇 년 후에 다시 상담을 받으러 오도록 내담자에게 요청한다.

단기적 접근은 과거가 현재 문제에 어떻게 관련되어 있는지 통찰을 얻고, 정신 내부의 갈등을 탐색해 보는 자기 탐색에 맞춰진 장기 치료와 극명한 대조를 이룬다. 상담 초점에 있어서의 이런 변화는 상담자로서의 여러분 역할에도 큰 영향을 미치게 된다. 여러분은 단기에 맞춰 구체적인 행동상의 변화를 위한 개입 방식을 개발하라는 요구를 받게 될 것이다. 내담자들의 다양한 문제에 주안점을 둔 단기 개입 이외에도, 여러분은 자기 주장 훈련, 스트레스 관리, 부모교육, 직업상담, 커플상담, 건강 관리 프로그램과 같은 예방 프로그램에도 참여해야 할 수 있다.

　내담자들이 자신의 현재와 미래 문제에 적용할 수 있게 문제 해결 기술을 가르치는 데 역점을 둔 단기 치료 전략을 어떻게 하면 극대화할 수 있을지 잘 생각해 보기 바란다. 여러분이 일하는 기관의 비용 – 절감 요구와 양질의 서비스 사이에서 어떻게 하면 가장 효과적으로 균형을 유지할 수 있을지 자문해 보자. 내담자가 장기 치료를 받든 단기 치료를 받든, 매 회기를 유일한 회기라고 생각하며 임하자. 이 내담자와 딱 한 회기밖에 할 수 없다면, 무엇을 가장 성취하고 싶은가? 각 회기의 효과성을 극대화하는 방향으로 사고를 전환하는 것은 놀랄 만한 결과를 낳을 수 있다. 다음 절에서 상담의 단계들에 대해 살펴보며, 단기 개입의 측면에서 사고하길 요구받는 업무 환경에 있다면, 소개되는 다양한 기술들을 어떻게 적용해 볼 것인지 잘 생각해 보자.

상담 과정의 단계들

이 절은 예비상담자로서 여러분이 가진 자원과 취약점을 알아보는 데 도움을 주기 위해 고안했다. 우리는 상담 기술을 발달시키기 위한 접근들의 개념을 제시하며 여러 저자들의 저술에 기반하고자 한다. Cormier와 Hackney(2012), DeJong와 Berg(2013), Egan(2014), Hackney와 Cormier(2013), Ivey, Ivey와 Zalaquett(2014), James와 Gilliland(2013), Murphy와 Dillon(2015), Okun과 Kantrowitz(2015), Shulman(2009), Teyber와 McClure(2011), Welfel과 Patterson(2005), Young(2013) 등이 이에 포함된다. 우리의 주안점은 상담 과정의 단계들과 이 단계들 각각에서 상담자들이 당면하는 주요 과제들을 묘사하는 모형을 제시하는 것이다. 기술 발달 모형은 상담 과정 단계에 대한 전반적인 틀을 제공하며, 특정 이론적 접근에 국한하지 않는다. 여러분은 상담에 대한 그 어떤 현대 이론들(7장을 참고)도 이 상담 모형에 적용할 수 있다.

Egan(2014)은 네 가지 내담자에 대한 질문의 맥락에서 이 단계들의 틀을 잡음으로써 상담 모형의 단계들을 형성하였다.

1 무슨 일이 일어나고 있나? 내가 가장 작업하고 싶은 문제 혹은 고민거리가 무엇인가?

2 더 나은 미래란 어떤 모습인가? 나는 내 삶이 어떤 방식으로 달라지길 원하는가? 내가 가장 만들고 싶은 변화는 무엇인가? 내가 원하는 바를 위해 기꺼이 지불하고자 하는 대가는 무엇인가?

3 내가 바라는 바를 얻기 위해 무엇을 해야 하는가? 내 목표를 향한 몇 가지 가능한 경로는 무엇인가? 내가 원하는 미래를 현실화하는 데 도움이 될 계획은 무엇인가?

4 어떻게 하면 이 모든 것이 이루어지도록 할 수 있을까? 어떻게 하면 세운 계획과 수립한 목표를, 성공을 부르는 행동 방안으로 변화시킬 수 있을까? 어떻게 하면 내 문제를 다루고 자원을 개발할 때까지 움직이며 인내할 수 있을까?

각 단계에서 이 질문들은 상담 과정의 단계에서 주안점이 되어야 하는 내용을 제공한다. 이 주제들은 내담자가 자신의 개인적인 고민들을 다루고 변화를 위한 기회를 전개하는 방향으로 나아갈 수 있게 돕는다.

우리가 곧이어 논의할 상담 과정의 모형은 다섯 가지 주요 단계를 갖고 있으며, 각각 달성해야 할 구체적 과업을 제시한다(Hackney & Cormier, 2013). 상담자와 내담자는 상담 과정에서 다음 단계들을 거치며 나아간다.

1 작업 관계를 확립하기
2 당면한 문제를 평가 혹은 정의하기
3 목표를 확인하고 설정하기
4 개입 방향을 선택하고 개시하기
5 종결과 후속 회기를 계획하고 소개하기

이 과정의 각 단계에서 상담자는 구체적 기술이 요구되는 다양한 역할과 과제를 맡는다. 이 단계들 각각에서의 기능들은 상당한 정도로 겹쳐진다. 이 모형을 직선적인 순서로 진행되는 별개의 단계로 생각하기보다는, 의사결정의 순환적인 과정으로 생각하는 것이 가장 적절할 것이다. Ivey, Ivey와 Zala-quett(2014)는 원이 시작도 끝도 없다는 점을 지적하면서 상호간에 합의된 관심사를 작업해 나가기 위해 상담자와 내담자가 형성하는 파트너십의 평등한 관계의 상징으로 사용할 수 있다고 하였다.

상담자의 이론적 지향은 다양한 단계에서 무엇이 일어나는지에 지대한 영향을 미친다. 문화적 배경에 상관없이 모든 내담자가 여기서 제시한 단계들을 편안하게 느끼지는 않을 것이며 또한 모든 내담자가 모든 단계들을 거치며 나아가지도 않을 것이다. 상담자-내담자의 촉진적 관계, 구조화, 문제정의, 목표설정, 진척에 대한 평가 등은 상담관계가 지속되는 동안 중요한 이슈가 될 것이다. 우리가 제공하는 개념적 틀은 여러분이 상담관계에 타인을 참여할 수 있게 하는 능력을 평가해 볼 수 있도록 해줄 것이다.

이 단계들을 각각 설명하면서, 우리는 상담자로서의 여러분에게 초점을 맞추려고 한다. 다른 사람을 돕는 것에 대한 자신의 흥미와 능력을 밝히기 위해 여러분의 자질을 평가해 보라. 상담관계는 기법적인 과정이 아니라 심오하고 사적인 인간의 노고라는 사실을 인식하길 바란다. 상담자로서 여러분은 자신이 아는 바에 의지하여, 시의적절하게 적합한 방식으로 기술과 개입을 적용하고, 자신을 내담자 혹은 여러분이 돕는 누군가와 의미 있는 관계를 만들기 위한 도구로 사용함으로써, 작업을 함께하고 있는 사람들과 적극적으로 관계하게 될 것이다. 이는 여러분이 상담을 하든 관련 분야의 행정을 담당하든 마찬가지이다. 우리가 기술한 대인관계 기술은 모든 세팅의 모든 상담자에게 필수적인 것이다. 만약 여러분이 기본적인 대인관계 기술을 적용할 능력이 없다면, 여러분이 도와야하는 사람과 적절한 라포(rapport)를 형성하고 유지할 가능성이 낮다. 우리 논의의 주된 강조점은 이런 기술들을 상담관계에 적용할 때에 있기는 하지만, 여러분은 이들을 자신의 개인적 삶에서의 다양한 다른 대인관계적 상황에 또한 적용할 수 있다.

1단계 : 작업관계를 확립하기

치료적 관계는 효과적인 상담, 치료, 성장, 변화의 기초이며, 이는 이 분야에서 점점 더 인정되는 추세이다. 상담에서 이 첫 단계의 주된 과제는 양질의 치료적 관계를 형성하는 방향으로 작업을 하는 것이다. 여기서 주안점은 내담자의 고민을 확인, 명료화하고, 관계를 만들어 내담자가 상담 과정에서 최대로 이득을 취할 방법을 알 수 있게 방향을 제공하면서, 내담자가 상담관계에 적극적으로 임할 수 있도록 준비시키는 것이다(Okun & Kantrowitz, 2015). 이 초기 단계는 상담의 이후 단계에서 다른 모든 개입들이 뿌리를 내릴 수 있는 기초를 확립하게 된다. 치료 동맹을 유지하는 것은 모든 단계들을 거쳐 흐르는 주제인데, 이 작업 동맹이 각 단계의 과제들을 다루기 위해 필수적이기 때문이다.

　사람들은 종종 문제상황을 만족스럽게 다루지 못한다고 느낄 때 전문적 도움을 찾아 나선다. 상담자들은 내담자가 자기 이야기를 털어놓고, 무엇을 바꾸고 싶은지 확인하며, 자기 문제를 다루기 위한 새로운 방법을 획득할 관계를 만들도록 요구받는다. 사람들이 상담과 치료를 찾는 이유는 아주 다양하다. 어떤 사람들은 자기 회의로 고민하거나, 두려움에 휩싸이거나, 어떤 종류의 상실로 고통스러울 때 상담을 찾는다. 또 다른 사람들은 우울, 불안, 중독 혹은 다른 정신건강상의 문제와 싸우다가 전문적인 도움을 위해 손을 뻗는다. 재향군인과 그 가족들은 흔히 PTSD를 다루기 위해 상담에 찾아온다. 어떤 문제들은 생물학적 혹은 심리적인 원인에 기인하기도 하지만, 환경 혹은 사회정치적 영향에 크게 기인하는 문제들도 있다. 소외되고 억압받는 집단은 다양한 형태의 차별을 견뎌왔을 것이며 증오범죄의 타깃이 되어왔을 수도 있다. 이 사람들은 트라우마, 학대, 권리 박탈, 다수의 부당함의 영향을 다루고자 상담에 올 가능성이 높다.

　또한 다수는 관계를 향상시키고 싶어 상담에 온다. 또 다른 사람들은 그들이 원하는 만큼 효과적으로 살고 있지 못해서, 혹은 자신의 삶에 무언가 빠져 있다고 느껴서 도움을 청한다. 어떤 사람들은 깊은 의미와 목적을 추구한다. 그들은 의미 없는 직장에 잡혀 있다고 생각하거나, 자신의 목표나 이상에 맞게 살지 못하는 데 대해 좌절감을 경험하거나, 개인의 생활이 만족스럽지 못하다고 느끼곤 한다. 한마디로 내담자들은 자신의 삶을 할 수 있는 만큼 잘 운영하지 못하고 있다. 이런 가정들로부터 상담의 주된 두 가지 목표가 생겨난다. 그 중 한 가지는, 내담자가 자신의 삶을 좀더 효과적으로 꾸려가는 것에 관련되고, 다른 한 가지는 문제를 현실적으로 다루고 기회를 개발할 수 있는 능력과 관련된다(Egan, 2014).

비자발적인 내담자와 상담하기

모든 내담자가 상담에 자발적으로 오는 것은 아니다. 비자발적 내담자들은 도움을 받아들이지 않으려 하고, 누군가가 자신을 도울 수 있다는 것조차 믿지 않을 수 있다. 비자발적 내담자와 상담하는 것은 상당히 힘든데, 특히 내담자가 고도의 방어를 드러낼 때 더욱 그러하다. 비자발적인 혹은 법적 의무로 온 내담자와 작업하는 상담자들이, 내담자들을 부정 속에서 살아가며, 곤란에 처하게 만든 행동과 태도들을 과소평가하는 존재라고 묘사하는 것도 드문 일이 아니다. 이 상담자들에게 우선적 과제는, 이러한 내담자들이 상담 과정을 수용하고 자신의 이슈를 작업할 의지를 갖도록 방어를 낮추게 하는 것이다. 이들의 감정과 태도를 무시하기보다는, 망설임과 불신을 다루는 것이, 상담을 꺼리는 내담자와 시작할 수 있는 최선의 방책 중 하나다.

　법적인 의무로 치료에 온 내담자들은 분노, 좌절, 분개, 수치심, 불안과 공포 등을 경험할 수 있다. 치료에 오게 만든 행동에 관계 없이, 희망을 불어넣고 그 개인에 대한 존중을 보여주는 것이 이 상담관계에서 아주 훌륭한 시작이 된다. 강력한 치료적 동맹과 관계를 구축하는 것이 다른 무엇보다 중요하다. 법적 의무를 수행하고 있는 내담자들은 이런 측면에서 비자발적인 내담자들과 다르지 않다. 양쪽 모두 신뢰, 안전, 강력한 관계가 주는 라포가 유용하며 이는 이후 작업을 위한 도약판이 된다. 유능한 상담자들의 특징—비판단적이고, 진솔하며, 공감적인 동시에, 수용적이고 무조건적으로 긍정적인 관심을 보이는 것 등—은 법적 명령을 받은 집단과 작업할 때 특히 중요하다. 이는 치료적 관계를 형성하고 유지하는 데 많은 도움이 되기 때문이다.

　법적 명령으로 온 내담자와 신뢰를 발달시키는 것은, 이들이 극복해야 하는, 평생의 학대나 신뢰가 붕괴됐던 다른 경험이 있는 경우가 많기 때문에 비자발적인 내담자와의 관계에서보다 더 도전적일 수 있다. 비자발적인 내담자들은 대개 변화를 위한 작업을 거치지 않고도 바꿔 말할 줄 안다. 상담자들은 진정한 변화와 무의미한 말을 구별해 내는 법을 배워야 한다. 그러나 법적 명령으로 온 내담자들은 대개 장기적인 변화를 획득하기까지 여러 번 치료적 노력을 반복해야 한다. 이렇게 덜 성공적인 치료적 노력을 하는 동안에조차도, 상담자들은 마침내 어떤 형태 혹은 방식으로 열매를 맺을 씨앗을 심고 있는 것이다. 이런 집단을 전문적으로 다루는 많은 상담자들은 추가적인 노력이 가치 있으며, 궁극적으로는 이 내담자들의 치유 과정에 역할을 담당한다고 보고한다.

작업관계를 형성하는 데 나서는 방해물을 다루기 위해, 우리는 내담자와 우리 내부 모두에서 방어와 저항의 신호를 인식할 수 있어야만 한다(5장을 참고). 내담자의 저항이 갖는 많은 의미를 이해하고 이를 내담자 측면의 실패 혹은 상담자로서 우리 실패의 징후로 해석하지 않는 것이 중요하다. 만약 우리가 내담자에게서 맞닥뜨리는 다양한 방어적 행동에 대해 자기를 지키는 것에 급급해 한다면, 이 내담자들이 자기 행동의 진정한 의미를 탐색할 수 있는 기회를 박탈하게 된다.

내담자의 문제적 행동에 방어적으로 반응하지 않고 그 의미를 탐색하는 한 방법은 다음 사례를 통해 설명하겠다. 여러분은 비자발적 내담자를 처음 만났다. 그녀는 극도로 적대적이고 여러분의 도움은 원하지도, 필요하지도 않다고 말한다. 또한 상담자로서 여러분의 능력에도 의문을 제기한다. 유능한 상담자라면, 여러분은 스스로를 거절감에 허우적거리게 해서는 안 된다. 오히려, 내담자와 함께 왜 상담에 오기 싫은지, 어떤 점이 어려운지, 방어적이지 않은 방식으로 탐색해 볼 수 있다. 여러분이 인내심을 갖고 대한다면, 이 내담자가 여러분과 같은 전문가를 신뢰하지 않는 데에 그럴 만한 충분한 이유가 있다는 것을 밝힐 수 있을 것이다. 그녀는 상담자에게 배신감을 느꼈던 적이 있을 수도 있고, 여러분에게 이야기한 자기 이야기가 언젠가 그녀에게 불리하게 사용될까봐 두려워하고 있는 것일 수도 있다. 혹은 여러분을 부당하게 대접받았던 큰 체계의 일부로 여기고 있는 것인지도 모른다. 내담자의 거리낌, 양가감정,

저항을 비방어적으로 작업하는 것에 대한 훌륭한 논의는 Egan(2014), Miller
와 Rollnick(2013), Teyber와 McClure(2011)를 참고하기 바란다.

변화를 위한 분위기 조성

자발적인 내담자와 비자발적인 내담자 모두와 작업해야 하는 우리 업무에서,
내담자가 기꺼이 자기 탐색에 참여하려고 하는지는 초반 회기에 우리가 어떤
분위기를 조성하는지와 깊은 관계가 있다. 만약 우리가 너무 열심히 하려는
나머지, 질문을 너무 많이 하고 재빨리 해결책을 제시하려고 한다면, 내담자는
참여에 대한 의욕을 거의 느끼지 못할 것이다. 우리 역할은 내담자와 함께 협
력적인 파트너십을 조성하는 것이며, 이는 상담회기 안팎에서 일어나는 일들
에 대한 책임을 공평하게 나눠 갖는다는 의미이다. 상담의 초반 회기 동안에
는 내담자에게 자신의 문제를 어떻게 평가하는지를 가르쳐주며 "가장 상담이
필요한 문제가 무엇인가요?"나, "성공적으로 해결됐을 때, 당신의 삶을 크게
변화시킬 만한 문제는 어떤 것인가요?"와 같은 질문을 던짐으로써 크게 도움
을 줄 수 있다.

관계 수립

효과적인 상담관계를 조성하기 위해, 내담자가 자신의 문제, 결점, 취약점에
집중하기보다 자원과 강점을 깨달을 수 있게 돕는 것이 다른 무엇보다도 중요
하다. 내담자가 자기 이야기를 마음놓고 할 수 있도록, 우리는 주의를 기울여
적극적으로 경청하고 공감해야 한다. 내담자가 자신이 존중받고 있다고 느낄
수 있어야 하는데, 이는 우리의 태도와 행동을 통해 보여줄 수 있다. 내담자의
행복에 대해 걱정하며 그들에 대한 존중의 태도를 드러내고, 내담자들을 자신
의 운명을 통제할 수 있는 존재로 여기며, 정형화된 이미지가 아닌 한 명의 독
특한 개인으로 대해야 한다. 행동을 통해 내담자들에 대한 존중을 보여줄 수
있는 예로는, 적극적으로 경청하고 이해하기, 결정적인 판단은 유보하기, 적절
한 온정과 수용을 표현하기, 내담자의 세계를 그들이 경험하는 방식으로 이해
하고 있음을 전하기, 지지와 도전을 모두 제공하기, 변화를 위한 내적 자원을

경작할 수 있게 도와주기, 변화를 만들기 위해 필요한 구체적인 움직임을 생각해 보도록 도와주기 등이 있다.

진실함은 내담자와의 건설적인 작업 동맹 혹은 관계를 조성하는, 또 다른 핵심 요소이다. 진실하다는 것은 즉각적으로 행동하거나 우리가 생각하고 느끼는 모든 것을 말한다는 의미가 아니다. 전문적 역할 안에 갇혀 있지 않고, 위협을 느낄 때조차 개방적이고 방어적이지 않으며, 생각하고 느끼고 가치 있게 생각하는 것과 말과 행동을 통해 드러나는 것 사이에 일관성을 보여줄 때, 내담자 곁에 진실되게 머무를 수 있다. 다음은 첫 회기에 전형적으로 물어보는 질문들이다.

- 무슨 일로 이렇게 오시게 됐습니까?
- 당신 삶에서 이 시기에 전문적 도움을 찾게 만든 최근의 일은 어떤 것입니까?
- 이 시간 전에는 문제가 생겼을 때 어떻게 했었습니까?
- 이전에 상담을 받은 적이 있나요? 그렇다면 그 경험은 어떠했습니까?
- 상담 과정에 대해 어떤 기대를 갖고 있습니까?
- 당신의 소망, 두려움, 의구심은 어떤 것입니까?
- 이 시간을 통해 가장 얻고 싶은 것은 무엇입니까?

치료적인 관계를 형성하기 위해, 상담자는 타인에 대한 온전한 관심을 줄 수 있어야 한다. 만약 상담자가 자기 자신의 문제에 사로잡혀 있다면, 다른 사람의 경험 세계를 있는 그대로 이해하기가 어려울 것이다. 상담자의 존재는 내담자에게 진정한 선물이 되어야 한다. 이 시점에서, 내담자의 내적이고 주관적인 참조체계를 취하는 데에 도움이 되거나 혹은 방해가 될 수 있는 여러분의 특성에 대해 평가해 보자. 다음 질문을 곰곰이 생각해 보자.

- 내담자가 이야기하는 언어적, 비언어적인 내용 모두에 주의를 기울여 핵심 메시지를 파악해낼 수 있는가? 주로 사람들이 말하는 바(내용)에 주목하는가, 아니면 메시지를 전달하는 방식(과정) 또한 알아차리는가?

- 자신의 편견을 잠시 내려놓고 내담자의 세계로 들어가기 위해 노력할 수 있는가? 예를 들어 여러분이 종교적 신념에 근거하여 낙태를 반대하지만, 낙태를 심각하게 고민하는 내담자와 작업하며 자신의 가치관을 내려놓고 내담자가 스스로 결정할 수 있게 도울 수 있는가?
- 내담자가 탐색하고 싶어 하고 탐색할 필요가 있는 이슈에 여러분의 초점을 유지할 수 있는가?
- 내담자에 대해 이해하고, 공감하며 수용한 바를 전달할 수 있는가?
- 아주 조심스러워보이는 내담자와 비방어적으로 작업할 수 있는가? 이런 사람들이 저항을 통과하여 자기 이슈를 보다 심도 깊게 탐색하도록 도울 수 있는가?

다른 사람의 말을 듣는다는 표현은 쉬워 보일지 모르나, 다른 사람이 보는 방식대로 세상을 이해하려는 노력은 힘든 일이다. 존중, 진실성, 공감은 내담자에게 사용하는 기법이 아닌, '존재방식'이라고 보는 것이 가장 적절하다. 하지만 우리가 현실이 되기 위해 지나치게 노력하게 되면, 내담자가 자신을 표현하려는 의지를 방해하게 될 수도 있다. 예를 들어 우리 역시 자신의 문제로 고충을 겪고 있다는 걸 내담자에게 드러내고 싶어 한다고 해보자. 우리의 인간미를 입증하기 위해, 초점을 내담자에서 자신에게로 옮겨, 우리 삶의 이야기를 시시콜콜하게 늘어놓게 될 수도 있다. 스스로 왜 이런 식의 자기 개방을 하고 있는지, 그것이 내담자에게 이득이 되는 정도에 대해 자문하는 것은 좋은 연습이 된다.

내담자와 작업관계를 형성한다는 것은 우리가 행동하는 방식에 있어서도 진실하고 존중을 보이며, 관계는 양방향적인 과정이고, 내담자의 이익을 최우선에 두겠다는 뜻을 시사하는 것이다. 이는 내담자가 자기 스스로 할 수 있는 일을 그를 대신해 하지는 않는다는 의미이다. 예를 들어 청소년 내담자가 아버지와 더 많은 시간을 보내고 싶지만, 그 앞에 서면 두렵고 주눅이 든다고 말한다. 그는 아버지에게 다가가는 것이 두려운 것이다. 여러분은 이 내담자에게 위험을 무릅쓰고 아버지에게 다가가라고 격려하며, 시작을 어떻게 할지 가르치는 것으로 내담자에 대한 존중을 표현한다. 설사 내담자가 여러분에게 개입해 주길 요구했다 하더라도, 아버지에게 말을 거는 역할을 떠맡으려 한다면, 그의 능력에 대한 신뢰가 부족하다는 것을 입증하는 것이다.

내담자와의 라포와 협력적인 관계를 형성하는 데 있어, 상담자는 주의를 집중하기, 경청하기, 반영하기, 명료화하기, 질문하기, 중요한 세부사항을 확인하기, 열린 질문을 하기, 요약하기, 다른 말로 바꾸어 표현하기, 비언어적인 행동을 알아차리기, 진전되는 과정에 주목하기 등과 같은 기본적인 상담 기술에 숙달되어야 한다. 이러한 기본 면담 및 상담 기술에 대한 유용한 논의는 Cormier와 Hackney(2012), DeJong와 Berg(2013), Egan(2014), Hackney와 Cormier(2013), Ivey 외 (2014), Miller와 Rollnick(2013), Young(2013)을 참고하기 바란다.

내담자를 교육시키고 고지된 동의를 얻기

상담관계를 어떻게 최대한으로 이용할지에 대해 내담자를 교육시키고, 그들의 의문을 다루며 기대를 명료하게 하는 과정은, 윤리적이고 효과적인 상담으로 가는 길이다. 내담자에게 정보를 너무 많이 제공하는 것과 충분치 않게 주는 것 사이에서 균형을 잡아라. 내담자가 상담에서 무엇을 얻고 싶은지 충분히 이야기할 수 있도록 기회를 제공하라. 내담자가 의미 있게 드러낼 만큼 충분히 신뢰하기 위해서는, 상담관계의 성격에 대해 적어도 최소한의 정보가 있어야 한다. 초반 회기 동안의 논의는 내담자의 걱정, 관심, 질문에 따라 진행되어야 한다. 치료자는 아마도 이런 질문들을 내담자와 함께 탐색하고자 할 것이다. 비밀이 어떻게 보장되며, 이때 한계는 무엇인가? 치료 과정은 어떻게 효과가 있는가? 상담자의 주된 역할은 무엇인가? 상담 과정의 대략적인 길이는 어느 정도인가? 종결은 어떻게 다뤄질 것인가? 내담자의 주된 권리와 책임은 무엇인가? 상담의 주된 효용과 위험은 무엇인가? 물론 이 모든 주제들을 한 회기만에 다 다룰 수는 없을 것이다. 내담자를 교육시키고 고지된 동의를 얻는 것은 첫 회기에 시작해서 이런저런 방식으로 상담 과정 내내 지속된다. 우리는 고지된 동의에 대한 주제를 8장에서 좀더 자세하게 논의할 것이다. 이에 대한 좀더 완결된 논의가 궁금하다면, Corey, Corey, Corey와 Callanan(2015)을 참고하길 바란다.

2단계 : 내담자의 문제를 확인하기

두 번째 단계 동안 핵심 과제는 정보를 수집하고 평가를 진행하여 내담자의 문제와 자원을 확인한 후, 내담자가 목표를 세울 수 있게 돕는 것이다. 일반적으로 사람들은 자신의 문제를 이해하고 대처하기 위해 외부의 도움이 필요하다고 인식하거나 누군가가 전문적인 개입을 권유해서, 혹은 어떤 경우에는 법적 의무를 따라야 하기 때문에 내담자가 된다. 내담자들은 대개 자기 삶에서 도움이 되지 않는 측면들을 확인하고 명확히 하는 데에 도움이 필요하다. 따라서 상담자의 역할은 내담자가 문제 상황, 혹은 온전한 발달에서 놓쳐버린 기회를 확인할 수 있게 돕는 것이다.

상담 과정에서 가능한 한 빨리, 내담자에게 문제 영역을 어떻게 파악하고 명료화하는지, 일상의 다양한 난관에 적용할 수 있는 문제 해결 기술을 어떻게 습득하는지를 가르쳐주는 것이 아주 중요하다. 상담자의 역할은 내담자 문제의 본질을 직접 파악해내는 것이 아니라 이를 스스로 해낼 수 있게 돕는 것이다. 어떤 의미에서, 제일 처음 만남에서부터 우리는 내담자가 자신의 삶을 더 잘 운용하기 위해 끌어낼 수 있는 자원과 강점을 자기 안에서 찾아보도록 격려하는 것으로 그들에게 가장 큰 도움을 줄 수 있는지도 모른다. 유능한 상담자는 또한 일상생활에서의 필요를 충족시켜주는, 지역사회 내 자원들을 내담자가 이용할 수 있게 연계해 주기도 한다. 예를 들어 저소득층 내담자가 감당할 수 있을 정도의 의료 서비스와 식품 할인 구매권(food stamps)이 필요한 경우, 유능한 상담자는 이 내담자가 적합한 서비스에 연결되어 기본적인 욕구가 충족될 수 있도록 도울 것이다. 우리가 내담자의 내부와 외부의 자원들을 모두 제대로 인식하고 있다는 걸 내담자가 확신하게 되면, 우리에 대한 그들의 신뢰가 커질 것이다.

내담자의 문화적 배경을 이해함으로써, 우리는 첫 회기부터 시작되는 치료적 작업관계를 훨씬 더 잘 형성하게 된다. 내담자에게 도움이 되고자 한다면, 그의 기본 신념 및 가치관을 어느 정도 이해하고 있어야 한다. 만약 내담자의 행동과 결정을 이끄는 핵심 가치에 대해 잘 모르고 있다면 우리의 내담자는 이를 곧 알아차리고 그 다음 회기에는 나타나지 않을 수도 있다(내담자의 문화적 가치관을 이해하는 것의 중요성에 대한 논의는 4장을 참고하기 바란다).

환경적 맥락을 이해하기

내담자들은 자기 내부의 문제를 해결하기 위해서라기보다, 주위 환경에서 오는 외적인 스트레스원을 더 잘 이해하고 다루기 위해 상담에 오는 수도 있다. 상담을 찾는 사람들 중에 어떤 경우는 지역사회의 외적 자원과 연결되는 데 도움이 필요해서 오기도 한다. 일자리를 구하거나 보육 서비스를 찾거나, 부양 부모를 보살피는 것 등 그날 그날의 생존적 이슈들을 처리하는 데 법적인 지원 혹은 여러분의 도움이 필요한 것이다. 위기 상황의 내담자들은 그 위기를 효과적으로 대처할 수 있는 외적 자원을 찾는 쪽으로 즉각적인 조치가 필요하다.

내담자의 말을 경청하며, 내담자가 그저 문제 상황에 적응이 필요한 것이라고 가정하지 말기 바란다. 그들은 나이, 성, 인종, 종교, 장애, 성적 지향 때문에 직장에서 차별을 당하는 것처럼, 사회적 요인들로 인해 분노와 좌절감을 느끼고 있을 수도 있다. 이때 억압적인 환경에서도 불평등에 만족하라고 주장한다면, 내담자에게 큰 위해를 가하는 것이다. 내담자의 현재 문제를 단순히 해결해 주는 대신, 내담자가 지역사회 내에서 변화를 위해 행동하려는 노력을 지지하는 것으로 시작해 볼 수도 있다. 물론 여러분이 이런 일을 한다는 것은 상담자의 역할을 다양하게 맡아야 한다는 의미이다. 교육자, 옹호자, 사회변화 촉진자, 정책입안에 영향력을 행사하는 사람 등. 지역사회 내에서 변화를 만드는 것에 대한 상담자의 역할은 12장에서 자세히 논의할 것이다.

초기 평가를 진행하기

평가는 상담 과정에서 더 탐색되어야 할 주제를 파악하기 위해 내담자 삶에 관한 요소를 감정하는 것으로 구성된다. 이 평가는 접수면접 혹은 상담 초기 단계 내에 반드시 완료되어야 하는 것도, 내담자에 대해 확고한 판단의 형태가 되어야 하는 것도 아니다. 평가에서 가장 정확한 결과를 얻기 위해서는, 관계에서 라포를 형성하고 구조화하는 작업이 선행되어야 하고, 이것이 첫 단계의 과제이다. 이상적으로 말하자면 평가는 상담자-내담자 사이의 상호작용 중 하나로, 협력적인 활동이라고 할 수 있다. 상담자와 내담자 모두, 내담자가 제시하는 문제의 본질을 밝히는 데 몰두해야 하며, 이 과정은 첫 회기에서 시작하여 전문적 관계가 끝날 때까지 지속된다. 초기 평가 단계 동안 생각해 보면 좋을 몇 가지 질문은 다음과 같다.

- 이 시기에 이 사람의 삶에서는 무슨 일이 일어나고 있는 것 같은가?
- 내담자의 주된 자원 및 취약점은 무엇인가?
- 내담자가 현재 사용하고 있는 대처 전략은 무엇이며, 그것은 얼마나 효과적이고 어떤 종류의 추가적인 대처 전략이 이 내담자에게 가장 도움이 될 것인가?
- 내담자의 삶에서 의미 있는 인물은 누구인가? 그들에게 지지를 기대할 수 있는가?
- 이것은 위기 상황인가, 아니면 오랫동안 지속되어온 문제인가?
- 이 내담자는 안정이 필요한가, 아니면 탐색이 필요한가?
- 내담자가 치료적 관계에서 우선적으로 추구하는 것은 무엇이며, 이것이 가장 잘 성취되려면 어떻게 해야 하는가?
- 내담자의 현 문제에 기여하는 주된 내외적 요소들은 무엇이고, 이를 완화하기 위해 할 수 있는 것은 무엇인가?
- 이 내담자의 문화적 배경을 이해하는 것은, 이 문제를 다룰 계획을 발전시키는 데 어떤 방식으로 도움이 될까?
- 내담자와 상담자 사이의 문화적 차이는 상담 과정에 어떻게 영향을 미치겠는가?
- 과거의 어떤 유의미한 사건이 이 내담자의 현 기능 수준에 관련 있어 보이는가?
- 의미 있는 변화의 전망은 어떤 것이며, 그 변화가 일어났다는 것을 어떻게 알아낼 수 있을까?

상담자는 잠정적인 가설을 전개하게 되고, 상담 과정이 진행되면서 이런 가설을 내담자와 함께 나눠볼 수 있다. 때맞춰 추가적인 정보가 나타나 기존 평가를 수정해야 할 수도 있다. 이 평가 과정은 반드시 내담자를 어떤 임상적 범주 아래 분류하는 것으로 결론을 내려야 하는 것은 아니다. 오히려 상담자는 관찰한 바에 따라 행동을 기술하고 내담자가 그 의미를 생각해 보도록 격려할 수 있다. 이런 방식의 평가는 전문가가 단독으로 수행하는 것이 아닌, 내담자와 함께 이슈들을 생각해 보는 과정이 된다. 이런 종류의 평가는 개입을 선택하기 위해 필수적이며, 상담자가 사례를 개념화하는 것을 도와준다.

때때로 평가과정의 일부인 **진단**은, 심리적 장애의 분류체계를 위한 공식 안내서, *DSM-5*(American Psychiatric Association, 2013a)에 기술된 구체적인 진단명으로 이어지게 될, 증상의 패턴을 파악하는 것으로 구성된다. 이전 *DSM-IV-TR*(American Psychiatric Association, 2000)의 최근 개정판인 *DSM-5*는 특정 정신 장애를 다른 것과 구별하기 위한 표준 참조체계다. 이는 정서적, 행동적 장애들을 분류하기 위한 구체적인 기준을 제시하고 다양한 장애들 간의 차이를 설명한다. 인지적, 정서적, 성격적 장애를 기술하는 것 외에도 *DSM-5*는 발달적 단계, 학습, 트라우마, 약물 남용, 기분, 성적 및 젠더 정체성, 식이, 수면, 충동 조절, 적응에 관련된 여러 가지 다른 장애들에 대해서도 다루고 있다. 이 전통적인 진단적 접근법을 사용하는 이유는 치료자가 내담자의 특수한 필요에 맞는 치료를 계획하는 데 도움이 되기 때문이다. 평가와 진단 모두 치료 과정에 방향을 제시하는 걸 목적으로 한다.

진단이 심리치료의 한 부분으로 포함되어야 하는지는 논란이 되고 있는 사안이다. 어떤 정신건강 전문가들은 진단을 모든 치료 계획의 필수적 단계라고 생각하지만 다른 전문가들은 DSM 라벨이 사람들을 낙인찍게 된다는 추정 하에 진단적 모형에 반대한다. 여러분이 내담자를 진단해야 하는가라는 실질적인 질문에 맞닥뜨린 적이 아직은 없다 하더라도, 일을 하다보면 어느 지점에선가 이 이슈와 타협이 필요해질 것이다. 현재 점점 더 많은 기관들이 비용 지원을 위해 초기 평가와 DSM 진단을 필요로 하고 있다. 대부분의 기관들이 일정한 형식의 공식적인 평가와 진단을 요구하기 때문에 이런 기능들을 유능하게 소화해 내는 것이 여러분의 업무적 책임에 필수적인 부분이 될 것이다.

우리가 보기에 진단은 내담자를 범주화하는 문제일 필요가 없다. 오히려 실무자들은 행동을 기술하고 그 의미를 고민하며 보다 광범위하게 생각할 수 있어야 한다. 이렇게 하면, 진단은 내담자와 함께 내담자에 대해서 생각하는 과정이 될 수 있다. 진단은 내담자의 기능양식을 파악하는 전반적인 서술적 진술로 볼 수 있으며, 고지된 동의와 마찬가지로 진단적으로 사고하는 것은 지속적인 과정이다.

심리적인 고충은 생물학적이고 발달적인 요인의 관점에서 생각해야 하지만, 환경적 요인 역시 고려되어야 한다. 스트레스원이 개인 안에 있다 하더라도 의미 있는 평가를 위해서는 체제적, 문화적 맥락이 폭넓게 고려되어야 하는 것이다. 예를 들면 우울은 일반적으로 환경과 개인의 상호작용 결과이다. 여성 혹은 어떤 문화 집단에 속한 사람의 우울은 문화적인 인종차별주의 혹은 성차별주의의 결과이다. 불리하게 차별을 받는 사람들은 환경적 요인의 결과로 우울을 경험할 수 있다. 우울은 흔히, 소외 계층이 매일의 삶에서 일상적으로 경험하는 인종차별주의나 성차별주의와 다양한 방식으로 관련된다는 사실에 대해 임상가들은 이해할 필요가 있다(Zalaquett, Fuerth, Stein, Ivey, & Ivey, 2008). 인종, 민족성, 성, 성적 지향, 장애, 영성과 같은 문화 관련 이슈들을 포함시키는 것은 정확한 진단과 평가에 필수적이다.

여러분의 상담에서는 진단이 필요하거나 유용하다고 생각하지 않는다 하더라도, 내담자를 의뢰하기 위해, 진단에 대해 충분히 알고 있어야 하는 것은 상담자의 의무이다. 예를 들면 어떤 내담자를 자살 충동의 가능성이 있는 만성우울증으로 진단을 하게 됐을 때, 여러분이 이 문제영역을 다룰 역량이 없는 경우 반드시 적절한 의뢰를 해야 하는 입장이기 때문이다. 마찬가지로 조현병 같은 장애를 식별할 수 있는 능력은, 필요한 경우 약물 치료를 위해 정신과 의사에게 적절히 의뢰하기 위해서도 윤리적으로 중요하다.

내담자가 집중할 수 있게 돕기

도움을 받으러 온 어떤 사람들은 여러 가지 문제에 압도되어 있다. 한 회기 안에 자신을 괴롭히는 모든 문제를 다 이야기하려고 하여, 상담자를 압도시키기도 한다. 따라서 상담의 방향을 제공하고, 내담자와 상담자 모두가 어디서부터 시작할지를 알도록 하는 것이 필요하다. 이 초점을 성취하기 위해서는 도움을 구하는 사람의 주요 문제에 대한 평가가 필수적이다. 여러분은 긴 문제 목록을 제시하는 내담자에게 이렇게 말해 볼 수 있다, "우리는 이 모든 문제를 한 회기에 모두 다 다룰 수 없어요. 도움이 필요하다는 최종 결정을 내렸을 때, 삶에서 어떤 일이 벌어지고 있었나요?" 몇 가지 좀더 집중적인 질문들을 할 수도 있다. 현재 삶에서 가장 골칫거리가 무엇인 것 같나요? 종종 한밤중에 잠에서 깬다고 말씀하셨죠. 그때 자신에 대해 뭘 생각하고 있던가요? 아침에 일어나고 싶지 않을 때, 무엇을 가장 피하고 싶어 하는 걸까요? 오늘 단 한 가지 문제에 대해서만 다룰 수 있다면, 무엇을 고르겠어요?"

상담자로서 우리는 내담자들이 자신의 이야기를 하고 경험, 정서, 행동의 측면에서 핵심 이슈들을 탐색하도록 격려하는 데 중요한 역할을 해야 한다. 현재 두드러진 것에 초점을 맞추고, 과거에 머무는 것을 피함으로써, 우리는 내담자가 자신의 문제와 변화를 위한 기회를 명확히 할 수 있게 도울 수 있다. 우리 훈련 워크숍에서 어느 한 참여자가, 자신의 이야기를 치료적인 가치를 갖고 하는 것과 이야기를 하는 데 심취하여 다른 사람을 압도시키는 것 사이의 미세한 차이가 보이기 시작했다는 이야기를 했다. 또한 그녀는 내담자가 자신의 정보를 밝히는 목적은 상담자의 호기심을 충족시키기 위해서가 아님을 배웠다고 했다. 내담자의 자기 개방은 그 사람의 고군분투에 대한 감을 가질 수 있게 하고, 이는 상담자가 회기의 방향을 파악하는 데 도움이 된다.

내담자들이 삶의 어떤 측면에 대한 이야기를 하는 과정에서 여러분이 어느 정도로까지 이를 촉진할 수 있었는지, 그 순간을 떠올려 보자. 여러분은 내담자가 자신의 이야기를 할 수 있게 해주었는가, 아니면 조바심을 내며 말을 끊고 싶어 했는가? 상담자의 호기심에서 내담자가 이야기를 아주 자세히 하도록 격려하지는 않았는가? 내담자 이야기의 세부사항에 빠져 그 고군분투의 핵심을 놓쳐버리곤 하지는 않는가? 개방형의 질문을 통해 내담자가 의미 있는 이야기를 구체화하도록 도울 수 있는가?

문제에 대한 예외를 파악하기

상담관계가 깊어지고 내담자가 자신의 삶에 대한 정보를 제공함에 따라, 우리는 내담자들이 자신의 왜곡을 인식하고 극복하도록 도울 수 있게 된다. 이 지점이 온통 문제로 얼룩진 삶 속에도 예외들이 있었다는 사실을 내담자가 발견할 수 있도록 격려하기 좋은 순간이다. 그들에게 문제를 다루기 위해 무엇을 해왔고 또 무엇을 할 수 있을지 물어볼 수도 있다. 내담자가 제시하는 문제의 관점에 머무르지 않고, 가능한 해결방안에 주목할 수 있게 안내하는 것이다. 구체적인 문제를 재개념화함으로써, 우리는 내담자가 행동으로 이어질 수 있는 새로운 관점을 얻도록 도울 수 있다. 주어진 문제에 대처하기 위한 다양한 대안들을 개발하는 데 제한적인 사고를 하는 내담자는 도전의식을 북돋워 줄 수도 있다. 그들이 할 수 있는 것과 하기 어려울 수 있는 것을 구별하도록 돕되, 자신의 한계를 최대한 뻗어 보도록 요청해 보자. 내담자가 스스로 결정하고, 그 결정에 대한 책임을 기꺼이 받아들이도록 격려하는 것 또한 가능하다. 격려와 도전을 줌으로써, 내담자의 변화 과정을 촉진할 수 있게 된다. 내담자 문제에서 예외를 발견하는 것에 대한 자세한 논의는 DeJong과 Berg(2013)를 참고하기 바란다.

3단계 : 내담자가 목표를 설정할 수 있게 돕기

세 번째 단계에서, 상담자와 내담자는 원하는 구체적인 변화를 확인함으로써 협력하여 목표를 설정한다. 내담자가 의미 있는 목표를 세우는 걸 돕는 것이 상담자의 역할이다. 내담자가 변화를 만들고 싶어 한다면, 그들은 말하고 계획하는 것 이상으로 기꺼이 가야 한다. 내담자는 자신의 계획을 행동으로 바꿔내야 한다.

목표는 상담자와 내담자가 합의한, 상담 과정에서 원하는 결과를 의미한다. 강점의 관점에서 상담자는 내담자가 무엇을 잘하고 자원이 무엇인지에 특히 주목한다. 목표를 구체화할 때 상담자는 종종 이런 질문을 해볼 수 있다. 함께하는 작업에서 무엇을 얻고 싶은가요? 이 시기 삶에서 어떤 사람이 되고 싶은가요? 가장 바꾸고 싶은 구체적인 감정, 사고, 행동은 무엇인가요? 삶 속에서 무엇을 줄이거나 없애고 싶은가요? 제시한 문제에 가장 이상적인 해결책은 무엇인지 상상해 본다면, 무엇일까요? 삶에서 핵심 문제가 사라지게 할 수 있다면, 무엇이 어떻게 달라질까요? 자신을 위해 가장 원하는 미래는 어떤 건가요?

젊은 인부 Brian은 대학에 가기 위해 도움을 받고 싶어서 여러분을 찾아왔다. 이때 Brian의 목표 설정을 어떻게 도울 수 있을지 곰곰이 생각해 보자. 그는 수년간 대학에 지원하는 걸 연기해 왔고, 실제로 입학허가가 날 수 있을지 생각만으로도 겁을 먹고 있다. 그럼에도 불구하고 직업이 무척 불만족스러워 사생활에까지 영향을 미치기 시작했다. 검사 결과 Brian의 수행은 자신의 지적 능력에 훨씬 못 미치는 것으로 나타났다. 당신과의 상담을 통해 Brian은 무식해서 아무것도 못 할 것이며, 학교에서 겪는 어려움들은 게으름 때문이라는 메시지를 어릴 때부터 부모에게서 받아 왔다는 걸 깨달았다. 무조건적으로 수용한 이런 메시지에 대한 그의 통찰은 큰 영향을 주었다. 상담자로서 우리는 부모에 대한 그의 감정에 주목하여 끊임없이 부적절감에 대한 원인만을 탐색하는 실수를 저지를 수도 있다. 이 내담자가 자신의 목표를 향해 나아가기 위한 단계들을 분명히 밝힐 수 있게 할 때, 우리는 더 도움이 될 수 있을 것이다. 이 단계에서 그는 이제껏 무엇이 목표를 성취하는 것을 막아섰는지 지각하고 있다. 대학을 성공적으로 들어가기 전에 읽기와 쓰기 능력을 더 함양시켜야 한다는 것도 알고 있다. 이제 그는 일련의 새로운 계획들을 명확히 하고, 이를 달성하기 위한 구체적인 단계들을 확인해야 하는 과제를 안고 있다.

내담자들은 그와 상담자 둘 다 원하는 변화가 무엇인지 알 수 있고, 그리하여 두 사람 모두 목표가 달성된 정도를 평가하기 위한 틀을 갖게 되는 방식으로 자신의 목표를 진술해야 한다. 목표를 설정하고, 수정하며, 재조정하는 과정은 시간과 지속적인 노력이 요구되지만, 그럼으로써 상담 과정의 방향이 생기게 된다. 협력적으로 목표가 정해지고 나면, 식별된 문제를 다룰 수 있는 대안적 접근을 고안하는 것이 대단히 중요하다. 내담자의 가치관에 잘 맞고 행동으로 옮길 수 있는 전망을 만들기 위한 브레인스토밍 과정을 내담자에게 안내하라. 이 목표들은 측정이 가능하고, 내담자가 지닌 자원 속에서 현실적이며, 내담자가 선택한 것이어야 한다는 점이 중요하다. 때때로 내담자가 바라는 변화를 만들기가 가능하지 않을 수 있지만, 이런 경우라도 내담자는 힘을 갖고 있다는 걸 느낄 수 있다. 내담자는 자기 상황에 대해 어떻게 지각하고 해석하며 반응할 것인지를 결정할 수 있게 되고, 이는 스트레스를 감소시킬 수 있다.

문제-해결적 접근

상담자가 다른 사람을 위해 문제를 해결해 주고 싶어 하는 욕구는, 내담자가 전달하고 싶어 하는 바를 경청하는 능력을 방해하는 경향이 있다. 수련생들에게서 발견되는 공통된 실수는 내담자의 감정에 대해서는 짧게 탐색하고, 제시한 문제에 대한 해결로 지나치게 재빨리 넘어가 버린다는 것이다. 일반적으로 내담자들은 문제에 대한 자신의 감정과 사고를 표현하는 데 애를 먹는다. '고치기(fix-it)'에 주력하는 상담자는 내담자의 이런 고군분투를 알아차리지 못할 때, 상담 과정을 방해하게 될 수 있다.

여러분이 모든 문제에 대한 해결책을 제공하려 하고 있다면, 결과를 보이고 싶어 하는, 유능한 상담자가 되고 싶은 자신의 욕구에 정신이 팔려 있을 가능성이 크다. 우리는 내담자의 고충 혹은 정서가 불편할 수 있고, 그래서 적절한 탐색 없이 해결을 촉구하게 될지도 모른다. 우리가 만약 Brian의 사례에서 이와 같은 상담자라면, 그의 깊은 부적절감을 경청하고 탐색하는 데 시간을 쓰지 않으려 할 수도 있다. 우리는 무엇이 그로 하여금 시간을 끌며 학문적으로 성과를 내는 걸 막고 있었는지 탐색하는 과정에 도움이 되지 않았을지도 모른다. 문제-해결 접근을 취하며, 그에게 준비가 되기도 전에 대학에 지원하도록 재촉했을 것이다. 만약 Brian이 자기 안의 두려움과 자기 회의를 표현하고 탐색할 기회를 갖지 못한다면, 자기의 실패에 스스로 기여하는 측면이 있다는 통찰을 얻지 못한다면, 대학에 들어간다 해도, 성공할 가능성은 낮을 것이다.

4단계 : 내담자의 탐색과 실행을 격려하기

상담의 네 번째 단계에서는 대안을 탐색하고, 행동 전략을 파악하며, 내담자의 목표를 가장 잘 충족시켜줄 수 있는 전략의 조합을 선택한 후, 이 계획을 실현 가능한 행동 프로그램으로 옮기는 것 등을 다룬다. 상담자의 역할은 내담자가 새로운 시각을 얻고, 상황을 다르게 볼 수 있게 도모하여, 지금까지와는 다르게 해 보도록 격려하는 것이다(Murphy & Dillon, 2015). 이 단계의 과제 중 하나는 상담에서 배운 것을 일반화하고 일상 삶으로 전환할 수 있도록 하는 것이다.

일단 상담자-내담자 관계에서의 목표를 확인하고 나면, 이 목표가 달성될 수 있는 여러 가지 방법을 두고 결정을 내리는 작업이 필요해진다. 무엇을 바꾸고 싶은지를 알아내는 것이 첫 번째 단계이고 이 변화를 어떻게 가져올지를 알아내는 것이 다음 단계이다. 상담자는 우선 내담자의 비전을 현실화하기 위한 행동전략을 개발하고 평가할 수 있게 내담자를 도와야 한다. 내담자의 사고, 감정, 행동을 변화시키기 위한 작업에는, 일반적으로 대안을 탐색하고 불일치를 직면하는 과정이 필요하다. 상담의 이 단계가 가장 오래 걸릴 것이며, 때로 이 단계에서 개인의 역동에 대한 긴 탐색이 수반된다. 상담자의 과제는 가능성을 탐색하며, 삶에서 좀더 목적을 갖고 효과적으로 행동하기 위해 새로운 방식을 찾도록 내담자를 돕는 것이다(Ivey et al., 2014). 상담자의 직면과 자기 개방은 내담자의 자기 탐색을 더 깊게 발전시키고, 새로운 통찰로 이끌며, 목표를 달성하기 위한 행동을 취하도록 내담자를 격려하는, 아주 유용한 기법이다. 이 단계의 핵심에는 회기에서 논의하여 일상에서 수행할 수 있는 행동 계획을 협력적으로 세우는 일 또한 포함된다. 어떤 행동 계획이 세워지면, 실행 단계로 넘어가고, 그 후에는 그 계획에 대한 평가가 이루어져야 한다(Egan, 2014).

내담자를 직면(혹은 도전)시키기

상담자는 내담자를 앞으로 나아가게 하기 위한 방법으로써, 배려와 그의 행동에 대한 부드러운 직면 기술을 습득할 필요가 있다. 직면은 종종 잘못 이해되는 기법으로, 이에 우리는 직면에 대한 동의어로 도전이란 용어를 사용한다. 불행히도 직면의 목적과 가치에 대해 많은 오해가 있다. 직면을 공격적인 것 혹은 지지적인 관계를 파괴하는 것으로 봐서는 안 된다. 어떤 상담자들은 직면이 내담자들의 방어와 철회를 유발한다고 생각한다. 혹은 상담자와 내담자

간에 적대적인 입장을 취하게 되어, 상담관계의 조기 종결을 초래하는 것으로 여기기도 한다. 때로는 상담자들이 직면을 잠재적인 파괴력이 있는 부정적인 행위로 보고, 변화를 추동하기 위해 제공해야 하는, 꼭 필요한 것임에도 불구하고, 무슨 수를 써서라도 직면을 피하려는 경향을 보이기도 한다. 우리는 진정한 관심을 갖고 책임 있고 건설적인 방식에서 직면이 이루어지는 경우, 직면(confrontation)을 '배려가 있는 직면(care-frontation)'으로 생각하도록 제안한다. **직면**은 삶을 변화시키려는 행동을 가로막고 있는 불일치, 부조화, 부인, 왜곡, 핑계, 방어적 행동, 회피 등을 마주하도록 이끈다. 도전이 부족한 상담은 종종 침체로 이어지게 된다. 일정한 수준의 도전이 없으면, 내담자들은 자기파괴적 행동을 지속하며 변화를 가능하게 하는 새로운 시각이나 기술을 개발하려 하지 않을 가능성이 높다. 상담자가 제공하는 것이 지지뿐이라면, 타인의 성장을 위한 효과적인 촉매제로서의 역할은 서서히 멈추게 된다.

도전이 다른 사람에게 도움이 되는 경우, 스스로에게 이를 기꺼이 하려고 하는지 물어보자. 다른 사람을 직면시키는 것이 어렵다고 생각된다면, 그 이유를 이해하는 것이 중요하다. 이는 내담자가 여러분을 좋아해 주고 인정해 주길 바라기 때문일 수 있다. 혹은 그들이 여러분에게 화를 내거나 다시 오지 않을까봐 두렵기 때문일 수도 있다. 다른 사람에게 도전하는 일이 쉽지 않다 하더라도, 내담자가 상담에서 그저 '이야기만 하는' 단계를 넘어서길 바란다면, 이는 꼭 습득해야 하는 기술이다. 다른 사람에게 도전하거나 직면시킬 때 가슴이 조마조마한 것은 이상한 일이 아니다. 여러분이 좀 불편하더라도, 직면의 기술을 발달시키는 방법 중 하나는 어려운 것을 해보는 것이다.

내담자를 효과적으로 직면하게 하는 것에는 생각하고, 느끼고, 행동하는 바에 대한 자각을 높이는 과정이 포함된다. 다시 말해 여러분이 관찰한 내용을 기술하게 된다. 예를 들어 내담자에게 이렇게 말할 수 있다, "아버지가 당신을 부를 때 썼던, 상처를 주는 호칭에 대해 이야기할 때, 당신이 미소짓던 것에 관심이 가네요. 이것은 당신이 느낄 거라고 상상하던 슬픔이나 상처와는 일치되지 않는 것 같아요. 이런 경향에 대해 알고 있나요? 당신은 이것이 무슨 의미라고 생각하나요?" 때때로 상담자는 내담자가 이야기하는 패턴을 관찰하기도 한다. 이 패턴을 내담자가 직면하게 하는 것이 유용할 수 있다. 예를 들면 "어머니가 다른 사람들 앞에서 당신을 당황스럽게 했던 방식에 대해 언급할 때마다 그 직후에 바로 어머니에 대해 긍정적인 이야기를 덧붙이며 정말 좋은 어머니라고 말했어요. 이런 패턴에 대해 알고 있나요? 이 사실이 당신에 대해 어떤 것을 말해 준다고 생각하세요?" 이런 방식의 말하기 패턴은 많은 것을 시사하는 것일 수 있다. 어머니에 대해 부정적인 것을 말한 데 대한 죄책감, 어머니 상을 보호하려는 욕구, 상담자가 어머니에 대해 나쁘게 생각하지 않았으면 좋겠다는 욕구, 타인에게 핑계를 만들어주곤 하는 전반적인 패턴, 낮은 자존감 등. 통찰을 제공해 주고 싶은 충동이 들지라도, 내담자는 스스로의 통찰을 발달시킬 수 있도록 격려받아야 한다. 내담자야말로 자기 삶의 전문가이며, 자기가 하고 있는 바를 스스로 볼 수 있을 때, 자신의 상황에 대한 새로운 시각을 발전시킬 수 있기 때문이다. 이는 또한 자기 이해를 근거로 변화를 만드는 데에도 영향을 미치게 된다. 내담자에게 도전하는 것은 그들이 조력 과정에 적극적이고 전면적으로 참여할 수 있게 하기 위해서이다. 상담자가 섬세하게 접근한다면, 이후에도 자기 문제를 작업하기 위해 필요한, 자기 도전 능력을 개발할 수 있도록 내담자를 도울 수 있다.

여기서 도전을 효과적으로 하기 위한 몇 가지 제안이 있다. 내담자에게 도전하려고 하는 자신의 동기에 대해 알아보자. 이는 또 다른 것을 더 깊이 이해하고 싶어서인가, 아니면 다른 사람을 통제하고 싶기 때문인가? 내담자와의 관계에 관심을 갖고 있는가? 여러분은 직면적인 서술을 할 수 있는 권리를 얻어야만 한다. 내담자에 대한 투자라고 생각하는 경우, 내담자와의 관계를 지속적으로 쌓아가는 데 시간과 노력을 바칠 수 있을 경우에만 내담자에게 도전하라. 내담자와 작업관계가 아직 다 구축되지 않았다면, 여러분의 직면은 방어적으로 받아들여질 것이고, 또 그게 당연하다. 내담자에게 어느 정도까지 도전할 수 있는가는, 그가 여러분을 얼마나 신뢰하는지에 달려 있다.

스스로도 기꺼이 도전을 받도록 하라. 여러분이 상담관계에서 비방어적인 자세의 모델이 된다면, 내담자들은 여러분이 이야기하는 바를 훨씬 더 기꺼이 듣고자 할 것이다. 타인을 직면하기 전에 그 말을 듣는 사람이 되어 상상해 보

라. 메시지를 전달하는 전반적인 톤이나 방식은 다른 사람이 여러분의 이야기를 듣는 방식과 큰 관계가 있다. 또한 여러분의 직면을 독단적으로 선포하는 것이 아닌, 잠정적인 형태로 제시하는 것이 도움이 된다. 직면은 내담자가 자기 안의 무엇을 가장 바꾸고 싶은지, 그 변화를 방해하는 것이 무엇인지를 마주하도록 고무할 수 있는 기회이다.

직면은 내담자의 방어를 공격하기 위해 사용되어서는 안 된다. 그보다는 문제적 행동에 대해 검토하고 좀더 효과적인 행동으로 나아갈 수 있게 내담자를 이끌어야 한다. 직면은 그것이 누구이고 무엇인지에 대한 절대적인 진술이어서는 안 된다. 내담자의 방어를 불러일으키고 저항을 촉발시키기에 충분한 직면의 예를 살펴보자. "매주 당신의 삶이 얼마나 끔찍한지 불평하는 걸 더 이상 들어줄 수가 없군요. 당신은 진심으로 변화를 원하는 것 같지가 않아요." 내담자의 곤경을 좀더 건설적으로 탐색하게 해주는 개입은 다음과 같다. "그동안 상황이 얼마나 힘들었는지 정말 자주 이야기하시는 것 같아요. 무엇이 삶의 변화를 위해 첫걸음을 떼는 걸 어렵게 만든다고 생각하세요?"

예정된 구직 인터뷰에 나가지 않는 것에 대해 번번이 변명을 하는 내담자를 향해, 여러분은 배려 깊은 직면을 위해 이렇게 말해볼 수 있다. "당신은 고용되는 것이 얼마나 스스로에 대해 좋게 느끼고, 삶에 의미를 줄지에 대해 오랫동안 이야기해 왔어요. 그런데 지난 몇 주 동안 여러 번 구직 인터뷰에 참석하지 않았다는 것이 흥미롭게 느껴지는군요. 이에 대해 무슨 이야기를 하고 싶으세요? 가지 않기로 한 당신의 결정이 결과를 통제하기 위한 방식일까도 생각해 봤어요. 인터뷰에 나간다면 일어나게 될 일에 대해 무엇이 두려운가요?" 자신의 목표를 향해 발걸음을 떼기 주저하는 내담자의 태도를 탐색하게 함으로써, 내담자는 여러분이 "지금 무슨 생각을 하는 거예요! 인터뷰를 날려버리는 건 무력하고 성공하지 못한 채로 남아 있기 위한 확실한 방법이잖아요. 당신이 더 잘할 수 있다는 걸 저는 아는데, 왜 당신은 그걸 모르죠?"라고 직면시키는 것보다, 자신의 두려움에 대한 통찰을 얻어 난관에서 벗어나는 쪽으로 훨씬 더 많이 기울 것이다. 위와 같은 표현은 내담자의 방어를 가중시킬 가능성이 높다.

마찬가지로 커플상담에서도 남편에게 "좀 조용히 하시고 부인이 말하는 것을 들으세요!"라고 말하는 것은 그다지 생산적이지 않을 것이다. 이런 발언은 회기의 남은 시간 동안 그를 입 다물게 할 수는 있으나, 여러분이 두 사람 사이에서 일어나는 일을 본 대로 이야기해 주는 것이 더 도움이 된다. "지금 아내분은 어떻게 느끼는지 말해 주면 좋겠다고 말씀하셨지요? 그런데 남편분은 아내분을 여러 번 중단시키면서 그런 식으로 느껴서는 안 된다고 말씀하셨어요. 이 점을 알고 계신가요? 아내분의 행동에 대해 꼬리표를 달지 말고, 그냥 기술해 보세요. 이제 몇 분 동안 아내분이 이야기할 수 있게 하고 그 후에 무슨 말을 해야지 생각하지 말고 그저 들어보시겠어요? 아내분 이야기가 끝나면, 제가 남편분께도 아내분의 이야기가 어떻게 영향을 미쳤는지 말씀하실 기회를 드릴게요. 이때 자기에게 좀더 초점을 두어 자기에 대한 이야기를 해 보세요." 배려 깊은 방식으로 이야기를 듣는 사람들은 자신이 다른 사람에게 미친 영향에 대해 듣더라도, 그것이 단순한 판단이거나 꼬리표를 다는 게 아니라면, 덜 방어적이게 된다.

여러분은 또한 내담자가 갖고 있으나 사용하지 않고 있는 강점에 대해 생각해 보도록 이끌 수 있다. 강점을 강조하는 것은 대개 약점을 곱씹는 것보다 훨씬 유익하다. 구체적일수록 더 도움이 된다. 포괄적으로 평가하지 말고 사실에 근거한 구체적인 행동에 주목하자. 여러분이 내담자에게서 본 것과 이 행동이 여러분에게 미친 영향에 대해 서술해야 한다는 걸 기억하라. 내담자와 대화를 나눠보는 것도 유용한데, 이때 내담자의 반응에 대한 여러분의 민감성이 그에게 제시한 도전을 어디까지 수용할 수 있을지를 결정하는 핵심 요인이다.

여기 장점을 최대로 이용하지 못하는 내담자에게 상담자가 도전하는 예가 있다. "몇 주 동안 친구에게 어떻게 다가갈지에 대한 세부적인 계획을 세워 왔어요. 당신이 다가가면 사람들은 대개 좋아하고, 그래서 이 친구가 당신을 거부할까봐 두려워할 이유는 없다고 말했어요. 그런데도 아직 그녀에게 연락하지 않고 있고, 그렇게 안하는 이유를 많이 갖고 있어요. 자, 무엇이 그녀에게 연락하는 걸 막고 있는지 탐색해 봅시다."

직면과 관련된 문제를 좀더 구체화하기 위해, 다른 유형의 직면 예들도 제시해 보겠다. 전자의 진술문은 효과적이지 않은 직면의 예시이고, 후자는 효과적인 직면의 대안이다.

- "당신은 늘 차갑고 냉담해요, 그리고 거리감을 느끼게 만들어요." 좀 더 효과적인 진술은, "우리 사이에 거리가 느껴져요. 이 부분을 탐색해 보고 싶은 생각이 들어요. 우리 관계는 저에게 중요하거든요. 우리 회기에서 가끔 당신과 단절된 느낌이 드는데, 혹시 이런 피드백을 밖에서도 받아본 적이 있는지 궁금하네요."
- "당신은 항상 웃고 있는데 그건 진짜가 아니에요." 좀 더 효과적인 진술은, "당신은 화났다고 말하는 순간에도 종종 웃고 있어요. 그럴 때면 저는 당신이 화난 건지 행복한 건지 알기가 어려워요. 이 사실을 알고 있나요?"
- "만약 제가 남편이라면 당신을 떠날 것 같아요. 그렇게 적개심으로 가득 차 있으면 모든 관계를 망칠 거예요." 좀 더 효과적인 진술은, "분노는 완벽하게 정상적인 인간의 감정이지만, 파괴적이거나 해로운 행동을 낳기도 해요. 저는 당신이 보이는 분노의 강도에 깜짝 놀라곤 해요. 가끔은 화나서 하는 행동들 때문에 무서워지기까지 하고요. 당신이 하는 많은 말들이 상처를 주고 우리 사이에 거리를 만들어요. 이것은 당신이 알고 있는 내용인가요? 바꾸고 싶은 어떤 것인가요?"

효과적이지 않은 진술에서, 사람들은 그들이 어떤지에 대해 듣게 되고 또 어떤 면에서는 무시당한다. 효과적인 진술에서 상담자가 말하는 방식은 그의 인식과 내담자에 대한 감정을 드러내며 그 사람의 행동이 미치는 영향에 대해 전하는 것이다.

만약 여러분이 내담자에게 도전하는 것에 대해 더 알고 싶다면, *The Skilled Helper*(Egan, 2014)를 추천한다. 또한 직면의 기술을 다룬 Ivey 외 (2014)의 내용 또한 추천한다. 두 책 모두 도전하는 동안의 지지를 강조한다.

상담자의 자기 개방을 적절하게 사용하기

여러분의 어떤 면을 적당하고 시의적절하게 개방하는 것은 내담자와의 작업에서 그들의 자기 탐색 과정을 촉진시키는 강력한 개입방법이 될 수 있다. 자기 개방을 '모 아니면 도(all or none)'의 시각으로 생각하는 것은 잘못된 판단이다. 이는 연속선상으로 생각하는 것이 가장 적절하다. 상담자의 자기개방진술(자신에 대한 개인적 정보를 개방하는 것)과 자기관여진술(상담관계의 지금－여기 측면의 맥락에서 개인적 사고, 감정, 반응을 노출하는 것) 사이에는 차이가 있다. 우리는 치료관계에서 내담자에 대한 많은 반응을 가지기 마련이다. 내담자들에게 우리가 그들을 어떻게 지각하고 경험하는지를 알게 하는 것은 유용하다.

내담자가 말하고 행동하는 것에 우리가 어떻게 영향을 받았는지를 알려주는 것은 흔히, 우리의 개인 생활의 측면을 밝히는 것보다 훨씬 더 그들에게 도움이 된다. 예를 들어 만약 여러분이 내담자의 이야기를 듣는 것이 어렵다면, 이런 이야기로 그에게 이 사실을 알리는 것이 유용할 수 있다. "저는 때때로 당신이 하는 이야기에 연결되어 있기가 힘들다는 걸 느낍니다. 당신이 자신에 대해서나 감정에 대해 이야기할 때는 따라갈 수 있는데, 딸이 하는 것과 하지 않는 것에 대해 아주 자세하게 들어가기 시작하면 흥미가 사라지는 제 자신을 발견해요." 이 진술에서 내담자는 어떤 판단이나 평가를 받지 않지만, 상담자는 내담자가 다른 사람 이야기를 할 때, 듣는 것에 대한 자신의 반응을 주고 있다. 별로 도움이 되지 않는 반응의 예로는 "당신은 나를 지루하게 만들어요!"가 있다. 이 반응은 내담자에 대한 판단이며 상담자는 자신이 흥미를 잃은 것에 대해 어떤 책임도 없다는 태도이다.

스스로에게 이렇게 하는 것이 내담자의 이익을 위해서인지 물어보는 것은 치료적일 수 있으나, 타인과 신뢰 관계를 형성하기 위해 우리의 과거를 자세하게 드러내는 것은 불필요하다. 내담자에게 자신의 개인적인 문제에 대해 부적절하게 개방하는 것은 내담자의 건설적인 자기 탐색을 산만하게 만들 수 있다. 여러분의 개방이 타인에게 미친 영향에 대해 자세히 검토해 보라. 만약 여러분의 자기 개방 행동이 내담자가 자신의 이슈를 탐색하는 걸 방해한다면, 이는 여러분 자신을 위한 치료 혹은 슈퍼비전을 고민해 봐야 할 시점이다.

어떤 상담자는 자기 개방을 부적절하게 자신의 짐을 덜기 위한 방법으로 이용한다. 그들은 내담자로부터 초점을 끌어와 자신의 문제로 향하게 한다. 만약 우리의 감정이 전경에 너무 크게 자리잡고 있어, 내담자에게 온전하게 집중하는 것을 방해한다면, 내담자에게 우리가 지금 집중이 잘 안 되는데, 이는 우리 문제이지, 내담자의 문제가 아니라는 사실을 알리는 편이 도움이 될 것이다. 내담자와의 관계를 신뢰하여, 자기 상황의 어떤 측면이나, 내담자의 고통에 개인적으로 마음이 어떻게 움직이는지에 대해, 지나치게 자세하지 않은 수준에서 이야기해 볼 수 있다.

행동전략을 확인하고 평가하기

행동이 없는 통찰은 거의 가치가 없다. 자기 이해와 가능한 대안의 범위를 알아보는 것은 변화 과정에서 중요할 수 있으나, 내담자는 취할 수 있는 구체적인 행동을 확인하고 일상에서 이를 기꺼이 수행해 내는 것이 필요하다. 종종 내담자들은 비현실적인 전략을 고안해 내어 목표를 달성할 수 없는 경우가 많다. 이 단계에서 상담자의 기능은 내담자가 목표를 성취할 수 있는 많은 가능성들을 생각해 내도록 돕는 일이다. 상담자와 내담자가 힘을 합쳐, 문제에 대처하기 위한 광범위한 대안을 찾아내고, 이 전략들이 얼마나 현실적인지를 평가하고, 최선의 행동 계획을 결정할 수 있다. 상담자들은 내담자가 목표를 행동으로 옮기기 위해 필요한 기술들을 인지할 수 있게 안내해야 하는 과제를 갖고 있다.

계획을 수립하고 실행하는 과정은 사람들이 자신의 생활에 대한 효과적인 통제감을 얻을 수 있게 한다. 이는 분명 상담 과정의 교육단계에 해당하는 것으로, 내담자가 원하고 필요로 하는 것을 얻기 위한 보다 효과적인 방식을 발견할 수 있도록, 새로운 정보를 제공하고 돕는 방향으로 맞춰져야 한다. 이 계획 단계 동안 내내 상담자는 지속적으로 내담자가 자신의 선택과 행동에 책임을 갖도록 독려해야 한다.

Wubbolding(2000, 2011)은 내담자가 계획을 세우고, 자신의 에너지를 재정비하여 행동을 선택함으로써 자신의 삶에 대한 책임을 완수하는 순간을 강조하며, 모든 변화 과정에서 계획과 전념의 중심에 대해 서술한다. Wubbold-ing에 따르면 효과적 계획은 다음과 같은 특징을 갖고 있다.

- 계획은 각 내담자의 능력과 동기의 한계 안에 자리해야 한다. 계획은 현실적이고 달성 가능해야 한다. 상담자는 계획이 지나치게 야심차거나 비현실적인 경우, 내담자에게 주의를 주는 것이 현명하다. 광장 공포증이 있는 내담자와 작업하는 첫 주의 현실적인 행동 계획은 회기에서 학습한 점진적인 근육 이완 훈련을 매일 연습하고 하루에 10분씩 일지를 작성하도록 하는 것이다. 그 주에 집을 떠나 은행에 가보겠다는 계획은 비현실적일 수 있다.

- 좋은 계획은 단순하고 이해하기 쉽다. 계획은 구체적이고 측정 가능해야 하지만, 내담자가 바꾸고 싶은 구체적인 행동에 대한 이해가 깊어질수록, 유연하게 수정이 가능해야 한다. 필로폰 중독으로 고통받고 있는 내담자의 첫 행동 계획은 다음과 같은 내용으로 구성될 수 있다. 모든 약물을 멀리하고, 일주일에 세 번 마약 중독 치료 모임(월, 목, 토, 7:00pm)에 참석하며, 후원인에게 매일 전화를 걸고, 이전 필로폰 사용과 관계된 사람·장소·물건 모두를 멀리하고, 첫 번째 단계부터 시작하여 12단계를 적극적으로 작업하며, 매일 깊은 호흡과 명상을 실시하고, 매주 상담 회기에 참여한다.

- 계획은 긍정적인 행동으로 구성되어야 하며 내담자가 무엇을 할 것인지의 관점에서 기술되어야 한다. 자존감을 높이려고 작업 중인 내담자는 다음과 같은 내용에 합의했다. "이번주에 매일 '나는 사랑스럽고 큰 기쁨을 누릴 만하다'라고 자기 긍정의 말을 소리내어 이야기할 거예요. 또 '나는 충분하지 않아'처럼 부정적인 자기 대화를 하고 있는 걸 발견할 때마다 정지 신호를 마음 속에 그리며 생각을 멈추는 기법을 사용하겠어요. 그런 후 부정적인 자기 패배적 사고를 자기 긍정의 말로 바꾸겠어요."

- 내담자가 독립적으로 수행할 수 있는 계획을 개발하도록 격려하는 것이 좋다. 다른 사람이 주도하는 것에 따라 결정되는 계획은 내담자로 하여금 스스로 자기 삶을 조정할 수 없고 타인의 처분에 맡겨

야 한다고 느끼게 한다. 우울 증상이 있는 내담자는 오후 5시부터 하루에 30분씩 산책을 하기로 약속했다. 이 내담자는 그 계획에 남편을 포함시키지 않았는데, 포함시킬 경우 남편에게 의지하게 될 것 같고, 이는 계획을 이행할 수 있는 자신의 독립적인 능력을 제한할 수 있기 때문이다.

- 좋은 계획은 명확하고 구체적이다. 상담자가 '무엇을' '어디에서' '누구와' '언제' '얼마나 자주'와 같은 질문을 해주면 내담자는 계획의 구체성을 더욱 발달시킬 수 있다. 체중을 감량하려는 목표를 가진 내담자는 운동을 좀더 자주 하겠다는 전반적인 계획을 세웠다. 구체화하는 질문에 답변함으로써, 내담자의 계획은 좀더 명확하고 측정 가능해졌다. 매주 주중에 일하러 가기 전, 동네 체육관에서 45분씩 러닝머신에서 걸으며, 매주 토요일 오전 9시에는 개인 트레이너를 만난다.

- 효과적 계획은 반복적이며, 매일 수행하는 것이 이상적이다. 우울, 불안, 부정적 정서, 정신신체적인 질환을 극복하려는 사람들에게, 이런 증상들을 새로운 패턴의 사고와 행동으로 교체하는 것이 아주 중요하다. 내담자들은 매일 자신의 삶을 책임지는 존재로서의 느낌을 가질 수 있는 일련의 과정을 선택할 수 있다.

- 계획은 가능한 한 빨리 실천되어야 한다. 상담자는 "삶을 변화시키기 위해 오늘 하려는 일은 무엇입니까?" "당신은 스스로를 우울하게 만드는 일을 멈추고 싶다고 말했어요. 이 목표를 성취하기 위해 당장 할 수 있는 것은 무엇입니까?"와 같은 질문을 할 수 있다.

- 효과적인 계획은 과정중심적 활동들로 구성된다. 예를 들면 내담자들은 다음 항목 중 무엇인가를 하겠다고 말할 수 있다. 구직 원서를 내기, 친구에게 편지쓰기, 요가 수업을 듣기, 건강하지 않은 음식을 영양 많은 음식으로 대체하기, 매주 2시간씩 자원봉사하기, 꿈꿔 오던 휴가를 갖기

- 계획을 실천하기 전에, 계획이 과연 현실적이며 수행 가능한지 확인하고, 정말 필요하고 원하는 것인지 숙고해 보기 위해, 계획을 평가하는 것은 좋은 생각이다. 계획을 실제로 실행해 본 후, 다시 이를 평가

해 보는 것이 좋다. 상담자는 내담자에게 "계획이 도움이 되었나요?" 와 같은 질문을 해볼 수 있다. 계획이 잘 진행되지 않는다면, 다시 평가 해 보고 대안들을 고려해 볼 수 있다.

- 내담자가 자신의 계획에 전념하게 하기 위해서, 문서화하여 이 계획 을 확고하게 하는 것이 도움이 된다.
- 행동을 위한 계획을 발전시키는 것에는 수반되는 잠재적인 위험과 성공 가능성에 대한 논의뿐만 아니라, 각 전략의 주요 대가와 이득에 대한 논의까지 그 일부로 포함된다. 계획을 만들거나 이를 실행에 옮 기는 과정에 대한 내담자의 주저함을 생산적으로 다루는 작업을 함 께 해내는 것이 상담자의 과제이다.

결심이나 계획은 이를 실행하겠다는 결심이 없으면 아무 의미가 없다. 내 담자가 현실적으로 성취할 수 있는 확실한 계획에 전념하게 하는 것이 아주 중요하다. 계획을 세우고 이를 완수해 내는 책임은 궁극적으로 내담자의 몫이 다. 이 계획들을 상담관계를 넘어 매일의 생활 속에서 수행할 방법을 찾아내 는 것은 각 내담자에게 달려 있기 때문이다. 효과적인 상담은 자기 주도적이 고, 만족스러우며, 책임감 있는 삶으로 이끄는 촉매제가 될 수 있다.

행동 프로그램을 실행하기

상담자들은 내담자가 수동적이거나 행동을 우연에 맡기기보다는 적극적으로 새로운 행동을 시도하는 것에서 가치를 찾도록 격려한다. 내담자가 적극적인 자세를 취하도록 촉진하는 방법 중 하나는 명확하게 계약을 체결하는 것이다. 이렇게 하면 내담자는 그들이 원하는 것과 하려고 하는 것에 대해 지속적으로 상기하게 된다. 계약은 또한 상담 결과를 평가하는 참조체계로도 유용한 틀이 다. 이때 논의는 이 계약이 얼마나 잘 충족되었고 어떤 수정이 알맞을지로 집 중될 수 있다.

만약 어떤 계획이 잘 작동되지 않는다면, 잇따른 회기에서 탐색의 주제가 된다. 예를 들어 만약 한 어머니가 학교에서 계속 문제를 일으키는 아들을 대 하는 것과 관련된 계획을 이행하지 않는다면, 상담자는 무엇이 그녀의 이행을 가로막고 있는지 탐색해 볼 수 있다. 긴급사태에 대한 대책도 개발된다. 이 어머니가 계획의 실패, 혹은 아들의 협조 부족을 다룰 수 있는 다양한 방식에 대해 역할 연습을 해볼 수도 있을 것이다. 이런 방식으로 내담자는 좌절을 어떻게 다루고 과정상의 가능한 장애물을 어떻게 예측할지를 배우게 된다.

5단계 : 종결

다섯 번째 단계인 종결에서는 내담자가 상담관계로부터 얻은 이익을 극대화하고 변화 과정을 지속할 방법을 결정하도록 돕는다. 이 단계 동안, 내담자들은 배운 바를 공고히 하고 장기적인 계획을 세운다. 이 시기 상담자의 역할은 내담자에게 종결을 준비시키고, 관계가 종료되는 것에 대한 모든 감정 혹은 생각들을 표현하도록 격려하며, 그들이 성취해 온 것을 다시 살펴보고, 이후 계획을 확인하며 논의하는 것이다.

초기 면접이 상담관계의 분위기를 결정하는 것과 마찬가지로, 종료 단계는 내담자가 관계에서 얻은 바를 최대화하고 이 변화 과정을 어떻게 지속해 갈 수 있을지 결정할 수 있게 한다. 상담자로서 우리의 목표는 내담자가 가능한 한 빨리 우리와의 전문적 관계를 종료하고 스스로 변화를 지속해 나가는 방향으로 상담을 진행하는 것이다. 앞서 언급했듯이 단기상담이 표준인 환경에서는 종결과 시간 제약에 대한 이슈를 초기에 다루는 것이 특히 중요하다. 예를 들어 만약 기관의 정책이 한 내담자당 6회기만 만날 수 있다고 명시하고 있다면, 내담자는 이를 시작할 때부터 알아야 할 권리가 있다.

단기 접근의 맥락에서 상담할 경우, 상담 과정의 마지막 단계를 항상 염두에 두어야 한다. 단기 접근에서 목표는, 자기 주도적인 방식으로 살기 위해 필요한 대처 기술을 가능한 빨리 효과적으로 내담자에게 가르치는 것이다. 우리의 최우선적인 목표는 내담자가 우리를 계속 필요로 하지 않을 가능성을 높이는 일이다. 만약 우리가 유능한 상담자라면, 적어도 지금 현재 내담자에 대해서는 결국 '가게문을 닫게' 될 것이라는 사실을 기억하는 것이 대단히 중요하다. 우리 역할은 내담자들이 스스로 효과적으로 기능하게 만드는 것이지, 우리 도움에 의지하게 만드는 것이 아니라는 점을 명심해야 한다. 만약 우리가 내담자에게 문제에 대한 자기만의 해결책을 찾는 방법을 가르칠 수 있다면, 그들은 현재 문제를 다루며 배웠던 것을 이후 문제가 생겼을 때에도 적용할 수 있게 된다.

내담자에게 종결을 준비시키기

구조와 시간 제약이 있는 상담의 경우, 내담자는 처음부터 대략 몇 회기가 가능한지를 알아야 한다. 그러나 아무리 인지적으로는 회기 수의 제한이 있다는 것을 안다 하더라도, 정서적으로는 상담 경험에 이런 제약이 있음을 부인할 수 있다. 종결은 첫 회기부터 논의되어야 하고 상담관계의 과정 내내 필요할 때마다 탐색되어야 한다. 이렇게 하면 종결은 내담자에게 뜻밖의 일이 아닐 수 있게 된다.

시간의 한계는 내담자가 상담 과정에서 단기적이고 현실적인 목표를 수립할 수 있게 도움을 줄 수도 있다. 각 회기가 끝날 무렵에, 우리는 내담자에게 그가 세운 목표에 어느 정도나 도달했다고 보는지 물어볼 수 있다. 치료 과정을 재검토해 봄으로써, 내담자들은 상담 과정에서 무엇이 효과가 있고 없는지에 대해 확인하는 자리에 서게 된다. 각 회기는 설정한 목표를 성취하기 위해 들인 회기의 구체적인 숫자를 통해 평가될 수 있다.

이상적으로 종결은 내담자와 상담자가 상담 과정의 목표가 성취되었다는 합의된 결정의 결과이다. 효과적인 종결에서 내담자는 자신의 경험을 종료하며, 삶에서 이런 순간을 지속하기 위해 무엇이 필요한지에 대한 분명한 감을 얻게 된다.

내담자에게 도움이 되지 않는 순간의 종결

윤리적 규범은 내담자에게 도움이 되는 것이 없는 게 분명한 상황에서도 전문적인 관계를 지속하는 것은 부당하다고 명시한다. 내담자에게 진짜 도움이 되었는지를 평가하는 것은 어려울 수 있다. 다음 예를 생각해 보자. 여러분은 일반적으로 상담에서 할 말이 없다고 이야기하는 내담자를 얼마 전부터 만나오고 있다. 여러분은 상담 회기에서 자신에 대해 별로 개방하고 싶지 않은 그녀의 거리낌에 대해 이야기를 나눠 왔다. 이에 내담자 의견은 일치하지만 그럼에도 그녀의 행동은 지속되고 있다. 마지막으로 여러분은 종결을 제안하는데, 왜냐하면 그녀가 상담관계에서 얻는 것이 없어보이기 때문이다. 이 내담자는 회기에 대한 참여가 부족함에도 불구하고 종결은 주저한다. 여러분이 이런 상황에 맞닥뜨린다면 어떻게 하겠는가?

진전을 보이지 않는 내담자가 종결을 원하지 않을 때, Younggren과 Gottlieb(2008)은 치료자 쪽에서 개방되고 협력적인 자세를 취하라고 제안한다. 내담자가 치료에서 이득을 얻지 못하는 것처럼 보일 때, 치료자가 이 내담자에게 진전이 없는 이유를 탐색하는 것은 매우 중요하다. 그러나 결국에는 더이상의 진전이 일어날지, 혹은 종결이 수순인지를 결정하는 것은 치료자의 책임이다.

상담자는 내담자가 진전이 없다고 너무 빨리 성급한 결론을 내리지 않도록 주의해야 한다. 훈련 과정의 초기 단계 동안, 일부 상담자들이 내담자에게 '즉각적인 성공'을 바라는 건 흔한 일이다. 자신의 자기 회의와 불안감을 대하는 초심상담자는 내담자가 진전이 없다고 조급하게 시사할 수도 있다. 그러나 이는 과정을 망치고, 심지어 내담자의 자존감에 상처를 입힐 수도 있다. 내담자가 적절한 진전이 없다고 선언하기 전에, 초심상담자는 슈퍼비전에서 이를 논의해 보는 것이 현명하다.

의존성을 키우지 않기 위한 조치를 취하기

상담자가 내담자의 의존적인 태도와 행동을 미묘하게 조성하는 방식은 다양하다. 가끔 상담자들이 실제로 내담자가 전문적 관계를 종료하지 못하도록 막는 경우도 있다. 내담자가 스스로의 방향을 찾을 수 있게 돕는 대신, 상담자들은 너무 많은 것을 해주며, 이는 내담자가 행동과 변화에 대한 책임을 거의 지지 않는 결과를 낳는다. 내담자들이 일시적으로 우리에게 의존하게 될 수는 있지만, 만약 우리가 그들의 의존성을 조장하고 진보를 가로막는다면 임상적이고 윤리적인 문제가 발생한다. 자신이 어느 정도로 의존적 혹은 독립적 행동을 격려하는지를 알아보기 위한 방법으로, 다음 질문에 대해 스스로 답해 보자.

- 사례를 종결하는 것이 어려운가? 내담자를 '잃는 것'을 힘들어하는가? 내 수입의 감소를 걱정하는가?

- 내담자에게 전문적인 관계를 종결하는 것에 대해 생각해 보도록 격려하고, 그가 종결을 준비하도록 돕는가?

- 내담자들이 나를 필요로 하는 것보다 더 많이 내가 내담자들을 필요로 하는가? 필요한 존재가 되려는 욕구가 있는가? 내담자가 나에 대한 의존을 표현할 때, 어깨가 으쓱해지는가?

- 내담자가 할 수 있는 것을 스스로 하도록 도전시키는가? 내담자가 나에게 답을 요구할 때 어떻게 반응하는가?

- 내담자가 스스로 답을 찾기 위한 잠재적인 자원을 자기 안에서 발견하도록 어느 정도까지 내담자를 격려하는가?

어떤 상담자들은 스스로 중요하다는 느낌을 갖기 위한 방법으로 내담자의 의존성을 조성하기도 한다. 그들은 스스로가 예외이며 자신이 내담자 삶을 안내할 수 있다고 확신한다. 내담자가 수동적이 되어 답을 요구할 때, 이런 상담자들은 너무 빨리 문제를 푸는 해결책을 모두 대답해 버린다. 이런 행동은 장기적인 관점에서 도움이 되지 않는데, 내담자가 여러분에게 의지하는 걸 강화시키기 때문이다. 상담자로서 주된 과제는 내담자가 자신의 자원을 의지하도록 격려하는 것이다. 내담자의 의존성을 강화하는 것은, 내담자가 스스로를 도울 수 있고 우리 없이도 독립적으로 기능할 수 있다는 사실을 나는 믿지 않는다고 말하는 셈이다.

상담관계를 종료하는 기술

기본적으로 종결에 대한 개입은 그동안의 학습한 내용을 공고히 하고, 치료에 오지 않더라도 어떻게 나아가야 할지를 판단할 수 있도록 돕는 과정이다. 이 과제들을 효과적으로 성취하기 위한 몇 가지 고려사항이 있다.

- 내담자에게 상담이 종결로 다가가고 있다는 걸 상기시킨다. 이 작업은 마지막 두어 회기 전부터 진행되어야 한다. 내담자에게 아직 해결되지 않은 문제가 있는지 생각해 보게 하고, 남은 몇 회기 동안 가장

하고 싶은 이야기가 무엇인지 물어볼 수도 있다. 마지막 회기 전 상담에서도 자주 "이것이 마지막 회기라면, 오늘 무슨 이야기를 하고 싶으세요?"라고 물어볼 수 있다

- 만약 회기 수에 제한이 없다면, 마지막 몇 회기 전에 간격을 두는 것도 하나의 선택일 수 있다. 매주 만나는 대신, 내담자에게 3주에 한 번 오도록 하는 것이다. 이런 스케줄은 종결을 연습하고 준비할 수 있는 더 많은 기회를 주는 것이다.

- 내담자와 함께 치료의 과정을 돌아보라. 어떤 교훈을 얻고, 어떻게 그것을 배웠으며, 이제 배운 것을 토대로 어떻게 하고 싶은가? 상담에서 가장 도움을 받았다고 생각하는 것은 무엇인가? 상담 과정에서 가장 도움이 적었던 부분은 무엇인가? 가장 힘들었던 부분은 무엇이며, 그 도전들을 어떻게 작업해 내었는가? 상담 과정에서 자신의 참여에 대해 어떻게 생각하는가?

- 내담자가 분리에 대한 감정에 대해 이야기하도록 격려하는 것도 좋은 연습이 된다. 처음 도움을 구하러 올 때 느꼈던 두려움과 마찬가지로, 우리와 작업을 끝내는 것에 대해서도 다른 형태의 두려움을 느낄 수 있다.

- 종결에 대한 여러분 자신의 감정에 대해서도 살펴본다. 내담자를 떠나보내는 것에 대해 상담자는 종종 양가감정을 갖는다. 어떤 이유에서건, 내담자와 종결하는 데 대한 주저함 때문에 그를 붙잡아두기도 한다. 내담자가 우리를 필요로 하는 것보다 우리가 그를 더 필요로 하는 것은 아닌지 반드시 잘 생각해 보아야 한다.

- 이후 내담자가 추가 작업이 필요하다고 느껴지면 다시 올 수 있다고 격려하는 의미에서 '항상 문은 열어둔다'는 방침을 갖는 것은 좋은 생각이다. 전문적 도움이 최종 과정으로서는 최선인 듯 보이겠지만, 상담 과정을 잘 지나온 내담자는, 그가 처음 상담을 시작할 때는 하려고 하지 않았던 방식으로 새로운 문제나 걱정거리를 다룰 준비가 되어 있을지도 모른다. 다시 초점을 맞추기 위해 몇 회기 정도만 필요한 것일 수 있다.

- 내담자는 지속적으로 성장하기 위해 필요한 몇 가지 기술과 자원들

을 습득해 왔다. 그가 학습한 내용을 행동으로 옮길 수 있도록 지지하는 것은 행동 단계와 상담 종결 단계의 가장 중요한 기능 중 하나이다. 만약 내담자가 성공적으로 해왔다면, 종결 단계는 일종의 새로운 시작이다. 그들은 이제 문제가 생길 때 이를 다루기 위해 추구해야 할 새로운 방향을 알고 있다. 이런 이유로, 이용할 수 있는 프로그램을 논의하고 새로운 전문가를 소개하는 것은 내담자와 우리 작업의 종결기에 특히 시의적절하다. 이런 방식으로 끝은 새로운 시작과 이어지게 된다.

복습

- 유능한 전문가가 되기 위해 기술과 지식도 중요하지만, 상담자로서 우리의 성공을 결정하는 데에는 인간적 자질이 이에 못지않게 중요하다.

- 상담 과정에 대한 여러분의 시각은 대체로 인간 본성과 인간의 변화 과정에 대해 자신이 가진 믿음의 함수이다. 무엇이 변화를 가져오는지에 대한 신념을 분명히 하는 것이 필요하다.

- 내담자가 변화에 대해 어느 정도의 양가감정을 경험하는 것은 자연스럽고 예견되는 일이다. 동기강화상담은 변화 단계들을 통해 내담자가 나아가도록 도울 수 있는 한 가지 접근이다.

- 단기 개입은 오늘날 광범위하게 사용된다. 내담자가 원하는 구체적인 행동상의 변화를 만들 수 있도록 내담자에게 힘을 주기 위해, 시간 제한적이고, 해결 중심적이며 구조화된, 효과적인 전략을 강조한다.

- 유능한 상담자는 인간에 대한 긍정적인 신뢰, 건강한 자기개념, 가치에 근거한 개입, 공감·일치성·따뜻함·온정·진실성 그리고 무조건적인 긍정적 관심을 갖는다.

- 상담자가 내담자에 대해 하는 일반화는 내담자 내부의 자기충족적 예언을 촉진시키는 경향이 있다. 만약 상담자가 내담자를 굉장히 의존적이고 자기 길을 스스로 찾을 수 없다고 생각한다면, 그들은 이런 기대에 맞게 살아갈 공산이 크다.

- 법의 명령을 받고 왔거나 비자발적인 내담자는 상담관계를 정립하는 것에

저항을 보일 수 있다. 우리가 이 내담자들을 까다롭고 저항할 것이라 예상하면, 우리는 이런 행동들을 더 많이 보게 될 것이다. 그들이 지닌 변화와 성장에 대한 능력에 긍정적인 기대를 갖는다면, 이 내담자들이 치료적 관계에서 이익을 얻을 수 있도록 격려할 방법을 더 많이 찾게 될 것이다.

- 상담 과정에는 다섯 가지 단계가 있다. 1단계는 라포(rapport)와 관계의 구조를 형성하는 시기이다. 2단계는 내담자가 자신의 문제를 확인하고 명료화할 수 있게 돕는 것으로 구성된다. 3단계에서는 내담자와 상담자가 협력하여 목표를 세운다. 4단계는 내담자가 자기 탐색에 몰두하여 변화를 위한 행동계획을 세우도록 격려하는 과정을 포함한다. 이는 행동에 옮기는 시기로, 내담자가 상담에서 학습한 것을 일상생활에 적용해 보도록 격려하는 단계이다. 5단계는 종결을 다루고 학습을 공고화한다. 각각의 단계들에서 상담자의 특정한 전략들이 요구된다. 이 기술들을 개발시키기 위해서는 시간과 지도감독을 받는 실습이 필요하다.

이제 무엇을 할 것인가?

1   이 장을 읽고 나서 여러분이 지닌 두드러지는 몇 가지 핵심 신념 및 가정들을 확인해 보자. 이 신념과 가정을 어떻게 갖게 되었는지를 살펴보기 위해, 비슷한 신념을 지닌 사람들과 이야기해 보라. 그런 다음 다른 시각을 가진 사람을 찾아보자. 이 양쪽 사람들과 함께, 자신의 신념이 어떻게 발달되어 왔는지 이야기해 보자.

2   효과적 상담을 위해 필요한 기술을 생각해 보고, 자신의 주요 자산과 한계라고 생각되는 것을 골라, 이를 적어보자. 여러분이 유능한 상담자가 될 수 있게 해주는 자신의 주요 자산에 대해 어떻게 생각하는가? 여러분의 한계는 타인과 성공적으로 작업해 나가는 데 어떻게 방해가 될까? 자신에게 부족한 부분에 대해 무엇을 할 수 있을까? 여러분을 잘 아는 사람들에게 자신에 대해 작성한 내용을 검토해 달라고 요청해 볼 수도 있다. 그들은 여러분이 자기를 보는 바와 같이 여러분에 대해 생각하는가?

3   수업 과제의 일부로서, 상담이 무엇이라고 생각하는지 개인적인 견해를 한 페이지의 에세이로 작성해 보자. 독자가 상담 과정에 대해 아는 것이 거의 없는 문외한이라면, 이 에세이를 어떤 식으로 접근하여 작성하겠는

가? 만약 독자가 잠재적인 고용주 혹은 임상 슈퍼바이저라면 여러분의 에세이를 어떻게 수정하겠는가?

4 사람과 상담 과정에 대한 자신의 신념에 대해 반추해 본 후, 내담자 삶에 여러분이 개입하는 방식에서 신념이 맡게 될 역할에 대해, 몇 가지 핵심 아이디어를 적어 보자. 여러분의 신념은 내담자에게 하는 제안에 어떤 영향을 주겠는가? 내담자를 대할 때 사용할 전략들에서, 여러분의 신념은 어떻게 기반으로 작용하겠는가?

5 상담 과정의 단계들을 다시 검토해 보며, 각 단계에서 무엇이 여러분의 가장 중요한 과제라고 생각하는지 스스로에게 물어보자. 이 단계들 각각에서 사람들과 상담하며 맞닥뜨릴 거라 예상되는 도전 몇 가지를 적어 보자. 예를 들면 여러분에게 종결은 힘든 과정일까? 내담자와 자기 삶의 경험을 적절하게 나누는 것에는 어려움을 느끼게 될까? 내담자를 직면시키는 것이 어려운가? 상담의 각 단계에서 효과적으로 개입하기 위해 필요한 개인적 특성이나 기술을 발달시키려면 무엇을 할 수 있을까?

6 여기에 제시된 각 문헌의 출처에 대해서는 이 책 뒷부분 참고문헌을 찾아보라. 상담 과정의 단계들에 대한 전반적인 개관, 체계적인 기술 개발에 대한 설명, 개입전략에 대해서는 Cormier와 Hackney(2012), DeJong과 Berg(2013), Egan(2014), Hackney와 Cormier(2013), Ivey, Ivey와 Zalaquett(2014), James와 Gilliland(2013), Murphy와 Dillon(2015), Okun과 Kantrowitz(2015), Shulman(2009), Teyber와 McClure(2011), Young(2013)을 참고하기 바란다.

Chapter 7

상담에 적용될 이론

핵 심 질 문

1   이론이 실무와 관련되는 이유는 무엇인가?

2   정신역동적 접근은 어린 시절의 경험이 현재 그 사람에게 영향을 주는 방식에 대한 이해를 강조
   한다. 여러분은 현재에 대한 핵심으로서 과거에 대한 이해를 가치 있게 생각하는가? 과거에 대한
   관점을 내담자와 작업하며 어떻게 적용하겠는가? 또한 현재와 미래에 대한 관점은 어떠한가?

3   실존주의적 접근은 상담자에 의한 교훈보다 내담자의 직접적인 경험의 가치를 강조한다. 여러
   분은 상담관계를 주도할 수 있는 내담자의 능력에 대해 얼마나 신뢰하는가?

4   실존주의적 접근에서 내담자-상담자 관계는 치료적 결과의 가장 핵심적인 결정요인이다. 상담
   자는 내담자와 협력적인 작업관계를 형성하기 위해 구체적으로 무엇을 할 수 있는가?

5   인지행동적 접근은 사고가 우리가 느끼고 행동하는 방식에 어떻게 영향을 미치는지에 주된 관
   심을 쏟는다. 여러분은 내담자의 사고 과정에 집중하는 것에 어느 정도나 가치를 두는가?

6   포스트모던 치료는 상담자를 전문가로 덜 강조하는 대신, 내담자를 전문가로 여긴다. 이런 입
   장에 대해 여러분은 어떻게 생각하는가?

7   가족체계적 접근은 개개인의 기능보다 전체 가족의 기능을 더 고려한다. 원가족에 근거하여 내
   담자의 이슈를 작업하는 것에 어떤 독창적인 가치가 있다고 생각하는가? 내담자를 만날 때, 여
   러분은 원가족을 작업하는 것에 얼마나 주안점을 두는가?

8   단기 개입 모형의 장점과 단점은 무엇인가? 단기적이고, 해결 중심적인 개입 전략은 의료 관리
   프로그램의 요구사항에 어떻게 들어맞는가?

9   여러분이 계획한 개입이 내담자에게 적절한지는 어떻게 판단하는가?

10 상담 과정에 대한 자신만의 통합적인 시각을 발달시키는 것을 무엇이라고 해석하는가? 다양한 이
   론적 접근들의 기본 개념과 기법들을 효과적으로 통합시키려면 무엇이 필요하다고 생각하는가?

이 장의 목적

이 장의 목적은 다양한 상담관계에 적용 가능하도록, 주요 상담 이론들 일부에 대한 간단한 개요를 제공하는 것이다. 우리는 이론이 상담을 효과적으로 하기 위한 안내자 역할을 한다고 생각한다. 다섯 가지 일반적인 이론 접근이 소개될 것이다. 정신역동 모델, 경험적이며 관계 중심적 접근, 인지행동적 치료, 포스트모던 접근들, 가족체계 시각 등이 이에 포함된다. 또한 인간 행동에서 사고, 감정, 행동의 역할을 강조하는 우리의 통합적인 접근을 제시하고자 하며, 이는 이 장에서 제시하는 이론들 대부분에서 선택된 아이디어들에 기초한다.

여러분의 이론적 접근은 개입 방향을 결정하는 데 지도를 제공하게 될 것이며, 이런 관점을 발달시키는 것은 상당한 시간과 경험이 요구된다. 이론은 여러분이 내담자에 대해 얻은 정보를 조직화하고, 적절한 개입을 고안하며, 결과를 평가하는 데에 구조를 제공한다. 여러분이 각자 자기에게 잘 맞고, 작업하게 되는 내담자의 독특한 필요를 충족시킬 만큼 충분히 유연한, 상담에 대한 개인적 견해를 발달시키는 것이 중요하다. 이 장의 주요 목표는 실무를 위한 뼈대를 어떻게 설계할지에 대해 여러분의 사고를 자극하는 것에 있다.

로드맵으로서의 이론

무엇이 상담 과정을 효과 있게 만드는지를 이해하기 위한 아주 다양한 이론적 접근들이 있다. 서로 다른 상담자들은 그들이 선택한 이론에 주로 근거하여, 같은 내담자와도 각기 다른 방식으로 작업을 하게 될 것이다. 그들의 이론은 치료적 관계 안에서 일어나는 다수의 상호작용을 이해하기 위한 개념적 틀을 제공하게 된다. 어떤 상담자는 내담자에게 가장 필요한 것이 억압해온 감정을 인식하고 표현하는 것이라고 생각하여, 감정에 초점을 둔다. 다른 상담자는 내담자가 통찰을 얻고, 행동의 원인을 탐색하며 해석하는 것을 강조한다. 또 어떤 상담자는 내담자의 통찰이나 감정표현에 그다지 큰 관심을 두지 않는다. 그는 행동에 초점을 맞춰, 내담자가 지금 하고 있는 방식을 바꾸기 위한 구체적인 행동계획을 수립하도록 돕는다. 또 다른 상담자는 내담자 자신과 세상에 대한 신념을 탐색하도록 격려한다. 그는 내담자가 잘못된 사고를 제거하고, 이를 건설적 사고와 자기 대화(self-talk)로 대체할 수 있을 때 변화가 일어날 것이라고 믿는다.

상담자들은 과거 혹은 현재 혹은 미래에 초점을 둘 수 있다. 여러분이 과거, 현재, 미래 중에 무엇을 가장 생산적인 탐색의 길이라고 여기는지 곰곰이 생각해 볼 필요가 있다. 이는 단순한 이론적 개념 이상이다. 여러분이 내담자의 과거가 탐색의 중요한 측면이라고 믿는다면, 많은 개입이 과거에 대한 이해를 돕는 쪽으로 고안될 가능성이 높다. 만약 내담자의 목표와 추구가 중요하다고 생각한다면, 여러분의 개입은 그 미래에 초점을 맞추게 될 것이다. 혹은 현재에 집중한다면, 개입의 많은 부분이 그 순간에 내담자가 생각하고 느끼고 행동하는 것을 강조하게 될 것이다.

이러한 각각의 선택은 특정한 이론적 접근에 근거한다. 분명한 이론적 근거를 갖지 않고 상담을 하려는 것은, 비행 계획서 없이 비행기를 조종하는 것과 같다. 여러분이 만약 이론이 공백인 상태로 작업하여, 자신의 개입을 뒷받침하기 위해 이론에 도움을 청할 수 없다면, 사람들을 변화시키기 위한 시도에서 허둥댈 수밖에 없을 것이다.

이론은 상담자로서 여러분이 무엇을 어떻게 해야 한다고, 단계별로 규정하는, 융통성 없는 일련의 구조가 아니다. 오히려 이론은 상담 과정의 많은 부분을 이해할 수 있게 해주는 전반적인 틀로서, 여러분이 무슨 말을 하고 행동을 할지에 대해 방향을 제시하는 지도의 역할을 하게 된다. 여러분의 이론은 자신의 내담자 집단, 환경, 제공하는 상담의 종류에 적합해야 한다. 이론은 한 개인으로서의 여러분과 분리된 어떤 것이 아니다. 최선의 경우 이론은 한 사람으로서의 자신에게 필수적인 부분이 되어 여러분의 독특성에 대한 표현이 될 것이다.

우리의 이론적 접근

우리 중 누구도 어떤 단일 이론에 전적으로 동의하지 않는다. 그보다는 우리가 상담을 해오며 지속적으로 발달시키고 수정한 통합적인 틀 내에서 작업을 한다. 우리는 대부분의 현대 상담 모형으로부터 개념과 기법을 끌어와, 우리의 독특한 성격에 맞게 조정한다. 따라서 우리의 이론적 접근과 상담 스타일은 근본적으로 우리라는 개인의 함수이다. 우리의 개념적 틀은 인간 경험의 사고, 감정, 행동의 차원을 고려한다.

우리는 사고의 차원을 강조하는 접근을 가치 있게 생각한다. 일반적으로 우리는 내담자에게 자신이 내린 결정에 대해 생각해 보도록 요구한다. 이 결정 중 어떤 것은 어린 시절 심리적 생존에 필요했을지 모르나 현재에는 더 이상 도움이 되지 않는 것이다. 우리는 내담자가 좀더 온전하게 자기 자신이 되기 위해 필요한 바를 개정할 수 있길 바란다. 이를 위한 한 가지 방법은 내담자에게 자신의 '자기 대화(self-talk)'에 주의를 기울이도록 하는 것이다. 내담자에게 스스로 자문해 보도록 격려하는 질문이 몇 가지 있다. 나 자신, 타인, 삶에 대해 갖는 추측은 나의 문제를 어떻게 발생 혹은 악화시키는가? 내가 붙들고 있는 생각과 신념은 어떻게 내 문제에 기여하거나 혹은 문제를 강화하는가? 나에게 반복해서 이야기하는 문장들을 비판적으로 재검토하는 것이 어떻게 스스로를 자유롭게 할 수 있을까? 우리가 사용하는 많은 기법들은 내담자의 사고 과정을 자극하여, 생활 속 사건과 그것을 해석하는 방식에 대해 생각해 볼 수 있게 하며, 확신하고 있는 신념 체계를 변화시키는 작업을 인지적 수준에서 하기 위해 고안되었다.

그러나 사고는 우리가 내담자와 작업할 때 주목하는 하나의 차원일 뿐이다. 감정 차원 또한 극히 중요하기 때문이다. 우리는 내담자가 자신의 감정을 인식하고 표현하도록 독려함으로써, 인간 경험의 이러한 차원을 강조한다. 내담자들은 흔히 표현되지 않고 해소되지 못한 정서적 문제로 인해, 감정적으로 굳어 있다. 만약 그들이 스스로 다양한 감정을 경험하고, 특정 사건이 어떤 영

향을 주었는지 이야기할 수 있게 되면, 그들의 치유 과정은 촉진된다. 누군가
가 귀담아 들어주고 이해해 준다고 느끼게 되면, 그들은 가두어 두었던 수많
은 감정들을 더 많이 표현하려고 할 것이다.

　상담 과정에서 사고와 감정이 필수적인 요소이기는 하나, 결국 내담자들
은 자신을 **행동** 혹은 행위 차원에서 표현해야만 한다. 내담자들은 통찰을 얻고,
답답한 마음을 표현하는 데 무수한 시간을 보내겠지만, 어떤 지점에 이르러서
는 변화에 대한 행동 지향적인 프로그램에 몰두할 필요가 있다. 그들의 감정
과 사고는 그 이후 실제 상황에 적용될 수 있다. 현재 행동에 대한 점검은 상담
과정의 핵심이다. 우리는 이와 같은 질문을 하곤 한다. 지금 무엇을 하고 있는
건가요? 현재와 미래의 자기 자신에 대해 어떻게 생각합니까? 지금의 행동이
당신이 원하는 것을 가져다 줄 가능성이 높은가요? 또한 당신이 가려는 방향
으로 인도할까요? 만약 상담 과정의 주안점을 사람들이 지금 하고 있는 행동
에 둔다면, 그들의 사고와 감정을 변화시킬 수 있는 기회 또한 더 클 것이다.

　사고, 감정, 행동 차원을 강조하는 것과 더불어, 우리는 내담자가 배운 것
을 공고히 하고 새로운 행동을 매일 맞닥뜨리는 상황에 적용하도록 돕는다.
우리가 사용하는 몇 가지 전략은 계약, 과제 부과, 행동 프로그램, 자기모니터
링 기법, 지지 체계, 자기 주도적인 변화 프로그램 등이다. 이 기법들은 모두
새로운 행동을 연습하고, 변화를 위한 현실적인 계획을 세우고, 이 계획을 일
상에서 수행해 나갈 실질적인 방법을 개발하는 데 있어 내담자가 전념하는 것
이 중요하다고 강조한다.

　사고, 정서, 행동에 대한 우리의 통합적인 초점의 기저에는 실존적 접근에
대한 철학적인 편향이 있는데, 이는 변화 과정에서 선택과 책임의 역할을 우
선적으로 강조한다. 우리는 사람들이 어떤 한계가 있었던 간에 그들이 가졌던
선택지를 살펴보고, 스스로 내린 선택에 대한 책임을 받아들이도록 격려한다.
우리는 내담자가 내부의 자원을 발견하고 어려움을 극복하는 데에 이를 어떻
게 사용할지를 알아내도록 돕는다. 내담자에게 해답을 제공하지는 않지만, 그
들이 현재와 미래의 문제 모두를 해결하기 위해 사용할 수 있는 지식과 기술
에 대해 더 많이 자각하도록 하는 과정을 촉진한다.

치료적 작업에서 우리가 하는 대부분의 작업은, 사람들이 자기 삶의 유의미한 변화를 만드는 방향으로 나아갈 수 있다는 가정에 기반한다. 사람들이 내릴 수 있는 선택은 종종 제한적이고 그들의 자유 역시 외적 요인에 제약을 받는다는 사실을 알고 있다. 불행한 사실은 많은 내담자들이 인종차별, 차별대우, 성차별, 빈곤과 같은 억압적인 조건과 씨름해야 한다는 것이다. 따라서 상담자가 내담자들이 자신의 내적 세계는 바꿀 수 있을 거라고 가정하는 것 이상을 하는 것이 중요하다. 우리는 사회 혹은 지역사회적 여건이 내담자의 문제에 직접적으로 기여하는 경우, 상담자가 외적 환경을 변화시키는 것에서도 역할을 맡아야 한다고 주장한다.

사람은 그들에게 영향을 주는 다양한 체계—가족, 사회집단, 공동체, 교회, 그 외 문화적인 힘—을 고려하지 않고서는 이해될 수 없다. 상담 과정이 효과적이기 위해서는, 개인이 사회와 어떻게 영향을 주고받는지를 이해하는 것이 필수적이다. 유능한 상담자는 인간 경험의 모든 측면을 포괄하는 전체적인 접근법을 획득할 필요가 있다.

내담자와 상담을 할 때, 우리는 어떤 이론을 사용하고 있는지에 대해 의식하지 않는다. 우리의 기법에 내담자를 맞추려 하기보다는, 그 사람의 요구에 맞는 기법을 적용한다. 어떤 기법을 진행할지 결정하는 과정에서, 우리는 내담자 집단에 대한 여러 가지 요소들을 고려한다. 우리는 문제를 직면할 수 있는 내담자의 준비도, 내담자의 문화적 배경, 가치관, 상담자에 대한 신뢰 등을 생각해 본다. 우리의 상담을 안내하는 일반적인 목표는 내담자가 자신이 느끼는 것은 무엇이든 알아내고 경험하도록 돕고, 그들이 지닌 가정이 어떻게 느끼고 행동하는지에 영향을 미치는 방식을 찾아내어, 대안적인 행동 양식을 실험할 수 있도록 하는 것이다. 우리는 어떤 기법을 사용하는 것에 대한 이론적 근거를 갖고 있으며, 우리의 개입은 일반적으로 이 책의 나머지 부분에서 설명할 이론들의 어떤 측면으로부터 흘러나온 것이다.

다양한 주요 이론적 지향이 상담 과정에 적용되는 방식을 이해하는 한 가지 방법은 대부분의 현대적 체계가 속하는 다섯 가지 범주에 대해 생각해 보는 것이다. (1) 통찰을 강조하는 **정신역동적 접근 치료**(정신역동적, 아들러식의 치료) (2) 경험적이고 관계 중심적인 접근[감정과 주관적인 경험을 강조한다(실존적, 인간중심적, 게슈탈트 치료)] (3) **인지행동적 접근**, 사고와 행동의 역할을 강조하며 행동 중심적인 경향이 있다(행동 치료, 합리적 정서행동 치료, 인지 치료, 현실 치료) (4) **포스트모던 접근**, 치료자 편의 협력적이고 자문가적 입장을 강조한다.(해결중심적 단기 치료, 내러티브 치료) (5) **가족체계 접근**, 내담자가 일부로 소속된 전체적인 체계 내에서 개인에 대한 이해를 강조한다.

우리가 이론들을 다섯 가지 일반적인 범주로 나누었지만, 이 범주화는 다소 임의적이다. 개념과 주제들 간에 서로 겹쳐지는 부분들이 있어 이 이론들을 깔끔하게 구분하기란 어렵다. 대부분의 대학원 수준의 훈련 프로그램들은 학생들에게 각 이론을 깊이 있게 다루는 한 학기 분량의 이론 수업을 듣도록 요구한다. 여기에서 우리의 목적은, 이 접근들 각각의 기본 가정, 핵심 개념, 치료 목표, 치료적 관계, 기법, 다문화적 적용, 상담 과정에 대한 주요 공헌에 대한 윤곽을 그림으로써 전반적인 개요를 제공하는 것이다.

정신역동적 접근

정신역동적 접근은 여러 가지 다양한 이론적 접근이 발생하는 것의 기초를 제공한다. 대부분의 상담자들이 정신역동적으로 상담하는 훈련을 받지 않을지라도, 이 관점은 내담자의 역동과 성격에 깊이 박힌 문제들을 작업할 때 내담자를 어떻게 도울 수 있을지에 대한 이해를 얻는 데에 유용하다. 정신역동적 치료는 프로이트를 훨씬 넘어서 진보해 왔다. 많은 현대적 형식의 관계 정신분석학은 단기적 치료 접근에도 적용할 수 있다.

프로이트와 함께, 아들러 역시 치료에 대한 정신역동적 접근을 발달시키는 데 주요한 공헌을 했다. 프로이트의 아이디어 상당수에 영향을 받긴 했으나, 아들러는 치료에 대한 매우 다른 접근을 전개했다. 아들러학자들은 사람들을 재교육하고 사회를 교정하는 것에 주안점을 둔다. 아들러는 가치관, 신념,

태도, 목표, 관심사, 현실에 대한 개인의 인식 등과 같은 내적인 요소를 결정적이라고 보는, 심리학에 대한 주관적인 접근의 선구자이다. 그는 전체적이고, 사회적이며, 목표 지향적인 동시에 체계적, 인본주의적인 접근 방식의 개척자이다. 앞으로 더 살펴보겠지만 아들러의 핵심 개념 중 다수가 이후에 등장하는 다른 이론들에서도 발견된다.

정신분석적 접근

개관 및 기본 가정

정신분석적 접근은 정상적인 성격 발달은 잇따른 심리성적이고 심리사회적인 발달단계를 효과적으로 다루는 것에 기초한다는 가정에 기초하고 있다. 불완전한 성격 발달은 구체적인 발달적 갈등을 충분히 해결하지 못한 결과이다. 정신분석적 성향의 상담자는 과거의 상황이 내담자의 현재 문제에 어떻게 기여하는지를 이해하기 위한 방법으로서 내담자의 초기 역사에 관심을 갖는다.

핵심 개념

정신분석적 접근은 성격에 대해 일반적으로 장기간에 걸쳐 면밀하게 탐색한다. 이 이론을 구성하는 핵심 개념으로는 성격의 구조, 의식과 무의식, 불안 다루기, 자아 방어 기제의 기능, 일생에 걸친 발달단계 등이 있다.

치료의 목표

우선적인 목표는 무의식을 의식화하는 것이다. 당면한 문제를 해결하는 것보다 성격을 재구조화하는 것이 주된 목표가 된다. 치료에서는 어린 시절의 경험을 재구성하여, 이 경험들을 탐색, 해석, 분석한다. 정신분석적 치료의 성공적인 결과는 개인의 성격 및 인격의 중요한 변화로 나타난다.

치료적 관계

정신분석적인 이론을 선호하는 상담자들은 따뜻한 거리두기를 통해 객관적으로 관계를 맺으려고 한다. 관계에서 전이와 역전이 모두가 중요한 부분이다.

치료 과정에서 발생하는 저항, 이 저항에 대한 해석, 전이 감정을 통한 작업에 초점이 맞춰진다. 이 과정을 통해 내담자는 과거와 현재 경험 사이의 유사점을 탐색하고 성격 변화의 기초가 될 만한 새로운 이해를 얻게 된다.

기법

모든 기법들이 내담자가 통찰을 얻고 억압된 자료를 표현하여, 이를 의식에서 처리할 수 있게 하기 위해 고안되었다. 주요 기법으로는 분석적 틀을 유지하기, 자유 연상, 해석, 꿈 분석, 저항의 분석, 전이의 분석 등이 있다. 이 기법들은 자각을 높이고, 통찰을 얻으며, 성격의 재조직화를 위한 과정에 적합하도록 조정된다.

다문화적 적용

삶의 각 단계에서의 전환점을 강조하는 심리사회적 접근은 다양한 내담자 집단에 대한 이해와 관련 있다. 상담자들은 내담자가 자신의 성격 발달에 환경적 상황의 영향을 발견하고 다룰 수 있도록 내담자를 도울 수 있다. 단기 심리역동 치료의 목표는 현 문제에 대한 새로운 이해를 제공할 수 있다. 이처럼 좀 더 단기적인 심리분석 지향의 치료를 통해, 내담자들은 오래된 패턴을 버리고 현재 행동의 새로운 패턴을 형성할 수 있게 된다.

공헌

이 이론은 성격에 대한 포괄적이고 구체적인 체계를 제공한다. 이는 행동의 결정 요소로서 무의식의 자리를 정당화하고, 어린 시절 발달의 중요한 영향력을 강조하며, 무의식을 이용할 기법들을 제공한다. 심리분석적인 이론을 선호하지 않는 상담자도, 저항이 어떻게 표현될 수 있으며 이를 치료적으로 어떻게 탐색할 수 있을지, 초기의 트라우마가 어떻게 성공적으로 작업될 수 있을지, 치료적 관계에서 전이와 역전이가 어떻게 나타나는지 등에 대한 이해 등, 여러 요소들을 적용할 수 있을 것이다. 다른 수많은 이론적 모형들이 정신분석적인 접근에 대한 반작용으로 발달되기도 했다.

아들러식 접근

개관 및 기본 가정

아들러식 접근에 따르면, 사람들은 근본적으로 사회적 존재로서, 사회적인 영향력에 의해 영향받고 동기화된다. 인간의 본성을 창조적이고, 활동적이며 결단력 있는 것으로 본다. 이 접근은 인간의 통일성과 개인의 주관적인 관점에 주목한다. 각 개인이 자신의 노력의 구체적인 방향과 관련해 내리는 주관적인 결정은 개인의 생활방식(혹은 성격 스타일)의 근간을 이룬다. **생활양식**은 타인, 세계, 우리 자신에 대한 신념과 가정으로 이루어지며, 이런 관점은 우리가 삶의 목표를 추구할 때 우리가 채택하는 행동의 독특성으로 이어진다. 우리는 불확실한 결과에도 불구하고 위기를 감수하고 결정을 내림으로써 자신의 미래를 스스로 만들어갈 수 있다. 상담에 찾아오는 사람들을 '아픈' 사람들이 아닌, 좌절하고 자기 패배적이고 자기 제한적인 가정에 근거하여 기능하는 존재로 바라본다. 내담자들을 자신과 타인에 대한 잘못된 인식을 바로잡고 새로운 행동의 상호작용 패턴을 학습하는 데 격려가 필요한 존재라고 여기는 것이다.

핵심 개념

무의식이 아니라 의식이 성격의 핵심이다. 아들러식 접근은 성장 모형에 근거하여 사회 안에서 활기차게 살아갈 수 있는, 개인의 적극적인 능력을 강조한다. 이 이론은 성격의 통일성을 강조하고, 주관적 시점에서 빚어지는 개인적 세계에 대해 인식하며, 행동에 방향을 부여하는 삶의 목표를 중요하게 생각하는 특징이 있다. 이 이론의 핵심인 **사회적 관심**은 인간적인 정체성, 소속감, 더 나은 사회에 대한 관심과 관련 있다. **열등감**은 종종 창조성의 원천으로 기능하여, 사람들로 하여금 숙달, 우수성, 완벽을 위해 애쓰도록 동기화한다. 사람들은 상상이든 실질적이든 열등함을 보상하기 위해 노력하며, 이는 그들의 불리한 조건을 극복할 수 있게 도와준다.

치료의 목표

상담은 내담자와 상담자가 합의한 목표를 향해 작업해 나가는, 협력적인 노력이다. 변화는 인지적이고 행동적인 수준 모두를 목표로 한다. 아들러학자들은 내담자의 잘못된 생각과 가정에 도전하는 것에 주된 관심을 갖고 있다. 내담자와 협력적으로 작업하며, 상담자들은 격려를 통해 내담자가 사회적으로 유용한 목표를 발전시켜갈 수 있도록 노력한다. 구체적인 목표로는 사회적인 관심을 고무하기, 내담자가 좌절감을 극복할 수 있게 돕기, 그릇된 동기를 변화시키기, 잘못된 가정을 재구성하기, 내담자가 다른 사람과 평등하다고 느끼도록 돕기 등이 있다.

치료적 관계

내담자-상담자 관계는 상호적인 존중에 기초하며 내담자와 상담자 모두 적극적이다. 내담자는 평등한 관계에서 능동적인 주체이다. 이런 협력적인 파트너십을 통해 내담자는 자신이 행동에 책임을 진다는 사실을 자각한다. 많은 역점이 내담자의 생활방식을 검토하는 것에 주어지는데, 이는 내담자가 하는 방식 모두에서 드러나게 된다. 상담자는 흔히 과거, 현재, 미래의 노력 사이의 연관성을 제시함으로써 이런 생활방식을 해석하게 된다.

치료의 과정은 개인의 생활방식—혹은 삶을 이해하고 행동을 선택하려는 시도에서 발생하는 인지적 틀 또는 도식—에 주안점을 두게 된다. 보다 구체적으로 상담자는, 내담자가 치료에 가져온 문제적 행동 패턴을 유지하게 만드는, 자신과 타인, 삶에 대한 그릇되고 자기패배적인 인식과 가정들을 알아내고자 한다.

기법

아들러학자들은 갖가지 환경과 형식으로, 다양한 범주의 내담자들에게 적용할 수 있는 수많은 인지적, 행동적, 경험적인 기법들을 개발해 왔다. 그들은 구체적인 일련의 절차를 따르는 것에 묶이지 않고, 오히려 각 내담자에게 가장 적합하다고 생각되는 기법들을 적용하기 위해 자신의 창조성을 이용한다. 자주 사용하는 구체적인 기법으로는 관심 기울이기, 격려, 직면, 요약, 가족 내의 경험을 해석하기, 초기 기억, 제안, 과제 부여 등이 있다.

다문화적 적용

아들러식 접근에서 대인관계를 강조하는 부분은 다양한 배경에서 온 사람들을 상담하는 데 가장 적합하다. 이 접근은 사람들이 문화적 맥락에서 자신의 문제를 탐색할 수 있도록 돕는, 다양한 인지적, 행동 지향적 기법들을 제공하고 있다. 아들러식의 상담자들은 자신의 기법을 각 내담자의 독특한 삶의 상황에 맞게 적용하는 데에 유연하다. 아들러의 치료는 심리교육적인 측면에 초점을 맞추며 현재와 미래를 지향하는, 단기적이고, 시간 제한적인 접근이다. 이 모든 특징들이 아들러의 접근을 다양한 내담자의 문제를 작업하기에 적절한 것으로 만든다.

공헌

아마도 아들러의 관점의 최대 공헌은 그 기본 개념들이 다른 치료적 접근들에 통합되어온 정도에 있다고 할 수 있을 것이다. 아들러 이론과 현대 이론들 사이에 대부분 중요한 관련성이 발견된다.

경험적, 관계 지향적인 접근

치료는 종종 상담자와 내담자의 여행, 내담자가 인식하고 경험한 세계 속을 깊이 탐구하는 여정이라고 여겨진다. 이 여정은 치료적 상황에서 사람과 사람의 만남의 질이 어떠했느냐에 영향받는다. 치료적 관계의 가치는 모든 상담 이론의 공통 분모이나, 어떤 접근들은 다른 이론들보다 이 관계의 역할을 치료 요인으로서 더욱 강조한다. 이는 실존적, 인간중심적, 게슈탈트 접근에 특히 해당된다. 이러한 **관계 지향적인 접근**(가끔 **경험적 접근**으로 알려진)은 모두 내담자-상담자 관계의 질이 가장 중요하며, 기법은 부차적이라는 전제에 기초한다. 경험적 접근은 치료적 관계의 질이 자각을 증진시켜, 내담자가 자신의 사고, 정서, 행동 패턴 일부를 바꿀 수 있게 만드는 기법을 창의적으로 고안해

낼 수 있게 한다는 전제에 기반한다. 모든 경험적 접근에서 효과적인 치료적 결과와 관련 있다고 여기는 공통적인 핵심 개념들은 다음과 같다.

- 치료적 상황에서 사람 대 사람으로 만나는 관계의 질이 긍정적인 변화를 위한 촉매제이다.
- 상담자의 주된 역할은 치료 시간 동안 내담자 곁에 머무는 것이다. 이는 상담자가 내담자를 중심에 두고 의미 있는 접촉을 유지함을 의미한다.
- 내담자들은 상담자의 진정성 있는 행동을 모델링함으로써 성장으로 가장 잘 이끌어질 수 있다.
- 상담자의 태도와 가치관은 적어도 그/그녀의 지식, 이론, 기법 들만큼이나 결정적이다.
- 내담자에 대한 자신의 반응에 민감하게 귀 기울이지 않는 상담자는 예술가가 아닌, 기술자가 되는 위험을 감수하는 셈이다.
- 나와 너(I-Thou) 관계는 내담자로 하여금 위험을 감수하는 행동에 필요한 안전감을 경험할 수 있게 해준다.
- 자각은 상담자와 내담자 사이의 진실한 만남의 맥락, 혹은 나와 너(I-Thou) 관계 맥락에서 생겨난다.
- 치료의 기본 작업은 내담자에 의해 이루어진다. 상담자의 일은 내담자가 새로운 존재 방식을 시도할 수 있는 분위기를 조성하는 것이다.

이러한 다소 중첩되는 개념들은 치료적 관계에서 가장 중요한 것이 무엇인가를 느끼게 한다. 관계 지향적인 치료의 틀 내에서 작업하는 상담자들은 '정확한 기법'을 사용하는 것에 대해 훨씬 덜 불안해 한다. 그들의 기법은 내담자가 경험하는 어떤 측면을 증진하기 위한 것이지, 내담자가 특정 방식으로 생각하고 느끼고 행동하도록 자극하기 위해 사용하는 것이 아니기 때문이다.

실존적 접근

개관 및 기본 가정

실존적 관점은 우리가 우리 선택에 의해 규정된다고 주장한다. 외부 요인들이 선택의 범위를 줄일 수는 있더라도, 우리는 태도와 행동을 제어할 수 있기 때문에 자유가 있다. 우리가 인식 능력을 갖고 있기 때문에 자유를 갖지만, 이 자유는 우리가 한 선택에 대한 책임을 수반한다. 상담에 오는 사람들은 종종 제한된 자기 인식을 갖고 기능하는, **속박된 존재**에 이르게 되었다. 상담자의 임무는 내담자가 자신이 어떻게 살고 있는지를 자각할 수 있게 하여 그들이 원하는 변화를 생각할 수 있도록 돕는 일이다. 치료적 모험의 결과물로서, 내담자들은 더이상 유용하지 않은 자신의 생활 패턴을 인식할 수 있게 되고, 미래를 위한 변화의 책임을 수용하기 시작한다.

핵심 개념

실존 치료에는 6가지 핵심 명제가 있다. (1) 우리에게는 자기를 인식할 수 있는 능력이 있다. (2) 우리는 기본적으로 자유로운 존재이기 때문에, 우리 자유에 수반되는 책임을 받아들여야 한다. (3) 우리는 스스로의 독특성과 정체성을 보전하는 데 관심이 있다. 우리는 타인을 알고 타인과 상호작용하는 것과 비교하여 자신에 대해 알아간다. (4) 우리 존재의 중요성과 삶의 의미는 결코 완전히 고정되지 않는다. 대신 우리의 프로젝트를 통해 우리 자신을 재창조한다. (5) 불안은 인간 조건의 한 부분이다. (6) 죽음 또한 기본적인 인간의 조건이며, 이에 대한 자각이 삶의 유의미성을 부여한다.

치료의 목표

주요한 목표는 내담자가 현재 살고 있는 삶의 종류를 창조하는 것에 있어 자신의 역할을 인식하도록 작업하는 것이다. 실존적 접근은 내담자의 현재 경험을 이해하는 것에 주로 역점을 두며, 치료적 기법을 사용하는 것은 크게 중요하게 생각지 않는다.

치료적 관계

나-너(I-Thou)의 만남의 질은 변화의 맥락을 제공하기 때문에 내담자-상담자 관계가 가장 중요하다. 치료적 객관성과 전문적인 거리를 중요하게 생각하는 대신, 실존주의 치료자들은 현재에 온전히 머무는 것을 가치 있게 여기고 내담자와 돌봄의 관계를 형성하기 위해 노력한다. 치료는 자기 발견으로 가는 여정에 내담자와 상담자가 모두 참여하는 협력적인 관계라고 할 수 있다.

기법

실존주의 치료는 치료를 명확한 기법들의 체계로 보는 경향에 반대한다. 이는 우리를 인간답게 만드는 독특한 특징을 살펴보고 그 위에서 치료를 만들어내는 것이라 단언한다. 이 접근은 내담자의 현재 경험에 대한 이해를 주로 강조한다. 실존주의 상담자는 자신의 고유한 성격과 스타일에 맞게, 각 내담자가 원하는 바에 주목하여 개입 방식을 자유롭게 조정한다. 상담자들은 그 어떤 규정된 절차에도 얽매이지 않으며 다른 치료 모형에서 기법을 가져다 쓰기도 한다. 개입은 내담자가 자신의 세계에서 살아가는 방식을 확장시키기 위한 목적으로 사용된다. 기법은 내담자가 자신의 선택과 행동의 잠재력을 좀더 자각할 수 있도록 돕기 위한 도구일 뿐이다.

다문화적 적용

실존주의적 접근은 보편적인 인간에 대한 주제에 기반하며, 현실을 특정한 방식으로 볼 것을 지시하지 않기 때문에, 다문화적 맥락에서 작업하기 아주 적당하다. 다양한 문화적 맥락에서 작업할 때, 내담자들 사이의 공통성과 유사성을 인식하는 것이 매우 중요하다. 관계, 의미 추구, 불안, 고통, 죽음과 같은 주제는 각기 다른 문화들의 경계를 넘어서는 관심사이다. 실존주의 치료에서 내담자들은 자신의 현재 존재가 사회적, 문화적 요인에 영향받는 방식을 검토하도록 격려받는다. 사회정의적 관점에서 선택할 수 있는 자유는 차별과 억압과 같은 환경적 현실의 맥락에서 고려되어야 한다.

공헌

인간 대 인간의 치료적 관계는 치료의 인간성이 말살될 가능성을 줄인다. 이 접근은 상담자들에게 그들의 이론적 성향에 관계없이 시사하는 바가 크다. 이 접근의 기본 아이디어는 상담자의 특정 이론에 관계없이 그들 실무에 포함될 수 있다. 이는 불안과 죄책감의 가치, 죽음의 역할과 의미, 혼자가 되고 이를 스스로 선택하는 것의 창조적 측면을 이해할 수 있도록 관점을 제공한다.

인간중심 접근

개관 및 기본 가정

인간중심 치료는 본래 정신분석적 치료에 대한 반작용으로서 1940년대 Carl Rogers에 의해 창시되었다. **인간중심 접근**은 인간 경험에 대한 주관적 견해에 근거하여, 자신을 자각하고 개인적 성장을 가로막던 방해물을 해결할 수 있는 내담자의 자원을 강조한다. 이는 상담자가 아닌, 내담자를 치료 과정의 중심에 둔다. 변화를 주로 만드는 사람은 바로 내담자이다. 로저스는 그의 접근을 최종 모형으로 소개하지는 않았으며, 그 이론과 임상은 시간이 지남에 따라 점점 진화할 것이라고 예상했다. 내담자는 치료관계에 참여함으로써, 자신의 성장, 전일성, 자발성, 내면 지향성에 대한 잠재력을 실현하게 된다.

핵심 개념

전문가인 치료자로부터 해석이나 지시를 얻지 않아도 내담자는 삶의 문제를 효과적으로 해결해 나갈 능력이 있다는 것이 이 이론의 핵심 개념이다. 내담자는 상담자가 제공하는 상당한 정도의 구조나 지시 없이도 변화를 만들어갈 수 있다. 이 접근은 현재의 순간을 온전하게 경험하고, 자신을 있는 그대로 받아들이며, 변화의 길을 결심하는 것을 강조한다.

치료의 목표

주요 목표는 내담자가 자기 탐색을 위해 치료적 관계를 사용함으로써, 성장을 방해하는 장애물을 자각할 수 있도록 치료적 환경에서 안전과 신뢰의 분위기를 제공하는 것이다. 내담자는 정적인 존재가 아니라, 좀더 개방되고, 더 자기를 신뢰하게 되고, 더 기꺼이 진화하고자 하는 방향으로 움직이는 경향이 있다. 내담자는 그 혹은 그녀가 어떤 사람이 되어야 한다는 외부의 신호가 아닌,

내적인 기준에 맞춰 사는 법을 배워나간다. 치료의 목표는 단순히 문제를 해결하는 것이 아니라 내담자가 현재와 미래 문제에 더 잘 대처할 수 있도록 그의 성장 과정을 돕는 것이다.

치료적 관계

인간중심 접근은 치료자의 태도 및 인간적 특징과, 내담자-상담자 관계의 질이 치료 성과를 결정하는 가장 큰 요인이라고 강조한다. 관계를 결정하는 상담자의 자질로는 진실성, 소유하지 않는 따스함, 정확한 공감, 내담자에 대한 무조건적인 수용 및 존중, 관대함, 이와 같은 태도들을 내담자에게 전달할 수 있는 능력 등이 있다. 효과적인 치료는 상담자와 내담자 사이의 관계의 질에 근거한다. 내담자는 치료 시간에 배운 것을 그 밖의 관계에도 적용할 능력이 있다.

기법

이 접근은 변화를 이끄는 필요 충분 조건으로서 내담자-상담자 관계를 강조하기 때문에, 기법이라고 구체화할 만한 것이 거의 없다. 기법은 항상 상담자의 태도에 비하면 부차적인 것이다. 이 접근에서는 지시적인 기법, 해석, 질문, 진단, 역사 수집 등을 최소화한다. 대신 적극적 경청, 공감의 표현, 감정의 반영, 명료화는 최대로 이용한다.

다문화적 적용

보편적인 핵심 조건에 대한 강조는 인간중심 접근에 다양한 세계관을 이해하기 위한 틀을 제공한다. 공감, 현존, 내담자의 가치관에 대한 존중은 문화적으로 다양한 내담자를 상담할 때에 꼭 필요한 태도 및 기술이다. 인간중심 상담자는 모든 형식의 다양성에 깊은 존중을 전하고, 내담자의 주관적 세계를 수용적으로 개방적인 방식으로 이해하는 것을 가치롭게 생각한다.

공헌

전통적인 정신분석에서 떨어져나온 첫 번째 치료 이론들 중 하나인 인간중심 접근은 내담자의 적극적인 역할과 책임을 강조한다. 이는 긍정적이며 낙관적인 견해로, 개인의 내적이고 주관적인 경험을 설명해야 할 필요에 주의를 환기시킨다. 상담자의 태도에 결정적인 역할을 부여함으로써, 이 접근은 치료적 과정을 기법 중심이 아닌, 관계 중심적으로 만들었다.

게슈탈트 치료

개관 및 기본 가정

게슈탈트 치료는 사람과 그의 행동은 현재 환경의 맥락에서 이해되어야 한다는 가정에 근거하는 경험적이고 실존적인 접근법이다. 치료자의 임무는 내담자의 현재 경험에 대한 탐색을 촉진하는 것이다. 내담자는 자각을 고조하고 접촉을 유지할 수 있도록 설계된 실험들을 함으로써 가능한 한 자신의 치료를 스스로 수행하게 된다. '무엇이' 떠오르는지에 대한 자각이 높아짐에 따라, 변화는 저절로 일어난다. 고조된 자각은 또한 분열되어 있던, 혹은 알지 못하던 내담자의 부분에 대한 좀더 철저한 통합을 유도한다.

핵심 개념

이 접근은 지금-여기, 직접적인 경험, 자각, 과거의 미해결된 과제를 현재로 가져와 이를 작업하는 것에 주목한다. 그 외 다른 개념으로는 에너지와 에너지의 차단, 접촉과 접촉에 대한 저항, 비언어적 신호에 주목하기 등이 있다. 내담자는 현재의 기능을 방해하는 과거의 미해결된 과제를, 그것이 마치 현재 순간에 일어나고 있는 것처럼 과거 상황을 재경험함으로써 확인하게 된다.

치료의 목표

목표는 자각과 더 많은 선택권을 획득하는 것이다. 자각에는 환경에 대한 인식, 자신에 대한 인식, 자기에 대한 수용, 접촉할 수 있는 능력 등이 포함된다. 내담자는 자기 자신의 자각 과정에 주목함으로써 책임 있게, 주의 깊고도 안

목 있게 선택을 내릴 수 있게 된다. 자각이 있는 내담자는 자기의 부인된 측면을 인정하고 이 부분을 전체로 재통합하는 방향으로 나아갈 수 있다.

치료적 관계

이 접근은 나와 너(I-Thou) 관계를 강조한다. 강조점은 치료자가 적용하는 기법에 있는 것이 아니라, 한 사람으로서 치료자가 어떤 사람인지와 관계의 질에 두게 된다. 강조하는 요소로는 치료자의 존재, 진정한 대화, 온화함, 직접적인 자기 표현, 내담자의 경험에 대한 더 큰 신뢰 등이 있다. 상담자는 내담자가 모든 감정을 좀더 생생하게 느끼도록 하고 스스로 자기만의 해석을 할 수 있도록 돕는다. 내담자의 경험의 의미를 해석해 주기보다, 상담자는 내담자의 행동의 '무엇'이 '어떠했는지'에 주목한다.

기법

상담자가 안내자이자 촉매자로 기능하고, 실험을 제시하며, 관찰을 나누기는 하나, 치료의 기본 작업은 내담자에 의해 이루어진다. 상담자는 내담자가 변화하도록 강요하지 않으며, 오히려 지금-여기의 틀 안의 나와 너(I-Thou) 대화 맥락에서 실험을 창출한다. 이 실험은 경험적인 학습의 초석이 된다. 비록 실험은 상담자가 제안하기는 하나, 이는 내담자의 전적인 참여로 협력적인 과정이 된다. **게슈탈트 실험**은 다양한 형식을 취한다. 내담자와 그의 삶에서 유의미한 사람 사이의 상징적인 대화를 시작하기, 롤 플레이를 통해 핵심 인물의 정체성을 추정해 보기, 몸짓·포즈·혹은 다른 비언어적 방식을 과장해 보기, 한 개인 내의 갈등하는 두 측면 사이의 대화를 진행하기 등이 있다.

다문화적 적용

게슈탈트 치료는 개입이 유연하고 시기 적절하게 사용된다면, 문화적으로 다양한 집단들과도 창조적이고 민감한 방식으로 사용될 수 있다. 게슈탈트 이론을 선호하는 상담자는 기법의 사용이 아닌, 사람을 이해하는 데 주력한다. 실험은 내담자와의 협력 속에서, 내담자의 문화적 배경을 이해하기 위한 시도로서 행해진다.

공헌

게슈탈트 치료는 과거를 지금 - 여기에서의 관점으로 작업하는 것의 가치를 인정한다. 이런 성향은 문제에 대해 거리를 두고 이야기만 하는 것이 아닌, 직접 해보고 경험하는 것을 강조한다. 게슈탈트 치료는 비언어적이고 신체적인 메시지에 주목하는데, 이는 상담관계에서 탐색할 자료의 영역을 확장시킨다. 이는 단순한 장애의 치료가 아닌, 성장과 향상의 관점을 제공한다. 꿈을 작업하는 방법은 삶에서 핵심적인 실존적 메시지에 대한 자각을 높이는 창조적인 통로이다.

인지행동 접근

이 장에서는 주요 **인지행동 접근** 중 일부에 대해 서술하며, 행동 치료, 합리적 정서행동 치료, 인지 치료, 현실 치료를 포함한다. 인지행동 접근이 아주 다양하기는 하나, 다음과 같은 특징을 공유한다. (1) 내담자와 상담자 사이의 협력적인 관계, (2) 심리적 고통은 대체로 인지적 과정에서의 장애에 따른 작용이라는 가정, (3) 정서와 행동에서 원하는 변화를 만들기 위해서 인지를 변화시키는 것에 대한 강조, (4) 구체적인 목표 문제에 초점을 맞춘 시간 제약적이고 교육적인 치료. 인지행동 접근은 구조화된 심리교육적인 모형에 근거하며, 숙제의 역할을 강조하고 내담자에게 치료 안팎에서 적극적인 역할을 맡는 책임을 부여하고, 변화를 촉진하기 위하여 여러 가지 인지적이고 행동적인 기법들에 의지하는 경향이 있다. 모든 치료적 모형 중에서 인지행동 치료는 가장 많은 인기를 얻어왔고, 광범위한 내담자 집단에게, 다양한 문제를, 다양한 환경에서 제공할 수 있다는 이유로 점점 더 많이 사용되고 있다.

행동 치료

개관 및 기본 가정

행동 치료는 사람들이 기본적으로 학습과 사회문화적 환경 모두에 의해 조형된다는 가정을 한다. 관점과 전략의 다양성 때문에, 이를 하나의 통일된 접근이라기보다는 행동 치료들이라고 보는 것이 좀더 정확하다. 행동 치료 영역의 다양한 관점을 묶어주는 핵심 특징은 관찰 가능한 행동, 행동의 현재 결정요인, 변화를 촉진하기 위한 경험의 학습, 엄격한 측정과 평가에 주목한다는 점이다.

핵심 개념

행동 치료는 역사적인 선행 사건이 아니라 현재의 행동, 정확한 치료 목표, 이 목표에 맞춰진 다양한 치료 전략, 치료 성과에 대한 객관적인 평가 등을 강조한다. 치료는 현재의 행동 변화와 행동 프로그램에 초점을 맞춘다. 개념과 절차는 명료하게 진술되며, 경험적으로 검사되고, 지속적으로 수정된다. 이 과정의 결과로 행동의 변화가 있다면 어느 정도인지를 판단하기 위해, 개입 전후의 구체적인 행동을 측정할 것을 강조한다.

치료의 목표

행동 치료의 전형적인 특징은 치료 과정의 처음부터 구체적인 목표를 확인한다는 것이다. 일반적인 목표는 개인의 선택지를 늘리고 학습의 새로운 조건을 형성하는 것이다. 목표는 적응적이지 않은 행동을 제거하고 보다 건설적인 패턴으로 이를 교체하는 것이다. 일반적으로 내담자와 상담자는 협력하여 치료 목표를 구체적이고, 측정 가능하며, 객관적인 용어로 구체화한다. 내담자가 자신의 목표를 성취할 수 있도록 하기 위해, 행동 치료자는 보통 적극적이며 지시적인 역할을 맡는다. 내담자가 대개 무슨 행동을 변화시킬지를 결정하기는 하나, 치료자는 보통 이 행동을 어떻게 가장 잘 수정할 수 있을지를 판단한다.

치료적 관계

이 접근은 내담자-상담자 관계에 주된 주안점을 두지는 않지만, 좋은 작업관계는 효과적인 치료의 핵심적인 선행조건이다. 숙련된 상담자는 문제를 행동적으로 개념화할 수 있으며 변화를 가져오기 위해 치료적 관계를 활용할 수 있다. 이때 가정은, 내담자의 진보는 상담자와의 관계 때문이 아닌, 사용된 구체적인 행동적 기법 때문이다. 치료자의 역할은 교육, 모델링, 수행 평가의 제공을 통해 구체적인 기술을 가르치는 것이다. 내담자 또한 처음부터 끝까지 치료 과정에 적극적으로 참여하며, 치료 회기 안팎 모두에서 협력적으로 치료적 활동을 수행할 것으로 기대된다.

기법

평가와 진단은 치료 계획을 결정하기 위해 처음부터 시행된다. 행동 치료의 개입은 서로 다른 내담자가 경험하는 구체적인 문제에 개별적으로 잘 맞도록 만들어진다. 행동을 변화시킨다고 입증할 수 있는 기법이라면 무엇이나 치료 계획에 포함될 수 있다. 이 접근의 강점은 행동 변화를 만들어낼 목적으로 시행하는 다수의 다양한 기법들에 있다. 몇 가지 예로는 이완 방법, 체계적 둔감화, 빠른 둔감화, 홍수법, 자기 주장 훈련, 자기 조절 프로그램 등이 있다.

다문화적 적용

행동 치료는 문화 특수적인 절차가 개발된다면, 문화적으로 다양한 내담자들과 하는 상담에도 적절하게 포함될 수 있다. 이 치료는 치료 과정에 대한 내담자 교육을 강조하고, 구체적인 행동 변화에 역점을 둔다. 내담자의 문제 해결 능력을 신장시킴으로써, 내담자는 자신의 문화적 틀 내의 실질적인 문제를 다루기 위한 구체적인 방법을 배우게 된다.

공헌

행동 치료는 보통 단기적인 접근이며, 광범위하게 적용될 수 있다. 이는 사용할 기법에 대한 철저한 조사 및 평가를 함으로써 책임을 다할 것을 강조한다. 치료에서는 구체적으로 문제가 무엇인지에 대해 파악하고 탐색하며, 내담자는 치료 과정과 어떤 이득이 생길지에 대해 계속 알게 된다. 이 치료는 인간 기능의 많은 영역에서 효과성을 입증해 왔다. 개념과 절차가 이해하기 쉽다. 행동 치료에서 치료자는 명백하게 강화하는 사람, 자문가, 모델, 교사, 전문가 역할을 한다.

합리적 정서행동 치료(Rational Emotive Behavior Therapy : REBT)

개관 및 기본 가정

알버트 엘리스는 합리적 정서행동 치료의 아버지이자 인지행동 치료의 할아버지라고 불린다. **합리적 정서행동 치료**는 사고, 평가, 분석, 질문, 행위, 연습, 재결정이 행동 변화의 기초라는 전제를 갖고 있다. 따라서 인지행동 치료는 개인의 자기 진술을 재조직화하면, 그에 상응하는 행동을 재조직화하는 결과를 낳을 것이라고 가정한다.

핵심 개념

REBT는 정서적인 장애가 어린 시절에 기인할지라도, 사람들은 비합리적이고 비논리적인 신념을 반복한다고 주장한다. 정서적인 문제는 그 사람의 신념의 결과이지 사건들 때문이 아니며, 이 신념들에는 이의를 제기할 필요가 있다. 내담자는 삶의 사건 그 자체가 우리를 방해하는 것이 아니라, 그 사건에 대한 해석이 핵심적이라는 내용을 교육받는다.

치료의 목표

REBT의 목표는 삶에서 자기 패배적인 관점을 제거하고, 건강하지 않은 반응들을 줄이며, 좀더 합리적이고 관대한 철학을 갖는 것이다. REBT의 두 가지 주요 목표는 내담자가 무조건적으로 자기를 수용하고 무조건적으로 타인을 수용하도록 그 과정을 돕는 것이다. 이 목표를 달성하기 위해 REBT는 내담자가 자신의 기저에 흐르는 그릇된 신념을 찾아내고, 이 신념들을 비판적으로 평가하며, 건설적인 신념으로 교체할 수 있는 현실적인 방법을 제공한다.

치료적 관계

치료는 재교육의 과정이며 치료자는 대개 교사로서 적극적이고 지시적인 방식으로 기능한다. 내담자가 그들이 어떻게 자신의 문제에 기여하고 있는지를 이해하기 시작하면, 자기 패배적인 행동을 바꾸고 합리적인 행동으로 변환시킬 능동적인 연습이 필요하다.

기법

REBT는 대부분의 내담자에게 광범위한 인지적, 정서적, 행동적 방법을 활용한다. 이 치료에서는 내담자의 사고, 정서, 행동 패턴을 바꾸기 위해 기법들을 혼합하기도 한다. 기법은 내담자가 자신의 현재 신념과 행동을 비판적으로 검토하도록 유도하기 위해 고안된다. REBT는 구체적인 상황에서 내담자의 자기 패배적 사고를 바꾸기 위한 구체적인 기법에 주목한다. 신념을 수정하는 것 외에도, REBT는 내담자가 자신의 신념이 그가 느끼고 행동하는 것에 어떻게 영향을 미치는지 볼 수 있게 돕는다. 인지적 관점에서, REBT는 내담자에게 그의 신념과 자기 대화가 지속적으로 방해가 된다는 것을 입증한다. 이 치료가 감정에 우선순위를 두지는 않으나, 내담자가 자신이 생각하는 바와 행동하는 방식을 탐색하다보면, 종종 감정이 수면 위로 떠오른다. 감정이 등장하면 그때 이를 다루게 된다.

다문화적 적용

다양한 내담자와 작업할 때, REBT가 효과적이게 하는 몇 가지 요소로는 각 내담자에 맞게 치료를 맞출 수 있고, 외부 환경의 역할을 다루며, 치료자의 적극적이고 지시적인 역할을 통해 교육을 강조하고, 경험적인 증거에 근거하여, 현재 행동에 초점을 맞출 뿐만 아니라, 치료 과정이 짧다는 점 등이 있다. REBT를 시행하는 상담자는 교사로서 기능한다. 내담자는 삶의 문제를 다룰 때에 사용할 수 있는 광범위한 기술을 습득한다. 이런 교육적인 초점은 변화를 가져오기 위한 실질적이고 효과적인 방법을 배우는 데 관심이 있는 많은 내담자에게 매력적으로 느껴진다.

공헌

REBT는 사고, 정서, 행동에서의 장애를 바꾸기 위한, 포괄적이고 통합적인 치료이다. REBT는 우리에게 사람들이 자신의 사고 내용을 변화시킴으로써 어떻게 정서를 바꿀 수 있는지를 가르쳐주었다. 상담은 짧고, 새로운 행동을 실험함으로써 통찰이 행동으로 옮겨질 수 있도록 하는, 적극적인 연습에 가치를 둔다.

인지 치료

개관 및 기본 가정

애론 벡은 우울과 불안과 같은 장애를 이해하고 치료하는 데 중요한 공헌을 세운, 인지 치료의 창시자이다. **인지(CT) 치료**는 우리가 어떻게 느끼고 행동하는지에 대해 인지가 주된 결정요인이라는 전제에 근거한다. CT는 내담자의 내적 대화가 그의 행동에 중요한 역할을 한다고 가정한다. 개인이 자신을 감시하고 지시하며 사건을 해석하는 방식은 우울과 불안 같은 장애의 역동에 해결의 실마리를 던져주었다.

핵심 개념

CT에 따르면, 심리적인 문제는 잘못된 사고, 부적절한, 혹은 부정확한 정보를 근거로 한 그릇된 추론, 환타지와 현실의 변별 실패와 같은 아주 흔한 과정들로부터 생겨난다. 인지 치료는 부정확하고 역기능적인 사고를 교정함으로써 역기능적인 정서와 행동을 변화시키는 것으로 구성된다.

치료의 목표

인지 치료의 목표는 내담자가 핵심 도식에 다다르기 위해 사용하는 자동적인 생각을 통한 사고방식을 바꾸고 도식을 재구조화하는 것에 대한 개념을 도입하는 것이다. 신념과 사고 과정에서의 변화는 사람들이 느끼고 행동하는 방식에서의 변화를 낳는다. CT에 참여하는 내담자는 그들의 신념을 지지하는 증거를 모으고 비교 검토해 보도록 격려받는다. 공동의 치료적 노력을 통해 내담자는 자신의 생각과 현실에서 발생한 사건을 구분하는 법을 배운다.

치료적 관계

인지 치료는 내담자의 결론을 검증 가능한 가설의 형태로 표현하기 위한, 내담자와 상담자 모두의 협력적인 노력을 강조한다. 인지 치료자는 계속해서 적극적으로, 내담자와 의도적인 상호작용을 한다. 그들은 또한 치료의 모든 단계에 걸쳐 내담자가 활발하게 참여하고 적극적으로 협력하게 만들기 위해 노력한다.

기법

내담자가 자신에 대한 오해를 발견할 수 있도록 하기 위해 소크라테스식 문답법 대화의 중요성을 강조한다. 안내된 발견의 과정을 통해 치료자는 내담자가 자신의 사고와 그가 느끼고 행동하는 방식 사이의 관련성을 이해할 수 있도록 돕는, 촉매자와 안내자의 역할을 한다. 인지 치료자는 내담자에게 스스로 자신의 치료자가 되는 법을 가르친다. 여기에는 내담자 문제의 본질 및 전개 방향, 인지 치료가 효과를 낳는 방법, 내담자의 사고가 그들의 정서와 행동에 영향을 미치는 방식 등에 대한 교육이 포함된다. CT에서 기법은 내담자의 오해와 그릇된 가정들을 확인하고 검증하기 위해 고안되었다. 숙제가 자주 사용되고, 이는 내담자의 구체적인 목표에 맞추며, 협조적인 치료적 관계에서 우러나온다. 보통 숙제는 실험의 형태로 제시되고, 내담자가 치료 회기에서 다룬 이슈들에 대해 작업을 지속하기 위한 방법으로서, 스스로 자기에게 도움이 되는 과제를 고안해 내도록 격려받는다.

다문화적 적용

인지 치료는 개인의 신념 체계, 혹은 세계관을 자기 변화를 위한 방법의 일부로서 사용하기 때문에 문화적으로 민감한 경향이 있다. CT의 협력적인 성격은 내담자에게, 다수의 내담자가 원하는 구조를 제공하지만, 상담자는 여전히 치료 과정에 내담자를 적극적으로 참여시키기 위해 노력한다. 내담자의 전면적인 참여를 요청하는 CT의 시행 방식 때문에 이는 다양한 배경에서 온 내담자와의 작업에 더할 나위 없이 적합하다.

공헌

인지 치료는 불안, 공포, 우울의 치료에 효과적인 것으로 입증되어 왔다. 이 접근은 임상 연구자의 엄청난 관심을 받아 왔다. 여러가지 구체적인 인지적 기법들이 내담자에게 자신의 신념 체계를 바꿀 수 있는 방법을 가르치는 것이 유용하다는 경험적 증거를 통해 지지받고 있다.

선택이론/현실 치료

개관 및 기본 가정

1960년대 윌리엄 글래서가 창시하고 개발시킨 현실 치료는 사람들이 자신이 하는 일에 책임이 있음을 상정한다. 실존적 원리에 근거하여, 현실 치료는 우리가 우리의 운명을 선택한다고 주장한다. **선택이론**은 인간이 자신 안의 어떤 목적에 따라 자기를 둘러싼 세계를 통제하기 위해 내적으로 동기화되어 행동한다는 가정에 근거한다. 현실 치료의 기저 임상철학인 선택이론은, 인간 행동의 이유와 방식에 대한 설명의 틀을 제공한다. **현실 치료**는 사람은 (1) 현재의 행동이 자신이 원하는 바를 줄 수 없다고 판단했을 때, (2) 자신이 원하는 바에 보다 가깝게 갈 수 있는 다른 행동을 선택할 수 있다고 믿을 때 변화에 대한 동기가 생긴다고 가정한다.

핵심 개념

이 접근의 핵심 개념은 우리 외적 세계에 대한 인식이 내적 세계에 맞도록 이를 통제하려는 최선의 시도가 행동이라고 정의한다. **전체 행동**은 네 가지 불가분한, 그러나 별개의 구성요소인, 행동에 따르는 행위, 사고, 감정, 생물학적 원리를 포함한다. 현실 치료 및 선택이론의 핵심 개념은 환경이 아무리 비참하더라도, 우리에게는 언제나 선택의 여지가 있다는 것이다. 따라서 현실 치료의 강조점은 인간의 책임성 및 현재를 다루는 것에 놓여진다.

치료의 목표

이 접근의 전반적인 목표는 사람들이 자신의 생존, 사랑과 소속감, 힘, 자유와 즐거움에 대한 욕구를 충족시킬 수 있는 더 나은 방법을 찾도록 돕는 것에 있다. 행동상의 변화는 기본 욕구의 만족으로 귀결되어야 한다. 내담자는 자신의 행동, 사고, 감정이 원하는 바를 얻을 수 있게 하는지를 재어 보고, 더 나은 방법을 찾도록 돕기 위해 스스로 평가해 보게 된다.

치료적 관계

치료자는 내담자와 만나기 시작하며, 지지적이며 도전적인 관계를 형성함으로써 치료의 과정에 착수한다. 상담자는 내담자에게 타인과 어떻게 의미 있는 관계를 만들 수 있는지를 가르친다. 치료 과정 내내 상담자는 비판을 삼가고, 합의한 계획을 완수하지 못한 데 대한 내담자의 변명을 인정하지 않으며, 쉽게 내담자를 포기하지 않는다. 대신 상담자는 더 나은 선택이 가능한지를 판단하기 위해, 지속적으로 내담자에게 그들의 선택이 얼마나 효과적인지를 평가해 보도록 요청한다.

기법

현실 치료의 임상 실제는 **상담의 주기**로 가장 잘 개념화할 수 있는데, 이는 두 가지 주요 구성요소로 이루어진다. (1) 상담 환경과 (2) 행동의 변화를 이끄는 구체적 절차. 현실 치료는 적극적이고, 지시적이며, 교훈적이다. 정교한 질문과 다양한 행동적 기법이 내담자가 포괄적으로 자기 평가를 할 수 있도록 적용된다.

현실 치료의 실제에서 사용되는 구체적인 절차 몇 가지가 로버트 우볼딩에 의해 개발되었다. 이 절차는 **WDEP 모형**으로 요약되는데, 다음과 같은 전략의 군집을 뜻한다.

W＝욕구 : 바람, 욕구, 인식을 탐색한다.
D＝행동의 방향 : 내담자가 하고 있는 행동과 이것이 어떤 결과로 향하

는지에 주목한다.

E＝평가 : 내담자에게 자신의 전체적인 행동을 평가하도록 도전시킨다.

P＝계획과 몰두 : 내담자가 현실적인 계획을 세우고 이를 수행하는 데 전

념할 수 있도록 돕는다.

변화에 이르도록 하는 이 과정에 대한 좀더 자세한 내용은, Wubbolding (2000, 2011)을 참고하라.

다문화적 적용

현실 치료자는 내담자가 자신의 현재 행동이 자신과 타인을 어떻게 만족시키는지를 탐색할 수 있게 함으로써, 내담자의 문화적 가치관에 대한 존중을 보여준다. 내담자가 이런 자기 평가를 한 후, 그들은 도움이 되지 않고 있는 삶의 영역을 발견한다. 그 후 내담자는 자신의 문화적 가치관과 일치하는 구체적이고 현실적인 계획을 세우는 위치에 서게 된다.

공헌

현실 치료는 단기적인 접근으로서, 광범위한 내담자들에게 적용될 수 있다. 현실 치료는 인적 서비스 분야에 종사하는 여러 사람들이 쉽게 이해할 수 있는 단순하고 명료한 개념으로 이루어져 있으며, 그 원리는 부모, 교사, 성직자 들도 사용할 수 있다. 긍정적으로 행동 지향적인 치료로서, 일반적으로 치료하기 어렵다고 여겨지는 다양한 내담자들에게도 매력적으로 다가간다. 이 치료는 내담자에게 자신의 행동을 바꾸기 위해 현재 무엇을 할 수 있고, 무엇을 할 것인지에 집중하도록 가르친다.

포스트모던 치료

이 절은 두 가지 주요 **포스트모던 치료**인, 해결중심 단기 치료와 이야기 치료에 대해 설명할 것이다. 이 치료들에서 치료자는 전문가의 역할을 거부하고, 좀 더 협력적이고 자문적인 입장을 선호한다. 해결중심 단기 치료와 이야기 치료 모두, 인간은 건강하고, 유능하며, 자원이 있을 뿐만 아니라, 자신의 삶을 향상시킬 수 있는 해결책과 대안적인 이야기를 만들어낼 능력이 있다는, 낙관적인 가정에 근거한다.

해결중심 단기 치료

개관 및 기본 가정

해결중심 단기 치료(Solution-focused brief therapy: SFBT)는 치료자가 내담자 삶의 전문가가 아니라고 상정한다. 오히려 내담자가 자기 삶의 전문가라는 것이다. 복잡한 문제가 복잡한 해결책을 반드시 필요로 하는 것은 아니며, 치료자는 내담자가 이미 갖고 있는 능력을 발견하도록 도울 뿐이다. 변화는 필연적으로 끊임없이 일어나고, 작은 변화들이 더 큰 변화를 위한 토대를 만든다. 내담자가 하고 있는 것 중 무엇이 도움이 되고 있는지 그들의 잠재력, 강점, 자원에 기반을 둘 수 있도록 돕는 일에 관심을 집중한다.

핵심 개념

SFBT의 중심 개념은 무엇이 문제인지를 이야기하는 것에서 해결책에 대해 이야기하고 만들어내는 것으로의 이동이라고 정의할 수 있다. 치료는 단순하고 간단하다. 모든 문제에는 예외가 있고, 이 예외에 대해 이야기함으로써 내담자는 짧은 시간 안에 주된 문제로 보이는 것을 극복할 수 있게 된다.

치료의 목표

해결중심 모형은 스스로의 목표와 선호를 설정하는 데 있어 내담자의 역할을 강조한다. 이는 상호 존중, 대화, 탐구, 지지의 분위기가 치료적 과정의 일부가 될 때 가능하다. 협력적인 관계로 함께 작업하며, 치료자와 내담자는 모두 유용하고 의미 있는 치료 목표를 개발하게 되며, 궁극적으로 내담자가 더 나은 미래로 이끌어줄 의미 있는 목표를 세우게 된다.

치료적 관계

SFBT는 공동의 모험이다. 치료자는 한 개인에 대한 치료가 아니라, 그와 함께 치료를 수행해 나가기 위해 노력한다. 치료자는 내담자가 자기 스스로의 경험에 대한 가장 중요한 해석자라는 점을 인정한다. 해결중심 치료자는 내담자를 자기 삶에 대한 전문가적 지위에 두기 위한 방법으로서, '나는 잘 모른다'는 태도, 혹은 전문가가 아니라는 입장을 취한다. 전문가로서의 치료자는 전문가로서의 내담자로 대체된다. 내담자는 치료 과정을 안내할, 분명하고 구체적이며 현실적일 뿐 아니라 개인적으로 의미 있는 목표를 치료자와 함께 수립한다. 이와 같은 협력 정신은 현재와 미래 변화의 다양한 가능성을 열어준다.

기법

해결중심 단기 치료자는 다양한 기법들을 사용한다. 어떤 치료자는 내담자에게 문제를 표면화하도록 요청하고 그의 강점 혹은 사용하지 않은 자원들에 주목한다. 다른 치료자는 내담자가 효과 있을 법한 해결책을 찾아내도록 도전시킨다. 기법은 문제의 원인을 이해하는 것보다는, 어떻게 가장 잘 문제를 풀 수 있을 것인지, 미래에 초점을 맞춘다. 빈번하게 사용되는 해결중심 단기 치료 기법으로는 상담 전의 변화, 예외 질문, 기적 질문, 척도 질문, 과제, 요약 피드백 등이 있다.

　해결중심 단기 치료자는 종종 첫 회기에서 내담자에게 이렇게 묻는다, "상담 약속을 잡기 전까지, 문제를 변화시키기 위해서 무엇을 해왔습니까?" **상담 전의 변화**에 대한 질문은, 내담자가 목표에 다다르기까지 상담자에게는 덜 의존하고 자기 자원에는 더 많이 의지할 수 있도록 고무하는 효과가 있다.

예외 질문은 내담자의 삶에서 그 문제가 없었던 시간들을 바라보게 한다. 예외를 탐색하는 것은 내담자가 자원을 발견하고, 강점에 관심을 갖게 하며, 가능한 해결책을 생각해낼 기회를 제공한다.

기적 질문은 내담자가 문제가 없는 삶에 대해 그려볼 수 있게 한다. 이 질문은 특정 문제에 사로잡혀 있기보다, 다른 종류의 삶을 생각해 보도록 격려하는, 미래에 초점을 맞춘다. 기적 질문은 내담자가 해결책을 찾는 데 집중하도록 한다. "상황이 나아졌다는 걸 어떻게 알 수 있을까요?"나 "삶이 좋아졌을 때, 당신은 어떤 것들을 발견하게 될까요?" 등이 질문의 예이다.

척도 질문은 내담자에게 구체적인 영역에서의 향상을 0부터 10까지의 척도를 사용하여 구체화하도록 요구한다. 이 기법은 내담자가 향상된 정도를 구체적인 단계와 정도를 통해 확인할 수 있게 한다.

치료자는 진심 어린 확인이나 내담자가 입증해온 구체적인 강점을 지적하는 형태로 **요약 피드백**을 줄 수도 있다.

다문화적 적용

해결중심 치료를 선택한 치료자들은 내담자의 세계관에 대한 선입견을 갖고 내담자를 만나기보다는 내담자에게서 그들의 경험 세계에 대해 배우게 된다. 해결중심적 상담자들의 병리화하지 않는 자세는 그 사람에게 무엇이 잘못되었나를 깊이 생각하는 것에서 창조적인 가능성을 강조하는 쪽으로 초점을 이동시킨다. 변화가 일어나는 걸 목표로 하는 대신, SFBT 상담자는 다양한 내담자들이 건설적인 변화를 위해 자신의 자원을 활용할 수 있도록, 이해와 수용의 분위기를 조성한다.

공헌

SFBT의 핵심 공헌은 사람을 유능하고 더 나은 해결책을 찾을 수 있는 존재로 보는, 낙관적인 지향에 있다. 문제들을 삶의 일상적인 어려움과 도전들로 본 것이다. 해결중심적 단기 치료의 강점은 질문, 특히 내담자가 잠재적인 문제를 미래에도 어떻게 해결할 수 있을지 생각해 보도록 하는, 미래 지향적인 질문을 사용한다는 데 있다.

이야기 치료

개관 및 기본 가정

이야기 치료는 어느 정도, 사람들이 하는 이야기들을 검토하고, 그 이야기의 의미를 이해하는 것에 바탕을 둔다. 이 이야기들 각각은 그 이야기를 하는 사람들에게 진실이다. 그 어디에도 완벽한 사실은 없다. 이야기 치료자들은 각 내담자의 독특한 이야기와 문화적 유산에 대한 존중으로, 사람들에 대해 추정하는 걸 피하려고 애쓴다.

핵심 개념

이야기 치료의 핵심 개념 중 일부는 문제가 그 사람을 어떻게 방해하고, 지배하고, 좌절시켜 왔는지에 대한 토론을 포함한다. 치료자는 내담자를 그의 문제로부터 분리하여 내담자들이 자신의 정체성에 대한 고정된 시각을 받아들이지 않도록 한다. 내담자는 자신의 이야기를 다른 시각에서 바라보고, 궁극적으로는 대안적인 삶의 이야기를 함께 만들어 보도록 요청받는다. 내담자는 자신이 문제의 지배로부터 빠져나올 수 있을 만큼의 충분한 능력이 있다는 새로운 시각을 지지해줄 증거를 찾아보도록 요구받고 그 정도로 능력이 있다면 어떤 미래를 기대할 수 있을지 생각해 보도록 격려받는다.

치료의 목표

이야기 치료자는 내담자가 자신의 이야기를 새로운 언어로 표현하도록 이끄는데, 이는 무엇이 가능한지에 대한 새로운 전망을 열어주는 경향이 있다. 이야기 치료의 관점에서 치료적 과정의 심장부는, 가능한 삶의 종류를 제약하고 한정시키는 방식으로, 사람들이 어떻게 사회적 기준과 기대를 내면화하는지를 발견하게 하는 것이다. 이야기 치료자는 내담자와 협력하여, 그가 이 세계에서 행동할 때에 고조된 주체성 및 유능감을 경험하도록 돕는다.

치료적 관계

이야기 치료자는 내담자 삶에 대해 특별한 지식이 있다고 가정하지 않는다. 내담자의 경험에 대한 주요 해석자는 내담자이다. 이야기 치료에서, 치료자는 내담자의 살아 있는 경험을 이해하려고 애쓰며, 예측, 해석, 병리화하는 수고를 피한다. 주의 깊은 경청, 호기심과의 연결, 인내심, 정중한 질문 등의 체계적인 과정을 통해, 치료자는 내담자와 공동으로 문제의 영향 및 그 효과를 줄이기 위해 내담자가 무엇을 해왔는지를 탐색한다. 이런 과정을 통해, 내담자와 치료자는 생기가 넘치는 대안적인 이야기를 공동으로 창조하게 된다.

기법

이야기 치료는 치료적 관계의 질과 이 관계 내에서 기법을 창조적으로 사용하는 것을 강조한다. 이야기 치료자의 가장 두드러지는 특징은 다음 문장에 잘 나타나 있다. "사람은 문제가 아니다. 문제가 문제일 뿐이다." 이야기 치료자는 개인의 정체성으로부터 문제를 분리시키기 위한 외현화 대화에 내담자를 참여시킨다. 내담자가 일단 자신의 문제로부터 스스로를 분리하게 되면, 대안적이고 좀더 건설적인 이야기들을 전개할 수 있다는 것을 가정하는 것이다.

다문화적 적용

다수의 현실에 대한 강조와 사실로 인식하는 것은 사회적 구성의 결과물이라는 가정을 갖고 있어, 이야기 치료는 다양한 세계관과 잘 맞는다. 이야기 치료자는 문제는 개인 내부에서가 아니라, 사회적, 문화적, 정치적, 관계적 맥락에서 파악되어야 한다는 전제를 작동시킨다.

공헌

이야기 치료자는 내담자의 이야기를 들을 때, 억압적인 문제에 맞설 수 있는, 내담자의 능력을 예증하는 세부사항에 주의를 기울인다. 문제는 병리적인 표현이라기보다는, 삶의 일상적인 어려움과 도전으로 여겨진다. 이야기 치료를 실시하는 데 있어, 원하는 결과를 보장해 주는 비결, 의제 설정, 공식은 없다. 이 치료적 방법은 치료자에게 내담자와 작업하며 창의성을 발휘할 것을 권장한다.

가족체계 관점

가족 치료는 개인의 역동에서 체계 내 상호작용으로 발상을 전환한다. **가족체계 관점**은 가족을 기능적인 단위이자 그 구성원들의 합보다 더 큰 독립체로 본다. 사람들 사이의 역동을 적절하게 고려하지 않고 개인 내적인 역동에만 주목하는 것은 그 개인에 대해 완성되지 않은 그림을 드러내는 것이다. 가족 치료자들은 가족은 체계이며, 치료적 접근은 내담자가 '확인한' 것뿐만 아니라 다른 가족 구성원들에 대해서도 폭넓게 다루어야 한다는 기본 개념에 동의한다. 체계에 대한 지향이 개인 내 역동을 다루는 걸 배제하지는 않지만, 이 접근은 전통적인 방식을 확장한다. 지역사회 및 사회의 더 큰 맥락뿐만 아니라 가족 구성원들과의 상호작용에 대한 고찰 없이 개인의 문제를 정확하게 평가하기란 불가능하다.

가족 치료는 가족과 작업하는 치료 이상이다. 이는 시간에 따른 개인과 가족의 발달에 빛을 비추는 관점이다. 이는 또한 세상에서의 연결들을 살펴볼 수 있는 렌즈를 제공한다. 개인의 이웃, 지역사회, 교회, 직업 환경, 학교, 그 외 다른 체계들의 영향력을 고려한다. 실제로, 가족체계 관점은 개인 내의 유의미한 변화는 내담자의 친밀한 관계의 망들을 고려하지 않고는 발생할 수도, 유지될 수도 없다고 주장한다.

가족체계 치료

개관 및 기본 가정

가족체계 접근은 전체 가족의 상호작용에 대한 평가를 통해 그 사람을 가장 잘 이해할 수 있다고 가정한다. 이는 또한 내담자의 문제적 행동이 (1) 가족의 기능 혹은 목적에 부합하기 위해서거나 (2) 특히 발달적 전환기에, 건설적으로 작동할 수 없었던 가족의 기능 때문이거나 (3) 세대를 거쳐 전해 내려온 역기능적 패턴의 증상일 수 있다고 가정한다. 이런 모든 가정들은 인간의 문제와 그 형성을 개념화하는 전통적 개인 치료적 틀에 도전한다.

체계적 원리 중 하나는 가족체계 내—개인이 아니라—역기능의 표현이 증상이며, 역기능은 대개 여러 세대를 걸쳐 전해진다는 것이다. 가족은 개인들이 행동하는 방식을 이해하기 위한 맥락을 제공한다. 한 가족 구성원의 행동은 다른 모든 구성원들에게 영향을 미치며, 그들의 반응은 다시 그 개인에게 상호적으로 영향을 준다.

체계적 원리의 다른 하나는, 사람들은 자신이 통합적인 연결이 없는 파이의 별개 조각이라고 생각하기 쉬우나, 모든 가족 구성원은 전체 파이의 부분이라는 것이다. 체계는 그 자체의 인격을 갖는다. 여러분은 스스로를 전체 가족체계에서 떼어낼 수 없다. 여러분이 그 체계에 역학적으로 관련되어 있기 때문이다. 만약 자신의 대인관계적 역동에 대한 고려없이, 내적인 역동으로만 제한적으로 보겠다고 한다면, 여러분은 자신에 대한 전체 그림을 얻을 수 없을 것이다.

핵심 개념

가족 치료는 그 개념, 기법, 접근에 있어 광범위한 분야이다. 여기에서 제시하는 핵심 개념은 다수의 다양한 체계적 치료를 묶어주는 주제들 중 일부를 다룬 것이다.

가족 치료는 일반적으로 전문적인 도움을 구하는 가족들이 특정 문제적 증상에 대한 해결을 원하기 때문에 단기로 가는 경향이 있다. 단기적이고, 해결중심적이며, 행동 지향적인 특성 외에도, 가족 치료는 현재 상호작용을 다루곤 한다. 다른 개인 치료와 이를 구분시켜주는 방식 중 하나는 현재 가족관계가 증상의 발달과 유지에 어떻게 기여하는지를 강조하는 데 있다.

대부분의 모든 가족 치료는 가족체계 안에서 지금–여기에서의 상호작용에 관심을 둔다. 지금–여기에서의 상호작용을 다룸으로써, 오랜 시간 동안 지속되어 오던 패턴이 변화될 수 있다. 가족 치료 관점은 언어적, 비언어적 의사소통을 모두 강조한다. 가족 치료자들은 가족 상호작용 과정과 의사소통 패턴을 교육하는 데 깊은 관심을 갖고 있다. 가족 치료의 어떤 접근들은 의사소통의 중심 목적이 대인관계에서의 권력을 획득하는 것이라고 가정하기도 한다.

치료의 목표

가족 혹은 관계 치료는 구성원들이 도움이 되지 않는 관계의 패턴을 바꿀 수 있도록 돕고, 가족이 새로운 상호작용을 할 수 있도록 돕는 것을 목표로 한다. 체계가 변하면 체계 내의 개인도 변할 것이라는 가정에 입각하여, 체계 내의 변화를 만드는 것을 일반적인 목표로 삼는다. 구체적인 목표는 상담자의 특정 성향이나 가족과 치료자 사이의 협력적인 과정에 따라 결정된다.

가족 치료 임상에 대한 통합적 접근에는 반드시 목표, 상호작용, 관찰을 조직화하는 지도 원칙 및 변화를 촉진하는 방식이 포함되어야 한다. 어떤 이론들은 인식 및 인지 변화에 초점을 맞추는가 하면, 다른 이론들은 주로 정서의 변화를 다루기도 하고, 행동적인 변화를 강조하는 이론도 있다.

치료적 관계

가족 치료자는 본보기, 교사, 코치 등의 역할을 한다. 치료자의 기술이 중요하기는 하나, 모든 가족 구성원들과 라포를 형성하고 작업관계를 만드는 것이 가장 중요하다. 대부분의 치료들은 공통적으로, 가족 구성원들이 새롭고 좀더 효과적인 방식의 상호작용을 배우도록 돕는 작업에 전념한다.

Bitter(2014)는 상담자가 가족과 형성하는 관계가 상담자가 치료에서 사용하는 기법보다 훨씬 더 중요하다고 본다. Bitter는 유능한 가족 치료자의 개인적 특성 및 성향을 다음과 같이 밝힌다. 함께하기, 수용·관심·돌봄, 뚜렷한 주장 및 자신감, 용기와 위험 감수, 변화에 대한 개방성, 가족의 목표와 목적에 관심 기울이기, 패턴을 작업하기, 다양성의 영향력을 환영하기, 타인의 복지에 진심 어린 관심을 갖기, 가족 및 그 구성원들의 마음을 보살피기, 가족과 작업하는 일에 참여하고·전념하며·만족을 느끼기. 이러한 개인적 특성들은 기법을 사용하는 방식에도 영향을 미친다.

기법

다양한 기법들이 가족 치료자들에게 가능하지만, 최상의 개입 전략은 자기 고유의 성격적 특성에 결합하는 것이라고 여겨진다. 따라서 치료자들이 사용하는 기술과 기법은 그들의 성격에 잘 맞고 치료의 목표에 적합한 것이어야 한다. 기법은 치료적 목표를 달성하기 위한 도구이지, 이런 개입 전략이 가족 치료자를 만드는 것은 아니다.

임상적 요구에 직면했을 때 치료자들은 특정 치료적 목적을 충족시키고 측정 결과에 도움이 될 개입 전략을 선택하는 것에 유연할 필요가 있다. 대다수의 가족 치료자들은 다양한 이론적 배경의 개념과 기법들을 통합하여, 자신이 받은 훈련, 성격, 만나는 가족들의 인구 집단에 근거한 자기만의 조합을 만들어낸다. 해당 가족의 이익을 극대화하는 것이 무엇인지에 따라, 다양한 모형으로부터 여러 가지 치료 절차들을 빌려올 수 있다. 이때 핵심적인 고려는 무엇이 그 가족에게 최선의 이득인가 하는 것이다. 가족 치료는 통합을 지향한다. Bitter(2014)는 한 이론만 공부하고 다른 이론의 통찰을 무시하는 것은 말이 안 된다고 생각한다.

오늘날 가족 치료자들은 가족의 개별적인 문화와 가족이 속한 더 큰 문화 모두를 탐색한다. 그들은 가족과의 작업에 대해 각 문화가 정보를 주는 방식을 잘 살펴본다. 치료적 개입은 더이상 그 가족이 관련된 문화에 관계없이 보편적으로 적용되는 것이 아니며, 오히려 그 가족이 속한 더 큰 공동체 내의 가족체계를 보완하는 것으로 고안되어야 한다.

다문화적 적용

많은 문화가 상호의존성을 독립성보다 더 가치 있게 생각하며, 이는 가족체계 치료가 가진 핵심 강점이기도 하다. 일정한 형태의 협력적인 가족 단위에 속하여, 조부모, 부모, 삼촌과 이모, 고모 들을 특히 중요하게 생각하는 내담자와 작업을 하는 경우, 가족 치료가 다른 개인 치료보다 두드러지게 유리하다는 것을 쉽게 보게 된다. 가족체계의 다양성에 대해 이해하고 공감하게 되면서, 치료자는 가족의 경험을 그것이 부분으로 속한 더 큰 문화와의 관계 속에서 맥락화할 수 있게 된다.

공헌

가족체계 치료의 핵심 공헌 중 하나는 어떤 역기능에 대해 개인도, 가족도 비난하지 않는다는 것이다. '지목된 환자(identified patient)' 혹은 가족을 비난하는 대신, 전체 가족이 그 가족을 특징화하는 상호작용 패턴과 다양한 관점을 탐색하고 해결책 모색에 참여할 기회를 갖는다. 가족은 내적, 발달적, 목적적 상호작용 패턴을 식별하고 탐색하는 과정을 통해 힘을 얻게 된다. 동시에 체계적 관점은 개인들과 가족들이 외적인 영향력과 체계로부터 영향을 받는다는 사실을 인식한다. 만약 가족과 개인들 내에서 변화가 일어나게 하려면, 치료자는 가능한 한 많은 체계의 영향력에 대해 자각하고 있어야 한다.

상담 과정에 대한 통합적 접근

통합적인 모형이란 다양한 이론적 접근으로부터 도출한 개념과 기법들에 기반하는 관점을 뜻한다. 현재 경향이 상담 과정에 대한 통합적 접근을 지향하는 이유 중 하나는 그 어떤 단일 이론도 전체 범위의 내담자 유형과 그들의 구체적인 문제들을 생각해 봤을 때, 인간 행동의 복잡성을 설명하기에 충분히 포괄적이지 않다는 인식 때문이다. 대부분의 상담자들은 이제 여러 이론들과 다양한 기법들로부터 끌어온 통합적인 관점에 개방적이다(Norcross & Beutler, 2014). 각 이론은 각기 다른 공헌과 그만의 전문 영역을 갖고 있다. 각 이론들은 강점과 약점을 갖고 있고, 정의상 서로 다른 것뿐이라는 점을 받아들이게 되면서, 상담자들은 자기에게 잘 맞는 상담 모형을 개발하기 위한 기반을 갖게 된다. Norcross와 Beutler는 "심리치료는 모두에게 보편적인 하나의 사이즈를 적용할 게 아니라, 개별 내담자의 독특한 요구와 맥락에 유연하게 맞춰 조정되어야 한다"고 주장한다(p.503).

우리는 여러분이 각 상담 이론 속에 내재된 가치에 개방적인 태도를 취하 길 권한다. 우리가 기술한 모든 이론들은 저마다 일정한 한계뿐만 아니라 독 특한 공헌을 쌓아왔다. 어떤 개념과 기법이 여러분의 임상적 접근에 가장 잘 통합될 수 있을지를 결정하기 위해 모든 현대 이론들을 공부하기 바란다. 다 양한 환경에서 다양한 내담자 집단과 효과적으로 작업하려면 여러 이론적 체 계와 상담 기법에 대해 기본 지식을 가질 필요가 있을 것이다. 오로지 한 이론 의 한계 내에서만 움직이는 것은 다양한 내담자 집단과 연관된 복잡한 특징들 을 창조적으로 다룰 때 필요한 치료적 유연성을 제공하지 못할 수 있다.

각 이론은 인간행동에 대한 다른 관점을 제시하는 것이지, 어느 한 이론도 전적으로 옳을 수는 없다. '올바른' 이론적 접근이란 없기 때문에, 여러분은 사고, 정서, 행동을 다루는 통합적인 접근을 지향하며 작업한다는 관점으로, 자신의 성격과 사고방식에 잘 맞는 접근법을 찾는 것이 좋다. 이러한 통합을 개발하기 위해, 여러분은 다수의 이론들을 충분히 섭렵하고, 이 이론들이 어떤 방식으로 연합될 수 있을지에 대해 개방적인 태도로, 자신의 가설들이 얼마나 효과가 있을지를 판단하기 위해 끊임없이 검증하려고 해야 한다.

만약 여러분이 수련중인 상담자라면, 이미 통합적이고 정교한 이론적 모 형을 가질 거라 기대하는 것은 비현실적이다. 통합적 관점은 상당한 정도의 독서, 학습, 임상 실습, 연구, 이론화 과정의 산물이기 때문이다. 목표는 시간과 성찰적인 학습을 통해, 여러분이 궁극적으로 노출될 다양한 기법들로부터 선 택을 할 때에 기반으로 사용할, 일관성 있는 개념적 틀을 개발하는 것이다. 자 신의 수련을 이끌어줄 자신만의 접근을 개발하는 것은 경험을 통해 정제되는 평생의 노력이다.

부득이하게 다양한 이론적 성향에 대해 간략하게나마 논의했다. 이 장에 서 다룬 다른 이론적 접근들에 대해 좀더 자세한 내용이 궁금하다면, 『상담 과 심리요법의 이론과 실제』(*Theory and Practice of Counseling and Psycho-therapy*, Corey, 2013C)를 참고하기 바란다. 이 이론들 각각을 깊이 있게 살펴 보고 싶으면, Wedding과 Corsini(2014), Prochaska와 Norcross(2014), Neu-krug(2011)도 참고하길 바란다.

Ruth와 Stan의 사례에 이론을 적용하기

이 장에서 설명한 이론들의 적용 예시는 두 개의 별개 사례로 나누어 설명하고자 한다. *Case approach to Counseling and Psychotherapy*(Corey, 2013b)에서 가상의 내담자 Ruth는 각기 다른 치료적 관점에서 상담을 경험한다. 각 이론의 전문가들은 이론을 Ruth의 사례에 어떻게 적용할 것인지를 설명한다. 해당 이론 전문가의 글에 더하여, 나(Jerry)도 Ruth의 상담에 이론을 적용하는 나만의 방식에 대해 기술한다.

　　*Theory and Practice of Counseling and Psychotherapy*의 DVD: *The Case of Stan and Lecturettes*(Corey, 2013d)는 두 개의 프로그램으로 구성된 상호적인 자기주도 학습 도구이다. 1부는 각 이론으로부터 선택된 몇 가지 기법을 사용하여 Gerald Corey가 Stan을 상담하는 13회기로 이루어져 있다. 2부는 *Theory and Practice of Counseling and Psychotherapy*의 각 장의 작가들이 하는 간략한 강의로 구성된다. 두 프로그램 모두 다양한 이론들의 실질적인 적용을 강조한다.

Ruth 사례에 대한 이론들의 적용

Ruth 사례에 적용된 다음 이론적 시각에 대해서는 *Case Approach to Counseling and Psychotherapy*(Corey, 2013b)를 참고하라.

- Ruth에 대한 정신분석 치료자의 시각, William Blau(2장)
- Ruth에 대한 아들러 치료자의 시각, James Bitter와 William Nicoll(3장)
- Ruth에 대한 실존주의 치료자의 시각, J. Michael Russell(4장)
- Ruth에 대한 인간중심 치료자의 시각, David J. Cain(5장)
- Ruth에 대한 게슈탈트 치료자의 시각, Jon Frew(6장)
- Ruth에 대한 중다양식 치료자의 시각, Arnold A. Lazarus(7장)
- Ruth에 대한 다른 행동 치료자의 시각, Sherry Cormier(7장)
- Ruth와 함께 한 가족 치료에 대한 인지행동적 접근, Frank Dattilio(8장)
- Ruth에 대한 합리적 정서행동 치료자의 시각, Albert Ellis(8장)
- Ruth에 대한 현실 치료자의 시각, William Glasser(9장)

- Ruth에 대한 다른 현실 치료자의 시각, Robert Wubbolding(9장)
- Ruth에 대한 내담자 주도적인 해결중심 단기 치료자의 시각, John Murphy(11장)
- Ruth에 대한 이야기 치료자의 시각, Gerald Monk(11장)
- 이야기 치료: Ruth와의 대화를 기억하며, John Winslade(11장)
- Ruth에 대한 가족체계 치료자의 시각, Mary Moline과 James Bitter (12장)
- Ruth에 대한 통합적 치료자의 시각, John Norcross(14장)
- Ruth와 함께한, Jerry Corey의 통합적 접근(14장)

Stan 사례에 대한 이론들의 적용

Theory and Practice of Counseling and Psychotherapy: The case of Stan and Lecturettes(Corey, 2013d)의 DVD에서, Gerald Corey는 각 내용과 관련된 기법들을 설명한다.

- 정신분석 치료 : Stan의 전이 반응 작업하기
- 아들러의 기법 : Stan의 초기 기억 작업하기
- 실존주의적인 개념 : 죽음과 삶의 의미에 대한 실존적 주제를 탐색하기
- 인간중심적 개념 : 상담자와 Stan의 관계에 대해 지금-여기에서의 대화를 보여주기
- 게슈탈트 치료 : Stan은 게슈탈트 방식으로 꿈에 대해 보고하고 그의 꿈에 대한 개인적 의미를 탐색하기
- 행동 치료 : 자기 주장적 행동을 고취하기 위해 과제와 행동 시연이 어떻게 사용될 수 있는지를 예증하기
- 인지행동 치료 : 역할 전환 및 인지 재구조화 기법을 사용하여 Stan의 잘못된 신념 몇 가지에 대해 탐색하기
- 현실 치료 : Stan이 행동 계획을 개발하는 걸 돕기
- 해결중심 단기 치료 : 예외 확인하기, 기적 질문, 척도 질문과 같은 기법들
- 통합적 접근 : Stan이 상담 회기에서 배운 것을 일상생활에 어떻게 적용하는지를 보여주는 종결 회기

복습

- 사고, 정서, 행동을 통합한 이론적 오리엔테이션은 상담 과정의 다양한 단계에서 내담자에게 유연하게 적용할 수 있는 개입 방식을 개발하기 위한 기초를 제공한다.
- 이론은 개입 방식을 안내할 수 있다는 점에서 매우 실용적일 수 있다.
- '올바른' 이론적 접근이 단 하나는 아니기 때문에, 자신의 성격과 가치관에 일치하는 접근을 채택하는 것이 현명할 것이다.
- 이론들을 통합하기에 앞서, 먼저 다양한 이론들을 공부하여 완전히 익히도록 하라. 자신이 모르는 것은 통합할 수가 없다.
- 정신역동적 이론은 다수의 현대 이론들이 고안되는 데 토대를 제공했다.
- 실존주의 치료들은 치료자가 내담자와 맺은 질 높은 관계를 기반으로 한다. 여러 측면에서 관계 지향적인 치료들은 내담자가 그들의 삶의 전문가라는 가정을 근거로 한다. 치료자의 역할은 내담자가 자신의 내적 자원에 가닿을 수 있도록 촉진하는 것이다.
- 인지행동 치료는 사고가 정서와 행동에 어떻게 영향을 주는지를 강조한다. 이 접근들은 변화를 바란다면, 행동을 취하는 것이 중요하다고 역설한다.
- 포스트모던 접근에서는 사람은 건강하고, 유능하며, 자원이 있어 해결책과 자신의 삶을 고양시킬 수 있는 대안적 이야기를 구성할 능력이 있다고 낙관적으로 추정한다. 치료자가 아니라 내담자가 그들 삶의 전문가라고 간주되어야 한다.
- 체계 접근의 가정은 체계의 어느 한 부분의 변화가 전체 부분에도 영향을 미친다는 것이다.
- 가족체계적 관점은 개인의 가족, 이웃, 지역사회, 교회, 학교와 직장 환경 등의 영향을 고려함으로써 이 세계와의 연결을 볼 수 있는 렌즈를 제공한다.
- 전체 범주의 내담자 유형과 그들의 구체적인 문제들을 고려해 봤을 때, 어느 단일한 이론도 인간 행동의 복잡성을 설명하기에 충분히 포괄적이지 않다. 오늘날 대부분의 상담자는 여러 이론들의 통합에 기우는 경향이 있다.
- 자신의 임상적 접근에 어떤 개념과 기법을 포함시킬 수 있을지를 판단하려면 여러 가지 현대 이론들을 공부하기 바란다. 다양한 이론적 체계와

상담 기법에 대한 기본 지식은 다양한 환경에서 다양한 내담자 집단과 효과적으로 작업하기 위해 필요하다.

이제 무엇을 할 것인가?

1   소집단으로 나누어 여러분이 구직 인터뷰에서 다음과 같은 질문을 받는다면 어떻게 대답할지 탐색해 보자. "당신의 이론적 오리엔테이션은 무엇이고, 그것이 다양한 내담자 집단과 상담하는 방식에 어떤 영향을 줄 거라고 생각하십니까?"

2   여기서 기술한 여러 가지 이론들을 다시 살펴보고 다양한 이론에서 어떤 개념들이 자신의 사적인 삶에도 적용될 수 있을지 곰곰이 생각해 보자. 자기를 더 잘 이해하기 위해 이 접근들 중 몇 가지를 어떻게 활용할 수 있겠는가?

3   소집단 활동으로 다양한 이론들이 제시하는 다음 측면들에 대해 토론해 보자.

   • 상담자의 역할
   • 각 이론으로부터 가장 빌려오고 싶은 핵심 개념들
   • 각 이론에서 유용하다고 생각하는 기법들
   • 내담자-상담자 관계에 대한 시각
   • 각 이론의 주요 공헌

4   소집단에서 가족들과 효과적으로 상담할 수 있기 위해 여러분에게 필요한 지식과 구체적인 기술이 무엇인지 토론하는 데 시간을 할애해 보자. 만약 여러분의 실습을 배치하는 슈퍼바이저가 자신이 하고 있는 가족상담을 함께 진행하자고 요청한다면, 여러분은 어떻게 반응하겠는가?

5   이 자료들 각각의 서지사항은 책 뒷부분 참고문헌에 수록되어 있다. 통합적 접근의 실질적인 적용에 대해서는 *The Art of Integrative Counseling*(Corey, 2013a)과 *DVD for Integrative Counseling: The Case of Ruth and Lecturettes*(Corey & Haynes, 2013)에 잘 제시되어 있다.

상담자가 당면하는 윤리적, 법적 문제들

핵심질문

1 현재 여러분의 상담자 발달단계에서 가장 중요한 윤리적 문제는 무엇인가? 왜 그렇게 생각하는가?

2 윤리적 딜레마에 직면했을 때, 관련된 갈등을 해결하기 위해 어떻게 시작할 것이며, 윤리적 결정은 어떻게 내릴 것인가? 어떤 구체적인 단계들을 밟아나갈 것인가?

3 상담자에게 윤리 규정의 주된 목적은 무엇인가? 여러분이 윤리적 의사결정을 내리는 데 윤리 규정을 어떻게 사용할 것인가?

4 어느 상담관계에서나 비밀보장에는 한계가 있다. 여러분은 내담자가 비밀보장의 목적과 한계에 대해 무엇을 알기 바라는가?

5 상담에서 과학기술을 사용하는 것에 대해, 특히 내담자의 사생활에 관한 측면에서 걱정되는 것은 무엇인가?

6 고지된 동의를 할 때 가장 필수적인 요소는 무엇이라고 생각하는가?

7 내담자로부터 고지된 동의를 어떻게 확보하려고 하는가?

8 내담자에 대한 기록을 남길 때, 가장 필수적으로 문서화할 내용은 무엇이라고 생각하는가?

9 의료사고(malpractice)에 관한 소송의 가능성을 줄이기 위해 어떤 조치를 취할 수 있는가?

10 원거리 상담, 과학기술, 소셜미디어와 관련된 핵심 윤리적인 이슈들에는 어떤 것들이 있는가?

이 장의 목적

어떤 상담직에 종사하기로 했건 간에 여러분은 윤리적 딜레마에 직면하게 될 것이다. 유능한 상담자가 되어가는 과정의 일부에는 실제 임상 현장에서 자신이 속한 전문가 조직의 윤리 규정을 적용할 줄 아는 능력이 포함된다. 이 장에서는 여러분이 맞닥뜨릴 수 있는 일련의 윤리적·법적 문제들, 고지된 동의, 비밀보장과 사생활, 문서화와 기록 남기기, 의료사고와 위기 관리 등을 소개하고자 한다.

지난 수십 년 동안 정신건강 전문가들 사이에서 윤리에 대한 관심이 점점 높아져왔다. 상담관련 영역에서의 윤리적, 법적 문제를 다룬 논문들을 전문적인 저널에서 쉽게 찾을 수 있게 되고, 전문적 윤리를 다룬 책들도 다수 출간되고 있다. 대부분의 학부와 대학원 과정에서 이 주제에 대한 논의를 다양한 수업에 포함시키며, 윤리와 법적인 문제에 대한 별도의 수업들을 대부분의 대학원 프로그램에서 필수과목으로 요구하고 있다.

윤리적 문제 목록

윤리적인 실무에 관한 여러분의 주된 관심사는 무엇인가? 이 시점에서 아직 이런 질문을 생각해 본 적이 없을 수도 있다. 아래 목록에서 각 진술문에 대해, 여러분의 신념과 태도를 가장 근접하게 나타내는 답변을 표시해 보자. 다음 체크리스트를 사용해 보자.

> 5 = 이 진술문에 강하게 동의한다
>
> 4 = 이 진술문에 동의한다
>
> 3 = 이 진술문에 대해 생각을 정하지 못하겠다
>
> 2 = 이 진술문에 동의하지 않는다
>
> 1 = 이 진술문에 전혀 동의하지 않는다

___ 1. 윤리적 문제가 생겼을 때, 이를 다룰 최선의 방법은 윤리 규
        정을 살펴보는 것이다.

___ 2. 내 사례 중에 윤리적 딜레마에 직면하게 된다면, 우선 교수들
        이나 슈퍼바이저들에게 조언을 구하는 것으로 시작할 것이다.

___ 3. 다른 상담자에게 의뢰하는 것이 내담자에게 최선이라고 느껴
        지더라도 나에게 그것은 어려운 일일 것 같다.

___ 4. 상담 과정에서 진행되는 모든 것을 기록하고 내담자에 대한
        자세한 임상적 기록을 남기기에는 시간이 충분하지 않다.

___ 5. 비밀보장을 깨야 하는 순간을 판단하기란 어려울 것 같다.

___ 6. 내담자가 비밀보장에 대한 확신이 있는지 확실하지 않다면,
        이를 내담자와 논의하고 싶을 것이다.

___ 7. 제기되는 어떤 윤리적 딜레마든 해결은 나의 책임이며, 이 의
        사결정 과정에 내담자를 연루시키지 않을 것이다.

___ 8. 어떻게 윤리적 딜레마를 해결할지에 대해 확신이 없다.

___ 9. 내담자와 고지된 동의에 대해 논의할 수 있을지 자신이 없다.

___ 10. 내담자가 자신 혹은 타인을 위험에 빠뜨리는 경우 어떻게 해
        야 할지를 내가 알 수 있을지 전혀 모르겠다.

___ 11. 상담자로서의 업무에서 과학기술을 사용하게 될 전망에 대해
        마음이 불편하다.

___ 12. 타인을 보호하고 주의를 주기 위한 목적으로 해야 하는 의무
        적 행동 가운데 상담자로서 '적절한 행동'이 무엇인지 잘 모
        르겠다.

___ 13. 무엇이 윤리적인 상담이 되게 하는지는 나의 주된 관심사에
        속한다.

___ 14. 동료의 비윤리적인 행동에 대해 알게 되었을 때, 내가 취해야
        할 조치를 알고 있다.

___ 15. 내가 상담자로서 하거나 혹은 하지 않은 일의 결과로 소송에
        휘말리게 될 가능성에 대해 우려한다.

이 목록을 다 체크한 후, 여러분이 가장 관심이 가는 특정 영역에 대해 잠

시 동안 생각해 보자. 이는 이 장을 좀더 적극적으로 읽고 윤리적 질문을 구성하는 데에 도움이 될 것이다. 자신의 입장에 대해 결정하지 못한 영역 몇 가지를 확인해 보고, 모호한 점에 대해 수업에서 논의해 보자.

윤리적인 결정을 내리기

윤리적인 상담을 하는 것은 전문적인 윤리 규정을 단순히 알고 따르는 것 이상이다. 윤리적 딜레마를 다루는 데 있어, 명쾌한 해답을 찾기란 좀처럼 쉽지 않을 것이다. 대부분의 문제들은 복잡해서 간단한 해결책이 통하지 않는다. 윤리적으로 결정 내리는 과정은 회색지대를 다루고 모호함에 대처하는 것에 대한 인내심과 관련 있다. 여러분이 전문가 윤리 기준을 아는 것은 필수적이나, 이 지식만으로는 충분하지 않다. 윤리 규정은 교리가 아니다. 그러나 내담자와 여러분을 위한 최선의 결정을 내릴 때에 도움이 될 지침을 제공한다. 규정과 절차는 기관별로 다양하다. 따라서 여러분 주의 관련 법과 규정을 아는 것뿐만 아니라 일하고 있는 기관의 구체적인 정책과 관례들을 이해하는 것이 필수적이다.

우리는 수업을 하며, 종종 학생들이 현장에서 나서는 어떤 질문에 대한 명확한 답을 얻으리라는 기대로 윤리수업을 수강한다는 것을 발견하곤 한다. 학생들은 일반적으로 최선의 행동 방침을 찾기 위해서는 개인적으로나 전문적으로 자기 탐색을 해야 할 것이라고 생각하지 않는다. 때때로, *Issues and Ethics in the helping Professions*(Corey, Corey, Corey, & Callanan, 2015)의 독자들은 우리 책이 답을 주기보다 더 많은 질문을 갖게 한다고 말한다. 그러면 우리는 그 책은 윤리적 딜레마를 지적으로 다룰 수 있는 자원을 개발하도록 돕기 위한 것이라고 대답한다.

인턴으로 있던 지역사회 기관에서 비윤리적인 상담이 무엇인지 깨달았던 Gerlinde의 예를 살펴보자. 그녀와 다른 인턴들은 다소 어려운 사례를 맡을 것으로 예상됐다. 그렇게 하는 것은 명백히 자신의 능력 한계를 넘어서 상담하는 것이라는 사실을 깨달았다. 설상가상으로 기관에서의 슈퍼비전은 항상 가능한 것이 아니었다. 그녀의 상급자는 일을 과도하게 많이 해서 정기적인 슈퍼비전을 제공할 수 없었다. 학교에서 진행된 현장실습 세미나에서, 그녀는 슈퍼바이저가 인턴이 하는 일에 대해 윤리적, 법적 책임이 있다는 것을 배웠다. 그러나 Gerlinde는 어떻게 할지 결정하기 어려웠다. 그녀는 학기 중간에 실습 현장을 바꾸고 싶지 않았고, 그 상황에 대해 슈퍼바이저에게 맞서는 것이 적절한지 고심하고 있었다. 어떻게 처리해야 할지 잘 모르겠어서 그녀는 이 고민을 논의하기 위해 학교의 현장실습 지도교수를 만나 보았다.

교수와의 면담에서 Gerlinde는 수많은 대안들을 탐색했다. 그녀는 기관의 슈퍼바이저를 직접 찾아가 좀더 적극적으로 약속을 받아내는 방법이 있다. 또 다른 선택으로 기관의 슈퍼바이저와 교수가 상황을 탐색하기 위한 회의를 할 수도 있다. 아마도 이 특정 기관은 학생들에게 적합하지 않다고 결정될 것이다. 여기서 중요한 점은 Gerlinde가 문제를 다루는 데 도움을 얻을 수 있다는 사실을 알았다는 것이다. 때때로 비슷한 곤경에 처한 학생들은 불편한 상황을 다루려 하기보다 그저 그 상태를 견뎌내겠다고 너무 빨리 결론을 내린다.

수업 초반에 Gerlinde는 등장한 다양한 상황들에 명확한 답이 가능하다고 생각했다. 그러나 학기말에 이르면서 윤리 규정은 법이 아니라는 것을 배우게 되었다. 윤리 규정은 다양한 윤리적 딜레마를 다루기 위한 지침을 제공하는 기준일 뿐이다. 더불어 그녀는 윤리적인 의사결정을 할 때에 자문을 받으며 시작하는 것의 중요성에 대해서도 알게 됐다.

또 다른 예는 윤리적 기준은 상담관계에서 내담자의 복지를 우선적으로 고려하는 방향으로 해석되어야 한다는 원칙에 관한 것이다. 알코올 중독자 가족 안에서의 힘겨움에 대해 호소하는 내담자의 사례를 생각해 보자. 상담자는 그녀의 이야기를 들으며, 알코올 중독이었던 자신의 부모가 고통스럽게 떠올랐다. 그는 이에 대해 내담자에게 이야기하는 것이 어떨까 생각했다. 그는 이런 자기 개방을 왜 하고 싶어 하는가? 그의 이야기가 충족시키는 것은 자신의 욕구인가 내담자의 필요인가? 상담자의 개방이 내담자에게 도움이 될지 혹은 방해가 될지 어떻게 알 수 있을까?

상담 분야에서 윤리적 문제는 대개 복잡하고 다면적이어서 간단한 해결책을 제시하기란 거의 불가능하다. 의사결정 기술이 필요한 애매한 부분이 있다. 윤리적 문제에 대해 고민하고 현명하게 의사결정하는 데 대한 학습은 개방된 자세가 필요한 지속적인 과정이라고 할 수 있다.

Knapp, Gottlieb, Handelsman, VandeCreek(2013)은 전문가다운 행동이 반드시 개인적인 동시에 전문적인 윤리의 통합에 기반해야 한다고 주장한다. 핵심 질문은 이러하다. "무엇이 윤리적인 행동인가?" 어떤 전문가들은 거의 전적으로 법, 규정, 윤리 규정에 주목하나, 이런 극단적인 규칙에 얽매인 접근은 전문적인 관계의 질에 부정적인 영향을 줄 수 있다. 상담자들이 저지를 수 있는 또 다른 실수로는, 자신의 개인적인 가치관에 부적절할 정도로 집중하여 법, 규칙, 규정, 윤리적 기준들을 소홀하게 여기는 것이다. Knapp과 동료들은 윤리적인 전문가는 전문성을 지배하는 규칙, 해당되는 법과 규칙, 윤리적 기준, 개인적이고 전문적인 가치관 등 다양한 핵심 요인들의 통합에 근거하여 자신의 전문가적인 행동과 결정을 한다고 결론 내렸다.

법과 윤리

법과 윤리 규범은 허용될 수 있는 전문가적인 실행 지침을 제공하기는 하지만, 대부분의 상황에서 문제에 대한 명백한 해답을 제시하지는 못한다. **법**은 사회가 용인할 수 있는 최소한의 기준을 규정한다. 이 기준은 정부 관계 기관들에 의해 집행된다. 모든 윤리 규정들은 실무자들이 관련 연방법과 주법령, 정부의 규정에 따라 행동할 것을 명시한다. 따라서 실무자들은 업무에서 법적인 문제가 발생할 때, 이를 발견할 수 있는 능력이 필수적이다. 때때로 실무자들은 이것이 법적으로 문제가 되는지 확신하지 못하거나, 일단 법적인 문제로 확인되더라도 무엇을 해야 할지 알지 못한다(Ramley & Herlihy, 2014). 법적인 문제와 맞닥뜨리면, 우선 어떤 행동 지침을 취해야 할지 결정하기 위해 변호사에게 자문을 구하도록 하라. 많은 전문가협회들이 법적인 동시에 임상적인 문제에 대해 잘 알고 있는 변호사 명단을 갖고 있어, 이 협회 회원은 자문을 요청할 수 있게 되어 있다. 윤리적, 전문적인 판단을 포함한, 상담자들이 맞닥뜨리는 상황의 대다수는 법적인 함의 또한 갖게 될 것이다.

법과 달리, **윤리**는 전문가들이 정하는 최대한이나 이상적인 기준, 혹은 소망하는 목표를 대변한다. 윤리적 기준은 대체로 전문가협회에 의해 강제성을 갖는다. 윤리 규범은 본래 개념적으로 범위가 넓고, 대개 실무자들에 의해 해석되기 쉽다. 윤리적인 기준은 내담자를 보호하는 형태로 작동할 뿐만 아니라, 상담자 스스로를 위한 자기 보호를 보장할 수 있게 돕는다. 예를 들면 때때로 상담자들은 타인을 돕는 일에 관한 경계를 설정하는 데 어려움을 겪는다. 필요한 존재가 되고 싶은 욕구와 결부되어, 삶의 상황에 압도된 내담자의 신체적, 정서적 고통을 경감시켜주고 싶은 마음에서, 어떤 임상가들은 내담자의 의존성을 강화하고 그의 향상에 너무 많은 책임을 짊으로써 경계를 넘는 경향이 있다. 분명한 지침을 갖는 것은 적절하고 건강한 경계를 형성하는 데 상담자와 내담자 모두에게 도움을 준다. 도움을 준다는 미명하에 지나치게 많은 것을 하게 되면, 상담자는 고의가 아니더라도 내담자에게 상담자의 노력이 없다면 향상될 수 없다는 메시지를 전달하게 될 수도 있다. 윤리적 기준은 부분적으로는, 상담자의 임무는 내담자가 자신에 삶에 스스로 책임지는 법을 배우고 성장과 발달을 위한 능력을 확장할 수 있도록 역량을 강화시키는 데 있음을 상기시키는 데 존재한다.

상담자의 실무에 적용되는 윤리 규정 및 법적 지침에 대한 지식은 윤리적인 상담을 하고, 법적인 책임을 최소화하기 위해 필수적이다. 상담자로서 여러분은 전문직의 윤리 규정을 따르는 것뿐만 아니라, 자신이 속한 주의 법과 법적 책임에 대해서도 반드시 알고 있어야 한다. 그러나 올바른 결정을 하기 위해서는 여러분의 전문적인 업무를 지배하는 지역 및 주의 법을 익히는 것만으로 충분하지 않다. 여러분의 전문가다운 판단이 윤리적이며 법적인 견지에서 사건을 해결하는 데 핵심적인 역할을 할 것이다.

어쩌면 여러분은 법과 윤리적인 관행이 상충하는 상황과 맞닥뜨릴 수도 있다. 그런 경우에 윤리적이며 법적인 의무를 모두 충족시키기 위해서는 다른 전문가들의 자문 외에도 여러분 스스로의 엄청난 숙고 과정이 필요하다. 예를 들어 때때로 윤리적인 기준은 법적인 기준 및 미성년자와 작업할 때의 필요조건과 상충될 수 있다. 상담자는 비밀보장에 있어 미성년자의 윤리적인 권리를 존중하고 싶으나, 특정 주에서 법이 허용하는 정보를 부모들이 요구하는 상황을 만나게 될 수 있다(Wheeler & Bertram, 2012). 법의 지배를 받을 수 있는 영역들로는 비밀보장, 부모의 동의, 고지된 동의, 내담자 복지에 대한 보호 및 보호시설에 있는 사람의 권리 등이 있다. 대부분의 상담자들이 자세한 법적인 지식을 지니고 있는 것은 아니기 때문에, 상담자들은 실무에서 사용하는 절차들에 대해 법적인 자문을 확보해 두는 것이 좋다. 상담관계에 관련된 법적인 의무와 책임을 인식하는 것은 부주의나 무지에서 비롯되는 불필요한 법적 소송으로부터 내담자와 상담자를 보호한다.

Knapp, Gottlieb, Berman와 Handelsman(2007)은 법과 윤리가 상충하는 상황에 대해 몇 가지 조언을 한다. 실무자들은 먼저 법이 요구하는 것이 무엇인지를 확인하고 법적 의무의 본질이 무엇인지 밝힐 필요가 있다. 때때로 실무자들은 자신의 법적인 요건에 대해 이해하지 못하여, 문제될 것이 없는 상황에서도 법과 윤리가 상충될 거라 추측하곤 한다. 법과 윤리의 충돌을 피할 수 없는 경우에, 실무자들은 "자신의 윤리적 가치에 대한 훼손을 최소화하는 방식으로 법을 따르거나, 법의 위반을 최소화하는 방식으로 윤리적 가치를 고수해야 한다."(p.55) 많은 경우에 법과 윤리 사이의 분명한 충돌은 상담자가 문제를 예상하고 적극적인 조치를 취한다면 피할 수 있다.

법과 윤리 규정은 그 특성상 일어날 일을 예상하기보다 일어난 일에 대해서 존재를 드러내기 때문에 수동적인 경향이 있다. 단순히 법령을 준수하고 윤리적 기준을 따르기 위해 자신의 행동을 제한하는 것은 현명하지 못하다. 어떤 전문가들은 주로 내담자가 의료과실로 소송을 거는 것으로부터 자신을 보호할 방법으로 상담을 하려고 생각한다. 만약 이런 법적인 측면을 가장 중요하게 생각하게 되면, 상담자는 잠재적인 소송에 대한 두려움에서 내담자와의 작업을 제한하고 효과적인 서비스를 제공하지 못하게 될 수 있다. 위법행위를 피하기 위해 할 수 있는 일을 하는 것은 필수적이나, 이 부분이 윤리적인 상담자로서의 역할을 무색하게 만들지 말아야 한다. 우리는 여러분이 최선의 윤리적 기준의 방향에서 내담자에게 최선인 작업을 하게 되길 바란다. 이러한 윤리적 감각을 상담훈련 초기에 획득하는 것이 중요하다. 윤리적인 상담의 기본 목표가 내담자의 복지를 증진시키는 것임을 명심하라.

전문적 규정과 윤리적인 의사결정

다양한 전문가협회에서는 전문상담자를 위해 광범위한 지침을 제공해 주는 윤리 규정을 제정했다. 이 규정들은 고정된 것이 아니며, 새로운 문제가 제기되면 개정된다. 윤리 규정을 공식화한 몇몇 전문 정신건강 관련 조직으로는 전국사회복지사연합회(NASW, 2008), 미국심리학회(APA, 2010), 미국상담학회(ACA, 2014), 미국학교상담학회(ASCA, 2010), 미국결혼가족치료협회(AAMFT, 2012), 전국복지서비스조직(NOHSE, 2000) 등이 있다. Herlihy와 Corey(2015a)는 윤리 규정이 제공하는 몇 가지 목적들을 다음과 같이 밝힌다.

- 윤리 규정은 상담자에게 건전한 윤리적 상담에 대해 교육시킨다. 그러나 이런 규정을 특정한 상황에 적용하는 것은 섬세한 윤리적 감수성을 요구한다.
- 윤리 규정은 전문가적인 책임의 방법을 규정한다. 윤리 규정의 궁극적인 목적은 대중을 보호하는 것이다.
- 윤리 규정은 상담을 향상시킬 수 있는 기폭제 역할을 한다. 규정은 우리가 윤리적 원칙의 문자와 정신 둘 다를 철저히 검토할 수 있게 해준다.

윤리 규정은 윤리적인 책임을 다하기 위해 필요한 것이나 이것만으로는 충분하지 않다. 여러분이 속한 전문직의 윤리 규정에 대해 이미 숙지하고 있거나 혹은 앞으로 숙지하게 되더라도, 여전히 자신의 실무를 지배할 개인적인 윤리적 입장을 발달시킬 필요가 있다. 여러분은 할 수 있는 한 윤리적으로 행동하고 있는지를 판단하기 위해, 자신의 임상적 실무를 점검해야 하는 지속적인 과제를 안고 있다. 윤리 규정은 절대 진리를 담고 있는 것도, 여러분에게 필요한 결정을 내려주는 것도 아니다. 여러분은 구체적인 윤리적 의사결정 사례에서 자신이 당면한 복잡한 윤리적 딜레마에 대한 답을 찾지 못할 수도 있다.

윤리적인 의사결정을 내릴 때는, 애매모호한 부분을 씨름하며, 질문을 제기하고, 윤리적 고민에 대해 동료들과 토론하는 것이 필요하다. 심사숙고, 공동작업, 자문 등은 여러분의 탐구를 안내할 수 있으나, 결국 여러분은 결과에 대한 확신 없이 의사결정을 내려야 하는 용기를 내야 할 것이다. 내담자 각각의 독특성을 다룰 때에는, 윤리 규정을 특정한 상황에 적용시키고, 최선의 행동방향을 결정하기 위한 윤리적인 결정을 내리는 것이 여러분에게 달려 있다.

만일 여러분이 허용된 전문 규정에 부합되게 양심적으로 상담한다면, 소송의 경우에 대비한, 일종의 보호 조치를 갖는 셈이다. 여러분의 행동과 윤리적 의사결정 과정을 기록해 두는 것은 중요한 안전장치이다. 행동의 윤리 규정에 대한 준수 혹은 위반은 몇몇 법적 절차에서 증거로 인용될 수 있다. 소송에서는 여러분의 행동을 비슷한 자격이나 의무를 가진 다른 전문가들과 비교해서 판단할 것이다.

NASW의 윤리 규정(NASW, 2008)에서는 윤리 규정이 윤리적 행동을 보장하지 않으며, 모든 윤리적 문제와 분쟁을 해결할 수도, 도덕적인 공동체 내의 책임 있는 선택과 관련한 복잡함을 덜어줄 수도 없다. 대신 규정들은 전문가들이 열망하며 행동의 판단 기준이 되어야 하는 윤리적 원칙과 기준이 무엇인지를 확인시켜준다. 규정은 윤리적 의사결정이 하나의 과정이라는 견해를 강화시킨다.

윤리 규정의 현실적인 적용은 대체로 까다롭다. 상담자로서 여러분이 맞닥뜨릴 문제는 여러분 전문가 조직의 규정들을 이해하는 것뿐만 아니라 이 규정을 실제 상황에서 세련되게 해석해 내도록 요구한다는 것이다.

여러 전문가 조직들의 윤리 규정

우리는 여러분에게 시간을 내어 두 개 이상 전문가 조직의 윤리 규정을 검토해 볼 것을 추천한다. 이 규정들의 장점 및 한계를 면밀히 검토하고 그들 사이의 유사성에 주목해 보라. 윤리 규정들에 대해 생각해 보며, 그 기준들이 서로 동의하는 영역을 찾아보자. 여러분은 규정의 어떤 측면이 가장 유용하다고 생

385 of 680

각하는가? 여러분이 가진 특정한 기준에 불일치할 가능성이 있는 영역에 대해서도 확인해 보라. 여러분의 상담이 구체적으로 어떤 윤리 규정과 맞지 않다면, 자신의 행동에 대한 근거를 마련해 둬야 한다는 사실을 명심하라. 그뿐만 아니라 여러분이 속한 전문직의 윤리 규정을 위반했을 때의 결과에 대해서도 인식하고 있어야 한다.

각각 다른 전문가 조직의 윤리 규정에 대한 자료는 각 웹사이트에서 얻을 수 있다.

1 **미국상담학회**(American Counseling Association, ACA): ACA 윤리 규정, ⓒ 2014

이 조직에 대한 더 많은 정보는 웹사이트를 참고하라 / www.counseling.org

2 **공인상담자국가위원회**(National Board for Certified Counselors, NBCC): 윤리 규정, ⓒ 2012

이 조직에 대한 더 많은 정보는 웹사이트를 참고하라 / www.nbcc.org

3 **미국재활상담자자격위원회**(Commission on Rehabilitation Counselor Certification, CRCC): 재활상담자를 위한 전문가 윤리 규정, ⓒ 2010

이 조직에 대한 더 많은 정보는 웹사이트를 참고하라 / www.crccertification.com

4 **중독전문가협회**(Association for Addiction Professionals, NAADAC): 윤리 규정, ⓒ 2011

이 조직에 대한 더 많은 정보는 웹사이트를 참고하라 / www.naadac.org

5 **캐나다상담및심리치료학회**(Canadian Counselling and Psychotherapy Association, CCPA): 윤리 규정, ⓒ 2007

이 조직에 대한 더 많은 정보는 웹사이트를 참고하라 / http://www.ccpa-accp.ca

6 **미국학교상담학회**(American School Counselor Association, ASCA): 학교 상담자를 위한 윤리적 기준, ⓒ 2010

7 **미국심리학회**(American Psychological Association, APA): 심리학자

를 위한 윤리적 원칙 및 행동 규정, ⓒ 2010

이 조직에 대한 더 많은 정보는 웹사이트를 참고하라 / www.apa.org

8 **미국정신의학회**(American Psychiatric Association, APA): 특별히 정신의학에 적용되는, 주석이 달린 의학 윤리의 원칙, ⓒ 2013

이 조직에 대한 더 많은 정보는 웹사이트를 참고하라 / www.psych.org

9 **미국집단심리치료학회**(American Group Psychotherapy Association, AGPA): 윤리를 위한 AGPA와 IBCGP 가이드라인, ⓒ 2002

이 조직에 대한 더 많은 정보는 웹사이트를 참고하라 / www.groupsinc.org

10 **미국정신건강상담자학회**(American Mental Health Counselor Association, AMHCA): 윤리 규정, ⓒ 2010

이 조직에 대한 더 많은 정보는 웹사이트를 참고하라 / www.amhca.org

11 **미국결혼가족치료협회**(American Association for Marriage and Family Therapy, AAMFT): 윤리 규정, ⓒ 2012

이 조직에 대한 더 많은 정보는 웹사이트를 참고하라 / www.aamft.org

12 **국제결혼가족상담자협회**(International Association of Marriage and Family Counselors, IAMFC): 윤리적 규정, ⓒ 2011

이 조직에 대한 더 많은 정보는 웹사이트를 참고하라 / www.iamfc.org

13 **집단작업전문가협회**(Association for Specialists in Group Work, ASGW): 최선의 실무 지침, ⓒ 2008

이 조직에 대한 더 많은 정보는 웹사이트를 참고하라 / www.asgw.org

14 **미국사회복지사협회**(National Association of Social Worker, ASGW): 윤리 규정, ⓒ 2008

이 조직에 대한 더 많은 정보는 웹사이트를 참고하라 / www.social-workers.org

15 **복지사업을위한전국조직**(National Organization for Human Serivces, NOHS): 복지사업 전문가를 위한 윤리적 기준, ⓒ 2000

이 조직에 대한 더 많은 정보는 웹사이트를 참고하라 / www.nationalhumanservices.org

16 **미국음악치료학회**(American Music Therapy Association, AMTA): 윤리 규정, ⓒ 2008

이 조직에 대한 더 많은 정보는 웹사이트를 참고하라 / www.music-therapy.org

17 **영국상담및심리치료학회**(British Association for Counselling and Psychotherapy, BACP): 상담 및 심리치료에서 모범사례를 위한 윤리적 체계, ⓒ 2013

이 조직에 대한 더 많은 정보는 웹사이트를 참고하라 / www.bacp.co.uk

자신의 비윤리적인 행동을 인식하기

다른 사람들의 약점을 발견하고 그들의 행동에 대해 판단하는 것은 솔직하게 자신을 점검하는 자세를 개발하는 것보다 쉽다. 그러나 동료의 전문가로서의 행동을 통제하는 것보다 자신의 행동을 통제하는 것이 훨씬 더 쉬우므로, 자신이 하고 있는 바를 솔직하게 들여다보는 것이 관심의 초점으로 적절하다고 하겠다. 상담자들은 성적으로 부도덕한 행위처럼, 중요한 윤리적 위반의 관점에 대해서는 크게 지각하면서, 보다 미묘한 방식의 비윤리적인 행동은 눈감아 주는 경향이 있다. 잠시 동안 다음 두 가지 상황에 대해 생각해 보고, 각 상황에서 자신의 모습을 어떻게 그려볼 수 있을지 자문해 보자.

• 내담자에게 문제가 생기면 전화해도 된다고 말하고 집 전화번호를 알려주었다. 내담자 중 한 명이 자주, 그것도 종종 늦은 밤에 전화를 한다. 그는 여러분에게 전화를 할 수 있게 해주어 얼마나 감사한지 모른다고 말한다. 여러분이라면 필요한 존재라는 사실에 으쓱해질

것 같은가? 필요한 존재가 되고 싶은 스스로의 욕구에서 내담자의 의존성을 강화하고 있다고 생각할 수 있겠는가?

• 개인상담을 받고 있는 어떤 내담자가 상담 회기를 지속하는 것에 양가감정을 갖고 있다. 그녀는 지금이 종결할 때가 아닐까 궁금해 한다. 여러분은 현재 다소 재정상태가 좋지 않은데, 최근 다른 몇몇 내담자들마저 종결했다. 여러분은 그녀의 결정을 지지하겠는가? 아니면, 일부 경제적인 이유로 그녀가 상담을 지속하도록 격려할 것 같은가?

동료들의 비윤리적 행동

이따금씩 여러분은 비윤리적, 비전문가적인 방식으로 행동하는 듯한 동료에 맞닥뜨리게 될 것이다. 보편적으로 전문가적 행동 규정에서는 그런 상황에서 가장 신중한 행동은 그 상황을 바로잡기 위해 직접 그 동료와 여러분의 염려를 나누는 것이라고 말한다. 이 단계가 실패할 때, 그 동료에 대해 보고하는 것과 같은, 소속된 전문조직이 마련한 절차를 밟도록 되어 있다. 내담자를 성적으로 착취하거나 전반적으로 무능한 것과 같은 터무니없는 위법행위의 경우, 비공식적인 조치로는 충분치 않다. 고소의 성격과 논의 결과에 따라, 전문가 위원회에 동료를 고발하는 것은 여러분이 할 수 있는 여러 선택 중 하나이다.

대부분의 윤리 규정에서 자신이 속한 전문가 집단 동료의 능력의 문제 혹은 비윤리적인 행위에 대해 다뤄야 할 책임을 부여하고 있지만, Johnson, Barnett, Elman, Forrest와 Kaslow(2012)는 정신건강 전문가들이 이런 문제를 다루길 꺼려한다고 말한다. 전문가들 역시 자신에게 윤리적인 의무가 있음에도, 능력의 한계에 못 미치게 기능하거나 비윤리적으로 행동한다고 여겨지는 동료에게 직접 다가가 말을 하지 못할 것이라고 인정한다.

Koocher와 Keith-Spiegel(2008)은 서로 주의를 줘야 하는 책임을 다하는 방법으로서 비공식적인 동료 감시의 역할에 대해 논한다. 윤리적인지 의심스러운 행동이 발견됐을 때, 비공식적인 동료 감시는 교정을 위한 개입의 기회를 제공한다. 다른 전문가의 행동이 염려스러울 때, 직접적으로 동료와 대면하거나 간접적으로 내담자들과 어떻게 진행할지를 의논하는 것으로 조치를 취할 수 있다. 동료들이 서로에 대해 정기적으로 피드백을 주고받을 수 있도록 슈퍼비전 혹은 자문 집단 내에서의 열린 대화를 유지하는 것은 비공식적인 동료 감시 과정에 적극적으로 참여하는 방법이다. 이 방법은 상담자들이 비윤리적 행동의 위험한 비탈길을 피하도록 돕는 동시에, 전문성을 촉진하는 지지적이고 존중받는 환경을 조성한다. 상담 전문직에 들어오는 대다수의 사람들은 비윤리적 혹은 불법적인 행동을 하려는 의도를 갖고 그렇게 하는 것이 아님을 기억할 필요가 있다.

다음 각 상황에 대해 몇 분 정도 시간을 내어 곰곰이 생각해 보자. 각 경우에 여러분이라면 어떻게 하겠는가?

- 한 동료가 자주 다른 사람들이 들을 수 있는 장소에서 부적절한 방식으로 자신의 내담자에 대해 이야기하곤 한다. 그는 내담자에 대한 농담이 '김을 빼고' 인생을 너무 심각하게 여기지 않게 해주는 자기만의 방식이라고 말한다.

- 두 명의 여성 내담자가 여러분에게, 재직중인 기관의 다른 상담자에게 성적으로 유혹 받았다고 말했다. 여러분과의 상담 회기에서 그들은 이 상담자에게 이용당해 온 데에 대한 분노를 다루고 있다. 이 상황이 여러분에게 미치는 법적이며 윤리적인 영향은 무엇인가?

- 한 동료가 여러 번 내담자들과 개인적인 만남을 먼저 제안해 오고 있다. 그녀는 이에 대해 내담자들이 스스로 동의할 수 있는 성인이라고 보기 때문에 괜찮다고 생각한다. 게다가 내담자들과 함께 보낸 시간들이 상담 회기에서의 생산적인 작업에 통찰력을 준다고 주장하고 있다.

- 여러분은 동료 중 한 명이 자신의 능력과 훈련 범위를 넘어서는 듯한 상담을 하고 있다고 생각한다. 이 사람은 추가적인 훈련을 찾아보려 하지도 않고, 적절한 슈퍼비전을 받지도 않는다. 그는 내담자가 가져온 잘 모르는 문제에 대해 배우는 가장 좋은 방법은 '직접 해보면서 배우는 것'이라고 주장한다.

여러 윤리 규정들은 대개 동료의 비윤리적 행동에 대응하는 문제에 대해 언급하고 있다. 예를 들어 미국재활상담자자격위원회(Commission on Reha-bilitation Counselor Certification, CRCC, 2010)에서는 다음과 같은 기준을 제시한다.

> 다른 재활상담자가 윤리적 기준을 위반하고 있거나 혹은 위반했다고 믿을 만한 이유가 있는 경우, 만약 이것이 비밀보장의 권리를 침해하지 않는다면, 먼저 다른 재활상담자와 비공식적으로 이 문제를 해결하기 위해 노력해야 한다. (L.3.a.)

분명히 동료의 비윤리적인 행동을 다루는 것은 어느 정도의 용기를 요구한다. 만약 그들이 권위 있는 위치에 있다면, 여러분은 명백히 취약해질 것이다. 동료의 경우라도 이러한 대립은 보통 어려운 일이며, 솔직성과 어려운 이야기지만 전하겠다는 의지를 필요로 한다. 여기 자신의 능력 수준 이상으로 상담을 하려는 동료에게 다가가는 한 가지 방법을 소개한다.

> 헬렌, 당신과 의논하고 싶은 문제가 있어요. 제 이야기를 방어하지 않고 들어주길 바라요. 저는 당신을 전폭적으로 존중하며 우리 관계를 소중히 생각한답니다. 당신이 거식증이 있는 내담자를 새로 맡게 된 것에 대해 조금 염려스러워요. 당신이 도전을 좋아한다는 건 잘 압니다. 하지만 지난 시간 동안 우리가 공유했던 바에 따르면, 당신도 당신의 슈퍼바이저도 식이 장애에 대한 훈련을 받은 적이 없는 걸로 알고 있어요. 식이 장애는 작업하기 까다롭기도 하고 잠재적으로 생명을 위협할 수도 있는 일이라 특별한 훈련이 요구되는 영역이에요. 저는 당신이 능력 범위 이상으로 임상을 하는 것의 여파에 대해 심사숙고해 주길 바라요. 제가 이야기한 내용에 대해 어떻게 생각하세요?

만약 내담자 문제를 다루는 여러분의 능력에 대해 이러한 피드백을 받는다면 어떻게 반응하겠는가? 이 동료와의 관계에 따라 반응이 달라지겠는가? 여러분은 그 영역에 대한 훈련이 부족하다는 이유로 행동 방향을 바꾸어 그 내담자를 다른 전문가에게 의뢰할 의향이 있는가?

윤리적인 의사결정 모형

미국상담학회(American Counseling Association, 2014)의 윤리 규정은 상담자가 윤리적인 딜레마에 맞닥뜨렸을 때, 신중하게 윤리적인 의사결정 과정을 숙고해야 한다고 명시한다. 다양한 윤리적 의사결정 모형이 윤리적 딜레마를 해결해 내는 데 지침을 줄 수 있으며, 여러분이 윤리적인 상담을 고민하며 적용할 수 있는 적어도 한 가지 모형에 대해 잘 이해해 두는 것이 좋다. 어려운 윤리적 딜레마를 체계적인 방식으로 검토하다 보면 믿을 만한 윤리적 결정을 내릴 가능성이 높아질 것이다. 최선의 행동 방향을 결정할 때, 자문을 구하는 과정은 너무나도 중요하다. 이때 한 명 이상의 동료나 슈퍼바이저에게 자문을 구하는 것이 좋다. 이는 문제의 다양한 측면을 볼 수 있게 도와줄 것이다. 책임 있고 윤리적인 상담에서는 다음과 같은 행동이 요구된다.

- 충분히 알고 내린 판단, 철저하고 책임 있는 판단에 근거하여 행동하라.
- 동료와 상의하거나 슈퍼비전을 받아라.
- 최신 기법이나 기술과 연구 동향을 파악하라.
- 끊임없이 자기를 점검하는 시간을 가져라.

적절한 순간에 가능한 한 많은 내담자를 윤리적 의사결정 과정에 포함시켜라. 내담자를 위해서가 아니라 내담자와 함께 윤리적인 의사결정을 하도록 해라. 내담자의 자율성을 존중하는 것은 여러분이 그들을 위해 결정을 내려주지도, 의존적인 태도나 행동을 조성하지도 않는다는 것을 의미한다.

우리가 여기에 제시하는 윤리적 의사결정 모형은 가능할 땐 언제나 내담자를 협력자로 포함시킨다. 내담자의 안녕을 위해 무엇이 최선인가에 대해 여러분이 결정하게 되므로, 내담자와 관련된 윤리적 딜레마의 성격에 대해 설명하도록 하라. 페미니스트 치료의 견지에서, 윤리적인 의사결정은 치료 과정의 모든 단계에서 내담자의 참여를 요구하는데, 이는 치료적 관계에서 권력은 동등해야 한다는 페미니즘적 원칙에 기반한 것이다(Brown, 2010).

아래에 기술한 절차상 단계를 윤리적 문제를 해결하기 위한 단순하고 선형적인 방법으로 생각해서는 안 된다. 우리의 경험상, 이 단계들을 적용하다보면 대개 자기 반성이 촉진되고 토론이 고무될 것이다. 이런 체계적인 단계를 따르는 것이 윤리적인 문제를 해결해 나가는 데 도움을 줄 것이다.

1   **문제나 딜레마를 확인하라.** 직면한 상황을 명확히 해줄 정보는 가능한 많이 모아라. 스스로에게 이런 질문을 해볼 수도 있다. "이것은 윤리적, 법적, 전문적 혹은 임상적인 문제인가? 아니면 이들 중 하나 이상이 합쳐진 것인가?" 만약 그 문제에 법적인 측면이 있다면, 법적 자문을 구하라. 많은 윤리적 딜레마가 복잡하다는 것을 기억하고, 이는 곧 다양한 측면에서 문제를 검토하여 일차원적인 해결책을 찾지 않는 게 좋다는 뜻이다. 윤리적 딜레마는 종종 '옳다'거나 '그르다'는 답이 없으므로, 여러분은 그 모호함의 도전을 받게 될 것이다. 여기에 실질적인 윤리적 문제가 있는지를 결정하려면 혹은 문제의 정확한 본질을 알아보려면 자문을 받는 것이 도움이 될 것이다. 내담자를 이 초기 단계부터 포함시키고 윤리적 문제를 해결해 나가는 전 과정을 함께하도록 하라. 더불어 여러분의 결정과 행동을 문서화하는 것도 전 과정에 포함시켜라.

2   **연관된 잠재적 사안들을 파악하라.** 정보를 모은 후, 중요한 문제들은 목록을 만들어 기술하고, 관련 없는 것들은 버려라. 그 상황에 영향받는 모든 사람들의 권리, 책임, 복지에 대해 평가하라. 주어진 사안에 대한 다양한 측면을 지지해 줄 좋은 근거들을 찾을 수 있고, 서로 다른 윤리적 원칙은 각기 다른 행동 방향을 제시할 수도 있다. 내담자 상황과 관련된 모든 문화적 측면들을 포함하여, 이 상황의 문화적 맥락을 고려하자. 스스로에게 이런 질문을 해 보라. "어떻게 하면 내담자의 독립성과 자기 결정력을 최대로 촉진할 수 있을까? 어떤 행동이 내담자의 피해를 최소화하는 것인가? 어떤 결정이 내담자의 안녕을 가장 잘 보호할 수 있을까? 내담자 스스로 해결책을 찾아낼 수 있을 만큼 신뢰롭고 치료적인 분위기를 어떻게 형성할 수 있을까?

3   **관련 있는 윤리 규정을 적용하라.** 일단 문제의 본질에 대한 명확한 그림을 그렸다면, 이 사안이 언급되었는지를 알아보기 위해 윤리 규정을 검토해 보라. 윤리적 기준을 구체적인 사례에 적용할 때에는, 규정

을 주의 깊게 읽고 그 기준의 함의를 잘 이해해야 한다. 구체적이고 분명한 지침을 찾았다면, 그대로 따르는 것이 문제를 해결해 줄 수 있다. 그러나 만일 문제가 보다 복잡하고 해결책이 분명하지 않다면, 문제를 해결하기 위해 추가적인 단계를 사용해야 할 것이다. 소속된 전문가 조직의 기준이 문제에 대해 해결책을 제시하는지 자문해 보자. 자신의 가치관과 윤리가 관련된 규정과 일치 혹은 충돌하는지를 살펴보라. 만약 여러분이 어떤 기준에 대해 동의할 수 없다면, 자신의 입장을 지지할 근거가 있는가? 주 협회 혹은 전국 규모의 전문가협회가 딜레마를 해결할 지침을 줄 수 있을지도 모른다. 이런 협회들은 대개 회원들이 법률 자문을 이용할 수 있게 한다.

4   **적용 가능한 법과 규정을 알고 있어라.** 관련된 주나 연방 법의 최신 정보을 잘 알아두는 것이 중요하다. 특히 비밀을 유지하거나 누설하는 것, 아동이나 노인학대를 보고하는 것, 자신이나 다른 사람들에게 위험을 가져오는 문제들, 부모의 권리, 기록 보관하기, 검사와 평가, 진단 등의 문제에서 더욱 그러하다. 더불어 여러분이 일하고 있는 조직이나 기관의 현행 규칙이나 규정을 분명히 이해하고 있는지도 확인하라.

5   **자문을 구하라.** 일반적으로, 문제에 대한 다양한 관점을 확보하기 위해 한 명 혹은 그 이상의 동료, 슈퍼바이저 혹은 다른 전문가에게 자문을 받는 것은 유용하다. 여러분과 같은 지향을 공유하는 사람들로 범위를 한정하지 말기 바란다. 형편없는 윤리적인 결정은 자주 상황을 객관적으로 보지 못한 데서 기인하는 경우가 많다. 선입견, 편견, 개인적인 욕구, 정서적인 투자 등이 딜레마에 대한 인식을 왜곡한다 (Koocher & Keith-Spiegel, 2008). 그 상황을 평가할 때 여러분이 경험하는 감정을 잘 살펴보라. 자문은 여러분이 두려움과 자기 회의와 같은 감정에 어떻게 영향받고 있는지를 판단하는 데 도움을 줄 수 있을 것이다(Herlihy & Corey, 2015a). 만약 법적인 문제가 있다면, 법률 자문을 얻어라. 상황에 대한 평가와 어떻게 진행할 것인가에 대한 아이디어를 제시한 후에, 여러분의 분석에 대해 피드백을 요청해 보자. 자문을 받을 때 아래와 같은 질문들을 생각해 보라.

- 자문을 받으려는 사람에게 어떤 종류의 질문을 하고 싶은가?
- 여러분이 취하려는 행동 방침이 정당한지를 검토해 볼 기회로서, 자문 과정을 어떻게 사용해 볼 수 있는가?
- 이 사건과 관련 있는 윤리적, 임상적, 법적 이슈들을 모두 고려하고 있는가?
- 혹시 묻기가 두려운 질문이 있는가?

자문은 여러분이 간과했을 수 있는 정보나 상황을 생각해 보는 데 도움을 줄 수 있다. 이때 반드시 자문을 제공한 사람이 준 제안들을 포함하여 자문 내용을 문서화해 두어야 한다.

6   **성취 가능하며 개연성 있는 행동 방침을 고려하라.** 여러분이 실행할 수 있는 행동 방침을 가능한 한 많이 브레인스토밍해 보라. 그러면서 동료들에게 가능성이 있는 행동 방침을 만들어내는 걸 도와달라고 하라. 폭넓은 범위의 행동 방침들을 목록화해 봄으로써, 여러분에게 가장 유용해 보이는 선택지를 발견하게 될 것이다. 관련된 모든 당사자들에게 미칠 수 있는 결과를 참고하여 각각의 대안을 평가하라. 바라는 결과를 보장할 수 없거나 결과에 문제가 많을 수 있는 대안들은 제거하라. 행동의 많은 가능성을 생각해 보며, 이 대안들을 여러분의 내담자, 혹은 적절하다면, 다른 전문가들과도 논의해 보라. 이 토론에 내담자가 포함될 경우, 내담자가 '상담자' 역할을 하지 않도록 보살펴야 한다. 남아 있는 대안, 혹은 그 대안들의 조합 중 어느 것이 상황에 가장 잘 맞을지 결정하라. 행동 방향을 결정할 때의 좋은 지침은 여러분의 행동이 신문에 나거나 인터넷에 게시되거나, 라디오나 TV 뉴스에서 언급된다는 것을 알았을 때, 편안하게 느낄 수 있는 정도가 될 수 있다. 여기서 여러분의 대답이 "아니오"라면, 선택한 행동 방향에 대해 당연히 다시 고려해야 한다.

7   **다양한 결정의 결과를 분석하라.** 각 행동 방침이 내담자, 내담자와 관련된 사람들, 그리고 상담자인 여러분에게 지닌 의미를 깊이 생각해 보라. 다시 한번 적절한 순간에 내담자에게 미칠 결과에 대해 토론하는 것이 가장 중요할 수 있다. 윤리적인 딜레마를 다룰 때에는, 바라던 한 가지 결과보다 다양한 결과들이 있을 수 있다는 걸 인식하길

바란다. 여러분에게는 떠오르지 않던 가능성을 인식할 수 있을 것 같은 동료에게 자문을 구하고 다른 선택지에 대해서도 계속 브레인스 토밍하고 숙고하라(Remley & Herlihy, 2014). 새로운 윤리적 문제가 생길 수 있을지를 판단하기 위해, 핵심 결정에 따를 결과를 검토해 보라. 만일 문제가 있다면 처음으로 돌아가서 과정의 각 단계를 재평 가하라.

8 **최선의 행동 방향을 결정하라.** 최선의 결정을 내리기 위해, 다양한 출처로부터 얻은 정보들을 주의 깊게 숙고해 보라. 딜레마가 명확하면 할수록, 행동 방향이 더 분명해진다. 딜레마가 미묘하면 할수록, 결정하기는 더 어려워질 것이다. 계획을 실행할 때, 같은 상황에서 다른 전문가들은 다른 행동 방향을 선택할 수도 있다는 걸 자각하라. 여러분은 자신이 가질 수 있었던 최선의 정보에 따라 행동할 수 있을 뿐이다. 행동 방침을 실행한 후에는, 그 행동이 예상했던 효과와 결과를 낳았는지를 평가하기 위해, 상황을 추적해 볼 필요가 있다(Herlihy & Corey, 2015a). 결과를 알아보고 추가적인 행동이 필요하지는 않은지 알아보라. 경험으로부터 배우고자 한다면, 여러분이 상황에 대해 내렸던 평가와 취했던 행동에 대해 숙고해 보는 것이 좋은 연습이 될 것이다. Wheeler와 Bertram(2012)은 여러분이 고려하고 제외시킨 선택지를 포함하여, 어떤 행동 방침을 결정하기까지 밟았던 윤리적 의사결정에 대해 세심하게 문서화할 것을 추천한다. 그에 따른 결과를 기록하고 그 사안을 해결하기 위해 취한 모든 추가적인 행동에 대해서도 포함시키는 것이 중요하다. 이때, 여러분이 남겨둔 메모를 검토해 보는 것은 과정을 평가하는 데 특히 도움이 될 수 있다. 최대한 정확한 그림을 얻기 위해서, 적절할 때 내담자를 이 과정에 포함시켜라.

여러분이 앞서 기술한 체계적인 모형을 따른다 할지라도, 주어진 상황에서 가능한 최선의 결정을 했는지에 대해 여전히 어느 정도 불안한 마음이 들 수 있다. 윤리적 문제들 다수가 논란의 여지가 많고, 또 어떤 문제들은 윤리와 법률 문제가 섞여 있기 때문이다. 여러분이 지닌 성의를 주요하게 표시하는 것은 동료, 슈퍼바이저, 함께 공부한 동료 학생들과 기꺼이 걱정과 고민들을 나누려는 의지이다. 상담에 영향을 미치는 법 관련 정보를 계속 접하고, 자신의 분야에서 새로운 진전에 대한 관심을 유지하며, 자신의 가치관이 상담에 영향을 미치는 방식을 되돌아보는 것이 꼭 필요하다. 전문적이고 윤리적인 책임의식을 발달시켜가는 것은 결코 끝나지 않는 과제이기 때문이다.

사례 예   Bob의 사례에 8단계의 윤리적 의사결정 모형을 적용하기

상담자가 어떻게 복잡한 윤리적 문제의 작업 과정을 항해할 수 있을지를 보여주기 위해, Bob의 사례를 제시하고, 그 상황에 8단계의 윤리적 의사결정 모형을 적용해 보도록 하겠다. 이 사례와 Bob의 최종 결정을 읽는 동안 여러분의 반응은 어떠한가? 여러분이 만약 그와 같은 상황이라면, 동일한 행동 방침을 따르겠는가? 왜 그런가, 혹은 왜 그렇지 않은가? 여러분이 이 딜레마에 맞닥뜨렸을 경우, 자신의 결정에 영향을 미칠 수도 있을 다른 요인이 떠오르는가?

　Bob의 사례   Bob은 지역사회 정신건강 기관에서 일하는 상담 인턴이다. 그는 다양한 장애를 가진 내담자들과 작업한 경험이 상당히 많다. 그의 형제가 다운증후군을 갖고 있어, 장애가 있는 사람들과 작업하는 것에 고무되어 있었다. 그러나 장애가 있는 사람에 대한 개인적 경험을 제외하고 나면, 자폐가 있는 내담자와 작업하는 것과 관련한 어떤 공식적인 훈련도 받지 않은 상황이었다. 자폐가 있는 내담자 Joseph은 다른 전문가로부터 그에게 막 의뢰되었다. Joseph의 호소 문제는 대인관계, 불안, 우울감을 향상시키고 싶다는 것이었다. Bob은 자폐가 있는 내담자와의 작업에 대해 공식적으로 훈련받은 적이 없다는 사실 때문에 이 내담자를 받아도 될지 자신도 없고, 능력 밖의 상담을 하는 것에 대한 윤리적인 문제도 걱정되었다.

　8단계를 적용해 보기   **1단계 : 문제나 딜레마를 확인하라.** 여기서 딜레마는 Bob이 자폐가 있는 사람과 상담을 할 역량이 있는가이다. 이는 윤리적인 동시에 임상적인 문제이다.

　2단계 : 연관된 잠재적 사안들을 파악하라. 윤리적인 요소는 그의 역

량과 훈련의 범주를 넘어서는 상담이라는 점에 집중되어 있다. Bob의 자폐와 관련한 미숙한 경험이, 자폐적 특징을 지닌 사람에게 역효과를 내는 개입을 함으로써 이전 행동이 증가하는 퇴행을 야기할 수도 있다.

Joseph의 호소 문제는 특별히 자폐와 관련된다기보다 환경적인 사안을 포함하는 듯 보인다. Bob은 대인관계 문제, 불안, 우울처럼 Joseph이 이야기한 문제에 대해서는 작업 경험이 많다. Bob은 훌륭한 상담 기술, 이와 같은 사람들과 작업하는 것에 대한 욕구, 장애가 있는 사람에 대해 개인적으로나 전문적으로나 상당한 정도의 경험을 갖고 있어, 이는 Joseph이 전문가에게 치료를 잘 받지 못하고 있다고 판단될 경우, 그를 다른 전문가에게 의뢰할 수 있게 해줄 것이다.

수많은 임상적 이슈들 또한 반드시 고려되어야 한다. Joseph은 그의 자폐로만 규정되는 것이 아니다. 자폐는 Joseph이라는 사람의 작은 부분일 뿐이다. Joseph이 자폐가 있기 때문에 Bob이 다른 전문가에게 의뢰를 하게 된다면 그는 이를 어떻게 느끼게 될까? 더불어 Bob은 그가 속한 기관의 서비스는 비용이 저렴하나, 자폐에 전문성이 있는 사설 기관의 치료자들은 훨씬 더 많은 비용을 청구한다는 것을 잘 알고 있다. Joseph이 만약 이 전문가들 중 하나와 상담할 여력이 되지 않는다면 간단하게 상담을 받지 않게 될 수도 있다.

3단계 : 관련 있는 윤리 규정을 적용하라. ACA의 윤리 규정(ACA, 2014)은 전문가 역량의 경계에 대해 다음과 같이 밝힌다.

> 상담자는 교육·훈련·지도감독을 받은 경험, 주 및 국가의 전문가 자격증, 적합한 전문적 경험에 근거하여, 자신의 역량 한도 내에서만 상담을 한다. 다문화적 상담 역량은 모든 상담 전공에 걸쳐 요구되는 것이므로, 상담자들은 다양한 내담자 집단과 작업할 때 문화적으로 유능한 상담자에게 적합한 기술, 지식, 자신에 대한 자각, 감수성, 성향을 가져야 한다(기준 C.2.a).

Bob은 치료자가 구체적으로 자폐가 있는 내담자와 작업하는 것에 대해 훈련되어 있어야 하는 것인지 궁금했다. 만약 그렇다면 Bob이 필요한 역량을 기르기 위해서는 어느 정도의 훈련이 필요한 걸까? 만약 Bob

이 Joseph을 내담자로 받아들인다면, 자폐에 대해 좀더 지식이 있는 동료에게서 자문 혹은 슈퍼비전을 받아야 할 것이다.

4단계 : 적용 가능한 법과 규정을 알고 있어라. 학대에 대한 것처럼, 이 사안에 대한 것은 그 자체로는 법이 없지만, 장애가 있는 사람에 대한 차별금지법은 있다. 만약 Bob이 단순히 Joseph의 자폐에 근거하여 다른 전문가에게 의뢰한다면, 이는 차별이라 간주되지 않을 것인가?

5단계 : 자문을 구하라. Bob은 이 윤리적 딜레마를 슈퍼바이저가 있는 슈퍼비전 집단에 가져왔다. 그의 슈퍼바이저는 자폐가 있는 내담자와 상담하는 인턴들에게 슈퍼비전을 한 경험이 있었으며, 그에게 슈퍼비전 하에 Joseph과 작업해 보라고 격려했다. 더불어 Bob에게 자폐에 대한 평생교육 강좌를 수강해 보라고 제안했다. 그 외에도 Bob은 자폐 치료를 전문으로 하는 사설 치료자와 이 문제를 상의했고, 그는 주어진 이런 상황에서 Bob이 Joseph을 치료하는 것은 비윤리적이지 않을 거라고 수긍했다. 그러나 그 치료자는 Bob이 자폐에 대한 임상적 경험이 부족한 것을 생각해 볼 때, Joseph이 가능한 한 최상의 보살핌을 받을 수 있을지에 대해서는 의문이라고 했다. Bob은 자문에서 들은 모든 조언들을 문서화했다.

6단계 : 성취 가능하며 개연성 있는 행동 방침을 고려하라. 한 가지 행동 방침은 지역 내 자폐 범주성 장애를 전문으로 하는 사설 상담자에게 Joseph을 의뢰하는 것이다. 또 다른 행동 방침은 Bob이 자폐 관련한 평생교육을 수강하며 Joseph을 내담자로 받는 것이다. Joseph을 상담하는 동안 Bob의 향상과 효과성을 슈퍼바이저가 면밀히 추적 관찰할 것이다. 세 번째 선택은 Bob이 Joseph을 자신의 내담자로 받지 않고, 자폐 범주성 장애에 대해 훈련받은 치료자의 대기자 명단에 그의 이름을 올리는 것이다.

7단계 : 다양한 결정의 결과를 분석하라. 만약 Joseph이 감당할 여유가 있다면, 자폐 범주성 장애를 전문으로 하는 사설 기관 치료자에게 의뢰하는 것이 가장 이상적일 것이다. 그러나 Joseph이 사설 상담 비용을 감당할 수 없다면, 그는 어떤 서비스도 받지 못하게 된다. 그런 경우 Joseph이 현재 호소하는 문제들은 치료를 받지 못하게 되고, 이는 증상을 악화시키고 삶의 질을 떨어뜨리는 결과를 낳게 된다. 만약 Bob이 슈퍼비전을 받으며 Joseph과 작업한다면, Bob은 자폐가 있는 내담자와 경험을 쌓게 되며, Joseph은 그가 상담에 가져온 호소 문제들을 다룰 수 있게 된다. Joseph을 자폐에 대한 훈련을 받은 치료자의 대기자 명단에 올리는 것은 치료자가 상담을 할 여유가 생길 때까지 얼마가 될지 모르는 시간 동안 Joseph의 치료는 늦춰질 것이다. 첫 번째 선택지와 마찬가지로, 이 지연으로 인해 증상이 악화될 수도 있다.

8단계 : 최선의 행동 방향을 결정하라. Bob은 이 윤리적 딜레마의 모든 관련된 측면들을 신중하게 숙고하고 그의 고민에 대해 Joseph에게 이야기하기로 결정했다. Bob은 Joseph에게 관련 경험이 부족하여 슈퍼비전 하에 작업을 하게 될 것이라는 점을 설명하며 솔직하게 논의했다. Joseph이 자신의 치료에 대해 잘 알고 결정할 수 있도록 충분한 정보를 제공했다. Bob은 평생교육 과정에 등록하여 추가적인 훈련을 받고, 동료로부터도 자폐에 대해 어느 정도의 훈련을 받으며 슈퍼바이저와 긴밀하게 논의하라는 슈퍼바이저의 조언을 받아들이기로 했다. 또한 그가 이 영역에 대해 더 많은 교육을 받게 되더라도 더 많은 경험을 가진 다른 전문가들이 있다는 사실도 솔직하게 이야기했다. 그 후 양자는 상담관계를 맺기로 합의했고, Bob은 교육, 슈퍼비전, 동료에게 받는 자문을 이어갔다.

고지된 동의[1]

대부분의 내담자에게 있어, 공식적 혹은 전문적인 도움을 청하는 것은 새로운 경험이다. 따라서 어떤 일이 예상되고 상담자에게 무엇을 기대할 수 있는지 잘 모른다. 여러 전문가 조직의 윤리 규정은 내담자가 치료적 관계를 시작하고 지속하는 것에 대해 잘 알고 선택할 수 있도록 충분한 정보를 제공할 것

---

1   informed consent: 수술이나 실험적 치료를 받게 될 경우, 그 자세한 내용을 설명받은 뒤에 환자가 내리는 승낙(역자 주)

을 요구한다. 내담자의 권리를 보호하기 위한 좋은 방법은 정보를 갖고 선택할 수 있도록 하는 절차를 개발하는 것이다. **고지된 동의**(informed consent)는 내담자가 여러분과 맺는 관계가 무엇을 수반하게 될지에 대해 잘 알고, 그것과 관련하여 자율적인 결정을 내릴 권리와 관련된다. 고지된 동의는 내담자가 여러분과의 상담관계에 참여할지 말지를 결정할 수 있도록 하는 공동의 의사결정 과정이다(Barnett, Wise, Johnson-Greene,& Bucky, 2007). **고지된 동의** 과정을 통해, 내담자에게 질문을 하고 여러분과의 작업에 대해 지닌 기대를 검토해 볼 기회를 주게 된다.

상담관계의 시작부터 내담자에게 그들의 권리와 책임에 대해 어떻게 가르쳐줄 수 있을까? 고지된 동의에 대한 여러분의 의무가 첫 회기 후에 사라지는 것이 아니라는 내용에 내담자가 서명하도록 요구하라. 여러분이 상담관계의 시작에서부터 고지된 동의를 보장하는 것은 반드시 필요하나, 내담자가 여러분이 말한 모든 것을 기억할 수는 없다는 사실을 인지하라. 적극적인 고지된 동의 과정은 상담관계에서 계속 진행되는 것이지, 단일 사건이 아니기 때문이다(wheeler & Bertram, 2012).

첫 회기에서 내담자와 고지된 동의에 대한 여러분 방침의 주된 사항을 논의하는 것에 더해, 우리는 또한 내담자에게 첫 회기에 줄 상세한 진술서를 개발해 볼 것을 제안한다. 내담자는 이 진술서를 집에 가져가 다음 회기 전에 읽어볼 수 있을 것이다. 이런 방식으로 내담자는 질문할 거리를 생각할 수 있고 소중한 시간을 아낄 수 있다. 이러한 정책과 절차를 이해했음을 나타내는 문서에 내담자가 서명하는 것 또한 중요하다.

고지된 동의를 얻는 것은 내담자에게 너무 적게 이야기하는 것과 한꺼번에 너무 많은 정보로 압도당하게 하는 것 사이에서 미묘한 균형을 찾는 과정이다. 치료 과정에 대해 내담자를 교육하는 것은 지속적인 노력이 필요하다. 내담자가 상담 과정에 대해 초기에 들은 내용들을 분명히 이해했을 것이라고 가정하지 말라. 내담자와 상담자 모두의 역할을 포함하여, 상담 과정이 어떻게 진행되는지를 내담자가 알면 알수록, 그들은 이 전문적 관계에서 더 많은 도움을 받게 될 것이다. 내담자와 고지된 동의에 대한 문제를 논의할 때에는 분명하고 이해하기 쉬운 언어를 사용하도록 하라. 그뿐만 아니라, 고지된 동의 절차의 문화적 함의에 대해서도 고려하고 문화적으로 민감한 방식으로 의사소통하도록 해야 한다. 예를 들면 내담자가 본국에서 박해를 받았던 난민이라고 하자. 그녀는 여러분과 사적으로 나눈 정보들이 타인에게 알려질 것을 걱정할지도 모르고 혹은 여러분이 비밀보장과 그 한계에 대해 명확하게 설명하지 않는다면, 여러분과의 만남이 당연하게 예약되는 것이라고 생각할 수도 있다. 집단적 문화적 배경을 지닌 내담자는 전문적 경계에 대해 다른 시각을 가지고 있을 수도 있고, 여러분은 이런 내담자에게 치료적 관계에 대해 시간을 더 많이 내어 알려줘야 할 수도 있다(Bemak & Chung, 2015; Chung & Bemak, 2012).

대부분의 전문가들이 내담자에게 상담 과정에 대한 정보를 제공해야 할 윤리적 의무에 동의하나, 무엇을 어떤 방식으로 밝혀야 하는지에 대해서는 합의된 바가 별로 없다. 고지된 동의를 얻는 상담자들의 관행에 관한 연구는 내담자에게 주어진 고지된 동의의 폭과 깊이에 상당한 차이가 있다고 밝혔다(Barnett, Wise et al., 2007). 여러분이 내담자에게 가장 이야기하고 싶은 것이 무엇인지를 결정할 때, 다음 질문들을 고려해 보자.

- 상담관계의 목표는 무엇인가?
- 여러분은 어떤 서비스를 제공할 수 있고, 제공하고자 하는가?
- 여러분은 내담자에게 무엇을 기대하는가? 내담자는 여러분에게 무엇을 기대할 수 있는가?
- 사용될 상담 전략의 위험 요인과 이득은 무엇인가?
- 내담자에게 상담자 자신에 대해 무엇을 말하고 싶은가?
- 서비스를 제공하는 사람으로서 여러분이 가진 자격은 무엇인가?
- 재정적으로 고려할 점은 무엇인가? 상담료를 지불할 수 없는 내담자를 위해 차등 요금을 제공하는가? 여러분의 서비스에 대한 사설 보험을 적용시켜주는가?
- 상담관계의 예상 기간은 어느 정도인가? 종결은 어떻게 다루어질 것인가?

- 비밀보장의 한계는 무엇인가? 법은 언제 보고 의무를 요구하는가?
- 여러분은 어떤 상황에서 슈퍼바이저나 동료들과 사례에 대해 상의하게 될 것 같은가?
- 여러분이 제안할 접근에 다른 대안이 있는가?

사례 예   **딱 필요한 만큼의 정보를 제공하기**

접수 면접에서 Simone은 상담자 Allen에게 치료를 얼마나 받아야 할지 물었다. Allen은 Simone에게 매주 상담을 한다면 적어도 2년이 걸릴 것 같다고 말했다. Simone은 너무 긴 시간이라며 깜짝 놀랐다. Allen은 이것이 그가 작업하는 방식이며, 그의 경험상 중요한 변화는 상당한 작업이 소요되는 더딘 과정이라고 설명했다. 그는 Simone이 이 기간을 투자할 수 없을 것 같으면, 다른 전문가에게 기꺼이 의뢰하겠다고 말했다.

상담자의 입장   만약 Simone이 여러분에게 상담을 받으러 왔다면 어떻게 할지 생각해 보자. Allen은 고지된 동의를 위해 필요한 정보를 제공한 것인가? 다음 질문에 대해 생각해 보자.

- Allen은 2년간의 치료에 대한 그의 근거를 설명해야 할 윤리적, 전문가적 의무를 다했는가?
- Allen은 단기 상담으로도 성취할 수 있는 가치와 같은, 그의 접근에 대한 다른 대안에 대해 기꺼이 검토해 보고자 했는가?
- 장기 치료에 대한 Allen의 반응을 듣고, Simone에게 단기 상담을 제공하는 것이 윤리적인 행동이었을까?
- 이 상담자가 관리의료 체계 혹은 정해진 회기만큼만 비용을 지불하는 보험사 아래의 내담자를 받는 것은 윤리적인 것일까?

토론   내담자들이 마침내 상담 약속을 잡을 때, 대개 다소 긴급한 문제에 어떻게 도움을 받게 될지 불안해 한다. 따라서 그 과정에 대해 아주 자세하게 설명하는 것은 다음 회기에도 오겠다는 마음을 꺾어버릴 수 있다. 물론 내담자가 현명한 선택을 하는 데 필요한 중요한 정보를 주지 않는 것은 잘못이다. 무엇을 어느 정도로 이야기해야 하는지는 다소 내담자에 따라 달라진다. 상담자는 진단과 치료에 대한 내담자의 질문을 격려하며, 상담 과정이 진행되어감에 따라 유용한 피드백을 제공하는, 교육적 접근을 적용하는 것이 좋다. 내담자에게 적절한 정보를 제공함으로써, 여러분은 그들이 과정에 좀더 적극적으로 참여하고 관계에서 자기 몫의 책임을 다할 기회를 증진하게 된다.

비밀보장과 사생활

상담관계는 신뢰를 기반으로 한다. 내담자가 상담자를 신뢰할 수 없다면, 중요한 자기 개방이나 자기 탐색을 하려 하지 않을 것이다. 신뢰는 대체로 내담자들이 자신의 이야기를 얼마나 잘 들어주고 비밀이 보장될 것인지에 대해 확신하는 정도로 측정된다. 상담자들은 상담관계 맥락에서 얻은 정보가 승인 없이 유출되지 않도록 내담자를 보호할 윤리적, 법적 이중책임을 갖고 있다. 상담자는 법의 요청이나 내담자의 승인에 의한 경우를 제외하고는 내담자에 대한 정보를 공개해서는 안 된다.

상담실 밖으로 자신이 이야기한 내용이 흘러나갈 것이라는 두려움 없이 자신의 삶의 모든 측면들을 탐색하기 위해서는, 내담자에게 비밀보장이 잘 유지될 것이라는 충분한 확약이 필요하다. 내담자가 자기가 이야기한 내용이 비밀유지가 될 것이라고 신뢰하지 않는 한, 그 어떤 효과적인 치료도 일어날 수 없다. 상담자는 내담자가 이해할 수 있는 언어로, 내담자의 문화적 경험을 존중하는 접근 방식으로, 그들이 비밀보장의 의미를 명확히 이해할 수 있도록 도울 윤리적인 의무가 있다(Barnett & Johnson, 2015).

비밀보장은 윤리적 의무 중 가장 기본적인 것 중 하나이나, 많은 상담자에게 가장 문제가 되는 사안 중 하나이기도 하다. 상담자들은 복잡한 법적 요구사항, 새로운 기술들, 건강관리 서비스 제공 시스템, 점점 더 소비자의 권리를 강조하는 문화 등에서 야기되는 비밀보장 문제에 더 많이 맞닥뜨리고 있다.

내담자가 여러분과의 관계에서 비밀보장을 당연히 기대할 권리가 있다 하더라도, 상담자가 내담자에 대한 노출을 보호해야 하는 의무는 언제나 절대적인 것이 아니다. 어떤 순간에 비밀보장을 반드시 깨야 하는지에 대한 법적 지식을 익히고 윤리적 감각을 발달시켜야 한다. 모든 전문가 규정은 내담자가 처음부터 비밀보장의 한계 모두에 대해 알 권리가 있음을 명시하고 있다. 이 문제는 내담자에게 고지된 동의의 형태로 자세히 설명되고, 이상적으로는 구두뿐만 아니라 서면 형식으로도 전달되어야 한다. 또한 의무적인 보고 사안에 대해서도, 여러분이 아동이나 노인의 학대, 살인, 혹은 살인 혐의를 보고해야 하는 순간이 언제인지 내담자가 정확하게 이해할 수 있도록 내담자가 자기를 개방하기 전에 분명하게 설명되어야 한다. 내담자가 이런 정보를 일찍 접하게 되면, 의무적인 보고 사건이 발생했을 때 치료적 관계를 지킬 수 있을 가능성이 높아진다. 다음 내용에 대해 내담자와 논의해 보는 것도 좋은 생각이다 (Herlihy & Corey, 2015c).

- 내담자의 동의, 혹은 타당한 법적 혹은 윤리적 정당성이 없는 경우 비밀 정보를 누설하지 않는다.
- 어떤 내담자는 가족 혹은 지역사회 구성원과 비밀 정보를 나누고 싶어하곤 한다.
- 때로는 내담자에게 가능한 최선의 서비스를 제공하기 위해서 다른 사람과 정보를 공유하는 것이 허용된다.
- 내담자가 요청하거나 혹은 허락할 때, 비밀 정보를 다른 전문가들과 토론할 수 있다.
- 비밀보장은 절대적이지 않으며, 다른 의무들이 상담자의 서약에 우선될 수 있다. 예를 들면 위험에 빠진 누군가를 보호하기 위해서는 비밀보장을 위반할 수밖에 없다.
- 내담자가 미성년자인 경우나 부부, 가족, 집단상담의 경우에는 비밀보장을 보증할 수 없다.
- 내담자에 대한 기록이 소환되는 경우, 비밀보장이 위태로워질 수 있다.
- 전문적 관계가 시작될 때 상담자는 어떤 정보가, 언제, 어떻게, 누구

와 공유될 수 있는지에 대해 분명하게 밝혀야 한다.

- 상담자가 내담자를 대변하는 역할을 맡게 될 때, 내담자의 비밀보장은 위반될 수 있다. 내담자가 상담자가 대변자 역할을 하는 것에 동의하려 하지 않으면, 윤리적 딜레마가 발생할 수 있다.

- 내담자 기록이 클라우드 컴퓨팅을 통해서나 다른 전자 교신 동안에 저장된다면, 비밀보장이 위태로워질 수 있다.

미국 내 각 주의 법은 비밀보장을 지키지 못하는 상황을 구체적으로 명시하고 있다. 여러분은 내담자가 자신이나 타인에게 해를 끼칠, 분명하고 절박한 위험이 있을 때 정보를 공개해야 할 것이다. 비밀보장을 깨는 것 외에 가능한 대안이 있는지 속한 주의 법에 대해 알아두라. 모든 주에 동일한 법이 있는 것은 아니나, 모든 주가 근친상간과 아동학대에 대한 의무보고 조항을 두고 있고, 대부분의 주가 노인 및 돌봄이 필요한 성인 학대에 대해 의무보고 조항을 갖고 있다. 따라서 여러분은 학대와 방치의 신호를 평가하는 법을 알고 있어야 한다. 모든 주들이 신체적 상해를 야기하는 경우, 아동학대나 방치를 보고하도록 하고 있다. 더불어 내담자가 자신이나 다른 사람들을 해칠 것 같을 때, 여러분은 이에 대한 조치를 취해야만 한다. 내담자가 자살 충동을 느끼는 경우, 그를 보호하기 위해 여러분이 할 수 있는 것을 할 책임이 있다.

인간복지 전문가가 비밀보장 문제를 적절하지 않게 다룰 경우, 법적 소송에서 이길 승산은 거의 없다. 따라서 소속 주 및 관할 구역의 법을 알고 따르며, 직업의 윤리적 기준에 대해 잘 인식하고 있을 필요가 있다. 복잡한 윤리적 딜레마를 다룰 때에는 여러분이 속한 전문가 조직으로부터 도움을 구하도록 하라.

비밀보장을 둘러싼 문제에 대한 생각을 더 분명히 하기 위해, 아래의 사례에 대해서 어떻게 할 것인지 생각해 보자.

- **아동학대** 어린 두 소녀가 고모를 따라 지역사회 상담실에 왔다. 고모는 지난 몇 달 동안 아이들에 대한 양육권을 갖고 있었다. 11살인 한 소녀는 말을 꽤 했지만, 13살의 다른 소녀는 그렇지 않았다. 그들이

이야기를 시작하여 이전 일에 대해 물어보자, 고모와 고모부가 둘 중 하나를 건드렸고, 고모는 심하게 때렸다고 말했다. 11살짜리 소녀가 말하길, 한번은 그런 구타 이후 언니가 자살 시도를 했다고 한다. 만약 여러분이 이 소녀들을 상담한다면, 어떤 행동을 취할 것이며, 또 왜 그렇게 할 것인가?

- **대체의학인가 아니면 노인학대인가?** 69세 노인이 질투가 많고 통제적인 아들 때문에 힘들어하다 상담을 시작하고 매주 상담자를 만나고 있다. 상담자는 내담자의 목과 등 위 쪽이 멍들어 있는 걸 발견했다. 피부에 난 이 흔적에 대해 물어보자, 내담자는 재빨리 호흡기 질환 때문에 부황 치료를 받고 있다고 대답했다. 상담자는 이 내담자가 솔직하게 말한 것인지, 아니면 아들을 감싸고 있는 것인지 알 수 없었다. 만약 여러분이 이 사례의 상담자라면, 어떻게 진행하겠는가?

- **가출 계획** 학생인턴이 초등학교 학생들을 상담하고 있다. 그녀는 집단에서 "여기서 여러분이 말한 모든 내용은 이 안에서만 이야기될 거예요"라고 말했다. 그러자 한 소년이 집에서 가출할 구체적인 계획을 공개했다. 아동들과 비밀보장의 예외에 대해 이야기하지 않았던 상담자는 어떻게 해야 할지 난감해졌다. 만일 그 소년에 대해 보고한다면, 그는 배신감을 느낄 것이다. 그렇다고 그를 보고하지 않으면, 부모에게 보고하지 않은 위법행위를 한 셈이 된다. 만약 이 상담자가 여러분에게 이 사례에 대한 자문을 얻고자 온다면, 여러분은 어떻게 조언하겠는가?

- **학생들의 비밀보장 위반** 여러분은 지역 기관의 인턴 상담자이며, 매주 사례 회의를 하는 학생 훈련집단의 일원이다. 하루는 학생 몇몇과 식당에서 점심을 먹는데, 그들이 식당 안의 다른 사람들이 들을 수 있을 만큼 큰소리로 내담자의 이름과 세부 사항들을 언급하면서 사례에 대해 토론하기 시작했다. 이 상황에서 여러분은 어떻게 하겠는가?

특히 다른 사람들이 여러분이 하는 일에 호기심을 보일 때, 내담자의 이야기를 하고 싶어진다. 이는 여러분이 흥미로운 일화를 이야기해줄 수 있는 중요한 인물인 듯한 느낌을 주기도 한다. 또한 내담자의 이야기에 압도되어 짐을 좀 덜고 싶을 때, 필요 이상으로 많은 이야기를 할 수도 있다. 전문적인 상담자로서 여러분은 비밀보장을 깨지 않고 내담자에 대한 이야기와 상담에 대한 보고를 어떻게 할지 익혀야만 한다. 내담자는 비밀보장이 절대적으로 보장될 수 없다는 것을 알아야 하지만, 그들은 여러분이 법의 요구나 전문적인 필요성이 나서는 경우가 아니라면, 내담자에 대해 말하지 않을 것이라는 확신을 가질 수 있어야 한다.

커플과 가족 치료에서의 비밀보장

일반적으로 이야기하자면 법적 관점에서, 커플상담, 가족 치료, 집단상담, 미성년자상담에 적용되는 비밀보장은 한계가 있다. 그러나 윤리적인 관점에서, 비밀보장은 가장 중요하고 반드시 논의되어 이와 같은 형식의 상담에 관련된 비밀보장이 무엇인가에 대해 모든 구성원이 알고 있어야 한다. Kleist와 Bitter(2014)는 상담자가 커플, 가족과 작업할 때 비밀보장은 극도로 복잡해질 수 있고, 누가 내담자인지를 결정하고, 고지된 동의를 제공하며, 관련된 문제를 각 개인의 맥락에서 다루어야 하는 문제들을 포함하게 된다고 주장한다. 어떤 상담자는 한 가족 구성원으로부터 얻은 정보가 무엇이건 간에 다른 구성원에게 절대 누설해서는 안 된다고 주장한다. 반면 또 다른 상담자는 가족 내의 어떤 정보도 비밀로 하는 것을 거부하는 방침을 갖고 있다. 이는 가족 구성원들이 서로에게 솔직해지도록 도울 때에 비밀을 갖는 것이 그다지 생산적이지 않다고 생각하기 때문이다. 이런 상담자들은 모든 비밀이 공개되는 것을 격려한다. 가족 구성원들로부터 들은 비밀을 어떻게 다룰지 머리 속에서 분명히 정하고, 여러분과의 전문적 관계가 시작되기 전에 내담자들에게 여러분의 방침에 대해 알려주는 것이 필수적이다.

사례 예　**커플상담에서 정보를 숨기기**

Owen은 개인상담을 받고 있었고, 후에 그의 아내 Flora가 부부상담에 몇 회기 참여하게 됐다. Owen은 상담자에게 몇 달 전에 남자와 성적 관계를 갖게 되었다고 밝혔다. 그는 아내가 이혼을 요구할까 두려워 아내가 알게 되는 걸 원치 않았다. 상담자가 부부를 상담하게 된 지 몇 회기 후 Flora는 무시받는 느낌이 들고 남편이 정말로 결혼생활에 전념하고 있는지 의심스럽다고 불만을 호소했다. 그녀는 남편이 결혼을 유지하고 싶어 하고, 그들의 문제를 해결하는 데 헌신적으로 노력한다는 확신이 들면 부부상담을 계속하겠다고 말했다. 상담자는 혼외 관계에 대해 알고 있었지만, 이 합동 회기에서는 아무 말도 하지 않기로 하고, 남편이 말할지 말지를 결정하도록 두었다.

상담자의 입장 이 상황에서 상담자의 윤리적 결정에 대해 여러분은 어떻게 생각하는가? 만약 여러분이 이와 유사한 상황에 있다면, 어떻게 다르게 하겠는가? 만약 Owen이 AIDS에 걸린 것 같아 매우 걱정된다고 털어놓는 상황을 가정해 보자. 여러분은 어떤 조치를 취하겠는가? 그가 이런 사실을 Flora에게 말하지 않는 것이 걱정되는가? 무고한 사람에게 경고하고 보호를 해야 할 의무에 해당하는 사례가 되는가?(이 주제는 이 장 뒷부분에서 다시 다루겠다.)

토론 의심의 여지없이 이 상담자는 아주 곤란한 상황에 처하게 됐다. 우리는 고지된 동의 과정에서 Owen에게 비밀보장이 어떻게 설명되었는지, 이후 부부상담에 Flora가 참여하게 되었을 때 그녀에게 역시 이 정보가 전달되었는지 궁금하다. 이 상담자는 Owen에게 그가 개인상담에서 이야기한 모든 정보를 Flora가 이후 회기에 참여하게 될 경우에도 공유하지 않을 것이라고 말했을까? Flora 역시 이 사실을 이해하고 있을까? 만약 이 상담자가 고지된 동의 문서에 각자에게 들은 정보가 서로에게 비밀로 유지되지 않을 것이라고 분명하게 명시했다면, 이 내담자들은 자기 개방의 잠재적 영향에 대해 이해했을 것이고, Owen은 그의 혼외 관계에 대해 상담자에게 이야기하지 않았을지도 모른다. 커플이나 가족과 작업하게 될 경우, 처음부터 민감한 정보가 어떻게 다뤄질지에 대해 분명히 해두는 것이 필수적이다.

집단상담에서의 비밀보장

집단상담을 진행할 때에는 비밀보장의 몇몇 특수한 윤리적, 법적, 전문적 면을 고려해야 할 것이다. 집단상담 환경에서, 여러분은 비밀보장의 한계에 대해 반드시 밝혀야 한다. 아주 많은 사람들이 집단에서 나눈 정보를 알게 되고, 각 구성원들이 회기 밖에서 하는 행동과 말을 통제할 수 없기 때문에 여러분은 비밀보장을 보증할 수 없다. 여러분은 주의 법규가 제공되지 않는 한(Association for Specialists in Group Work[ASGW], 2008), 법적 특권(비밀보장)이 집단 치료에는 적용되지 않는다는 것을 설명해야 한다. 집단상담자는 집단 구성원들에게 초기부터 비밀보장의 한계에 대해 구체적으로 설명해야 하고, 법적 의무에 의한 집단에서는 상담자에게 요구되는 모든 보고 절차에 대해 알려야만 한다. 구성원들은 또한 요구되는 문서화와 기록을 남기는 절차가 비밀보장에 영향을 줄 수 있다는 사실에 대해 잘 인지해야 한다. 여러분이 아무리 집단원들에게 비밀유지가 얼마나 필수적인지를 계속 강조한다 하더라도, 그 중 몇몇이 집단에서 나눈 내용에 대해 다른 사람들에게 부적절하게 말할 가능성은 여전히 존재한다. 집단 지도자는 그럴 의도가 없는 경우라도 비밀보장이 어떻게 깨어질 수 있는지를 설명할 책임이 있다. 참여자들에게 이따금씩 어떻게 신뢰가 우연히 미묘한 방식으로 위태로워질 수 있는지에 대해 상기시키는 것도 좋은 방법이다.

비밀보장은 집단원들이 집단에서의 안전감을 형성해 나갈 시기에 특히 필수적인데, 이는 기꺼이 위험을 감수하려는 시도의 기초가 되기 때문이다. 집단의 초반 시기에, 지도자는 집단의 기밀을 유지하는 지침을 제공할 수 있다. 지도자는 집단원들에게 자신의 자기 개방이 어떻게 다뤄질 것인지에 대한 걱정을 다룸으로써 집단을 지속적으로 안전하게 만들 책임이 있다고 강조하는 방법도 있다. 구성원들에게 비밀보장이 깨어질지도 모른다는 두려움에 대해 이야기를 꺼내어 집단에서 솔직하게 탐색해 볼 것을 격려해 볼 수도 있다.

보호시설, 기관, 학교처럼 집단 구성원들이 서로 알고 자주 만나며 집단 밖에서도 어울리는 경우, 비밀보장은 특히 중요하며 동시에 유지되기가 좀더 어렵다. 집단상담자는 고지된 동의를 통해 온라인 행동의 한도에 대해 언급할 책임이 있으며, 온라인에 사진을 게시하거나, 코멘트를 남기거나, 혹은 다른 구성원에 대한 어떤 종류의 사적인 정보도 올리지 않겠다고 합의하는 기본 원칙을 세우는 과정을 논의해야 한다. 집단 밖에서 온라인으로 토론을 하는 것에 대한 규칙을 만드는 것은 고지된 동의를 얻는 과정의 일부이자, 집단을 지배하는 집단 규범에 대해 논의하는 과정의 일부가 되어야 한다.

학교상담에서의 비밀보장

학교상담의 맥락에서 비밀과 사생활을 보호하는 것은 주요 관심사이다. 아동과 청소년 내담자들은 학교 상담자와 처음 만난 순간부터, 어떤 정보는 비밀이 보장되고, 또 어떤 정보는 되지 않을지에 대해 알 권리가 있다. 고지된 동의를 직접 할 수 없는 미성년자의 경우, 부모나 후견인이 동의를 해야 하고 상담 과정에 포함되어야 하는 경우도 있다. 부모나 후견인은 학교 직원과 마찬가지로, 상담 회기에 대한 정보를 요구할 일정한 법적 권리가 있지만, 이는 최대한 아동이나 청소년의 사생활을 침해하지 않는 태도로, 학생에 대한 존중을 표하는 방식으로 이루어져야 한다. 학교 상담자는 그들이 만나는 학생들에게 비밀 유지의 한계와 정보가 언제 어떻게 공유될 수 있는지 분명하게 알려야 한다.

미성년 내담자가 자신이나 다른 사람들을 위험하게 만들 때, 학교 상담자는 반드시 비밀보장을 깨야만 한다. 윤리적인 측면에서나 법적인 측면 모두에서, 그 어떤 자살이나 타인에 대한 폭력 위협도 매우 심각하게 받아들여야 한다. 자살의 위험성이 희박하다 하더라도, 그 가능성 자체로 부모에게 연락하여, 자살 행동의 가능성에 대해 알릴 의무가 충분히 성립된다. 법원에서도 자살 충동을 느끼는 학생이 입을 수 있는 위험성을 고려했을 때, 전화를 거는 것에 대한 부담은 상대적으로 사소하다고 판결내려 왔다. 다시 말해 학교담당자는 학생을 보호하기 위해 모든 조치를 다해야 한다는 것이다.

사례 예 부모에게 알리면서 비밀보장을 존중하기

15세 고등학생인 Conrad는 우울증 평가를 받기 위해 그의 학교 상담자인 심리학자 Andy에게 의뢰되었다. Conrad는 현재 두 어린 형제자매, 부모와 함께 살고 있다. 접수 면접에서 그는 지난 2년간 학업적으로나 사회적으로 고군분투해 왔고 이 즈음 가장 심하게 우울감을 느낀다고 말했다. 성적은 나빠졌고 보다 내향적이 되었다. 이에 대한 대처 기제로서, 집에서 음악을 작곡하고 연주하고 있다. 그는 졸업 때까지 집에서 학교를 다니며 지역 전문대학에 진학하려고 생각 중이다. Andy는 Conrad와 총 4회기 동안 만났고, 그는 대화 치료에 아주 적극적이었다. 마지막 회기 후에 Andy는 Conrad의 어머니로부터 아들의 진행상황을 알고 싶고 그의 상황과 관련된 정보를 공유하고 싶다는 전화 메시지를 받았다.

그래서 Andy는 Conrad에게 어머니가 전화 메시지를 남겼고, 그의 향상 정도를 궁금해 하신다고 말했다. Conrad는 Andy가 어머니와 대화를 나누는 것이 어떨지 확신할 수 없었는데, 어머니가 Andy에게 이야기할 수도 있는 내용을 신뢰하지 않기 때문이다.

상담자의 입장 여기서 점검해야 할 윤리적, 법적 이슈는 무엇인가? 여러분이라면 내담자의 욕구와 알고 싶어 하는 부모의 욕구 사이에서 어떻게 방향을 잡아가겠는가? Conrad와 부모에게 도움이 될 듯한 개입에 대해 생각해 볼 수 있는가?

토론 Andy는 부모님 두 분을 회기에 초대하는 것에 대해 Conrad와 논의해 볼 수 있다. 이런 접근은 Conrad에게 그의 치료에 관한 결정에 계속 적극적으로 책임을 질 수 있도록 힘을 실어주고, Conrad와 Andy 사이에서 발생할 수 있는 신뢰의 문제를 방지할 수 있을 것이다. 그러나 Conrad의 부모가 상담에 오기 전에, Conrad와 어머니가 그에 대해 무슨 이야기를 할까, 걱정되는 마음에 대해 탐색해 보면 유용할 것이다. Conrad의 두려움은 무엇인가? 그는 어머니가 그나 그의 가족에 대해 부정적으로 비춰질 어떤 이야기를 할까봐 걱정하는 것인가? 이런 탐색은 의미 있고 생산적인 치료적 작업으로 이어질 가능성이 있다.

테크놀로지 세계에서의 비밀보장과 사생활

지난 십 년 동안 상담 직종에서 가장 극적으로 변화한 것 중 하나는 상담 서비스에 테크놀로지를 사용하기 시작한 것이다(Jencius, 2015). 상담 윤리 규정은 전자 교신의 빠른 발달에 보조를 맞추지 못하고 있고, 다수의 윤리적, 법적인 문제가 다양한 새 과학기술과 관련된다. 최근 개정된 ACA 윤리 규정(ACA, 2014)의 H 섹션은 테크놀로지의 사용, 컴퓨터 매개의 의사소통을 통해 맺는 관계, 전달 플랫폼으로서 소셜 미디어 등에 관한 기준을 포함하고 있다. 섹션 H의 주요 세부 항목은 서비스를 제공하기 위한 역량과 원거리 상담, 고지된 동의 및 보안의 요소들(비밀보장, 한계, 보안), 내담자 입증, 원거리 상담관계(접근권, 접근 가능성, 전문적 경계), 기록의 유지와 웹사이트의 접근 가능성, 소셜 미디어의 사용에 대한 측면 등에 관련된 법을 언급하고 있다.

여기에는 다양한 형태의 테크놀로지를 부적절하게 사용함으로써 내담자의 사생활이 침해될 수 있는 가능성이 많다. Barros-Bailey와 Saunders(2010)에 따르면,

> 의사소통한 내용들이 텍스트 방식(예를 들어, 이메일, 문자 메시지), 사진 혹은 동영상(예를 들어, 스마트폰 카메라, Skype와 같은 인터넷 전화), 음성 파일(예를 들어, 핸드폰이나 MP3 플레이어, 녹음기 등 모든 종류의 휴대용 녹음 장치)로 쉽게 파일화, 복사, 전달, 전파, 저장될 수 있을 때, 비밀보장이 깨어질 위험은 현저히 증가된다. (p.256)

암호화 소프트웨어의 사용이 중요하긴 하지만, 이것만으로 비밀보장이 간단하게 보장되지는 않는다. 이는 분명 이러한 전자 교신 시대에 상담을 함에 있어 가장 큰 도전 중 하나일 것이다. 이런 상황을 염두에 두고, 여러분의 책임 보험이 내담자와의 이메일과 다른 전자 커뮤니케이션에도 적용될 수 있도록 확인해 두는 것이 최선일 것이다(Bradley, Hendricks, Lock, Whiting, & Parr, 2011). 전자 매체를 통한 통신은 잠재적으로 사생활 침해의 소지가 다분하다.

상담자와 내담자는 내담자의 직장 혹은 집으로 이메일을 보내기로 합의하기 전에 사생활에 대한 이슈를 신중하게 검토해야 한다. 바람직한 방침

은 이메일의 교환을 시간 약속과 같은 기본 정보들로 제한하는 것이다. Tran-Lien(2012)은 내담자와 이메일을 교환할 계획이 있는 상담자는 자세한 안내 사항과 이메일 사용에서의 한계, 비밀보장에서의 잠재적인 위험, 예상되는 응답 소요 시간을 명시한 문서(고지된 동의 절차의 일부로서)를 내담자에게 제공하도록 추천한다. 그녀는 "내담자와 이메일을 통해 의사소통할 수는 있지만, 안내사항과 관련 있는 법적, 윤리적 이슈에 대해 세심한 주의를 기울여야 한다"(p.22)고 말한다.

내담자의 사생활과 비밀보장은 오랫동안 핵심적인 이슈였지만, 전자 거래 환경에서 좀더 복잡해졌다. 1996년, 건강관리 산업에서의 표준화와 효율화를 증진시키기 위해 Health Insurance Portability and Accountability Act(건강보험 양도와 책임에 관한 법률, HIPAA)가 의회에서 통과됐다. HIPAA는 내담자의 사생활, 고지된 동의, 기록의 전송에 관한 자세한 조항을 담은 연방법이다. 상담자들은 내담자에게 건강정보가 어떻게 사용되고 유지될 것인지에 대해 분명한 서면 형식으로 설명을 제공해야 한다(Remley & Herlihy, 2014).

HIPAA의 건강정보 보호를 위한 법률은 자신의 건강정보에 대해 환자들이 보다 많은 권리와 통제권을 갖게 하기 위해 고안되었다. 환자들은 자신의 권리에 대한 정보를 듣고, 의료인이 다른 의료인에게서 정보를 얻고 정보를 제공할 권한을 인가하는 서류에 서명을 하게 되어 있다(Robles, 2009). 건강정보 제공자가 개인 건강정보를 서면 혹은 전자로 송신하는 경우 모두에 적용되는 HIPAA 건강정보 보호를 위한 법률은, 전자 수단에 의해 건강관리정보가 전달될 때 고객의 정보를 보호하는 것에 광범위한 틈이 생길 것을 우려하여 개발된 것이다(Wheeler & Bertram, 2012). 새로운 개인정보 보호 규정은 의료인이 환자의 의료정보 및 다른 개인적인 식별 가능한 건강정보를 사용하는 방식을 제한함으로써 환자를 보호한다. 건강정보 보호 법률은 의료보험이 환자에 대한 건강정보를 비밀보장하기 위한 정책과 절차를 만들도록 요구한다.

우리 대부분은 테크놀로지에 의존하는 데 익숙해져서 개인정보가 침해되는 미묘한 방식에 대해 항상 신중하게 생각하는 것이 어렵다. 우리는 여러분이 의도치 않게 내담자의 사생활을 침해하게 될 수 있는 방식에 주의를 기울이고 조심하는 태도의 중요성에 대해 강조하고자 한다. 고지된 동의 절차의 한 부분으로서, 내담자와 광범위한 과학 기술에 관련된 잠재적인 개인정보 침해 문제에 대해 논의하고, 여러분과 내담자가 모두 이 중요한 문제에 대해 이해하고 합의할 수 있는 예방적 조치를 취하는 것이 현명할 것이다. 기관의 환경에서 개인정보 보호의 문제와 관련된 다음 사례를 살펴보자.

사례 예 **개인정보 문제와 전기 통신**

여러분이 일하는 기관에서 내담자로부터 전화를 받아 약속을 잡아주는 콜센터를 만들었다. 그들의 새 정책 중 하나는 내담자가 다음 약속 시간을 기억할 수 있게 전화로 연락하는 것이다. 한 내담자가 분명한 태도로, 남편에게 상담을 받고 있다는 사실을 알리고 싶지 않다고 말했다. 그러나 콜센터에서 대표 번호인 그녀의 자택으로 연락하여 다음 상담 약속에 대한 정보를 남겼고, 그 과정에서 남편이 그녀의 다음 상담 일정에 대한 메시지를 듣게 되었다.

상담자의 입장 여러분은 이 사례에서 개인정보 혹은 비밀보장에 대한 윤리적 문제를 발견할 수 있는가? 여러분은 이와 같은 상황에서 기관의 정책과 내담자의 개인정보 보호를 어떻게 조화시키겠는가? 발생한 사건에 대해 문제제기를 하려고 내담자가 걸어온 전화에 여러분은 어떻게 응대하겠는가?

토론 비록 이러한 비밀보장 위반이 의도적이지 않으며 기관 직원과 콜센터 사이의 작은 의사소통 과실에서 야기된 것이라고 해도, 이런 윤리적 위반의 영향은 심각할 수 있다. 이 내담자는 아마도 남편에게 그녀가 상담 중이라는 사실을 숨기고 싶은 많은 이유가 있었을 것이다. 그녀가 이런 개인정보 보호 위반에 대해 문제제기를 하는 것은 너무나 당연하다. 상담자가 방어적이지 않은 자세로 그녀의 걱정에 대해 들어주고 기관을 대신하여 이런 실수에 대해 사과하는 일이 중요하다.

이 사례는 여러분이 주의를 기울이지 않을 때, 비밀보장이 얼마나 쉽게 깨질 수 있는지를 잘 보여준다. 초기 면접 동안 내담자가 어떻게 연락

받기를 원하는지에 대해 논의하여 비밀보장이 잘 준수될 수 있도록 하는 것이 좋은 방침이다. 기관의 직원은 내담자의 개인정보를 보호하기 위해 가능한 모든 조치를 취하는 것이 무엇보다 중요하다.

작은 지역사회에서의 개인정보 보호

나(Marianne)는 수년간 작은 지역사회에서 결혼 및 가족 치료사로 일했다. 이런 상황은 내담자의 사생활을 보호하는 것에 관한 일련의 윤리적 문제들을 야기했다. 우선 내담자가 들어오고 나갈 때 그들의 사생활을 보호해 줄 수 있는 사무실을 선택하는 것이 중요했다. 마을 중심가의 작은 건물을 임대하려 했으나 곧 사람들이 심리적 도움을 구하러 올 때, 남들 눈에 띄고 싶지 않아 한다는 것을 알게 됐다. 그래서 마을의 중심에서 떨어진, 집에 있는 사무실(home office)이 잘 맞았다. 그러나 또한 내담자 스케줄을 잡을 때도 신중해야 했는데, 상담시간 사이에 충분한 여유를 두어 서로 알지도 모르는 내담자들이 마주치지 않도록 했다. 집 안에 사무실이 있는 경우, 전문적 상담실 분위기를 조성하는 것 역시 필수적이다. 내담자는 사생활을 보호받을 권리가 있고, 치료자의 가족에 의해 방해받지 않아야 한다.

나는 작은 지역사회에서의 비밀보장과 관련된 독특한 변수들을 내담자와 함께 의논했다. 우리가 식료품점이나 우체국에서 만나게 되더라도, 상담에 관한 이야기를 하지 않을 것이며, 상담실 밖에서의 상호작용에 대해서는 내담자가 원하는 방식을 존중하겠다고 말했다. 그들은 내가 마을의 많은 사람들을 만나고 있다는 것을 알고 있기 때문에, 나는 재차 누구에게도 내 내담자들이 누구인지 말하지 않을 것이라고 약속했다. 또한 내담자의 사생활을 보호하기 위해 지역 은행에 수표를 예금하는 방식에 대해서도 주의를 기울였다. 은행 직원들이 내 직업을 알고 있기 때문에, (내담자가 상담료로 지불한 수표를 처리하다 보면: 역주) 내 내담자가 누구인지 쉽게 알 수도 있었다. 그래서 내담자들에게 어떤 방식을 선호하는지 물었다. 그들의 수표가 지역 은행에서 처리되는 것이 조금이라도 불편하다면, 나는 다른 곳에서 그 수표가 입금되도록 했다.

보호해야 할 의무

법원은 정신건강 전문가가, 내담자가 자신 혹은 타인을 위험에 처하게 할 수 있다고 생각할 충분한 근거를 갖고 있을 때, 비밀보장의 예외를 인정한다고 정하고 있다. 상담자는 내담자와 타인을 위험으로부터 보호할 윤리적 책임뿐만 아니라 법적 책임 역시 갖고 있으며, 이와 같은 보호를 제공할 필요가 있을 때는 반드시 비밀보장을 깨야 한다. Wheeler와 Bertram(2012)은 상담자에게 다음과 같은 질문을 생각해 보라고 조언한다. "어떻게 하면 인간의 생명을 보호하고, 내담자 편에서 최선의 이익을 위해 행동할 법적, 윤리적 의무를 완수하며, 법적 책임으로부터 보호받을 수 있을 것인가?"

이런 상황에 여러분이 처해 있다고 생각해 보자. 새로운 내담자가 대학상담실에서 일하고 있는 여러분을 찾아왔다. 그는 어렸을 때 아버지로부터 심한 학대를 받았고, 지금 몹시 화가 난다고 한다. 그는 아버지를 죽일 거라고 위협하면서, 총을 갖고 있다고 말한다. 여러분은 이 상황에서 어떻게 진행하겠는가? 이 내담자가 위험한지 어떻게 판단하겠는가?

많은 상담자들이 내담자가 타인에게 심각한 위협을 제기하는 순간을 예견하기 어려워 한다. 더 많은 훈련과 슈퍼비전이 쌓이면서, 위험요인 및 폭력에 대한 경고 사인을 식별하고 평가하는 방법을 알게 될 것이다. 잠재적인 폭력의 예측 변수로는 폭력적 혹은 공격적인 행동을 한 전력, 언어 폭력, 이메일이나 편지에 의한 협박, 못살게 굴기(성희롱과 스토킹 포함), 특히 화기와 같은 흉기 소지 등이 있다("How to recognize students who are potentially dangerous(잠재적으로 위험한 학생을 어떻게 식별할 것인가)," 2011). 상담자들이 내담자의 폭력적인 행동을 잘못 예측한 것에 대해서는 대부분 법적 책임이 없긴 하지만, 내담자의 위험성에 대한 미흡한 판단은 상담자가 책임을 져야 하며, 제삼자에게 해를 끼치고, 내담자 비밀을 부적절하게 노출하는 상황을 야기할 수 있다. 위험해질 가능성이 있는 내담자를 만나는 전문가들은, 다른 사람들을 보호하고 자신이 법적 책임을 져야 하는 상황을 최소화할 수 있는, 명확한 조치를 취해야 한다. 주의 깊게 과거에 대해 알아보고, 내담자에게 비밀보장의 한계에 대해 알리며, 위협이나 내담자의 다른 진술에 대해서도 정확히 기록을 남기는 동시에, 자문을 구하고, 다른 사람들을 보호하기 위해 취했던 조치들을 기록해 두어야 한다.

잠재적인 희생자를 보호하기 위해 비밀보장을 깨는 것이 정당한 시기를 판단하는 것은 아주 어렵다. 정신건강 전문가들은 법적으로 요구될 때 정보를 공개할 의무가 있으며, 주마다 법이 다르기 때문에 보호해야 할 의무에 관한 소속 주 법률에 대해 잘 알고 있어야 한다(Herlihy & Corey, 2015c). 경고 받을 권리가 있는 사람이 경고와 보호를 받지 못하거나, 권리가 없는 사람에게 경고가 주어졌을 때, 그 법적 책임을 상담자가 져야 하는 경우가 있기 때문에, 상담자들은 이 문제를 슈퍼바이저, 동료 혹은 변호사와 의논하는 것이 좋다.

대부분의 주에서 상담자가 희생자를 보호하기 위해 비밀보장을 깨는 것을 허용하거나 요구한다. 수많은 법정 사례를 고려하여, 정신건강 전문가들은 점점 더 두 가지 임무—잠재적으로 위험한 내담자로부터 다른 사람들을 보호하는 것과 자신으로부터 내담자를 보호하는 것—에 대한 의식이 높아지는 추세이다. 폭력적일 가능성이 있는 내담자로부터 대중을 보호할 책임이란, 전문가가 위험의 진단과 예측을 잘못하고, 폭력 행동의 잠재적 피해자를 보호하지 못하며, 위험한 사람을 수감하지 못하고, 위험한 내담자가 병원에서 조기 퇴원하게 함으로써, 자신의 의무를 소홀히 한 경우, 공적인 피해에 대한 법적 책임을 진다는 의미이다.

HIV 문제

다른 사람에게 경고하고 보호를 제공해야 하는 상담자의 의무에 관해, 논쟁적인 윤리적 딜레마 중 하나는 AIDS 환자(HIV 바이러스에 감염된 결과로 면역체계가 손상, 저하된 사람: 역주), 혹은 HIV 양성 반응자, 그 외 다른 사람을 위험에 빠뜨릴 수 있는 사람과 상담하는 경우와 관련 있다. 상담자로서 여러분은 내담자의 HIV 상태 때문에 감염 위험이 있는 제삼자에게 경고를 하는 것과 비밀보장에 대한 내담자의 권리 사이에서 균형을 잘 잡아야 할 것이다.

이때 상담자에게 경고를 해야 할 법적인 의무는 없으며, 법률 문제를 해결하기 위해 법정 결정이 내려질 것이다. 그 전까지 HIV 양성 내담자를 만나는 상담자는 내담자에 대한 행동 방침을 결정할 때, 윤리적 이슈와 계속 씨름해야 할 것이다. 구체적으로 누가 위험한지를 알아내고, HIV 내담자와 친밀한 사람이 처한 심각하고 예측 가능한 피해의 정도를 평가해 내기란 어렵다. 정보 공개는 아주 신중하게 결정해야 하며, 내담자에게 진단이 확정되고, 그가 제삼자에게 이를 알리지 않았으며 가까운 미래에도 알릴 의사가 없다는 것을 확신할 때까지는 상담자가 행동을 취해서는 안 된다. 상담자가 어떻게 할지를 결정할 때, 질병 상태를 공개하는 것에 대한 주 법률을 숙지하는 것이 아주 중요하다. ACA 윤리 규정(ACA, 2014, 기준 B.2.c)은 전염되는 치명적 질병에 대해서는, 상담자가 비밀보장을 깨는 것을 허락하지만, 경고의 의무를 명시하지는 않았기 때문에, 이 규정은 과오에 따른 소송에서 상담자를 취약하게 만들고 있다. 우리는 수년간 HIV양성 내담자를 전문으로 하는 몇몇 동료를 알고 있는데, 그들은 이런 경우에 결코 비밀보장을 깬 적이 없다고 말한다. 비밀보장을 깨지 않고도 제삼자에게 경고를 할 다양한 다른 방법이 있기 때문이다.

사례 예 **타인에게 알리고 그를 보호해야 할 임무**

남성 내담자 중 한 명이 HIV 양성이라고 고백했지만, 그의 파트너 혹은 파트너들과의 성행위에 대해서는 아무 말도 하지 않는다. 이후 회기에서 그는 파트너가 한 명이 아니며, 파트너들 중 한 명이 그의 상태를 모르고 있다고 밝혔다. 얼마 전부터 그는 이 사람과 보호장치 없이 성행위를 하고 있고, 그의 상황을 알리거나 성행위를 변화시키는 게 의미가 없다고 생각한다.

상담자의 입장 여러분은 이 상황에서 어떻게 할 것인가? ACA의 지침은 행동 방침을 결정하는 데 얼마나 유용한가? 여러분이라면 고지된 동의를 얻는 과정에서, 다른 사람들에게 이 사실을 알리게 될 가능성도 있다고 처음부터 언급했겠는가? 왜 그렇게 할 것인가, 혹은 왜 그렇게 하지 않을 것인가? 자신의 윤리적, 법적 의무가 무엇이라고 생각하는가? 윤리적 행동과 법적 행동 사이의 잠재된 갈등을 어떻게 해결하겠는가? 여러분은 어떤 의사결정을 하겠는가?

토론 비밀보장을 깨는 것은 최후의 보루여야 하며 덜 침범적인 조치가 실패한 이후에 고려되어야 한다(Corey, Corey, Corey, & Callanan, 2015). 먼저 내담자가 아무것도 모르는 파트너에게 자신의 HIV 양성 상태를 알리는 것의 중요성에 대해 자각하도록 도와주라. 정신건강 전문가는 HIV 감염에 대한 경우, '보호할 의무'를 지킬 법적인 근거가 없으며, HIV 양성 내담자의 성행위 파트너를 보호해야 할 법적인 책임은 여전히 분명하지 않다. 여러분 주의 공중·보건 부서, 이 문제에 전문성이 있는 변호사, 윤리적 의사결정에 경험이 있는 동료나 전문가 조직 등에 조언을 구하도록 하자(Wheeler & Bertram, 2012). 이 문제를 어떻게 진행하고 어떤 행동을 취할지를 결정하기 위해 다른 사람과 논의할 때는, 내담자의 사생활을 보호하기 위해 식별 가능한 정보를 제외할 필요가 있다.

자신에게 미치는 해악

위험으로부터 다른 사람들을 보호하고 그들에게 주의를 줘야 하는 의무 외에, 상담자는 스스로를 해칠지도 모르는 내담자에 대한 보호 의무 역시 갖고 있다. 많은 상담자들이 내담자에게, 상담자는 자살 행동을 의심할 만한 충분한 이유가 있을 때 비밀보장을 깰 윤리적이고도 법적인 책임이 있다는 것을 알린다. 내담자가 자신의 삶에 대해 원하는 대로 할 자유가 있다는 입장을 취하더라도, 상담자는 그들을 보호할 법적인 의무가 있다. 그러나 여기서 내담자가 자살로 생을 마감하겠다고 진지하게 생각하는 순간을 판단하기란 어렵다.

비록 스스로 결정 내릴 내담자의 권리를 존중하려는 마음에서 강제적인 조치를 사용하는 것에 반대하는 상담자들도 있지만, 다수의 정신건강 종사자들은 자살 충동이 있는 내담자를 상담하는 사람들이 위기 상황을 인지하고 평가하고 효과적으로 개입한다면, 대부분의 자살을 방지할 수 있다고 생각한다. 위기의 내담자는 일시적으로 절망감을 느낄 수 있으나, 당면한 문제에 대처하기 위한 도움을 받을 경우 자살 가능성이 크게 줄어들 수 있다. 내담자가 정말 삶을 끝내길 원하는지, 아니면 정서적인 아픔과 고통을 끝내고 싶어 하는 것인지 변별할 수 있도록 도와주라. 대개 정서적인 고통이 압도적이더라도 이를 인식하는 것은 희망과 치료적 개입을 위한 기회를 준다. 일단 정신건강 전문가가 심각한 위험이 있다고 판단하는 경우, 대부분은 적절한 조치가 필요하다. 자살을 막는 데 실패한 상담자는 책임을 져야 할 수 있다.

전문가 조직의 윤리 조항에서 상담자는 반드시 적극적으로 자살을 방지하기 위해 애써야 한다고 명시한다. 위협의 치사성을 측정하고 추가적인 개입이 필요한지를 결정할 때, 다음 질문들을 생각해 보자.

- 구체적인 계획이 있는가?
- 임상적인 우울감이 있는가?
- 그 사람이 절망감 혹은 무력감을 보이는가?
- 정서 혹은 행동상의 갑작스럽고 극적인 변화가 있었는가?
- 과거에 자살 시도를 한 적이 있는가?
- 가능한 수단을 갖고 있는가?
- 정신적 질환이 있는가?
- 가족, 가정 혹은 다른 곳에서 어떤 종류의 정서적 지지가 가능한가?

만약 내담자가 스스로를 해칠 의도에 대해 자진해서 밝히지 않는 경우, 상담자가 직접 물어봐야 할 것이다. 내담자의 자해 위험을 높이는 요인으로는 정신적 질환, 약물 남용, 최근의 상실 경험, 급성 질환 등이 있다(Bongar & Sullivan, 2013). 만약 내담자가 자살 위험이 있다고 판단되면, 상담자는 상담 회기 밖에서 행동을 취할 윤리적인 책임이 있다. 가능한 개입으로는 부모, 배우자, 의사 혹은 내담자 삶의 중요한 사람에게 알리는 것 등이 있다. 내담자와 능숙하게 작업할 자신이 없는 상담자는 이런 기술이 있는 전문가에게 슈퍼비전을 받거나 적절히 다른 전문가에게 의뢰해야 한다. 자문은 상담자가 보살핌의 기준에 맞게, 비밀보장 예외에 대해 충분히 인지한 상태에서 의사결정을 내리고, 현재 가능한 모든 처치 옵션을 이용하여 상담을 진행하도록 도와준다. 상담자는 평가 과정, 자문 활동, 어떤 개입이 선택되고, 그 결정의 근거는 무엇이며, 다른 개입 방법은 왜 선택하지 않았는지를 포함한 치료 계획 등을 적절하게 문서화해 두는 것이 아주 중요하다(Werth & Stroup, 2015).

사례 예 우울한 내담자를 보호하기

한 내담자가 우울해 하며 삶을 끝내는 것에 대해 얘기한다. 그는 여러분을 신뢰하기 때문에 얘기를 꺼내는 것이라며, 아무에게도 이 대화에 대해 언급하지 말아 달라고 요구한다. 그는 얼마나 절망적으로 느끼는지에 대해서 말하고 싶어 하며, 여러분이 자신을 이해하여 결과적으로 어떤 결정을 하든 받아들여 주길 바란다.

상담자의 입장 이 사례에서 여러분의 윤리적, 법적 의무에 대해 생각해 보라. 여러분은 그에게 뭐라고 말할 것인가? 여러분이라면 어떻게 진행하겠는가?

토론 이는 상담 시작 때부터 내담자가 스스로를 해칠 위험이 있을 때 비밀보장을 깨야 한다는 내용을 포함하여, 비밀보장의 한계에 대해 논의하는 것이 얼마나 중요한지를 아주 잘 상기시켜 주는 사례이다. 이 사례에서, 여러분은 이 내담자가 구체적인 계획이나 자살할 의도는 없으며, 대화를 나누는 것이 속을 후련하게 하고 치유적이라고 생각할 것이다. 이 내담자에게 자살 충동이 지속되는 경우, 이용할 수 있는 자원들 목록을 제공하라.

만약 이 내담자와 이야기를 나누며 점점 더 걱정스러워진다면, 그에게 구체적인 계획이나 수단 및 계획을 실행할 의도가 있는지를 판단하기 위해 치사성 평가를 진행하라. 그 정도가 위험하다고 판단되면, 그가 반대하더라도 여러분은 윤리적으로 비밀보장을 깰 의무가 있다. 내담자들은 상담자가 자살에 대한 대화를 심각하게 다룰 의무가 있으며 내담자를 보호하기 위한 조치를 취해야 한다는 것에 대해 알아야 한다. 결과적으로 내담자가 자살 행동에 성공하는 것보다 살아서 여러분에게 화를 내는 게 낫다. 분노는 작업하고 처리할 수 있지만 내담자가 삶을 끝내고 나면 더 나은 결과를 위해 노력할 기회가 사라지는 것이다.

사례 예 정보 제공자의 인지에 따른 행동

대학의 한 상담자는 현재 내담자인 Sadie의 친구로부터 이메일을 받는다. 친구는 익명을 원한다. 그 내용에 따르면 Sadie는 자살 충동을 느끼고 이미 자살을 실행할 자세한 계획까지 있다고 한다. 상담자는 Sadie에게 전화를 걸어 가능한 빨리 상담센터로 와달라고 한다.

상담자의 입장 여러분은 상담자가 이메일 내용에 대응할 윤리적인 의무가 있다고 생각하는가? 이 상담자가 내담자의 친구로부터 온 이메일에 응하여 긴급 상담을 잡고자 Sadie에게 연락한 것은 부적절한 것일까? 이 상담자는 Sadie의 부모에게 경고할 의무가 있을까? 여러분은 이 상황이 상담자가 Sadie와 긴급 상담을 갖기에 충분하다고 생각하는가?

토론 자살에 대한 위협은 충분한 주의를 기울여 심각하게 다뤄져야 한다. 걱정스러워하는 친구로부터 온 이메일 내용을 전하며, 상담자는 Sadie에게 이 문제를 결코 가볍게 다룰 수 없다고 말한다. 상담자는 Sadie를 만나 확인을 하고 치사성 평가를 진행함으로써 윤리적으로 행동하고 있다. 상담자는 걱정스러워하는 친구가 상담자에게 연락을 했고 그녀의 자세한 자살 계획을 알고 있다는 것에 대해 알릴 권리와 책임이 있다. 상담자는 또한 이 문제에 대해 Sadie와 이야기한 후 부모에게 연락할 필요가 있다고 여길지도 모른다. 사생활에 대한 Sadie의 권리를 보호하기 위해, 상담자는 이 상황에 경고음을 울려준, 걱정하고 있는 친구에게는 연락할 수 없었다.

문서화와 기록 남기기

윤리적, 법적, 임상적 견지에서 여러분은 내담자에 대해 적절한 기록을 남길 책임이 있다. 여러분이 갖는 모든 전문적 만남에 대해 가장 최근 정보까지 기록하지 못하는 것은 치료 기준에 미달되는 것으로 간주된다. 많은 주의 자격증 관련 법률과 규정은 내담자 기록을 남기는 것의 최소 지침을 설정하고 있으나, 기록의 내용을 판단하는 것은 대개 임상가의 자유 재량에 달려 있다 (Knapp & VandeCreek, 2012).

기록을 남기는 데에는 다양한 목적이 있다. 임상적 관점에서, 기록은 치료 과정을 되짚어볼 때 사용하는 역사를 제공한다. 내담자의 기록을 보관하는 것은 두 가지 목적이 있다. (a) 내담자에게 가능한 최상의 서비스를 제공하기 위해서 (b) 전문가 기준에 상응하는 수준의 치료를 했음을 입증하기 위해서. 법적 관점에서, 주 혹은 연방 법은 상담 과실에 의한 소송에서 훌륭한 방어가 될 기록을 남기고 충분한 임상적 기록을 보관하도록 요구할 수 있다. 정확하고, 유의미하며, 시기 적절한 문서화는 위험 관리 전략으로 유용하다.

상담자는 내담자에 대한 두 종류의 기록을 작성한다. **경과 노트**(progress notes) 혹은 내담자의 임상 기록은 법이 요구하는 바이다. 이 기록은 사실상 행동에 관한 것이며, 사람들이 말하고 행동한 것을 기록한다. 경과 노트에는 내담자의 신원 정보 · 내담자의 과거 정보 · 상담을 찾게 된 이유 · 고지된 동의 과정에 대한 문서, 가장 최근의 건강 진단에 따른 객관적인 조사 결과들, 접수 면접 기록지, 해당되는 경우 다른 전문가에게 의뢰한 문서, 내담자에 대한 진단 · 기능 수준 · 예후 · 증상 · 치료 목표 · 치료 계획 · 결과 · 목표를 향한 진전 정도 · 대안적인 치료, 제공된 서비스의 종류, 예정되고 이행된 정확한 상담 약속 시간 및 날짜, 종결 보고서가 포함된다. 내담자의 임상 기록은 여러분이 정보를 기록으로 문서화한 후에는 결코 고칠 수 없다. 회기 후에 가능한 빨리 내담자 기록에 들어가 서명을 하고 날짜를 기입해 두는 것이 좋은 방법이다.

과정 노트(process note), 혹은 심리치료 기록은 경과 노트와는 다르다. 과정 노트는 전이와 같은 내담자의 반응과 내담자에 대한 상담자의 주관적인 인상 등을 다룬다. 이 기록은 선뜻 타인에게 공개하기 위한 것이 아니다. 그 기록을 작성한 상담자가 사용하기 위한 것이기 때문이다. 치료에 필수적인 정보가 이 과정 노트에 포함되어서는 안 된다. 예를 들면 과정 노트에는 진단, 치료 계획, 증상, 예후, 경과 등은 배제하도록 하라. 법은 임상가들이 모든 내담자에 대한 별개의 임상 기록(경과 노트)을 작성하길 요구하나, 심리치료 기록(과정 노트)에 대한 작성을 요구하지는 않는다는 점을 주의할 필요가 있다.

윤리적이고 법적인 관점 모두에서, 내담자에 대한 기록을 안전한 장소에 보관하고 내담자의 사적인 정보가 보호될 수 있게 조치를 취하는 것이 극히 중요하다. 내담자의 기록을 작성하기 위해 필요한 시간의 길이는 주 법률과 소속 기관 정책에 따라 결정된다. 내담자에 대한 기록이 안전한 방식으로 폐기될 때라도, 내담자 치료에 대한 개요는 간직하고 있어야 한다. 비록 보이기는 간단할지 몰라도, 클라우드 컴퓨팅과 같은 첨단 기술의 도래가 내담자 자료를 보관하고 보호하는 일을 복잡한 문제로 만들어 버렸다. 클라우드에 정보를 보관하는 것에 대한 자세한 정보 및 클라우드 컴퓨팅과 관련한 위험을 줄이는 방법에 대해서는 Devereaux와 Gottlieb(2012)을 참고하라.

내담자는 자신의 임상 기록, 혹은 그 기록의 개요를 열람할 법적 권리가 있다는 사실을 기억하라. 내담자에 대한 기록은 여러분의 개인적인 의견이나 내담자에 대한 주관적 반응을 담는 공간이 아니며, 기록은 전문적으로 작성되어야 한다. 내담자가 회기에 불참할 경우 그 이유를 기록해두는 것이 좋다. 내담자에 대한 기록을 작성할 때, 명확한 행동 언어를 사용하는 것이 중요하다. 구체적이고 사실에 의거한 행동을 묘사하는 데 집중하고 전문 용어를 사용하지 않도록 하라. 여러분이 내담자에 대한 내용을 작성할 때에, 항상 다른 사람이 이 기록을 볼 것이라고 가정하라. 전문가의 기록은 철저할 것으로 기대받긴 하지만, 기록은 가능한 한 간결하게 남기는 것이 최선이다.

이 격언을 명심하라, "여러분이 기록하지 않았다면, 그것은 일어나지 않았다." 내담자와 상담자의 행동이 임상적으로 관련되게 기록하라. 임상 기록에 사용된 개입 방법, 치료 전략에 대한 내담자의 반응, 발전된 치료 계획, 후속 조치 등을 포함하도록 하라. 내담자 자신, 타인, 혹은 다른 물질에 대한 잠재적인 위험이 있는 사례의 경우, 위기 상황에서의 여러분의 행동에 대해서도 기록해 두는 것이 현명한 처사이다. 그러나 여러분이 내담자에게 양질의 서비스를 제공하기 위해서라기보다 자기 보호 전략으로 기록 남기기에 집중하는 것은 내담자를 위한 최선이 아니다.

능숙하게 작성된 기록은 내담자와 상담자 모두에게 도움이 된다. Wheeler와 Bertram(2012)은 적절한 임상 기록을 남기지 못하는 상담자는, 이와 같은 행동이 정신건강 전문가에게 기대되는 치료 수준을 위반하는 것이기 때문에 스스로를 과실에 따른 소송 위험에 처하게 만든다고 주장한다. 그리고 이렇게 덧붙인다. "잘 정리되고 제대로 문서화된 내담자의 상담 기록은 상담자가 내담자 치료 계획을 세우고, 부재 시 치료의 연속성을 보장하며, 수준 높은 치료가 제공되었음을 증명하는 가장 효과적인 도구이다"(p.115).

관리의료 환경에서의 윤리적 문제들

최근에 상담 서비스를 제공하는 데 있어 변화가 일어나고 있다. Cummings (1995)가 지적했듯, 전통적인 진료 행위별 비용 모형에서 시간 제한적인 개입, 비용 효과적인 방법, 서비스에 대한 세심한 추적, 치료보다 예방 전략을 특징으로 하는 **관리의료 모형**(managed care model)으로 이행하며, 정신건강 전문가의 역할에 대한 가치 및 근본적인 정의가 변화하고 있다. 이런 변화는 여러분이 상담자로서의 자기 역할을 어떻게 볼 것이며 단기 개입에서 기술을 발달시키기 위해 어떤 기대를 받을지에 대한 함의를 준다.

핵심적인 윤리 문제들

관리의료 체계 내에서 상담자들은 내담자에게 최선인 일을 하는 것과 단기 개입에 의지하여 비용절감을 요구하는 시스템을 충실히 따르는 것 사이에서 에너지를 나눠 쓰고 있다. 많은 경우에 내담자들은 이 시스템에서 가능한, 그야말로 단기 치료보다 장기 치료가 필요하다. 여기서 중요한 것은 관리의료 체계의 재무적 건전성을 유지하기 위해 내담자의 복지를 보류할 수는 없다는 점이다.

　관리의료는 실무자에게 주되게 증상을 다루는 제한적인 개입에 맞는 일련의 가치 체계를 받아들이도록 요구한다. 이는 교정, 단기, 해결중심 전략보다 성장이나 자기실현을 가치롭게 생각하는 상담자에게 윤리적 문제를 일으킬 수 있다. 관리의료의 맥락에서 일하는 사람들은 여러 가지 다음과 관련된 윤리적 문제에 직면한다. 고지된 동의, 비밀보장, 유기, 이용 평가, 역량.

고지된 동의

고지된 동의는 관리의료 체계하에서 특히 더 중요하게 받아들여지는, 지속적인 과정이다. 내담자는 여러분과 전문적 관계를 시작하기에 앞서 관리의료 회사가 진단, 모든 검사의 결과, 광범위한 임상정보, 치료 계획, 심지어 모든 임상 기록을 요구할 수 있다는 것에 대해 알 권리가 있다.

윤리적인 관점에서 내담자는 비용절감에 집중하는 것이 자신에게 가능한 서비스의 질에 부정적 영향을 줄 수 있다는 사실에 대해서도 알 권리가 있다. 또한 다른 형태의 치료가 어쩌면 더 도움이 될 수 있음에도 불구하고 단순히 비용을 절감하기 위해 배제된다는 사실에 대해서도 알 수 있어야 한다. 여러분이 단기 치료에 능숙한지 아닌지, 어떤 종류의 치료를, 얼마나 많은 회기 동안 받을지를 외부인이 판단하게 되며, 그들이 참여하는 치료 계획의 구체적인 제약은 무엇이고, 치료의 종결 시기를 결정하는 사람이 누구인지에 대해서도 알 권리가 있다.

비밀보장

전통적으로 비밀보장은 내담자를 보호하기 위해 상담자에게 부가된 윤리적, 법적 의무라고 여겨져 왔지만, 관리의료는 비밀보장의 범위를 재정의하고 있다. 관리의료 제공자가 치료 계획을 세울 때 적극적인 역할을 하기 때문에, 내담자의 비밀보장은 위태로워질 수밖에 없다. 비밀보장에는 항상 예외가 있어 왔지만, 관리의료 체계에 내재된 내담자 정보에 대한 요구는 이전 비밀보장의 한계를 훨씬 넘어서서 상담자-내담자 관계의 비밀스런 본질을 위협하는 정도에 이르고 있다.

내담자는 관리의료 계획이 상담자에게 내담자에 관한 민감한 정보를, 초기 치료 혹은 추가 치료를 인가할 수 있는 제삼자에게 공개하도록 요구할 수 있다는 사실에 대해 인지하고 있어야 한다. 상담자들은 더 이상 어떤 단계에서도 내담자 치료에 대한 비밀을 보장할 수 없게 되었다. 일단 상담실을 떠난 비밀정보에 대해서는 통제할 수 없기 때문이다. 비밀보장의 이러한 제한 때문에, 상담자는 치료 과정의 초기부터 내담자에게 관리의료 정책에 따른 비밀보장의 한계에 대해 반드시 알려야 한다.

유기

여러 전문가 조직의 윤리 규정은 상담자가 내담자를 유기할 수 없다고 명시한다. 전통적으로 치료의 종결은 내담자와 상담자 모두가 참여하는 협동적 과정이다. 윤리적으로 상담자는 내담자를 유기할 수 없고, 뛰어난 서비스를 제공할 책임이 있다. 관리의료 내에서는 내담자와 상담자에게 중요한 많은 결정이 프로그램에 따라 결정되며, 종결 역시 대부분 협동적 과정이 아닌 회사 정책에 따라 결정된다. 상담이 갑자기 끝나게 되었을 때, 내담자는 버림받았다는 느낌을 갖게 될 것이다. 상담자는 관리의료 회사에서 추가 회기에 대한 요구를 승인할 수도, 하지 않을 수도 있다는 것을 내담자에게 알릴 책임이 있다. 관리의료 지침은 대개 평생 비용 한도를 정해 연간 이용할 수 있는 치료를 특정 횟수로 제한한다. 만약 치료가 보조금을 초과하거나 내담자가 추가 치료에 대한 비용을 낼 수 없는 경우 상담을 거절당할 수 있다.

이용 평가

관리의료 프로그램하에서는 모든 치료가 전문가가 아닌 다른 사람에 의해 모니터된다. **이용 평가**(utilization review)는 치료의 필요성, 치료적 개입의 타당성, 치료 효율성을 평가하기 위해 미리 정해진 준거를 사용하는 것을 의미한다. 이 과정은 치료 이전, 도중, 이후 모두에서 일어날 수 있다(Cooper & Gottlieb, 2000).

역량

관리의료 체계에서 일하는 상담자는 다양한 내담자 집단과 문제에 대해, 여러 단기적 서비스를 유연하고 총괄적인 방법으로 제공하기 위한 특별한 지식과 기술을 지녀야 한다. 이는 상담자에게 절충적 혹은 통합적인 이론적 지향을 갖도록 요구한다. 정신건강 실무자들은 시간 제한적인 치료 접근에 더 능숙해질 수밖에 없다. 상담 계획은 재빨리 만들어져야 하고, 목표는 영역 제한적이어야 하며, 결과를 얻는 것이 강조된다. 만일 상담자가 단기 치료 방식으로 훈련을 받지 않았고, 내담자가 제한된 회기 내에 잘 치료되지 않을 것 같으면, 적절하게 다른 전문가에게 의뢰하는 기술이 필요할 것이다.

관리의료의 법적인 측면

아무리 관리의료 체계 내에서 결정이 내려진다 하더라도, 상담자는 궁극적으로 내담자에 대한 책임이 있다. 법률상 관리의료 조직에 의해 고용된 상담자들이라 해도 내담자가 자신이 요구한 수준의 치료를 받지 못했다고 주장하는 경우, 과실에 의한 소송에서 예외가 될 수 없다. 전문가들은 의료 계획의 한계를 위기 개입 서비스, 적절한 의뢰, 계획에 초과적인 서비스 요청 등의 실패에 대한 방패로 사용할 수 없다. 상담자들은 때때로 내담자에게 필요한 것과 관리의료 계획에서 보조하는 바를 제공하는 것 사이에서 갈등하게 된다. 점점 더 정신건강 전문가들은 비용을 지불할 제삼자로부터, 내담자의 필요를 절충해야 하는 수준까지 치료의 정도를 제한하라는 압력을 느낄 수밖에 없다 (Koocher & Keith-Spiegel, 2008). 그러나 서비스를 제공하는 구조가 무엇이든 간에 윤리적 상담에서는 내담자에게 있어 최선의 이익을 가장 우선에 둘 것이 요구된다.

관리의료에서의 추세

여러분 중 다수는 관리의료 프로그램이 강요하는 한계 안에서 일하며 자신의 진실성을 유지할 방법을 찾아야 하는 상황에 맞닥뜨릴 것이다. 더 많은 업무 환경에서 책임감이 더욱 강조되고 있다. 관리의료는 기관과 상담자들에게 그들이 제공하는 서비스의 효과성을 증명할 책임을 요구한다. 점점 더 여러분은 내담자의 두드러지는 문제를 빠르게 파악하고 진단내리며, 단기 치료 계획을 세워, 자신의 개입이 효과적인 정도를 증명해야 될 것이다.

상담자 과실 및 위기 관리

상담자 과실(malpractice)은 일반적으로 무지 혹은 부주의에서 비롯하여 적절한 서비스를 제공하는 데 실패함으로써 내담자에게 상처 혹은 손실을 입히게 된 것으로 정의된다. 즉 상담자 과실은 내담자에게 상처 혹은 손실을 입게 하는 부주의와 관련된 법적 개념인 것이다.

업무상 부주의(professional negligence)는 일반적 상담의 기준에서 벗어나거나 전문가의 책임을 다하는 데 필요한 치료를 하지 않는 것으로 구성된다. 과실 소송에서 핵심 문제는 어떤 **치료 기준**을, 상담자가 내담자에 대한 의무를 위반했는지를 판단하기 위해 적용할지를 결정하는 것이다. 상담자는 전문가들이 공통적으로 인정하는 기준에 따라 판결을 받게 된다. 즉 합리적으로 신중한 상담자가 유사한 상황에서 같은 방식으로 행동했을 것인가에 비춰본다는 것이다(Wheeler & Bertram, 2012). 따라서 여러분은 내담자를 치료할 때, 법적 기준을 따르고 속한 전문가 조직의 윤리 규정을 고수해야 할 것이다. 만약 필요한 치료를 하고 올바르게 행동하지 않는다면, 법이 정한 의무를 다하지 않은 데 대한 민사소송을 당하기 쉽다. 상담자 과실에 따른 소송에 휩쓸리지 않을 최선의 방어는 내담자에게 양질의 치료를 제공하고 내담자와 정중하고도 효과적인 관계를 유지하는 것이다.

상담자 과실에 따른 소송이 제기되려면, 다음 네 가지 조건이 충족되어야 한다. (1) 그 내담자에 대한 의무가 있을 것(여러분과 다른 사람 사이에 반드시 전문적인 관계가 있어야 함) (2) 부주의한 혹은 적절하지 않은 방식으로 행동했거나 기대되는 수준의 서비스를 제공하지 않음으로써 '치료 기준'을 벗어났을 것 (3) 내담자가 손해 혹은 상처로 고통받고 있으며, 이를 증명할 수 있을 것 (4) 부주의와 내담자가 주장하는 피해 사이에 인과관계가 있을 것 등이다.

상담자 과실 행위의 영역

상담자 과실 행위의 영역은 상담 전문직에 따라 조금씩 다르다. Knapp과 VandeCreek(2012)는 심리학자들에게 제기되는 소송의 공통 근원들이 다중 관계 영역(성적, 비성적인 관계 모두), 진단과 처치에서의 능력 부족, 자녀 양육권 평가에서 발생한 이의제기, 조기 종결, 비용 분쟁 등에 있다고 보고한다. 다른 문제제기로는 불충분한 슈퍼비전, 불충분한 기록 유지, 장애, 비밀보장의 위반도 있다. 전문 학회지는 장애 가능성에 따른 알코올과 약물 남용에 대한 인용도 늘어나고 있다고 밝히고 있다.

여러분은 학생이라 상담자 과실로 인한 소송을 당할 걱정이 없다고 생각할지도 모르겠다. 하지만 안타깝게도 수련 중인 학생들은 소송에 더 취약하다. 전문가로 성장해 가고 있는 이때, 전문가다운 방식으로 상담하지 못하여 고소될 가능성을 줄일 방법에 대해 진지하게 고민해 보는 것이 좋을 것이다. 지금의 현실에서는 여러분이 전문가 윤리 규정을 준수하고 법의 경계 안에서 상담을 하더라도, 부정행위로 고소당할 수 있다. 다행히 소송이 성공하지 못하더라도, 이는 아주 많은 스트레스를 남길 것이며, 시간, 에너지, 금전적인 면에서 타격을 줄 수 있다. 문서를 준비 및 제출하고 정보 요구에 일일이 응답하는 데 많은 시간이 들 것이기 때문이다. 과실로 인한 소송에 휩쓸리지 않기 위해서는 내담자에게 양질의 서비스를 제공하고 전문가 윤리 기준을 잘 알고 따르는 것이 최선이다.

사례 예 **누가 책임을 져야 하나?**

십대 내담자 중 한 명이 도움을 주려는 상담자가 최선을 다했음에도 결국 자살 시도를 했다. 아이의 부모는 상담자가 더 자세히 알아보고 최종 행동을 막기 위해 무언가를 더 하지 않은 데 대해 상담자에게 책임을 돌렸다.

상담자의 입장 보호 의무에 대한 자신의 입장에 대해 곰곰이 생각해 보자. 여러분은 발생할 수도 있는 자살을 예견할 수 있어야 하는가? 자살 시도를 할 내담자를 식별할 수 있다고 치자. 여러분은 할 수 있는 최상의 조치가 무엇인지 항상 알 수 있겠는가?

   토론   여러분이 완벽한 존재라는 것을 증명할 필요는 없지만, 적어도 제공한 서비스에 요구되는 지식과 기술을 보유하고 행했다는 사실을 증명해야 한다. 여러분이 올바르게 행동했다는 것, 필요할 때 슈퍼비전과 자문을 구하려 했다는 것, 자신의 능력 한계 안에서 상담했다는 것을 증명할 수 있어야 한다. 또한 이와 같은 주장을 지지해 줄 서류도 만들어야 할 것이다.

상담자 과실에 따른 소송을 예방하는 방법

내담자와 상담할 때 자신의 한계를 알고, 이를 인정하여, 능력의 범위 안에서만 행동하는 것이 현명하다는 것을 명확하게 인지하기 바란다. 전문가로서의 경험이 어떻든, 자문 구하는 것을 결코 주저하지 말라. 동료와 논의하다 보면 종종 사안에 대한 새롭고 다른 시각이 조명된다. 혼자서 현명한 판단을 할 수 있을 때라도, 이는 다른 전문가로부터 여러분의 입장을 지지받는 타당화 과정이다. 만약 여러분이 소송에 걸려 있다면, 여러분의 개입이 다른 상담자들이 행하는 치료 기준과 일치하다는 것을 입증할 수 있게 도와줄 것이다. 이때에도 충분한 문서가 모든 과실 관련 소송에서 여러분을 보호할 때에 필수적이라는 사실을 강조하고 싶다. 여러분이 근거가 별로 없는 색다른 치료적 기법을 사용했다면, 민사소송에서 패소할 가능성이 높다. 자신의 상담 과정에 대해 변호하게 되었을 때, 직감에 따라 '옳다고 느껴지는 대로' 했다고 주장하는 것은 크게 도움이 되지 않을 것이다.

위기 관리

위기 관리란 내담자에게 상처를 주어 윤리적인 문제가 제기되거나 상담자 과실에 의한 소송으로 이어질 수 있는 사안을 사전에 식별하고 평가하며 처치하는 데 집중하는 것을 뜻한다. Bennett과 동료들(2006)은 좋은 위기 관리는 최소한의 법적 요구사항을 단순히 따르는 것 이상이어야 하며, 좋은 위기 관리 상담은 임상가들이 자신이 할 수 있는 최상의 윤리적 이상을 실현시키기 위해 노력할 것을 요구한다고 주장한다. 상담자 과실에 의한 소송을 예방할 수 있는 최선의 조치 중 하나는 내담자에게 개인적으로나 전문적으로나 정직하고 솔직한 것이다. 질 높은 전문적 치료를 제공하는 것은 여러분이 할 수 있는 최선의 예방조치이다. 여러분은 자신의 한계를 알고 어려운 사례에 대해서는 자문을 구하는 데 열려 있어야 하는데, 물론 이때에도 모든 자문 내용에 대해 문서화하는 것이 필수적이다.

만약 여러분이 업무상 부주의로 고소당하지 않을 확실한 보증을 원한다면, 다른 직업을 생각하는 것이 좋겠다. 정신건강 전문직에 절대적인 보호책은 없으나, 위기 관리 상담은 법적 소송에 휘말리게 될 가능성을 현저하게 줄여 줄 수 있다. 여기 몇 가지 추가적인 지침이 있다.

- 고지된 동의 절차를 활용하라. 상담 과정을 신비화하려 하지 마라. 내담자에 대한 전문가다운 정직성과 개방성이 진정한 신뢰를 형성하는 데 크게 도움될 것이다.
- 상담관계를 분명하게 구조화할 수 있는 계약을 내담자와 함께 규정할 방법에 대해 고민해 보라. 내담자에게 여러분의 역할을 명확히 하라. 내담자는 무엇 때문에 여러분에게 왔는가? 그가 목표를 달성하도록 어떻게 최선의 도움을 줄 수 있는가?
- 여러분은 내담자 유기에 대해서 소송을 당할 수 있으므로 자리를 비울 때는 비상시를 대비하는 조치를 취하라.
- 자신의 교육, 훈련, 경험에 따라 다룰 수 있는 내담자 집단을 제한해라. 명백히 자신의 능력 밖의 내담자라면 다른 전문가에게 의뢰하고 능력을 향상시킬 수 있게 노력하라.
- 내담자에 대한 기록을 최신으로 정확하게 유지하고 내담자 치료 계획을 신중하게 작성하라.
- 소속 기관의 정책뿐만 아니라 여러분의 상담에 제약을 가하는 지역 및 주 법을 의식하라. 전문가 조직에 참여하여 법적, 윤리적 변화 흐

름에 뒤떨어지지 않게 하라.

- 비밀보장의 한계를 알고 있고, 내담자에게 분명하게 전달하라. 내담자 정보를 공개해야 할 때마다 서면 동의를 얻도록 하라.

- 법이 요구하는 바에 따라, 아동, 노인, 그 외 도움이 필요한 성인가족 학대가 의심되는 사례는 보고하라.

- 전문가로서 내담자가 자신 혹은 타인에게 위협이 된다고 판단될 경우, 내담자 혹은 타인을 위험으로부터 보호하기 위해 필요한 조치를 취하라.

- 온라인 상담을 할 경우, 내담자 신원이 맞는지를 확실히 하고, 비상시(예를 들어, 자살 위기)를 대비하여 내담자의 위치를 파악해 두라.

- 원거리 상담 혹은 온라인 상담을 하는 경우, 여러분이 제공하는 서비스와 서비스를 제공하기 위해 사용하는 테크놀로지 모두 필요한 능력을 갖고 있음을 증명하라.

- 자신의 언어와 행동을 주의 깊게 관찰함으로써 내담자를 존중으로 대하라. 이런 태도는 대개 좋은 관계로 이어진다.

- 내담자에게 정보를 제공할 때는 명확한 언어를 사용하고 내담자가 확실하게 이해했는지 확인하라.

- 미성년자를 상담할 때는 부모의 서면 동의를 얻어라. 주 법에서 요구되지 않는다 하더라도, 이는 일반적으로 올바른 관행이다.

- 어떤 상황에서 확신이 들지 않으면, 동료에게 자문을 구하고 그 논의를 문서화하라. 자문은 여러분이 더 나은 상담을 위해 노력하고 있고 내담자에게 더 많은 이익을 주기 위해 다른 전문가에게서 기꺼이 배우려고 했음을 보여준다.

- 지속적으로 슈퍼비전을 받을 수 있는 방법을 마련하라.

- 적절한 전문적 경계를 형성하고 유지하라. 문제를 예측하는 법을 배우고 기본 규칙을 세워라.

- 여러분이 내담자에게 어떻게 반응하는지에 주의를 기울이고 자신의 역전이를 관찰하라.

- 자신의 가치관을 내담자에게 강요하지 말고, 여러분이 직접 내담자를 위해 의사결정을 내리지 않도록 하라.

- 그 어떤 다중 관계에 들어가기 전, 자문을 구하고 내담자와 그러한

관계에서 발생할 수 있는 장점과 단점에 대해 이야기하라.

- 현재 혹은 과거의 내담자, 또는 현재의 슈퍼바이지 혹은 학생과 성 관계 혹은 연인관계를 맺지 마라.

- 여러분이 사용하는 기법의 분명한 근거를 갖고 있어라. 여러분의 진행 에 대한 이론적 근거를 지성적이고 명료하게 설명할 수 있도록 하라.

- 상담에 적용할 수 있는 치료의 기준을 분명히 하고 내담자와 이 기준 에 대해 이야기하라.

- 내담자에게 여러분이 제공할 수 없는 것은 그 어느 것도 약속하지 마 라. 내담자 자신의 노력과 헌신이 상담 과정의 결과를 결정하는 핵심 요소라는 것을 깨닫도록 도와라.

- 만약 기관 혹은 단체에서 일한다면, 전문가로서의 여러분 업무에 대 해 고용주의 법적 책임을 구체화하는 계약을 맺어라.

- 여러분을 고용한 기관의 정책을 준수하라. 특정 정책에 동의할 수 없 는 경우, 먼저 그 정책의 이유에 대해 알아보려고 하라. 그런 후 여러분 이 그러한 기관의 정책 틀 내에서 일하는 것이 가능할지를 판단하라.

- 치료 시작에서부터 비용에 대한 문제를 분명하게 정의하라. 비용 청 구 규정과 문서 작업은 기술한 대로 준수하도록 하라.

- 내담자가 향상된 정도를 측정하는 습관을 만들고, 내담자에게도 자 신의 목표를 향해 얼마나 다가갔는지를 어떻게 평가하는지 가르치도 록 하라.

- 내담자에게 그들이 선택한 어느 시기에나 전문적 관계를 종결할 권 리가 있다는 것을 알게 하라.

- 상담자 과실에 대한 보험을 들어라. 학생들도 상담자 과실에 대한 소 송에서 예외가 아니다. 다수의 전문가 조직들은 적당한 가격으로 학 생배상책임 보험을 제공하고 있다.

이와 같은 지침들은 상담자 과실에 따른 소송의 가능성을 다소 줄여줄 수 있겠지만, 우리는 여러분이 계속해서 자신의 상담을 평가하고 자신의 업무 환경 및 내담자 집단에 영향을 미치는 법적, 윤리적, 지역사회 기준의 최근 정보 에 대해 잘 알아두길 바란다.

주의사항

종종 학생들은 우리가 이 장에서 제기한 윤리적 문제들에 대해 명확한 답을 갖길 바라는 비현실적인 기대로 스스로를 압박한다. 하지만 현실은 오히려 그 반대이다. 실제로 경험이 많은 전문가들은 사람을 대하는 그들 업무의 복잡한 특성상, 간결하고 절대적인 해결책은 거의 불가능하다는 사실을 잘 알고 있다. 그리하여 지속적인 학습과 계속되는 자문 및 슈퍼비전 그리고 겸손한 자세의 필요성에 대해 공감한다.

우리 역시 여러분을 압도하려던 게 아니라, 여러분의 상담이 윤리적이고 전문적인 원칙에 근거할 수 있게 자신의 능력을 향상시킬 수 있는 사고와 행동 습관을 기르도록 고무하고 싶었다. 상담직에 종사한다는 것은 보람 있는 만큼이나 때때로 위험한 모험이다. 이따금씩 실수를 하더라도, 기꺼이 그 실수들을 알아차리고 그로부터 배우려고 하라. 또한 슈퍼비전을 충분히 활용하라. 여러분은 실수처럼 보일 수 있는 것에서 배울 뿐만 아니라 내담자에게 해를 끼칠 가능성도 최소화할 수 있다.

언제나 모든 것을 알아야 한다는 걱정에 사로잡히거나 소송에 휩쓸릴 것이 두려워 개입을 무서워하지 마라. 소송을 예방할 최선의 방법은 내담자에게 유익할 일을 하는 데 진심 어린 관심을 쏟는 것이다. 전문가로서의 경력을 쌓아나가며 다음과 같은 질문을 해보기 바란다. "나는 무엇을 하고 있고, 왜 이것을 하고 있는가? 동료가 나를 지켜보더라도 똑같이 할 것인가?"

복습
- 상담 분야에서의 추세 중 하나는 윤리적, 전문적 치료에 대한 관심이 증가하고 있는 것이다. 이런 추세는, 적어도 부분적으로, 정신건강 실무자를 대상으로 한 과실에 대한 소송이 늘어난 것에 기인한다.
- 윤리적인 의사결정은 지속적인 과정이다. 학생의 신분에서 바라보는 문

제들은 전문 분야에 대한 경험이 쌓이면서 또 다른 관점에서 평가될 수 있다.

- 전문가 윤리 규정에 익숙해지는 것이 필수적이다. 그러나 윤리적 기준에 대한 지식만으로는 윤리 문제를 해결하기에 충분치 못하다.

- 윤리적인 상담자가 되는 것은 개인으로서의 윤리와 전문가로서의 윤리를 통합하는 과정을 수반한다. 비윤리적인 행동은 대개 미묘하며 고의가 아니라는 사실을 잘 인지하기 바란다. 윤리적인 행동을 확신하기 위해 솔직하게 스스로를 탐색하는 자세를 갖도록 하라.

- 윤리적인 문제는 좀처럼 답이 명확하지 않다. 윤리적 딜레마는 그 본질상 여러분의 전문가로서의 판단이 어떻게 적용되는가와 관련 있다.

- 이 장에서 제시한 8단계 모형 혹은 여러분이 개인적으로 고안한 다른 모형 등과 같은 체계적인 윤리적 의사결정 과정을 일상적으로 활용하라. 이런 종류의 체계는 객관성, 연구, 분석, 협동, 문서화를 장려하는데, 이 모든 것이 효과적이고 윤리적인 상담의 중요한 요소들이다.

- 궁극적으로 여러분이 상담자로서 많은 어려운 결정들을 내려야 할 것이다. 책임 있는 상담이란 자신의 행동을 잘 인지한 상태에서, 올바르고 책임감 있게 내린 판단에 근거하는 것을 뜻한다. 전문가로서 경력 전반에 걸쳐, 동료 및 슈퍼바이저와 상의하는 개방된 자세를 가져라.

- 많은 내담자들이 자신의 권리나 책임에 대해서는 전혀 생각하지 못한다. 상담자로서 여러분은 내담자가 현명한 선택을 하도록 고지된 동의 절차를 밟아감으로써 내담자 보호를 위한 많은 일을 할 수 있다.

- 비밀보장은 상담관계의 초석이다. 내담자에게는 전문적 상담관계에서 말한 내용이 비밀로 지켜지기를 기대할 권리가 있지만, 여러분이 비밀보장을 깨야만 하는 순간들이 있다. 내담자는 상담관계의 시작부터, 비밀이 누설될 수 있는 구체적인 조항이 있다는 것에 대해 알 권리가 있다. 여러분이 비밀보장과 관련된 법을 잘 알고 따르는 것은 필수적이다.

- 비밀보장은 여러분이 커플, 가족, 집단, 미성년자를 상담할 때 제한적이다. 이런 제한들은 고지된 동의 절차에서 논의되어야 한다.

- 때때로 여러분은 내담자에게 경고하거나 그를 보호할 전문적, 법적 의무를 갖게 된다. 이 영역에서 자신의 의무를 아는 것이 아주 중요하다.

- 여러분의 업무는 내담자에게 스스로를 어떻게 돕는지를 가르쳐주어 여러분을 계속 만나야 할 이유를 줄이는 것이다. 내담자의 의존성을 조장하는 것은 비윤리적이며, 내담자 스스로 힘을 가질 수 있게 하지 못한다.
- 모든 내담자에 대해 적절한 임상 기록을 작성하는 것은 필수적이다. 문서화는 내담자의 유익과 서비스를 전문적으로 제공한 데 대한 증거로도 아주 중요하다.
- 만약 내담자 자료의 보관과 보호를 위해 클라우드 컴퓨팅과 같은 첨단 과학기술에 의지한다면, 관련된 윤리적으로 복잡한 특징들을 인지하라.
- 내담자와 이메일 혹은 온라인으로 의사소통하는 경우, 관련된 법적, 윤리적 문제들을 잘 인식하기 바란다.
- 관리의료 환경에서 일하는 상담자들은 내담자에게 가능한 서비스가 무엇인지, 비용 효율적인 방식에 초점을 맞추다보면 상담관계에서 잠재적인 한계가 무엇인지에 대해 알려야 한다.
- 윤리 강좌를 듣거나, 혹은 최소한 전문가 윤리에 대한 책을 읽고 윤리와 법을 다루는 전문가 컨퍼런스 및 워크숍에 참여하라.
- 어떤 것이 상담자 과실에 의한 소송으로 이어지는지를 이해하고, 그런 일이 일어날 가능성을 줄이기 위한 실질적인 방법을 배워라.

이제 무엇을 할 것인가?

1 실제 상담에서 당면하는 윤리적인 문제에 대해 인터뷰할 수 있는 전문가를 적어도 한 명 찾아보라. 이 사람이 경험한 주요 윤리적 문제에 초점을 맞춰보자. 이 상담자는 그 윤리적 문제를 어떻게 다루었는가? 혹시 과실로 인한 소송에 대해 우려하는 게 있다면, 그것은 무엇인가?

2 여러분이 상담자로서 맞닥뜨릴 수 있는 윤리적 문제를 파악해 보고 그 주제에 대한 자원 목록을 작성해 보자. 웹 자료, 지역 기관 및 병원 전화번호, 관련 주제에 대한 책과 논문들을 포함하라. 만약 이것이 수업 과제 중 하나라면, 각 학생들은 서로 다른 윤리적 사안이나 주제를 선택하도록 하라. 과제를 완성한 후 다른 학생들과 여러분의 자원 목록을 공유하라.

3 현장 실습에서 여러분이 경험한 구체적인 윤리적 딜레마에 대해서 생각해 보자. 그 상황을 어떻게 다루었는가? 그 장면에 다시 갈 수 있다면, 어

떻게 다르게 하고 싶은가?

4 예상되는 윤리적 문제 중 가장 부담스럽다고 느껴지는 사안을 떠올려 보고, 노트에 그에 대한 걱정과 생각들을 적어보자. 여러분이 현재 실습 중이라면, 지속적으로 잠재적인 윤리적 딜레마에 대해 작성해 보고, 슈퍼비전 시간이나 학과 수업에서 여러분이 우려하는 바를 나눠보자. 또한 윤리적인 상담자가 될 가능성을 높여줄 구체적인 방법에 대해서도 적어보자. 이 방향으로 가기 위해 지금 무엇을 할 수 있는가?

5 수업 시간에 자살 예방에 대한 찬반 논쟁을 둘러싼 토론을 조직해 보자. 암 말기인 내담자가 너무 고통스럽고 나아질 희망이 없어서 삶을 끝내기로 결심한 사례에 대해 토론해 보라. 조를 나누어 이 자살을 예방할 상담자의 책임에 대한 의견을 나눠보자.

6 소집단으로 나눠 비밀보장을 깨야 하는 구체적인 상황에 대해 논의해 보고, 몇몇 일반적인 가이드라인에 동의할 수 있는지 살펴보자. 자신이 속한 집단에서 여러분은 어떻게 내담자에게 비밀보장의 목적과 법적 한계에 대해 알려줄 것인지 함께 방법을 모색해 보자. 학교상담, 집단 작업, 커플 및 가족 상담, 미성년자상담 등 다양한 상황에서는 이를 어떻게 할지 토의해 보자.

7 여러분의 상담에서 사용할 의향이 있는 테크놀로지의 형식(이메일, 문자 메시지, 페이스북, 혹은 다른 종류의 소셜 미디어 등)에 대해 확인해 보자. 소집단에서 여러분이 사용할 각 테크놀로지 형식에 따른 구체적인 윤리적 문제에 대해 논의해 보자. 내담자의 비밀과 사생활을 보호하기 위해 여러분은 어떤 안전 조치를 취할 수 있겠는가?

8 여기에 수록된 자료들의 전체 서지 항목은 책 뒷부분 참고문헌을 참고하라. 법적이며 윤리적인 상담을 위한 유용한 지침으로는 Wheeler와 Bertram(2012)이 있다. 윤리적 상담에 대한 현실적이고 실증적인 접근은 Knapp과 VandeCreek(2012)에서 찾아볼 수 있다. 2014 ACA 윤리규정에 적합한 사례집으로는, Herlihy와 Corey(2015a)가 있다. ACA 윤리 규정을 해석하고 적용하는 데 있어 실질적인 참고집으로는 Barnett과 Johnson(2015)을 참고하라. 자해, 타인에 대한 피해, 죽음 결정과 관련한 상담자의 보호 의무에 대해 논의한 내용으로는 Werth, Welfel과

Benjamin(2009)이 유용하다. 죽음에 가까워진 내담자를 상담하는 것에 대한 포괄적인 저서로는 Werth(2013a)를 참고하라. 상담 실무에서의 윤리와 법에 대한 책으로는 Remley와 Herlihy(2014)가 있다. 상담 전문직에서 윤리적 문제를 다루는 것에 대한 교재로는 Corey, Corey, Corey와 Callanan(2015)을 찾아보라.

9 여러 정신건강 전문직에서 규정하는 윤리적 실무에 대한 기본 표준에 정통해지길 바란다. 이 장 혹은 1장에서 제공된 웹사이트 목록을 참고하라. 여기에 다양한 전문가 조직들의 연락 정보가 담겨 있다. 구체적인 윤리 규정을 얻으려면 이 기관들에 바로 연락하면 된다. 그렇지 않으면, 다양한 전문직의 16가지 윤리 규정을 편집한 내용이 *Codes of Ethics for the Helping Professions*(2015) 교재 부록에 실려 있고, 이는 본 책과 묶음으로 구입 시 저렴하게 이용 가능하다.

Ethics in Action 비디오 연습문제

비디오 롤 플레이 1 : 1부(윤리적 의사결정)의 청소년상담–십대 임신에서 13세의 한 내담자는 막 자신이 임신했다는 사실을 알게 됐다. 그녀는 상담자에게 부모에게 알리지 말아 달라고 애원했다. 이 상황에서 미성년자인 내담자의 권리는 무엇인가? 정보에 대한 접근에 있어, 그 부모의 권리는 무엇인가? 이 사례에 관련된 윤리적, 법적 문제는 무엇인가? 이 사례에 부모 동의 법 조항은 어떤 역할을 하겠는가? 여러분이 미성년자를 상담한다면, 어떤 종류의 고지된 동의를 시행하겠는가?

핵 심 질 문

1   내담자와 경계를 확립할 때 어떤 문제들에 맞닥뜨릴 거라 예상하는가?

2   만약 내담자가 직장을 잃어 더 이상 상담료를 낼 수 없는 상황에서, 종결 대신 상담 서비스와 다른 물건 혹은 서비스와의 교환 거래를 제안한다면, 여러분은 이를 받아들이겠는가? 아니면 어떤 대안을 강구할 수 있겠는가?

3   내담자가 종결 회기 때 선물을 내밀며, 그간 도움에 대한 감사의 표시인 이 선물을 받아주는 것이 자신에게 얼마나 중요한지에 대해 설명한다면, 여러분은 어떻게 하고 싶겠는가?

4   내담자의 문화적 배경은 치료적 관계에서의 경계에 어떤 영향을 미치겠는가? 여러분 자신의 문화적 배경은 개인적인 영역과 전문적인 영역 모두에서 어떻게 영향을 주겠는가?

5   여러분은 어떤 종류의 다중 관계가 문제라고 생각하며, 그 이유는 무엇인가? 여러분의 내담자와 맺을 수도 있을 거라고 생각하는 다중 관계에 대해 생각해 볼 수 있겠는가?

6   내담자와의 다중 관계가 불가피하다면 이를 어떻게 다루겠는가?

7   내담자가 여러분과 상담실 밖에서 사회적 관계를 맺고 싶어 한다면, 여러분은 뭐라고 이야기하겠는가? 만약 이 사람이 이전 내담자라면, 무엇이 다르겠는가?

8   만약 **현재** 내담자가 페이스북으로 소식을 주고받고 싶어 한다면, 이에 대한 여러분의 입장은 무엇인가? 여러분은 **이전** 내담자와 페이스북 혹은 다른 형태의 소셜 미디어를 통해 연락을 주고받는 것에 동의하는가?

9   내담자가 여러분에게 성적으로 매력을 느낀다고 표현한다면, 여러분은 어떤 행동 혹은 이야기를 하겠는가? 만약 **여러분이** 내담자에게 성적 매력을 느끼는 경우에는 또 어떻게 하겠는가?

10   **이전** 내담자와 다중 관계(사회적, 성적, 사업상, 전문적)를 시작하기에 앞서 고려해야 할 윤리적, 법적, 임상적 문제들은 무엇인가?

이 장의 목적

여러분이 어떤 상담관련 직업을 갖건 간에 내담자들과 적절한 경계를 형성하고 유지하는 법을 배워야 할 것이다. 자신의 개인적인 삶에서 좋은 경계를 형성하고 유지할 수 없다면, 전문적 삶에서도 경계와 관련된 곤란을 겪을 수 있다. 이 장에서는 상담자가 내담자와 관계를 전문적으로 유지하는 데 있어 맞닥뜨리게 될 여러 윤리적인 문제들을 소개하겠다. 여러모로 이 장에 포함된 주제들은 8장에서 다룬, 윤리적인 의사결정 논의의 연장선상에 있다. 다양한 경계 문제를 어떻게 다루어야 하는지를 익히는 것은 모든 현장의 상담자가 반드시 고심해야 할 핵심 윤리적, 임상적 사안이다.

　윤리 규정 단독으로는 상담자가 비윤리적으로 행동하는 것을 막지 못한다. 훌륭한 분별력, 자신의 상담에 대해 기꺼이 성찰하려는 태도, 자신의 동기를 잘 인식하는 것 등이 윤리적인 상담자가 되기 위해 대단히 중요하다. 정신건강 전문가들은 종종 내담자와의 관계에서 나타나는 위험 신호를 놓침으로써 곤경에 빠지곤 한다. 그들은 아마 경계 위반에 따르는 잠재적 문제들에 충분히 주의를 기울이지 않았을 가능성이 높다. 상담자들은 악의 없이 경계를 넘었겠지만, 이는 상담자와 내담자 모두에게 문제를 초래한다.

　이 장의 근본적인 주제는 상담자들이 자신의 행동이 내담자에게 미칠 영향력을 판단할 때에 솔직하고 자성적인 태도가 필요하다는 것이다. 여기서 제시하는 문제와 사례 중 어떤 것은 명확해 보이나, 그렇지 않은 것들도 있다. 우리가 제기한 윤리적인 딜레마를 해결하기 위해서는 개인적이고도 전문적인 성숙함과 기꺼이 자신의 동기에 대해 끊임없이 의문을 제기하려는 태도가 요구된다.

경계를 다루는 것에 대한 자기보고 질문지

내담자와 적절한 경계를 형성하는 것에 대해 주로 어떤 부분이 걱정되는가? 현 시점에서는 이런 질문을 제기하거나 생각해 보지 않았을 수도 있다. 우리는 여러분이 상담관계에서 적절한 경계를 정하고 유지하는 것이 얼마나 중요한지에 대해 인식을 높일 수 있기를 바란다. 다음 각각의 문장에 대해, 여러분의 신념 및 태도를 가장 근접하게 드러내는 반응을 표시하라. 다음 체크리스트를 사용해 보자.

5=나는 이 문장에 매우 동의한다
4=나는 이 문장에 동의한다
3=나는 이 문장에 대한 입장을 정하지 못하겠다
2=나는 이 문장에 동의하지 않는다
1=나는 이 문장에 전혀 동의하지 않는다

___ 1. 내담자와 명료하고 확고한 경계를 형성하는 것은 나에게 비교적 쉬울 것이다.

___ 2. 때때로 내담자와의 관계를 전문적으로 유지할 수 있을지 걱정스럽다.

___ 3. 지금 내담자가 나와 어떤 종류의 사회적 관계를 원한다면 어떻게 반응해야 할지 잘 모르겠다.

___ 4. 나와 이전 내담자가 모두 사회적인 만남을 가질 의향이 있다면, 그/그녀와의 사회적 관계를 고려해 볼 것이다.

___ 5. 내가 받은 수련은 상담관계에서 성적인 매력을 어떻게 다룰지 준비를 시켜줬다고 생각한다.

___ 6. 다중 관계는 만연한 문제이기 때문에, 모든 상황에서 부적절하거나 비윤리적인것으로 간주될 게 아니라 개개의 사례별로 다르게 접근해야 한다.

___ 7. 다중 관계는 거의 항상 문제가 많으므로, 비윤리적인 것으로

생각해야 한다.

____ 8. 진정으로 윤리적인 전문가라면, 절대로 내담자에게 성적인 매력을 느껴서는 안 된다.

____ 9. 내게 성적인 매력을 느끼는 내담자를 상담하게 된다면, 다른 상담자에게 의뢰하려고 할 것이다.

____ 10. 내담자가 상담료를 낼 여유가 없다면, 내 치료적 서비스를 다른 물건과 교환할 의향이 있다.

____ 11. 상담 서비스를 물건 혹은 다른 서비스와 교환하는 거래는 치료적 관계를 쉽게 틀어지게 만들기 때문에, 나는 내담자와 다른 선택지를 탐색할 것이다.

____ 12. 상담이 종결된 이후라도 내담자와 성적으로 연루되는 것은 절대로 윤리적일 수 없다.

____ 13. 내담자가 주는 선물을 받게 되면 적절한 경계를 넘는 것이 되므로 결코 받지 않을 것이다.

____ 14. 상담 서비스를 물건 혹은 다른 서비스와 교환하는 것, 선물을 받는 것, 내담자와 다중 관계를 갖는 것 등의 적절성을 판단할 때는 문화적 맥락이 필수적으로 고려되어야 한다.

____ 15. 가까운 친구를 내담자로 받는 것은, 우리의 개인적 관계가 어떻게 전문적 관계와 분리되는지를 친구와 내가 분명히 이해한다면 아무 문제 없을 것이다.

이 질문지에 대한 답변을 마치고 나면, 잠시 동안 위 주제들 중 현재 여러분이 관심이 가는 윤리적 문제에 대해 깊이 생각해 보자. 자신의 입장이 무엇인지 확실하지 않은 몇 가지 영역들을 파악하여 수업 토론 시간에 이 모호함에 대해 제기해 보자.

다중 관계와 윤리 규정

윤리적 문제는 대개 상담자들이 내담자와 자신의 전문적 관계를 다른 종류의 관계와 뒤섞을 때 생겨난다. **다중 관계**는 도움을 원하는 사람과 동시에 혹은 연속적으로, 둘 혹은 그 이상의 역할을 상담자가 맡는 경우 발생한다. 상담자가 내담자, 학생, 지도감독하는 수련생과 맺고 있는 전문적 관계와 현저하게 다른 관계를 또 가질 때, 다중 관계가 형성되는 것이다. 이러한 상황에서는, 이해관계가 상충되거나 도움을 구하는 사람이 착취될 가능성을 간과할 수 없다.

이중 관계(dual relationship)와 다중 관계(multiple relationship)(APA, 2010)라는 용어는 같은 의미로 사용되고 있고, 어떤 윤리 규정은 계속해서 두 용어를 모두 사용한다. 이 장에서 우리는 다중 관계라고 부를 것이다. 다중 관계의 영역에는 하나 이상의 전문가 역할(예를 들어, 교육자나 슈퍼바이저인 동시에 치료자), 혹은 전문적 관계와 비전문적 관계의 혼합된 역할(예를 들어, 상담자인 동시에 사업 파트너) 등이 포함될 것이다. 다른 다중 관계들은 친척이나 친구의 친척을 치료하는 것, 내담자와 상담실 밖에서 함께 시간을 보내는 것, 지금 내담자 혹은 이전 내담자와 정서적 혹은 성적으로 연루되는 것, 내담자에게 돈을 빌리거나 빌려주는 것에서 기인한다. 정신건강 전문가는 대부분의 전문적 관계의 기본 요소인 권력의 차이를 다루는 것, 경계 이슈를 다루는 것, 권력을 남용하지 않도록 노력하는 것 등을 포함하여, 다중 관계를 어떻게 효과적이고도 윤리적으로 다룰 수 있을지를 반드시 알아야만 한다(Herlihy & Corey, 2015b). 경계 위반이나 다중 관계를 삼가야 한다는 주장은 상담자가 영향을 미칠 수 있는 자신의 권력을 남용하거나 자신의 이익을 위해 내담자를 착취하여 내담자를 해치게 될 가능성에 근거한다(Zur, 2007). 어떤 상담자들은 자신의 경제적, 사회적, 정서적인 욕구를 충족시키기 위해 내담자와 하나 이상의 관계를 맺음으로써, 개인적인 욕구를 내담자의 욕구보다 우선시하는 것이 사실이다. 그러나 우리는 다중 관계를 맺는 것과 다중 역할을 수행하는 것에 대해 덮어놓고 비난하는 것은 정당하지 않다고 생각한다.

윤리 규정은 적절한 경계를 형성하는 것, 잠재적인 이해관계의 충돌에 대해 인지하는 것, 다중 관계를 관리하기 위한 조치를 취하는 것에 대해 구체적이고도 포괄적으로 다루고 있다. 이 사안들을 언급하고 있는 윤리 규정들로는 미국상담학회(American Counseling Association / ACA, 2014), 미국심리학회(American Psychological Association / APA, 2010), 전국사회복지사연합회(National Association of Social Workers / NASW, 2008), 전국복지서비스연합(National Organization for Human Services / NOHS, 2000) 등이 있다. 규정이 지침으로서 기능하긴 하지만, 다중 관계 문제는 명백하지 않을 때가 많다. 윤리 규정이 구체적인 상황에 적용될 때는 윤리적 추론과 판단이 작용하기 시작한다. 다중 관계와 경계를 다루는 윤리 조항의 다음 예를 살펴보자.

ACA 윤리 규정(ACA, 2014)은 일반적인 경계가 확장될 수 있는 특정 상황에 대해 기술하고 있다.

> 상담자는 현재의 상담관계가 관례적인 한계 이상으로 확장될 때의 위험과 이득에 대해 깊이 생각해야 한다. 그 예로는 내담자의 공식적인 행사(예를 들어, 결혼/약혼식 혹은 졸업식)에 참석하는 것, 내담자가 제공하는 서비스나 물건을 사는 것(무제한적인 상담 서비스와 물건 및 서비스의 교환 거래를 제외한), 아픈 내담자 가족을 병문안 가는 것 등이 있다. 이와 같은 경계를 확장할 때, 상담자는 고지된 동의, 자문, 슈퍼비전, 판단에 문제가 없었고 피해가 발생하지 않는다는 것을 보증할 수 있는 문서 등 전문적인 예방조치를 취해야 한다(Standard A.6.b).

NASW의 윤리 규정은(2008)은 착취의 위험 혹은 내담자에게 갈 수 있는 잠재적인 피해에 좀더 주목한다.

> 사회복지사들은 내담자에 대한 착취나 피해 위험이 있는, 현재 내담자 혹은 이전 내담자와의 이중 혹은 다중 관계를 갖지 않아야 한다. 이중 혹은 다중 관계를 피할수 없는 경우, 사회복지사들은 내담자 보호 조치를 취하고, 명확하며 적절하고 문화적으로 민감한 경계를 설정해야 할 책임을 갖고 있다(이중 혹은 다중 관계는 사회복지사들이 내담자와 전문적, 사회적, 사

업적 등 하나 이상의 관계를 맺을 때 발생한다. 이중 혹은 다중 관계는 동시적으로나 연속적으로 발생할 수 있다). (1.06.c.)

APA(2010) 규정에서는 착취 및 피해의 위험이 발생할 것 같지 않은 다중 관계의 경우 비윤리적이지 않다고 명시한다.

심리학자는 다중 관계가 심리학자로서의 기능을 수행하는 데서 심리학자의 객관성, 능력 혹은 효과성을 손상시키거나 전문적 관계 안에 있는 사람에게 착취나 피해의 위험이 있을 것이라는 예상이 타당할 경우, 다중 관계를 삼가야 한다.
이런 손상이나 착취 혹은 피해의 위험이 발생할 거라고 예상되지 않는 다중 관계는 비윤리적이지 않다.(3.05)

Zur(2007, 2014)는 그 어떤 전문가 조직의 윤리 규정도 가정 방문, 사무실 밖에서의 만남, 자기 개방, 가정 사무실, 성적이지 않은 접촉과 같은 경계에 대한 고려 사항에 대해서는 언급이 없음을 발견했다.

집으로 찾아가는 치료는 소수민족 집단에서 광범위하게 사용되고 있는데, 이는 주되게 이 사람들이 전통적인 정신건강 전문가들을 잘 신뢰하지 못하기 때문이다. 사무실 밖에서 상담을 하는 것이 의심을 줄이고 신뢰를 구축한다 (Zur, 2008). 가정 방문을 하는 것은 상담자가 내담자의 집, 이웃, 공동체를 직접 볼 수 있게 한다. Connell(2015)은 내담자 집에서 치료를 제공할 때 경계를 유지하는 것에 있어 맞닥뜨리게 되는 도전들에 대해 다룬다. 그녀는 상담이 진행되는 동안 다른 사람들이 종종 집에 함께 있는 경우가 많기 때문에 비밀 보장과 사생활 보호가 어려울 수 있다고 말한다. 도와줄 사람이 없는 경우, 내담자가 상담자의 전문적 역할 범위를 넘어서는 개인적인 부탁을 많이 하게 되는 수도 있다. Connell은 자애롭고도 인간적인 방식으로 행동하면서도, 명확한 경계를 세우고 내담자에게 회기의 목적에 대해 상기시키고자 노력한다.

대부분의 전문가 조직의 윤리 규정은 다중 관계의 잠재적인 문제에 대해 경고하면서도 그런 관계 자체를 금지하지는 않는다. 다중 관계에 대한 유연한 가이드라인은 윤리적인 결정을 하는 데서 맥락을 고려하는 게 중요하다고 강조한다. Zur(2014)는 착취, 객관성 상실, 손상 혹은 내담자에 대한 피해가 당연할 것으로 예상되지 않는 다중 관계는 윤리적 다중 관계(ethical multiple relationship)로 간주될 수 있다고 주장한다. 성적인 요소가 없는 다중 관계는 본질적으로 비윤리적인 것이 아니며, 대부분의 윤리 규정 역시 어떤 다중 관계는 피할 수 없다는 것에 대해 인지하고 있다. 다중 관계가 내담자에게 피해를 줄 때, 혹은 내담자에게 피해를 주고 착취적일 수 있는 심각한 잠재성이 있을 때, 이런 관계는 비윤리적이다.

다중 관계에 대한 논쟁

정신건강 전문직에서는 다중 관계의 윤리에 대한 관심이 점점 더 커지고 있다. 1980년대 동안, 전문 학술지에서 성적인 이중 관계에 대한 문제가 큰 관심을 받았다. 지금은 성적인 이중 관계가 비윤리적이라는 것에 이견이 없으며 모든 전문가 조직의 윤리 규정에서 내담자와 상담자 사이의 성적 관계를 금지한다. 이러한 금지는 전문적 관계가 종료된 지 적어도 2~5년 후까지 이어진다. 그뿐만 아니라, 대부분의 윤리 규정은 착취의 위험이 생길 수도 있는 상담자의 모든 행동에 대해 경고하고 있다. 1990년대 성적인 요소가 없는 다중 관계가 면밀한 조사를 받게 되었다. 성적이지 않으나 문제가 많고 적절하지 않은 다중 관계 예로는 가족 구성원 혹은 친구를 내담자로 받는 것, 슈퍼바이저와 치료자의 역할을 같이 하는 것, 치료를 받고 있는 내담자와 사업 관계를 맺는 것, 개인상담을 자문 혹은 슈퍼비전과 합치는 것 등이 있다. 그러나 성적이지 않은 다중 관계 전부가 부적절하고 비윤리적인 것은 아니다.

다중 관계와 다중 역할을 맡는 것은 복잡해지기 쉽고 회색 지대가 생긴다. 상담자들은 내담자와 작업하며 혹은 공동체에서 일하며 언제나 하나의 역할만을 수행할 수는 없으며, 또 그렇게 자기를 하나의 역할로 제한하는 것이 항상 바람직한 것도 아니다. 상담자는 경력을 쌓아가는 과정 전반에 걸쳐, 전문적 관계 안에서 다양한 역할들을 어떻게 균형잡아야 할지 도전받게 될 것이다. Herlihy와 Corey(2015b)는 상담에서 성적이지 않은 다중 관계에 대해 전문가들 사이의 분명한 합의가 없다고 주장한다. 상담자는 스스로를 잘 관찰하고 그런 관계에 들어가려는 자신의 동기를 점검해야 할 책임이 있다. 상담자는 타당한 임상적 근거가 없는 경우, 내담자에게 하나 이상의 역할을 하게 되는 것에 신중해야 한다.

Zur(2014)는 다중 관계로 간주되지 않는 이중 역할에 대해 이렇게 밝힌다. 가정 방문, 내담자에게 작은 선물을 받는 것, 졸업식이나 결혼식에 참석하는 것, 두려워하는 진료 예약에 동행하는 것, 청소년 내담자와 농구를 하는 것, 내담자와 산책을 하는 것, 비행 공포로 힘들어하는 내담자와 함께 비행하는 것 등. 이런 일들은 **경계 넘기**(boundary crossing), 즉 내담자에게 유익할 수도 있는, 표준적 관행을 벗어나는 것이라고 보는 것이 가장 적절할 것이다. 대인 관계에서 경계란 유동적이다. 이는 시간에 따라 변할 수 있으며 상담자와 내담자가 함께 작업을 계속해 나가며 다시 정의할 수도 있다는 의미이다. 하지만 경계를 넘는 것이 내담자에게 피해가 되지 않을지라도, 이러한 경계 넘기는 전문적 역할을 흐릿하게 만들 수 있으며 피해의 가능성이 있는 다중 관계로 이어질 수 있다. **경계 위반**(boundary violation)은 내담자에게 피해를 야기할 수도 있는 심각한 위반이다. 경계 넘기가 경계 위반이 되지 않도록 조치를 취하는 것은 아주 중요하다.

Barnett(Barnett, Lazarus, Vasquez, Moorehead-Slaughter, & Johnson, 2007)은 선의를 가진 임상가들이라도 경계 넘기가 경계 위반으로 이어지지 않을지를 판단하기 위해 자신의 행동을 신중하게 성찰해야 한다고 주장한다. 그 공동체에서 지배적인 표준에 부합하는 상담을 하지 않는 것은, 내담자의 진단, 외상이나 억압의 역사, 가치관, 문화 등과 함께 선의의 행동을 경계 위반으로 간주되게 만들 수 있다. 예를 들어 어린 시절 성적으로 학대받은 내담자는 치료자가 어깨에 가볍게 손을 대는 것만으로도 경계 위반으로 지각할 수 있다. 격려의 몸짓으로 한 이런 단순한 행동이 내담자로 하여금 가장 안전한 공간으로 느껴져야 하는 치료관계를 불편하게 느끼도록 만들 수 있는 것이다.

다중 관계의 적절성에 대해서는 일치하지 않는 견해들이 상당히 많다. 어떤 전문가들은 다중 관계를 금지하는 좀더 엄격한 법과 윤리 규정이 필요하다고 보지만, 또 다른 전문가들은 내담자에게 분명하게 도움이 되는 다중 관계의 형태도 있다고 주장한다(Zur 2007, 2014). 모든 다중 관계를 피할 수 있는 것은 아니며, 어떤 전문가들은 이러한 관계가 필연적으로 해롭고, 비윤리적이거나 비전문적이지 않다고 생각한다(Herlihy & Corey, 2015b). Barnett(Barnett, Lazarus et al., 2007)은 어떤 경우에서는, 경계를 넘는 것이 임상적으로 적절하고 의미가 있으며, 경계 넘기를 피하려는 것이 치료적 관계 목표에 역행하는 일일 수 있다고 생각한다. Pope과 Vasquez(2011)은 경계 넘기를 하지 않으려는 것은 기회를 잃고 내담자에게 해로울 수 있다고 지적한다.

경계에 대한 문화적 관점

경계에 대한 전통적인 시각은 상담자가 지역사회에서 일하면서 사회정의 옹호 활동을 할 때, 좀더 유연하게 고려되고 확장될 필요가 있다. 상담에서 서로 다른 문화가 만나게 될 때, 상담자는 문화적 유능성을 획득하는 일이 필수적인데, 이는 전문적 관계에서 문화적 차원을 고려한다는 의미이다. 사회정의와 옹호는 더 확장된 체제를 채택하여, 개인 내 역동보다 사회적 요인에 주목한다. 문화적 역동과 내담자에게 미치는 영향에 대해 인식하지 못하는 상담자는 비윤리적인 상담을 할 위험이 높다(Lee, 2015).

Speight(2012)는 경계, 경계 넘기, 내담자-상담자 관계를 이해하는 전통적 시각을 재검토해야 한다고 주장한다. 다수의 아프리카계 미국인 내담자는 따뜻하고 상호적이며, 이해심 있는 관계를 기대하며, 치료자가 객관성을 유지하기 위해 거리 두는 것을 관계를 맺지 않겠다는 신호로 지각한다. 다문화 내담자들과 작업할 때, 경계 넘기는 문화적으로 일관성 있어야 한다. Speight는 연대(solidarity)의 개념을 제안하는데, 이는 경계를 이해하고, 규정하며, 다루는 것에 있어 문화적으로 일관된 방식으로서, 사람들을 묶어주는 공통체 내의 유대에 기반한다는 것이다. "나와 내 내담자 사이의 연대는 진정한 나로 존재하고, 진실한 관계를 우선시하며, 친밀한 경계를 형성하고 내담자의 최선의 이익을 위해 행동하도록 요구하는 동시에 이를 허용한다"(p.147). Speight는 경계에 대한 좀더 광범위한 개념을 받아들이게 되면서 부적절하거나 비전문적이지 않고도, 진실하고 가까운 치료관계를 만들 수 있었다. 그녀는 상담자들에게 경계가 너무 가깝거나 너무 먼 사이의 미세한 차이에 대해 유념할 것을 권장한다. Speight는 상담자들이 치료 상황에서 복잡함을 견디고 유연한 역할을 발달시키는 법을 배우도록 조언하고 있다.

작은 마을에서의 다중 관계와 경계 문제

경계를 관리하는 것은 특히 작은 지역사회에서 살며 일하는 치료자들이 매일 겪는 일상이다(Schank, Helbok, Haldeman, & Gallardo, 2010). 농촌에서 일하는 상담자는 도시 상담자보다 다중 관계에서 오는 도전을 훨씬 더 많이 겪고 있다. Schank와 Skovholt(1997)는 농촌과 작은 지역사회에 살면서 일하는 심리학자들과 인터뷰를 진행하여, 연구에 참여한 심리학자 모두가 전문적 경계와 관련한 일들을 인정한다는 걸 발견했다. 몇몇 주요 주제로는 사회적 혹은 경제적인 관계가 겹쳐질 수밖에 없는 현실, 심리학자의 가족과 사회적 관계가 겹쳐져 있을 때의 영향, 하나 혹은 그 이상의 가족 구성원이나 내담자와 친구인 내담자를 상담해야 하는 딜레마 등이 있다. 심리학자들은 윤리 규정을 알고 있지만, 그런 규정을 농촌에서 맞닥뜨리는 윤리적 딜레마에 어떻게 적용해야 하는지를 두고 고심하게 된다고 말한다. 이 연구가 진행된 지 시간은 좀 흘렀으나, 그 결과는 오늘날에도 여전히 유의미하다.

상담자들은 농촌에서 종종 독특한 윤리적 딜레마를 경험하게 된다. 그 지방의 약사, 의사, 기술자, 은행원, 소상업인, 교사, 미용사 등이 어떤 상담자의 내담자일 수 있다. 농촌의 전문가들은 지역 상점에서 내담자를 보고는 다른 사람들 앞에서 아는 척을 해야 할지 고심한다. 만약 상담자가 상공회의와 같은 지방자치 조직에 소속되어 있거나 내담자와 같은 교회에 다니는 경우, 내담자인 동시에 동료 구성원인 그들과의 갈등에 대해 걱정하게 될 수도 있다. 내담자의 자녀가 상담자의 자녀와 같은 학교 친구 사이이거나 같은 스포츠 팀 소속인지 아닌지에 대해서도 걱정할 수 있다. 그뿐만 아니라 농촌에서 상거래와 치료적 노력이 혼합되는 문제 역시 존재한다. 예를 들어 상담자가 트랙터를 구입하려는데 그 마을에서 트랙터를 파는 유일한 사람이 바로 그의 내담자인 경우, 상담자는 윤리 규정 조문을 위반할 위험에 처하게 된다. 그러나 상담자가 트랙터를 다른 곳에서 사게 되는 경우, 지역 상인에게 충성하곤 하는 농촌의 가치관으로 인해 내담자와의 관계에 지장을 줄 수 있다. 혹은 상담 서비스와 물건 혹은 서비스를 교환 거래하고 싶어 하는 내담자의 경우를 생각해 보자. 어떤 지역사회에서는 현금 거래보다 물물교환이 훨씬 더 크게 작동한다. 농촌과 같은 환경에서, 상담자는 일반적으로 다양한 역할을 하게 되고, 도시에서 상담하는 동료에 비해 명확한 경계를 유지하는 데 더 많은 어려움을 경험할 가능성이 높다.

Smith, Thorngren과 Christopher(2009)는 농촌에서 일하는 것은 그 지역 성격에 따른 도전이 있긴 하지만, 보람되고 흥미진진한 일이라고 주장한다. 그들은 상담자들이 '농촌 내담자의 강인함에 다가가, 이 사람들이 생존하고 번창하고 있는 문화에 대해 기꺼이 배움을 얻도록'(p.270) 격려한다. 농촌 지역 상담자가 맞닥뜨리게 되는 부담 때문에, 상담자의 소진을 막기 위해 동료와 논의할 것을 추천한다. 치료자의 동료가 내담자와 어떤 관계를 맺고 있는 경우(예, 내담자가 동료 자녀의 교사인 경우), 상담센터 외부 전문가, 혹은 그 지역사회 밖의 전문가에게 자문을 구해야 할 수도 있다.

개인적, 전문적 경계를 형성하기

다중 관계에 대한 논의는 경계의 맥락에서 이루어지는 것이 도움이 될 거라고 생각한다. 만약 여러분이 개인사에서도 분명한 경계를 만들어 왔다면, 전문가로서도 다중 관계에서 오는 어려움을 겪게 될 가능성이 낮다. 그러나 여러분이 경계를 잘 규정하지 못하거나, 상담과 우정 혹은 상담과 사업처럼 잘 어울릴 수 없는 역할을 뒤섞으려 하면, 윤리적인 딜레마에 빠지기 쉽다.

Lazarus(2001, 2015)는 치료적인 경계에 대해 합리적인 관점을 제시한다. Lazarus는 주 자격위원회가 다중 관계를 일반적으로 금지하는 것은 아무런 폐해를 끼치지 않는 상담자에 대해서도 제재를 가하고 내담자와 최적의 작업을 수행하는 상담자의 능력을 일반적으로 방해하는, 부당하고 일관성 없는 결정이라고 주장한다. Lazarus는 또한 좋은 의도로 만들어진 윤리적인 기준이 파괴적인 금지조항을 낳는 인위적인 경계로 변형되고 임상적 효과를 약화시킬 수 있다고 덧붙인다. 더욱이 그는 어떤 다중 관계는 치료 결과를 향상시킬 수도 있다고 생각한다. 그리하여 Lazarus는 부가적인 관계로 진입하는 것이 적절한지를 결정하는 선택 과정에서는 경계 문제에 대해 교리를 떠나 개개의 사례별로 다르게 평가해야 한다고 반박한다. 경직된 기준에 종속되지 않고 내담자의 개별적인 차이를 고려하는 게 더 중요하다는 것이다. Lazarus(2015)는 "치료자와 내담자 사이의 안전한 관계가 목표보다 우선해야 하는데, 엄격한 경계가 아닌 바로 이 관계가 내담자를 학대로부터 보호하기 때문"(p.31)이라고 말한다. 그의 견지에서, 치료자가 기꺼이 고정관념에서 벗어나 생각하고 모험을 감수할 때, 많은 유익이 생길 수 있다.

Lazarus(2001)는 좋은 의도의 가이드라인도 역효과를 낼 수 있다는 걸 인정한다. 그는 어떤 내담자와는 함께 시간을 보내고, 다른 이들과는 테니스를 치며, 누군가와는 산책하고, 작은 선물을 정중하게 받으며, 몇몇 내담자들에게는 선물(보통 책)을 주고 있다. 그러나 Lazarus는 어떤 형태로든 간에 내담자에 대한 비난, 착취, 학대, 희롱, 성적 접촉에 대해서는 반대하는 입장을 명확히 한다. 그는 어떤 경계들은 필수적이라고 보지만, 금지 영역에 속한 성적이지 않은, 소위 다중 관계에 대해서는 절충 과정을 요구하고 있다. Lazarus(2015)는 진지한 고민 없이 경계를 넘는 일에 동의해서는 안 된다고 강조한다. 그는 경계를 넘어서는 분명한 근거가 필요하며, 역할과 기대를 명확히 하고 권력의 차이가 발생할 수 있다는 사실을 유념해야 한다고 생각한다.

경계 설정을 위한 지침

다중 관계를 바라보는 입장이 분분하기는 하나, 상담자와 고용인, 혹은 상담자와 애인을 겸하는 것은 적절하지 않다는 데에 대부분 전문가들은 동의한다. 상담자가 다양한 역할을 할 때마다, 이해관계의 충돌, 객관성의 상실, 도움을 구하는 사람에 대한 착취가 발생할 수 있다. 윤리적인 상담자들은 내담자 편에서 최선의 이익이 지켜질 수 있도록 적절한 예방조치를 반드시 취해야 한다. Herlihy와 Corey(2015b)는 전문가들이 하나 이상의 역할을 할 때의 지침을 다음과 같이 제시한다.

- 처음부터 건전한 경계를 설정하라. 고지된 동의 서류에 전문적 관계 대 사회적 혹은 사업적 관계에 대한 여러분의 방침을 진술해 두는 것이 좋다.

- 전문적인 관계의 경계를 설정할 때 내담자를 포함시켜라. 여러분이 내담자에게 기대하는 부분과 내담자가 기대할 수 있는 부분에 대해 토론하라.

- 여러분이 내담자에게 하나 이상의 역할을 수행하게 될 때, 고지된 동의는 필수적이다. 내담자는 다중 관계들에 관한 모든 잠재적인 위험에 대해 알 권리가 있다. 고지된 동의와 예상하지 못한 문제 및 갈등에 대한 토론을 계속 진행한다.

- 동료에게 얻는 자문은 객관적인 시각을 얻고 예상치 못한 어려움들을 알아보는 데 가장 도움이 된다. 여러분이 하나 이상의 역할을 하고 있거나 다중 관계를 맺고 있다면, 정기적으로 자문을 받는 것이 좋다.

- 다중 관계가 특히 문제가 되거나 피해를 줄 위험이 클 때, 슈퍼비전을 받아가며 상담하는 것이 현명하다.

- 상담자 교육자이자 슈퍼바이저인 사람은 학생 혹은 수련생과, 다중 관계를 맺게 되어 때때로 역할 간의 충돌로 인해 피해가 생기는 미묘한 방식, 권력의 균형 문제, 경계에 대한 염려, 적절한 한계, 관계의 목적, 권력의 남용에 대한 가능성 등의 주제에 대해 필수적으로 논의해야 한다.

- 법적인 관점에서 내담자와 다중 관계에 대해 나눈 모든 논의들을 문서로 남기는 것이 확실한 일처리이다. 피해의 위험을 최소화하기 위

해 여러분이 취한 모든 행동에 대해서도 문서에 포함시켜라.

• 필요하다면 다른 전문가에게 의뢰하도록 하라.

성적이지 않은 다중 관계를 둘러싼 논쟁은 지속될 전망이다. 여타 복잡한 윤리 문제와 마찬가지로, 온전한 합의에 이르지 못할 수도 있다. 모든 종류의 다중 관계를 금지하는 것은 내담자 착취 문제에 대한 훌륭한 해결책이 아닌 듯하다. Barnett(2007)은 특정한 다중 관계를 피하는 것은 어떤 내담자에게 잠재적으로 도움이 안 될 수 있으며, 치료자는 어떤 다중 관계를 피해야 하고, 어떤 관계는 수용할 수 있으며, 또 어떤 관계는 필요한지를 결정하기 위해 전문적인 판단을 내려야 한다고 주장한다. Zur(2007)는 만약 경계를 넘는 것이 내담자에게 피해를 줄 수 있거나, 치료자의 객관성, 판단력, 능력을 손상시키거나 치료적 효과를 저해하게 되는 경우, 치료자는 이를 피해야 한다고 덧붙인다. 상담 전문가는 실무에서 맞닥뜨리는 여러 가지 경계 문제들에 대한 자신의 입장을 명확히 하고 윤리적인 의사결정을 체계적으로 내리는 방식을 개발할 필요가 있다.

Lamb, Catanzaro와 Moorman(2003)은 성적이지 않은 관계들의 중첩에 대해, 맥락, 역사, 전문적 관계의 현재 상태, 전문적 관계의 목표 맥락에서 경계를 넘는 것의 목적을 치료자가 어떻게 설명하는지 등과 같은 요소들을 고려하며 평가할 것을 제안한다. Zur(2014) 역시 다중 관계를 맥락을 갖고 고려하는 것이 극히 중요하다고 생각한다. 하나의 맥락에서 적절하고, 피할 수 없으며 윤리적인 것이 다른 맥락에서는 부적절하고 피할 수 있으며 비윤리적일 수 있기 때문이다.

Herlihy와 Corey(2015b)는 상담자들이 이중 관계 이슈들에 직면했을 때 사용할 수 있는 의사결정 모델을 제시한다. 만약 잠재적인 다중 관계가 피할 수 없다면, 상담자들은 (1) 고지된 동의를 확보하고 (2) 자문을 구하며 (3) 내담자와 계속해서 토론하며 (4) 자신의 상담을 문서화하고 모니터하는 동시에 (5) 슈퍼비전을 받는 것이 좋다. 만약 다중 관계의 가능성을 피할 수 있다면, 상담자는 우선 이 사례에서 잠재적인 유익과 위험을 평가하고, 이를 내담자와 함께 토론해야 한다. 유익이 위험보다 크다면, 그 다중 관계는 정당화될 것이다. 그러나 위험이 유익보다 더 크다면, 상담자는 그 관계를 거절하며 내담자에게 이유를 설명하고, 필요한 경우에는 다른 전문가에게 의뢰해야 할 것이다.

적절한 경계를 구성하는 것이 무엇인지를 판단하기 위해 고심하며, 여러분은 어떤 혼합된 역할은 특정 상황에서 불가피하다는 것을 발견할 것이다. 그러므로 경계를 어떻게 다루고, 경계 넘기가 경계 위반으로 변하지 않도록 어떻게 막으며, 내담자를 착취하지 않을 수 있는 안전장치를 어떻게 만들지를 아는 것이 아주 중요하다. 경험이 많은 전문가들조차도 경계 넘기와 적절한 역할 설정하기에 관한 한, 가장 윤리적인 방침을 따르는 것이 종종 도전으로 느껴진다. 그러니 학생, 훈련생, 경험이 적은 상담자에게는 다중 관계를 다루는 것이 훨씬 더 큰 도전일 수 있다. 상대적으로 임상 경험이 적은 사람들은, 가능한 한 다중 관계를 맺지 않도록 하는 것이 가장 현명한 방침일 것이다. 이러한 일반적인 주제들과 우리가 논한 지침에 대해 생각해 보고, 이 장에서 제시하는 각 상황에 적용해 보라. 여러분이라면 상충하는 역할을 둘러싼 그 윤리적 딜레마들을 해결하기 위해 어떻게 할지 생각해 보자.

전문적인 관계와 개인적인 관계를 겸하기

여러분은 자신을 열렬히 존경하며 우정을 키우고 싶어 하는 내담자와 사회적인 관계를 맺고 싶은 마음이 들 수 있다. 이러한 유혹은 여러분이 내담자를 좋아하는 경우, 교제의 범위가 제한적인 경우 특히 더 강렬할 수 있다. 또는 내담자에게 개인적 혹은 사회적 관계가 불가능하다고 말했을 때, 내담자가 느낄 수 있는 거절감을 어떻게 다뤄야 할지 두려울 수도 있다.

내담자와의 전문적 관계와 개인적 관계 사이에서 균형을 맞추는 것은 까다로운 일이다. 상담자로서 여러분은 내담자와의 개인적 관계가 위험해지지 않게 하기 위해, 내담자에게 도전이 되는 일은 하지 않으려 할 수도 있다. 혹은 자신을 내담자로부터 분리하는 데 곤란을 겪을 수도 있다. 아무리 여러분이 자신의 객관성을 유지하며 직면과 지지 사이에서 최적의 균형을 맞추고 여전히 치료적인 중재자로 존재한다 하더라도, 내담자는 두 관계를 분리시키는 것이 어려울 수 있다. 여기서 고려해야 할 요인은 여러분이 사안을 어떻게 바라보든, 이 관계는 불평등할 수밖에 없다는 것이다. 여러분은 상담자로서 더 많이 듣고 주게 될 가능성이 높다. 동등한 친구 관계에서는 일반적으로 양쪽 모두 주고받는다.

때때로 상담자와 내담자 사이의 사회적인 관계들이 발생할 수 있다. 여러분이 이런 입장에 처했다는 걸 알게 됐을 때, 곰곰이 생각해 봐야 하는 질문들이 몇 가지 있다. 사회적 관계가 내담자와 효과적으로 상담하는 데 방해가 되는가? 우정이 내담자가 나와 작업하는 방식을 방해하는가? 잠재하는 부정적인 영향들을 알아낼 수 있을 만큼 객관성을 충분히 유지하고 있는가? 우리는 사회적, 개인적인 교류를 위해 내담자를 필요로 하는 상담자들이 우려스럽다. 사회적 친교 관계를 맺고 있는 사람들 대부분이 여러분에게 상담을 받는 사람이라면, 자신의 개인적 욕구를 위해 상담자라는 역할을 이용하고 있는 것은 아닌지 의문이 든다.

사례 예 내담자와의 점심 식사

상담자(Yoana)는 한 내담자를 얼마 전부터 만나고 있다. 그 남자 내담자(Joel)는 Yoana에게 점심 식사를 함께 할 수 있는지 물었다. 상담실 밖에서 만나고 싶어 하는 이유를 묻자, Joel은 편안한 환경에서 이야기를 나누고 싶기도 하고, Yoana가 준 도움에 대한 감사의 뜻으로 식사를 대접하고 싶은 것이라고 했다. Joel의 호소 문제 중 하나가 거절에 대한 두려움이란 사실은 이 상황을 복잡하게 만들었다. Joel은 위험을 무릅쓰고 이와 같은 초대를 하는 거라고 말했다.

상담자의 입장 여러분은 이 상황을 어떻게 다루겠는가? 내담자가 동성일 때와 이성일 때, 차이가 있겠는가? 내담자에 대한 감정이 여러분의 결정에 영향을 미치겠는가?

토론 어떤 상담자는 상담실 밖에서는 절대 내담자를 만나지 않는가 하면, 다른 상담자는 덜 격식적인 환경에서 내담자를 만나는 걸 편안해 한다. 지금 이 상황을 어렵게 만드는 것은 Yoana와 Joel이 일정 시간 동안 공식적인 환경에서 만나기로 계약을 했으며, Joel은 이 계약을 변경하는 초대를 한 것이다. Yoana는 이 초대 이면의 동기에 대해 잘 숙고해 봐야 한다. Joel이 Yoana에게 식사를 대접하고 싶은 바람은 그가 밝힌 대로, 받은 도움에 대한 고마움을 반영하는 것일 수 있으나, Joel이 Yoana에게 점점 더 끌리고 있는 중이라는 사실을 시사하는 것일 수도 있다. 분명 이런 행동은 거절에 대한 두려움이 있는 Joel에게는 큰 용기이며, Yoana는 그의 초대를 받아들여야 할 것 같은 압력을 다소 느낄 수 있다. 그럼에도 불구하고, 그의 점심 식사 초대에 응하는 것은 Joel이 그녀의 의도를 잘못 해석하게 만들지도 모른다. Yoana가 Joel에게 매력을 느끼고 있다면, 경계 위반으로 이어질 수도 있는, 아주 위험한 길에 이르게 될 가능성이 있다. Yoana는 이 초대와 그녀의 대응이 Joel과의 치료적 관계에 미칠 영향에 대해 잘 평가해야 한다.

사례 예 상담실 밖에서 만나는 집단 모임에 참석하기

Derek은 기관에서 남성 집단을 진행하고 있다. 집단원들은 우리 사회에서 남성들이 어떻게 고립되는지에 대해 이야기하며, 이런 고립에 대처하기 위해 기관에서 이루어지는 매주 집단상담 외에, 한 달에 한 번씩 포트럭(각자 음식을 가져와 어울리는) 모임을 갖기로 했다. 집단원들은 Derek에게도 이 모임에 오라고 초대했다.

상담자의 입장 여러분은 Derek이 이 모임에 가는 것이 적절하다고 생각하는가? 이 상황에서 여러분이 관심 갖는 윤리적인 문제는 무엇인가? 집단원들과 사교적으로 어울리는 것의 장단점은 무엇인가? 여러분이라면 어떻게 반응하겠는가? 왜 그러하겠는가? 여러분의 성별이 결정에 차이를 주겠는가?

토론 상담자는 내담자와 사교적으로 어울릴 때 발생할 수 있는 위험에 대해 잘 알고 있어야 한다. 만약 Derek이 집단원 중 몇몇이 알코올 중독에서 회복중이라는 것을 알면서도 그 모임에서 술을 마신다면, 집단원들은 그와 그의 전문성에 대해 보는 시각이 달라질 수 있다. Derek은 또한 이 초대를 수락하기 전에 자신의 숨겨진 욕구와 동기에 대해서도 잘 평가해야 한다. Derek은 그 모임에서 전문가로서의 태도를 잘 유지할 가능성도 상당히 있다. 그러나 만약 그가 이 모임을 일의 연장으로 여긴다면, 추가적으로 요구되는 이 시간에 대해 화가 날 수 있으며, 그의 부정적인 감정은 집단원들도 분명 알게 될 것이다. 이 사례는 포트럭 모임 초대처럼 일견 단순해 보이는 어떤 것도 윤리적으로 복잡할 수 있다는 사실을 잘 드러낸다.

문화적 맥락

문화적 맥락은 상담관계에 우정을 섞는 것이 적절한지를 평가하는 데서 중요한 역할을 한다. 아프리카인의 관점에서 다중 관계에 대해 쓴 논문에서, Parham과 Caldwell(2015)은 다중 관계를 막는 종래의 윤리적 기준에 대해 의문을 제기하며, 그런 기준이 아프리카계 미국인 내담자를 상담할 때 장애와 방해가 되는 것으로 밝혀졌다고 주장한다. 아프리카인의 관점에서 상담관계는 상담실로 제한되지 않는다. 오히려 상담은 대화, 재미있는 놀이, 웃음, 식사와 요리를 나누는 경험, 여행, 종교 의식, 노래와 드럼 연주, 이야기, 글쓰기, 신체 접촉 등과 같은 다양한 활동을 포함하는 것이다. Parham과 Caldwell은 이런 각각의 활동들이 상담 경험에 '치유의 초점'을 제공할 잠재성이 있는 것으로 본다.

비슷한 뜻으로 Sue와 Capodilupo(2015)도 몇몇 문화 집단은 상담 전문가와 맺는 다중 관계를 중요하게 생각한다는 점을 분명히 밝힌다. 어떤 아시아 문화에서는 개인적인 문제는 친척이나 친구와 이야기하는 것이 최선이라고 생각한다. 낯선 사람(전문 상담자)에게 자기를 노출하는 것은 금기이자 가족적, 문화적 가치에 위배되는 것으로 여겨진다. Sue와 Capodilupo는 어떤 아시아계 내담자는 좀더 개인적인 방식으로 진화된 전통적인 조력자 역할을 선호할 수 있다고 지적한다.

　Bemak과 Chung(2015)은 민족적, 인종적으로 다양한 집단에서는 상담 관계가 공식적인 50분짜리 회기 이상으로 확장되길 바라는 기대가 있음을 밝혔다. 다양한 문화에서 상담자는 그들의 개인적인 삶의 면면을 공유하게 되며, 이는 결국 신뢰와 개방성을 구축하게 된다. Bemak과 Chung은 "자기를 드러내지 않는 상담자는 불신, 상담자로서의 신뢰성 상실, 내담자가 갖는 안전하지 않다는 느낌, 내담자에게 잠재적인 피해, 조기 종결 등을 낳을 수 있다"(p.87)고 주장한다.

이전 내담자와의 사회적 관계

이전 내담자와 친구가 되는 것은 비윤리적인 것이 아닐 수 있으나, 그런 관행은 현명하지 않을 수 있다. 가장 안전한 방침은 이전 내담자와 사회적 관계를 발전시키지 않는 것이다. 장기적인 관점에서, 이전 내담자는 그 이후에도 여러분을 친구로서보다 상담자로서 더 필요로 하는 것일 수 있다. 만약 여러분이 이전 내담자와 친구가 된다면, 그 혹은 그녀는 더이상 여러분의 전문적 치료를 이용할 자격이 없어진다.

　때때로 상담자와 내담자 사이의 권력의 불균형 문제도 여전히 남아 있곤 한다. 사회적 관계에서조차 여러분은 도움을 제공하는 사람으로 여겨지거나, 혹은 여러분이 조력자 역할을 하는 사람으로 행동하게 될 수 있다. 이와 같은 권력의 불균형은 아주 서서히 변하거나 혹은 전혀 변화하지 않는다(Herlihy & Corey, 2015a). 여러분은 전문적인 관계가 사적인 관계로 발전하기 전에, 내담자의 동기뿐만 아니라 자신의 동기에 대해서도 잘 감지해야 한다. 혹시 여러분이 상습적으로 이전 내담자들과 사적인 관계를 발전시키곤 한다면, 원했거나 동의했던 그 관계가 과도하게 확장된 것을 발견하고 분개하게 될지도 모른다. 이 상황에서 핵심은 기꺼이 하려는 것과 그렇지 않은 것에 대해 명확하게 선을 긋는 능력이다.

소셜 미디어와 경계

내담자 혹은 이전 내담자가 갈수록 더 인터넷을 통해 상담자와 친구가 되고 싶어 한다. 상담자, 사회복지사 혹은 다른 정신건강 전문가들이 내담자 혹은 이전 내담자로부터 '친구 요청'을 받는 것은 드문 일이 아니다(Reamer, 2013). 페이스북을 사용하려는 상담 전문가들에게, 경계, 이중 관계, 비밀보장, 사생활 보호 등과 같은 수많은 윤리적 문제들이 제기된다. 사회복지사는 디지털 시대에 더 많은 도전들에 맞닥뜨리고 있으며, Reamer(2013)는 경계 혼란이 잇따를 수 있는 내담자와의 '친구 맺기'에 대해 다음과 같이 서술한다.

> 사회복지사의 소셜 네트워크 사이트에 접근한 내담자들은 자신의 사회복지사에 대해 엄청난 양의 개인정보(사회복지사의 가족 및 가족관계, 정치적 견해, 사회적 활동, 종교 등)를 알게 될 수 있고, 이는 전문가와 내담자 관계에서 복잡한 전이, 역전이 문제를 가져올 수 있다. (p.168)

내담자와 '친구 맺기'는 윤리적으로 문제가 많지만, Reamer는 소셜 네트워크 사이트에서 친구 요청을 거절하는 것은 내담자에게 의도치 않은 거절감을 줄 수 있음을 강조한다. 소셜 미디어를 사용할 때 이런 위험을 관리할 방법 중 하나는 페이스북 사이트에서 전문가 용도와 사적인 용도의 별개 계정을 만드는 것이다.

Spotts-De Lazzer(2012)는 소셜 미디어에 관한 한 상담자들이 전통적인 윤리를 변환해야 한다고 주장하며 상담자들이 페이스북에서 존재를 관리할 수 있도록 도와줄 몇 가지 다음과 같은 조언을 하고 있다.

- 온라인에서 공유하는 내용을 제한하라.
- 고지된 동의의 일부로서 소셜 네트워킹 원칙을 분명하고도 철저하게 포함시켜라.
- 페이스북은 지속적으로 바뀌기 때문에 정기적으로 보안 환경을 업데이트하라.

ACA 윤리 규정(ACA, 2014)은 상담자가 소셜 미디어에 대한 방침을 정해야 하며 이때, 고지된 동의가 중요하다는 점을 강조한다. 이 최근의 규정은 독자적인 컴퓨터 방식이 사회적 세계에서 상호작용하는 장치로 문화가 이행하였음을 드러낸다. 개정된 조항은 상담자와 내담자 사이의 가상 관계를 강조하며 상담자가 안전한 가상적 존재를 유지할 수 있는 방법을 제안하고 있다(Jencius, 2015).

여러분은 이전 내담자와 소셜 미디어에서 관계를 맺기 전에 어떤 질문들을 탐색하겠는가? 현재 혹은 이전 내담자와 우정을 발전시키는 것에 대한 여러분의 생각은 무엇인가? 이전 내담자와 페이스북 혹은 다른 형태의 소셜 미디어를 통해 연락을 주고받는 것에 찬성하는가? 왜 그렇게 생각하는가? 이전 내담자와 사적인 관계를 시작하기 전에 어떤 문제들을 논의하고 싶은가?

대가 교환

대가 교환 혹은 상담 서비스를 다른 재화 혹은 서비스로 교환하는 것에 응한 상담자는, 대개 전문적인 상담 서비스를 감당할 여력이 안 되는 내담자를 돕기 위해, 자비로운 마음에서 시작하곤 한다. 내담자는 대가를 어떤 방식으로 교환할지에 대해 제안할 수 있다—예를 들면 상담자의 집 청소, 비서 업무 수행, 그 외 다른 개인적 업무 처리 등. 내담자가 상담자의 개인적 정보에 대해 알 수 있는 상황이 되면, 쉽게 곤경에 빠질 수 있다. 이 상황이 상담자-내담자 관계를 방해하기 때문이다.

대가 교환은 많은 문화에서 받아들여지는 관행이지만, 상담 서비스에 대해서는 특히 문제가 될 수 있다. 내담자는 상담이 잘 진행되지 않는다고 생각하여 상담자가 합의한 것을 따르지 않는다고 비난할 수도 있다. 마찬가지로, 상담자는 내담자가 제공하는 대가가 시기가 적절하지 않거나 상품 및 서비스의 질이 불만족스러워, 분노하게 되고 궁극적으로는 치료관계가 방해받을 수도 있다.

대가 교환의 윤리적인 차원

대부분의 전문가 윤리 규정들은 대가 교환에 관한 구체적인 기준을 갖고 있다. 대가 교환이 전면적으로 금지되는 것은 아니나, 실행하는 경우의 규제 사항에 대해 분명히 밝힌다. ACA(2014), APA(2010), NASW(2008), AAM-FT(2012)의 윤리 규정 모두 다음과 같은 조건하에서만 대가 교환이 윤리적이라고 명시한다. 내담자의 요구가 있을 때, 임상적으로 금기시되지 않을 때, 착취적이지 않을 때, 교환 방식에 대해 충분히 고지된 동의를 할 수 있을 때.

어떤 문화나 특정 지역사회에서는 대가 교환을 관행으로 널리 받아들인다. 따라서 대가 교환은 상담자에게 전문가로서 판단하고 자신이 상담하고 있는 문화의 맥락을 고려할 수 있도록 여지를 허용해야 할 다중 관계의 한 예라고 할 수 있다. Bemak과 Chung(2015)은 여러 문화에서 대가 교환은 전통적인 지불 방식의 귀중한 대안이라고 말한다. 대가 교환은 문화적 맥락과 각 내담자의 특수한 상황을 유념하여, 철저하게 각각 사례별로 다르게 처리되어야 한다고 강조한다. Forester-Miller와 Moody(2015)는 농촌 지역에서 관계들이 중첩될 수밖에 없는 점을 언급하며 상담자들에게 도시 거주자와 농촌 거주자는 가치관과 신념이 아주 다르다는 사실을 상기시킨다. 따라서 상담자들은 내담자와 다른 문화적 시각을 담은 자신의 가치관을 강요하지 말아야 한다고 주장한다. Forester-Miller는 사람들이 자신과 사랑하는 사람들을 위해 무엇인가 제공할 수 있다는 사실을 자랑스럽게 생각하는, 애팔래치아 문화에서 상담했던 경험을 소개한다. 그녀는 한때 한 부모 가정의 10대 소녀를 상담했었는데, 집안 형편상 아주 적은 비용도 가계에 부담이 되어, 그 어머니는 상담에 대해 보통 청구하는 상담료는 물론이거니와 할인된 상담료도 감당할 수 없었다. Forester-Miller가 어머니에게 딸을 무료로 상담하겠다고 이야기하자, 어머니는 이를 받아들일 수 없다고 말했다. 대신 자기가 손으로 만든 퀼트를 상담비용으로 받아줄 수 있는지 물었다. 그 어머니와 상담자는 퀼트의 금전적 가치에 대해 논의하고 이를 몇 회 상담료로 사용할지 결정했다. 이 방식은 그 소녀가 필요한 상담 서비스를 이용할 수 있도록 하는 동시에 그 어머니에게도 자기 방식으로 상담료를 지불함으로써 품위 유지의 기회를 주었기 때문에 좋은 해결책으로 판명된다.

만약 여러분이 상담 서비스의 비용 대신 다른 형태의 대가 교환을 고려하고 있다면, 경험이 많은 동료나 슈퍼바이저와 상의하라. 이런 자문을 통해 여러분과 내담자가 생각해 내지 못한 대안을 얻는 수도 있을 것이다. 해당 상황에 대한 문제를 곰곰이 생각해 보고 다른 사람들로부터 자문을 구한 후에는, 이 특별한 상황에서 대가 교환이 갖는 장단점에 대해 내담자와 솔직히 토론해 보길 적극 권한다. 이와 같은 협력적인 토론은 다른 사람들의 의견과 더불어, 현재 논의되는 특정 형태의 대가 교환과 관련한 잠재적인 문제가 무엇인지 파악할 수 있도록 도와줄 것이다. 특히 경계 및 다중 역할 문제에 대한 지속적인 자문과 사례에 대한 토론은 특정 방식의 교환 거래가 지닌 함축적 의미를 이해하기 위한 맥락을 제공하게 될 것이다. 당연히도 여러분이 자문을 구한 사람 및 내담자와 나눈 모든 토론에 대해서 기록을 해두어야 한다.

대가 교환을 시작하기에 앞서, 계약의 두 당사자는 거래 방식에 대해 논의하고, 교환에 대해 분명히 이해한 후 협정을 맺어야 한다. 내담자는 대가 교환에 수반되는 잠재적인 갈등과 문제에 대해 자각하지 못할 수 있다. 대가 교환에 있어서 잠재적인 문제와 위험에 대해 식별하는 것은 상담자의 책임이다. 아마도 일반적인 규칙으로 준수하는 가장 안전한 행동 방침은, 갈등과 착취, 상담관계에 부담으로 작용할 수 있으므로, 전문적 서비스에 대한 교환으로 재화나 서비스를 받지 않는 것일 테다.

대가 교환의 법적인 측면

대가 교환은 법이나 윤리에 저촉되지 않는다. 상담자로서 여러분은 대가 교환을 대안으로 사용할지를 결정해야 하는 상황들에 맞닥뜨리게 될 텐데, 특히 내담자가 상담에 대한 비용을 더이상 지불할 수 없는 경우에 더 그러하다. 만약 여러분이 상담 교육자이자 변호사인 Robert Woody에게 자문을 구한다면, 그는 모든 대가 교환 거래를 피하라고 조언할 것이다. Woody(1998)는 대가 교환으로 이루어지는 상담은 최소한 기준에 못미치게 될 수 있다며, 심리적 서비스에 대한 대가 거래 사용에 대해 반대한다. 내담자와 대가 거래 협상을 하게 되면, 여러분은 (a) 대가 교환 방식이 내담자에게 최선의 이익이라는 것 (b) 대가 교환이 합리적이고 공정하며, 부당한 압력 없이 이루어졌다는 것 (c) 내담자에게 질 높은 심리적 서비스를 제공하는 데 방해가 되지 않는다는 점 등을 입증해야 하는 부담을 지게 될 것이다. 대가 교환은 내담자와 상담자 모두에게 상당히 위험하기 때문에, Woody는 이를 최후의 보루로 남겨두는 것이 현명한 처사라고 생각한다.

대가 교환의 다른 측면들

Koocher와 Keith-Spiegel(2008)은 심리적인 서비스를 필요로 하나 보험이 없고 경제적 곤란을 경험하는 사람들에게 대가 교환은 합리적이며 인도주의적인 방식이라고 주장한다. 이런 경우에 대가 교환 방식은 양 당사자 모두에게 만족스러울 것이라고 말한다. Thomas(2002)는 대가 교환을 경제적으로 어려운 사람을 도울 수 있는 합법적인 방식이라고 본다. 그는 단순히 내담자가 상담자에 대한 소송을 제기할 적은 가능성 때문에 대가 교환을 배제해서는 안 된다고 주장한다. 그러나 Thomas는 그 어떤 다중 관계든 감행하는 것은 신중한 숙고와 판단을 요구한다고 생각한다. 그는 대부분의 전문가들이 보통의 금전적 방식으로 비용을 받아야 하지만, 내담자의 경제적 사정으로 이 방식이 가능하지 않을 경우, 심리적인 서비스가 가능하도록 상황을 참작해야 한다고 덧붙인다. 대가 교환은 보험 적용 자격이 안 되어 경제적으로 곤경에 처한 사람들에게 도움을 줄 수 있는 한 가지 방법일 수 있다. Thomas는 상담자와 내담자가 맺은 협정의 성격에 대해 자세히 설명하는 계약서를 작성하고, 이를 정기적으로 검토해야 한다고 조언한다.

> **사례 예** 상담 서비스에 대한 대가 교환
>
> Carol이 지난 몇 달 동안 상담하고 있는 Wayne은 꾸준히 상담료를 지불하며 최근 상담에서 주목할 만한 진전을 보이고 있었다. 그러던 어느날 Wayne은 큰 상점의 자동차 수리공으로 있던 직장을 잃었다며 아주 낙담하여 상담에 왔다. 그는 다른 재정 문제로도 압력을 받고 있기 때문에 Carol과의 상담을 지속할 수 없게 됐다. 그는 몇 번의 상담회기 비용으로서 Carol의 구형 자동차 엔진 점검을 해주면 어떻겠냐고 제안했다. 그는 이 시점에서 상담을 중단하고 싶지 않다며, 이런 방식을 Carol이 동의할 수 있는지 물었다.
>
> **상담자의 입장** 여러분이라면 Wayne과 어떤 종류의 대가 교환 방식을 시작할 의향이 있는가? 왜 그러한가? 혹은 왜 그렇지 않은가? 대가 교환 이외에 다른 어떤 선택지를 그에게 제시하겠는가? 그의 상황을 고려하여 비용을 받지 않고 상담하는 것에 대해 생각해 보겠는가? 다음 사안들에 대해 여러분이라면 어떻게 할지 생각해 보자.
>
> - 여러분의 결정이 상담을 하는 지역이 대도시인지 농촌지역인지에 따라 달라지겠는가?
> - 결정을 내릴 때 문화적 맥락을 어떻게 고려하겠는가?
> - 여러분이 이와 같은 서비스의 교환에 참여하기로 했는데 Wayne의 엔진 작업이 신통치 않을 경우, 이 사실은 그와의 상담에 어떤 영향을 미치겠는가?
> - 여러분이 대가 교환은 부담스럽다고 말하자, Wayne은 도움이 절실히 필요한 때 버림받는 느낌이라고 한다면, 어떻게 반응하겠는가?
>
> **토론** Wayne이 서비스를 교환하는 아이디어를 제안했기 때문에, Carol이 이를 편안해 한다면 이 계약을 받아들이는 것은 비윤리적이지 않다. 이런 새로운 방식 때문에 치료적 작업이 궤도에서 이탈하는 일이 없도록, Carol과 Wayne은 합의를 하기 전에 대가 교환의 잠재적인 함정에 대해 솔직하게 논의할 필요가 있다. Carol은 Wayne에게 그녀의 구형 자동차에 대한 작업이 생각했던 것보다 더 많은 시간이 필요하게 됐을

때 화가 날 수 있음을 지적할 것이다. 그 또한 자신의 상담자를 기쁘게 하기 위해 '완벽한 작업'을 해야 한다는 압박을 더 크게 느낄 수 있다. Carol은 만약 Wayne의 작업이 수준 이하라 이후에 차를 다른 사람에게 고치기 위한 비용이 든다면 어떤 느낌이 들지에 대해서도 생각할 것이다. 대가 교환에 따른 잠재적인 문제에 대해 논의함으로써, Carol은 내담자에게 고지된 동의를 제공하고 그에게 최선인 이익에 대해 유념하게 된다. 만약 그들이 이 계획을 실행하기로 한다면, 논의한 도전들이 나타났을 때의 계획도 포함하여, 이 합의 조건들을 구체적으로 명시해야 한다. 만약 Wayne이 Carol의 염려를 듣고 이 합의에 대해 주저한다면, Carol은 Wayne이 치료를 계속 받을 수 있도록 수용 가능한 대안들을 제공할 필요가 있다. 아마 그가 새 직장을 구할 때까지, 제한된 시간 동안 무료 혹은 할인된 비용으로 서비스를 제공하기로 약속하거나 지불 시점을 연기해줄 수도 있을 것이다.

치료적 관계에서 선물을 주고받는 것

치료적인 관계에서 선물을 주고받는 것에 대한 주제를 구체적으로 언급하는 전문가 윤리 규정은 거의 없다. 그러나 AAMFT(2012)는 다음과 같은 지침을 갖고 있다.

> 결혼 가족 상담 치료사들은 내담자로부터 (a) 상당한 값어치가 있는 선물 혹은 (b) 상담관계의 효과성이나 고유성을 손상시키는 선물을 주거나 받아서는 안 된다. (3.10)

ACA 윤리 규정(ACA, 2014) 또한 선물을 받을 때의 기준을 갖고 있다.

> 상담자는 내담자에게서 선물을 받는 것의 도전에 대해 이해하고, 몇몇 문

화에서 작은 선물은 존경이나 감사의 표시임을 인식해야 한다. 내담자의 선물을 받을지 말지를 판단할 때, 상담자는 치료적 관계, 선물의 금전적 가치, 선물하는 내담자의 동기, 선물을 받으려는 혹은 거절하려는 내담자의 동기 등을 고려해야 한다. (조항 A. 10. f.)

Bemak과 Chung(2015)은 많은 문화에서 선물 교환에 대한 원칙이 발견된다고 말한다. 상담 전문가들이 타당한 선물을 거절하거나 때때로 선물 주기를 보류하는 것은 내담자 문화에 대한 모욕이나 거절로 비춰질 수 있다. Bemak과 Chung은 선물의 비용과 적절성은 반드시 고려되어야 하나, 상담자들은 또한 내담자의 문화적 규준에 대해 알고 선물을 통해 존경을 보이는 것의 중요성에 대해서도 인식해야 한다고 말한다. 호화로운 선물은 분명 윤리적 문제를 제기하지만, 내담자에게 작은 선물을 받거나 주는 데 대해서도 양가 감정이 들 수 있다. 특정한 종류의 선물(극히 개인적인 물품)을 받는 것은 부적절하며 내담자의 동기를 탐색해 봐야 할 것이다. 어떤 상담자들은 내담자에게서 선물을 받지 않는다는 방침에 대해 고지된 동의서에 명시하기도 한다. 선물과 관련해서는 많은 요인들이 고려되어야 하므로 우리는 각 사례별로 맥락에 맞게 평가하는 편을 선호한다.

내담자의 선물을 받아야 할지를 결정할 때 여러분이 탐색해 볼 만한 몇 가지 질문들이 있다.

- **선물의 금전적 가치는 얼마나 되는가?** 대부분의 상담 전문가들은 아주 비싼 선물을 받는 것은 부적절하며 비윤리적이라는 것에 동의할 것이다. 만약 내담자가 공연 티켓을 제시하며 함께 가고 싶다고 한다면 이 역시도 문제가 될 수 있다.
- **상담의 어느 과정에서 선물을 주었는가?** 내담자가 선물을 하고 싶어 한 것이 관계의 초기인지 상담 종결 즈음인지는 큰 차이가 있다. 종결 과정의 일부로 내담자나 상담자가 작은 선물을 하는 것은 임상적 관점에서 적절하고 소중한 경험일 수 있다. 그러나 상담관계 초기에 선물을 받는 것은, 상담 진행에 필요한 경계가 느슨해지는 전조일 수 있으므로 좀더 문제가 된다.

- **선물을 받거나 거절하는 것에 대한 임상적 함의는 무엇인가?** 내담자로
부터의 선물을 임상적으로 금지하는 경우에 대해 아는 것은 중요하
며, 여러분은 내담자와 이 부분에 대해 탐색해 봐야 한다. 또한 여러
분에게 선물을 주려는 동기에 대해서도 탐색해 보면 좋을 것이다. 어
떤 내담자는 여러분의 승인을 구하기 위해서 선물을 하는데, 이런 경
우 주된 동기는 여러분을 기쁘게 하려는 것이다. 적절한 논의 없이
선물을 받는 것은 장기적인 관점에서 내담자에게 도움이 되지 않는
다. Zur(2007)는 상담자들이 선물을 받는 것, 혹은 받지 않는 것, 또
는 내담자에게 선물을 주는 것 혹은 주지 않는 것 각각의 위험과 유
익의 비율에 대해 신중하게 생각해 보라고 조언한다. 그는 또한 내담
자든 상담자든 선물을 준 것에 대해 내담자 기록지에 적어두어야 한
다고 주장한다.
- **선물을 주는 것의 문화적 함의는 무엇인가?** 문화적으로 다양한 내담자
집단과 상담할 때, 상담자는 가끔 상담관계를 증진시키기 위해 경계
넘기가 필요하다고 느낀다. 문화적 맥락은 내담자에게서 선물을 받
는 것의 적절성을 평가할 때 중요한 역할을 한다. 선물을 주는 것은
다양한 문화에서 서로 다른 의미를 갖는다. 어떤 문화에서, 여러분이
선물을 받지 않으면 내담자가 모욕을 느낄 수도 있다. 예를 들어 아
시아계 내담자는 감사와 존경을 보이고 관계를 확정짓기 위해 선물
을 할 것이다. 이런 행동이 문화적으로 적절함에도, 어떤 상담자들은
선물을 받는 것이 경계를 왜곡하고, 관계를 변화시키며, 이해관계의
충돌을 가져올 것이라고 생각하기도 한다.

Brown과 Trangsrud(2008)은 상담자들에게 내담자에게서 선물을 받거
나 거절하는 것에 대한 윤리적 의사결정을 평가하는 조사를 했다. 이 조사에
참여한 사람들은 선물이 비싸지 않고, 문화적으로 적절하며, 치료 종료 즈음에
감사의 표현으로 주는 것일 경우, 선물을 받을 가능성이 더 높다고 응답했다.
반대로 선물이 비싸고, 치료 후반이 아닌 치료 중에 주는 것이며, 정서적이거
나 강압적인 가치가 있는 경우, 선물을 거절할 가능성이 높다고 했다. 선물을
거절함으로써 치료관계를 위태롭게 할 위험 대비 선물을 받는 것의 유익을 측

정할 때에는 문화적인 고려가 명백히 중요하다.

만약 여러분에게 선물을 하고 싶어 하는 것이 내담자의 패턴이라고 생각되면, 혹시 여러분이 어떤 방식으로든 내담자가 신세진다는 느낌을 갖도록 조장하는 것은 아닌지 곰곰이 생각해 보자. 그러나 만약 내담자가 선물을 주려는 의도가 거의 없다면, 이 역시도 그 상황을 다룰 치료적인 방식이 무엇일지 판단해 볼 필요가 있다. 여러분은 어떤 행동을 편안하게 느끼는지, 무엇이 내담자에게 최선의 이익인지 생각해 보자. 여러분이 선물을 받지 않기로 결정한다면, 그 이유에 대해 내담자와 함께 이야기해 볼 것을 권한다. 내담자에게 그저 규칙이나 정책을 제시하는 것보다 솔직한 논의가 훨씬 생산적이고 현명하다. 대가 교환에 대한 논의에서와 마찬가지로, 여러분이 내담자로부터 선물을 받거나 혹은 받지 않은 이유에 대해서도 문서화해 두는 것이 좋다.

사례 예 **선물을 주고받기**

중국계 내담자 Lin은 5회기의 상담 후 자신의 치료자에게 보석 한 점을 선물하고, 앞으로 5회기 상담이 더 남은 상태이다. Lin은 치료자가 자신을 위해 해준 모든 것이 고마워, 수년 동안 가족이 갖고 있었던 보석을 받아 준다면, 자신에게 큰 의미가 될 거라고 말한다. 이것이 그녀가 고마움을 표현하는 방식이라고 덧붙인다.

상담자의 입장 내담자-상담자 관계에서 선물을 주고받는 것에 대한 여러분의 입장은 무엇인지 고민해 보자. 여러분은 상담 중반에 선물을 받는 것과 종결 즈음에 선물을 받는 것이 차이가 있다고 생각하는가? Lin의 선물을 받거나 혹은 거절하기 전에 그녀와 어떤 부분을 탐색해 보고 싶은가? 여러분은 의사결정을 할 때, 그녀의 문화적 맥락과 선물을 주는 것이 갖는 의미에 대해 어느 정도까지 고려하겠는가?

토론 이 상황은 아주 섬세하게 다뤄져야 한다. 이 내담자의 문화적 배경을 고려해 봤을 때, 치료자가 그녀의 선물을 거절한다면 기분이 상할 가능성이 높다. Lin이 선물을 주려는 동기가 진실하고 명료한 데다 보석이 다소 비싸지 않다면(정서적인 가치를 갖고 있긴 하지만), 치료자가 이를 받는 것이 적절할 것이다. 반면 유능한 상담자가 다섯 회기 안에 감지해 낼 정도로 Lin의 동기가 보다 복잡해 보인다면 치료자는 그 선물 기저의 의미에 대해 탐색하는 것이 중요할 것이다. 만약 선물이 아주 값비싼 것이라면—Lin 집안의 가보로 남겨진 것이라든가—치료자는 요령 있게 선물을 거절하는 방식을 찾아야 할 것이다. 치료자는 이렇게 말할 수도 있다. "Lin, 저를 이렇게 생각해 주는 것은 고맙지만, 이 선물을 받기는 좀 부담스러워요. 이 보석은 아주 아름답고, 당신 가족의 것이에요. 당신이 고마워하는 마음은 잘 받았고, 이렇게 특별한 선물로 표현하지 않아도 된다는 것을 알아줬으면 해요."

성적 매력을 다루기

어떤 상담자는 내담자가 매력적으로 느껴질 때 죄책감을 느끼고, 내담자가 자신에게 끌리는 걸 감지할 때 불편해 한다. 성적인 느낌은 마치 존재해서는 안 되는, 상담자가 인식하고 받아들이기 곤란한 것처럼 다뤄지는 경향이 있다. 상담관계에서 성적인 느낌에 대한 전형적인 반응으로는, 놀라움·경악·충격, 죄책감, 해결되지 않은 개인문제에 대한 불안, 통제력 상실에 대한 공포, 비난받는 것에 대한 두려움, 솔직하게 말할 수 없는 데 대한 좌절, 성적인 접촉을 할 수 없는 것에 대한 불만, 업무의 혼란, 경계와 역할의 혼란, 행동의 혼란, 내담자의 요구를 좌절시키는 것에 대한 두려움 등이 있다.

Pope, Sonne와 Holroyd(1993)는 영향력 있는 저작 *Sexual feelings in Psychotherapy*에서, 치료 시 성적인 느낌을 인정하고 다루는 것을 금기시하는 듯한 침묵을 깨면서 다음과 같은 지침을 제시한다.

- 상담자의 성적 느낌과 반응을 탐색하는 것은 수련 프로그램 및 전문가로 발달해 가는 과정에서 중요한 사안으로 다뤄져야 한다.

- 내담자와의 성적인 느낌과 성적 친밀감은 분명하게 구분되어야 한다.
- 상담자가 내담자를 착취하는 것은 결코 허용되지 않는다.
- 대부분의 상담자가 내담자에게 성적으로 매력을 느끼는 경험을 하며 이는 종종 걱정, 죄책감, 혼란 등을 낳곤 한다.
- 상담자가 상담관계에서 등장하는 성적인 끌림을 인식하고 다루는 것을 피하지 않는 것이 아주 중요하다.
- 상담자는 안전하고 판단하지 않으며 지지적인 타인과의 관계에서, 자신의 감정을 가장 잘 들여다볼 수 있다.
- 성적 느낌을 이해하는 것은 간단한 문제가 아니며, 이는 상담자가 사적이며 복잡하고 종종 예측할 수 없는 과정에 기꺼이 참여하도록 해야 한다는 의미이다.

정서적 혹은 성적으로 끌린다는 것은 여러분이 치료상의 실수에 대해 죄책감을 가져야 한다거나 비뚤어졌다는 의미가 아니다. 여기서 더 중요한 것은, 자신의 감정(내담자의 것이 아니라)을 잘 인식하고 내담자와의 부적절한 성적 친밀감을 발전시키지 않는 것이다. 일시적인 성적 느낌은 정상적인 것이나, 내담자에 대한 강렬한 집착은 당연히 문제가 된다.

내담자에 대한 감정적인 반응이나 이끌림을 효과적으로 다루는 법을 배우기 위해서는 자신의 감정을 인정하고, 내담자의 안녕을 방해하는 유혹의 가능성을 최소화하기 위해 조치를 취해야 한다. 내담자에게 행동하지 않고, 단순하게 성적인 끌림을 경험하는 것만으로도 대부분의 치료자들은 죄책감을 느끼고 불안해 하며 혼란스러워진다(Pope & Wedding, 2014). 이런 반응을 생각해 볼 때, 많은 상담자들이 동료나 슈퍼바이저와의 자문을 통해, 혹은 자신을 위한 치료에서 이를 인정하고 다루려 하기보다 숨기고 싶어 한다는 사실은 전혀 놀랍지 않다.

Koocher와 Keith-Spiegel(2008)은 상담자들에게 다른 상담자, 숙련되고 신뢰하는 동료 혹은 접근 가능한 슈퍼바이저와 내담자를 향한 성적인 끌림에 대해 논의하라고 조언한다. 상황에 대한 새로운 시각을 갖게 되면 상담자는 위험요인을 명료화하고, 자신의 취약성에 대해 잘 인식하게 되며, 어떻게 진행할지에 대한 몇 가지 선택지에 대해서도 탐색해 볼 수 있게 된다. 전문적인 자문을 구하는 것은 언제나 좋은 생각이지만, 여러분이 느끼는 끌리는 감정에 대해 내담자와 직접적으로 공유하는 것에 대해서는 주의를 주고 싶다. 이런 자기 개방은 종종 치료 작업을 손상시키고 내담자를 혼란스럽게 만들어 부담을 줄 수 있다. 상담자의 윤리적 행동에 대한 인식을 조사하는 연구에서, Neukrug과 Milliken(2011)은 여론조사에 참여한 535명의 ACA 회원 중 89.7%가, 내담자에게 매력을 느낀다고 알리는 것은 비윤리적이라고 생각한다는 사실을 발견했다. 내담자에 대한 자신의 감정을 다루고 명확한 한계에 따라 내담자와 적절한 경계를 유지하는 것은 상담자의 책임인 것이다.

다음 사례를 읽으며, 각 상황에서 여러분이라면 어떻게 할지 생각해 보자.

사례 예 **내담자에게 끌리는 치료자**

한 미혼 여성 동료가 여러분에게 와서, 무척 매력적으로 느껴지는 어떤 여성 내담자와 문제가 있다고 털어놓는다. 그녀는 종료 시간을 넘겨가며 상담을 계속하는 자신을 발견한다. 만약 상대가 내담자가 아니었다면, 이 사람에게 필시 데이트 신청을 했을 거라고 한다. 여러분의 동료는 전문적인 관계를 끝내고 사적인 관계를 시작해 보면 어떨까 생각 중이다. 그녀는 내담자에게 성적으로 끌린다고 말했고, 그 내담자 역시도 그녀에게 매력을 느낀다고 인정했다고 한다.

상담자의 입장 여러분의 동료는 이 상황을 어떻게 진행할지에 대해 조언을 구하고 있다. 여러분은 그녀에게 뭐라고 말할 것인가? 만약 여러분이 유사한 상황에 처한다면, 어떻게 할 것 같은가?

토론 이 상황은 상담자가 자신의 감정에 대해 행동을 개시했기 때문에 문제가 된다. 상담자는 자신의 성적 느낌을 내담자에게 직접적으로 이야기하는, 부적절한 행동을 했고, 이것이 문제를 더 복잡하게 만들었다. 아무리 그들이 사적인 관계를 시작하기 위해 전문적 관계를 종결한다 하더라도, 그들 사이에는 분명한 권력 차이가 존재한다. 성관계로 나아가는 것은 내담자에게 해가 될 것이다. 이 내담자는 지금 아주 곤란한 상황에 있다. 내담자가 이런 감정에 응하지 않을 경우, 그녀는 너무 불편해서 치료적 관계를 지속할 수 없을 것이다. 만약 내담자도 상담자가 매력적이라고 인정하는 경우에는, 아주 상처받기 쉬운 입장에 처하게 된다. 동료가 내담자에게도 해가 될 수 있는 결정을 이기적으로 내림으로써 뒤따를 수 있는 잠재적인 윤리적, 법적 반향에 대해 걱정되는 바를, 여러분은 직접적으로 전해야 한다.

사례 예 치료자에게 끌리는 내담자

상담 중에 한 내담자가 "선생님이 이성으로 느껴"진다고 밝힌다. 내담자는 이런 고백을 하고는 너무 불편해졌으며, 여러분이 어떻게 생각하고 느낄지 무척 궁금해 한다.

상담자의 입장 여러분이 이런 말을 들었다면, 어떻게 영향을 받을 거라 생각되는가? 내담자가 궁금해 하는 바에 대해 여러분은 뭐라고 말할 것 같은가?

토론 치료적 관계의 정서적 친밀감을 고려해 볼 때, 내담자들은 자신의 치료자에 대한 호감을 진전시킬 수 있다. 치료 작업을 하기 위해 필요한 최적의 보살핌이 있는 안전한 환경을 만듦으로써, 치료자는 내담자에게 '이상적인' 파트너가 되는 환상을 제시하게 될 수도 있다. 치료자는 내담자의 사적인 내용들을 알고 있지만 내담자는 그렇지 않다는 걸 기억해야 한다. 내담자는 여러분에 대해 거의 아는 바가 없는데도 매력을 느끼는 것이고, 이는 전이에 근거한 것일 수 있다. 여러분이 이와 같은 상황에 처하게 됐을 때, 내담자가 여러분에게 투사하는 바를 연민을 갖고 섬세하게 탐색하되, 동시에 적절한 경계를 명확하게 전달하도록 하라. 내담자와 이 사안을 작업하는 것은 불편할 수 있으나, 아주 잘 다루게 되면 내담자의 통찰과 자기 인식을 더 깊어지게 할 수 있다.

사례 예 성적인 느낌에 대해 이야기하기

한 내담자가 성적인 느낌과 환상에 대해 자세하게 묘사한다. 여러분은 듣다 보니 불편해지기 시작한다. 내담자는 이를 알아채고 묻는다, "제가 하면 안 되는 이야기를 한 건가요?"

상담자의 입장 내담자의 이 질문에 여러분은 어떻게 반응하겠는가? 여러분은 자신의 개인상담에서 혹은 동료와의 대화에서 자신의 감정을 돌아보기 위해 이 사안을 다루겠는가? 여러분은 내담자와 이에 대해 얼마나 많이 나누겠는가?

토론 우리는 수련 중인 상담자들이 종종 성(sexuality)에 대해 솔직하게 이야기하길 어려워하는 걸 본다. 여러 사람에게 있어, 이런 불편감은 어린 시절 원가족에게 받은 경고나 사회적 금기에서 기인하는 것이다. 내담자가 자신의 성에 대한 이야기를 꺼낼 때, 여러분은 그 고민을 들을 준비가 되어 있어야 한다. 위의 짧은 내용이 보여주듯, 내담자는 여러분이 이 주제를 불편해 한다는 걸 감지하는 순간 결국 당혹감과 수치심을 갖게 될 수 있다. 내담자에게 부담을 주지 않고 스스로의 불편감을 작업해 내는 것이 중요하다. 내담자의 성적인 환상이 임상적 관점에서 일탈적이어서 여러분을 깜짝 놀라게 하더라도, 자신의 반응을 전문가답게, 치료적인 방식으로 다루어야 한다.

끌림에 대처하는 훈련

동료로부터 도움을 구하는 것, 슈퍼비전, 개인 분석 등은 학생들과 수련생들이 내담자에게 끌리는 자신의 감정을 다룰 때 필요한 지도, 교육, 지지를 받을 수 있게 한다. 동료 슈퍼비전 집단은 내담자에 대한 성적인 느낌을 토론하기에 이상적인 장소이다. 수련 중에 성에 대한 이슈를 찬찬히 주목해 보는 것은 유능한 정신건강 전문가로 발달하는 데 있어 필수적이다.

Herlihy와 Corey(2015b)는 상담 과정에서 성적인 끌림을 다룰 때 받는 도전들에 비춰볼 때, 상담 전문가를 위한 수련 프로그램들이 성적인 끌림에 관한 이슈들을 더 많이 강조할 것을 제안한다. 상담자는 자신의 감정이 자연스러운 것이며, 때때로 성적으로 끌리더라도 내담자에게 전문적인 도움을 제공할 수 있는 분별력이 있다는 걸 확신해야 한다. Herlihy와 Corey는 상담자가 자신의 역전이를 살펴보고, 동료에게 자문을 구하며, 성적인 매력이 경계를 넘어 부적절한 다중 관계로 가는 미묘한 방식을 경계하도록 학습하는 것의 가치를 강조한다. 상담자와 내담자 사이의 성적인 매력이 초래할 수 있는 위험한 길에 대한 흥미로운 사례와 담론에 대해, Irvin Yalom(1997)의 『카우치에 누워서』(*Lying on the Couch: A Novel*)를 추천한다.

현재 내담자와의 성관계

상담자가 성적으로 직권 남용을 하는 것은 정신건강 전문가들에 대한 과실 소송을 야기하는 주된 요인이다. 상담자와 내담자 사이의 성관계를 연구해온 사람들은 대체로 그런 직권 남용이 생각하는 것보다 훨씬 더 넓게 퍼져 있다고 보고한다. 연구들은 상담관계에서의 성적 접촉은 잠재적으로 내담자에게 심각한 해를 끼칠 수 있음을 입증한다(Knapp & VandeCreek, 2003). 대부분의 정신건강 전문가들은 내담자와 성적 접촉을 하는 것은 전적으로 부적절하며 상담자에 의한 착취적 관계라는 입장을 취한다. 그들은 내담자와의 성적인 접촉을 전문가답지 못하고, 비윤리적이며 임상적으로도 해로운 것으로 본다.

문헌들은 내담자와의 성관계가 윤리적이고 법적인 측면 모두에서 심각한 결과를 초래함을 보여준다. 이 결과들로는 법적 소송의 대상이 되거나, 중죄로 인해 유죄 선고를 받거나, 면허가 취소되거나, 전문가 조직에서 제명되거나, 보험 혜택을 받지 못하거나, 직업을 잃는 등이 있다. 또한 상담자들은 보호관찰 처분을 받아, 스스로를 위한 심리치료를 받아야 하며, 상담을 재개하는 경우 면밀한 감시를 받고, 지도관찰 아래서 상담을 진행하는 것 등을 요구받을 수 있다.

여기 상담자의 성적인 직권 남용의 예가 하나 있다(캘리포니아 주 결혼가족상담치료사협회[California Association of Marriage Family Therapists : CAMFT], 2010, pp.55-57). 결혼가족 상담치료사 자격증이 있는 한 상담자가 성적 직권 남용 및 중과실 죄로 기소당했다. 알코올 의존 및 남자와 심리적으로 학대적인 관계의 역사가 있는 여성 내담자가 상담자에게 성적 매력을 느낀다고 고백했고, 그 치료자 역시 그녀에게 끌린다고 말하며 내담자의 감정을 다른 방향으로 돌린다거나 전이 문제를 탐색하려는 시도조차 하지 않았다. 그는 상담 회기 때 자신의 성적 환상에 대해 이야기하며 그들이 성관계를 맺을 수 없다는 게 실망스럽다고 표현하기도 했다. 그는 또한 자기에 대한 개인정보를 밝히고, 밤이나 주말에 때때로 추파를 던지는 식으로 전화통화를 했다. 그녀는 익명의 알코올 중독자 모임의 후원자로부터 이 관계에 대한 피드백을 받은 후, 상담자가 자신을 해치고 있다는 걸 이해하기 시작했고, 이 관계에 대한 혼란을 상담자에게 직접 이야기했다. 그러나 상담자는 별다른 반응을 보이지 않았고, 내담자가 스스로 제정신이 아니라고 느끼게 했으며, 그녀를 상담하거나 다른 상담자에게 의뢰하려는 노력도 하지 않았다.

여러분은 이 글을 읽으며, 아마 자신은 절대 그 어느 내담자에게도 성적으로 직권 남용을 하는 일이 없을 거라고 생각할지 모른다. 그러나 내담자와 성적으로 친밀한 관계를 가진 상담자들 역시 여러분과 같은 생각을 했을 수 있다. 여러분이 도움을 주는 내담자와 성적으로 연루될 가능성에 면역되어 있지 않다는 걸 자각하기 바란다. 어떤 내담자에게 끌리는 자신을 발견하게 되면, 자기 자신의 욕구와 동기, 또 이들이 여러분의 작업에 어떻게 방해가 될 수 있는지에 대한 경계를 늦추지 말아야 한다.

내담자는 보통 여러분과 짧은 시간을 함께하며, 여러분의 최고의 면을 보고 있을 것이다. 내담자는 여러분에게 존경과 찬사를 쏟아놓으며 결점이 없는 사람처럼 상담자를 지각할 수 있다. 이런 무조건적인 흠모는 특히 초심상담자에게 아주 매혹적일 수 있으며, 이런 피드백에 지나치게 의지하게 될 수도 있다. 내담자가 여러분이 얼마나 이해심 많고 그들이 만나온 다른 사람들과 얼마나 다른지에 대해 이야기하면, 그들의 말을 믿지 않을 수 없을 것이다. 내담자가 여러분에 대해 표현하는 감정을 적절한 시각에서 볼 수 없다면 상담자로서 여러분은 곤경에 처하게 된다. 스스로에 대한 정직과 인식 없이 회기를 자신의 욕구를 채우는 방향으로 몰고 가게 되면, 결국 성적으로 연루되는 수가 생긴다.

성적인 접촉이 비윤리적인 이유는 상담자가 전문적 역할 덕에 갖게 되는 권력 때문이다. 내담자는 자기 삶의 아주 사적인 면에 대해 이야기하며 아주 상처받기 쉬운 입장에 처하기 때문에, 상담자가 자기의 개인적 동기에 따라 내담자를 착취하며 신뢰를 배신하기란 쉬운 일이다. 성적인 접촉은 내담자의 의존성을 조장하고 상담자의 객관성을 불가능하게 만들어버린다는 점에서 또한 비윤리적이다. 그러나 내담자와의 성적인 관계를 반대하는 가장 중요한 논거는 아마도, 대부분의 내담자가 그 결과 피해를 입었다고 보고한다는 점일 것이다. 내담자들은 일반적으로 성적으로 착취당하고 버려졌다는 데 분개하고 화를 내며, 외상 경험과 관련된 해결되지 않은 문제와 해결되지 않은 감정 둘 다에 갇혀 옴짝달싹할 수 없게 된다.

이전 내담자와의 성관계

여러 전문가 조직의 윤리 규정 대부분은 현재 전문적 관계가 종결된 후의 성관계에 대해 전면적으로 금지하고 있지는 않으나, 상담자들은 종결 후 일정 기간(보통 2년에서 5년) 이전 내담자와 이성관계를 맺지 말라는 주의를 받는다.

그러나 이는 내담자와의 그러한 관계가 일정 시간이 경과하게 되면 윤리적 혹은 전문적이 된다는 의미는 아니다. ACA(2014), NASW(2008), CRCC(2010), AAMFT(2012)와 APA(2010)의 윤리 규정은 이전 내담자와의 관계에 대한 조건들을 아주 구체화한다. 예를 들어, 내담자에게 매력을 느껴 상담을 종결하고, 시간을 기다린 후, 이성관계를 시작하는 것은 윤리적이라고 할 수 없다. 2년에서 5년이 지났다 하더라도, 상담자는 자신의 동기를 점검하고 지속적으로 이전 내담자에게 무엇이 최선인지를 숙고하며, 어떤 형태의 착취라도 피하기 위해 극도로 주의해야 하는 의무를 갖고 있다.

이전 내담자와의 성관계가 예외가 될 수 있는 상황에 대해서는, 상담자가 그 관계에 명백히 착취가 없다는 것을 책임지고 증명해야 한다. 이때 고려하는 요인들로는 치료 종결 후에 시간의 경과 정도, 치료의 성격과 지속 기간, 상담자-내담자 관계의 종결을 둘러싼 상황들, 내담자의 개인사, 내담자의 기능 수준 및 정신적인 상태, 내담자 혹은 타인에게 예측 가능한 피해의 가능성, 전문적인 상담관계의 종결 후 이성관계를 제안하는 상담자의 모든 진술이나 행동 등이 포함된다.

상담 전문가 대부분은 상담관계의 종결, 그 자체는 전문적인 관계가 이성관계로 변하는 것을 정당화하지 못한다는 데 동의한다. 만약 상담자가 이전 내담자와 5년이 지난 후, 이성관계를 갖고자 한다면, 동료에게 자문을 구하거나 이전 내담자와 공동으로 상호 전이와 기대에 대해 탐색해 보는 상담 회기를 갖는 것이 좋다. 상담자는 상담 종결 후 만들어진 성적인 친밀감이 초래할 수 있는 잠재적인 피해와 새로운 관계에 영향을 미칠 수 있는 치료관계의 면면들, 지속되는 권력의 차이에 대해 의식하고 있어야 한다(Herlihy & Corey, 2015b).

복습

- 다중 관계는 내담자와 하나 이상의 역할로 상호작용할 때마다 발생할 것이다. 여러분이 지닌 권력의 위치를 인식하고 이해관계의 충돌이 조금이라도 없도록 하라.
- 대부분의 전문가 조직의 윤리 규정은 다중 관계의 잠재적인 문제점에 대해 경고하지만, 대부분의 규정이 모든 다중 관계를 금지하는 것은 아니다.
- 상담자는 다중 관계를 어떻게 효과적이고 윤리적으로 다룰 수 있을지를 학습해야 하는 도전에 직면하게 되는데, 여기에는 대부분의 전문적 관계의 기본 요소인 권력의 차이를 다루는 것, 경계의 문제를 관리하는 것, 권력의 남용을 피하도록 애쓰는 것 등이 포함된다.
- 내담자와의 관계를 개인적인 것보다, 전문적인 기준에 맞춰 유지하는 것이 도움이 된다. 전문적 관계를 사회적 관계와 섞는 것은 종종 내담자와 상담자 모두에게 최선의 이익에 거스르게 된다.

- 경계에 대한 전통적인 관점은 상담자가 지역사회에서 일하거나 사회정의 옹호 활동을 할 때 좀더 확장된 시각에서 고려될 필요가 있다.
- 소셜 미디어는 사리 분별 있게 사용해야 한다. 페이스북에서 내담자와 친구를 맺는 것에 내재된 문제에 대해 인식하도록 하라.
- 대가 교환이 최선의 선택이거나 문화적 규준인 경우를 제외하고는, 피하는 것이 상책이다. 서비스를 교환하는 것은 여러분이나 내담자에게나 분노를 초래하게 될 수 있다.
- 내담자의 선물을 받을지 결정할 때에는 문화적 맥락, 선물하려는 내담자의 동기, 상담 과정의 단계 등을 고려하라.
- 성적인 끌림은 상담관계에서 정상적인 부분이다. 이런 끌림을 인식하는 법을 배우고 이를 적절하고도 효과적으로 다루는 전략을 개발하는 것이 중요하다.
- 성적인 직권남용은 정신건강 전문가에 대한 과실 소송이 발생하는 주된 이유 중 하나이다. 상담자와 내담자 간의 성관계는 수많은 이유에서 비윤리적이다. 그 중 대표적인 하나는 성관계가 직권과 신뢰의 남용을 수반한다는 것이다.

이제 무엇을 할 것인가?

1   어떤 사람들은 다중 관계가 필연적이고, 만연해 있으며, 불가피하여, 잠재적으로 도움이 될 수도 피해가 될 수도 있다고 말한다. 소집단으로 나누어, 다중 관계의 잠재적인 유익과 위험에 대해 탐색해 보라. 집단적으로 다중 관계의 유익과 위험 사이에서 어떻게 균형을 가늠할 수 있는지에 대한 지침을 생각해 보자.

2   '이전 내담자와의 성관계'에 대한 논의를 상기해 보자. 두 그룹으로 나누어 상담관계 종결 후 일정한 시간이 지나면 이전 내담자와 이성관계를 갖는 것이 허용될 수 있는지에 대해 토론해 보자.

3   여러분이 윤리 규정 개정 업무를 맡은 위원회에 속해 있다고 생각해 보자. 전 내담자와의 사회적, 성적, 사업적, 전문적인 관계를 맺는 것이 적절한가에 대해 어떤 의견을 내겠는가? 이러한 관계들은 특정 상황 혹은 대

부분의 상황에서 비윤리적이라고 간주되어야 하는가? 예외적인 경우를 떠올려볼 수 있겠는가? 이전 내담자가 한 사회적인 초대를 수락할 것 같은 상황에 대해 생각해 볼 수 있는가? 이전 내담자와 사업적 관계를 맺는 것이 적절하다고 생각하는가? 이전 내담자와 전문적인 관계를 만들게 될 상황에 대해 생각해 볼 수 있는가?

4 소집단으로 나눠 개인적, 전문적 경계를 만드는 것의 중요성에 대해 여러분이 배우게 된 것을 나눠보자. 내담자와 일정한 경계를 형성하고 유지할 때 어떤 어려움들이 예상되는가?

5 문화는 상담자가 내담자와 형성하는 경계에 어떤 영향을 미치는가? 짝을 지어 자신의 문화적 배경이 적절한 치료적 경계에 대한 인식에 어떻게 영향을 미칠지 이야기해 보자.

6 소집단으로 나눠 페이스북과 같은 소셜 네트워킹 사이트를 사용하는 내담자가 친구 요청을 할 때 여러분은 어떻게 반응할 것 같은지 이야기해 보자.

7 여기 제시된 각 자료의 서지사항에 대해서는, 책 뒷부분 참고문헌을 찾아보라. 다중 관계 논란의 다양한 측면에 대한 논의는 Herlihy와 Corey(2015b), Zur(2007)를 참고하라.

Ethics in Action 비디오 연습문제

8 *Ethics in Action* DVD/워크북이나 온라인 프로그램의 3부(경계 문제)를 사용하여 자기보고 질문지에 대한 답변을 완성한 후 수업 시간에 가져와 토론해 보자.

9 비디오 롤 플레이 14, '상담실 밖에서의 치료: 소풍'에서 내담자(Lucia)는 상담자(John)에게 그를 좀더 알고 친해지고 싶다며 길 저쪽 공원에서 상담회기를 갖고 싶다고 한다. 그녀는 소풍에서 먹을 점심을 가져올 수 있다고 했다. John은 Lucia를 가장 잘 도울 수 있는 환경에 대해 고민하고 있고 그녀는 "그건(공원에서의 만남) 제게 정말 도움이 될 거예요"라고 한다. Lucia가 여러분의 내담자라면, 그녀와의 경계를 어떻게 설정하고 유지할 수 있을지 롤 플레이를 통해 시연해 보자. 여러분은 어떤 조건하에

서 상담실 밖의 상담에 대해 고려하겠는가?

10 비디오 롤 플레이 15, '상담실에서의 만남을 넘어: 결혼식'에서, 내담자 (Richard)는 상담자(Suzanne)가 그의 결혼식과 연회에 참석해 주길 바란다. 그는 그녀의 참석이 그에게 큰 의미일 거라고 강조한다. Suzanne 은 연회에 가는 것이 불편하지만, 결혼식에는 참석하겠다고 한다. 롤 플레이를 통해 여러분은 자신의 결혼식과 연회에 참석해 달라는 내담자의 요청을 어떻게 다룰지 시연해 보자.

11 비디오 롤 플레이 16, '내담자와의 사회적 관계: 우정'에서, 치료 마지막 회기에 내담자(Charlae)는 상담자(Natalie)에게 두 사람이 공통점이 많고 다른 누구에게도 이야기하지 않은 것을 상담자와 나눴기 때문에, 앞으로도 관계를 지속해 나가고 싶다고 말한다. Natalie는 그렇게 되면 자신이 곤란한 상황에 처하게 되어 좀 난처하다고 말한다. 그러자 Charlae는 "그냥 일주일에 몇 번 아침에 함께 조깅하는 건 어때요?"라고 묻는다. 여러분의 내담자가 사회적으로 여러분을 만나고 싶어 하며 이것이 마지막 회기라고 가정해 보자. 여러분은 전문적 관계가 종결된 후 사회적 관계를 발전시키고 싶다는 내담자의 요청을 어떻게 다룰 것인지 롤 플레이를 통해 시연해 보자.

12 비디오 롤 플레이 17, '내담자에게 이성적인 매력을 느끼는 상담자: 경계 넘기'에서, 상담자(Conrad)는 내담자(Suzanne)에게 그녀를 자주 생각하며 이성으로서 매력을 느낀다고 말한다. Suzanne은 "지금 농담하시는 거 맞죠?"라고 대답한다. 그녀는 자신을 이용하고 존중하지 않는 남자들에 대한 고민 때문에 그를 찾아온 것이라고 말한다. 그는 예외라고 생각하여 마음을 열었는데 지금 자신이 폄하되고 있다고 느낀다. Suzanne은 가능한 대로 다른 상담자를 만나겠다는 뜻을 비쳤으나 Conrad는 그들이 이 문제를 해결할 수 있을 것이라고 생각한다. 여러분은 상담자가 자기 감정을 내담자와 공유한 방식에 대해 어떻게 생각하는가? 만약 여러분이 내담자에게 이성적으로 매력을 느낀다면, 어떤 방침을 따르겠는가?

13 비디오 롤 플레이 18, '상담자에게 성적으로 끌리는 내담자: 고백'에서, 내담자(Gary)는 상담자(LeAnne)에게 이성으로 매력을 느낀다고 밝힌다. 상담자는 그의 마음을 치료적으로 다루기 위해 그가 느끼는 매력이

그의 삶에서 어떻게 주제가 되어왔으며 특히 여성들과의 관계에 대해 상담에서 다루려고 하는 호소 문제와 어떻게 관련되는지에 주목한다. 이 상황에서 여러분이라면, 성적으로 끌린다고 시인하는 내담자를 어떻게 대하겠는지 롤 플레이를 통해 시연해 보자.

14 비디오 롤 플레이 19, '대가 교환: 메니큐어와 치료'에서, 내담자는 더 이상 상담료를 낼 수 없지만 상담을 종결하는 것에 대해서는 생각하고 싶지 않다고 말한다. 상담자(Natalie)는 먼저 서비스를 교환하는 거래를 제안하며, 상담 치료에 대한 대가로 메니큐어를 칠해 주고 머리를 잘라주는 서비스를 받을 의사가 있다고 말한다. 이 사례에서 나타나는 윤리적 문제에 대해 토론해 보자. 상담에 대해 대가 교환을 하는 것에 대한 여러분의 입장은 무엇인가?

15 비디오 롤 플레이 20, '대가 교환: 건축가'에서, 내담자(Janice)는 직장을 잃어 더 이상 상담료를 낼 수 없게 됐다. 그녀는 상담자(Jerry) 집을 위한 건축 서비스를 제공하면 어떻겠냐고 제안한다. 상담자는 장단점에 대해 논의하여 그것이 그녀를 위한 최선인지에 대한 확신이 필요하다고 말한다. 그는 대가 교환을 막는 윤리 규정에 대해 언급한다. Jerry는 서비스의 가치와 시기적절함에 대한 문제를 이야기한다. 여러분을 이 상황에 놓아보자. 여러분의 내담자가 직업을 잃고 더 이상 상담료를 낼 수 없다. 내담자가 여러분이 가치 있게 생각하는 어떤 재화 혹은 서비스를 교환하는 것에 대해 제안한다. 여러분은 이 내담자를 어떻게 대할지 롤 플레이해 보자. 내담자와 어떤 문제에 대해 탐색해 보고 싶은가?

16 비디오 롤 플레이 21, '선물 주기: 꽃병'에서, 내담자(Sally)는 상담자(Charlae)의 도움에 감사하며 꽃병을 선물하고 싶어 했다. Sally는 상담자에게 선물을 주는 것은 중국 문화의 하나라고 말한다. Charlae는 선물을 받고 싶지만, 윤리 규정상 내담자로부터 선물을 받는 것이 금지되어 있는 딜레마에 대해 이야기한다. Sally는 Charlae가 선물을 받지 않으면 거절감을 느낄 것 같다고 말한다. 이 상황에 대해 롤 플레이해 보고 선물을 받거나 받지 않는 방식을 시연해 보자. 여러분이 결정을 내릴 때 사용한 지침에 대해서도 논의해 보자.

17 비디오 롤 플레이 22, '선물 주기: 공연 티켓'에서, 내담자(John)는 상담

자(Marianne)에게 감사를 표현하며 공연 티켓을 선물한다. John은 "선생님을 위해 티켓을 구했으니 가서 즐거운 시간을 보내시길 바라요"라고 말한다. Marianne은 그의 마음이 너무나 고맙지만, 티켓을 받을 수 없는 이유에 대해 설명한다. 여러분이 상담자라고 생각해 보자. 여러분은 John과 어떤 문제들을 탐색해 보겠는가? 어떤 상황에서 여러분은 티켓을 받을 수 있겠는가? 왜 그러한가? 아니면 왜 그렇지 않은가? 롤 플레이를 통해, 여러분이 내담자에게 무슨 이야기를 할지 시연해 보자.

C h a p t e r 10

상담 실습과 슈퍼비전을 최대로 활용하기

핵심 질문

1   상담 실습에서 가능한 한 많이 배우기 위해서 구체적으로 어떤 행동을 할 수 있을까?

2   어떻게 하면 슈퍼비전에서 더 많은 도움을 받을 수 있는가? 만약 슈퍼비전이 여러분이 필요한 수준에 못 미친다면, 어떤 행동을 할 수 있겠는가? 이렇게 하는 것을 얼마큼 편하게 느끼는가?

3   상담 실습 경험을 생각하며, 자신에 대해 확신이 들지 않는 부분은 어떤 것인가? 이런 의혹에 어떻게 도전해 볼 수 있겠는가?

4   상담 실습에서 경험하게 되는 여러 어려움에 맞서기 위해 구체적으로 어떤 조치를 취할 수 있는가?

5   슈퍼바이저를 만날 때, 여러분의 어떤 자세와 행동이 학습을 최대화하는 데 도움이 될 것 같은가?

6   상담 실습에서 무엇을 기대하는가? 배정된 임무를 수락하기 전에 어떤 질문을 할 것 같은가?

7   유능한 슈퍼바이저에게 어울리는 개인적 특성은 어떤 것이라고 생각하는가?

8   슈퍼바이저가 여러분에게 기대하는 바에 대해 무엇을 알고 싶은가? 여러분은 슈퍼바이저에 대해 무엇을 기대하는가?

9   세계관이 아주 다른 슈퍼바이저와 함께 작업하는 것은 어떠할 것이라 생각하는가? 서로 다른 세계관을 가진 데 따른, 슈퍼바이저와의 견해 차이를 어떻게 다루겠는가?

10   상담 실습 경험을 수준 높게 유지하기 위해 어떻게 하겠는가?

이 장의 목적

어떤 수련생들은 학부 혹은 대학원 훈련 프로그램을 시작하기 전에 상담 실습을 경험했을 수도 있으나, 다수는 그렇지 않을 것이다. 경험이 있든 없든 간에, 상담 실습을 예상하며 여러 감정이 드는 건 자연스러운 일이다. 초심상담자들 대다수가 수련 과정에서 이 단계를 시작할 때 긴장하고 겁먹곤 한다. 여러분 역시 신나면서도 자신이 없어져서 괴롭다면, 이렇게 느끼는 것이 나 혼자만은 아니라고 확신해도 좋다. 일단 상담 실습에 익숙해지고 나면 자신감과 능력은 점점 커질 것이고, 특히 이 경험에서 많은 걸 배우겠다고 결심한다면 더욱 그 러할 것이다.

적극적인 자세를 갖게 되면, 공부 과정과 실습 활동에서 훨씬 더 많은 것을 얻게 된다. 할 수 없는 것에 집중하기보다, 할 수 있는 것과 교육 프로그램 모 든 측면에서 좀더 적극적인 자세를 취할 때의 이점에 대해 생각하라. 이 장에 서는 의미 있는 상담 실습을 하고 적절한 슈퍼비전을 받기 위해서 할 수 있는 일에 대해 생각해 보길 바란다.

슈퍼바이지가 되는 것에 대한 자기보고 질문지

슈퍼바이지 역할에 대한 신념 및 태도를 생각해 보며, 다음 자기보고 질문지 를 완성해 보자. 각 문장을 읽으면서 슈퍼비전에 대한 자신의 견해와 가까운 반응을 표시해 보자. 다음 체크리스트를 사용하라.

> 3＝이 문장은 나에게 참이다
> 2＝이 문장은 나에게 참이 아니다
> 1＝결정하지 못하겠다

___ 1.   상담 실습 기회를 구할 때, 슈퍼비전을 충분히 받을 수 있고, 다양한 범주의 내담자와 작업할 수 있는지를 우선순위에 두 겠다.

___ 2.   나는 상담 실습을 직업처럼 대할 것이다.

___ 3.   나는 스스로 다양한 활동을 찾아 참여함으로써, 자기 주도적

으로 사고하고 행동할 것이다.

___ 4. 슈퍼바이저에게 무엇을 기대하는지 분명히 알고 있고, 슈퍼
        바이저와 처음부터 그런 내 목표와 기대에 대해 논의하고자
        한다.

___ 5. 슈퍼바이저에게 실수에 대한 걱정을 이야기할 수 있고, 실수
        로부터 배우려는 개방된 자세를 가질 수 있는지가 중요하다.

___ 6. 나는 슈퍼비전에 적극적인 태도로 임할 것이고 슈퍼바이저와
        의 모든 만남 전에 스스로를 준비시킬 것이다.

___ 7. 슈퍼바이저와의 관계에서 문제가 생긴다면, 슈퍼바이저와 이
        를 직접 논의할 것이다.

___ 8. 가능한 한 최고의 슈퍼비전을 만들기 위해 조치를 취할 것이다.

___ 9. 슈퍼바이저와 효과적인 상담에 방해가 될 수 있는 내 개인적
        인 문제를 알아보는 것은 타당하다.

___ 10. 슈퍼비전에서 많은 걸 얻기 위해, 상담 실습에서 겪는 모든
        어려움에 대해 기꺼이 이야기하도록 하겠다.

상담 실습을 최대로 활용하기

상담, 사회복지, 심리학, 커플 및 가족 치료 등의 상담 전문 분야에서, 대부분
의 대학원 프로그램이 실습 및 인턴십을 핵심 과정으로 갖고 있다. 복지학과
는 학부 과정에서부터 포괄적인 현장 실습을 포함시키며, 이는 대개 프로그램
의 핵심이다. 이런 활동은 이론과 실습을 잇는 다리 역할을 하기 때문이다. 현
장에서의 실제 경험은 학생들이 서류 작업, 기관의 정책 및 절차, 다양한 내담
자 집단을 대할 때의 도전과 문제점 등을 직접 배울 기회를 준다. 다음은 전형
적인 상담 실습 프로그램의 목표들이다.

• 복지 서비스 프로그램에서 사용하는 다양한 접근 방식과 방법에 대

한 지식을 제공하라.

- 학생들이 자기 인식을 확장하고 전문가로서의 정체성을 획득할 수 있도록 안내하라.
- 개인, 가족, 지역사회 및 관련 사회 시스템에 대한 학생들의 사회문화적 이해를 넓히고 사회정의 옹호 활동 참여를 강화하라.
- 학생들이 문화적 다양성을 인식하고 존중하도록 돕고 이런 이해를 실무에서 어떻게 사용할지 알려주라.
- 학생들이 지역사회 기관의 역할뿐만 아니라 조직 내 전문가의 역할에 대해서도 인식을 확장할 수 있게 안내하라.

상담 실습 및 인턴십에 참여하는 것이 더욱 의미 있기 위해서는, 이론 수업, 구체적인 지식, 다양한 조력 기술 등이 필요하다. 여러분은 지역사회 기관에서 자원봉사 등을 통해 자신의 학습을 증진시킬 수 있다. 좋은 프로그램은 학과과정, 현장 실습, 상담 기술 훈련, 개인적 성장의 조합에서 만들어진다.

수준 높은 상담 실습을 보장하기

만약 지도감독을 받으며 실무 경험을 할 현장을 선택할 수 있다면, 가능한 한 최고의 현장 실습을 확보하기 위해 여러분이 할 수 있는 바를 하라. 우선적으로 숙제를 해보자. 예상되는 기관들의 웹사이트를 철저하게 조사하여 각 기관의 사명과 목표, 서비스, 현장 실습/인턴십 기회 등을 잘 숙지하도록 하라. 각 기관 혹은 상담 실습 현장은 지원 과정이 약간씩 다를 수 있으므로, 각 웹사이트에 명시된 모든 지침을 반드시 따르도록 하라. 명시한 지원 과정을 충실히 지키는 것은 그렇지 않은 경우에 비해 기관 관계자들에게 더 좋은 인상을 남길 게 분명하다. 인터뷰 허가를 받을 경우, 실습에 대해 더 구체적인 질문을 할 기회를 가질 수 있다. 여기 여러분이 물어볼 만한 몇 가지 질문들이 있다.

- 이 기관과 전문가 직원들은 인턴의 역할이 무엇이라고 생각하십니까? 팀의 구성원이 되는 건가요, 아니면 주변에서 관찰하는 사람 쪽에 가깝습니까?

- 인턴 혹은 실습생으로서 저의 구체적인 임무는 무엇입니까?
- 이 상담 실습을 수행하기 위한 특별한 기술이나 요구사항이 있습니까?
- 누구에게 보고를 하게 됩니까? 저를 지도감독하시는 분은 누구입니까? 슈퍼비전은 한 주에 몇 시간 받을 수 있습니까?
- 이 기관에 수련 혹은 직원의 자기 개발을 위한 기회가 있습니까? 상담 실습 전 그리고 기간 동안 저는 어떤 종류의 훈련을 받게 됩니까?
- 사용 가능한 동영상 촬영 장비가 있습니까?
- 상담자 과실에 대한 법적 책임에 대해 기관으로부터 보험 보장을 받을 수 있습니까?

때로는 학생들이 편법적이고, 편리하며, 도전적이지 않은 실습 장소를 찾는다. 우리는 여러분이 배움을 향상시킬 수 있는 의미 있는 실습 장소를 확보하기 바란다. 이는 상당한 숙고와 시간, 준비를 요구할 것이다. 그래도 슈퍼비전을 충분히 받을 수 있고 내담자들이 상담에 가져온 다양한 문제들에 어떻게 대처하는지 배울 수 있는 실습 현장을 구하기 위해 애써라.

예산 삭감 탓에, 양질의 인턴십과 상담 실습은 점점 더 경쟁이 치열해졌다. 우리는 의미 있는 실습 경험을 확보하기 위해 무엇이든 했던 상담 전공 학생 세 명의 경우에 대해 알고 있다. 그들은 인기가 아주 많아 구인을 거의 하지 않는 기관에 인턴십을 구하기로 결심했다. 그 학생들은 기관이 현재 제공하는 서비스를 분석하고, 지역사회에서 요구되나 제공하지 못하고 있는 서비스 중 각 학생들의 관심과 기술에 맞는 분야를 찾아냈다. 그 후 각 학생들은 기관의 매니저를 만나 지역사회의 필요에 기반하여 어떻게 서비스를 확장할 수 있을지에 대한 아이디어를 제안했다. 그 매니저는 새로운 발상에 아주 개방적이었고 즉시 이 세 명의 인턴을 모두 고용했다. 한 명은 이중언어를 사용하여 스페인어로 상담을 제공했고, 다른 한 명은 청각 장애가 있어 청각 장애인 및 난청이 있는 사람들에게 수화로 상담을 했으며, 나머지 한 명은 여러 가지 장애가 있는 사람들에 대한 경험이 있어 심각한 장애가 있는 사람들을 위한 가정상담 및 다른 가족 구성원들을 위한 서비스 프로그램을 만들어냈다. 이 인턴들이 만든 프로그램은 번창하여, 기존에 상담을 받을 수 없었던 사람들에게 서비스를 제공한 데 대한 만족감 및 뿌듯함을 주었다.

만약 여러분이 지역사회 기관에 고용되어 있어, 그 기관을 상담 실습 장소로 사용하고자 한다면, 우리는 지금 현장에서 가능한 한 다양한 시도를 해보길 추천한다. 예를 들어 정신병원의 청소년 섭식장애 부서에서 시간제로 일하고 있다면, 치매가 있는 노인 환자처럼 다른 내담자 집단과 일한다던지 자신에게 도전해 보라. 또는 여러분이 현재 어떤 환경에서 자원봉사를 하거나 보수를 받는 일을 하고 있다면, 인턴십에서는 무언가 다른 일을 해보도록 하라. 다른 업무를 하거나, 다른 역할을 맡거나, 다른 내담자 집단과 작업해 보라. 여러분의 실습은 업무의 다양한 환경과 다양한 슈퍼비전 환경에 대한 경험을 제공할 수 있어야 한다. 대부분의 기관 내에서도 폭넓은 기회들이 있다. 새로운 지식과 기술을 쌓기 위한 방법으로 여러분에게 낯선 분야에서 수련을 받아보도록 하라. 인턴십과 지도감독을 받는 상담 실습은, 여러분이 시스템 내에서 의미 있게 일하는 방법을 배울 수 있도록 실제 경험을 제공한다. 슈퍼비전을 받는 실제 상담 경험을 많이 하면 할수록, 여러분은 더 잘하게 될 것이다. 인턴십과 상담 실습에서 보내는 시간은 향후 업무를 위한 기초가 된다. 다양한 실습 환경과 내담자 집단을 선택하게 되면, 자신이 어떤 집단에 강점이 있는지를 발견하고, 흥미를 덜 느끼는 분야가 무엇인지를 알 수 있게 된다.

복지 사업 과정의 대학원생들과 이야기를 하다보면, 흔히들 현장 실습에서 만든 네트워크의 결과로 현재 직장을 구했다고 이야기한다. 사실 대부분의 대학원생들이 훨씬 더 많은 실습 활동에 참여할 수 있었더라면, 하는 바람을 보고한다. 일부는 인턴십에서 더 다양한 경험을 하지 못한 것을 후회한다. 우리는 여러분의 프로그램에서 허용된다면, 실습 현장에 대한 결정을 내리기 전 가능한 한 많은 현장들을 방문해 보길 권한다. 근무 지시사항을 잘 살펴보고, 현장 슈퍼바이저에게 현재 혹은 과거의 인턴들에게 그 현장에서의 경험에 대해 물어볼 수 있는지 문의한 후, 선택한 기관들과 인터뷰 일정을 잡아라.

성공적인 직무 수행을 위해 필요한 지식과 기술

실무자들에게 현재 직업에서 가장 필요한 기술이 무엇인지 물어보면, 상담 기

술, 지도감독 기술, 자문 기술, 의사소통 기술, 각기 다른 직급의 경영진과 상
호작용하는 능력, 제안서 작성 능력, 조직화 기술, 위기 개입을 다루는 능력,
네트워크 기술 등을 나열한다. 여러 전문가들은 특히 개인적, 대인관계적 성장
을 겨냥한 자기 탐색적 경험의 가치를 언급한다. 이런 치료적 경험은 스스로
를 들여다보고 자신의 감정과 문제를 다룰 기회를 주는데, 이런 활동은 내담
자와 관계 맺을 준비를 하는 데에 특히 도움되는 것으로 여겨진다. 복지 사업
프로그램의 관리 업무를 주로 맡고 있는 전문가들조차도 경영 업무에서 사용
할 도구로서 자기 인식 및 대인관계의 역동에 대한 이해가 얼마나 중요한지를
이야기한다. 관리 부서의 사람들은 만약 사람들과 어떻게 효과적으로 일하는
지를 몰랐더라면, 그들이 맡은 프로그램을 전개하고 조율할 수 없었을 거라고
지적한다.

지역사회 기관의 시각

우리 대학의 휴먼서비스학과(Human Services Department)에서 진행하는 스
스로 학습 프로그램의 일환으로, 학생들에게 상담 실습 현장을 제공하는 지역
사회 기관들에 연락을 취하여, 그들이 채용 시에 고려하는 자질 및 기타 관련
사안에 대한 시각에 대해 몇 가지 질문을 하였다. 여기 우리가 기관 담당자에
게 제기한 질문들과 그 질문에 대한 대표적인 응답들이 있다.

1. 여러분의 기관에서 우리 학생들이 역량 있게 일하기 위해서는 어떤
   특별한 지식 및 기술이 필요합니까?
   - 다양한 문화에서 일하는 능력
   - 윤리와 비밀보장 이슈에 대한 이해
   - 다른 사람과 관계를 맺는 능력
   - 다른 상담자에게 의뢰하는 과정을 판단하고 안내할 수 있는 풍
     부한 자원 및 능력
   - 경청 기술, 사례 관리 기술, 상담 기술
   - 단순 반응적이기보다 적극인 태도
2. 여러분의 기관에서는 고용인에 대해 어떤 지식, 기술, 능력을 가장 중

요하게 생각합니까?

- 치료 계획, 사건, 치료상 경과를 책임 있게 보고하는 것과 결합된 양질의 독립성
- 건전한 판단력과 문제 해결 능력
- 개인적, 전문적 경계를 명확하게 식별하고 유지하는 능력
- 시작부터 마무리까지 프로그램을 조직화할 수 있는 진취적인 사람
- 창의적이고, 새로운 환경에 잘 적응하며, 비판단적인 태도로 지역사회에 복무하려는 열정적이고 개방적인 태도
- 이민자 경험을 포함한 문화적 다양성에 대한 인식과 수용
- 스스로 동기를 부여하고 열심히 일하려는 태도
- 훌륭한 조직화 기술
- 교육적인 환경에서 장애가 있는 사람들과 일할 수 있는 능력
- 유연성 및 팀으로 일할 수 있는 능력
- 훌륭한 문제 해결 능력 및 좋은 혁신자

상담 실습 경험에서 배움을 얻는 방법

때때로 학생들은 여러 가지 이유에서 상담 실습이나 슈퍼비전으로부터 최대의 효과를 끌어내지 못한다. 여기 상담 실습 경험에서 최고의 가치를 얻기 위한 실질적인 전략 몇 가지를 제시한다.

- 하나의 내담자 집단에 스스로를 제한하지 말고, 다양한 실습 경험을 구하라. 여러분의 재능이 어디에 있는지, 궁극적으로 같이 일하고 싶은 내담자 집단이 누구인지를 발견할 수 있도록 자신의 경계를 확장시켜라. 인턴십을 통해 여러분은 하고 싶은 일뿐만 아니라 하고 싶지 않은 일에 대해서도 배우게 될 것이다. 처음에 상담만 하고 싶어 하던 학생들 중에는 이후에 자신의 역할을 행정가나 슈퍼바이저에서 찾는 경우도 있다.
- 상담 실습에서 예상되는 일의 종류에 대해 스스로를 준비시켜줄 학과과정, 워크숍, 온라인 회의 등에 참석하라. 이 기회들은 전문적인

내담자 집단의 새로운 전개에 대한 최근 소식에 계속 머무를 수 있게 하는 유용한 자원이 될 수 있다.

- 기관을 여러분에게 맞추려 하지 말고, 여러분이 기관에 적합하도록 하라. 다른 직원들과 기관에 오는 내담자들로부터 배우는 데 열려 있어라. 여러분이 배워야하는 것에 대한 선입견적 판단을 유예하고 여러분에게 가능한 학습 내용에 집중하도록 노력하라. 그 기관에서 일하는 사람들과 이야기 나누고, 직원 회의에 참석하며, 질문을 함으로써 기관의 정치에 대해 배울 수 있는 만큼 많이 배워라.

- 업무가 정서적 측면뿐만 아니라 신체적 측면에 줄 수 있는 타격에 대해 의식하라. 내담자와 깊은 관계를 맺게 되면서 자신의 삶의 특정 측면이 수면 위로 떠오를 수 있고, 이는 불안감을 야기할 수 있다. 자기 돌봄의 일환으로 개인 치료의 가치에 대해 고려해 보자.

- 여러분이 훈련 받은 한계 안에서 상담하고, 슈퍼비전 경험을 확보할 수 있는 장소를 찾아가자.

- 다른 집단에 대해서는 기법을 사용할 때 유연하되, 이 역시 슈퍼비전 아래서 진행하도록 하라. 내담자를 이론에 맞추려 하지 말고 여러분의 이론을 내담자에 맞출 여지를 두어라. 다양한 내담자 배경은 다양한 의사소통 접근 방식을 필요로 한다는 사실을 인식하라. 치료적 기술과 기법을 익히는 것도 중요하지만, 그것들을 문화적으로 적절한 방식으로 적용하는 것이 더 중요하다.

- 특별히 좋아하는 점이 없는 실습에 대해서도 시간 낭비라며 실패한 것으로 생각하지 마라. 적어도 여러분은 이후 직업으로서 원하지 않는 특정 기관 혹은 구체적인 내담자 집단에 대해 알게 된 것이다.

- 지역사회와 관계를 맺어라. 상담 실습 이후에도 지역사회의 자원을 이용하고 지지 체계를 끌어오라. 그 분야의 다른 전문가와 이야기하고, 다른 동료 학생들이 지역사회에서 맺고 있는 관계에 대해 물어보며, 연락망을 발굴하도록 하라. 이런 종류의 관계 맺기는 다양한 직업 기회로 곧잘 이어진다.

- 꾸준히 일지를 작성하라. 여러분이 관찰하고, 경험하며, 관심 가는 것들, 일에 대한 내면의 반응에 대해서 기록하라. 그 일지는 여러분이

내담자와 무엇을 했는지를 기억할 수 있게 할 뿐만 아니라 자신에 대해 집중하게 하는 훌륭한 도구이다.

- 새로운 일을 시도하는 데 열려 있어라. 예를 들어 만약 여러분이 가족 단위로 작업한다면, 가족 회기를 관찰하거나, 가능하다면 가족을 상담하는 슈퍼바이저와 일해 보라. 여러분이 완벽하게 성공하지 못한 새로운 노력에 대해 형편없는 실패라고 단정짓는 실수는 범하지 마라. 슈퍼비전 경험을 얻는 동시에 스스로에게 직접 해봄으로써 배울 여지를 주라.

- 여러분이 학과과정에서 배운 바를 실제 경험에 적용할 방법을 찾아보라. 예를 들면 어떤 전문가는 대학원 과정에서 이상심리학을 수강했던 기억을 떠올리며, 정신질환이 있는 사람들을 위한 기관에서 인턴으로 일했다. 그녀는 환자들이 보이는 행동에서 수업에서 배운 몇 몇 개념들을 직접 찾아볼 수 있었다.

- 자신의 기대를 조정할 준비를 하라. 기관의 관계자가 여러분을 잘 알기도 전에, 내담자에게 직접 서비스를 제공하게 하는 일은 잘 일어나지 않는다. 아마도 여러분의 실습은 관찰자 역할에서 시작할 것이다. 그러나 어떤 기관들은 충분한 준비 없이 인턴들에게 일을 주기도 한다는 점을 명심하라.

- 상담 실습을 직업처럼 대하라. 여러분이 그 기관에 고용되었을 때 취할 행동과 거의 마찬가지로 상담 실습을 대하도록 하라. 책임감을 보이고, 전문가답게 입고 적절하게 행동하며, 약속과 회의 시간을 지키고, 헌신하는 자세를 끝까지 지키며, 최선을 다하려고 애써라.

- 실습 장소에서는 온전하게 현재에 머물며 집중을 흐트러뜨리지 마라. 슈퍼바이저와 기관 관계자들은 계속해서 휴대폰을 만지고 문자를 보내는 인턴들을 불만스러워할 것이다.

- 여러분이 배정된 기관의 구조에 대해 가능한 한 많이 익히도록 하라. 기관의 방침, 프로그램이 운영되는 방식, 직원 관리 등에 대해 물어보라. 어느 시점에서, 여러분이 사회 프로그램 운영에 참여하게 될 수도 있다.

- 기관 직원들에게 그들의 역할이 무엇이며 기관에 대해 어떻게 생각

하는지를 물어보는 대화를 하도록 하라.

- 내담자가 기관을 바라보는 시각뿐만 아니라 전반적인 관점을 갖도록 노력하라. 기관 시스템이 어떻게 움직이는지를 배우고, 그 시스템 내 에서 여러분이 얼마나 성공적으로 일할 수 있는지를 평가하라. 그 시 스템에서 일을 잘 해나가고 있는 사람들을 찾아보라. 그들과 이야기 하고 그들에게서 배우며, 그들을 지지 체계로 사용하라. 무엇이 그들 의 수행을 좋게 만드는지 그 동기에 대해서도 알아보라.
- 스스로 다양한 활동에 참여함으로써 자기 주도적인 방식으로 사고하 고 행동하라. 의미 있는 과제에 주도적으로 임하도록 하라.

다양성과 작업하는 것에 대한 도전

우리가 제안했듯이, 다양한 내담자와 업무를 하리라고 예상되는 장소에서 실 습 기회를 찾는 것이 좋다. 다양한 집단과 작업함으로써 여러분은 자신의 관 심사를 탐색하고 새로운 관심사를 개발할 수도 있다. 만약 여러분이 전문 분 야로 선택한 내담자 집단이나 문제 영역에 제한적으로 집중한다면, 배울 수 있는 많은 길을 닫고 전문가로서의 자신에게 한계를 지우는 것과 같다.

인턴십의 상담 실습 중 일부로, 여러분은 일반적으로 현장에서 실무 교육 과 슈퍼비전을 받는다. 동료와 슈퍼바이저는 내담자와 작업할 때의 몇 가지 개입에 대해 여러분에게 가르쳐주는 입장에 있다. 구체적인 집단 혹은 구체적 인 문제를 어떻게 작업할지에 대해 아는 것보다 더 중요한 것은 지식과 기술 에 대한 전반적인 환경에 대해 알면서 더 구체적인 능력을 얻는 것에 개방적 인 자세이다.

자신과 다른 사람을 돕는 것

우리 동료 중 한 명이 이야기하길, 하반신이 마비된 내담자에게 "당신이 어떻 게 느끼는지 잘 압니다"라고 하자, 내담자는 흥분하며 화를 냈다고 한다. 그는 "당신이 어떻게 나를 아나요? 당신은 여기서 걸어나갈 수 있지만 난 아니라고 요"라고 대답했다. 이를 회상하며 그 동료는 이렇게 대답하는 것이 더 나았겠다고 생각했다. "당신 말이 맞아요. 나는 당신의 상황을 충분히 알지 못해요. 그렇게 젊은 나이에 하반신이 마비된 것에 대한 좌절과 고통을 상상할 수는 있지요. 그러나 난 당신의 상황에 있었던 게 아니니, 당신이 무엇을 생각하고 느끼는지는 몰라요. 당신에게 그게 어떤 것인지 더 알고 싶고, 마비에 대한 당신의 느낌에 대해 집중하려고 더 노력하겠어요."

어떤 인턴들은 누군가를 돕기 위해서는 그들과 똑같은 삶의 경험을 갖고 있어야 한다는 신념에 집착하는 실수를 범하곤 한다. 그렇게 되면 남성 임상가는 임신에 대해 어떤 결정을 내려야 할지 고민하는 십대 소녀 내담자를 효과적으로 상담할 수 있을까 하고 자신의 능력에 의문을 가질 수 있다. 혹은 외상 경험이 없는 임상가는 삶에서 외상과 고통을 경험하는 내담자에게 공감할 수 있을지 자신없어 한다. 중독을 가진 사람들과 작업하는 상담자는 스스로 중독으로 인한 문제가 없는 경우 내담자들에게 효과적으로 다가갈 수 있을지 자신의 능력을 의심하게 된다. 이런 상담자들은 내담자와 맞서게 됐을 때, 종종 물러서거나 미안해 하게 된다. 우리는 여러분이 자신과 다른 내담자와 작업할 때에도 삶의 경험에서 도움될 만한 것을 활용하는 방법에 대해 알게 되길 바란다. 여러분이 똑같은 문제가 없었다 하더라도, 고통에 대한 어떤 경험은 있을 수 있다.

정서적 차원에서 연결되는 것은 여러분과 삶의 경험이 다른 내담자와 작업하기에 효과적인 방식이다. 예를 들어 이혼을 하려고 하는 내담자는 상실감을 느낄 것이다. 우리는 모두 어떤 종류의 상실—사랑하는 사람의 죽음, 관계의 끝, 실직 등—을 경험한 적이 있고, 이 상실 경험은 내담자의 고통에 공감할 수 있게 해준다. 내담자와 똑같은 문제를 가진 것보다 더 중요한 것은 내담자의 세계를 이해할 수 있느냐이다. 어떤 내담자들은 우리가 보는 것과는 다른 방식으로 세상을 본다는 사실을 자각하는 것 역시 필수적이다.

슈퍼비전에서 도움받기

대부분의 전문가들은 특정한 시기와 특정한 상황에서 자신의 능력에 의문을 갖는다. 우리는 여러분이 이런 걱정을 부인하기보다 무능감을 참고 견디길 바란다. 현장 상담 실습의 목적은 다양하고 의미 있는 학습 기회를 제공하기 위한 것이다. 이곳은 여러분이 구체적인 지식을 얻고 학교에서 배운 이론을 실무에 적용하는 능력을 개발할 수 있는 장소이다. 자신의 슈퍼바이저에게 기대하는 바가 무엇인지 명확히 정리하고 이런 바람을 처음부터 논의하라. 이 절에서는 슈퍼비전 경험에 어떻게 접근하고 이 과정에 어떻게 활발히 참여할지 제안하고자 한다.

다양한 학습 자료에 개방된 자세를 갖기

슈퍼바이저뿐만 아니라 교사, 동료, 동급생, 내담자로부터 받는 배움과 피드백에 열려 있어라. 자신의 역할을 잘 활용하자. 학생인 여러분에게는 모든 것을 알 거라는 기대가 없다. 이 사실을 이해하고 체득하게 되면 자유로워진다. 여러분이 실수가 자기 성찰, 비판적 사고, 궁극적으로는 학습과 변화를 위한 기회를 준다는 사실을 이해하면, 실수를 하지 않으려고 애쓰느라 얼어붙는 경험을 덜 하게 된다. 슈퍼바이저에게 여러분이 추정하는 실수에 대해 솔직히 이야기하고 자신의 능력에 확신이 들지 않을 때 다양한 상황에서 무엇을 해야 할지를 논의하라. 성공적으로 해내기 위해 필요한 지식과 기술을 이미 갖고 있어야 한다고 믿게 되면 과도한 압박을 느낄 수밖에 없다. 이런 태도가 여러분의 학습 능력을 방해하고 슈퍼바이저, 동료, 내담자에게 도움을 청하지 못하도록 만들 수 있다.

집단 촉진자를 위한 훈련 프로그램에서 우리는 일반적으로 학생들이 다른 동료나 슈퍼바이저 눈에 무능하게 비치지 않을까 하는 엄청난 불안을 갖고 워크숍에 임하는 걸 발견하곤 한다. 워크숍 초반에 우리는 이렇게 말한다. "가능한 한 활동적이 되세요. 여러분이 과거에 일반적으로는 멈추던 지점에서 더 멀리 뻗어 보세요. 무슨 일이 일어나든 거기엔 배울 게 있답니다."

학생들에게 이렇게 설명하면, 대개 안심하며 덜 불안해 하게 된다. 우리는 동료나 슈퍼바이저가 지켜보고 있을 때의 고충을 이해하고 공감한다고 알려 준다. 내담자, 슈퍼바이저, 동료가 지켜보는 것을 피하기란 불가능하다. 실황 이든 어떤 종류의 미디어를 통해서든 내가 관찰되고 있다는 사실은 불안을 유발하곤 하지만, 이는 배움과 개선을 위한 최선의 방법 중 하나이다. 관찰받는 경험에 대해 이야기하는 것은 다른 사람이 여러분에 대해 생각하는 것에 지배 당하지 않고 이 과정을 스스로 통제할 수 있게 해준다. 학생들은 대개 두려움에 대해 공개적으로 이야기하는 것이 도움이 된다고 말한다. 역설적으로 두려움은 단순히 알아주기만 해도 감소되는 경우가 많다.

도전과 자기 회의를 다루기

수련생들은 종종 자신 없어 하고, 미안해 하며, 자신에게 도움이 될 만한 능력이 있다는 걸 믿지 못한다. 스스로 상담자로서 자신의 능력에 대해 갖고 있는 회의를 어떻게 다루는지 물어보자. 여러분에게 도전하는 내담자를 어떻게 대할지 곰곰이 생각해 보자. 접수 면접에서 내담자가 여러분의 나이에 놀란다. "선생님이 어떻게 나를 도울 수 있나요?" 이렇게 말할지도 모른다. "굉장히 젊어 보여서, 저를 도울 만한 경험이 있으신지 모르겠네요." 이런 도전이 여러분 스스로의 두려움과 의심을 반영하는 것이라고 생각해 보자. 다음 내용 중 일부를 스스로에게 조용히 말하는 걸 상상할 수 있는가?

- "내담자 말이 맞아. 많은 세월이 우리 사이에 있는데 내가 내담자의 상황을 이해할 수 있을까?"
- "이 내담자의 태도가 날 화나게 만들어. 이 사람이 나를 알지도 못하면서 판단한다고 느껴져."
- "이런 도전이 불편하지만, 난 굽히고 싶지 않아. 내담자에게 우리가 나이는 많이 다르지만 고군분투해온 것에는 많은 유사성이 있을 수 있다는 걸 알려주고 싶어. 적어도 우리가 관계를 맺을 수 있을지 탐

색해 볼 기회를 갖고 싶어."

　분명 한 개인으로서 우리는 다른 사람이 도전해올 때 영향을 받을 수밖에 없지만, 우리는 이 상황을 어떻게 다뤄야 하는지 배워야 한다. 상담은 우리가 '옳다'는 것을 증명하는 과정이 아니다. 내담자에게 최선의 이익이 무엇인지에 집중함으로써, 우리는 직접적이고 솔직한 방식으로 모든 도전을 다룰 수 있다. 만약 여러분이 좀더 효과적으로 혹은 섬세하게 했어야 한다고 느낀다면, 단지 이걸 알아차리는 것만으로도 도움이 된다.

모르는 것은 괜찮다

슈퍼바이저에게나 내담자에게 상황에 대한 지식이나 이해가 적다는 걸 기꺼이 인정하도록 하라. 여러분이 모른다고 말하고 도움을 청하는 걸 두려워하지 마라. 여러분은 배우기 위해 실습에 온 것이지, 이미 필요한 모든 지식과 기술을 가져서 그 자리에 있는 게 아니다. 만약 내담자의 문제를 효과적으로 다룰 만한 능력이 없다고 느껴져 위축된다면, 이렇게 말해 볼 수 있다. "Maria, 나는 모든 답을 갖고 있는 게 아니에요. 하지만, 우리가 함께 생각을 모아 당신에게 효과적일 해결책을 생각해 내는 과정에는 자신 있어요. 당신이 허락한다면, 나는 슈퍼바이저에게 우리가 아직 생각해 보지 못한 아이디어나 선택지가 떠오르는지 자문을 구할 거예요. 최종적으로, 최상의 해결책은 가장 당신 마음에 드는 것이 되겠지만요." 상담자로서 여러분의 역할은 해결책을 제시하거나 조언을 주는 것이 아니라, 내담자에게 어떻게 선택지를 탐색하고 문제 해결 기술을 적용하는지를 알려주는 것이다.

생각을 입 밖에 내어 말하자

학생들 및 전문가들 모두와 일해 보며, 우리는 이들이 자기만 알고 숨겨두는 아주 효과적인 반응들을 많이 갖고 있다는 걸 발견한다. 일반적으로 우리는 수련생들에게 독백하지 말고 소리내어 말해 보라고 격려한다. 생각하지만 말하지 않는 것에 대해 우리에게 이야기하다 보면, 난관에서 벗어나기 위한 도움을 얻는다. 그들이 말하지 않는 게 무엇인지를 찾아본 대부분의 경우가, 그걸 공유했을 때 상담자와 내담자에게 아주 도움이 될 만한 것들이었다. 최근 워크숍에서 수련생 Victoria는 집단 회기 내내 말수가 적었다. 슈퍼바이저는 Victoria에게 무슨 일이 일어나고 있는지 물었다. 그녀가 대답하길, "이런 예감 때문에 자꾸 기가 죽어요. 선생님이 나를 판단할 것 같고 나에 대해 알게 된 걸 좋아하지 않을 것 같아 두려워요." 슈퍼바이저는 좀더 자주 생각날 때마다 이런 생각들을 말하라고 격려했다. Victoria는 단지 이렇게 말하는 것만으로도, 남의 시선을 훨씬 덜 의식하고 슈퍼바이저의 반응에 덜 겁먹게 되었다고 보고했다.

또 다른 수련생 Lee는 구체적인 집단 훈련 회기 동안, 한 활동 후에 또 다른 활동을 계속해서 제안했다. 이후에 사람들이 Lee에게 그렇게 짧은 회기 동안 왜 그렇게 많은 활동들을 소개했냐고 묻자, 그가 답하길, "집단이 아무 진전이 없는 것처럼 보였어요. 사람들은 에너지가 없어 보이고, 나는 무언가 일어나게 해야 한다는 책임감을 느꼈지요. 상호적인 활동을 시도함으로써 집단을 활기 있게 만들고 싶었어요." 우리는 Lee에게 무엇이 벌어지고 있는지에 대한 설명 없이 기법들을 시도하는 것보다, 그가 집단에서 관찰한 바를 설명하는 게 훨씬 도움이 되었을 것이라고 말했다. 우리는 내담자에 대해 갖는 모든 찰나의 반응들을 표현하라고 말하는 게 아니다. 하지만 슈퍼비전 시간에 연습하지 않은 자료에 대해 이야기해 보는 것은 현명하다. 감춰둔 무언가는 우리에게 영향력을 행사하곤 한다. 여러분은 그가 활동들 대신 무슨 이야기를 해볼 수 있었을 거라고 생각하는가?

다른 사람 이야기를 듣는 동안 자기 의견 찾기

우리는 일부 수련생들이 슈퍼바이저나 선생님의 스타일을 너무 열심히 모방하느라 스스로의 발전을 제한하는 걸 목격한다. 여러분은 존경하는 슈퍼바이저를 관찰하고 그의 스타일을 적용해 보려고 노력할 수 있다. 그러나 다른 사람의 복사본이 되려고는 하지 마라. 슈퍼비전을 가장 잘 활용하기 위해서, 다른 스타일들을 시도해 보고 지속적으로 여러분에게 효과가 있는 것과 그렇지 않은 것이 무엇인지를 평가해 보라.

스스로에게 이렇게 물어볼 수도 있다: "개인적이고 이론적인 견지 모두에서, 내 신념 체계에 잘 맞는 것은 무엇인가? 이론이나 슈퍼바이저의 적용 방식과 내 방식 사이에 상충되는 것이 있는가?" 여러분이 다른 사람에게 너무 많이 집중하게 되면, 사람을 돕기 위한 자신만의 독특한 접근 방식이 모호해질 가능성이 높다. 경험을 더 많이 할수록, 자신의 직관적인 목소리를 듣게 되고 예감을 신뢰하게 될 것이다. 궁극적으로 여러분은 바깥의 전문가가 필요한 순간이 적어지게 될 것이다.

슈퍼비전의 초점

슈퍼비전에 대한 어떤 접근 방식은 내담자의 역동을 강조하고 구체적인 문제에 개입하기 위한 전략을 가르친다. 또 다른 사람들은 상담자로서, 한 사람으로서 여러분의 역동과 내담자에 대한 행동에 주목한다. 우리가 보는 바로는, 포괄적인 슈퍼비전은 이 요소들을 모두 고려한다. 여러분은 내담자를 돕는 모형을 이해하고, 진정한 치료 동맹을 맺고자 한다면 자신에 대해 이해할 필요가 있다. 여러분의 슈퍼비전이 내담자가 어떻게 하는지, 혹은 다음에 무엇을 할지에 대한 구체적인 기법을 가르치는 것에만 주목한다면, 우리는 그 슈퍼비전이 아주 중요한 차원을 놓치는 거라고 생각한다. 슈퍼비전 회기에서 논의의 핵심 초점은 내담자를 위해 여러분이 어느 정도로 함께 머물렀는가가 된다. 내담자의 문제에 대해 무엇을 해야 할지 지나치게 신경 쓰다 보면, 이는 그 사람과 연결하는 데 집중하지 못하게 된다. 슈퍼비전의 유용한 초점은 여러분과 내담자 사이에 관계의 질이 어떠한가이다. 슈퍼비전에서, 여러분은 서로 다른 내담자들과 작업하며 무엇을 경험하는지에 대해 이야기해 볼 수 있다. 이런 초점은 여러분과 내담자들에 대한 엄청난 정보를 드러낼 것이다.

우리의 슈퍼비전 스타일

우리는 슈퍼비전을 줄 때, 슈퍼바이지와 내담자 사이의 역동뿐만 아니라 슈퍼바이지와 우리 사이의 관계에 대해서도 주의를 기울인다. 여기서 우리는 임상 모형과 슈퍼비전 모형 사이에서 진행되는 병렬 과정을 발견한다. 이 **병렬 과정** (parallel process)을 통해 슈퍼바이지는 슈퍼비전 관계에서 대인관계 역동에 대해 배운 바를 돌아봄으로써, 내담자와 어떻게 하고 있는지에 대해 개념화하는 방법을 배울 수 있다.

　내담자의 문제를 평가하고 치료하는 것만 전적으로 강조하기보다 우리는 슈퍼바이지와 내담자 사이에 등장하는 대인관계적 측면에 좀더 관심을 둔다. 우리가 보기에, 슈퍼바이저들은 수련생이 슈퍼비전 회기에 가져온 사례 이면을 보고 대인관계 측면에 초점 맞추는 것을 잘한다.

　우리는 슈퍼바이저의 역할을 할 때 슈퍼바이지가 자기만의 통찰력을 개발하고 임상적 예감을 정련할 수 있게 도우려고 한다. 슈퍼바이지에게 정보를 줌으로써 직접적으로 가르치는 것에 집중하기보다는, 사례를 어떻게 개념화하고, 해당 내담자와 어떻게 진행하고자 하며 왜 그러한지에 대해 슈퍼바이지가 생각할 수 있도록 애쓴다. 우리는 슈퍼바이지가 우리의 언어를 내담자에게 사용하기보다, 자기만의 표현을 발견하고 자신의 의견을 찾길 바란다. 우리의 슈퍼비전 스타일은 우리가 흔히 탐색하는 다음 질문에 잘 반영되어 있다.

- 당신은 저(슈퍼바이저)와 관계에서의 어려움에 대해 모두 다루고 있습니까?
- 내담자에게 무슨 이야기를 하고 싶습니까?
- 내담자에게 가장 적절하다고 생각하는 방향은 무엇입니까?
- 내담자에게 어떤 영향을 받습니까?
- 당신의 행동은 내담자에게 어떻게 영향을 줍니까?
- 어느 내담자가 작업하기 가장 어려우며, 이 사실이 당신에 대해 이야기해 주는 바는 무엇입니까?
- 내담자와 상호작용하는 방식에서 당신의 가치관은 어떻게 드러납니까?
- 슈퍼비전 회기에서 우리의 관계는 당신과 내담자 사이의 관계를 어떻게 반영하는 걸까요?
- 슈퍼비전 회기에서 내담자에 대해 갖고 있는 어떤 어려움이든 거리낌없이 이야기하고 있습니까?

우리가 만든 위의 내용들은 우리의 구체적인 철학과 슈퍼비전 스타일을 드러낸다. 우리와 다른 추정들로부터는 다른 슈퍼비전 스타일이 구현될 것이다. 이 절에서 여러분이 읽은 내용을 토대로 다음 질문에 대해 생각해 보자. 어떤 스타일의 슈퍼비전이 여러분 발달의 현 단계에서 가장 도움이 될 것 같은가? 어떤 종류의 슈퍼바이저가 함께 작업하기 가장 힘들 거라고 생각되며, 그 이유는 무엇인가? 현재의 지위를 바꾸거나 슈퍼바이저를 교체하는 게 불가능하다면, 이 슈퍼바이저와 건설적으로 작업하기 위해 여러분은 어떤 전략을 사용할 수 있겠는가?

슈퍼비전에서 시간을 최대로 활용하기

슈퍼비전은 대부분의 수련 프로그램에서 필수 사항이며, 여러분이 슈퍼비전의 역할, 기능, 책임 등을 이해할 경우, 슈퍼비전의 효과를 극대화할 수 있을 것이다. 슈퍼비전에서 적극적으로 역할을 할 준비를 하고 슈퍼바이저와 협력적 관계를 발전시켜라. 슈퍼바이지로서 주도성을 발휘하면, 슈퍼비전에서 최대의 이익을 얻을 것이다. 여기 슈퍼비전을 유익하게 만들기 위한 몇 가지 조언이 있다.

- 슈퍼비전의 전반적인 목적에 대해 인식하라.
- 서로 다른 슈퍼바이저들은 각기 다른 방식으로 슈퍼비전의 목표를 성취하려 한다는 사실을 인정하라.
- 슈퍼비전 과정에서 일정한 수준의 불안을 느끼는 것이 정상이라는 사실을 받아들여라.
- 슈퍼비전 회기의 내용에 대해 슈퍼바이저와 명확히 합의하라.
- 자신이 원하는 임상 경험을 구하기 위해 주도적이 되라.
- 슈퍼비전 회기 동안 가능한 한 솔직하고 개방적인 자세를 취하라.
- 여러분의 슈퍼바이저를 고를 수 없다면, 배정된 슈퍼바이저의 슈퍼비전 스타일 내에서 작업하기 위해 최선을 다하라.
- 슈퍼비전에서 여러분이 무엇을 가장 원하고 필요로 하는지 분명히 하고 슈퍼바이저에게 그 욕구에 대해 이야기하라.

- 탐색하고 싶은 질문들을 명확히 하고 슈퍼바이저와 논의하고 싶은 사례들을 정리하는 시간을 통해 슈퍼비전을 준비하라.

슈퍼비전에 대한 여러분의 권한을 행사하라

충분한 슈퍼비전을 받기 위해 주장하는 훈련은 내담자와 동료와의 관계 모두에서 유용할 것이다. 주장적이라는 것은 공격적이라는 의미가 아니다. 공격적인 접근 방식은 불필요하게 타인을 방어적으로 만든다. 수동적인 태도 역시 슈퍼바이저가 여러분이 원하거나 필요로 하는 바를 모르게 만들기 때문에 도움이 되지 않는다. 공격적이거나 수동적인 태도는 여러분이 배울 수 있는 많은 기회들을 차단한다.

기관에서의 시간을 어떻게 사용하고 싶은지 분명한 그림을 그려라. 자신이 원하는 바를 파악하기란, 특히 이번이 첫 번째 상담 실습이라면, 더욱 쉽지 않을 것이다. 가장 배우고 싶은 것이 무엇이며 어떤 기술을 가장 습득하고 싶은지를 생각하는 걸로 시작해 볼 수 있다. 현장 배치는 일반적으로 학생과 기관의 슈퍼바이저 사이의 서면 계약을 수반한다. 이 계약은 대개 주당 근무 시간, 수행될 활동들, 학습 목적, 훈련 기회, 인턴에 대한 기대, 슈퍼바이저에 대한 기대 등을 자세히 설명한다. 슈퍼비전 서면 계약은 주로 슈퍼비전 회기의 횟수와 빈도, 슈퍼바이저와 슈퍼바이지가 각 회기를 어떻게 준비해야 하는지 등을 다룬다. 슈퍼바이저와의 계약에 사인하기 전에, 여러분이 원하는 바와 주어진 기회의 종류에 대해 다소 자세하게 논의하라. 슈퍼바이저와 협력하여, 여러분이 경험하고 배우고 싶은 바를 찾아보라. 여러분이 원하는 것을 항상 얻을 수는 없겠지만, 그것이 무엇인지에 대해 분명한 생각을 갖고 있다면, 이를 얻을 가능성은 더 높아질 것이다.

이는 또한 슈퍼바이저가 자신에게 많은 요구가 있다는 사실을 깨닫게 해 준다. 내담자 숫자가 늘어나고 그에 대한 부담이 커질수록, 여러분이 약속받은 정기적인 슈퍼비전을 시작하지 못할 수도 있다. 게다가 어떤 상담자들은 슈퍼바이저로 자원할 수 없는데도 이미 과부하가 걸린 업무 위에 인턴을 맡게 된 것일 수도 있다. 때로는 슈퍼비전 훈련 경험이 아주 적어, 효과적으로 슈퍼비

전을 하는 법을 배우기 위한 추가 교육 과정이 자신에게 필요하다는 걸 깨닫
게 되기도 한다. 여러분의 슈퍼바이저가 처한 곤경을 이해할 수 있다면, 그에
대한 의사소통의 기반을 만들 가능성이 더 높아진다. 솔직한 의사소통의 분위
기 속에서, 여러분은 슈퍼바이저에게 필요한 도움에 대해 알릴 수 있을 것이
다. 어려운 사례가 있을 때, 여러분은 이렇게 말해 볼 수 있다. "저는 진짜 Kris-
ten과 교착상태에 빠진 것 같아요. 지난 몇 주 동안 진전이 거의 없어요. 제가
한 모든 제안들이 별 효과가 없는 듯해요. 종결도 제안해 봤지만, 내담자가 화
를 내더라고요. 이제 어떻게 해야 될지 모르겠어요. 선생님을 만나서 몇 가지
대안들을 논의해 볼 수 있을까요?" 여러분이 필요한 바를 분명하게, 구체적으
로, 끈질기게 이야기하다 보면, 이를 얻게 될 가능성이 높아진다.

어느 정도 상담 실습 경험을 쌓은 이후에도, 여전히 슈퍼바이저의 피드백
과 더불어 지지, 지도가 필요하겠지만, 더 많은 직관과 기술을 필요로 하는 경
험으로부터 충분히 배울 수 있을 것이다.

> **사례 예** 인턴의 역량 영역 밖의 임무들
>
> 슈퍼바이저가 인턴에게 엄마, 아빠, 두 어린 아들로 구성된 가족을 상담
> 하라고 요구했다. 그러면서 그 부모들이 주되게 아이들의 문제를 어떻게
> 다뤄야 하는지, 훈육 방식을 배우고 싶어 한다고 전했다. 그러나 슈퍼바
> 이저가 보기에, 더 중요한 문제는 아내와 남편 사이의 갈등인 것 같았다.
> 인턴은 가족과 작업하는 것과 관련하여 수업을 듣거나 훈련 받은 경험이
> 거의 없었으며 가족상담에 대한 역량 역시 부족했다.
>
> **여러분의 입장** 만약 여러분이 이 상황에 처한 수련생이라면, 어떻게
> 하겠는가? 슈퍼비전을 제공하겠다고 한다면, 슈퍼바이저의 압력에 순응
> 하겠는가? 근무를 하며, 가족과 작업할 수 있는 지식 기반을 얻기 위해 어
> 떤 방법을 찾아볼 수 있겠는가? 이 슈퍼바이저에게 어떻게 반응할 수 있
> 을까?
>
> 슈퍼바이저에게 여러분이 걱정하고 있는 바를 알리고, 두 사람이 대

안에 대해 이야기할 수 있는 것이 중요하다. 다음 이어지는 대화를 읽어 보며, 수련생으로서 여러분은 어떤 부분을 동일하게, 어떤 부분을 다르게 이야기할지 생각해 보자.

> **슈퍼바이저** : 우리 기관은 인력이 모자라서, 당신이 몇몇 가족을 맡아 줬으면 정말 좋겠어요.
>
> **수련생** : 제가 가족을 상담할 수 있다고 생각하신다니 좀 놀라워요. 제 지금 발달단계에서는 이 요청을 거절해야 할 것 같아요.
>
> **슈퍼바이저** : 이봐요, 당신이 안 하면 그들은 아무 치료도 못 받는 거예요. 우리 모두 새로운 집단을 상담하려 할 때 주저하기 마련이에요. 그냥 뛰어들어서 한번 해 보세요.
>
> **수련생** : 제 경우엔 불안하고 자신이 없는 것 이상이에요. 전 가족 치료에 대해 한 과목도 수강한 적이 없어요. 제가 이 업무를 지금 맡는 것은 윤리적이지 않은 것 같아요.
>
> **슈퍼바이저** : 흠, 윤리적이지 않아 보이는 일을 하길 바라진 않아요. 하지만 제가 슈퍼비전을 줄 수 있으니 지도 없이 상담을 하는 건 아니에요.
>
> **수련생** : 슈퍼비전 제안은 감사합니다. 아니면 제가 선생님의 가족상담을, 물론 내담자의 허락을 받아, 관찰한 후에 그 회기에 대한 개입 방식을 배워보면 어떨까요?
>
> **슈퍼바이저** : 제가 시간이 있다면 아주 좋은 생각이겠지만, 그렇게 되면 전 이미 넘치는 스케줄에 하나를 더 얹는 게 돼요.
>
> **수련생** : 다음 학기에 가족 치료 수업을 듣고나면, 아마도 이런 일을 더 잘 도울 수 있을 것 같아요. 하지만 지금은 제 한계 안에서만 일해야겠어요.

토론 이 사례는 어떤 조직들이 인턴을 비교적 '한가한' 직원으로 사용한다는 점에서 현실성 있다. 문제는 인턴을 서비스가 중요하게 필요한 곳에 사용한다는 점이 아니라, 충분한 슈퍼비전을 제공하려 하지 않는다는 점이다. 학생 인턴들이 실제 가족을 만나 임상 작업을 효과적으로 하기 위해서는, 가족과 작업하기 위한 최소한의 이론적 기초 및 지식 능력이 필요하다. 분명 수련생들이 새로운 영역으로 옮겨갈 때, 새로운 환경에서 효과적으로 일할 수 있도록 실질적인 기술을 얻는 것 역시 필요할 것이다. 좋은 슈퍼비전은 수련생들이 개입 전략을 얻는 동시에 자신의 지식을 적용해 볼 수 있도록 하는 것이다. 만약 수련생들이 낯선 일을 맡게 된다면, 그들은 슈퍼비전을 통해 배우고 역량을 키울 수 있다.

유능한 슈퍼바이저

임상적 슈퍼비전을 수행하는 것에 올바른 길이 단 하나인 것은 아니나, 상담 슈퍼바이저의 정해진 표준은 있다. 상담자교육 및 슈퍼비전학회(The Association for Counselor Education and Supervision)는 **임상 슈퍼비전의 모범 행동**(*Best Practices in Clinical Supervision*)(ACES, 2011)을 개발하여, 고지된 동의, 목표 설정, 슈퍼바이지에게 지속적인 피드백을 제공하기, 슈퍼비전 수행, 슈퍼비전에서의 관계, 다양성과 옹호 활동에 대한 고려, 문서화, 슈퍼비전 구성방식, 슈퍼바이저 역할 등을 다루고 있다. 이 모범 행동 지침은 슈퍼바이저들의 업무를 지원하고 슈퍼비전 과정의 대부분 측면들을 명료화한다. 이 지침은 슈퍼바이저가 (1) 내담자 및 슈퍼바이지의 윤리적, 법적 권리가 보호되고 있는지를 관찰하고 (2) 내담자의 복지 및 프로그램 요구 사항과 일치하는 방식으로 슈퍼바이지에게 훈련을 제공하며 (3) 프로그램을 시행하기 위한 정책, 절차, 표준 등을 제정할 수 있도록 돕기 위해 고안되었다. 슈퍼바이저의 주된 기능은 수련생을 가르치고, 개인적·전문가적 발달을 촉진하며, 상담 서비스의 효과적인 전달을 돕는 것이다.

임상 슈퍼바이저로서 활동한 시간들에 근거하여, Corey, Haynes, Moulton과 Muratori(2010)는 유능한 슈퍼바이저의 개인적 특성 목록을 다음과 같이 정리했다.

- 임상적, 법적, 윤리적 이슈에 대해 잘 알고 있다.
- 훌륭한 임상 기술을 갖고 있다.

- 공감, 존경, 진실성, 경청을 행동으로 보여준다.
- 수용적인 슈퍼비전 분위기를 형성한다.
- 신뢰와 존중이 특징인 슈퍼비전 관계를 만든다.
- 슈퍼바이지의 발달 수준을 판단하고 슈퍼바이지의 훈련적 필요에 가장 잘 맞는 슈퍼비전 방법을 제공하는 데 유연하다.
- 유머감각이 있다.
- 명확한 경계를 만든다.
- 슈퍼바이지가 적절히 위험을 감수하도록 격려한다.
- 협력적인 슈퍼비전 과정을 유지한다.
- 슈퍼바이지가 슈퍼비전 관계로 가져온 인식을 존중한다.
- 슈퍼바이지들 사이의 개인차 및 이론적 관점에 대한 다른 의견들을 인정한다.
- 솔직하고 쉽게 다가갈 수 있으며 지지적이다.
- 훈련과 슈퍼비전에 깊은 관심이 있다.
- 슈퍼바이지의 불안과 취약성에 대해 세심함을 보인다.
- 솔직하고 건설적인 피드백을 제공한다.

간단명료하게 말하자면, 좋은 슈퍼바이저는 만날 시간이 있고, 다가가기 편하며, 상냥하고, 능력 있는 경향이 있다.

연구에서 드러나는 유능한 슈퍼바이저에 대한 모습은 주로 슈퍼바이지의 만족과 호감에 대한 조사 결과에서 얻어진 것이다. 유능한 슈퍼바이저는 슈퍼바이지가 긍정적으로 반응하고 신뢰할 수 있는 사람이다. 유능한 슈퍼바이저에 대한 전반적인 모습은, 엄밀히 말해, 좋은 대인관계 기술과 효과적인 조직화 및 운영 기술을 지닌 능력 있는 전문가이다(Corey et al., 2010).

Barnett, Cornish, Goodyear와 Lichtenberg(2007)는 수많은 연구들에서 슈퍼바이저와 슈퍼바이지의 관계 질이, 상담자-내담자 관계만큼이나 성패를 좌우하는 핵심 요인으로 밝혀졌다고 보고한다. 유능한 임상 슈퍼바이저는 지지적이고 판단적이지 않은 분위기에서 슈퍼바이지에게 건설적인 피드백을 제공한다. 그들은 임상 슈퍼비전을 시행하는 데 숙련되어 있고, 정통하며, 노련하다. 그들은 스스로 자신 있는 영역으로 슈퍼비전을 제한하고, 슈퍼바이지가 가능한 한 최상의 슈퍼비전을 받을 수 있게 하기 위해 필요한 경우엔 슈퍼비전 일부를 위임한다.

여러분은 유능함을 드러내는 슈퍼바이저들과 기대되는 바를 해낼 능력이 없어 보이는 슈퍼바이저들을 모두 만나 작업할 기회가 있을 것이다. 어떤 슈퍼바이저는 여러분이 인턴으로서의 역할에 자신 없는 것처럼 자신의 슈퍼바이저 역할에 자신 없어 할 수도 있다. 여러분이 슈퍼비전으로부터 가장 크게 얻는 것은 여러분과 슈퍼바이저 사이의 공유된 책임감이라는 사실을 기억하기 바란다.

결코 이상적이지 않은 슈퍼비전을 대하기

이따금 여러분은 이상과는 거리가 먼 슈퍼비전을 접하게 될 수 있다. 불충분한 슈퍼비전이라는 것을 어떻게 알 수 있을까? 여러분이 필요로 하고 기대할 권리가 있는, 양질의 슈퍼비전을 보장받으려면 어떻게 해야 할까?

슈퍼비전의 서로 다른 스타일을 받아들이기

학생인 지금이나 이후 상담 전문가가 되어서나, 다양한 슈퍼비전 스타일에서 어떻게 기능할지를 배워두는 것은 큰 도움이 된다. 어떤 슈퍼바이저는 직면이 내담자의 방어를 뚫고 나갈 방법이라고 믿을 것이다. 다른 슈퍼바이저는 내담자에게 자주 조언하고 내담자 문제를 해결하기 위한 문제 해결 방향을 홍보할 것이다. 어떤 슈퍼바이저들은 내담자에 대해 오로지 지지적이고 긍정적인 방향을 조성하는 반면, 다른 슈퍼바이저는 보다 지시적이고 전문가적인 거리를 유지할 수도 있다. 다양한 지향과 스타일을 지닌 슈퍼바이저들을 만나고 여러분의 상담에 그들 시각 중 일부를 포함시킬 여지를 두라. 자신과 다른 스타일을 너무 성급히 비난하지 말고, 이를 또 다른 배움의 기회로 삼아라. 슈퍼바이저로서 여러분은, 전문가로서의 각기 다른 발달단계에서 각기 다른 슈퍼비전 스타일이 필요할 수 있다는 점을 상기하라.

슈퍼바이저에 대해 어려움을 겪고 있을 때 해결책은 새로운 슈퍼바이저

를 찾는 것이 아니다. 여러분은 자신과 다른 견해를 가진 슈퍼바이저와 작업
하며, 혹은 처음에는 다가가기 어려워 보이는 슈퍼바이저로부터 많은 것을 얻
게 될 것이다. 슈퍼바이저와 갈등이 있는 경우, 이 갈등에 대해 이야기하고 그
와 작업할 수 있는 모든 것을 해보는 것은 좋은 생각이다. 스스로에게 슈퍼바
이저가 협력적이지 않을 거라고 말하는 대신, 그 혹은 그녀가 여러분의 제안
을 받아들일 거라고 생각하자. 여러분의 슈퍼바이저는 여러분이 내담자와 함
께하는 작업에 대해 책임을 나눠진 사람이라는 사실을 기억하자. 나중에 여러
분이 기관에서 일할 때는, 대개 슈퍼바이저를 바꿀 선택지가 없을 것이다. 더
욱이 동료가 누가 될지도 선택할 수 없다. 서로 다름을 작업해 나가는 데 필요
한 대인관계 기술을 배워둘 필요가 있다.

슈퍼비전에서 문제를 해결하기

아마도 슈퍼바이저와 작업하면서 수많은 문제에 맞닥뜨릴 것이다. 솔직한 의
사소통의 여지가 없거나 별로 격려받지 못할 수도 있다. 어떤 슈퍼바이저는
여러분에게 뭘 기대하는지 잘 모를 수도 있다. 또 어떤 슈퍼바이저는 약속시
간에 안 나타날 수도 있다. 또는 자기 업무를 비서에게 시키는 경우도 있다. 자
기의 불안을 숨기려고 과도하게 통제하거나 독재적인 슈퍼바이저 역시 있을
수 있다. 어떤 슈퍼바이저는 인턴에게 너무 빨리 아주 많은 책임을 주거나, 사
소한 업무만 맡기기도 한다. 슈퍼바이저가 비윤리적인 상담에 죄책감을 갖고
있을 수도 있다. 한 슈퍼바이저는 슈퍼바이지에게 자기 업무를 넘기며, 슈퍼
바이저가 만난 내담자의 과정 노트를 기록하게 시키기도 했다. 어떤 슈퍼바이
저는 항상 올바른 사람으로 보이고 싶은 욕구 때문에 권력을 남용한다. 또 다
른 슈퍼바이저는 학생 인턴이 아무것도 모르게 방향을 거의 제시하지 않음으
로써, 피드백을 주지 않기도 한다. 대부분의 슈퍼바이저가 좋은 의도를 갖고
있고 양질의 슈퍼비전을 제공하려 애쓰지만, 그 중 일부는 자신에게 기대되는
다양한 책임감에 압도되어 있다. 이는 결국 슈퍼바이저가 자기가 책임져야 하
는 사람에게 주의를 기울이지 못하도록 만든다.

　슈퍼바이저의 역할과 기능 그 자체는 솔직한 관계를 만들기 위한 노력과

배치될 수도 있다. 슈퍼바이저는 내담자와 여러분이 한 작업에 대해 책임지고 여러분을 평가하게 된다. 여러분이 관찰되고 평가받는 것에 불안을 느끼는 것은 지극히 당연한 것이다. 수행 불안은 슈퍼바이지의 영역에 포함된 것이라고 받아들이는 편이 도움이 될 것이다. 그러나 여러분은 수행 기대에 사로잡혀 있기보다 이 불안을 직면하고 다룰 수 있다.

만약 슈퍼바이저가 아주 불만족스러우며, 여러분이 받을 권리가 있는 양질의 슈퍼비전을 받지 못한다고 생각되면, 이에 대해 슈퍼바이저에게 우선은 질문 형태로 이야기하는 걸 고려해 보라. 이마저도 좋은 대안이 아니라고 판단하면, 다른 선택지에 대한 도움을 얻기 위해 대학의 슈퍼바이저에게 이 문제를 가져가 보자.

슈퍼비전에서 고지된 동의

고지된 동의는 슈퍼비전 관계의 기본 요소이다(ACES, 2011). 현재는 구두와 서면 방식 모두로, 슈퍼바이지에게 고지된 동의 자료를 제공하는 것이 업무의 표준이라고 받아들여진다. 고지된 동의의 목적은 슈퍼비전 경험의 질을 향상시키는 것이다. 치료 과정 초기에 내담자의 권리가 다뤄지는 것과 마찬가지로, 슈퍼비전 관계의 시작부터 슈퍼바이지의 권리에 대해 논하는 것이 이롭다. 슈퍼바이저는 슈퍼비전 경험의 초기부터 견실한 고지된 동의 절차를 밟도록 되어 있다(ACES, 2011). 슈퍼바이지가 슈퍼비전의 모든 측면에서 무엇을 기대하고, 성공적이기 위해서는 무엇을 해야 하는지에 대해 잘 알고 있을 때, 그들은 의사결정을 할 권한을 갖고 슈퍼비전 과정에 적극적으로 참여하게 된다. 게다가 착오가 최소한으로 줄어들어 양자 모두 각자의 역할에 대해 만족할 가능성이 높아진다.

집단 슈퍼비전에 참여하기

집단 슈퍼비전의 가치는 때때로 간과된다. 집단에서 수련생들은 다른 사람의 이야기를 듣고 동료 및 슈퍼바이저와 사례에 대해 논의하는 과정에서 도움을 받는다. 우리는 현실적이고 가능한 경우 개인 슈퍼비전과 집단 슈퍼비전을 결합한다. **집단 슈퍼비전**은 시간 면에서 효율적이며, 수련생들이 사례를 개념화하고 다양한 개입 기술을 발달시킬 수 있도록 도와주는 독특한 방식이다. 집단 슈퍼비전에 참여하면, 여러분은 슈퍼바이저뿐만 아니라 동료로부터도 배우게 된다. 또한 임상 작업을 둘러싼 여러분의 불안과 걱정을 혼자만 느끼는 것이 아니라는 것을 깨닫게 되며 상담관계의 다양한 시각에 대해서도 접하게 된다. 여러분은 다른 슈퍼바이지가 맞닥뜨린 이슈에 대해서도 배움을 얻을 수 있다. 집단 슈퍼비전의 이러한 사회적 학습 측면은 이후에 겪을 수도 있을 문제로까지 여러분의 시야를 확장시키도록 돕는다(Brislin & Herbert, 2009).

집단 슈퍼비전에서 여러분은 주어진 상황에서 도전적인 내담자를 연기하거나 다양한 상담자 역할을 시도해 볼 기회를 여러 번 가질 수 있다. 롤 플레이는 잠재적인 역전이 이슈를 알게 할 뿐만 아니라 때때로 '까다롭다'고 생각했던 내담자들과 작업하는 데 새로운 방식에 대한 시각을 얻는 등 많은 가능성을 제기한다. 여러분은 슈퍼바이저가 여러분의 내담자를 대할 다른 접근 방식을 보여주는 동안 내담자가 '되어보는' 역할을 맡아볼 수 있다. 그 후 슈퍼바이저가 역할을 바꿔 내담자가 되는 동안 여러분은 다른 방식으로 내담자를 대해 볼 수 있을 것이다. 물론 집단의 맥락에서 여러분의 동료도 다양한 역할들을 맡을 것이고 이는 학습 효과를 높여준다. 롤 플레이 기법은 내담자 문제에 대해 단순히 말로 이야기하는 것이 아니라, 실제 상황에서 되살려 모든 사람이 지켜볼 수 있도록 한다.

집단 슈퍼비전 모형은 여러분이 개인 슈퍼비전을 진행할 때 더욱 가치가 높다. 여러분은 자신의 반응에 집중해 볼 수도 있고, 슈퍼비전 집단에서 자신의 반응을 나눌 수도 있다. 어떤 내담자가 여러분을 촉발시키는가? 어떤 내담자가 다음 주에 안 오길 바라는가? 어떤 내담자가 여러분을 위협하는가? 어떤 내담자를 다른 내담자보다 더 좋아하는가? 내담자들과의 관계 및 자신의 역동에 집중해 봄으로써, 집단의 다른 사람들로부터 받은 피드백을 통해 자기 인식을 증진시킬 수 있다.

슈퍼비전과 함께 여러분의 가치관 및 태도를 탐색해 보는 것 역시 유용하다. 예를 들면 여러분이 내담자로부터 감사나 인정을 구하려는 경향이 있다는 걸 알게 됐을 때, 개인 치료 혹은 집단 슈퍼비전 회기에서 자신의 승인 욕구와 거절에 대한 두려움을 탐색해 보면 큰 도움이 될 것이다.

슈퍼비전에서의 다양한 역할과 관계

ACES의 임상 슈퍼비전의 모범 행동(2011)은 임상 슈퍼바이저는 다양한 역할을 수행하기 위해 개인적이고도 전문적인 성숙함을 지녀야 한다고 명시한다. 슈퍼비전에서 **다중적 역할 관계**는 슈퍼바이저가 슈퍼바이저 – 슈퍼바이지 관계 이외에, 슈퍼바이지와 동시 혹은 연속적으로 전문적 혹은 비전문적 관계를 가질 때 발생한다. 상담 전문직에서 학생들을 가르치거나 지도감독하는 사람들은 수련생들과 적절한 경계에 대해 솔직하게 논의하고 이런 다중 역할 및 관계와 관련된 문제들을 풀기 위해 함께 작업을 해나갈 의무가 있다. ACA의 윤리 규정(2014)은 교육과 슈퍼비전 관계에서의 경계 문제에 대해 직접적이고도 분명하게 다루고 있다. 슈퍼바이지와 적절한 관계의 경계를 만들고 유지하는 것은 임상 슈퍼바이저의 책임이라는 점이다.

> 상담 교육자는 교수와 학생의 관계에서 권력의 차이에 대해 인식해야 한다. 만약 학생에게 비전문적 관계가 잠재적으로 유익할 것이라고 생각한다면, 상담자가 내담자와 작업할 때와 유사한 정도로 예방조치를 취해야한다. (조항 F.10.f)

성희롱으로부터의 자유

슈퍼비전에서 가장 터무니없는 경계 위반 중 하나가 바로 슈퍼비전 관계에서의 성희롱 및 성관계이다. 수련생을 지도감독할 책임이 있는 사람은 수련생과 성관계 맺는 것을 피하고 그 어떤 종류든 성희롱 대상으로 삼는 일을 삼가야 한다. 만약 슈퍼비전 관계가 이성관계로 진화한다면, 전반적인 슈퍼비전 과정이 심각하게 위태로워질 것이며 슈퍼바이지는 조만간 착취당했다고 주장할 가능성이 높다. 여러분은 교실에서나 상담 실습 현장에서나 성희롱으로부터 자유로운 학습 환경을 기대할 권리가 있다. 이상적으로 여러분은 가르치거나 슈퍼바이저 역할을 하는 사람으로부터 원하지 않는 성적 접근과 관련된 상황을 다뤄야 할 이유가 없다. 그러나 현실적으로 성희롱에 맞닥뜨리게 되는 경우, 무엇을 해야 할지 알고 있어야 한다. 대부분의 기관과 고등교육 기관은 학대와 같은 보고에 잇따르게 되는 절차들뿐만 아니라 성희롱에 관한 구체적인 방침들을 갖고 있다. 여러분의 기관에서는 어떤 절차가 있는지 알아보고 필요해지는 경우 사용할 준비를 해두라.

슈퍼비전 vs 개인 분석

또 다른 경계 문제는 슈퍼비전과 개인 분석이 혼합되는 것과 관련 있다. 슈퍼바이저는 슈퍼비전 과정에서 교육자, 자문위, 멘토 때로는 상담자 등 다양한 역할을 한다. 이렇듯 역할이 복잡하다는 것은 그 경계가 항상 변한다는 의미이다. 슈퍼바이저가 단일한 역할만 맡는 것은 불가능하기에, 이들은 다양한 역할과 관계를 다룸에 있어 책임 있는 행동을 보여야만 한다. 슈퍼비전 과정은 교육자-학생 및 치료자-내담자 관계와 어느 정도 유사하나, 차이 역시 존재한다. 슈퍼바이저의 치료적 역할은 분명 상담자 역할과 같지 않으나, 이 두 역할들 간의 구분이 항상 명확하지는 않다. 슈퍼바이저는 수련생이 자신의 개인적 역동이 내담자와의 작업에 어떻게 영향을 미칠 수 있는지를 파악하도록 도울 책임이 있으나, 슈퍼바이지의 개인 상담자가 되는 것이 슈퍼바이저의 적절한 역할은 아니다. 슈퍼바이저는 수련생의 개인적인 역동이 내담자와 효과적으로 작업하는 능력을 방해할 정도일 때에만 이를 다뤄야 한다. 슈퍼비전 회기를 상담 회기로 바꾸는 것은 적절하지 않으나, 슈퍼비전 과정은 치료적이고 성장을 도울 수 있다.

슈퍼비전의 핵심 초점은 각 내담자의 복지를 보호하는 것이다. 임상 슈퍼비전이 때때로 상담관계에 영향을 미치고 있는 개인적, 전문적 문제들을 포함하기 때문에, 슈퍼바이지의 생각과 느낌에 대한 토론은 슈퍼비전 회기에서 종종 일어난다. 슈퍼바이지는 슈퍼비전 과정이 정서적으로 고조되고 도전적일 수 있다는 사실을 이해해야 한다(Brislin & Hebert, 2009).

슈퍼바이저는 여러분의 어떤 장애물과 역전이들을 알아차리기 유리한 위치에 있다. 그들은 여러분이 특정 내담자를 다룰 때 방해가 될 수 있는 태도, 느낌, 행동을 파악해 나가는 걸 도와줄 수 있다. 만약 더 깊은 탐색이 필요하다면, 특정 내담자에 대한 어려움이 자신의 역동에 기인한 것이라면, 슈퍼바이저는 여러분에게 개인 분석을 받도록 권유할 것이다. 이는 여러분이 개인적으로 이 전문직에 맞지 않는다는 의미가 아니다. 내담자 삶과 관련되다 보면, 수면으로 떠오르기 쉬운 자신의 심리적 상처와 미해결된 갈등 일부가 열려질 가능성이 높다. 우리는 이상적인 조합으로서 슈퍼비전과 개인 분석을 함께 받길 강력하게 권한다(슈퍼바이저와 치료자가 같은 사람이 아니라면). 이런 방식은 경계가 흐려지는 것을 막고 내담자와의 작업(슈퍼비전에서)과 자신의 개인적 문제(개인분석에서) 중 하나에만 적절하게 집중할 수 있게 해준다.

복습

- 상담 실습 과목은 여러분의 교육과정에서 가장 중요한 경험 중의 하나가 될 것이다. 이 경험을 현명하게 선택하고 다양한 실습을 해볼 수 있도록 마련하라. 이 실습 과정이 이후 전문 분야를 결정할 수 있게 도울 수도 있다는 사실을 기억하라.
- 장래 실습 현장에 대해 알아보기 위해, 지역 기관 웹사이트를 꼼꼼히 살펴보고 그들의 사명/철학 및 제공하는 서비스, 인턴십 기회 등을 숙지하라.
- 인턴십에서 보수를 받지 않더라도, 현장 실습을 직업처럼 대하라. 제 시간에 도착하고, 적절하게 차려입으며, 슈퍼바이저, 다른 인턴들, 기관 직원들과 내담자와 상호작용할 때 전문가답게 행동하도록 하라.
- 최선을 다하는 것은 좋으나, 완벽한 인턴이 되려고 애쓰지 마라. 현장 실습 경험은 여러분에게 상담 기술에 대해 가르쳐주기 위해 고안된 것이며, 실수로부터 더 많이 배우게 될 것이다.

- 슈퍼바이저에게 여러분이 필요로 하는 바를 어떻게 요청하는지 배워라. 자신의 한계를 알고 이를 슈퍼바이저와 효과적으로 의사소통하는 것이 중요하다. 여러분의 필요를 전달하는 과정에서 주장적이 되는 것과 공격적이 되는 것의 차이를 이해하라.

- 슈퍼바이저마다 서로 다른 스타일을 갖고 있으며, 한 가지 방식만 옳은 것은 아니다. 여러분은 다양한 슈퍼바이저들로부터 상당히 많이 배울 수 있다.

- 이상적인 슈퍼바이저는 찾기 힘들 것이다. 슈퍼바이저는 때때로 준비나 훈련 없이 이 역할에 배정된다. 여러분의 슈퍼비전이 충분하지 않은 경우, 슈퍼바이저에게 여러분이 필요로 하는 바를 요구하는 데서 적극적인 입장을 취함으로써 그 상황을 해결하기 위해 주장적이 되어라.

- 슈퍼비전은 여러모로 상담과 유사하나, 중요한 차이가 있다. 슈퍼비전 회기가 개인상담 회기로 진전되어서는 안 된다.

- 슈퍼바이저와 슈퍼바이지(혹은 교수와 학생) 사이의 성관계는 대체적으로 슈퍼바이지(혹은 학생)에게 해를 끼치기 때문에 비윤리적이다. 이러한 관계는 명백하게 권력을 남용하는 것이며, 슈퍼비전 혹은 학습 과정이 틀렸음을 또한 입증한다.

이제 무엇을 할 것인가

1 여러분에게 슈퍼바이저(상담 실습이나 직업에서)가 있다면, 슈퍼바이저와 논의하고 싶은 질문의 최종 목록을 작성해 보자. 슈퍼비전에서 여러분이 얻고자 하는 것은 무엇인가?

2 인턴십을 구해야 하는 때가 다가오면, 여러분이 일할 수 있는 여러 지역 기관들의 웹사이트를 꼼꼼히 살펴본 후 반드시 방문해 보라. 실습 학생 선발에 결정권이 있는 기관의 책임자나 슈퍼바이저를 만나 인터뷰해 보라. 여러분이 다양한 내담자 집단과 다양한 문제들에 대해 배울 수 있는 현장을 고를 수 있도록 질문하는 법을 배워라. 여러분 반의 각 학생들이 하나의 기관을 방문한 후, 그 결과를 다른 학생들과 공유하는 방법도 있다.

3 다음 사안들에 대해 곰곰이 생각해 보고 이를 여러분의 일지 작성을 위한 기초로 사용해 보라. 자신의 생각과 글쓰기의 흐름을 검열하지 말고, 떠오

르는 것은 무엇이나 다 옮겨 본다고 생각하라. 일지를 꾸준히 작성할 시간
이 없다면, 다음 사안들을 수업 시간에 소집단 토론 주제로 삼는 것도 좋다.

- 자신은 어떤 종류의 학습자라고 생각하는지 적어보자. 적극적인 학
  습이라는 개념이 여러분에게 시사하는 바는 무엇인가? 이 책을 읽고
  이 과목을 수강하며 좀더 적극적인 학습자가 되려면 어떻게 해야 하
  는가?

- 여러분이 원하는 이상적인 상담 실습 경험에 대해 적어보자. 이런 실
  습 현장을 구하기 위해 여러분은 무엇을 할 수 있는가?

- 이미 상담 실습 중이라면, 여러분이 지금 하고 있는 일에 대해 간단
  히 적어보자. 그 기관 관계자에 대한 여러분의 반응은 무엇인가? 여
  러분은 내담자에게 어떻게 영향 받고 있는가? 자신에 대해 무엇을
  배우고 있는가?

- 만약 현재 슈퍼비전을 받고 있다면, 가장 만족스럽게 여기는 부분은
  무엇인가? 여러분의 슈퍼바이저와 어떤 관계를 맺고 있는가? 슈퍼비
  전 회기의 질을 향상시키기 위한 아이디어로는 어떤 것이 있는가?

4 여기 제시된 각 자료의 서지사항에 대해서는 책 뒷부분 참고문헌을 찾
  아보라. 임상 슈퍼비전에 대한 개괄서로는 Bernard와 Goodyear(2014)
  를, 슈퍼비전을 주고 활용하는 데 대한 실용적인 접근 방식에 대해서는
  Corey, Haynes, Moulton과 Muratori(2010)를 참고하라. 복지 서비스
  분야에 대한 유용한 입문 교재에는 Neukrug(2013)과 Woodside와 Mc-
  Clam(2015)이 있다. 상담 실습의 지향에 대해서는 Alle-Corliss와 Alle-
  Corliss(2006)를 참고하라. Kiser(2012)의 복지 서비스 인턴십 핸드북은
  인턴십 경험에서 어떻게 최대의 효과를 거둘 수 있을지에 대해 기술하고
  있다. 성공적인 인턴십에 대한 훌륭한 논의는 Sweitzer와 King(2014)을
  참고하라.

집단상담

핵심 질문

1   치료적 집단상담에 참여해 본 적이 있는가? 있다면, 그 경험은 어땠는가? 그 경험은 여러분에게 집단상담의 과정 및 역동에 대해 무엇을 가르쳐 주었는가? 집단을 이끌어 나가는 것에 대해서는 무엇을 배웠는가? 집단의 일원이 되는 것에 대해서는? 여러분 자신에 대해서는?

2   여러분이 돕고 싶은 내담자 집단의 다양한 욕구를 만족시키는 것과 관련하여, 여러분이 생각하는 집단상담의 가치는 무엇인가?

3   여러분은 어떤 종류의 집단상담을 가장 조직해 보고 싶은가? 그 집단상담의 목표는 무엇이 되겠는가?

4   집단상담을 시작하기 위해 어떤 구체적인 행동을 하겠는가? 집단상담이 시작될 수 있도록 자문을 구할 동료는 누구이며 다른 자원으로는 무엇이 있는가?

5   집단의 지도자 혹은 공동 지도자가 되기 위해 어떤 준비가 되어 있는가? 자신의 어떤 성격 특성이 집단의 지도자가 되기에 도움이 되거나 방해가 되는가?

6   자신의 어떤 지식과 기술이 집단상담을 이끄는 능력을 향상시킬 수 있겠는가? 아직 더 배워야하는 부분은 무엇인가?

7   어떤 사람을 집단상담의 공동 지도자로 선택하겠는가? 그에게 기대하는 성격 특징은 어떤 것인가?

8   집단상담을 시작하거나 촉진할 때 맞닥뜨릴 수 있는 윤리적 문제는 무엇인가?

9   문화적 배경이 다양한 사람들이 모인 집단을 운영할 때 부딪힐 수 있는 도전들은 어떤 것이 있는가?

10 어떻게 하면 집단상담이 사회정의에 관한 사안들을 탐색할 수 있는 장소가 되겠는가?

이 장의 목적

집단상담은 학교나 기관 환경에서 다양한 내담자 집단에게 가장 빈번하게 사용할 수 있는 적절한 방식이라고 인식된다. 따라서 슈퍼바이저나 기관장이 여러분에게 특정 종류의 집단상담을 해보라고 요구할 수 있다. 여러분은 집단을 조직하거나 진행하기에 아직 준비가 덜 되었다고 느끼거나, 특정 내담자들을 위한 집단상담이 얼마나 가치 있을지 확신이 들지 않을 수도 있다. 이 장에서는 집단상담만의 뚜렷한 가치에 대해 소개할 것이다. 우리는 집단 과정에 대한 관점을 제시하고 다양한 환경에서 어떻게 집단상담이 도움이 될 수 있을지 소개하고자 한다. 또한 다양한 내담자 집단을 위해 집단상담을 조직화하고 촉진하기 위해 필요한 기술에 대해서도 논의할 것이다. 이 장은 집단상담에 대한 개관을 제공하지만, 집단상담에 능숙한 슈퍼바이저의 지도 없이, 집단상담을 이끌 정도의 능력을 갖게 하기엔 충분하지 않다. 우리는 또한 여러분이 치료적 집단의 구성원으로 참여했을 때의 주된 이점에 대해서도 강조하겠다.

치료의 한 선택으로서의 집단상담

지난 이십 년 동안 집단상담이 다시 관심을 받고 있다. 1960년대와 1970년대 참만남 집단과 개인 성장 집단은 사람들 사이를 연결하고 더 큰 자아실현으로 나아가게 하는 하나의 통로라고 여겨졌다. 오늘날 관심의 초점은 다소 변하여 특정 내담자들을 위한 구조화 집단에 대한 수요가 가장 많아 보인다. 단기 집단상담은 복잡한 애도 증상, 외상 반응, 적응 문제, 실존적 고민과 같은 특정 종류의 문제들을 위한 치료 방법으로 선택된다(Piper & Ogrodniczuk, 2004). Barlow(2008)에 따르면, 집단 치료는 더 이상 치료의 차선책이 아니라, 개인 치료만큼이나, 어떤 경우에서는 그보다 더 효과적인 방식이다. 우리가 생각하기에도 집단은 많은 내담자들에게 좋은 치료적 선택이다. 집단상담은 아주 효과적이며, 독특한 새로운 학습 기회를 제공한다. 집단은 사람들을 보다 창의적이고 생기 있는 방향으로 움직이게 하는 힘이 있다.

단기 집단상담은 경제적인 동시에 이론적인 이유에서 유익하다. 집단의 접근 방식은 관리의료 장면에 잘 맞는데, 간단하고, 비용 대비 효과적인 치료를 위해 집단상담을 고안할 수 있기 때문이다. 이런 환경에서 집단은 확실히 시간 제한적이고, 상당히 한정된 목표를 갖게 된다. 시간 제한적인 집단들 다수가 집단원에게 문제 해결 전략 및 대인관계 기술을 가르치면서 증상 완화를 도모한다. 단기 집단상담은 현실적인 시간의 한계와, 교육적이며 치료적인 프로그램에 통합될 수 있는 간단한 형식이라는 점에서 지역사회 기관 및 학교 장면에서 인기가 많다. 단기 집단 치료 상담자는 집단원들과 분명하고 현실적인 치료 목표를 세우고, 집단 구조 안에서 분명한 초점을 설정하며, 적극적인 치료자 역할을 유지하는 동시에, 제한된 시간의 틀 안에서 효과적으로 작업할 수 있어야 한다.

집단상담 안에서 발생하는 대인관계에 대한 학습은 개인적인 변화를 가속화할 수 있으나, 집단상담은 내담자가 자신의 문제를 이해하고 대처하도록 하는, 단일 접근 방식만을 취할 수 없다. 상담자는 내담자가 가장 도움을 잘 받을 수 있는 치료 형태가 집단상담인지 아닌지를 가늠해야 한다. 어떤 경우에 집단상담은 내담자 삶에서 가장 적절한 개입일 수 있다. 그러나 다른 경우에서는, 집단상담이 그저 보조적인 치료 형태이거나, 개인상담을 마친 후 다음 단계 정도로 사용되는 수도 있다. 집단상담은 많은 것을 제공하지만, 다양한 장면에서 집단을 계획하고 촉진하는 것은 복잡한 과제이다. 대부분의 내담자들이 자격 있는 지도자 혹은 공동 지도자가 이끄는, 적절하게 고안된 집단상담으로부터 도움을 받을 수 있는데, 이 주제에 대해서는 이후에 더 자세히 논의하겠다.

집단의 다양한 유형

집단상담은 목적, 사용 기법, 지도자의 역할, 훈련 필수 요건, 참여하는 사람들에 따라 각기 달라진다. 사람들이 구체적인 문제에 대처할 수 있도록 돕기 위해 고안되었는지, 혹은 특정한 내담자 집단을 목표로 하는지 등 집단상담의 범위는 오직 상담자의 상상에 의해 제한된다. 우리는 이처럼 특별한 집단상담이 우후죽순 늘어나고 있고, 특정 집단의 필요 혹은 집단을 구성하는 전문가의 관심에 따라 빈번하게 생겨나고 있는 것을 알게 됐다.

대부분의 집단상담은 교육적이고 치료적인 차원을 모두 갖고 있다. 이런 집단상담은 종종 단기적이며, 일정한 구조를 갖고 있고, 특정 집단을 대상으로 하면서, 구체적인 주제에 집중한다. 이 집단들은 정보 제공, 공통 관심사 나누기, 대처 기술 학습, 효과적인 대인관계 의사소통을 연습하기, 문제 해결 기법 안내, 한 번 집단을 떠난 적이 있는 사람들을 돕기 등 다양한 목적에 기여한다.

궁극적으로 여러분은 전문 상담자로 일하는 동안, 하나 혹은 그 이상의 집단을 시작하고 이끌게 될 것이다. 여러분이 작업하게 될 집단의 나이와 구성에 따라, 집단을 설계하기 위한 자원을 찾게 될 가능성이 높다. 특정한 집단의 특별한 필요를 만족시키기 위해 여러 가지 창의적인 집단상담이 구성되고 있다.

구조화된 집단은, 때때로 **심리교육적 집단**으로도 불리는데, 대개 교육적인 목적을 갖고 특정 영역에서 부족한 정보를 다루기 위해 고안된다. 따라서 여러 가지 교육적 결손과 심리적인 문제를 예방하기 위해 정보를 제공하는 것에 주안점을 둔다. 구조화된 집단은 법원의 명령에 따라, 특정 심리적 어려움을 다루기 위한 전략을 배워야 하는 내담자들에게 일반적이다. 따라서 그 목적은 집단원들의 정서적 혹은 대인관계상의 과정을 개방하기보다는, 좀더 효과적으로 살기 위한 기술을 가르치는 데 있다. 이런 집단은 기관, 의료 환경, 학교, 대학상담센터 등에서 점점 더 흔해지고 있다. 구조화된 집단은 또한 행동 연습, 기술 훈련, 인지 탐색 등을 통해 집단원들이 이미 갖고 있는 기술을 증진시키거나 쌓는 데에도 유용하다. 심리교육적 집단은 스트레스 관리, 대처 기술,

사회적 기술, 친밀한 파트너 사이의 폭력, 분노 조절, 행동상의 문제, 왕따, 관계를 유지하고 끝내는 법, 부모 교육 등에 주력하기도 한다.

또 다른 집단 유형으로는 **상담 집단**이 있는데, 이는 대인관계의 과정 및 문제 해결 전략에 초점을 맞추고 의식적인 사고와 감정, 행동을 다룬다. 상담 집단은 집단원들이 삶의 문제를 해결하거나 발달적 문제를 다룰 수 있게 돕는다. 이런 종류의 집단은 또한 상호적인 피드백과 지금-여기 틀 안에서 지지하는 방식을 사용한다. 상담 집단의 구성원들은 자기 문제의 대인관계적 본질을 이해하도록 인도된다. 여기서는 자신의 내면적 힘을 발견하고 최적의 발달을 가로막고 있는 장애물을 건설적으로 다루는 것을 강조하기 때문에, 집단원들은 현재의 어려움과 미래 문제에 더 잘 대처할 수 있게 해줄 대인관계 기술을 발전시켜 나간다.

상담 집단은 사회의 소우주이고, 구성원들은 다양하지만 공통적인 문제를 갖고 있다. 집단 과정은 일상에서 집단원들이 갈등을 겪는 것과 유사한, 집단 안에서 사람들이 경험하는 고군분투를 통해, 현실의 표본을 제공한다. 집단원들은 문화와 가치관의 차이를 존중하는 법을 배우고 더 깊은 수준에서는 서로의 차이보다 유사성이 훨씬 크다는 것을 발견한다. 집단원들의 개별적인 상황은 다를지 몰라도, 그들의 고통과 분투는 대개 유사하기 때문이다.

실제에서 여러분이 설계하게 될 집단의 종류는 자신의 관심 및 여러분이 일하는 기관의 요구 둘 다의 함수이다. 대부분의 내담자 집단에서, 지지 집단 혹은 구조화된 집단은 교육적이고 치료적인 목적을 조합하여 조직될 수 있다. 일단 여러분이 일하고 있는 기관이나 지역사회 내에서 필요가 나서는 영역을 밝혀낸 후에, 여러분과 동료는 이 필요를 다루기 위한 단기 집단을 시작해 볼 수 있을 것이다.

집단 작업의 가치

사람들이 전문적인 도움을 찾는 문제들 대다수가 대인관계의 어려움에 기인한다. 사람들은 친밀한 관계를 형성하고 유지하기 힘들어 하며, 때때로 예상되는 패턴을 바꿀 만한 선택지가 거의 없다고 느낀다. 그들은 어떻게 사랑하는 사람과 더불어 살 수 있을지 몰라 갈팡질팡하게 된다. 집단은 사람들에게 혼자가 아니며, 대인관계적 삶에 필요한 기술은 배울 수 있다는 것을 입증해 주는 자연 실험실을 제공한다. 집단은 공동체 의식을 제공하는데, 이는 많은 사람들이 살아가고 있는 비인격적인 세계에 해독제가 될 수 있다. 집단상담은 치료를 위한 강력한 장소를 제공한다. 집단원들은 더이상 도움이 안 되는 낡은 각본을 새로 쓰고 새롭게 타인과 관계 맺는 방식을 연습할 수 있다. 집단은 집단원들이 자신의 오래된 문제가 집단 회기 안에서 풀려가는 것을 경험할 수 있기 때문에 강력하다. 동시에 집단은 집단원들이 효과적인 방식으로 자신의 문제에 대해 행동하고 반응할 수 있는 기회를 제공하며, 이는 정서적인 경험이 수정되는 결과를 가져온다.

집단 과정이 펼쳐지며, 집단원들은 어떻게 다른 사람들이 상호작용하는지를 관찰하고, 이 상호작용에 참여함으로써 자신에 대해 무언가를 알게 된다. 집단 경험은 살아 있는 실험실의 기능을 한다. 이는 집단원들이 자신의 모습을 있는 그대로 볼 수 있는 거울이 되기 때문이다. 예를 들면, Luigi는 집단에서 계속 고립되어 있으려고 하며, 많은 면에서 다른 사람이 그와 가까워지려고 하는 노력을 어렵게 만든다. 다른 집단원과 지도자의 피드백을 통해, 그는 집단에서뿐만 아니라 일상생활에서도 스스로 고립을 자초한다는 것을 알 수 있었다. 집단의 안전감은 그에게 달라질 기회를 실험해 볼 수 있게 했다. 그는 감정을 무시하지 않고, 이를 표현하기 시작했다. 즉각 방어 자세를 취하지 않고 다른 사람의 이야기를 진심으로 들을 수 있게 스스로를 열 수 있었다. 다른 사람에게 다가가고 자신이 원하는 바를 요청하는 것도 시도할 수 있게 됐다. 집단의 다른 참여자들도 Luigi의 작업이 그와 유사한 자신의 방식을 이해할 수 있게 했기 때문에 도움을 받았다.

집단은 집단원들이 자신의 혼란, 분노, 무기력, 죄책감, 원한, 우울, 공포를 드러낼 수 있는 장을 제공한다. 자신의 감정을 표현하고 탐색해 보면서, 집단 원들은 사람들이 고군분투하는 부분이 유사하다는 것을 보게 된다. 이를 **보편성**이라고 부른다. 자신의 감정을 표현하는 게 어려운 집단원들은 다른 사람이 표현할 수 있는 정서의 범위를 경청함으로써 배움을 얻을 것이다. 예를 들어 Carola는 감정을 억누르면 상황을 더 잘 견뎌낼 수 있을 거라 생각하면서 금욕적인 태도를 취해 왔다. 하지만 그럼으로써 자신을 긴장시키고 있다는 사실은 깨닫지 못했다. 자신의 고민을 표현하기 시작하면서, 다른 사람들도 비슷한 아픔을 경험하며, 느끼는 방식에서는 혼자가 아니라는 사실을 깨닫게 될 것이다. 그녀는 고민을 나눔으로써 스스로를 고립시켜온 벽을 낮출 수 있게 됐다.

보편적인 인류의 어떤 주제들은 집단 경험에서 분명해진다. 예를 들면 실존 지향적 집단에서, 집단원들이 외로움, 무의미함, 인간인 이상 피할 수 없는 부분에 대한 투쟁 등을 언급하는 일은 아주 흔하다. 게다가 집단 내에 존재하는 차이들은 집단원들의 성장을 돕는 촉매제가 된다. 내담자들은 연령, 성별, 능력/장애, 성적 지향, 소속된 종교, 사회경제적인 지위, 사회문화적 배경, 세계관, 삶의 경험의 차이에 따라 분리될 것이다. 그러나 사람들이 위험을 무릅쓰고 자신의 깊은 고민과 감정을 내보일 때, 비로소 다른 집단원들과 유사성을 인식하기 시작한다. 실망에 대한 고통을 야기하는 환경은 각 사람마다 다를지라도, 특정 사건에 대한 정서는 보편적 특성을 갖는다.

근친상간의 여성 생존자를 위한 지지 집단처럼 공통의 관심을 가진 사람들로 구성된 집단에서는, 공유된 감정이 훨씬 강렬하다. 아마도 이 여성들은 지지 집단에 참여하기 전에, 상처, 슬픔, 공포, 죄책감, 원한, 분노라는 감정에 자신이 혼자라고 느꼈을 것이다. 각 여성들이 자신의 이야기와 자기 상황에 대한 감정을 드러내면서, 다른 이들은 그들을 묶어줄 패턴을 알아차리고 이해할 수 있게 된다. 집단 내에 형성된 결속력은 여성들이 근친상간에 어떤 영향을 받아왔는지 좀더 분명히 인식할 수 있는 분위기를 조성한다. 이는 또한 이전의 경험이 지금 그들이 생각하고 느끼고 행동하는 방식에 어떻게 발판이 되어 왔는지에 대해서도 통찰을 가져온다. 집단원들은 종종 치유 과정의 서로 다른 단계에 있고, 집단은 집단원들이 스스로 무엇을 성취해 왔고 어디에서 더 많은 작업을 할 수 있을지를 볼 수 있게 해준다.

집단은 집단원들에게 다른 종류의 삶이 가능하다는 희망을 준다. 예를 들면 알코올 중독 회복자 및 다른 약물 남용 중독자들은 집단에서 지지와 치유의 엄청난 자원을 찾을 수 있다. 약물 남용을 하는 이런 내담자는 스스로 변화할 힘이 없어 희망이 없다고 생각한다. 그러나 하루하루 자신의 삶을 통제하는 법을 배워가고 있는 다른 사람들의 모범은 더 나은 삶에 대한 희망을 품게 하는 살아 있는 증거이다. 변화가 가능하다는 기대감은 삶의 방식을 크게 바꾸는 결과를 낳는다. 익명의 알코올 중독자 모임은 이런 아이디어를 실행에 옮긴 한 예라고 할 수 있겠다.

집단에서 발전시킨 수용되는 느낌은 강력한 치유적 힘이 된다. 이혼 가정의 어린이를 위한 집단에서, 연민과 지지는 비단 지도자에게서뿐만 아니라 다른 어린이들로부터도 받게 된다. 이 집단 내의 아이들은 자기가 걱정하던 것이 다른 사람에게도 마찬가지로 중요하다고 느낄 때 연약함을 드러낼 수 있다.

집단은 또한 외상적인 상황을 경험한 사람들에게 특히 가치가 있다. 정서적인 반응에 대해 이야기하고 비슷한 종류의 상황을 겪어낸 사람들의 이야기를 듣는 것은 치유적이기 때문이다. 외상 생존자를 대하는 전문가들은 내담자들이 공유하는 고통에 영향을 받고, 이런 반복된 노출은 상담자에게 악영향을 미칠 수 있다. 위기 작업에 너무 자주 참여하는 상담자는 자신의 감정을 내면에 가두곤 한다. 집단 경험은 긴급 구조원들이 간접적인 심리외상 경험을 나눌 수 있게 하며, 이는 스스로 치유하는 데 도움이 된다(14장 참고).

집단에서 피드백의 가치

집단만의 독특한 장점은 많은 사람들의 피드백을 통해 배울 기회를 준다는 것이다. **피드백**은 집단원들과 지도자가 다른 누군가에 대한 각자의 반응들을 서로 공유할 때 생겨난다. 대인관계의 피드백 과정은 자신이 도움이 되는 결과와 불리한 결과 각각에 어떻게 기여하는지를 보여주며, 이는 또한 다른 사람과 연결될 수 있는 새로운 가능성을 준다. 집단 지도자의 역할은 집단 내에서 솔직한 피드백을 교환할 수 있게 안전한 분위기를 조성하고, 집단원들이 배려와 연민을 갖고 피드백을 주고받을 수 있게 표준을 정하는 것이다.

듣기 어려운 피드백은 시기적으로 적절해야 하며 비판단적인 방식으로 주어져야 한다. 그렇지 않을 경우 받는 사람은 방어적이 되기 쉬우며, 다른 사람이 말할 수밖에 없던 내용을 받아들이지 않는 경우가 많다. 그러나 집단원들이 다른 집단원에게 그의 반응과 인식을 솔직하고 배려 있게 전한다면, 집단원들은 자신이 다른 사람에게 어떻게 영향을 미치는지에 대해 들을 수 있다. 이런 피드백은 문제를 탐색하거나, 어려운 상황을 해결하려고 노력 중이거나, 이전과는 다른 방식을 실험하고 있는 집단원에게 유용할 것이다. 지도자는 효과적인 피드백을 주는 법을 보여주고 집단원들이 귀중한 피드백을 교환할 수 있도록 격려한다(Stockton, Morran, & Chang, 2014).

집단의 단계들 및 집단 지도자의 과제

여러분이 집단을 이끌어야 하는 경우 집단의 각기 다른 단계의 일반적인 패턴을 이해하고 있으면 도움이 되는 관점을 갖게 되고, 문제를 예상하여 시기 적절하고도 적합한 방식으로 개입할 수 있을 것이다. 집단의 중요한 분기점에 대한 지식은, 집단원들이 각 단계에서 마주하는 과제를 성공적으로 완료하기 위해 자원을 가동시킬 수 있도록 도우려면 어떻게 해야 하는지 알려준다. 집단 작업자로서 여러분의 과제는 각 단계별로 다르다.

집단의 단계에는 준비, 초기, 과도기, 작업, 종결 단계가 있다. 일반적으로 집단의 일생에서 이 단계들은 여기 제시된 순서대로 깔끔하고 예상대로 흘러가지 않는다. 실제에서는 단계들이 상당히 많이 겹친다. 집단에는 성쇠가 있어 집단원들과 지도자는 모두 집단이 흘러가는 방향에 영향을 미치는 요소들을 예의 주시해야 한다. 우리는 집단의 각 단계들을 간단하게 설명하는 것부터 시작하겠다.

준비 단계

준비 단계는 집단의 형성 과정에 관련된 모든 요인들로 구성된다. 어느 집단이나 견고한 기반을 다지기 위해서는 세심한 사고와 계획이 필요하다. 처음 집단 모임이 있기에 앞서, 지도자는 집단 제안서를 작성하고, 집단원들을 모으며, 집단에 맞는 집단원들을 선별하고 고를 것이다.

초기 단계

집단의 **초기 단계**는 오리엔테이션과 탐색의 시간이다. 초기 단계 회기들에서 집단원들은 그들이 생각하기에 사회적으로 받아들여질 만한 모습을 보여주는 경향이 있다. 이 단계는 대개 일정 수준의 불안과 집단 구조에 대한 불안정성이 특징적이다. 집단원들은 한계를 발견하고 시험하느라 망설이며 자신이 받아들여질지 궁금해 한다. 일반적으로 집단원들은 집단에 어떤 기대, 걱정, 불안을 갖고 오며, 그들이 솔직하게 자신을 표현할 수 있도록 하는 것이 아주 중요하다. 집단원들은 서로에 대해 알아가고 집단이 어떻게 움직이는지 배워가면서 집단을 지배하는 규범을 발달시키고, 집단에 대한 두려움과 기대를 탐색하며, 개인적 목표를 찾고, 탐색하고자 하는 자기 주제를 명료화하며, 이 집단이 안전한 장소인지를 판단하게 된다.

지도자가 집단원들의 반응을 다루는 방식은 신뢰가 발달하는 정도를 크게 좌우한다. 집단 지도자는 집단원들이 서로로부터 잘 배울 수 있는 공동체를 만들도록 돕는 전반적인 역할을 한다. 지도자는 집단원들에게 집단의 초기부터 지금-여기에 집중하도록 가르치고, 적절한 집단 행동을 시범으로 보이며, 집단원들이 개인의 목표를 잘 세울 수 있게 도움으로써 이 역할을 해나간다. 집단 지도자는 집단의 초기 단계에서 많은 과제가 있는데, 이는 다음과 같다.

- 집단원들에게 집단이 어떻게 돌아가는지 가르치기
- 고지된 동의 문제를 다루기

- 기본 규칙과 표준을 세우기
- 집단원들이 두려움과 기대를 표현하고 신뢰가 높아지는 방향으로 작업할 수 있게 돕기
- 집단원들에게 개방적이고 심리적으로 함께 머물기
- 집단원들이 많이 의존하게도, 그렇다고 지나치게 허둥대지도 않을, 어느 정도의 구조를 제공하기
- 집단원들이 구체적인 개인의 목표를 세울 수 있게 돕기
- 집단원들의 걱정과 질문을 솔직하게 다루기
- 집단원들에게 적극적인 경청과 반응하는 법과 같은, 기본적인 대인관계 기술을 가르치기

과도기 단계

집단원들이 그들이 할 수 있는 깊이에서 서로 상호작용하기 전에, 집단은 일반적으로 **과도기 단계**를 통과한다. 이 단계에서 집단원들은 불안, 저항, 방어, 갈등 등을 다루고 지도자의 임무는 집단원들이 집단에 오게 만든 고민에 대해 작업을 어떻게 시작할지 배우도록 돕는 것이다. 지도자는 집단원들이 자신의 두려움과 방어를 인식하고 받아들일 수 있게 돕는 동시에, 그러한 불안과 저항을 작업해내도록 도전시킨다. 집단원들은 스스로를 어떻게 생각하게 될지, 혹은 다른 사람이 그들을 어떻게 생각할지 때문에 망설여왔던 이야기를 위험을 감수하고 개방할 것인지를 결정한다.

아마도 이 과도기 단계에서 지도자가 당면하는 핵심 과제는 집단에서 섬세한 방식으로 적절한 시기에 개입해야 한다는 점일 것이다. 기본 과제는 집단원들이 집단 내에서 존재하는 갈등과 두려움 및 저항에 대한 스스로의 방어에 직면하고 해결하기 위해 필요한 격려와 도전을 제공하는 것이다. 지도자들이 과도기 단계에서 수행해야 하는 주요 과제들은 다음과 같다.

- 집단원들에게 자신의 불안을 인식하고 표현하는 것의 중요성을 가르치기
- 집단원들이 방어적으로 반응하는 방식을 인식하게 하고 이 방어를

공개적으로 다룰 수 있는 분위기를 조성하기

- 집단원들에게 직접적이고 존중하는 태도로 솔직하게 대함으로써 모범을 보이기
- 집단원들이 회기에서 일어나는 지금-여기와 관련된 반응을 표현하도록 격려하기

작업 단계

작업 단계는 생산적인 특징이 있는데, 이는 초기 및 과도기 단계에서 진행된 효과적인 작업을 기반으로 한다. 상호성과 자기 탐색이 커지고, 집단은 행동적인 변화를 만드는 데 집중한다. 실제 상황에서는 과도기 단계와 작업 단계가 서로 합쳐지고, 집단의 각 단계마다 집단원들 사이의 개인차가 있다. 작업 단계 동안 집단은 초기의 신뢰, 갈등, 참여에 대한 저항 등의 주제로 되돌아가기도 한다. 생산적인 작업은 비단 작업 단계에서뿐만 아니라 집단의 전 단계에서 일어날 수 있지만, 작업의 깊이와 질은 집단의 각 발달단계별로 다른 양상을 띤다.

작업 단계에서 발휘되어야 하는 지도자의 핵심 역할은 다음과 같다.

- 응집력과 생산적인 작업을 발전시키기 위해 바람직한 집단 행동에 대해 체계적으로 강화하기
- 집단원들 사이의 공통 주제를 찾기
- 집단원들에게 건설적인 피드백을 서로 줄 수 있는 기회를 제공하기
- 특히 배려 있는 직면과 같은 적절한 행동을 계속 시범 보이고 집단에 대한 지속적인 반응을 밝힌다.
- 집단원들이 기꺼이 위험을 감수하는 행동을 지지하고, 이런 행동을 일상생활에서도 행할 수 있게 돕기
- 변화를 만들기 위한 실질적인 방법으로서 집단원들이 구체적인 과제를 정할 수 있게 돕기
- 통찰력을 행동으로 바꾸는 것이 중요하다고 강조하기

종결 단계

종결 단계는 무엇을 배웠는지 더 알아보고 이런 새로운 학습이 일상의 일부가 되게 하는 방법을 결정하는 시기이다. 이 시기 집단 활동으로는 종결하기, 요약하기, 집단 경험을 통합하고 해석하기 등이 있다. 집단이 끝나가며 초점은 집단 경험에 대해 개념화하고 종결짓는 데 모아진다. 종결 과정 동안 집단은 분리의 감정을 다루고, 각 집단원들의 미해결된 과제를 언급하며, 집단 경험을 검토하는 동시에 집단원들이 일상으로 가져가고 싶은 새로운 행동 연습을 시작하고, 행동 계획을 세우며, 재발에 대한 대처 전략도 알아보고, 지지적인 네트워크를 형성하게 된다. 만약 집단이 치료적이었다면, 집단원들은 집단이 끝나가는 것에 슬픔과 상실감을 느끼면서도, 자신이 학습한 내용을 집단 밖으로 연장시킬 수 있을 것이다.

종결 단계에서 집단 지도자의 핵심 과제는 집단원들이 집단 안에서 그들이 한 경험의 의미를 명료화하도록 하고, 집단에서 학습한 내용을 일상으로 일반화할 수 있게 돕는 것이다. 종결 과정을 소홀히 다루게 되면 집단원들에게 미해결 과제를 남기게 되고, 이는 집단원들이 집단 경험에서 배운 바를 사용하는 능력을 제한하게 된다. 집단의 종료는 종종 집단원들의 다른 상실 경험을 자극하고, 큰 슬픔은 이 과정의 일부이기도 하다.

실제 집단의 단계들에 대한 예시는 DVD 프로그램(Groups in Action): 발전과 도전 중 〈집단의 발전(Evolution of a Group)〉-DVD와 『워크북』(Corey, Corey, & Haynes, 2014)을 참고하라.

집단 지도자로서의 기술 개발

현재 많은 기관들이 내담자가 문제를 해결할 수 있도록 돕는 주된 접근 방법으로서 집단상담을 사용하고 있다. 만약 여러분이 집단을 만들고 촉진하고 싶다면, 집단을 효과적으로 이끌기 위해 필요한 지식과 기술을 획득해야만 한다.

슈퍼비전을 받으며 하는 수련은 유능한 집단 지도자가 되는 데 필수적인 요소이다. 여러분이 적절한 교육적 준비가 없는데도 슈퍼바이저가 슈퍼비전 없이 어떤 집단을 설계하거나 이끌라고 요구한다면 윤리적인 딜레마에 빠지게 된다. 집단을 촉진하기 시작할 때 여러분이 전문가가 되어 있어야 할 필요는 없지만, 적어도 숙련된 집단상담자로부터 안내를 청해야 한다.

유능한 집단 지도자는 집단 과정들을 잘 알며, 집단 내에서 치료적인 힘을 어떻게 이용하는지 이해한다. 집단을 이끄는 것은 내담자와 개별적으로 작업하는 것보다 훨씬 복잡하다. 개인상담의 기본 기술 외에, 집단 지도력의 기술로는 신뢰를 창출하고, 집단원들의 작업을 연결하며, 피드백을 주고받는 법을 가르치면서, 자기를 개방하고 위험을 감수하도록 촉진하고, 역효과를 낳는 집단 행동은 차단하는 방식으로 개입하며, 공통 주제를 확인하고, 집단원들이 자신의 갈등을 상연하고 탐색할 수 있도록 역할 연기 상황을 제공하며, 종결을 준비시키는 것 등이 있다.

도전적이거나 저항하는 집단원과 작업하기 위한 지도자의 기술

여러분이 개발시켜야 할 주요한 집단 지도 기술 중 하나는 집단원의 저항에 맞닥뜨렸을 때 효과적으로 개입하는 기술이다. 집단원들의 방어를 인식하고 다루는 법을 배우는 것뿐만 아니라, 집단원들이 보이는 방어적인 행동에 대한 스스로의 반응을 알아차리는 것 또한 아주 중요하며, 이 반응들에는 지도자로서의 역할이 도전받는다고 여겨져 위협을 느낌, 집단원들의 협조와 열정 부족에 대한 화, 부적절감, 집단의 느린 속도에 대한 불안 등이 있을 수 있다.

여러분이 방어라고 인식되는 것에 대해 강렬한 감정을 느끼고 있을 때 가장 강력한 개입 방식 중 하나는 스스로의 감정 및 그 상황에 대해 있을 수 있는 방어적인 반응을 다루는 것이다. 만약 자신의 반응을 무시하게 되면, 집단에서 일어나는 상호작용에서 스스로를 배제시키는 셈이다. 게다가 집단원들에게 여러분의 반응을 줌으로써 갈등과 문제 상황을 우회하지 않고 직접적으로 다루는 방식을 시범 보일 수 있게 된다. 여러분의 사고, 느낌, 관찰은 방어적인 행동을 다룰 때에 가장 강력한 자원이 될 수 있다. 여러분이 집단에서 일어나고 있는 일에 관한 자신의 반응을 나눌 때—집단원들의 문제라고 탓하거나 비난하지 않는 방식으로—여러분은 집단원들이 여러분과 솔직하고 건설적인 상호작용을 경험할 수 있게 허락하는 것이다.

'문제 집단원'과 그가 야기하는 집단의 분열을 어떻게 다룰지 배우고 싶어하는 것은 충분히 수긍이 가나, 주안점은 집단원에게 꼬리표를 붙이지 않고 어디까지나 실제 **행동**에 두어야 한다. 문제 행동에 대해 대부분의 내담자가 집단의 역사 동안 한 번쯤은 보이게 되는, 자기를 보호하려는 표현으로 여기는 것이 유용하다.

집단의 지도자로서 집단원들이 자신의 집단 경험으로부터 최대의 혜택을 받을 수 있도록 건설적인 집단 행동을 하게 교육시키는 것은 여러분의 과제이다. 집단원들이 보이는 문제 행동을 작업하면서, 여러분은 자신의 개입이 어떻게 이 행동들을 감소시키거나 증가시킬 수 있을지 유념해야 한다. 다음과 같은 행동은 집단원들의 까다로운 행동을 다룰 때 적절한 개입 방식들이다. 다음 사항들을 잘 염두에 둔다면, 여러분은 어려운 상황을 효과적으로 다룰 좋은 기회를 갖게 될 것이다.

- 그들을 묵살하거나 깔아뭉개지 말라.
- 집단원들에게 어떻게 집단이 작용하는지 교육하라. 과정을 신비화하지 말고 집단원들에게 솔직해지려고 애써라.
- 집단원들에게 스스로를 보호하기 위한 방식을 포기하라고 요구하기보다 그들의 방어를 탐색하도록 격려하라.
- 집단원들에게 고통스럽고 어려울 수 있는 일을 해보도록 배려 있고 존중하는 방식으로 도전시켜라.
- 집단에서의 갈등으로부터 도피하지 마라.
- 지지와 도전 사이에 균형을 제공하라.
- 집단원들이 다른 집단원의 문제 행동에 어떻게 영향받는지 판단, 평가, 비난을 차단하며 각자 이야기해 보도록 요청하라.

여러분에게 어려운 집단원들과 작업할 때, 스스로 이런 질문들을 해보자.

내가 이 문제에 무슨 기여를 하고 있나? 이 내담자는 내 삶의 누군가를 떠오르게 하는가? 이런 질문은 여러분의 개인적 반응이 내담자의 방어 행동에 어떻게 기여할 수 있는지를 검토하고 이해할 수 있게 도와준다. 사람들이 집단을 찾는 바로 그 이유가 자신을 표현하고 다른 사람을 대하는 데 있어 좀더 효과적인 방식을 찾는 데 도움을 얻기 위해서임을 스스로 상기하는 것이 좋다. 도전적인 다양한 집단원들을 어떻게 다루는지 예가 궁금하다면, DVD 프로그램(Groups in Action): 진행과 도전 중 〈집단 지도자에게 닥친 도전들(Challenges Facing Group Leaders)〉-DVD와 『워크북』(Corey, Corey, & Haynes, 2014)을 참고하라.

윤리적이고 전문적인 집단 지도자

"최선의 수행 가이드라인(Best Practice Guidelines)"[집단상담전문가학회Association for Specialists in Group Work(ASGW), 2008]은 집단상담자의 윤리적이고 전문적인 행동을 증가시키기 위한 조언을 준다. 아래 개요는 우리가 생각할 때 이런 기준을 반영한다고 생각되는 특성들을 묘사한 것이다.

먼저 집단 형식을 통해 여러분이 가장 달성하고자 하는 바에 대해 생각할 시간을 갖는다. 공동 지도자와 함께 집단을 운영하려고 한다면, 참가 희망자들을 만나기 전에, 공동 지도자와 집단의 전반적인 목표와 집단을 활성화시키기 위한 전체적인 계획에 대해 논의한다. 여러분의 집단이 참여하는 사람에게 변화를 가져올 진정한 잠재력이 있다고 믿지 않는다면, 여러분은 집단을 하나로 모을 수 없을 것이다.

다음 단계는 집단에 참여하고자 하는 지원자들에게 정보를 주는 것이다. 여러분의 집단을 가장 필요로 하는 사람들 중 치료를 주저하는 사람이 있을 수 있다는 사실을 상기하며, 그들에게 적극적으로 다가갈 수 있는 작업을 준비하고 가장 도움을 얻을 수 있는 집단을 구체적으로 겨냥하여 홍보하라. 장래 집단원이 될 수 있는 사람을 걸러내고 집단원 선택을 위한 일련의 기준들을 개발하라. 선별 회기에서는 집단의 목적과 어울리는 욕구와 목표를 가진 사람, 집단 과정에 방해가 되지 않을 사람, 집단 경험 때문에 심리적인 행복이 위태로워지지 않을 사람을 집단원으로 선택하라. 집단원들과 함께 삶에 변화가 생길 위험에 대해 탐색해 보고, 집단원이 이런 가능성을 마주할 준비가 되어 있는지 검토해 볼 수 있게 도와라. 요약하자면 집단이 모이기 전에 여러분은 집단원들이 성공적인 학습 경험을 할 수 있도록 기초를 만들고 준비해야 한다. 만약 집단을 공동으로 진행한다면, 동료와 정기적으로 만나 집단 내 역할을 분담하고 정리하는 시간을 마련하라. 이상적으로는 매 회기 집단 전과 후에 이 회의를 갖는 것이 좋다.

비밀보장은 어느 집단에서건 토대가 된다는 사실을 여러분은 잘 알고 있으므로, 집단원들에게 그것이 무엇을 의미하는지 확실하게 전달하고, 비밀유지에 대해 드는 어떤 우려든 꺼내 놓을 수 있도록 격려해야 한다. 집단원들에게 어떻게 하면 적극적으로 참여하여 집단 회기를 최대로 활용하고 일상생활에서도 새롭게 획득한 대인관계 기술을 적용할 수 있을지 가르쳐 주도록 노력하라.

집단원들이 집단 안에서 안전감을 발달시켜갈 때에 비밀보장은 아주 중요한데, 이는 기꺼이 위험을 감수하려고 하기 위한 기초가 되기 때문이다. 집단의 일생에 걸쳐, 집단의 비밀보장 성격을 유지하기 위한 지침을 제공하라. 그러려는 의도가 없을 때에 비밀보장이 어떻게 무너질 수 있는지도 설명하라. 또한 집단원들의 자기 개방이 어떻게 다뤄질지에 대한 걱정들을 나눔으로써 지속적으로 집단을 안전하게 만드는 것이 집단원의 책임이란 사실도 강조하라.

여러분은 집단 환경에서 비밀보장을 약속할 수 없다. 다른 집단원들이 무엇을 비밀로 하고 혹은 하지 않는지 통제할 수 없기 때문이다. 집단원들은 주법규에서 규정하지 않는 한 법적 특권(비밀보장)이 집단 치료에는 적용되지 않는다는 사실을 알 권리가 있다. 여러분은 집단원들에게 처음부터 비밀보장의 한계에 대해 구체화할 의무가 있다.

구성원들이 바뀔 수 있는 개방형 집단을 하는 경우, 집단을 떠날 준비가 된 집단원은 학습한 내용을 통합할 수 있게 도와주고, 남아 있을 집단원들은 그와 헤어지는 감정에 대해 말할 수 있게 격려하라. 새로운 집단원이 들어오면, 그가 집단의 자원을 활용할 수 있게 돌봐주라. 집단을 떠나는 것은 궁극적으로 집단원의 권리지만, 조기에 떠날 경우 있을 위험들을 논의하고, 그만두는 이유를 집단 내에서 이야기하도록 격려하라. 만약 여러분의 집단이 비자발적인 집단원들로 구성된 것이라면, 자유의사에 따라 협조하고 지속해줄 것을 요청하는 조치를 취하라.

여러분의 가치관과 욕구가 집단 과정에 영향을 미치는 방식에 대해 이해하는 것도 중요하다. 집단원들에게 그들이 선택하지 않은 방식으로 변화를 강요하지 않기 위해 각별히 주의를 기울여야 한다. 다른 집단원으로부터의 강요나 과도한 압박으로부터 집단원들의 권리를 보호하는 것 역시 마찬가지로 중요하다. 집단원들에게 집단의 목적은 개개인이 다른 사람의 압력에 굴복하지 않고 스스로의 답을 찾아가도록 돕는 것이라는 사실을 종종 상기시키도록 하라.

집단 회기 동안, 자신의 행동을 관찰하고 집단원들에게 무엇을 모범으로 보이고 있는지 의식하라. 윤리적 행동 중에는 집단원들에게 목표를 달성하고 추후 절차를 설계하는 데 있어, 자신의 진행 상황을 어떻게 평가하는지 가르치는 것이 포함된다. 평가는 집단의 일생에 걸쳐 계속 진행되는 과정이며 집단원과 지도자 모두에게 도움이 된다. 각 집단원들의 진척 정도를 체계적인 자료 수집을 통해 추적 관찰해 봄으로써 여러분은 집단원들이 집단 경험으로부터 도움을 받을 수 있도록 촉진 방식을 조정할 수 있게 된다.

처음 집단원들이 집단에 들어올 때와 마찬가지로, 집단의 종결에 대해서도 시간을 효율적으로 사용하여 집단원들을 준비시키는 것이 좋다. 집단원들은 집단 경험으로부터 배운 것을 함께 모으고 집단을 떠난 이후에도 사용할 행동 계획을 개발하는 것에 대해 여러분의 안내를 받는다면 큰 도움이 될 것이다. 만약 여러분이 지역사회 내 자원에 대해서도 알아둔다면, 집단원들이 필요로 하는 전문적 도움을 찾을 수 있도록 도울 수 있을 것이다.

집단에서의 다문화 및 사회정의 주제

각 사람은 서로 다른 문화의 구성원이다. 집단 내 다양성을 인식하고 존중하며, 문화, 민족성, 사회경제적 지위, 언어, 종교, 나이, 성적 지향, 장애, 젠더가 집단 과정에 영향을 미치는 방식에 대해 민감해지도록 집단원들을 격려하라. 어떤 문화에서는 개인들이 자신의 감정을 공개적으로 표현하거나, 잘 모르는 사람에게 개인적인 문제를 이야기하거나, 다른 사람에게 사적인 반응을 보이는 것을 권장하지 않는다. 집단상담자는 집단원들이 집단에 온전히 참여하기 꺼리거나 주저하는 것이 비협조적인 자세의 표현이 아니라 그들의 문화적 배경을 반영하는 것일 수 있다는 사실을 잘 알아둘 필요가 있다. 문화는 삶이 지각되는 렌즈라고 여겨진다. 각 문화는 그 차이와 유사성을 통해 현상학적으로 다른 일상의 경험들을 만들어낸다(Diller, 2015).

이민자 집단원들은 종종, 모국의 문화에 충성하지만 새로운 문화에서 매력적인 어떤 측면들을 발견한다. 이런 집단원들은 그들이 살고 있는 두 문화들의 가치를 통합하려고 시도하는 데에서 갈등을 경험할 수 있다. 이런 핵심 투쟁은 여러분과 다른 집단원들이 이 문화적 갈등을 존중할 때, 수용적인 집단 안에서 건설적으로 탐색될 수 있다. 만약 여러분이 다양성에 민감한 집단 상담자라면, 여러분이 사용하는 기법들은 집단원들의 문화적 배경 및 욕구에 적합할 것이다.

조력에 대한 우리의 시각을 뒷받침하는 서구 문화적 가치관은 좀더 집단적인 문화에 익숙한 아시아계, 라틴계, 아프리카계 사람들에게 도전을 제기할 것이다. 게다가 라틴계 사람들은 사회에서 일반적으로 겪는 부정적 경험 때문에 조심스럽고 신중하게 사람들에게 다가갈 것이다(Torres Rivera, Torres Fernandez, & Hendricks, 2014). 어떤 아프리카계 미국인 내담자는 집단에서 개인적인 이야기를 너무 일찍 깊이 해야 될 때, 혹은 가족에 대해 이야기해야 할 때 곤란을 느낄 수 있다. 아프리카계 미국인 내담자의 문화적 배경을 잘 인식함으로써, 집단 지도자는 그들의 문화적 가치관을 집단 작업에 통합시킬 수 있게 된다(Steen, Shi, & Hockersmith, 2014). 아시아 문화 대부분이 자립적일 것을 강조하고, 이는 이 문화에 속한 사람들이 타인에게 도움을 청하는 걸 어렵게 만들곤 한다. 아시아계 내담자는 대개 자기 개인적인 문제에 대해 말을 거의 하지 않거나 가족에게 의지한다(Chung & Bemak, 2014). 집단에서 사용하는 목표, 구조, 기법들은 문화적으로 적절하고 그 집단원들에게 치료적으로 유용하도록 집단에 맞게 수정되어야 할 것이다.

다양한 집단원들과 함께 작업할 때는 자신의 다문화적 역량과 전문 지식의 한계를 잘 인식하는 일이 무엇보다 중요하다. 집단원들의 문화적 배경에 대해 전부 알아야 할 필요는 없지만, 최소한 문화가 집단 과정에 어떻게 영향을 미치는지에 대해 기본 지식을 갖고 있어야 한다. 집단원들에게 자기 문화에서 중요한 측면이라 여기는 것이 무엇인지 찾아보도록 요청하는 것도 아주 좋은 생각이다. 사회의 축소판으로서 집단은 권력, 특권, 차별, 사회정의, 억압에 대한 이슈들을 다룰 맥락을 제공한다. 만약 이런 주제들이 집단에서 등장했는데 다뤄지지 않는다면, 집단원들은 문화적 가치관과 편견들을 탐색하고, 이런 부당함에 대한 인식을 증진시키며, 이를 다룰 방법을 배울 기회를 박탈당하는 것이다. 집단 지도자는 '까다로운 대화'라고 일컬어지는 내용들을 솔직하게 토론할 수 있도록 격려해야 한다.

다문화와 사회정의 주제는 집단 작업에서 뒤얽히게 된다. 문화적 역량이 증진되면 상담자는 다양한 세계관을 인정하고 다룰 수 있게 된다. 다양한 내담자 집단과의 작업에 유능해지는 것 이외에, 효과적인 집단 지도자가 되기 위해서는 기본적인 사회정의와 옹호 능력을 획득하는 것도 필요하다. ASGW(2012)의 다문화적으로, 사회정의적으로 유능한 집단상담자를 위한 원리들(*Multicultural and Social Justice Competence Principles for Group Workers*)은 다문화적이고 사회정의 영역 모두에서의 능력 범위를 구체적으로 다루는데, 그 내용은 다음과 같다.

- 집단상담자는 집단에서 왜 사회정의 및 옹호 이슈가 중요한지, 이 이슈들이 집단 작업에 어떻게 영향을 미치는지 구체적으로 논의한다.

- 집단상담자는 집단에서 등장하는 지위, 특권, 억압의 문제들을 다루는 것이 자신의 책임이라고 생각한다.

- 집단상담자는 각 집단원들이 제시하는 문제의 맥락 속에서 각각에 대한 문화를 평가한다. 집단원들의 문화적 정체성, 문화 동화 수준, 증상의 발달과 평가에 영향을 미친 억압과 문화의 역할 등을 평가하는 것이다.

- 집단상담자는 집단원들의 힘을 북돋우는 데 관심을 갖고, 집단원 각각의 강점 및 전체로서의 집단의 자원을 기반으로 한다.

- 집단상담자는 집단원들에게 그들의 권리에 대해 교육하고 개인적 변화뿐만 아니라 사회 변화를 가져오기 위한 적극적인 역할을 맡을 수 있게 도움으로써 평등의식을 고취시킨다.

사회정의에 대한 집단원들의 관심이 깊어지도록, 문화적 다양성 및 사회정의에 대한 고려사항, 특히 권력과 특권의 문제에 대해 열린 토론을 격려하라. 집단 작업에 적용할 수 있는 사회정의 및 옹호 역량에 대한 설명은, ACA 옹호 역량: 상담자를 위한 사회정의 체계(*ACA Advocacy Competencies: A Social Justice Framework for Counselors*)를 참고하라(Ratts, Toporek, & Lewis, 2010).

공동 지도자와 작업하기

집단상담을 할 때나, 집단상담자들을 가르치고 슈퍼비전할 때나, 학생들과 전문가들에게 집단 과정 워크숍을 진행할 때나, 우리는 팀으로 일하는 것을 선호한다. 공동 지도를 위한 팀을 구성할 때는, 함께 작업할지에 대한 결정권이 두 지도자에게 있어야 한다. 우리가 선호하는 것은 공동 지도 모형이나, 이것만이 만족스러운 집단 지도 방식인 것은 아니다. 대다수의 사람들이 혼자서도 집단을 꽤 효과적으로 촉진한다. 현실적으로 집단을 공동 지도하는 데에는 제도적 장벽이 많다. 예산의 문제가 집단을 공동 진행하는 데 계속 커져가는 장벽이다. 기관 운영자는 이렇게 질문할지도 모른다, "우리가 왜 한 사람이 이끌수도 있는 집단 운영에 두 사람분의 비용을 써야 하지요?"

그러나 집단을 공동으로 진행하는 것은 관련된 모든 사람들에게 유리한점이 많다. 집단원들은 두 지도자의 관점으로부터 많은 걸 얻을 수 있다. 두 지도자들의 스타일에 따라 공동 지도자는 각자의 고유한 초점을 회기에 가져오고 서로의 운영을 보완할 수 있다. 또한 공동 지도자는 집단에서 벌어지고 있는 일들을 함께 처리하고 다음 회기에 대한 계획도 세울 수 있다. 공동 지도의 장점 중 하나는 집단 내에서 등장하는 역전이를 확인하고 작업할 수 있게 해준다는 점이다. 5장에서 살펴봤듯이, 역전이는 효과적인 상담을 방해하는 정도까지 여러분의 객관성을 왜곡시킬 수 있다. 예를 들어 여러분의 공동 지도자가 특징적으로 자기 감정 표현을 꺼려하는 남성들에게 굉장히 성급하게 반응한다고 하자. 이때 여러분은 그런 남성들과 좀더 잘 접촉할 수 있을 것이다. 또한 집단 밖에서 따로 만나게 됐을 때, 공동 지도자가 자신의 반응 및 다른 집단원에게 보이는 애착 등을 알아차릴 수 있도록 도와줄 수 있을 것이다.

공동 지도의 장점과 함께, 여기에는 몇 가지 단점도 있다. 공동 지도관계는 집단 과정에서 복잡해질 수 있는데, 이는 잠재적으로 다수의 윤리 문제를 야기한다. Luke와 Hackney(2007)는 문헌들을 검토하며 다음과 같은 공동 지도 모형의 잠재적인 단점들을 발견했다. 지도자들 사이의 관계 문제, 지도자들 사이의 경쟁, 비효율적인 의사소통, 공동 지도자에 대한 지나친 의존. 집단원들은 지도자들끼리 서로 겨루게 함으로써 삼각관계를 만들려고 할 수도 있다. 집단 지도자는 자신의 개인으로서의 발달 정도, 공동 지도 팀으로서의 발달 정도, 그들이 촉진하고 있는 집단의 발달 정도에 주의를 기울여야 한다(Luke & Hackney, 2007). 집단 지도자들이 발달의 다양한 영역들에 시간을 쪼갠다는 것은 다소 부담이 될 수 있으나, 이는 성공적인 집단을 위해 필요하다. 슈퍼비전을 정기적으로 받는 것 역시 집단을 어떻게 촉진할지를 배우는 기본 부분으로서 극히 중요하다.

공동 지도자의 선택은 아주 중요하고, 여기에는 매력과 호감보다 훨씬 더많은 것이 고려되어야 한다. 한 쌍으로서 둘의 기능은 집단의 역동에 부정적이든 긍정적이든 영향을 미친다. 만약 공동 지도자가 서로 효과적으로 일하지 않으면, 집단은 고통에 시달리게 될 것이다. 지도자들 사이에 해결되지 않은 갈등은 종종 집단 내의 분열을 낳는다. 만약 지도자들의 에너지가 서로 경쟁 하거나 다른 권력투쟁 혹은 숨겨진 아젠다로 향하게 되면, 집단이 효과적으로 진행될 가능성은 거의 없다. 지도자들 각각 한 명이 혹은 두 사람 모두 서로에 게 깊은 인상을 주려고 할 때, 집단이 고통을 겪지 않도록 충분히 안전하게 지 켜야 한다. 우리는 물론 공동 지도자들이 항상 같은 인식 혹은 해석에 합의하 거나 공유하는 것이 필수적이라 생각하지 않는다. 사실, 집단은 공동 지도자들 이 그들의 견해 차를 표현할 만큼 충분한 신뢰를 갖고 있는 경우에 활력을 얻 을 수 있다. 상호 존중과 신뢰, 협력, 지지를 기반으로 한 관계를 형성하는 능 력이 가장 중요하다.

　　공동 지도관계에서 역량 문제를 다룬 연구에서, Okech와 Kline(2006)은 효과적인 공동 지도력은 이런 관계를 형성하고 유지하는 것에 대한 헌신을 요 구한다고 밝혔다. 효과적으로 의사소통하지 않는 공동 지도자들은 집단 내에 서 자신들의 관계 문제에 시간을 과도하게 쓰는 경향이 있다. Okech와 Kline 의 연구는 공동 지도자들이 집단에서 효과적으로 작업하지 못하게 방해하는 문제들을 인식하고 작업하는 데 몰두하는 것이 중요하다고 강조한다. 그들이 말하길, "집단 밖에서 이런 역동에 솔직하게 주의를 기울이게 되면, 공동 지도 자들의 관계 문제가 일어나게 하는데 집단을 사용하고 집단이 이 문제에 비효 율적으로 집중하게 될 가능성이 적어질 것이다."(p.177)

　　우리는 공동 지도자들이 집단 회기 직후에 시간을 내어 무슨 일이 일어났 는지를 함께 가늠하는 것의 가치를 역설하고 싶다. 유사하게 그들은 각 회기 전에 잠깐이라도 만나 집단에서 그들의 기능에 영향을 미칠 수 있는 모든 것 에 대해 이야기를 나누어야 한다.

직접 집단을 경험해 보기

이제 전문가로서의 작업에서 집단 접근 방식이 갖는 가치를 알게 되었으니, 여러분이 직접 집단원으로서 집단을 경험하는 것의 가치를 생각해 보길 바란다. 집단의 촉진 방법을 배우는 최고의 방식 중 하나는 집단원으로서 집단에 적극적으로 참여해 보는 것이다. 시간을 내어 집단원으로 집단에 참여하는 것에 대해 얼마나 열려 있는지 곰곰이 생각해 보자. 여러분이 적극적으로 참여하고, 자신과 타인에 대해 충분히 배울 수 있게 해줄 목표를 어떻게 정할 것인가? 여러분은 스스로의 취약성을 인식하고 집단 맥락에서 이를 기꺼이 드러내겠는가?

만약 여러분의 훈련 과정으로서 경험적 집단에 참여한다면, 이 경험을 개인적인 변화 및 상담자로서 갖고 있는 고민들을 작업하는 데 사용할 수 있다. 다른 집단원들은 여러분이 솔직하게 자신을 들여다보고 타인에게 어떻게 보이는지를 이해할 수 있게 도와줄 수 있다. 자신이 어떤 사람인가에 대한 솔직함은 변화를 위한 능력의 가장 핵심적 요인이다. 만나는 집단을 개인적으로 의미 있게 만드는 것은 여러분에게 달려 있다.

5장에서 우리는 내담자가 가질 수 있는 전이 반응을 다루는 것뿐만 아니라 여러분이 그들에게 가질 수 있는 역전이를 인식하는 방법에 대해서 논의했다. 경험적 집단은 내담자에 대한 자신의 감정과 그들이 여러분에게 미치는 영향을 탐색해 볼 이상적인 장소이다. 집단은 스스로 객관적이 되기 어려운 사각지대에 대한 인식을 불러일으키는데 유용하다. 수련 프로그램에 연결된 집단 경험은 과거의 미해결된 과제를 작업하기에 적합한 장소가 아닐 수 있으나, 상담자로서의 작업을 방해할 수 있는 자신의 취약성에 대해 민감해지도록 도울 수는 있다. 예를 들어 여러분이 부모님께 그러했듯, 나이든 사람의 면전에서 불편해지거나 승인을 구하려 한다는 걸 알게 됐다고 가정하자. 여러분은 이런 취약성을 이해하고 이 영역을 치유하기 위한 치료로서, 집단 밖의 작업이 필요할 수 있으나 적어도 그 집단은 이런 방식으로 반응하고 있다는 데 주의를 상기시킬 수 있다. 집단에서 여러분은 취약하다고 느낄 때 자신의 방어에 대해 배울 수 있고 이런 방어에 대한 인식은 여러분이 어렵다고 느끼는 내담자와 어떻게 작업해 나갈지를 가르쳐주는 데 극히 유용할 수 있다.

우리 동료 중 한 명(Kristin)은 처음 근친상간 생존자 집단을 이끌게 됐을 때 극도로 불안했다고 말한다. 그래서 그녀는 스스로에게 이렇게 말했던 걸 기억한다, "집단원들이 추행을 당한 적이 있냐고 물으면 어떡하지? 그런 적이 없다고 해도, 내가 도움을 줄 수 있다고 생각해 줄까? 듣게 될 고통스러운 이야기들을 어떻게 다룰 수 있을까?" 그녀는 이런 염려들을 슈퍼바이저와, 마찬가지로 많은 걱정을 하고 있던 공동 지도자와 함께 작업했다. 집단이 진행되고 얼마 안돼서, Kristin은 집단원들과 연결되고 도움을 줄 많은 방법들이 있다는 사실을 깨닫게 되었다. 처음에 가졌던 두려움은 그녀를 무력화시키지 못했는데, 이는 그 불안들을 집단 밖에서 표현하고 작업해낼 수 있었기 때문이다. 개인의 성장을 위한 집단 경험으로부터 이익을 얻기 위해서, 여러분이 심리적으로 심각하게 손상되어야 할 필요는 없다. 기꺼이 다른 사람으로부터 조언을 구하고 피드백을 수용하려는 태도가 패턴으로 자리잡게 되면, 상담자로서 여러분의 역할에 대한 요구가 커질 때 다른 사람에게 기꺼이 도움을 구하게 될 것이다. 교육 프로그램의 일부로서 집단에 참가하는 것은 성장 중인 상담자에게 특징적으로 나타나는 감정들, 두려움, 불확실성에 대해 말할 수 있는 장소를 제공한다. 다른 사람이 건넨 건설적인 피드백을 수용할 수 있는 능력은 내담자에게 질 높은 서비스를 제공할 준비를 더 잘 갖춰줄 것이다. 만약 여러분 스스로가 마지못해 집단에 참가한다면, 여러분은 아마도 다른 사람, 특히 주저하는 내담자를 격려하는 데 어려움을 느낄 것이다. 여러분이 스스로 집단에 참여하게 될 때, 이 경험을 이후 여러분 집단에서 집단원들에게 집단 경험을 어떻게 최대로 활용할지 가르치는 데에 사용할 수 있을 것이다.

참가자들에게 어떻게 하면 집단 경험을 최대로 활용할 수 있을지 가르치기

우리는 집단원들이 어떻게 적극적인 집단원이 될 수 있는지에 대해 약간의 지도를 받는다면, 그 경험으로부터 더 많은 것을 얻게 될 거라고 확신한다. 우리는 여기에 몇 가지 집단원들을 위한 조언을 남겨 여러분이 촉진하는 집단원들에게 이렇게 잘 참여할 수 있을지를 가르칠 때 사용할 수 있길 바란다. 더 자세한 내용은 『집단 기법(*Group Techinques*)』(Corey, Corey, Callanan, & Russell, 2015)과 『집단상담 과정과 실제』(Corey, Corey, & Corey, 2014)라는 책을 참고하기 바란다.

1. 신뢰는 집단에서 저절로 발생하는 무엇이 아니라는 점을 기억하라. 여러분은 이 신뢰의 분위기를 조성해야 하는 역할을 맡고 있다. 만약 여러분이 안전감을 방해하는 무엇을 알아차린다면, 여러분의 주저함을 집단원들과 공유하라.

2. 여러분의 개인적 목표에 초점을 맞추어, 집단으로부터 무언가를 얻으려고 몰두하라. 각 만남 전에, 스스로 어떻게 참여할지, 어떤 개인적인 고민을 탐색하고 싶은지, 집단에서의 시간을 의미 있게 사용하기 위한 다른 방법에 대해서도 생각해 보라.

3. 집단에서 자연스럽게 자주 등장하는 다른 문제들과 함께 작업할 수 없는 아젠다에 대해서는 너무 전념하지 마라.

4. 다른 집단원들의 작업이 여러분에게 영향을 미친다면, 그 영향 받는 방식에 대해 알리는 것이 중요하다. 여러분이 다른 사람의 분투나 고통을 알 수 있을 때, 여기에 대한 여러분의 감정과 생각을 나누는 것은 대개 여러분과 그들 모두에게 도움이 된다.

5. 집단의 지금-여기에서 떠오르는 것에 대해 지속적으로 느껴지는 감정을 표현하라. 예를 들어 집단에서 개인적인 이야기를 나누기 어렵다고 느껴지면, 무엇이 자기 개방을 어렵게 만드는지 다른 집단원들

에게 이야기해 보라.

6　여러분의 개인적인 측면 중 무엇을, 얼마나, 언제 개방할지는 스스로 결정하라. 여러분이 자신에 대해 이야기하지 않는다면 다른 사람들이 여러분에 대해 알아 갈 수 있는 기반이 없을 것이다.

7　여러분 자신이나 여러분의 역사에 대해 자세한 정보로 이야기하려는 방향을 잃어버리거나 다른 사람을 압도시키지 않도록 하라. 지금 여러분의 삶에서 의미 있는 고뇌들, 특히 집단의 다른 사람들이 탐색하고 있는 것과 관련된 문제들을 드러내라.

8　다른 사람들에게 주의를 기울이고 경청하는 기술을 연습하라. 만약 다른 사람에게 관심과 이해를 전할 수 있다면, 여러분은 집단 작업에 엄청난 공헌을 하고 있는 것이다.

9　여러분이 '집단의 시간을 너무 많이 빼앗고 있다'고 판단되는 경우, 그래도 스스로를 시험해 보려고 노력하라. 여러분이 얼마큼의 시간을 쓰고 받고 있는지를 가늠하는 데 지나치게 신경 쓰게 되면, 스스로의 자발성을 가두고 참여를 망설이게 될 것이다.

10　집단을 새로운 행동을 실험하는 장소로 사용하라. 여러분이 변화하고 싶은 방식을 판단할 수 있게 다른 방식들을 시도해 보라. 또한 스스로 과제를 줘서, 이 새로운 방식의 사고, 감정, 행동을 자신의 일상으로도 옮길 수 있는 방법을 생각해 보라. 집단에서 이 과제가 잘 수행되고 있는지에 대해 나눠보아라.

11　변화는 순식간에 일어나지 않는다는 점을 이해하라. 차질이 있을 수 있다는 점 또한 예상해야 한다. 진전을 이룬 정도를 계속 추적하라. 여러분이 기꺼이 시도하려고 했던 것에 대해, 스스로 감지할 수 있는 미묘한 변화에 대해 자신의 공로를 인정하라.

12　주된 상호작용 방식으로 질문을 사용하는 것에 주의하라. 질문이 하고 싶어지면, 무엇 때문에 여러분이 그 질문을 하게 되었는지를 말하라.

13　충고하는 걸 피하라. 만약 다른 사람에게 어떻게 하라고 말하고 싶은 충동이 인식되면, 충고 속에 어떤 마음과 노력을 담은 것인지 밝혀라. 자신을 위해, 자신에 대해 말하는 법을 배워라.

14　집단에서 다른 사람에게 직접적으로 말하는 것에 더 많은 시간을 할

애하라. 집단원들과 직접적으로 의사소통하는 것이 지도자를 통해 그 사람 '에 대해 이야기하는' 것보다 더 효과적이다.

15 다른 사람에게 피드백을 줄 때, 범주화하거나 꼬리표를 붙이지 않도록 노력해라. 다른 사람이 누구인지 혹은 어떤 사람인지에 대해 말하기보다 여러분이 무엇을 관찰하고 어떤 영향을 받았는지 이야기하라.

16 계속해서 받게 되는 피드백을 귀담아 들어라. 예를 들어, 여러분이 다소 판단적이고 비평적으로 인식된다는 것을 듣게 됐을 때, 성급히 자신은 개방적이며 수용적이라고 설득하려 하지 마라. 대신 들은 내용을 받아들이고, 그 이야기가 특히 집단 밖의 여러분 삶에서 얼마나 적합한 것인지 판단하기 위해 그들의 조언을 곰곰이 생각해 보라.

17 자신의 방어를 존중하고 도움이 되어 왔음을 이해하라. 그러나 집단에서 방어적으로 느끼거나 행동하고 있다는 것을 자각하게 될 때, 경계를 느슨하게 하면서 무슨 일이 일어나는지 지켜봄으로써 자신의 방어에 도전해 보라.

18 다른 집단원들에게 관심을 표현하며 힘을 주어라. 그러나 그들이 어떤 사건에 대한 고통을 표현하는 것처럼 감정을 느끼고 있을 때 조급하게 위로하려고 개입하지 마라. 그저 그들의 고통이 어떤 영향을 주는지 말하라. 고통을 느끼고 있는 다른 집단원들을 지지하거나 위로하려고 급급해 하는 것은 그들의 능력과 하고 싶은 이야기를 충분히 표현하고 싶은 욕구를 존중하지 않는 것이다.

19 집단에서 성취하고 있는 것에 책임을 가져라. 시간을 내어 이 모임에서 무엇이 일어나고 있는지를 생각해 보고 자신의 목표를 어느 정도 달성하고 있는지 평가해 보라. 집단 경험이 만족스럽지 않다면, 그 집단을 좀더 의미 있는 경험으로 만들기 위해 무엇을 할 수 있을지 살펴보라.

20 집단 안에서 일어나는 일에 대해 비밀을 유지하고 존중하도록 주의를 기울여라. 고의가 아니더라도 다른 사람의 신뢰를 배신하는 일이 얼마나 쉽게 일어날 수 있는지 염두에 두라. 집단에서 다른 사람들이 무엇을 경험하는지, 무엇을 하고 있는지 말하지 않는 것을 습관으로 만들라. 집단에 대해 다른 사람에게 이야기하기로 했다면, 여러분 자

신에 대해, 여러분이 무엇을 배우고 있는지에 대해 이야기하라. 또한 여러분이 개방한 내용이 누설될 것에 대한 걱정이 든다면, 이 문제를 회기 때 기꺼이 꺼내도록 하라.

21 집단에서 여러분이 탐색하고 느낀 감동들을 일기에 기록으로 남겨라. 일기 쓰기는 여러분의 진전 정도를 추적하고 생각, 느낌, 행동 방식의 변화를 주목하기에 매우 가치있는 방식이다.

복습

- 특정 목표를 가진 표적 집단 다수에게 있어, 집단은 변화를 돕기 위한 차선이 아닌, 좋은 치료적 선택이다.

- 집단 과정은 자기 수용, 자신에 대한 깊은 이해, 변화 등에 이르게 한다. 집단 경험의 가치에는 혼자가 아니라는 인식, 여러 사람으로부터 받는 피드백, 새로운 행동을 실험할 수 있는 기회, 대인관계를 실험하는 장으로서 집단을 사용하는 것 등이 있다.

- 개입을 효과적으로 하고 집단의 욕구를 충족시킬 수 있도록 집단의 발달단계를 숙지하라. 집단의 발달단계로는 준비, 초기, 과도기, 작업, 종료 단계가 있다.

- 상담자는 집단 회기를 구성하고 진행할 때 윤리적 지침을 따라야 한다. 집단 작업에 대해 요청받을 때에는 자신의 능력 한계를 아는 것이 중요하다.

- 다문화적, 사회정의 주제는 집단 작업을 진행할 때 밀접하게 관련된다. 효과적인 집단 작업은 집단 내의 다양성을 다루고 권력, 특권, 억압과 같은 주제가 집단에서 등장할 때마다 이를 탐색하도록 격려한다.

- 집단 작업에 필요한 기술은 습득되고 정련될 수 있다. 이 기술들은 다양한 환경에서 다양한 종류의 집단과 작업하기 위해 적용될 수 있다. 유능한 집단 지도자가 되기 위해서는 기본적인 사회정의 및 옹호 능력을 갖출 필요가 있다.

- 수련 프로그램에 있는 학생으로서, 여러분은 집단으로부터 개인적이고 전문적인 발달을 위한 엄청난 배움을 얻을 수 있다. 여러분 실무의 일부

로서 집단 작업을 해야 할 경우, 훈련과 슈퍼비전이 필수적이다.

이제 무엇을 할 것인가?

1 지역사회 기관 혹은 시설에서 제공하는 서비스에 대해 조사해 보라. 집단이 어떻게 조직되는지, 특별한 내담자 집단이 이용할 수 있는 서비스는 무엇인지, 이러한 집단의 결과가 어떠했는지에 대해 질문하라. 만약 현재 기관에서 실습 중이라면, 집단상담에 대해 물어보라.

2 만약 여러분의 훈련 프로그램에 집단 경험이 포함되어 있지 않다면, 대학이나 지역사회 내, 혹은 사설 상담소를 통한 집단에 참여하라. 설사 집단에 참여하지 않기로 결정하더라도 이러한 연습은 지역사회의 자원에 대해 알아보는 데 유용하다.

3 여러분이 기관에서 일하고 있거나 현장 실습 중이라면, 집단을 관찰할 수 있는지 알아보라. 당연히 여러분이 집단을 참관하기 전에 그 집단의 집단원들과 지도자가 모두 동의해야 한다. 이 참관의 목적은 다양한 내담자 집단의 욕구를 만족시키는 데 있어 집단의 잠재력을 충분히 이해하기 위해서이다.

4 현재 여러분이 집단에 참여 중이거나, 과거에 참여한 적이 있다면, 당신이 어떤 종류의 집단원인지(이었는지)에 대해 일기에 적어보자. 이는 집단을 혼자 이끌거나 혹은 공동으로 이끄는 자신의 능력에 대해 무엇을 알려주는가? 또한 집단 작업을 하는 것에 대한 걱정이나 두려움에 대해서도 적어보자. 사람들과 집단으로 작업할 때 가능한 장점에 대해 적어보며 브레인스토밍을 해보자. 여러분의 관심사에 대해 생각해 보고, 그 관심사를 뻗어가기 위한 수단으로서, 소집단에 적용할 방법에 대한 아이디어를 구체화할 수 있는지 알아보자.

5 여러분이 집단상담에 대해 더 알고 싶다면, 다음 4개의 전문가 조직이 유용한 자원이 될 것이다(각각은 괄호 안의 학회지를 발행한다).

  • APA의 Division 49, 집단심리와집단심리치료협회(the Society for Group Psychology and Group Psychotherapy)(『집단 역동: 이론, 연구, 실제』 *Group Dynamics: Theory, Research, and Practice*)

- 미국집단심리치료학회(American Group Psychotherapy Association)(『국제 집단 심리치료 저널』 *International Journal of Group Psychotherapy*)

- 집단작업전문가학회(Association for Specialists in Group Work)(『집단 작업 전문가를 위한 저널』 *Journal for Specialists in Group Work*)

- 미국집단심리치료및사이코드라마협회(American Society for Group Psychotherapy and Psychodrama)(『집단 심리치료, 사이코드라마, 사회 측정 저널』 *Journal of Group Psychotherapy, Psychodrama, & Sociometry*)

이 조직들은 학회를 정기적으로 주최하며, 동료들과 네트워크를 형성하고 집단 작업에서 새로운 내용을 학습할 기회를 제공한다.

6 여기에 소개된 각 자료의 서지사항은 책 뒷부분 참고문헌을 참고하라. 집단의 발달 및 각 단계별 집단 과정 핵심 이슈들에 대한 실용적인 참고서로는 Corey, Corey와 Corey(2014)를 보라. 치료적인 집단을 위한 기법의 창작, 실행, 평가 방법에 대한 실질적인 책으로는, Corey, Corey, Callanan과 Russell (2015)을 보라. 유용한 집단 치료 기술 및 전략으로는 Jacobs, Masson, Harvill과 Schimmel(2012)이 있다. 대인관계 치료 집단을 다룰 때의 이론적이고 실질적인 이슈에 대해 심도 깊게 논의한 내용으로는 Yalom (2005)을 찾아보라. 다양한 집단에 실제적으로 적용하기 위한 집단상담의 11가지 주요 이론에 대한 개관으로는 Corey(2016)를 참고하라. 두 개의 다른 집단을 공동 지도하는 Corey 부부가 등장한 교육적 비디오 프로그램으로는 〈*Groups in Action: Evolution and Challenges-DVD*〉와 『워크북』(Corey, Corey, & Haynes, 2014)이 있다.

Chapter 12
지역사회 상담

핵 심 질 문

1 여러분을 지역사회에 참여하도록 만들 수 있는 관심사에는 어떤 것이 있는가? 상담자로서 여러분은 지역사회에서 어떤 역할을 하고 싶은가?

2 어떤 상담자는 내담자가 자신의 문제에 기여하는 내면적 요소들을 이해할 수 있도록 돕는 데 노력을 쏟는다. 한편 다른 상담자는 내담자의 문제에 영향을 미치고 있는 환경적 요인에 주목한다. 개인적인 관점과 환경적인 관점을 결합하는 접근의 장점은 무엇이라고 생각하는가?

3 만약 여러분이 지역사회에서 절실한 사회 문제에 대해 교육을 하게 되었다면, 어떤 문제에 주목하겠는가? 이 특정 사회 문제를 겪고 있는 지역사회 구성원들에게 여러분은 어떤 자원을 추천하겠는가?

4 찾아가는 상담 서비스는 지역사회 개입 방식의 기본이다. 여러분이 지역사회 기관에서 일하고 있다면, 어떤 집단을 대상으로 찾아가는 상담 서비스를 제공하겠는가? 그 이유는 무엇인가?

5 다양한 내담자들에게 서비스를 제공하는 것과 관련하여 지역사회 상담자로서 여러분은 어떤 도전에 직면하리라고 예상하는가? 지역사회 상담자로서 어떤 종류의 조력자 역할을 맡게 되겠는가?

6 **사회운동**(social activism)이란 용어를 무엇이라고 이해하는가? 여러분은 사회 운동가가 되기 위해 어떤 단계들을 밟아갈 수 있을까?

7 학교 상담자는 학교에서 변화의 주도자 기능을 어떻게 할 수 있을까?

8 지역사회 상담자가 사회 정책을 만들어낼 수 있는 한 방법은 무엇인가?

9 지역사회 접근 방식은 단순히 사람들이 그들 환경에 적응하도록 돕는 것이 아닌, 사회 변화를 강조한다. 여러분은 이런 시각에 대해 어떻게 생각하는가?

10 위기 집단에 조기 개입하는 방식은 어떤 장점들이 있는가?

이 장의 목적

상담자는 지역사회 내 문제의 원인을 다룸으로써 한 번에 한 사람을 돕기보다 많은 사람들의 삶을 향상시킬 수 있다. 여기에 다음 이야기가 보여주듯, 정신건강 전문가들이 예방에 주목해야 하는 이유가 있다.

상류로 올라가기

강둑을 따라 걷고 있을 때, 한 행인은 어떤 사람이 물에 빠져 있는 걸 목격합니다. 그 사람을 육지로 끌어올린 후, 또 다른 사람이 강물 속에서 도움을 필요로 하는 걸 발견합니다. 얼마 후 그 강물은 물에 빠진 사람들로 가득 찼고 더 많은 구조자들이 첫 번째 구조자를 돕기 위해 필요해졌습니다. 불행하게도 어떤 사람들은 목숨을 구하지 못하고 또 어떤 사람들은 육지로 끌어올려진 후에 다시 물에 빠집니다. 이때 한 구조자가 강을 거슬러 걷기 시작합니다. "어디 가세요?" 다른 구조자가 당황하여 묻습니다. 걸어 가던 구조자가 말하길, "저는 상류로 가서 왜 이렇게 많은 사람들이 계속 강물에 빠지고 있는지 보려고요" 알고보니, 상류의 가장 앞에 있던 다리에 사람들이 계속 떨어지는 구멍이 있습니다. 상류로 간 구조자는 우선 이 다리의 구멍을 고쳐야 더 이상 많은 사람들이 강물로 빠지지 않을 수 있겠구나 하고 깨닫습니다. (Cohen & Chehimi, 2010. p.5)

너무도 자주 우리는 지역사회 및 체계가 내담자의 문제에 어떻게 원인을 제공하는지 검토해 보지 않고 그저 내담자 개인의 내적 세계에만 주로 관심을 쏟는다. 위 이야기가 보여주듯, 개별적인 대처는 우리의 역량을 제한할 수 있다.

전문 상담자들이 진정으로 지속되는 변화를 촉진하려면, 사람들 삶 전체 환경에 영향을 줘야 한다고 많은 사람들이 주장한다. 개인상담에 오는 사람들과 작업하는 것 역시 전문가가 자신의 조력 기술을 사용하는 한 방법이겠으나, 상담자가 체계적 접근 방식을 이용하면 개인과 지역사회 모두의 변화를 조성할 수 있다. 개별 내담자의 열망과 곤경은 지역사회 체계 내 다른 다수의 사람들의 열망 및 곤경과 밀접하게 관련되어 있다. 지역사회 내 역량과 힘에 집중함으로써, 상담자는 지역사회의 사람들에게 힘을 불어넣을 수 있다.

이 장의 목적은 외적 환경이 내담자들에게 어떻게 영향을 미치는지 여러분이 인식할 수 있도록 돕는 것이다. 사회는 개인들이 생각하고 느끼고 행동하는 방식에 영향을 주기 때문에, 우리는 그들 삶의 맥락에서 분리하여 개인을 치료할 수 없다. 상담자로서 우리는, 우리를 찾아오는 사람들의 문제를 야기시킨 사회적, 정치적, 환경적 조건들을 다뤄야 할 책임이 있다.

지역사회적 관점

지역사회란 무엇이며, 그 구성원을 어떻게 알아낼 수 있을까? *Promoting Community Change*에서, Mark Homan(2011)은 **지역사회**의 정신을 다음과 같이 정의한다.

> 지역사회란 뚜렷한 장소, 신념, 관심사, 활동 혹은 이를 공유하지 않는 사람들과는 구분 짓고 공동체 내의 공통성은 분명하게 식별해 주는 특징을 공유하는 다수의 사람들을 말한다. 이런 공유된 차이는 충분히 분명하여 공동체의 구성원들은 비록 현재 이를 의식하지 않더라도, 이 차이를 알아볼 수 있다. 이 인식에 따라 효과적으로 행동하는 것은 구성원들이 개인적이고 상호적인 성장을 완료할 수 있도록 이끈다. (p.115)

지역사회 기관에는 지역사회에 광범위한 사회적, 심리적 서비스를 제공하기 위한 모든—공공이든 사설이든, 비영리이든 영리이든—기관이 포함된다. 마찬가지로 **지역사회 활동가**란 지역사회 내 개인들과 공동체 전체에 서비스를 제공할 임무를 가진, 다양한 수준의 교육과 훈련을 받은 여러 영역의 복지 사업가 및 지역사회 의료 종사자를 뜻한다.

지역사회 **변화 조력자**는 밑바닥에서부터 지역사회 프로그램과 기관들을 세우는데 적극적인 역할을 한다. 그들은 자신이 일하고 있는 지역사회 구성원들의 필요에 근거하여 노력을 기울인다. 내담자에게 귀를 기울임으로써, 여러분은 다수의 내담자가 원하는, 혹은 자신의 삶에서 만들 수 있다고 믿는 변화를 제한하고 있는 환경적 요인들에 대해 알 수 있을 것이다. 여러분은 내담자의 염원을 들으며, 그들의 성공을 가로막고 있는 장애물들이 인식되기 시작할 것이다. 여러분이 지역사회 개입에 있어 전문가가 아니라 하더라도, 도움을 주고 있는 공동체에 변화를 만들기 위한 조력자로서 중요한 역할을 할 수 있다.

지역사회 변화 주도자가 되기 위한 첫번째 단계는 내담자 삶에 맞닿아 있는 공동체를 알아차리는 것이다. 여러분 내담자의 공동체를 떠올리며 다음 질문에 대답해 보자.

- 사회 사업이 이 공동체의 필요를 어떻게 충족시키고 있는가?
- 서소득층의 특수한 어려움은 무엇이며, 어떤 지역적, 주 정부적, 연방 정부적 자원이 그들을 도울 수 있겠는가?
- 이 지역사회에서, 사람들은 어디에서 필요한 사회적 · 심리적 서비스를 받을 수 있는가?
- 개인과 집단이 겪고 있는 문제에 원인이 되는 이 지역사회 내의 영향력은 어떤 것들이 있다고 생각하는가?
- 이 지역사회 사람들에게 힘을 주기 위해 이용할 수 있는 자산과 자원에는 어떤 것이 있는가?
- 이 지역사회와 사회에서 개인들이 공정하게 접근하고 참여하는 것을 막고 있는 제도적 장벽은 무엇인가?

인간의 문제를 이해하고 다루기 위한 전통적인 접근 방식은 개인적인 변화에 이르기 위한 방도로서 내적 갈등을 해결하는데 주목하는 것이다. 반면 지역사회적 접근 방식은 개인의 문제를 발생시키는 환경적 요인을 변화시키고 전체 지역사회를 강화할 수 있는 힘을 이용하는 것에 주력하는 것이다. **지역사회적 지향**은 상담자에게 상담실을 넘어서는 개입을 고안해낼 것을 요구한다. 이는 개인상담 모형으로 훈련받은 상담자에게 지역사회를 내담자로 보는 패러다임으로 전환할 것을 요구한다. 해결책을 찾기 위한 자원, 힘, 능력이 공동체 내에 있으므로, 지역사회는 그 자체로 어떤 문제들을 해결하기 위해 주목해야 할 가장 적절한 주안점일 수 있다. 충족되지 않은 지역사회의 요구를 다룰 때, 상담자는 지역사회의 자원을 식별하고 개발하기 위해 그 구성원들과 밀접하게 작업하고, 궁극적으로 지역사회를 강화할 수 있는 조치를 해야 한다.

패러다임의 전환을 좀더 잘 설명하기 위해, 학교에 자주 결석하여 학업적 문제를 겪고 있는 한 학생의 사례를 살펴보자. 상담자는 이 학생의 출석률을 높이기 위해, 소년의 가족들에게 이 목적을 달성할 수 있도록 도움을 요청하는 방향으로 작업을 할 수 있을 것이다. 지역사회 상담자는 더 큰 그림을 숙고해 보기 위해 조사를 확대하여, 가족들과 함께 이 학생의 결석과 학업 문제의 원인이 되는 체계적 요소를 확인할 수도 있다. 아마도 이 소년은 부모님이 일하시는 동안 어린 동생을 돌보느라 학교를 빠진 것일 수도 있다. 가격이 적당한 지역사회 내 보육 시설을 개발하는 적극적인 개입 방식으로, 지역사회 상담자는 이 가족뿐만 아니라 유사한 고민에 빠진 이 공동체 다른 사람들에게도 도움을 줄 수 있다.

Chung과 Bemak(2012)은 상담자가 전통적인 역할만을 고수하는 것은 현 상황을 유지하고 강화시키는 것이며, 이는 불공정, 불평등, 특정 집단 사람들에 대한 차별적 대우를 정치적으로 지지하는 결과를 낳게 된다고 말한다. Chung과 Bemak은 옹호 활동은 유능한 정신건강 전문가의 윤리적이며 도덕적인 의무라고 주장하고 있다.

지역사회적 접근 방식의 범위

상담 과정은 진공 상태에서 일어나는 것이 아니다. 사회복지 전문가들은 지역사회의 여러 다양한 구성원들 삶에 악영향을 미치는 사회적 요소를 다루는 개입 전략을 개발한다. 이는 '환경 내의 사람들'과 함께 작업하는 전통적인 사회사업의 관점과 일치한다. 개인적 요소와 환경적 요소를 모두 고려하는 과정은 지역 **공동체 정신건강 운동**과 조화를 이루는 것으로, 1950년대에 시작된 이 운동은 인간의 문제가 주로 사회체제의 실패에서 비롯된 것이라는 전제에 근거한다. 지역사회 정신건강의 관점은 모든 구성원들과 관련 있지만, 특히 역사적으로 주변화되고, 억압 받고, 취약한 주민들과 관련이 깊다. 지역사회 사업은 상담자가 지역사회 내 다른 사람들과 관계 맺고, 리더십 기술을 개발하고, 공동체 구성원에게 권한을 부여하며, 내담자를 위한 옹호 활동을 하고, 학습의 문화를 조성하는 등의 다양한 기술들을 배우도록 요구한다.

사람들이 맞닥뜨리는 많은 문제는 중요한 자원을 주지 않고 보류시키는 체제로부터 개인 혹은 집단의 구성원으로서의 권리를 박탈당한 결과이다. 문화적으로 숙련된 지역사회 사업가는 특히 사회정치적인 영향력이 다양한 문화 집단의 사람들의 경험에 어떻게 지장을 주는지 알고 있다. 이 사업가들은 현대 사회에서 억압 받고 주변화된 집단 사람들의 정신건강에 악영향을 미치는 사회적 불공정성을 개선하기 위해 노력한다(Crethar et al., 2008). 지역사회 사업가 대다수는 모든 사람들이 높은 수준의 치료 프로그램에 동일한 권리가 있어야 한다고 생각한다. 결과적으로, 지역사회 사업가들은 모든 연령과 배경의 사람들이 모든 종류의 문제에 대해, 비용을 지불할 능력에 관계 없이 서비스를 받을 수 있어야 한다고 주장한다.

상담자들은 내담자의 경제적인 생존 욕구를 처음부터 다루려는 의지를 보여 줘야만 한다. 사람들은 성장과 자기실현에 동기화되기에 앞서, 기본적인 욕구가 만족되어야 하기 때문이다. 마땅한 거처가 없거나 끼니를 해결하기 위해 애써야 하는 사람과 그 자녀는 자기 탐색과 개인적 성장으로부터 혜택을 받기 전에 먼저 위기 상황 모드에서 벗어나야 한다. 일반적으로 말해 안정화가 탐색보다 먼저다. 안정화에는 대개 주거, 음식, 재산, 법적 문제, 약물 중독 치료, 약물 관리, 보육, 현실적인 대처 전략, 사회적 지지 등과 같은 환경적 요소들의 전체 영역이 포함된다. 예를 들어 남편으로부터 학대당하는 여성은 학대적인 관계를 받아들이는 데 원인이 된 원가족에 대해 탐색하는 것보다 의료적 처치와 안전한 쉼터를 제공받는 것이 급선무이다. 욕구의 시기성과 위계는 가장 효과적인 결과를 얻기 위해서 신중한 숙고를 필요로 한다. 마찬가지로 최근 재활에 성공한 내담자는 어린 시절의 학대와 현재 중독 문제 사이의 연관성을 탐색하기 전에, 술에 취하지 않을 수 있는 생활 환경, 구체적인 재발 방지 계획, 12 단계 치료 모임(1935년에 설립된 익명의 알코올 중독 재활 모임에서 사용되던 회복 프로그램으로 최근 다양한 중독 치료에서도 사용하고 있음: 역주) 소개,

새로운 대처 전략 학습과 같은 도움이 필요할 것이다. 만약 내담자가 안정화가 필요한 경우라면, 모든 범위에 걸쳐 필요한 부분을 평가하고 다루어야 한다.

　내담자 옹호 활동으로 사고를 전환하는 문제는 상담 전문가들 사이에서 서서히 인정받고 있다. Homan(2016)은 우리가 상황에 영향 받고 있는 사람들을 변화시키려고 하기보다 사람들에게 영향을 미치는 상황을 변화시켜야 한다고 강조한다. 그는 모든 사회복지 사업가들이 체제내 불공정성이 있을 때, 변화를 위한 작업을 요구받는다고 믿는다. 사회적 조건을 바꾸는데 관심이 있다면, 우리는 우선 문화적 존재로서의 자신에 대해 더 잘 이해하기 위해 노력해야 한다고 Hogan(2013)은 믿는다. 우리 자신의 문화적 틀이 우리가 세상에 참여하는 방법, 전문가로서 일할 때 사용하는 방식을 위한 출발지라는 사실을 인식해야 한다. 자신의 문화를 이해함으로써, 우리는 문화적으로 다양한 환경에서 의미 있는 대화에 참여할 기초를 쌓을 수 있게 된다고 Hogan은 생각한다.

　학생들이 자신의 문화에 대해 더 알아갈 수 있도록 돕는 우리의 방식은 문화적 자서전을 쓰게 하는 것이다. 다양한 과목에서 이 과제를 한 결과, Brenda는 어머니가 강한 종교적 가치관을 표현하는 사람에게 극도로 비판적이었고, 이는 그녀의 영성을 어머니에게 숨기는 결과를 낳았다는 사실에 대해 떠올릴 수 있었다. Brenda는 자신에게 중요한 부분을 감추는 데 대한 죄책감을 느꼈으나, 또한 어머니가 그토록 판단적이었다는 사실에 몹시 화가 났다. Brenda는 종교에 대해 부정적으로 이야기하는 모든 사람들에 대해 편견을 갖게 되었다. 자신의 문화적 자서전을 집필하는 과정에서, Brenda는 가족에게서 종교에 대해 받은 암시적, 명시적 메시지들에 대한 통찰력을 얻었다. Brenda는 어머니가 어렸을 때 성직자 중 한 명으로부터 추행을 당했었고, 이것이 어머니로 하여금 종교에 대해 방어적인 자세를 취하도록 했다는 사실 또한 알게 됐다. 이 과제는 Brenda가 어머니에 대해 일정한 연민을 갖게 했고 그녀는 결국 어머니에게 자신의 영적 가치관에 대해 이야기할 수 있었다. 자신의 편견을 알아차리고 그 기원을 이해하게 되면서, Brenda는 지금 종교를 맹렬히 비난하는 내담자들에게도 연민을 갖고 좀더 효과적으로 작업할 수 있는 더 나은 위치에 서게 됐다.

상담자는 사회 이슈와 주변화된 사람들에 대한 자신의 신념과 태도, 지식의 범위, 개입과 다양한 역할을 받아들이는 것에 대한 자신의 기술 수준에 대해 인식을 개발할 필요가 있다. 다문화적 역량은 상담자가 자신의 태도 및 신념을 그 지역사회의 사회정치적 역사 속으로 가지고 갈 때, 옹호 활동의 문화적 관련성 및 적절성을 이해하기 위해 필수적이다. 다양한 내담자 집단과의 작업에 적용할 때, 사회정의와 체제 변화에 대한 폭넓은 논의는 *Social Justice Counseling : The Next Steps Beyond Multiculturalism*(Chung & Bemak, 2012)을 참고하라.

지역사회 상담자들의 다중 역할

지역사회를 지향하는 상담자들은 체계적인 불평등에 도전함으로써 사회를 더 나은 곳으로 만드는데 전념한다. 이상적으로는 모든 상담 전문가들이 개인적 수준 및 공동체 수준 모두에서 변화를 촉진하기 위해 노력해야 하지만, 상담자들의 관심과 전문성 영역이 모두 동일할 수는 없다. 지역사회 개입은 (a) 지역사회 내 자원에 정통하고 (b) 내담자의 문화적 배경에 대해 기초 지식이 있으며 (c) 그들 업무의 모든 측면에 맥락적이고 강점 중심의 관점을 사용할 수 있으며 (d) 내담자에게 사용하는 전략 및 서비스 종류를 변경할 수 있으며 (e) 광범위한 사람들 사이에서 프로그램, 기법, 개념을 시행할 수 있으며 (f) 내담자가 스스로를 주장하도록 준비시킬 수 있으며 (g) 지역사회와 관계를 맺고 공동체 구성원 각각과 관계를 맺을 수 있는 상담자를 필요로 한다(Lewis, Lewis, Daniels, & D'Andrea, 2011).

사설이나 기관 장면에 있는 상담자는 상담실 밖으로 나가 지역사회에서 어떤 일들을 해볼 수 있다(Kottler, Englar-Carlson, & Carlson, 2013). 상담자가 풀뿌리 운동의 주도자로 헌신하게 될 때, 그는 지역사회 내 한 부분에서 비록 미세하게라도 파급효과를 만들 수 있을 것이다. 예를 들어 지역사회 사업가는 자살이나 가정 폭력과 같은 특정 문제에 대한 인식을 높이기 위한 목적으로 5km 걷기 대회 같은 이벤트를 조직해 볼 수도 있다. Bemak(2013)은 그가 어떻게 광범위한 규모의 상담으로서, 지역사회 운동에 참여하게 되었는지를 설명하며 국경을 넘나드는 상담자의 개념에 대해 이야기한다. 상담자들이 자연재해로 인해 극히 중대한 요구가 있는 세계 각지를 여행하고 있다. 이런 종류의 지역사회 운동은 상담실 환경에서 행해지던 전통적인 상담과는 아주 다른 것이다.

구성원들이 그들 공동체에 생명력을 불어넣을 수 있는 기술과 능력을 개발할 기회를 만들어 줌으로써, 지역사회 사업가는 단지 그 문제들에만 집중하는 게 아니라 그 공동체가 발전하도록 돕는다. 이는 이 지역사회의 삶의 수준을 끌어올리고 구성원들이 현재 및 미래의 도전에 직면할 수 있는 능력을 확장시킨다. 지역사회를 변화시키는 작업은 종종 소규모 집단으로 시작한다. 즉, 여러분이 작업하는 지역사회 집단 내에, 변화를 위한 노력을 적극적으로 담당할 소규모 사람들이 있을 것이란 의미이다. 이 집단의 작업 대부분은 소집단 맥락에서 이뤄질 것이다. 11장에서 우리는 사회복지 사업가에게 소집단 접근방식의 중요성에 대해 강조했다. 지역사회 내에서 변화의 주도자로서 역할을할 때에, 소집단을 다루는 기술은 필수적이며 강력하다.

상담자 역할에 대한 다양한 관점들

치료에 대한 전통적인 접근 방식은 자주 곤경에 대해 내담자에게 과도한 책임을 지게 한다는 비판을 받곤 한다. 극단적으로 어떤 개입 방식은 문제의 원인일 수 있는 환경적 요소에 대한 고려 없이 내담자 문제에 대한 주된 책임을 전적으로 개인에게 부과한다. 상담 전문가는 개인 내부가 아닌 외부에 자리한많은 문제들—편견, 억압, 차별—에 대해 인식하고 있어야 한다. 지역사회 지향적 작업은 다양한 내담자 집단에게 흔히 문제가 되는 환경적 조건을 인식하고 다뤄야 할 필요를 강조한다. 상담자는 환경적인 변화의 주도자 및 사회체제를 개혁하고 불필요한 고통을 개선하는 사회정치적 운동가로서의 역할을받아들이도록 격려받는다. 이렇게 하기 위해서, 상담자들은 다양한 집단과 배경에서 온 사람들의 정신건강을 증진시키기 위해 광범위한 서비스를 제공하는, 전문가로서의 새로운 역할을 습득할 필요가 있다(Crethar et al., 2008).

Atkinson(2004)은 내담자에게 도움을 주기 위해 필요한 경우, 지역사회 사업가는 전통적인 상담자와 다른, 다음과 같은 역할 일부 혹은 전부를 취하는 것이 적절하다고 주장한다. (1) 옹호자, (2) 변화 촉진자, (3) 자문가, (4) 고문, (5) 현지의 지지 체계를 촉진하는 사람, (6) 현지의 치유 체계를 촉진하는 사람. 이러한 대안적 역할은 내담자에게 권한을 부여하고자 하는 사회정의 및 실천주의의 근본 원리를 담고 있다. 인종적 혹은 민족적 소수자 내담자에게 사용하기 위한 역할과 전략을 고를 때에는, 내담자의 문화 적응 수준, 문제의 병인학, 상담의 목표 등을 고려하는 것이 좋다. 권한 부여를 주장하는 것은 높은 수준의 헌신이 요구된다. 이 대안적 역할들 중 어떤 것이든 맡는다는 것은 전적으로 개인에게 맞추던 초점을 사회 변화를 위해 작업하는 쪽으로 전환한다는 의미이다. 이 대안적인 상담자 역할에 대해 간단히 검토해 보자.

1. 대변자 소수 민족 내담자는 지배적인 사회에서 자주 억압을 당하기 때문에, 상담자는 그들 편에서 이야기할 수 있어야 한다. 상담자는 특히 문화적응이 부족한 내담자, 차별과 억압에 따른 문제로 치료 교육이 필요한 사람, 환경상 전문적인 서비스를 이용하기 어려운, 권리가 박탈된 사람들을 위해 옹호자로서 역할을 해야 한다. Crethar와 동료들(2008)은 **옹호 활동**(advocacy)을 "내담자 복지에 있어 제도적, 체계적, 문화적 장애물에 대해 상담 전문가가 수행하는 주도적인 노력"이라고 정의한다. 상담자는 내담자가 자신의 개인적, 사회적, 학업적 혹은 직업적 목표를 가로막는 제도적 장벽을 효과적으로 다룰 수 있도록 돕기 위해 자신의 기술을 사용할 때 옹호자 역할을 발휘하게 된다.

내담자 옹호 활동은 다문화적 역량이 있는 상담자가 수행해야 한다. 상담자는 내담자 집단이 장애물을 극복하고 스스로 힘을 갖기 위한 방법을 배우도록 돕는 사회적, 정치적 운동에 참여할 수 있다(Lee, 2013a). 상담자는 지역사회의 내담자 및 다른 사람들과 함께 그리고 대신하여 행동할 것을 요구받는다. 이를 예를 들어 설명하자면 정신적 외상을 입은 이라크, 아프가니스탄 참전 용사들과 작업하는 상담자는 PTSD에 대해 지역사회를 교육시키기 위한 공공

캠페인에 이 내담자들을 참여하게 독려할 수 있다. 이는 참전 용사들이 그들의 이야기를 나누고 공동체 내에서 도움를 위한 치료를 아직 찾지 않고 있는 다른 사람들을 격려할 수 있도록 힘을 주는 것이다.

2. 변화 촉진자 이 역할을 하는 지역사회 사업가는, 내담자가 당면하고 있는 문제의 원인이 아니라면, 적어도 기여한 체제 내에서 변화를 맞이하고 가져오기 위해 할 수 있는 일들을 한다. 변화 촉진자란 역할에서, 상담자는 내담자가 자기 문제의 근원인 지역사회 내 억압적인 영향력에 대해 인식하게 돕고, 이런 영향력에 대처할 전략 역시 가르친다.

지역사회 변화의 주된 목표는 건강한 지역사회를 조성하는 것이다. 변화 촉진자는 건강한 지역사회가 건강한 사람들을 만든다고 인식한다. 체제 변화 촉진자로서 지역사회 사업가는 내담자의 사회적이고 물리적인 환경을 변화시키기 위해 내담자가 권력, 특히 정치적인 권력을 키우도록 돕는다. 변화 주도자의 역할을 할 때에 지역사회 사업가는 지역사회의 요구를 충족시키기 위해 그들의 문화를 바꾸도록 조직을 교육해야 할 때도 있다(Homan, 2016). 예를 들어 상담자는 지역 고용주들을 만나 직장 내의 성희롱에 대해 교육하고 피고용인들에게는 성 감수성 훈련을 제공할 수 있다.

3. 자문가 자문가로서 역할을 하는 상담자는 다양한 문화에서 온 개인들이 지역사회 내 여러 영향력들과 성공적으로 상호작용할 수 있는 유용한 기술을 배우도록 장려한다. 이 역할에서 내담자와 상담자는 체제 내 건강하지 못한 영향력을 다루는 데 협력한다. 자문가로서 상담자는 인종차별주의 및 억압의 부정적 영향을 줄이기 위한 예방 프로그램을 고안하기 위해 다양한 인종, 민족성, 성/애정, 능력, 젠더와 문화적 배경의 내담자들과 함께 작업할 수 있다. 게이, 레즈비언, 양성애, 트렌스젠더 집단의 요구에 전문성이 있는 상담자는 이성애주의 및 동성애 혐오적인 직장 문화를 보다 수용적이고 관대하게 바꾸려는 운영자를 돕는 자문가로 조직에 고용될 수도 있다.

4. 고문 이 역할은 자문가 역할과 유사하다. 지역사회에서 고문인 사업가는 내담자 문제에 원인이 된 환경적 문제를 다룰 방법에 대해 내담자와 논의를 시작한다는 점에서 다르다. 예를 들어 최근 이민온 사람은 이민 관련 서류

작업, 고용시장에서 겪을 문제에 대한 대처방법, 아이들이 학교에서 맞닥뜨릴 문제들, 언어 학습을 위한 자원들에 대한 조언을 필요로 할 것이다. 상담자는 이런 주제들에 대한 지식을 획득하고 추가지원을 위해 언제, 어디로 내담자를 불러야 하는지 알고 있어야 한다.

5. 현지의 지지 체계를 촉진하는 사람 다양한 민족의 내담자들 대다수, 농촌 지역에 사는 사람들, 그리고 노인들은 전문적 상담 혹은 치료를 찾아볼 생각조차 않는다. 대신 가족 구성원, 가까운 친구, 지역사회 내 사회적 지원체계에 도움을 받으려고 의지하곤 한다. 지역사회 사업가는 내담자들이 지역사회 센터, 교회, 확대 가족, 이웃의 사회적 네트워크, 친구, 옹호 집단을 포함한, 자신의 공동체 내 자원들을 충분히 이용할 수 있도록 격려함으로써 중요한 역할을 담당할 수 있다. 지역사회 사업가는 사회정책 및 공동체 변화에 영향을 미치기 위해 교회 지도자와 함께 작업할 수도 있다.

6. 현지의 치유 체계를 촉진하는 사람 많은 문화권에서 복지 사업 전문가는 어려움을 겪고 있는 사람들에게 가닿을 수 있을 거라는 희망을 거의 갖지 못한다. 전통적인 정신건강 접근 방식과 전문가들에 대한 불신이 깊기 때문이다. 만약 상담자가 내담자 문화(현지의 자원들) 내에 있는 치유적 자원들에 대해 잘 알고 있다면, 내담자를 같은 문화권의 사람이나 현지 영적 치유자에게 부탁할 수도 있을 것이다. 때로는 상담자가 내담자의 세계관을 채택하는 것이 어려울 수 있다. 그런 경우에는 현지 치유자(종교적 지도자 및 기관들, 에너지 치유자, 각 공동체 지도자들 등)와 협업을 하는 것이 도움이 된다. Chung과 Bemak(2012)은 미국으로 건너오기 전에 여러 가족 구성원이 살해당하는 걸 목격한 한 소말리아 내담자에 대해 기술하고 있다. 이 내담자는 상담자와 작업하는 것 이외에도, '사망한 가족 구성원의 혼을 달래는'(p.90) 제례를 행하는 현지 치유자와의 만남을 통해 많은 도움을 받았다. 내담자와 그 치유자는 그 후 코란의 메시지를 읽고, 특정 음식을 먹고, 향을 태우며 의식을 완료했다. 문화적으로 유능한 상담자가 되려면 현지의 건강과 치유적 의식에 열려 있어야 한다(Stebnicki, 2008). 현지 치유 체계에 대해 잘 이해하는 상담자는 이것이 다른 사람과 작업하는 그들의 실무에 엄청난 영향을 미친다는 것을 발견하게 될 것

이다. Stebnicki는 또한 다수의 현지 치유 방식이 상담자의 자기 돌봄 프로그램에도 도움이 될거라고 언급한다.

사회정의 옹호자이자 변화 주도자로서의 학교 상담자

학교 장면에서 변화 주도자 역할을 맡는 것은 수많은 도전을 수반한다. Bemak과 Chung(2008)은 학교 상담자 대다수가 무슨 일이 있어도 평화와 대인 관계에서의 조화를 고취하려는 '좋은 상담자 신드롬'에 갇혀있으며, 이는 현 상황을 유지하려는 경향을 갖는다고 주장한다. 이 학교 상담자들은 불공평, 공정하지 못한 대우, 기회와 자원에 대한 접근 제약 등을 다룰 준비가 되어 있지 않다. Bemak과 Chung은 이 좋은 상담자 신드롬을 피하거나 넘어서서 학교에서도 유능한 사회정의 옹호자 및 조직의 변화 주도자가 될 수 있는 수많은 방법들을 개략적으로 제시한다. 그들이 한 조언 중 몇 가지가 여기에 있다.

- 여러분의 전문가로서의 역할을 확장하고 좋은 상담자 신드롬을 깰 때에 일정 정도 대인관계 갈등을 겪게 될 거라고 예상하라.
- 상담자의 역할을 재정의하고 학교에서 사회정의 옹호자 및 변화 촉진자가 되는 것의 개인적, 전문적 저해 요인들 모두를 인식하라.
- 종종 변화 과정의 일부인, 불확실성, 모호함, 불안을 다룰 필요성에 대해 인정하라.
- 공개적으로 이야기를 하는 것과 모든 학생들이 수준 높은 교육에 대한 기회를 가질 수 있도록 개인적·전문적 위험을 감수하는 것은 용기가 필요한 일임을 인식하라.
- 학교상담에서 변화 촉진자 역할을 하는 것은 전문가로서 선택이 아니라 반드시 해야 하는 일이라고 생각하라.

Bemak과 Chung(2008)은 학교 상담자들이 공립 학교에서 청소년들 대다수에게 불리하게 영향을 미치는 불평등과 불공정성을 다뤄야 하는 경우, 이 새로운 전문적 역할을 반드시 맡도록 하라고 말했다.

지역 공동체적 개입

지역사회 상담은 상담자들이 제공할 수 있는 다양한 형태의 서비스들을 통해 개념화할 수 있다. (1) 직접적인 내담자 서비스, (2) 간접적인 내담자 서비스, (3) 직접적인 지역사회 서비스, (4) 간접적인 지역사회 서비스(Lewis et al., 2011). 우리는 다음 논의에서 이 서비스들 각각에 대해 좀더 자세히 탐색해보겠다.

직접적인 내담자 서비스는 정신건강 상의 문제가 계속 진행될 위험에 처한 사람들을 직접 찾아가는 상담활동에 주력한다. 지역사회 상담자는 위기를 맞고 있거나 대처 능력을 손상시킬 정도의 지속적인 스트레스원에 대처하고 있는 내담자에게 도움을 제공한다. 이 프로그램의 표적 집단으로는 학교 중퇴자, 모든 연령의 알코올이나 약물 남용자, 노숙자, 아동 학대와 노인 학대의 희생자 및 가해자, 자살 충동을 느끼는 사람, 폭력 범죄의 피해자, AIDS에 걸린 사람, 어머니가 된 청소년 등이 있다. 상담자는 학교와 지역사회로 손을 뻗어 위기 집단에게 다양한 개인, 직업, 가족 상담 서비스를 제공할 수 있다(Lewis et al., 2011).

간접적인 내담자 서비스는 내담자에 대한 옹호 활동으로 구성되며, 이는 개인 혹은 집단을 위해 혹은 함께 활발한 개입을 하는 것이다. 지역사회 기관은 주류 공동체로부터 분리되어 권리를 박탈당한 집단에게 힘을 실어 주는 작업을 한다. 이 대상으로는 실업자, 노숙자, 노인, 장애인, AIDS를 안고 살아가는 사람 등이 포함되나 여기에 한정되는 것은 아니다. 상담자는 내담자를 대신하여 목소리를 내고, 내담자 상황에 적극적으로 개입하면서, 옹호자가 되어야 한다. 상담자는 원하는 변화를 가져오게 하기 위해, 때로는 다른 사람들과 협력하며, 내담자에게 악영향을 주는 요인들을 파악하고 행동에 나선다(Lewis et al., 2011). 이 옹호 과정은 일반적으로 권력을 갖지 못한 사람들이 지역사회 및 자기 내부 모두에서 자원을 찾고 사용할 수 있는 도구를 얻는 방향으로 나아가도록 돕는 방법으로, 가장 잘 이해될 수 있다.

예방적 교육 형태인 **직접적인 지역사회 서비스**는 집단 전반에게 적합하다. 이런 프로그램의 예로는 인생 설계 워크숍, 여가의 창조적 활용, 대인관계 기술 훈련 등이 있다. 강조점이 예방에 있기 때문에, 이 프로그램은 사람들이 폭넓은 능력을 함양할 수 있도록 돕는다.

간접적인 지역사회 서비스는 전체로서 집단의 필요를 만족시키기 위해 사회 환경을 변화시키고자 노력하며 공공 정책에 영향을 줌으로써 수행된다. 지역사회 개입은 빈곤, 성차별주의, 인종차별주의의 희생자들, 일반적으로 무기력해진 사람들을 다루게 된다. 여기서의 주안점은 공공 정책을 개발하는 지역사회 내 사람들과 긴밀하게 작업하여 체계적인 변화를 도모하는 것에 있다. 예를 들어 지역사회 상담자는 지역, 주 혹은 국가 수준에서 장애가 있는 사람들이 만족스러운 직업을 찾고 직장 내에서 자신의 권리를 보호받을 수 있도록 도와주는 정책을 형성할 때 도움을 줄 수 있다.

직접 찾아가는 상담 서비스

정신건강 전문가들이 더 폭넓은 집단에게 서비스를 제공해야 할 필요를 좀더 인식하게 되면서, 직접 찾아가는 활동(아웃 리치)의 효과적인 전략에 대한 관심이 점점 높아지고 있다. 이 전략은 특히 소수 민족 집단에게 서비스를 제공하는 데 유용한데, 다른 집단 사람들에게 잘못 꼬리표를 붙이고 서비스에서 이들을 배제시키는 것으로 간주되곤 하는, 백인 정신건강 전문가들에 대해 전통적으로 불신이 있었기 때문이다.

4장에서 살펴보았듯, 상담자가 자신과 다른 문화적 집단에게 손을 뻗어 효과적인 서비스를 제공하고 싶다면, 문화적으로 다양한 내담자 집단에 대한 폭넓은 식견을 쌓아야만 한다. 문화적으로 유능한 상담자가 직접 찾아가는 노력에서 성공하고 싶다면, 지역사회 내 다양한 집단의 삶의 경험 및 문화적 가치관과 일치하는 개입 기법을 필수적으로 사용해야 한다(Lee & Park, 2013).

직접 찾아가는 서비스 모형은 지역사회 상담자가 사람들이 도움을 청하러 올 때까지 기다리지 않아도 된다는 점에서 상담 전문직에서 사용되던 전통적인 모형과 다르다. 대신 상담자는 사람들의 전 생애에 걸친 심리적 건강을 증진시킬 목적으로, 예방적 정신건강 서비스 패키지를 조직화하여 지역사회에 다가간다.

직접 찾아가는 접근 방식은 기술 훈련, 스트레스 관리 훈련, 정신건강 및 상담의 효과에 대한 교육, 다양한 장면에서의 자문 등과 같은 발달적이고 교육적인 노력이 포함된다. 이런 노력은 상담자에게만 아니라 지역사회에도 의미가 통하는 방식으로 이루어져야만 한다. 예를 들어 상담자는 노인 복지관처럼 지역 내 편리한 위치에서 노인을 위한 건강과 복지 프로그램을 만들고 싶을 수 있다. 성공적인 노화를 강조하는 프로그램에는 건강한 라이프 스타일을 유지하는 것, 스트레스 감소, 탄력성 및 긍정적 사고, 사회적 지지에 주력하는 것에 더해, 창조적인 예술 활동처럼 내담자들이 도움받을 수 있는 활동들이 포함될 것이다. 만약 지역 내 주민들이 서비스를 활용하지 않는다면, 이 서비스들이 제공되는 방식의 적합성이나 서비스의 가치에 대해 의문을 제기하는 것이 적절하다. 지역사회 상담자는 서비스를 조직할 때, 지역사회로부터, 지역사회와 함께 기꺼이 배우려고 해야 한다.

여러분은 지역 내 잠재적 내담자 모두의 비위를 맞출 필요가 없다. 공동체 기관에서 일하게 되면, 개별 내담자와 작업하는 팀의 일원이 될 가능성이 높다. 사례 관리 접근 방식은 각자가 다른 전문성을 지닌, 다수의 상담 전문가들을 관련시킨다. 관리의료 체계 역시 팀 접근법을 사용하므로, 여러분은 기관의 전문가 팀 구성원들과 어떻게 협력적인 관계를 형성할 것인지를 배워야 한다. 일단 공동체 내 요구가 확인되면, 내담자 집단에게 다가가는 데 있어 한 명의 상담자가 단독으로 기능하는 것보다 무리의 상담자 집단이 더 큰 영향력을 갖는다.

학교의 찾아가는 서비스 프로그램

첫 번째 인턴십 중 하나로, 나(Marianne)는 초등학교에서 청소년 선도 상담자로서, 여러가지 문제 행동으로 학교 당국의 관심을 받게 된 6세에서 11세 사이의 아이들을 돕는 일을 했었다. 이 프로그램은 비교적 작은 문제가 더 심각한 문제가 되는 것을 방지하고, 또한 더 나이가 많은 아이들이 소년법원으로 넘어가지 않게 막는 것을 목표로 한다. 심리학자로부터 슈퍼비전을 받고는 있었지만, 이 아이들과 작업할 프로그램을 설계하는 것은 내 몫이었다. 나는 비슷한 연령으로 구성된 집단을 여러 개 만들어 학교에서 집단상담을 제공했다. 집단상담은 유용했지만, 나는 곧 아이들의 곤경을 효과적으로 다루기 위해서는 학교 장면을 넘어설 필요가 있다는 걸 깨달았다. 그래서 이 아이들을 도와줄 지역사회와 관계를 만들기 위해 찾아가는 서비스 프로그램을 도입했다. 아이들의 행동에 큰 변화를 가져온 개입들로는 다음과 같은 지역사회 내 자원이 사용되었다.

- 나는 이 아이들에게 필요한 것이 무엇인지 추정하기 전에 아이들의 행동 관찰을 위해서 교실, 놀이터, 어떤 경우에는 아이들 집을 방문했다.
- 아이들을 가장 효과적으로 도울 방법을 개발하기 위해 교장, 교사, 학교 간호사와 팀을 만들어 자문을 구했다.
- 아이들의 부모에게 연락해 내가 누구인지, 내가 어떻게 아이들과 일하려고 하는지 알렸다. 그 아이들을 돕는 데 부모들의 참여를 가능한 한 많이 요청했다.
- 부모 동의 하에, 대학생 자원봉사자를 모집하여, 학업적 문제를 갖고 있고 그 문제가 행동으로 나타나는 아이들을 개인 지도하게 했다. 이 대학생들은 아동 심리학 과목을 수강하고 있었고 아이들과 10시간의 현장 실습을 완수해야 했기 때문에 그들 역시 이 업무가 도움이 되었다.
- 여러 명의 부모가 자신의 아이들이 수영 파티나 산으로의 도보 여행 등 학교 밖 야유회에 참여하는 것에 동의했다.
- 나는 몇몇 아이들이 입고 갈 만큼 '괜찮은' 옷이 없는 것이 부끄러워 습관적으로 무단결석을 한다는 사실을 알게 됐다. 아이들의 이런 필요를 도와줄 수 있는 자원을 지역사회 내에서 찾을 수 있었다.

학부모, 아이들, 학교 당국의 피드백은 이 프로그램이 아이들의 주된 문제가 더 진전되지 않도록 막는 데 효과적이었음을 확인해 줬다. 이 프로그램은 청소년 선도 체계에 고용된 다른 상담자들에 의해서도 시행되었다.

지역사회를 교육하기

사람들이 이용 가능한 자원들을 사용하지 않는 데에는 많은 이유가 있다. 그 존재를 잘 모르고 있거나, 이 서비스들을 이용할 여력이 안 되거나, 상담의 성격과 목적에 대해 오해하고 있거나, 자신의 문제를 인정하기 꺼려하거나, 자기 삶을 스스로 책임질 수 있어야 한다고 믿거나, 전문 상담자가 자신의 삶을 지배하려 한다고 생각하거나, 이 서비스들이 문화적으로 민감하지 못하다고 생각하여 자신들을 위한 것이 아니라고 지각하거나, 서비스를 받을 자격이 안 된다고 생각하는 것일 수도 있다.

현실적인 한계 요인 역시 지역사회 내 서비스에 접근하기 어렵게 만든다. 예를 들어 서비스를 받기 위해 기관으로 이동해야 하는 경우, 교통 수단이 없는 지역 주민은 프로그램에 참여할 수가 없다. 적절한 혹은 감당할 수 있을 만한 보육 서비스가 부족한 것도 또 다른 주요 한계 요인이다. 가능하면 언제든지, 치료의 장벽을 낮출 수 있는 창조적인 방법을 찾아라. 가정을 방문하여 상담하거나 현장 보육 서비스를 제공하거나, 내담자가 이용할 수 있는 시내 교통망을 마련하는 것 등은 프로그램 참여를 높이기 위한 몇 가지 방법이다. 다른 지역 내 자원에서 공간을 빌려 위성 집단을 만드는 것에 대해서도 생각해 보자. 예를 들어 보육자를 위한 지지 집단의 등록자 수가 적고, 위치가 장애물이 된다고 생각되면, 지역주민센터 내 도서관, 교회, 프로그램을 진행하려는 기관보다 더 중심지에 자리한 다른 공공 공간을 사용할 수 있는지 알아보라. 지역민에게 서비스를 제공하고 확장하기 위한 노력을 창의적으로 해보자.

지역 접근 방식의 목표 중 하나는 일반 주민들을 교육하고 정신건강 프로그램에 대한 지역민의 태도를 변화시키는 데 있다. 이 영역에서 가장 중요한 과제는 아마도 정신질환에 대한 충분한 설명일 것이다. 많은 사람들이 여전히 정신질환에 대해 오해하고 오래된 개념을 고수하고 있다. 전문가들은 이런 그릇된 개념과 싸워야 하는 심각한 도전에 직면한다. 상담자는 또한 표적 집단이 이해할 수 있는 용어로 지역민들에게 제공되는 여러가지 서비스들에 대해 설명해 줄 수 있어야 한다. 여전히 많은 사람들이 전문적인 심리적 치료를 심각하게 정신적으로 문제가 있는 사람들만을 위한 것이라고 여긴다. 어떤 사람들은 전문 상담자는 내담자가 기관에 가져온 모든 문제에 대해 해답을 갖고 있다고 생각한다. 또 다른 사람들은 전문적 도움이 그저 약한 사람이나 자신의 문제를 스스로 풀지 못한 사람들을 위한 것이라는 믿음을 갖고 있다. 전문가가 다수 지역민들이 이해할 수 있고, 받아들일 수 있으며 문화적으로 적합한 방식으로 상담 서비스에 대해 적극적으로 홍보하지 않는다면, 전문가의 도움이 유용할 수 있는 많은 사람들이 서비스를 찾지 않게 될 것이다. 지역민을 교육하는 것은 그들을 도울 수 있고 힘을 실어 줄 수 있는 자원에 대해 일깨워 줄 것이다.

Hogan(2013, 5장)은 상담자들이 지역민을 교육할 때 포함시킬 수 있는 몇 가지 과제에 대해 다음과 같이 밝힌다.

- 지역내 소수집단이 필요로 하는 부분을 지원하라.
- 특별한 요구가 있는 사람들에게 적극적으로 다가가 단순히 어려움을 다루기보다 문제를 예방하기 위한 프로그램을 시작하라.
- 지역사회 복지사들의 기술을 이용하고 향상시키며, 내담자들의 서로 다른 요구들을 충족시키고 이들의 다양한 능력을 발견하고 사용할 수 있도록 인력을 배치하라.
- 빈곤, 약물과 알코올 남용, 아동 성적/신체적 학대, 아동 방임, 가까운 파트너의 폭력 등을 효과적으로 다룰 전략을 개발하라.
- 지역 내 권리를 박탈당한 사람들에게 힘을 실어 줄 전략을 개발하라.

정책 입안자에게 영향 미치기

지역 기반 프로그램에 대한 요구는 빈곤, 노숙자, 범죄, 달리는 차를 이용한 총격, 범죄 조직의 활동, 부재한 부모들, AIDS, 이혼, 아동 학대, 가까운 파트너의 폭력, 실업, 긴장과 스트레스, 소외, 약물과 알코올 중독, 비행 범죄, 노인 방임 등과 같은 현대 사회 문제로 인해 더 가중되고 있다. 이 문제들은 지역사회가 인류 문제를 예방하고 치료하기 위해 다뤄야 하는 주요 도전들 중 몇 가지에 지나지 않는다. 지역 상담자는 변화를 가져오기 위해, 사회정치적 무대에서 일함으로써 사회 정책을 형성할 수도 있다. 예를 들어 AIDS 예방에 대한 연구는 대체로 로비 활동과 정치적 압력을 통해 생겨나게 되었다. Walter(2013)는 체계적인 변화 및 사회 변화가 일어나기 위해서는 우리가 기꺼이 상담실 밖으로 나와 지역사회와 관계를 맺어야 한다고 생각한다. "저의 사회정의 행동은 단지 한 개인에게가 아니라 지역 전체에 영향을 미치는 체계 내에서 정책을 변화시키는 데 주력하곤 합니다."(p.93)

여러분이 지역민들이 당면하는 수많은 문제들을 상세히 알 거라고 기대하는 것은 현실적이지 않으나, 이 문제들에 대해 전반적인 지식을 갖추고 구체적인 요구가 있는 사람들에게 도움이 될 자원들을 잘 알아둘 수는 있다. 지역사회에서 일하며 여러분은 사회복지 전문가들로 구성된 팀의 일원이 될 것이다. 전문적인 훈련 프로그램은 상담자들이 위기에 처한 사람들과 집단을 대변하는 유능한 옹호자가 되고 학생들에게 정책 입안에 영향을 미치기 위해 필요한 기술들을 가르치도록 준비시킬 책임이 있다. 지역사회 복지사들은 압도감을 느끼기 쉽고, 지역 기관들은 대개 재정 부족과 인력 부족에 시달린다. 충분한 재정 지원 없이는 창의적인 프로그램이 계획으로만 남게 되고, 기관은 문제를 예방하기보다 처치하는 데 급급하여 위기 업무에 주로 기대게 된다. 흔히 상담자들은 과중한 노동을 하고 시간에 상충하는 요구들이 많아, 교육, 정책 입안자에게 영향 미치기, 찾아가는 서비스, 옹호 활동 등의 영역에서 많은 일을 하기가 어려울 수 있다. 그러나 상담자는 이런 활동 시간을 합법화할 방법을 찾아야만 한다. 지역 상담자가 변화를 시작할 수 있는 한 방법은 기관 내에서 조직하여 집단적인 목소리를 내게 하는 것이다.

지역사회 내 자원을 동원하기

*Promoting Community Change: Making It Happen in the Real World*에서, Homan(2016)은 만약 지역사회 내 자원을 동원하는 데 적극적인 역할을 맡고자 한다면, 확실한 지식과 기술을 갖추는 것이 도움이 된다고 주장한다. 지역사회 내 여러분의 노력을 최대화하기 위해, 다음과 같은 영역에서 여러분의 기술을 연마하라.

- 지역 내에서 신뢰와 평판을 얻어라.
- 지역사회 변화를 위해 노력을 기울일 때, 구성원들의 의미 있는 참여를 고취하라.
- 지역 구성원들의 강점 및 능력을 개발하고 이를 기반으로 하라.
- 여러분의 목표 대상, 사안, 병력, 자원에 대해 알고 있어라.
- 이해 당사자, 잠재적인 협력자와 반대자에 대해 파악하라.
- 특히 내담자 집단을 도와줄 수 있는 사람들을 포함한, 개인적 네트워크를 구축하고 유지하라.
- 지역사회에서 일할 때에 개인과의 작업에서 사용되는 기술을 적용할 수 있는지 알고 있어라.
- 지역사회 내에서 상황을 유지하거나 변화시키기 위해 사용되는 권력에 대해 인정하라.
- **지배하는** 권력보다 함께하는 권력이 좀더 적절하다는 것을 학습하라.
- 서로 연결되기 위한 변화 노력에 사람들을 계속 참여시켜라.
- 전략과 전술이 반드시 상황에 적합하도록 하라.
- 사람들이 무엇인가를 하려고 하기 전에 먼저 무엇인가를 **느껴야** 한다

는 사실을 이해하라.

- '힘을 주는 순환(cycle of empowerment)'을 사용하라: 참여, 의사소통, 결정, 행동
- 말할 때만큼 적극적으로 경청하라.
- 변화를 선동하는 책임을 맡아라.
- 자신에게 임의적인 한계를 지우지 말라. 자기의 역량을 믿어라.
- 배우는 것에 전념하라―자신, 속한 지역사회, 자신의 이슈들, 전술과 전략들에 대해.
- 지역 구성원 사이의 차이보다 유사성에 주목하라.
- 변화가 필요한 것은 '그들'만이 아니라, 하고 있는 바를 변화시켜야 하는 것은 '우리'라는 점을 기억하라.
- 특정 문제 혹은 상황이 건설적인 노력을 중단시키지 않도록 하면서도 그 장벽의 현실을 인정하라.
- 서비스를 제공할 때 윤리적 이슈를 다뤄라.
- 마땅히 충만하고 만족스러운 생활을 할 지역 주민의 권리를 믿어라.

가장 성공적인 프로그램에서는 지역 구성원이 자신의 공동체가 나가야 할 방향을 결정하는 과정에 포함된다. 여러분은 지역 상담자로서 적극적인 역할을 맡게 되나, 지역 구성원들이 바로 그들에게 필요한 바에 있어서는 '전문가'라는 사실을 기억하라. 지역 구성원을 전문가로서 인정하는 것은 스스로에게 힘이 있다는 의식을 고취시킨다. 여러분의 주요 업무는 지역 구성원들이 자기 공동체를 강화시키기 위한 능력을 개발할 수 있도록 돕는 데 있다. 개별 내담자가 스스로의 해결책을 발견하고 자기 힘을 알아보도록 격려할 때처럼, 여러분은 지역 구성원들이 자신의 문제들을 다룰 때에 내외부의 자원을 발견할 수 있도록 돕는 일에 큰 기여를 할 수 있다. 지역사회 내 연결을 촉진하고 사람들이 그들이 소망하는 변화를 초래하기 위해 가능한 자원을 사용하는 법을 배우도록 도와라.

지역사회에서 어떻게 변화를 만들지 결정하려고 할 때 어느 정도의 불확실성은 당연하다. 상황을 분석하고 관계를 형성할 수 있도록 하는 기술이 스

스로에게 있다는 사실을 상기하라. 이상주의가 가치 있는 자산일 수 있다는 사실을 인식하는 것 역시 중요하다. 다른 자산들과 마찬가지로 이는 실행에 옮길 때 더욱 강력해진다.

지역사회에서 다양한 집단과 함께 작업하기

우리는 여러분이 다양한 집단, 특히 지역사회 내에서 방치되거나 주변화된 내담자 집단을 떠올려 보고 그들의 필요를 충족시키기 위해 지역의 자원을 어떻게 동원할 수 있을지 알아보길 권장한다. 여러분이 설계한 프로그램은 표적 대상에 가닿을 수 있을 뿐만 아니라 잠재적 내담자가 서비스에 접근할 수 있는 방식을 포함해야 한다. 지역사회를 위해서 뿐만 아니라 지역사회와 함께 일하는 법을 배워라. 여러분은 지역사회 내에서 이 내담자 집단에게 서비스를 제공하기 위한 교육 프로그램을 어떻게 개발할 수 있을까? 교육은 그저 첫 단계이고 교육적인 노력은 지역사회 향상을 가져올 행동 프로그램을 겨냥해야 함을 인식하라.

내담자 집단이 누구인지에 관계 없이 다음 질문들은 지역 내 모든 표적 집단을 이해하고 함께 일할 때에 적용할 수 있는 원칙들을 분명히 보여준다.

- 지역사회 내 어떤 구체적인 집단이 가장 도움을 필요로 하는가? 그들에게 필요한 도움은 어떤 것인가?
- 여러분은 이 표적 집단의 구체적인 필요성에 대해 어느 정도까지 이해하는가? 지역사회내 어떤 자원과 능력이 표적 집단의 역경을 해결하는데 집중될 수 있을까?
- 이 표적 집단에 대해 여러분은 어떤 가정과 태도를 갖고 있는가? 이 집단에 대해 여러분이 품고 있을지도 모르는 선입견, 편견, 고정관념 들에는 어떤 것이 있겠는가?
- 내담자 집단과 작업할 때 여러분이 지닌 두려움 혹은 염려들에 대해 알아보자. 여러분은 그 두려움을 어떻게 다룰 것인가?
- 지역 내에서 여러분이 그렇게 인기가 없는 내담자 집단과 일한다는 사실에 충격 받을지도 모르는 사람들의 강력한 반응에 대해서는 어

떻게 다루겠는가?

- 노숙자들처럼 위기 집단을 사회가 낙인찍는 방식은 무엇인가? 약물을 남용하는 사람들은? 퇴역군인들은? 알코올 중독 가정의 아이들은? 실업자들은?
- 특정 집단 내 사람들이 지속적으로 스스로에 대해 낙인 찍는 방식은 무엇인가?
- 상담자로서 여러분은 효과적인 프로그램을 가로막는 낙인들을 어떻게 제거할 수 있는가?

잠시 시간을 내어 지역사회 접근 방식에 대해 여러분이 읽은 내용들을 숙고해 보자. 자신의 교육적 배경, 전문가로서의 훈련 수준, 업무 경험 등에 대해서도 생각해 보자. 여러분이 사회복지 분야로 가려고 한다면, 지역사회 내 기관 환경에서 일정 시간동안 일할 가능성이 높다. 지금 그런 환경에서 일하고 있다면, 여러분은 지역사회 내 변화 주도자로서의 역할을 포함시켜, 조력에 대해 더 폭넓은 시각을 갖기에 개인적으로나 학문적으로 얼마나 준비되어 있는가?

사회 운동과 변화를 가져오기

*Making a Difference*에서 Rob Waters(2004)는 사회 운동가가 된 5명의 지역사회를 지향하는 치료자의 업무 개요를 알려준다. 이 다섯 명의 '시민형-치료자들'은 자기 지역사회 내 깊이 연루되어 있고 변화를 촉진하기 위해 적극적으로 노력하는 사람들의 본보기를 보여준다. 이 치료자들 각각은 지역사회를 변화시키기 위해 서로 다른 길을 택했으나, 다음 질문에 크게 동기부여가 되었다. "어떻게 변화를 만들 수 있을까?"

Ramon Rojano(Waters, 2004에서 인용됨)는 치료자들이 사회 변화의 적극적인 주도자가 되어야 한다고 확신했다. 주로 부유한 영미계와 일하던 정신과 의사인 Rojano는 아동 상담소의 라틴계 및 아프리카계 미국인 아이들에게로 업무의 초점을 옮겼다. 그는 곧 빈곤, 폭력, 이 가족들 삶의 일부인 사회·경제적 위기를 다루지 않고서는 가족의 심리적인 요구를 다루기 위해 전통적인 심리치료 접근 방식을 사용하는 것이 소용없다는 걸 깨달았다. 자신의 접근 방식을 '지역사회 가족 치료'라고 부르며, Rojano는 현재 가난한 사람들을 위한 더 나은 정신건강 체계를 옹호하고 있다.

Diane Sollee(Waters, 2004에서 인용됨)는 결혼 교육 운동의 지도자이다. 그녀의 업무 중 하나는 커플에게 기본 의사소통 기술을 가르치는 결혼 교육자가 되고픈 사람들을 위해 세미나를 조직하는 것이다. 그 어느 정치적 파벌과도 관련되지 않기 위해, Sollee는 누구의 재정 지원도 받아들이지 않았다. 그녀의 업무의 핵심은 커플에게 성공적인 결혼 및 가족 생활을 하기 위해 필요한 정보와 기술을 제공하는 것이다.

Kenneth Hardy(Waters, 2004에서 인용됨)는 수년 간 학교, 교회, 회사, 미국 군대 등에서 다양성 이슈를 다루는 걸 돕기 위한 프로젝트를 개발해 온 가족 치료자이다. Hardy의 목표는 다양성에 대한 진정한 이해를 발달시키도록 돕는 방식으로, 사람들이 사회 불공정성의 현실과 인종, 젠더, 사회 계급에서의 불평등을 인식하도록 하는 것이다. 그의 전문적 업무에서, Hardy는 권리를 박탈당하고 권한을 갖지 못한 사람들에게 점점 더 주목해 왔다.

Jack Saul(Waters, 2004에서 인용됨)은 뉴욕대학교의 국제 트라우마 연구 프로그램의 책임자이며, 재난에서 살아남은 사람들을 돕는 데 전념하고 있다. Saul은 "집단적인 고통은 집단적인 대응을 요구한다"(p.40)고 주장한다. Saul은 재난 상황에서 치료자가 광범위한 의미에서 사고하고 지역사회 자체의 치유적 자원을 동원할 모형을 개발해야 한다고 생각한다. 현재 Saul은 스태튼 섬에 살고 있는 6,000명의 라이베리아 난민들을 치유할 지역사회 자원을 개발하는 데 에너지를 쏟고 있다. 그는 대체로 무대 뒤에서, 다양한 지역사회 지도자들을 연결시켜 임시거주보호센터, 직업 소개 프로그램, 가족 지원 프로그램을 조직하는 일을 돕고 있다. Saul은 "이런 종류의 일을 할 때 가장 중요한 점은 여러분의 치료적 기술이 너무 핵심이 되지 않도록, 지역사회 자체의 능력을 고쳐시키는 방식으로 이를 사용하는 것"(p.41)이라고 말한다.

UC 버클리의 사회복지학과 대학원생인 Barbara Lee(Waters, 2004에서 인용)는 현재 미국 의회 의원이다. Lee는 정치적 권력을 행사함으로써 가능한 한 폭넓은 영향력을 미칠 수 있다는 사실을 알고 있다. Lee는 그녀의 의회 사무실을 운영할 때에 임상적 관점을 도입하고, 그녀와 직원들은 저 소득층을 위한 옹호 활동을 한다. 그녀는 2003년 부시 대통령이 법으로 제정한, 아프리카의 AIDS 구호를 인가하는 법안을 공동 후원했다. 이러한 성취는 그녀가 "나는 체계의 일부가 되기 위해 정계로 들어간 것이 아니라, 체계를 흔들어 더 좋게 만들기 위해서이다"라고 한 이야기에서 의미한 비의 한 예에 지나지 않는다.

이 다섯 명의 사회 운동가들은 체계가 변화할 수 있으며 지역사회에 치유를 위한 능력이 내장되어 있음을 증명한다. 사회 운동 및 사회정의적 관점을 채택한 상담자들은 개별 내담자 삶에서 문제를 치료하는 관점에서 사고하도록 스스로를 가두지 않는다. 그들은 내담자의 환경적 맥락에서 체계적인 변화를 조성하기 위한 예방적 전략을 시행하는 데 관심을 둔다(Crethar et al., 2008).

복습

- 지역사회적 관점은 단순히 사람들이 환경에 잘 적응하도록 돕기보다 사회적 변화를 강조한다.

- 개별 내담자 치료에 주목하며 문제의 원인이 되는 제도적 혹은 사회적 조건을 무시하는 것은 효과적이지 않다. 개인의 내적인 갈등과 지역사회 내 사회적 요소들을 모두 고려함으로써, 상담자들은 좀더 균형잡힌 시각을 가질 수 있다.

- 특히 지역사회 내 위기 집단에 대한 조기 예방적 접근 방식과 관련하여, 수련 프로그램은 학생들이 지역사회 개입에 대해 주도적인 자세를 취하도록 준비시켜야 한다.

- 포괄적인 지역사회 상담 프로그램은 네 가지 측면들을 가지고 있다. 직접적인 내담자 서비스는 지역사회에서 위험 집단을 위하여 찾아가는 상담

서비스활동에 초점을 둔다. 직접적인 지역사회 서비스는 예방 교육의 형태로 전체 집단에 맞추어 제공된다. 간접적인 내담자 서비스는 내담자 옹호 활동을 통해 개인이나 집단에 적극적인 개입을 한다. 간접적인 지역사회 서비스는 정책 입안자에게 영향을 미쳐 지역사회 내 긍정적인 변화들을 가져오는 것에 집중한다.

- 상담자들은 전문적 도움을 이용하기 어려운 상황에 처한 내담자의 박탈된 권리에 대해 옹호하는 역할을 맡을 필요가 있다.

- 지역사회에서 일하는 상담자는 찾아가는 서비스에 참여하고, 지역 구성원에게 교육을 제공하며, 옹호자 역할을 자임하고, 정책 입안자들에게 영향을 미치기 위해 필요한 기술들을 개발해야 한다.

- 좋은 상담자 신드롬은 상담자가 무슨 수를 써서라도 평화와 대인관계적 조화를 추구할 때 발생하며, 이는 현 상태를 견고하게 만들곤 한다.

- 여러분이 지역사회 내 잠재적인 내담자들에게 모든 역할을 해줘야 하는 것은 아니다. 지역사회 기관에서 일하게 된다면, 여러분은 개인 내담자들과 작업하는 팀의 일원이 될 가능성이 크기 때문이다.

- 사회 운동은 지역사회 내 중요한 변화를 만드는 강력한 방법이다.

- 우리 각각에겐 변화를 만들 능력과 힘이 있다.

이제 무엇을 할 것인가

1   지역사회 내에서 위기에 처한 집단 하나를 선정하라. 수업의 프로젝트로 수업을 같이 듣는 몇몇 사람들과 지역사회 접근 방식을 사용하여 특정 내담자 집단을 위한 옹호 활동 전략을 탐구해 볼 수 있다. 여러분이 파악한 위기 집단의 어려움에 대해 지역 주민들의 의식을 환기시키기 위해 무엇을 할 수 있는가?

2   여러분이 지역사회 내에서 해보고 싶은 종류의 찾아가는 서비스는 어떤 것이 있을지 알아보자. 지역사회 기관에서 현장 실습 중이거나 일을 하고 있다면, 찾아가는 서비스 프로젝트에 대해 어떤 구상을 갖고 있는가? 지역사회 내 어떤 정신건강 전문가, 혹은 학교 내 어떤 교수진이 특정 내담자 집단에게 절대적으로 필요한 요구를 충족시키는 방향과 관련하여 전문 지식을 제공해줄 수 있는가? 지역사회 내 소외되는 집단에게 가닿을

수 있는 프로그램을 개발하기 위해 여러분과 동료 학생들은 능력과 노력을 어떻게 합치겠는가? 이와 같은 찾아가는 서비스 프로젝트를 개발하는 데에 지역사회 내 어떤 기관 및 자원을 활용할 수 있는가? 여러분 프로그램의 구성 요소들을 간략하게 설명하라. 프로그램이 거창할 필요는 없다. 작은 변화라도 한 번도 도움을 청하지 않은 사람들에겐 유용할 수 있다.

3 이전 과제로 여러분이 만든 찾아가는 서비스 프로그램에 대해 스스로, 혹은 수업 과제로서 멋진 제안서의 초안을 작성해 보자. 사회복지 분야의 프로그램 제안서 작성에 대해 더 배우고 싶다면, *Proposal Writing: Effective Grantsmanship*(Coley & Scheinberg, 2014)을 읽어보길 추천한다.

4 여기에 제시된 각 자료들의 서지사항은 책 뒷부분 참고문헌을 참고하라. Homan(2016)은 지역사회를 내담자라고 생각하고 지역사회 변화를 위한 도전들에 직시하기 위해 필요한 기본 지식과 기술들을 제공한다. 지역사회 상담에 대한 관점을 포괄적으로 기술한 자료로는 Lewis, Lewis, Daniels와 D'Andrea(2011)가 있다. Chung과 Bemak(2012)은 사회정의적 접근 방식을 어떻게 지역사회에 적용할지를 아주 훌륭하게 보여준다. 치료자들이 전통적인 50분 상담을 넘어 어떻게 지역사회를 돕고 있는지를 보여주는 편집서로는 Kottler, Englar-Carlson과 Carlson(2013)을 참고하라.

Chapter 13

스트레스, 소진, 자기 돌봄

핵 심 질 문

1   여러분 자신이 어려움을 겪게 되면, 어느 정도까지 다른 사람의 도움을 얻으려 하겠는가?

2   가정에서 또 일터에서 여러분의 주 스트레스원은 무엇인가?

3   개인 생활에서 스트레스에 대처하기 위해 구체적으로 어떤 전략을 사용하는가? 전문가로서의
    삶에서는 어떠한가?

4   여러분이 스트레스를 지배하든가, 스트레스가 여러분을 지배하든가 둘 중 하나라는 말이 있다.
    이 격언은 현 시점 여러분 삶에 어떻게 적용되는가?

5   자신의 자기 패배적 태도와 신념에 대해 인식하고 있는가? 이 자기 패배적인 내적 대화를 어느
    정도로 하고 있는가?

6   소진될 때 여러분은 어떻게 하는가?

7   소진될 가능성을 줄이기 위해 여러분은 무엇을 하는가?

8   개인 생활이나 전문가로서의 생활에서 어떻게 활력을 유지하고 있는가?

9   스스로 하고 있는 자기 돌봄에 대해 얼마나 만족하는가? 여기에 어떤 변화를 주고 싶은가?

10 자기 돌봄은 사치가 아닌 윤리적인 의무이다. 이 메시지에 대한 여러분의 반응은 무엇인가?

이 장의 목적

전문 상담자로서 직업 생활을 하는 동안, 다른 사람들이 맞닥뜨린 문제를 해결하고 그들 삶에서의 고통을 건설적으로 다루도록 도와줄 수 있길 기대할 것이다. 여러분이 내담자를 위한 변화의 동인이며 사회정의 지지활동으로서 세상을 더 나은 곳으로 만드는 데 참여하고 있다는 사실이 주는 만족에 대해서도 생각할 것이다. 상담자가 된다는 것에는 많은 보상이 있고, 여러분의 열정과 이상을 업무로 귀결시키길 격려한다. 그러나 동시에 여러분 일에 관련될 잠재적인 스트레스와 이 스트레스원이 여러분에게 어떻게 영향을 미칠 수 있을지에 대해서도 알아차리길 바란다. 이 장에서 우리는 스트레스를 좀더 효과적으로 다루어 소진을 예방하고 개인적으로나 전문적으로 활력을 유지할 수 있도록 자기를 돌보는 실천을 개발할 수 있는 아이디어를 나누고자 한다.

이 장의 대부분은 스트레스의 원인이 되는 요소들을 다룬다. 스트레스가 전혀 없는 개인적 혹은 전문적 삶을 산다는 것은 비현실적이지만, 스트레스는 충분히 관리될 수 있다. 여러분은 스트레스의 신호를 알아차리고 스트레스가 많은 상황에서 어떻게 사고하고 느끼고 행동할지를 결정할 수 있다. 또한 스트레스에 대해 효과적이지 않은 반응을 인식하고 이를 건설적으로 다룰 방법을 배울 수 있다. 요컨대 여러분은 스트레스에 지배당하지 않으면서 이를 관리하고 지배하는 방법을 배울 수 있다.

여러분이 직업에 종사하고 전일제 상담을 시작하게 되면, 업무 특성과 전문가로서의 역할에 대한 기대에서 오는 새로운 스트레스가 등장할 것이다. 위기 개입 분야에서 일하고 있다면(14장 참고), 잦은 빈도로 스트레스를 경험하게 될 것이다. 아주 빈번하게 수련 중인 상담자들은 상담 직종의 잠재적인 위험 요소에 대해 충분한 경고를 받지 못하곤 한다. 스트레스원에 대해 이해하고 스트레스 대처 방법을 배우는 것은 낙관적인 태도 및 타인을 돕기 위해 하고 있는 일들에 대한 신념을 유지할 수 있게 해줄 것이다.

이 장에서 강조하는 바는 여러분이 선택한 직업에 대해 헌신과 열정을 유지할 수 있도록 태도, 사고 패턴, 구체적인 행동 계획을 개발하라는 것이다. 우리는 또한 스트레스의 영향과 지속적인 스트레스가 어떻게 소진과 전문가로서의 손상을 가져오는지에 대해서도 논의하겠다. 한 개인으로서, 전문가로서 활력을 유지하는 것은 자기 돌봄을 요구하며, 우리는 여러분의 강점이 업무에서의 스트레스를 어떻게 잘 다루도록 도울 수 있는지 논하겠다. 이 장을 개인적인 관점에서 읽어보고, 경력 전반에 걸쳐 타인의 삶에 중요한 변화를 만들 수 있도록 자기 돌봄을 수행할 계획에 대해서도 생각해 보길 바란다.

상담자에게 있어 스트레스의 개인적 근원

상담 전문가에게 있어 업무에 관련된 스트레스의 근원은 크게 두 범주로 나뉜다. 개인적인 것과 환경적인 것이다. 스트레스를 이해하기 위해서는, 스트레스를 야기하곤 하는 외적 현실과 여러분의 인식이나 현실에 대한 해석이 스트레스에 기여하는 방식 모두를 알아야 한다. 이 스트레스원들을 개인적인 것으로 돌리거나 내면화하게 되면, 상담자로서의 역량을 갉아먹게 된다.

개인적인 스트레스원은 상담자로서의 태도와 개인적 성향을 검토해 봄으로써 찾아낼 수 있다. 다음과 같은 상황을 만드는 내담자의 행동(동료나 슈퍼바이저의 행동 역시)이 여러분에게 스트레스가 되는지 생각해 보자. 행동들에 대한 체크리스트를 점검해 보고 아래의 척도로 평정해 보자.

1=이것은 매우 스트레스가 될 것이다
2=이것은 중간 정도로 스트레스가 될 것이다
3=이것은 약간 스트레스가 될 것이다
4=이것은 내게 스트레스의 원인이 아니다

___ 1. 상담에 대한 동기가 없어 보이는데 법적 처분 때문에 상담에 오는 내담자를 만나고 있다.

___ 2. 한 내담자가 상담을 종결하고 싶어 하나, 내가 생각하기에 그 내담자는 아직 준비가 되어 있지 않은 듯하다.

_____ 3.   어떤 내담자가 매우 우울해 하고, 삶이 나아질 거라는 희망을 거의 갖지 못하는데, 계속 나에게 도움을 청하고 있다.

_____ 4.   내담자 중 한 명이 자살하겠다고 위협하고 있고, 그 위협을 심각하게 받아들일 만한 충분한 근거가 있다.

_____ 5.   내가 속한 기관의 한 동료가 회의 시간에 자기를 충분히 지지하지 않았다는 이유로 내게 화를 낸다.

_____ 6.   격렬한 폭발을 했던 전력이 있는 내담자가 상담 회기에서 전 부인에 대해 강렬한 분노를 표현하여, 나는 그가(아내가 제기한) 가처분 명령을 어기고 그녀를 해칠까봐 걱정된다.

_____ 7.   소속 기관의 동료가 사례 회의에서 내 상담작업에 대해 자주 비판한다.

_____ 8.   내가 매력을 느끼는 내담자가 그(그녀) 역시 나에게 성적으로 매력을 느낀다고 말한다.

_____ 9.   내 내담자는 요구하는 것이 아주 많고, 새롭게 등장하는 모든 문제에 대해 어떻게 해야 할지 조언을 얻고자 집으로 전화하고 싶어 한다.

_____ 10.   직장에서 슈퍼바이저는 내가 받을 만한 인정이나 공감을 주지 않는다.

평정을 하고난 후, 나타나는 패턴을 평가해 보자. 구체적으로 어떤 행동이 여러분에게 가장 스트레스를 주는 듯한가? 이 스트레스는 여러분의 개인적, 전문적 차원 모두에 어떻게 영향을 미치는가?

스트레스 관리에 대한 인지적 접근

우리의 신념은 대체로 우리가 사건을 해석하는 방식을 결정한다. 따라서 사건 그 자체가 필연적으로 스트레스의 원인인 것은 아니다. 이 사건에 부여하는 의미가 스트레스 수준을 규정하는 것이다. Albert Ellis가 창시한, **합리적 정**

서행동 치료(Rational Emotional Behavior Therapy : REBT)는 정서와 행동에 대한 영향에서, 사고의 역할을 강조하는 성격 및 심리치료 이론이다. **인지 치료자**는 사람들이 자신의 인식—우리 내면에서 흘러가는 대화—과 그런 사고가 그들이 느끼고 행동하는 방식에 어떻게 영향을 주는지를 인식할 수 있도록 돕는다. 인지적 접근은 내담자가 자기 패배적 인식에 도전하고 이를 바꿀 수 있도록, 스트레스를 덜 받는 삶을 낳는 건전한 사고를 발달시킬 수 있도록 구체적인 전략을 제공한다. 이 절에서 우리는 여러분이 스트레스를 관리할 수 있도록 도와줄 인지 치료자들의 전략을 제시하기 위해, Albert Ellis와 다른 인지 치료자, 특히 Aaron Beck의 저술에서 많은 내용을 가져올 것이다.

우리는 모두 때때로 자기 패배적 사고와 효과적이지 않은 자기 대화에 갇히곤 한다. 만약 우리가 자신의 그릇된 신념의 성격을 인식하고 그것이 문제를 어떻게 발생시키는지를 이해한다면, 이런 자기 패배적 인식을 제거하기 시작할 것이다. 우리가 경험하는 스트레스를 악화시킬 능력이 있다면, 또한 이를 감소시킬 수단 역시 갖고 있는 것이다. 인지 전략은 개인적, 전문적 수준 모두에서 활력을 유지하기 위해 적용될 수 있다. 이 전략들을 논의할 때에 제시된 사례들은 상담 전문가로서 여러분이 업무에서 맞닥뜨릴 수 있는 상황에 적합하도록 맞춰진 것이다.

A-B-C 이론

Ellis는 **비합리적인 사고의 A–B–C 이론**(Ellis, 2001b; Ellis & Ellis, 2014)을 창시했다. 이 이론은 사건, 신념, 정서 사이의 관계를 설명한다. Ellis에 따르면, 사건에 대한 우리의 해석은 종종 실제 무슨 사건이 일어났는지보다 더 중요하다. 그는 촉발 사건(Activating event)을 A로, 개인의 신념 체계(Belief system)를 B로, 정서적인 결과(emotional Consequence)를 C라고 부른다. 구직 인터뷰를 하고 있는 상황을 생각해 보라. 최악의 결과를 상상해 보자. 기관의 책임자와 인터뷰를 했는데, 여러분이 그 기관 그 포지션에 필요한 경험이 부족하다고 말한다. 그리하여 여러분은 원하던 직업을 갖지 못하게 됐다. 이 경우에 촉발 사건(A)은 여러분이 거절된 상황이다. 여러분이 경험하는 정서적 결과(C)에는 우울, 상처입음 혹은 엄청난 충격 등이 포함될 수 있다. 합격하지 못한 것에 대해 Ellis가 '비합리적인 신념'이라고 칭한 사고들이 떠오를 수 있다. 이 거절에 대한 신념(B)에는 다음과 같은 생각들 몇 가지가 뒤섞여 있을 수 있다. "이 자리에 채용이 안 되다니 진짜 끔찍하다. 이건 분명 내가 무능하다는 증거야." "난 이 직업을 구했어야만 하는데, 이런 거절은 참을 수가 없다." "내가 열심히 노력했던 모든 일은 성공해야 해. 그렇지 않으면 진짜 쓸모없는 거야." "이 거절은 내가 실패자란 뜻이야."

REBT와 다른 인지행동 치료는 정서적이고 행동적인 장애가 스스로 유연하지 못한 사고를 만들어내는 것뿐만 아니라, 아동기에 주요 타인으로부터 비합리적인 신념을 통합함으로써 학습된 것이라는 전제에 기반한다. 우리는 자기 암시와 자기 반복 과정을 통해 이런 그릇된 신념을 끊임없이, 적극적으로 강화하게 된다(Ellis, 2001b; Ellis & Ellis, 2014). 우리 안에 살고있는 역기능적인 태도를 유지시키는 것은 대개 부모가 아니라 우리가 이런 그릇된 사고를 반복하고 있기 때문이다.

Ellis의 A-B-C 모형(Ellis, 2001b; Ellis & Ellis, 2014)을 완성하기 위해 D(반박, Disputing), 즉 비합리적인 신념을 적극적으로 반박하는 과정에 대해 생각해 보자. 우리가 반박하는 이 과정과 그릇된 사고를 건설적인 사고로 대체시키는 데 성공하게 되면, 새로운 효과(E, Effect)를 만들 수 있다. 이는 우리가 다르게 생각하고, 느끼고 행동할 기반을 제공한다. 다시 인터뷰의 예로 돌아가서 직업을 구하지 못한 것에 우울감을 느끼고 실패자라고 느끼는 대신, 이를 새로운 관점에서 바라보며 자아를 손상시키지 않고도 실망스러움을 적절하게 느낄 수 있다. 그저 하나의 직업에 채용되지 못했다는 이유로 자신이 무능하다고 생각하는 비합리적인 신념에 도전함으로써 우리는 기분이 더 나아질 수 있고, 이는 다시 다른 직업을 좀더 빠르고 적극적으로 찾도록 우리를 나아가게 할 것이다. 신념을 바꿈으로써 우리는 또한 기분과 행동까지도 변화시킬 수 있는데, 이는 스트레스를 줄이는 유용한 방법이다.

REBT(Ellis, 2001b, 2004b; Ellis & Ellis, 2014)는 우리가 자신의 정서적 운명을 통제할 힘이 있다는 전제를 근거로 한다. 화가 날 때는 우리 안에 숨어 있는 독단적인 '반드시'와 절대론자인 '해야 한다'를 찾아보는 것이 현명하다. 우리는 '반드시 해야 한다'는 명제들이 파괴적인 감정과 행동을 어떻게 만들어 내는지 관찰할 수 있는 능력이 있다. 우리는 이런 요구들을 비현실적인 명령 대신 강력한 선호로 바꿀 힘이 있다. 우리에겐 자기 인식을 할 수 있는 능력이 있기 때문에, 우리의 목표와 목적을 관찰하고 평가하며 이를 바꿔낼 수 있다.

자기 패배적인 내적 대화를 파악하기

타인을 돕는 우리들은 종종 사람들에게 우리의 도움이 필요할 때 효과적으로 도울 수 있는 능력을 손상시키는 역기능적 신념을 광범위하게 갖고 있다. 때 때로 우리는 정보 처리 과정을 왜곡하는데 이는 잘못된 추정 및 오해로 쉽게 귀결된다. 상담자로서 우리는 모든 것을 알고 완벽해야만 한다고 믿음으로써 삶을 복잡하게 만들 수 있다. 만약 우리가 하고 있는 일에 대해 우울하거나 초 조해 한다면, 우리의 기본 가정 및 신념이 우리가 하고 있는 일과 느끼는 방식 에 어떻게 영향을 미치는지 밝혀보는 것이 필수적이다. 우리의 잘못된 사고를 더 많이 알아차리게 되면서, 이런 패턴을 바꿀 수 있는 자리에 설 수 있다(Ellis & Ellis, 2014).

부정적 사고는 스트레스를 유발하는 경향이 있다. 우리가 사용하는 언어 의 질을 인식함으로써 자기 대화가 스스로에게 영향 미치는 방식에 대한 정보 를 얻을 수 있다. 여기 부정적 사고의 몇가지 예가 있다.

- 나는 반드시 모든 상황에서 능숙하게 **행동해야** 하고, 반드시 사람들의 인정을 **받아야만** 한다.
- 실수를 한다면, 그건 내가 실패자라는 증거이다.
- 나는 어떤 상황에서나 반드시 **잘해야** 한다. 한 번이라도 완벽하지 못 하면, 나는 무능한 사람이다.
- 나는 항상 다른 사람의 이익을 나보다 우선시해야 한다. 나의 일은 다 른 사람을 돕는 것이고, 이기적이어서는 안 된다.
- 누군가 나를 필요로할 때, 나는 필요를 충족시킬수 있어야 한다. 그렇 지 않다면, 이는 내가 배려 있는 사람이 아니며, 직업을 잘못 선택했

다는 걸 나타낸다.

- 내담자가 상담을 그만둔다면, 이는 필시 내 잘못이다.
- 내담자가 고통 속에 있다면, 나는 항상 그 고통을 경감시킬 수 있어야 한다.

이와 같은 명제들은 자기 대화에서 끊임없이 반복될 수 있으며, 보다시피 이 문장들 대부분은 무능감, 좀더 나은 사람이 되어야 한다고 계속 괴롭히는 신념들, 만성적인 자기 회의와 관련 있다.

내담자에 대한 주된 책임을 떠안게 되면, 우리는 내담자에게서 자신의 삶을 지휘할 책임을 없애버리고 우리 스스로에게 압박감을 주게 된다. 위의 잘못된 신념 명제들을 다시 읽어보고, 여러분이 자신에게 말하고 있는 문장에 밑줄 그어보자. 혹은 특히 '완벽한' 상담자로서 책임을 다하는 것과 관련하여, 다른 어떤 문장들을 만들곤 하는가? 자신에게 하는 말들 중, 스트레스를 만드는 문장의 예로는 어떤 것이 있는가?

왜곡되고 자기 패배적인 사고를 바꾸기

Aaron T. Beck은 우울에 대한 연구 결과로써 **인지 치료**(cognitive therapy, CT)라고 알려진 접근 방식을 발전시켰다. 우울한 내담자들을 관찰한 끝에, Beck은 삶에서의 특정 사건에 대한 그들의 해석에 부정적인 편향이 있으며, 이것이 인지적 왜곡의 원인이 된다는 사실을 밝혔다(Beck, 1976). 인지 치료는 합리적 정서행동 치료 및 행동 치료와 많은 유사점을 갖고 있다. 이 치료 방식들은 모두 적극적이며 지시적이고, 시간 제한적인 동시에, 현재에 집중하며, 문제 중심적이고, 협력적이고 구조적이며 경험적이다. 이들은 과제를 사용하고 문제와 그것이 발생한 상황을 명쾌하게 식별할 것을 요구한다(Beck & Weishaar, 2014). 인지 치료는 심리적 문제가 불충분하거나 부정확한 정보에 근거하여 사실이 아닌 추론의 결과로, 잘못된 사고와 같은 아주 흔한 과정에서 기인하는 것으로 인식한다. 추론에서의 수많은 계통적 오류는 **인지적 왜곡**이라고 부르는, 잘못된 가정 및 오해로 이어질 수 있다(Beck & Weishaar,

2014). 이 오류들 몇 가지를 점검해 보자.

- **임의적 추론**은 입증할 수 있는 관련 근거없이 판단을 내리는 것을 일 컬는다. 이는 '파국화' 혹은 모든 상황에 대해 절대적으로 최악인 시 나리오와 결과를 생각하는 걸 뜻한다. 여러분은 동료와 내담자들이 자신을 좋아하지 않거나 존중하지 않을 거라는 확신을 갖고 상담자 로서의 첫번째 직업을 시작할 수 있다. 학위 과정은 어쨌든 겨우 마 쳤으나 이제 전문가로 성공할 수 있는 기술을 갖고 있지 않다고 확신 하고 있다.

- **선택적 추상화**는 사건과 동떨어진 세부사항에 근거하여 결론을 내리 는 것이다. 이 과정에서 다른 정보는 무시되며, 전체 맥락의 의미는 놓치게 된다. 그때 사건은 실패와 박탈을 다루는 문제라고 상정된다. 상담자로서, 여러분은 자신의 가치가 성공이 아닌, 실수와 약점에 의 해 측정되는 거라고 생각할 수 있다.

- **과잉 일반화**는 단일 사건을 근거로 이와 유사하지 않은 사건 혹은 환 경에도 부적절하게 적용하는, 극단적인 신념을 갖는 과정을 말한다. 만약 예를 들어 여러분이 한 청소년과 작업하는 게 어려운 경우, 모 든 청소년과의 상담에서 스스로가 무능하다고 결론지을 수 있다. 더 나아가 그 어떤 내담자와도 작업하기에 무능력하며 다른 사적 관계 들에서도 무능하다고 결론내릴 수 있다.

- **과대평가**와 **과소평가**는 사건 혹은 상황을 실제 그것보다 더 크게 혹 은 더 작게 인식하는 걸 의미한다. 이런 인지적 오류는 내담자와 상 담하며 아주 사소한 실수를 하게 되더라도 내담자에게 위기를 만들 었으며 심리적인 손상을 야기할거라고 가정할 때 범하게 된다.

- **개인화**는 외적 사건을, 그렇게 연결시킬만한 근거가 없을 때조차도 자기와 결부시키는 경향을 말한다. 내담자가 두번째 회기에 나타나 지 않을 때, 여러분은 그 이유가 첫번째 회기의 '무능한 성과' 때문 이라고 굳게 믿을 수 있다. 스스로에게 이렇게 이야기할지도 모른다. "그 내담자를 진짜 실망시켰어. 그녀는 이제 결코 다시는 상담을 받 지 않을거야."

- **이분법적 사고**는 모 아니면 도라는 식으로 사고하고 해석하거나 혹은 경험을 양자택일/또는 극단으로 범주화하는 걸 의미한다. 여러분은 자신에게 불완전한 사람, 불완전한 상담자가 될 여지를 주지 않을 수 있다. 스스로를 완벽하게 유능한 상담자 혹은 (항상 완전히 유능하지 못할 때는) 완전 패배자 둘 중 하나로 볼 것이다.

역기능적인 정서와 행동을 변화시킬 가장 직접적인 방식은 잘못된 가정과 정확하지 않은 신념을 수정하는 것이다. 인지 치료는 사람들에게 정보 처리에 있어서 자신의 인지적 오류와 편견을 어떻게 식별하는지를 가르치고 잘못된 결론을 낳는 핵심 신념을 수정할 수 있도록 안내한다(Beck & Weishaar, 2014). 공동의 노력을 통해, 사람들은 자신의 사고와 실제 발생한 사건을 변별하는 법을 배운다. 그들은 그 인지가 자신의 감정과 행동, 심지어 환경적인 사건에 미치는 영향에 대해서도 알게 된다. 사람들은 자신의 사고와 가정, 특히 부정적인 자동적 사고를 인식하고 관찰하며 추적하도록 가르침을 받는다. 모든 인지적 접근 방식의 공통된 주제는 역기능적 신념을 알아차리고 이를 좀더 현실 지향적이며 건설적인 자기 진술로 대체하는 것이다.

자기 패배적인 사고에 대응하고 반박하는 법을 배우는 것은 자신의 핵심 부정적 사고를 식별하는 과정을 수반한다. 위에서 논의했던 공통적인 인지적 왜곡을 다시 검토해 보며 이런 오류들을 담고 있는, 여러분이 잘하는 진술문들에 대해 생각해 보자. 여러분은 이런 사고로 얼마나 자주 자신에게 스트레스를 주는가? 몇가지 핵심 자기 패배적 신념들을 파악한 다음, 비판적인 평가 과정을 통해 이들에 도전해 보자. 발견하지 못한 신념들을 반박하는 한 방법이 여기 예시에서 잘 드러난다. 역기능적 신념, 반박, 건설적 신념을 순서대로 제시하겠다.

자기 진술 : 나는 나를 필요로 하는 누구에게나 항상 시간을 내줄 수 있어야 한다. 내가 그렇게 하지 않는다면, 나는 타인을 보살피는 사람이 아니다.
반박 : 왜 나는 항상 시간이 있어야만 하는가? 내담자가 나를 원할 때 항상 거기에 있지 않는다면, 타인을 보살피는 사람이 아니라는 말은 스스로

에게 그만해야 한다.

건설적인 신념 : 책임을 지고 싶지만, 나는 또한 한계를 갖고 싶다. 가끔 내
담자들은 너무 많은 것을 바라고 요구한다.

자기 진술 : 나는 모든 것을 잘할 수 있어야만 한다. 나는 완벽한 상담자이
든지, 아니면 무가치한 사람이든지 둘 중 하나이다.

반박 : 이런 신념을 어디서 얻게 되었는가? 내가 항상 모든 것을 잘해야
한다는 것이 타당한가? 어떤 것은 완벽하게 하지 못하지만, 여전히 다른
영역에서 뛰어날 수는 없는가?

건설적인 신념 : 잘하는 걸 좋아하지만, 때로는 불완전한 스스로를 인정할
수도 있다. 실수를 견뎌낼 수도 있다. 할 수 있는 모든 것에 완벽할 필요
는 없다. 완벽은 비현실적인 이상이다.

자기 진술 : 타인의 이익을 항상 내 것보다 우선시해야 한다.

반박 : 스스로에게 관심을 쏟는 것이 정말 잘못된 것일까? 자기 이익을 지
키면서도 여전히 다른 사람에게 관심을 가질 수는 없을까?

건설적인 신념 : 나 자신에게보다 다른 사람에게 더 많은 관심을 쏟을 수
는 없다. 만약 스스로를 돌보지 않는다면, 다른 사람이 스스로를 돌볼 수
있도록 돕지 못할 가능성이 높다.

인식은 자기 변화의 첫 걸음이며, 자기 패배적 사고를 어떻게 다룰지에 대
한 학습이 잇따르게 된다. 그러나 단순히 잘못된 신념을 파악하고 기능적인
진술을 배우는 것만으로는 변화를 보장할 수 없다. 변화가 일어나기 위해서는
행동이 필수적이다. 여러분은 현실을 검증하고 새로운 사고와 신념에 따라 행
동해야 한다. 여러분이 하고 싶었던 새로운 것을 피하지 말고, 이 새로운 모험
들을 찾아내고 완벽하지 않은 것의 위험을 감수하길 바란다.

상담자의 환경적 스트레스 근원

개인적, 즉 내부적 스트레스원 이외에도, 외부적 요인 또한 상담자들에게 스트레스를 줄 수 있다. **환경적** 스트레스원에는 물리적인 직장의 환경이나 지위체계 등이 포함된다. 주된 스트레스원은 일할 시간은 너무 적은데 해야 할 일이 너무 많다는 현실일 것이다. 다른 환경적 스트레스로는 조직 내 정치, 보험회사에서 부과하는 규제, 기관이나 협회의 비현실적인 요구, 지나치게 많은 상담 사례 수, 압도적인 양의 문서작업, 비판적인 동료, 프로그램의 축소, 충분한 슈퍼비전의 부재 등이 있다. 관리의료 프로그램[1]이 생긴 이후로, 상담자는 개인 내담자 및 가족들의 중요한 문제를 단 몇 회기로 다루어야 하는 스트레스를 겪고 있다. 상담자는 종종 필요한 수준의 도움을 제공해야 한다는 책임감을 개인적으로 느끼면서도, 매우 제한적인 한계 안에서 일할 수밖에 없다. 비현실적으로 짧은 시간 안에 불가능한 것을 이루려는 시도는 큰 스트레스일 수 있다. 학교 장면에서 일하는 상담자들 또한 엄청난 압박감과 스트레스에 시달린다. 그들은 대개 극도로 많은 사례를 맡고 있고 여러 이해 당사자들에 대한 책임도 갖고 있다: 학교 운영자, 동료, 부모, 그리고 가장 중요하게는 학생들. 정신건강 장면에서 일하는 상담자들과 마찬가지로, 학교 상담자들도 아주 제한적인 한계와 운영 정책이 만든 비현실적인 기대를 다루어야 한다.

또 다른 잠재적인 환경적 스트레스 자극으로는 동료들과 맺는 업무 관계의 질이 될 수 있다. 동료나 슈퍼바이저들과의 관계는 지지가 될 수도 있고 스트레스원이 될 수도 있다. 동료 중 누군가는 부정적 성격 특성이나 사악한 행동 때문에 어울리기 어려울 수 있다. 또한 법률 소송, 재정적 압박, 중요한 인생의 전환, 해고의 위협, 직무 책임성의 변화 같은 사건들 역시 극도의 스트레스일 수 있다. 내담자의 특정 행동들, 자살 혹은 살인 위협이나 시도, 중증의 우울도 큰 스트레스이다. 그 외 내담자가 유발하는 스트레스에는 상담자에 대

---

1   managed care programs : 미국 health maintenance organizations (HMOs)에 의해 시행되는 의료서비스체계 (역자 주)

한 분노, 공격과 적개심, 무관심이나 동기의 부족, 내담자의 조기종결, 협조 부족 등이 포함된다. Landrum, Knight와 Flynn(2012)은 약물 중독 치료 시설에서 직원의 스트레스와 내담자의 참여 사이의 관계를 조사하여 조직의 높은 스트레스가 내담자의 낮은 참여율과 관련 있다는 사실을 밝혔다. 스트레스가 많은 업무 환경은 직원들의 소진을 야기할 뿐만 아니라 내담자들에게도 부정적인 영향을 미친다. 다음 예시는 스트레스가 여러 요구 사항에 직면한 상담자에게 어떻게 피해를 주는지를 잘 드러낸다.

사례 예 **과중한 부담을 진 상담자**

Wendy는 아주 바쁜 국가 사회 사업 기관에서 일하며 많은 사례를 담당하고 있다. 기관은 인력이 부족하여, 그녀가 적절히 해낼 수 있는 것보다 훨씬 많은 내담자를 맡으라고 끊임없이 요구한다. Wendy는 추가적으로 업무를 더 맡으라는 요구를 받았을 때, "아니오"라고 말하기가 어려웠다. 그녀는 동료들에게 열심히 일하는 상담자로 비춰지는 걸 좋아했다. 끼니를 거르고, 문서 작업을 완료하기 위해 야근을 하며, 매일 겨우 몇 시간 수면으로 버티면서, 자기의 스케줄이 가족에게 어떻게 영향을 미칠지에 대해서도 걱정했다. 최근 건강 검진에서, Wendy의 의사는 혈압 약을 처방해주며 건강이 위험한 상태라고 경고했다. Wendy는 스트레스가 많다는 걸 인식하고 있었지만, 이를 바꿀 방도를 찾지 못했다. 남편은 심각한 장애를 갖고 있어 그녀가 가족의 유일한 부양자였다. 게다가 그녀의 슈퍼바이저 역시 일이 너무 많아 Wendy의 문제를 다룰 시간이 없었다.

상담자의 입장 만약 Wendy가 여러분에게 자문을 구한다면, 여러분은 그녀에게 무엇을 제안하겠는가? 여러분이 만약 Wendy의 상황이라면, 어떻게 하겠는가? 혹시 있다면, 이 사례에서 윤리적인 이슈는 무엇인가?

토론 Wendy는 동료와 슈퍼바이저에게 열심히 일하는 상담자, 헌신적인 직원으로 비춰지는 데에서 만족을 얻고 있으며, 이는 그녀가 이렇게 스트레스가 많은 업무량을 유지함으로써 받는 하나의 보상이다. 만약 Wendy가 압도적인 직무에 대해 한계를 정하지 않는다면, 자신의 개인적인 요구를 방치한 대가로 더 많은 비용을 치르게 될 것이다. 만약 Wendy 가 여러분에게 전문적인 조언을 구한다면, 여러분은 그녀에게 한계를 정하는 법을 배우는 것은 윤리적 의무 중 하나라고 상기시킬 수 있다. 자신이 다룰 수 있는 이상을 계속해서 맡다가는, 지금 만나고 있는 내담자들에게 수준 높은 치료를 유지하는 것도 점점 더 어려워질 것이다. 이는 내담자에게 피해를 주는 결과를 낳고, 잠재적으로는 그녀의 경력을 위태롭게 만들 것이다. 만약 Wendy가 일정 수준으로 자기를 돌보지 않는다면, 소진될 것이고 건강 때문에 더 이상 일을 할 수 없게 될 수도 있다. Wendy의 자문가로서 여러분은 그녀가 자신의 비합리적인 신념, 열심히일하는 사람, 유능한 사람으로 보이기 위해 **언제나** 모든 새로운 책임을받아들여야 한다는 자기 진술에 도전하도록 격려할 수 있다. 그러면 그녀는 자신이 한계가 있는 사람이라는 사실을 생각하게 될 것이다.

기관 환경에서의 스트레스

기관 내에서 에너지와 활력을 유지하는 것은 도전적일 것이다. 재향군인을 상담하는 어떤 재활상담자는 기관에서 더 짧은 시간 동안 더 많은 내담자를 만나라고 요구하는 바람에 스트레스를 겪는다고 말했다. 그는 "사례를 빠르고효과적으로 끝내라"는 압력을 느끼지만, 내담자들은 종종 그가 줄 수 있는 것보다 더 많은 걸 원한다. 사실 내담자들 다수가 그가 충분한 시간을 주지 않는것에 대해 애정이 없는 사람이라 여긴다고 한다. 그가 내담자들에게 말하지않았던 것은 그 역시 내담자와 더 많은 시간을 보내고 싶어 한다는 것이다. 대신 그는 내담자들이 반응하는 것에 온전한 책임을 졌으며, 일반적으로 직원들과 내담자들 모두가 고마워하지 않는다고 느꼈다. 만약 그가 내담자들에게 그가 생각하고 느끼는 바에 대해 좀더 이야기했더라면, 그들은 그를 다르게 지각할 수 있었을 것이다.

조직의 전문 상담자로서 고용된 초기 몇 년 동안, 높은 수준의 스트레스와 불안을 겪는 것은 흔한 일이다. 많은 상담자들이 업무의 예상치 못한 스트레스와 요구에 대하여 좌절과 실망을 보고한다. 우리는 상담 전문가가 된 예전 학생들에게 그들이 맞닥뜨린 주된 좌절감과 스트레스에 대해 알려달라고 요청했다. 그들이 가장 빈번하게 발견한 것은 시스템의 느린 속도, 운영자 및 직원들의 새로운 아이디어에 대한 저항, 비현실적인 기대와 요구 등이다. 20대 중반 여성은 이렇게 말했다.

> 저는 시스템의 느린 속도에 좌절감을 느껴요. 새로운 아이디어들은 대개 고려되지 않지요. 때때로 제 나이 때문에 신뢰를 얻기가 어려워요. 그러나 제가 가장 불만족스럽게 생각하는 부분은 함께 상담했던 아이들이 상태가 좋아져서 시스템(혹은 가족)으로 돌아갔는데, 그 후 처음 상태로 다시 퇴보하는 걸 지켜보는 일이예요.

젊은 사회복지사는 "저를 가장 좌절스럽게 만드는 것은 운영진들인데, 그들은 지지, 공통의 목적 혹은 팀워크가 부족해요"라고 말하기도 했다. 그리고 학생 인턴들을 자원봉사자로 관리하고 있는 한 여성은 이런 보고를 전했다.

> 저는 직원들이 새로운 아이디어에 저항할 때 가장 속상해요. 정부의 관료주의를 상대하는 것도 다른 주요 스트레스원이고요. 이런 것들이 일하기 굉장히 어렵게 만들어요.

흔히 기관들은 문제가 빨리 해결되어야 한다고 주장하며 비현실적인 요구를 하곤 한다. 예를 들어 법원에서 보낸 내담자나 보호관찰 중인 사람들과 함께 일하는 상담자들은 많은 사람들이 알 수 있게, 즉 더 많은 자금지원을 받을 수 있게 주어진 시간 안에 눈에 보이는 행동상의 변화를 만들라는 압박에 시달린다.

에너지와 활력을 보존하기

우리는 여러분이 일하는 기관 안에서 잘 지낼 수 있는 보편적인 방법을 처방해줄 수는 없다. 그러나, 우리가 유용하다고 생각하며 어쩌면 여러분에게 적합할 수도 있는 몇 가지 전략들을 제시해 볼 수는 있다. 조직의 일부가 되는 것에서 오는 스트레스에 대처하는 자신만의 전략을 고안해 내는 것이 최선일 것이다.

구직 인터뷰를 하는 동안 그 직위에 대한 요구 사항 및 기대가 무엇인지 물어보라. 어떤 기관의 직위를 맡는다는 것은 특정 철학적 틀 내에서 일하기로 합의한다는 뜻이다. 관련된 질문들을 해봄으로써, 여러분은 그 책임감에 대한 자신의 태도를 추정해 볼 수 있게 된다. 여러분은 그 특정 직업을 얼마나 원하고 있으며, 그걸 얻기 위해 무엇을 기꺼이 포기할 수 있는지 탐색하고 있는 것이다.

우리의 경험에 따르면 확실히 자리를 잡은 조직들은 변화에 대한 중대한 시도에 저항한다. 작고 미묘한 변화가 상당히 중요할 수 있다는 사실을 깨닫기 바란다. 급진적인 정책적 변화를 시도하려고 하면, 어디서부터 시작해야 할지 압도되고 당황스러울 수 있다. 이때 오히려 자신의 역할 영역 내에서 변화를 만드는 데 집중한다면, 성공할 가능성이 훨씬 클 것이다. 여러분이 일하고 있는 조직의 정책들에 대해 그 이유를 조사해 보라. 아마도 특정 규칙이 만들어진 데에는 그만한 이유가 있을 것이다. 그러나 어떤 정책이 내담자에게 있어 최선의 이익이 아닌 듯 보이면, 여러분은 그 정책이 기반하고 있는 가정에 대해 의문을 제기하고 새로운 아이디어를 낼 수 있으며, 이는 새롭고 향상된 정책을 개발하는 데 잠재적으로 영향을 줄 것이다.

우리는 오늘날 데이터가 중심인 세상에 살고 있으며 설명에 대한 책임이 가장 중요하다. 여러분의 생각이 믿을 만한지를 증명하기 위해 연구로써 그 아이디어를 뒷받침할 수 있도록 하라. 동료와 동맹을 맺으면 혼자 작업할 때보다 변화를 가져오기 더 유리한 위치에 설 수 있다.

우선순위를 정하고 지지 체계를 구축하기

우선은 주어진 자리에서 무엇을 가장 달성하고 싶은지를 결정하는 것이 유용하다. 우선순위에 대해 곰곰이 생각해 봄으로써, 우리의 진실성을 굽히지 않으면서도 타협할 수 있는 것과 결코 협상할 의사가 없는 것을 결정할 수 있다. 우리가 가장 중요하다고 생각하는 바를 알면, 우리가 원하는 바를 더 잘 요청할 수 있게 된다. 게다가 책임자 및 슈퍼바이저와의 효과적인 의사소통 역시 필수적이다.

어떤 조직에서나 유능하게 일하는 법을 배우기 위한 필수적인 요소 중 하나는 여러분이 그 시스템의 핵심적인 부분이라고 인식하는 것이다. 다른 직원들과의 관계는 시스템의 중요한 부분이며, 동료와의 작업은 여러분의 효과성을 필시 향상시킬 것이다. 동료들은 여러분에게 자양분을 공급하고 지지를 제공할 수 있으며, 그들과의 상호작용은 여러분의 업무에 신선한 시각을 제공할 것이다. 게다가 동료 상담자와의 진실한 관계는 영향력을 얻는 한 방법일 수 있다.

단체에서 타인과의 상호작용은 활기를 북돋을 수 있으나, 또한 힘을 소모시킬 수도, 스트레스의 만성적인 원천이 될 수도 있다. 기관 내에서 지지 세력을 만드는 대신, 어떤 사람들은 파벌을 형성하고, 무언의 적의를 품기도 하며, 직원들을 분열시키는 갈등이나 마찰에 직면하길 거부할 수 있다. 직원 회의에는 흔히 숨겨진 아젠다가 있으며, 이는 진짜 이슈는 다뤄지지 않은 채, 피상적인 문제만 논의하는 결과를 낳는다. 우리는 에너지를 소모시키는 것이 아닌, 전문가로서의 삶을 풍요롭게 해줄 작업 관계를 형성하는 것이 아주 중요하다고 역설하고 싶다. 여러분이 고립되었다고 느낀다면, 건설적이고 긍정적이며 직장에 역기능적인 역동을 끌어들이지 않는 사람과 상호작용을 주도하라.

소진에 대한 이해

다양한 직종의 사람들이 소진을 경험하지만, 상담 전문가들은 특히 도움이 필요한 사람들과 관계하는 일의 특성상 더 취약할 수 있다. 그러나 여러분이 소진의 초기 경고 신호에 대한 인식을 높이고, 이를 피할 실질적인 전략을 개발한다면, 업무에서 제기되는 도전들에 더 효과적으로 대응할 수 있을 것이다.

스트레스가 효과적으로 다뤄지지 않는 경우, 끝내 소진을 겪게 될 수 있다.

소진은 사람들에게 강렬하고 장기적으로 개입할 때, 지속적이거나 반복되는 정서적 압력에 기인하여 신체적, 정서적, 정신적으로 탈진한 상태를 뜻한다. 소진은 무력감과 절망감, 자신에 대한 부정적 시각과 일, 삶, 타인에 대한 부정적인 태도가 특징이다. 소진은 우울감, 의욕 상실, 고립감, 비인격화, 감소된 생산성, 대처 능력 저하 등을 야기한다. 소진의 문제는 체계 내 혹은 지역사회 기관에서 일하면서 이 일과 관련한 스트레스를 겪고 있는 사람들에게 특히 중요하다. Lent와 Schwartz(2012)가 진행한 연구에서는 지역사회에서 정신건강 환자를 돌보는 상담자들이 사설 상담소나 입원 시설에서 일하는 상담자보다 소진을 훨씬 더 많이 경험한다고 입증했다. 이런 종류의 일이 타인에게 주는 것을 강조하는 반면, 자기 돌봄에 대해서는 충분히 주목하지 않는 경우가 많다.

소진의 길로 향하게 하는 요인들로는 업무의 과부하, 통제감 상실, 충분치 않은 보상, 공동체의 와해, 불공평함, 심각한 가치관의 갈등 등이 있다(Maslach, 2003). Vilardaga와 그의 동료들(2011)은 중독 및 정신건강 상담자들 사이에서 소진에 이르게 하는 어려운 상황들을 다음과 같이 파악한다. 재정 지원의 삭감, 서비스 제공에 대한 규제, 자격증과 면허 기준의 변경, 법원의 명령을 받고 온 내담자, 특수한 요구가 있는 내담자, 낮은 임금, 직원들의 이직, 기관의 대변동, 제한적인 직무 기회 등. 심리치료에서 소진의 선행 사건과 결과에 대한 연구에서, Lee, Lim, Yang, Lee(2011)는 정서적인 고갈이 직업 스트레스 및 내담자에 대한 지나친 개입과 가장 밀접하게 관련 있다고 밝혔다.

Skovholt(2001, 2012a)는 소진을 두 가지로 구분한다. 의미 소진과 돌봄 소진이다. **의미 소진**(meaning burnout)을 겪게 되면, 다른 사람을 돌보는 일이 더 이상 충분한 의미와 삶의 목적을 주지 않게 된다. 일의 의미가 사라지고, 일의 실존적 목적이 모호해진다. 한편, **돌봄 소진**(caring burnout)의 경우에는 전문가로서의 애착이 에너지를 소모시킨다. 돌봄 소진은 불씨 한 점 남아 있지 않을 때까지 에너지를 누적적으로 소진시킨 결과이다. Skovholt(2012a)는 상담자들이 "함께 머무는 동시에 스스로를 분리시키고, 전략적으로 접속했다,

떨어졌다, 다시 접속할 수 있는 방법을 배워야 한다"(p.128)고 주장한다.

소진은 강렬한 요구가 있는 사람들과의 지속적이고도 장기적인 관계에 따른 최종 결과이며 정신적, 정서적, 생리적인 상태이다. 이는 서서히 시작하여 여러 발달단계들을 거치며 진행되는 지속적인 과정이다. 소진은 이것 아니면 저것의 관점보다는 연속선상에 있는 것으로 생각하는 편이 도움이 된다. 상담 경력 초반에 여러분은 흔히 높은 이상주의에 의해 동기화될 것이다. 하지만 전문 상담자가 되어가는 과정에서 피할 수 없는 좌절과 스트레스를 겪으며, 그 이상주의는 약화되기 쉽다.

사람을 상대하는 직업을 가진 사람들은 자신이 하는 일이 가치 있다는 걸 확인하고 싶어 하지만, 이 직업의 특성상 즉각적이고 구체적인 결과가 일상적으로 보이지는 않는다. 이렇게 부족한 강화는 상담자로 하여금 자신이 하고 있는 일이 변화를 가져오고 있는지 의심하게 만듦으로써 심신을 약화시키는 효과를 낳을 수 있다. 소진 가능성은 동료 전문가와 교류가 거의 없거나, 요구가 많거나 정신 장애가 있는 내담자들을 만나고 있거나, 일 외에는 주된 관심사가 거의 없는 개인 상담소의 상담자에게 더 크다. 점점 더 내담자에게 온전히 집중하는 것이 힘들고, 해 오던 대로 무심한 반응을 하고 있는 자신을 발견한다면, 소진은 그리 멀리 있지 않다.

상담자는 잘해야 한다는 압력을 크게 느낀다. 종종 타인의 삶과 복지는 상담자의 결정과 조언에 밀접하게 관련되어 있다. 이 모든 일과 관련된 스트레스는 심각한 정신적, 신체적, 행동적 장애를 야기할 수 있다. 더 많은 연구들이 적당한 우울감, 가벼운 불안, 정서적 고갈, 불안한 관계 등의 증상을 가진 정신건강 전문가들이 끼치는 부정적인 영향력에 대해 밝히고 있다. 우리가 효과적인 자기 돌봄 전략을 개발하고 싶다면, 조력을 위한 노력에 위험을 끼치는 요소들을 인식하는 것이 필수적이다(Norcross, 2000; Norcross & Guy, 2007). 상담 전문가들은 전문가로서 손상되는 것을 피하고 싶다면, 소진의 신호를 바짝 경계하고 자기 돌봄을 실천해야 한다. 슈퍼바이저는 수련생들이 소진과 손상의 위험을 줄일 수 있도록, 자기 평가와 자기 돌봄을 지속적으로 실천할 수 있게 돕는 결정적 역할을 할 수 있다(Stebnicki, 2008).

소진의 원인이 되는 개인적 요인들

상담자들은 스스로를 소진시키는 데 일조하기도 한다. 특정 성격 특징 및 특질은 소진의 위험을 증가시킬 수 있다. 승인에 대한 강렬한 욕구, 인정받지 못한다는 느낌, 비현실적으로 높은 목표에 대한 추구, 높은 수준의 해결되지 않은 불안, 부정적 혹은 비관적 태도 등이 소진의 위험을 높인다.

필요한 사람이라는 느낌

1장에서 우리는 필요한 사람이라고 느끼고 싶은 상담자의 욕구에 대해 논의했다. 이런 욕구는 여러분에게 도움이 될 수도 방해가 될 수도 있다. 여러분을 필요로 하는 누군가를 생각하고 돌보는 데에는 엄청난 에너지가 소모된다. 여러분이 상담을 시작하여 경험을 쌓아갈 때, 사람들이 여러분을 찾는다는 사실에 으쓱해질 것이다. 실제로 나를 찾고 나를 필요로 한다는 것은 긍정적인 느낌이다. 그러나 어떤 상담자들은 내담자가 자기가 없으면 제대로 기능하지 못할거라 확신하여, 휴가를 갖기도 힘들어 한다. 이런 상담자들은 자신 역시 욕구를 갖고 있다는 사실을 잊고 있으며, 아마도 타인들에게 몰두하고 헌신하느라 충족되지 못한 이 욕구들은 상담자의 삶을 압도하고 있을 것이다. 신체적, 정신적, 정서적 건강의 측면에서 대가를 치르지 않고도 여러분이 감당할 수 있는 정도에는 한계가 있다. 강하고 건강한 경계는 소진을 완충시켜줄 수 있는 자기 돌봄의 중요한 요소이다.

인정받지 못한다는 느낌

소진으로 고통받는 사람들이 주로 이야기하는 주제는 사람들이 자신의 존재에 대해, 한 일에 대해 인정해주지 않는 느낌이며, 긍정적인 피드백을 거의 받지 못하고, 헌신에 대해서 알아주지 않는다는 것이다. 여러분은 진실로 다른 이를 돕기 위해 헌신했음에도, 그 노력이 때로는 부족해 보일 수 있다. 종종 여러분은 무엇을 잘했다보다 무엇을 해내지 못했고 무엇이 부족한지에 대해 더 많이 듣게 될 것이다. 직장에서 인정이 부족한 경우, 시간이 지남에 따라 자신이 하고 있는 일이 다른 사람에게 정말 영향을 미치고 있는지 알기 어렵게 된다. 이 과정은 여러분의 이상과 열정 모두를 침식하고 사기저하로 이어진다.

압도되는 느낌

때때로 여러분은 과중한 업무를 감당해야 할 것이고, 더 많은 내담자를 만나고 점점 더 많은 서비스를 제공하며 더 많은 일을 더 적은 시간 안에 해내라는 요구는 환멸감을 야기할 수 있다. 어떤 기관에서는 담당해야 하는 사례수가 비현실적으로 높아, 아무리 여러분이 유능하다고 해도 요구받는 일을 다 해내는 것은 불가능할 수 있다. 여러분은 고립되고 외롭다고 느끼며 누구도 이해하지 못하고 신경쓰지 않는다고 생각할 지도 모른다. 가족이나 다른 외적인 책임감 역시 압도적이라면, 이런 느낌은 삶 전반에 확장될 수 있다.

맥 빠지는 느낌

소진의 중요한 요소 중 하나는 여러분의 이상이 스스로에게 도움이 되는지, 방해가 되는지이다. 우리의 경험상 스스로에 대해 비현실적으로 높은 목표를 정하는 사람은 동시에 타인에 대해서도 높은 기대를 갖곤 한다. 상담자가 자신의 노력에 만족하는 한, 에너지 수준은 높게 유지된다. 대부분의 정신건강 전문가들이 처음에는 타인의 삶에 중요한 변화를 만들리라는 희망으로, 자신의 직업에 대단히 애착을 느낀다. 소진의 신호 중 하나는 이런 이상이 흐릿해지고 몰두와 열정이 사라지는 것이다. 상담자의 노력이 인정받지 못할 때, 그들은 의욕이 꺾이게 된다.

빛이 바랜 이상주의의 문제는 여러분의 이상에 위협을 느낀 냉소적인 동료와 접촉하며 더 커진다. 변화를 만들려는 노력을 지속적으로 약화시키는 누군가가 주위에 있을 때, 창조성과 열정을 유지하기란 어렵다. 만약 계속해서 변화를 위한 여러분의 제안이 효과 없을 것이라는 피드백을 얻거나, 여러분의 아이디어에 대한 진짜 지지를 받지 못하면, 변화를 만들 수 있을 것이라는 신념이 사라질 것이다. 다른 사람으로부터 부정적인 반응을 많이 받게 되면, 스스로도 비판적이 되고 도움을 줘야 할 사람들에게 영향을 미칠 수 있을지 의문을 갖게 된다. 스스로에게 비판적이 되고 매몰차게 되면, 대개 타인에게도 비판적이고 매몰차게 된다.

만약 여러분이 해로운 환경에서 일하고 있다면, 직장에서 혹은 그 밖에서 지지를 받을 수 있는 자원을 적극적으로 찾는 것이 좋다. 기관은 이와 같은 지지를 여러분을 위해 만들어주지 않을 가능성이 높다. 여러분이 동료들에게 상호 지지를 제공하기 위한 정기적인 만남을 갖자고 요청해 볼 수 있다. 상담 전문가로 살아남기 위해 이상주의와 현실주의 사이에서 균형을 잡는 일은 필수적이다.

감사할 줄 모르고, 화가 나 있으며, 우울한 내담자와 지속적으로 만나는 것은 종종 상담자로 하여금 상담관계의 모든 내담자에 대해 부정적인 시각으로 바라보게 만들 수 있다. 요구가 아주 많은 내담자 집단을 상담하는 사람들은 사기가 꺾이고 소진으로 진행되어 가기가 특히 쉬울 수 있다. 한 연구자 집단은 Maslach, Jackson과 Leiter(1996)가 고안한 소진 척도를 이용하여 식이장애를 치료하는 상담자들 내에서 직업적 소진과 인구학적, 직업 관련 요인들의 연관성을 조사했다(Warren, Schafer, Crowley, & Olivardia, 2013). 그들은 "참가자의 45% 이상이 치료에 대한 거부, 자아 동조성, 높은 재발율, 내담자의 생존에 대한 염려, 정서적 고갈, 적절한 경제적 보상의 결핍, 추가적인 작업 시간 등이 다소에서 **아주 높은** 정도로 소진의 원인이라고 보고함"(p.1)을 밝혔다. 사기가 꺾인 상담자는 무성의하고, 내담자에 대해 신랄하게 이야기하기 시작하며, 그들을 무시하고, 멀리 떨어지고 싶어 한다. 인간미가 없는 반응들은 소진의 핵심 구성 성분이다.

손상된 상담자

소진을 적절하게 다루지 않을 경우, 이는 상담자를 손상시킬 가능성이 높다. 손상은 전문가가 효과적인 서비스를 제공하는 것을 차단하는, 질병 혹은 심각한 정신적 고갈이 있는 상태로 볼 수 있으며, 이는 상담자가 계속해서 용인 가능한 치료 수준 이하로 기능하는 결과를 낳는다. 수많은 다른 요인들이 상담자의 효과성에 개인적으로나 전문적으로나 부정적인 영향을 미치는데, 중독, 약물 남용, 신체적 질병이 여기에 속한다. **손상된 전문가**는 스트레스가 많은 사건에 효과적으로 대처할 수 없으며, 전문가로서의 의무도 적절히 수행할 수 없게 된다. 내담자의 자료들에 끊임없이 활성화되는 내적 갈등을 지닌 상담자는 내담자의 성장을 촉진하기보다 이를 안정화하려고 노력하는 반응을 하게 된다.

손상된 상담자는 분명 내담자의 고통을 경감시키기보다 이에 일조하게 된다. 손상의 흔한 특징이 부인이기 때문에 전문가 동료들은 공손하고 세심한 방식으로, 손상된 상담자의 행동에 맞설 필요가 있다. 배려심이 많은 동료는 손상된 상담자가 자신의 부인을 돌파해낼 수 있게 돕는 데 중요한 역할을 할 수 있다. 여러 전문가 조직의 윤리 조항 대부분은 전문가의 손상에 대한 윤리적 측면을 구체적으로 언급한다. 이상적으로는 상담자 자신이 도움이 필요하다는 사실을 깨닫고 역기능적인 패턴에 갇히게 한 문제를 다루기 위해 조치를 취하는 것이다.

소진을 예방하기 위한 전략들

전문가의 소진은 내적인 현상으로 상당히 진전되고 나서야 다른 사람의 눈에 뜨인다. 따라서 여러분은 자신의 한계를 알아차리는 데 특별히 주의해야 한다. 사실 여러분이 얼마나 일을 많이 하느냐보다는 업무에 어떤 방식으로 접근하는지, 거기서 무엇을 얻는지가 훨씬 더 중요하다. 궁극적으로 여러분이 소진을 경험하는가는 스트레스가 자신에게 미치는 영향을 얼마나 잘 관찰하고 내적으로나 외적으로 스트레스를 다루기 위해 어떤 선택을 내리느냐에 달린 것이다.

소진과 싸우고 손상을 막는 방법은 여러 가지가 있다. 여러분은 손상될 가능성을 줄이거나 스스로를 회복시키기 위해 개인적으로 많은 일을 할 수 있다. 물론 이런 것을 혼자 해야 할 필요는 없다. 지지의 자원인 동료에게 손을 뻗어라. 그 외에도 여러분 기관에서 자신의 역량을 유지시키는 데 도움이 될 수 있는 가치 있는 자원을 찾아보라.

조직들이 소진을 예방하기 위해 상당히 도움이 될 수 있는 힘과 자원을 갖고 있다는 사실 역시 언급하지 않을 수 없다. 기관들은 일터에서 보육 서비스를 제공하고, 지지 그룹을 형성하며, 직원들을 위한 상담을 제공하는 한편, 상담자들이 휴식 시간에 신체적 운동을 할 기회를 제공할 수 있다. 긍정적인 업무 환경을 조성하는 것은 상담사들의 생산성을 증진시킨다. 상담자들이 어느 정도의 직무 자율성, 자기 주도성 및 독립성을 가질 수 있도록 하는 조직은 조직적 소진의 위험을 줄이고 예방할 수 있게 된다(Riggar, 2009). Lent와 Schwartz(2012)는 타인을 돌보는 것과 자기를 돌보는 것 사이에 건강한 균형을 잡도록 기꺼이 장려하는 조직적 리더십을 함양하는 것이 중요하다고 주장한다. 상담자들이 소속 기관이 자신의 복지에 관심을 갖는다고 느낄 때, 스스로와 타인에 대해 긍정적인 느낌을 갖게 되기 쉽다.

변화를 위한 조치를 취하기

여러분이 스트레스에 지배당하고 싶지 않다면, 자신의 스트레스가 어떻게 개인적인 고갈을 야기하고 결국에는 소진에 이르게 할지를 알아차리는 데 있어 적극적인 자세를 견지하는 것이 필수적이다. 여러분이 계속해서 자신을 아낌없이 내놓고 스트레스와 그로 인한 피해의 신호를 무시한다면, 결국 줄 것이 남지 않은 자신을 발견하게 될 것이다. 에너지를 비축하는 과정 없이 주고 또줄 수는 없다. 그러나 여러분이 널리 주기만 하는 사람일 수 없다는 사실을 단순히 인식하는 것만으로는 충분하지 않다. 여러분에겐 행동 계획과 이를 실행하겠다는 의지가 필요하다. 자신의 삶에서 스트레스를 더 잘 다루기 위한 특정한 방법들을 구체적으로 정해보자. 자신이 스트레스에 어떻게 영향받는지 살펴보고 우리가 논의했던 스트레스 관리 전략들 몇 가지를 적용해 보자.

여러분은 스스로를 통제할 수 있다

여러분이 사건에 부여하는 해석은 스트레스를 만드는 데 기여할 수 있다. 특히 여러분이 억압적인 상황을 견뎌야 하는 경우, 사건들을 항상 통제할 수는 없지만, 이에 어떻게 대응할지, 어떤 자세를 취할지는 통제할 수 있다. 자신이 고갈되어간다는 경고 신호에 민감하게 반응하고, 스스로를 보살피고 알아달라는 욕구를 진지하게 받아들여라. 소진의 원인이 되는 스트레스 자극을 경감시키기 위해 예방조치를 취하는 것은 결근률을 낮추고, 피로감을 줄이며, 내담자에 대한 돌봄의 질을 높이는 동시에 직업에 대한 만족도를 높이는 결과를 낳는다(Lent & Schwartz, 2012). 다음은 여러분이 소진을 예방하기 위해서뿐만 아니라 자신을 돌보기 위해서도 고려해 볼 만한 일들이다.

- 지금 하고 있는 일이 스스로에게 도움이 되는지를 판단하기 위해 자신의 행동을 점검하라. 스스로에게 물어보자. "지금 내가 하는 일이 진짜 하고 싶어서 하는 일인가? 만약 아니라면, 나는 왜 계속 이 방향으로 가고 있는가?" "내가 하지 않고 있는 일들 중 전문가로서 해보고 싶은 일은 무엇인가? 누구 혹은 무엇이 나를 가로막고 있는가?" "내가 하는 일이 지속가능한가 혹은 이 속도로 계속 갈 경우, 결국 소진에 직면하겠는가?" 이 몇 가지 질문들에 답변한 다음, 어떤 행동을 취할지 결정해 보자.
- 자신의 기대들을 살펴보고 현실적인지 판단해 보자. 지속적인 좌절을 피하기 위해 자신의 이상을 현실에 비추어 완화시키자.
- 단지 무엇인가를 할 수 있다는 사실이 여러분이 그것을 반드시 해야 한다는 의미는 아니라는 것을 상기시켜라.
- 여러분은 모든 사람에게 모든 것을 다 해줄 수 있고, 자신을 필요로 하는 누구에게나 항상 도움이 되어야 한다고 생각할 수도 있다. 다른 이에게 줄 수 있는 것이 어느 정도인지에 관계 없이, 여러분이 줄 수 있는 것과 내담자가 받아들이는 것에는 한계라는 게 있다. 자신의 한계를 파악하고 그 안에서 일하는 법을 배워라.
- 일 이외에 의미를 줄 수 있는 다른 자원을 찾아라. 여러분은 삶에서

영성 혹은 종교적 활동에 참여하는 것으로부터 의미를 얻고 있는가? 자연과 연결되고 환경을 보호하기 위한 활동에 참여하는 것은 여러분에게 중요한가? 새로운 능력이나 기술을 개발하거나 새로운 영역에 도전하기 위한 강좌를 듣는 것에서 즐거움과 의미를 발견하는가? 이런 활동과 관심사는 잠시나마 직업적 스트레스에서 벗어나 삶의 새로운 균형점을 찾도록 도울 수 있다.

- 스트레스를 줄이기 위해 여러분의 신체, 정신, 영성이 무엇을 필요로 하는지 주의를 기울여라. 여기에는 신체적 활동, 좋은 영양 섭취, 적절한 휴식과 이완, 친구 및 사랑하는 사람들과의 교제, 몇몇 형태의 마음 챙김 활동 등이 포함될 수 있다.

- 아주 짧은 시간이라도, 명상을 위한 시간을 내어라. 명상은 우리 모두에게 색다른 것이다. 본질적으로 명상은 그저 고요히 머무는 것, 내적인 사고에 주의를 기울이는 것, 마음 속에서 모든 '잡동사니'들을 치워 버리려고 노력하는 것이다. 이는 있었던 일, 오늘 나중에, 내일 혹은 다음 주에 할 일들보다 현재 순간에 의식을 모으고 집중하게 하는 수단이다.

- 여러분의 일에서 별로 좋아하지 않는 측면들을 바꾸기란 어려울 수 있으나, 그 일에 접근하는 방식은 다르게 해볼 수 있다. 스트레스를 줄이기 위해 스케줄을 다시 조정할 방법들을 찾아보라.

- '감사하는 자세'(알코올 중독자 자조 모임 문구)를 갖도록 하라. 아무리 작은 것이라도 감사하고 고맙게 여겨지는 바를 적극적으로 찾아보라. 또한 긍정의 예술 및 좌절스러운 상황, 상호작용, 혹은 사건을 긍정적인 관점에서 재구성하는 능력을 배우도록 하라.

- 여러분에게 바꿀 힘이 없다고 느껴지는 모든 것들을 떠올리는 것은 여러분을 압도하기 쉽다. 대신 여러분에게 변화시킬 힘이 있는 측면에 집중하라.

- 직장에서 여러분과 같은 현실에 처한 동료들은 새로운 정보, 통찰력, 관점 등을 줄 수 있다. 동료와의 교제는 큰 자산일 수 있다. 동료들끼리 서로의 이야기를 듣고 도움을 줄 수 있도록 지지 집단을 주도적으로 만들어보라.

- 소진의 초기 신호를 인식하고 이를 바로잡기 위한 행동을 취하라. 여러분의 에너지가 치료보다 상황을 예방하는 데 향하도록 하라.

진짜 도전은 소진을 예방할 수 있도록 여러분의 삶을 조직화할 방법을 배우는 것이다. 예방은 심각한 육체적·심리적 고갈 상태를 치료하는 것보다 훨씬 쉽다. 소진 가능성을 줄이는 중요한 예방책은 개인적 삶과 전문가로서의 업무에서 다양성을 추구하는 것이다. 다양한 개인적·전문가적 활동에 참여함으로써, 여러분은 업무에 활력을 가져올 좋은 기회들을 가질 수 있다.

우리가 아는 한 커플은, 두 사람이 모두 기관에 고용된 사회복지사인데, 수많은 요구 사항에 압도되지 말고 왜 그 직장에 남아있는지 잊지 않도록 스스로를 상기시키곤 한다. 그들은 하고 싶은 모든 일을 할 수 없다는 사실을 인정한다. 또한 자신의 활동들을 다양화할 방법들을 찾는 데 창조적이다. 그들은 아이들 및 어른들과 작업하고, 집단을 공동 진행하며, 인턴들과 전문가들에게 슈퍼비전을 제공하고, 가르치는 일도 하며, 프로그램을 운영하는 동시에, 현장에서 프리젠테이션도 한다. 그들은 기관의 직원이 옹졸한 방식으로 일할 때 관대한 시각을 견지하려 노력하는데, 유머 감각을 유지하는 것이 일부 도움이 된다고 한다. 그들은 자신의 우선순위를 평가하며 한계를 지킨다. 분명 이는 단순한 문제가 아닐 것이다. 그러기 위해서는 스스로를 평가하는 데 집중하고 변화에 개방적이어야 한다. 어떤 경우에는 궁극적인 해결책은 직업을 바꾸는 것일 수도 있다.

개인적으로도, 전문적으로도 살아남기

전체론적인 시각에서 여러분의 복지를 증진시키기 위해 무엇을 할 수 있을까? 한 사람으로서, 그리고 한 전문가로서 활력을 유지하기 위해선, 먼저 다른 사람에게 줄 수 있는 능력에는 한계가 있다는 사실을 깨달아야 한다.

Skovholt(2012a)는 상담 전문직에 있는 사람들이 그들 전문적 업무에서 일방적으로 돌보는 일에는 전문가라는 사실에 주목한다. 그는 상담자들이 지나치게 많은 일방적인 돌봄관계에서 오는 불균형에 대해, 개인적 삶에서 균형점을 찾으라고 격려한다.

자기 돌봄은 호사가 아니다

상담자들이 자기를 돌보지 않는다면, 결국에는 내담자와 함께 머물기 위해 필요한 체력이 남지 않게 될 것이다. Skovholt(2012a)는 회복력이 있는 상담자가 된다는 것은 안녕감을 갖는 것이며, 이는 내담자와 효과적으로 작업하기 위한 에너지를 갖고자 할 때 필요한 상태이다. 내담자 삶에서 변화를 만들기 위해 헌신할 수 있으려면, 우리는 스스로에게 양분을 줘야 한다. 만약 우리가 지속적으로 자기를 돌볼 방법을 찾지 못한다면 활력을 유지하는 것은 어려울 것이다. Norcross와 Guy(2007)는 "자기 돌봄은 시간이 날 때 충족시키는 자기애적 호사가 아니다. 이는 인간의 필요조건이며, 임상적으로도 필수적인 동시에 윤리적으로도 반드시 지켜져야 하는 것"(p.14)이라고 말한다. 자기 돌봄은 지속적인 예방적 활동이라고 볼 수 있으며(Barnett, Baker, Elman, & Schoener, 2007), 모든 상담자들에게 우선순위가 되어야 한다.

　소진과 손상을 피하는 관점에서 생각하기보다, 자기를 돌보고 안녕감을 위해 노력한다는 측면에서 생각하는 것이 더 좋다. 잘 기능할 수 있는 상담자 능력에 기여하는 것으로 널리 알려진 요소로는 자기 인식과 추적 관찰, 또래 집단·배우자·친구·멘토·동료들의 지지, 굳건한 가치관, 가족과 친구들과 함께 시간을 보내는 균형잡힌 삶 등이 있다. 건강한 사람들은 신체적인 자기를 돌볼 수 있는 삶의 방식을 창출하고, 지적으로 도전하며, 폭넓게 감정표현을 하고, 보람 있는 대인관계를 찾으며, 자신의 삶에 방향을 줄 의미를 찾는 일에 몰두한다. 안녕감에 대한 전체론적인 접근 방식은 우리가 삶의 구체적인 측면들, 어떻게 일하고 노는지, 어떻게 휴식을 취하는지, 어떻게 무엇을 먹는지, 어떻게 생각하고 느끼는지, 어떻게 신체적인 건강, 운동 습관, 타인과의 관계, 가치관과 신념, 영성적 요구들을 유지하는지 등에 주의를 집중하게 만든다. 이 영역들의 하나 혹은 그 이상을 무시하거나 방치하는 정도에 따라, 우리는 최적의 기능에서 그 대가를 지불하게 된다.

여러분은 내향적인 사람인가, 아니면 외향적인 사람인가? 외향형 사람들은 타인과의 만남과 상호작용을 통해 에너지를 얻는다. 내향형 사람들은 에너지 수준을 회복하기 위해 자기 성찰을 할 수 있는 어느 정도의 고독과 혼자 있는 시간이 필요하다. 상담자들 대다수가 외향형인 듯하다. 타인과의 상호작용을 진심으로 즐기는 듯 보이기 때문이다. 내향형 사람들과 외향형 사람들 모두 에너지를 재충전하기 위해 조용하고 다른 이로부터 방해받지 않는, 자기 돌봄의 시간을 할애해야 한다. 어느 스타일이 다른 스타일에 비해 나은 것은 아니며, 자신만의 방식을 존중하는 것이 가장 중요하다. 대부분의 상담자들이 하루 종일 내담자의 이야기를 듣고 난 다음에는 긴장을 풀기 위해 조용하고 고독한 시간을 필요로 한다.

자기 돌봄의 길로서 마음 챙김

정신건강 전문가들에게는 일상에 자기 돌봄 전략을 적극적으로 포함시키는 것이 매우 중요하다. 자기 돌봄의 한 형태는 일상에서 마음 챙김 접근 방식을 개발하는 것이다. **마음 챙김** 연습을 통해 우리는 한 번에 한 가지씩 집중하는 법을 배우고, 주의를 방해하는 것이 생겼을 때 주의 집중을 현재로 돌릴 수 있게 된다. 생각, 정서, 감각이 떠오를 때마다 알아차림으로써, 우리는 고통스러운 정서와 생각에 대한 반응성을 줄일 수 있고 이는 좀 더 적응적인 방식의 자각으로 이어진다(Brown, Marquis, & Guiffrida, 2013). 마음 챙김은 현재 경험하는 것에 대한 호기심과 연민의 태도를 발달시킨다. 마음 챙김을 실천함으로써 우리는 과거를 곱씹거나 미래에 사로잡히지 않고 현재 경험에 내적으로 집중할 수 있도록 스스로를 훈련시킬 수 있다.

마음 챙김 수행은 상담 수련생들이 자신과 타인들에게 더 큰 진실성, 수용, 공감을 갖고 관계할 수 있게 도와주며, 이런 연습은 자신에 대한 연민과 타인에 대한 공감을 촉진시킨다(Campbell & Christopher, 2012). 내담자들은 자신이 마음 챙김 수행을 하지 않아도, 상담자가 마음 챙김을 실천하고 있다는 것을 몰라도, 상담자의 마음 챙김 수행으로부터 혜택을 받을 수 있다(Brown 외, 2013). 마음 챙김을 수행하는 것은 공감 피로와 소진을 감소시킨다(Christopher & Maris, 2010). 마음 챙김 수행을 통해 상담 전문가들은 연민에 이르는 경로를 알 수 있고, 이는 치료적으로 머무는 것과 관련 있는 개인 특성을 구현한다.

다른 사람을 돌보기 위한 경로로서의 자기 연민

자기 연민은 자신을 돌보고, 판단하지 않고, 수용하며, 친절히 대하는 태도를 개발시키는 것과 관련 있다. 자기 연민은 상담자의 안녕과 내담자와의 치료적 관계를 향상시킨다. Patsiopoulos와 Buchanan(2011)은 "우리는 상담자가 스스로에게 갖는 자기 연민이, 연민 어리고 치유적인 직장 환경을 조성하고, 이곳에서 상담자는 자신과 타인을 돌보며, 내담자에게 수준 높은 치료를 제공할 수 있기를 희망한다"(p.306)고 결론내린다. 자기 연민에 대한 Neff(2011)의 연구는 좀더 자기 연민적인 사람이 자기 비판적인 사람들에 비해 좀더 건강하고 좀더 생산성 있는 삶을 이끈다고 강력하게 주장한다. Neff의 연구는 자기 연민이 우리 스스로를 분명하게 바라보고 성취에 이르는 변화를 가능하게 한다는 사실을 보여준다. 만약 우리가 스스로에 대해 연민적인 존재 방식을 취할 수 있다면, 우리는 내담자에 대해서도 연민을 몸소 보여줄 좋은 기회를 갖게 된다. 자기 연민에 대해 더 읽어보고 싶다면, Kristin Neff(2011)의 책, *Self-Compassion: Stop Beating Up on Yourself and Leave Insecurity Behind*를 추천한다.

스스로를 돌보기 위한 방법으로서의 신체적 활동

전반적인 안녕감을 고취시키기 위해 스스로 할 수 있는 가장 중요한 일 중 하나는 신체적 활동과 정기적인 운동을 일상에 도입하는 것이다. 인지적 관점에서 스트레스를 이해하는 것은 매우 유용하나, 자신을 돌보는 데 있어 신체적 활동 및 운동만큼 중요한 것은 없다. 우울한 기분일 때, 단순히 인지를 분석하는 것만으로는 충분하지 않다. 기분을 바꾸고 싶으면 어떤 종류의 신체적 활동을 하는 것이 대개 필요하다. 실제로, 스트레스 관리 및 전반적인 건강에 대한 핵심 접근 방식으로서 신체적 활동을 연구한 논문은 아주 방대하다.

자신이 즐기고 실제 규칙적으로 할 수 있으며 관심사에도 잘 맞는 운동을 골라보라. 그리고 여기에 전념해 보라. 아마도 우리는 운동의 효과에 대해서는 인식하고 있지만, 대다수가 스스로와 다른 이들에게 너무 바빠서 운동할 시간이 없다고 말하곤 한다. 그러나 이것이야말로 우리가 통제할 수 있는 삶의 한 부분이라는 사실을 인식하는 것이 좋다. 신체적 활동을 일상의 기본적인 요소로 만들겠다고 결심한다면, 이는 여러분의 삶을 변화시키는 데 아주 중요한 역할을 할 수 있다.

삶의 한 방식으로서 안녕감을 위해 노력하기

안녕감은 삶의 방식에 대한 선택을 수반하고 모든 기능 수준—신체적, 심리적, 사회적, 지적, 영성적—에서 우리의 욕구를 돌보는 일생의 과정과 관련된다. 건강한 사람들은 신체적 자기를 돌보고, 지적으로 도전하며, 자신의 정서를 폭넓게 표현하고, 보람된 대인관계를 찾고, 삶에 방향이 되는 의미를 찾는 삶의 양식을 만들기 위해 몰두한다. Myers와 Sweeney(2005b)는 높은 수준의 안녕감은 신체, 정신, 영성을 돌보는 삶의 양식을 유지하며 일상을 만들어가는 신중한 의식적 선택의 결과라고 믿는다. Myers와 Sweeney(2005c)는 그들의 안녕감의 바퀴 모형에 아들러의 관점을 빌려와 건강하게 기능하기 위한 기본 요소로 다섯가지 삶의 과제를 제시한다. 영성, 자기 주도성, 일과 여가, 우정, 사랑이 그것이다.

삶의 한 방식으로서의 안녕감은 개인적인 목표를 파악하고, 목표와 가치관의 우선순위를 정하며, 그 목표로 가는 것을 방해하는 장애물들을 확인하고, 행동 계획을 작성하여, 목표에 도달하도록 계획을 잘 따라가는 일에 전념하는 것과 관련 있다. 이는 건강으로 가는 단순한 경로처럼 보일 수 있으나 이 계획을 실행에 옮기는 것은 그리 간단하지 않다. 전반적인 안녕감을 바라는 우리 대다수가 알고는 있지만 삶의 방식으로 실현하는 건 어렵기 때문이다.

자기 돌봄과 안녕감을 위한 자신만의 전략

개인적, 전문가적 스트레스 자극에 대처하는 법을 배우는 것은 대개 삶의 근본적인 변화를 수반한다. 이 시점에서 시간을 내어 안녕감을 증진시키기 위해 어떤 것을 근본적으로 변화시키고 싶은지 스스로에게 물어보자. 자기를 돌보기 위한 여러분만의 전략은 무엇인가?

소진을 예방하거나 다루기 위한 추가적인 방법을 더 생각해내기 위해 다음 제안들을 활용해 보자. 각각의 제안을 생각해 본 후, 다음 척도를 사용하여 각 문항을 평가하자.

3＝이 접근 방식은 나에게 아주 의미 있다

2＝이 접근 방식은 나에게 다소 가치 있다

1＝이 접근 방식은 나에게 가치가 **별로 없다**

_____ 1. 마음 챙김, 깊은 이완, 요가, 치료적 마사지 등과 같은 자기 돌봄 방식을 추구한다.

_____ 2. 지지 체계가 가능한 동료 집단 모임에 참석한다.

_____ 3. 일 외에 다른 관심사를 찾는다.

_____ 4. 나의 건강과 안녕감을 전체적인 관점에서 돌본다.

_____ 5. 내가 하고 있는 일이 의미가 있는지, 소모적인지 밝혀본다.

_____ 6. 내가 즐거워하는 일을 하기 위해 시간을 할애한다.

_____ 7. 활기를 주는 책을 읽고, 일기를 쓴다.

_____ 8. 업무 환경에서 활동을 다양화한다.

_____ 9. 가족과 친구들에게서 자양분을 찾는다.

_____ 10. 낮 시간 동안 짧게라도 적극적인 휴식을 갖는다.

_____ 11. 집중하고 현재 순간에 단단히 기반 내리기 위한 방법으로 명상을 활용한다.

_____ 12. 규칙적인 운동 프로그램을 개발한다.

_____ 13. 균형잡힌 영양과 식사 패턴을 확립한다.

_____ 14. 수면과 휴식을 위한 시간을 마련한다.

_____ 15. 삶에서 균형을 찾고 유지한다.

___ 16. 　내 한계를 알고, 타인에 대한 한계를 설정하는 법을 익힌다.

___ 17. 　다른 이들에게 행복을 가져다줄 일을 한다.

___ 18. 　내 삶에서 열정을 갖고 있는 일을 찾아 적극적으로 추구한다.

___ 19. 　삶을 의식적이고 목적의식 있게 산다.

___ 20. 　다른 이에게 선뜻 주는 것과 같은 애정과 연민으로 스스로를 대한다.

　　자신이 손상되어 가고 있다는 걸 알아차리려면 고도로 정직해야 한다. 미묘한 조짐에도 기민해야 하며 예상처럼 소진을 야기할 수 있는 상황을 바로잡기 위해 흔쾌히 조치를 취해야 한다. 다른 사람에게 도움을 주는 동안 스스로를 돌볼 방법에 대해서도 생각해 보자. 그 성찰에서 얻은 인식에 따라 여러분이 행동하는 것이 얼마나 중요한지는 아무리 강조해도 모자란다.

자기 돌봄에 관한 우리의 개인적 경험들

우리가 소진과 싸우며 스스로를 돌보기 위해 사용했던 몇몇 조치들에 대해 여러분과 나누고 싶다. 우선 소진의 위험성에 대해 잘 알고 있더라도 우리 역시 그에 대한 면역은 없다. 전문가로서의 삶의 각기 다른 시기에, 우리는 일의 의미에 대해 의문을 품었다. 그리고는 단순히 좋아하지 않는 일을 잘라낸다고 해서 해결되는 일이 아니라는 걸 깨닫게 됐다. 우리는 전문가로서 하는 일 대부분을 아주 좋아하여, 흥미를 갖고 있는 모든 매력적인 프로젝트를 다 받아들일 수 없다는 걸 스스로에게 상기시켜야 한다. 심리적·경제적 보상이, 아무리 매력적이라 하더라도 과도한 업무 일정에 따른 정서적·신체적 고갈을 항상 보상해 주는 것은 아니다. 예를 들어 어느 해에 우리는 너무 많은 상담 집단을 예정해둔 시기가 있었다. 이 집단들은 전문가로서 보람되었지만, 조직하고 진행하는 데 엄청난 에너지가 필요했다. 결국 우리는 진행하던 집단의 수를 줄일 수밖에 없었다. 또 다른 예로 우리는 '휴가'가 지나치게 워크숍, 학회 참석과 같은 전문가로서의 일정과 결합되어 있다는 걸 발견했다. 물론 이런 혼합이 절묘한 조화라고 생각했지만, 그럼에도 불구하고 우리는 일체의 전문적 일정과 별개인 진짜 휴가를 갖지 못하고 있다는 사실을 깨달았다.

우리가 소진을 예방하고 스스로를 돌보기 위해 시도하는 또 다른 방법은 일을 과도하게 하고 있다는 초기 신호에 주의를 기울이는 것이다. 우리는 다양한 프로젝트와 여러가지 전문적 업무에 참여하고 있고 이들 모두가 즐겁고 보람된 일이다. 그러나, 우리가 이 모든 걸 동시에 할 수는 없다는 걸 알고 있다. 우리의 서비스를 다른 사람에게 제공하는 것 외에, 우리도 이 분야의 다른 사람들로부터 조언을 얻고 개인적·전문적 성장을 위해 워크숍과 학회에 참여하고 싶다는 걸 인정한다. 전문가학회에서 적극적으로 활동하는 것은 다른 사람에게 도움을 주는 방식일뿐만 아니라 우리가 동료들과 의미 있는 교제를 하고 그들로부터 배울 수 있는 방법이기도 하다. 직업이 우리에게 요구하는 바를 인식함으로써, 건강한 삶의 양식에 대해 많이 자각하게 된다. 그러므로 우리는 우리의 영양습관에 주목하고, 아무리 바빠도 적절한 휴식과 규칙적인 운동을 위한 시간을 마련한다. 우리는 둘다 꾸준한 운동이 활기를 되찾아 준다고 생각되어 매일 하고 있다. 우리는 생활방식의 일환으로 먼 산골지역에서 살기로 결정했던 적이 있다. 그러나 이런 고립은 우리의 바쁜 일정과 맞물려, 때때로 친구들과 동료들을 만날 수 없게 했다. 우리는 즐거움과 지지의 원천이며 우리가 무척 필요로 하는 관계들로부터 쉽게 떨어질 수 없다는 사실을 깨달아야만 했다.

복습

- 상담 전문가들의 위험 요소 중 하나는 상담자들이 일반적으로 자신을 위해 도움을 청하는 걸 잘못한다는 사실이다.
- 스트레스를 겪게 만드는 외적, 내적 요인들 모두에 민감해져라.
- 삶에서 스트레스를 없애기란 거의 불가능하다. 따라서 중요한 질문은 이것이다. "어느 정도로 스트레스가 여러분을 지배하는가, 아니면 여러분이 스트레스를 지배하는가?"
- 효과적인 스트레스 관리 프로그램을 개발하기 위한 첫 번째 단계는 자기

감시이다. 만약 스트레스를 야기할 상황을 인식한다면, 그 상황에 대응하여 어떻게 생각하고, 느끼고 행동할지 결정할 수 있다.

- 스트레스를 관리하는 아주 유용한 방법에는 인지적 접근 방식이 있다. 이는 왜곡된 자기 대화를 변화시키고, 시간 관리 기술을 익히고, 이들을 체계적인 방식으로 삶에 적용하는 것이다.

- 신체적 활동은 생존뿐만 아니라 번창하기 위한 방법이기도 하다. 운동 프로그램은 스트레스를 관리하고 활력을 유지하게 해줄 효과적인 방법이다.

- 전문가 소진의 실제에 대해 인식하고 대처하는 법을 배우는 것은 상담자로 살아남기 위해 필수적이다. 일정 기간 동안 사람들에게 강렬한 개입을 하는 것은 신체적, 심리적 고갈을 야기할 수 있다.

- 소진의 단일 원인은 없다. 그보다는 개인적, 대인관계적, 조직적 요소들이 혼합되어 소진을 야기한다. 이 요소들을 이해하는 것은 소진을 예방하고 대처하는 법을 익히는 데 도움이 될 수 있다.

- 소진은 기관에서 여러분에게 많은 요구를 한 결과일 수도 있다. 기관 환경에서 위엄 있게 살아남을 구체적 방법을 배우는 것이 중요하다.

- 소진의 원인이 다양한 것과 마찬가지로, 이를 예방하고 싸울 방법 역시 복합적이다.

- 스트레스에 효과적으로 대처하는 것은 손상될 가능성을 줄이는 한 방법이다.

- 자기 돌봄은 호사가 아닌, 윤리적 의무이다.

- 자기 돌봄 프로그램에는 인간으로 기능하는 것의 신체적, 정서적, 정신적, 사회적, 영적 측면에 주의를 기울이는 것이 수반된다.

- 마음 챙김 수행은 개인적으로나 전문적으로도 아주 유용한, 자기 돌봄의 한 형태이다.

- 자기 연민적인 상담자는 자기 비판적인 사람에 비해 더 건강하고 더 생산성 있는 삶에 이른다.

- 안녕감은 건강한 생활방식을 가져올 선택을 하는 과정이다. 여기에는 열정, 평화, 활력, 행동에 이를 삶의 방식에 대한 선택이 포함된다.

이제 무엇을 할 것인가

1 여러분 삶에서 가장 스트레스가 되는 환경적 요소들을 몇 가지 나열해 보자. 외적인 스트레스 자극들을 확인한 후, 일기에 이 스트레스들을 어떻게 달리 다룰 수 있을지 적어보자. 여러분은 적어도 몇 가지 스트레스원들을 최소화하기 위해 지금 무엇을 할 수 있는가? 행동 계획을 세우고, 적어도 일주일 동안 이것을 시도해 보자. 삶의 스트레스를 줄이는 행동에 책임감을 갖게 해줄 누군가와 계약을 맺는 것도 고려해 보자.

2 스스로를 돌보지 않는 것에 대한 몇 가지 경고 신호들을 파악해 보자. 자신을 더 잘 돌보기 위해 여러분이 흔쾌히 생각할 수 있는 구체적인 조치에는 무엇이 있나?

3 우리는 여러분 삶에서 소진을 일으킬 가능성이 가장 높은 원인에 대해 솔직하게 검토해 보길 권한다. 많은 경우에 소진의 공통 분모는 **책임감**에 대한 문제이다. 스스로 과도하게 책임감을 맡는 것은 어떤 방식으로 소진에 기여하게 되는가?

4 주어진 시간 안에 하고 싶은 일을 다 해내는 게 어렵다고 느껴진다면, 안내한 시간 관리 전략을 시도해 보라. 다음 주에 무엇을 할지 기록해 보라. 그 주 끝에는 사적, 사회적, 직업적, 학습 활동 각각에 사용한 시간들을 합산해 보자. 그 활동들을 검토하며, 자신이 원하는 대로 시간 사용을 했는지 스스로에게 물어보자.

5 상담 실무를 하고 있는 전문가에게 인터뷰 요청을 하여, 다음 질문을 해 보자. "일을 하며 맞닥뜨리는 주된 스트레스들로는 어떤 것이 있습니까?" "그 스트레스들을 어떤 방식으로 다루시나요?" "소진을 예방하는 것에 대해 어떻게 생각하십니까?"

6 자기 돌봄, 자기 회복은 우리의 신체적, 정서적, 정신적, 사회적, 영적 측면들에 골고루 주의를 집중하는 것이다. 여러분 삶에서 자기 회복을 지속하기 위해서 균형을 더 잘 맞추려면 어떤 구체적인 방법들이 도움이 될지 생각해 보자. 일기에 삶에서 균형 상태를 높이기 위해 자신이 바꾸고 싶은 패턴들에 대한 생각들을 적어보자. 그런 다음 이 장에서 논의한 전략 일부를 사용하여, 스트레스에 더 잘 대처할 수 있게 해줄 행동 계획을 세워보자.

7 여기 나열된 각 자료의 출처는 책 뒷부분 참고문헌을 참고하라. 소진 및 자기 돌봄 전략에 대한 유용한 내용은 Skovholt(2001, 2012a)에서 찾아볼 수 있다. 스트레스가 상담자의 개인적, 전문적 삶에 어떻게 영향을 미치는지에 대한 논의로는 Kottler(2010)를 참고하라. 자기 돌봄에 대해 잘 쓰여진 두 권의 책으로는 Baker(2003)와 Norcross와 Guy(2007)를 추천한다. 공감 피로에 대한 치료 및 이를 예방하기 위해 무엇을 할 수 있는지에 대한 내용으로는 Stebnicki(2008)를 찾아보라. 자기 개발과 활력을 유지하는 것에 대한 아이디어를 얻고 싶다면 Corey와 Corey(2014)를 참고하라. 자기 연민적 치유에 대한 내용으로는 Neff(2011)가 있다.

Chapter **14**

위기 관리: 개인적으로 전문적으로

Robert Haynes[1], Marianne Schneider Corey, Gerald Corey 공동 저술

핵심 질문

1 여러분은 삶에서 위기를 얼마나 잘 다루는가? 위기에 접근하여 이를 해결하고 결정하는 편인가, 아니면 자주 압도되고 좌절하는 편인가?

2 여러분이 맞닥뜨렸던 중요한 위기는 어떤 것이었나? 그 위기와 관련하여 아직도 작업이 필요한, 해결되지 않은 과제가 남았는가?

3 여러분과 내담자 모두의 위기를 다루기 위해 자기 대화는 얼마나 중요한가? 고도로 스트레스가 많은 상황에서 하게 되는 자기 대화를 알아차리는가? 이는 여러분에게 어떻게 도움이 되는가 혹은 되지 않는가?

4 여러분은 스스로 어느 정도나 회복력 있는 사람이라고 생각하는가? 스트레스가 많은 일들에서 금방 회복되는 편인가 아니면 이런 일들에 우울해지고 기운을 빼앗기는가?

5 내담자가 자신의 삶에서 좀더 잘 회복되게 하기 위해 여러분은 어떻게 도움을 줄 것인가? 내담자가 회복 탄력성을 기르도록 돕기 위해서는 여러분이 회복력 있는 사람이 되어야 한다고 생각하는가?

6 홍수, 허리케인, 지진, 총격 사건, 폭격 등을 경험한 사람들과 지역사회를 도울 준비를 갖추기 위해 필요하다고 생각하는 훈련과 준비는 무엇인가?

7 위기 개입은 공동체 내 개인이 당면한 많은 문제들을 다루는 것과 특히 관련된, 단기적 상담 전략이다. 여러분은 이 방법이 공동체 내 변화를 가져오는 데 있어 효율적이고 효과적이라고 생각하는가?

8 재난대응행동건강의 전문분야에서 일하고 있는 자신을 생각해 볼 수 있는가? 만약 그렇다면 무엇이 여러분을 이 전문분야에 다가가게 하는가? 그렇지 않다면 여러분이 이 일에 대해 가장 우려하는 바는 무엇인가?

---

1 우리는 친구이자 동료인 Robert Haynes, phD에게 이 장의 공동 저술에서 주도적인 역할을 맡아 달라고 요청했다. 그는 위기 개입 분야에 전문가로서의 관심과 전문성을 갖춘 임상심리사이다. 그는 최근 위기 상황을 다루는 것에 대한 자기 개발서를 완성했다.

이 장의 목적

상담 전문직에서 최근 가장 인기 있는 하위 분야 중 하나는 재난대응행동건강(disaster behavioral health)이다. 이 운동은 상담 전문가를 재난 대응 노력의 최전선에 세운다. 위기는 가장 예상치 못한 상황에서, 가장 예상치 못한 때에 일어나며, 상담자에게는 위기에 빠진 내담자를 대할 준비가 되어 있는 것이 중요하다. 이 장은 위기 상황이 사람들에게 어떻게 영향을 미치는지에 대한 이해와 여러분 삶에서 위기를 어떻게 잘 다룰지를 학습하기 위한 계획, 내담자가 그들 삶에서의 위기에 잘 대처할 수 있게 돕기 위해 적용할 수 있는 시스템에 대해 안내하고자 한다. 또한 위기 관리에서 회복 탄력성이 갖는 중요한 역할에 대해서도 논의하고 지역사회 정신건강 체계 내에서 위기 개입법의 개발에 대한 개관도 제공할 것이다. 이어 상담자, 심리학자, 사회복지사가 비교적 새로운 전문 분야인, 재난대응·행동건강에서 어떻게 작업에 착수할 것인지에 대한 논의로 마무리하겠다.

위기가 우리에게 어떻게 영향을 미치는가

우리는 모두 일상과 직장에서 **스트레스**—외적 혹은 내적 원천에서 비롯한 부담감 및 압박감—를 경험한다. 대부분의 사건들에 대해 우리는 주관적으로 1점(아주 낮음)부터 10점(극도로 높음)까지 우리가 느끼는 스트레스 수준을 점수로 나타낼 수 있을 것이다. 척도에서 가장 높은 쪽의 스트레스 사건은 **위기**로 규정되며, 이는 "한 개인의 현재 자원과 대처 기제를 넘어서는, 견딜 수 없는 어려움으로 사건 혹은 상황을 인식하거나 경험하는 것"이라고 할 수 있다(James & Gilliland, 2013, p.8).

여러분이 살면서 겪었던 위기를 떠올려 보자. 그때 어떻게 대응했는가? 당황하지 않고 해결책을 명료하게 생각할 수 있었나? 여러분의 대처는 효율적이고 체계적이었나, 아니면 정신 없고 닥치는 대로였나? 여러분이 상담자로 일하고 있다면, 상담 상황에서 맞닥뜨렸던 위기에 대해 떠올려 보자. 여러분은 어떻게 대응했는가? 그것이 스트레스로 다가왔는가? 그 상황을 둘러싼 여러분의 생각과 정서는 무엇이었나? 여러분이 내담자에게 도움이 된다고 느꼈는가? 어떻게 하면 그 상황을 더 잘 다룰 수 있었을 것 같은가? 그때의 그 특정 상담 상황은 여러분에게 개인적으로 어떤 영향을 미쳤는가? 여러분이 위기에 어떻게 대처했는가는 미래 위기 상황에서의 대처에 기준점으로 작용한다. 위기에 대처하고, 회복하여, 빠르게 행동 계획을 세우고 실행하는 것은 어려울 수 있다. 상담자로서 내담자가 위기에 대처할 수 있게 돕는 능력을 향상시키기 위해서 여러분은 무엇을 더 배워야 하는가?

　　우리는 잘 경청하고, 공감적이며, 내담자에게 존중을 보이고, 그들의 요구에 반응하도록 훈련받았다. 그러나 이 일이 우리에게 주는 타격은 엄청날 수 있다. 장기적으로 우리가 살아남기 위한 열쇠는 돌보고 공감적인 치료적 태도와 업무 후에는 전문가로서의 삶이 주는 영향으로부터 거리를 둘 수 있는 능력 사이에서 균형을 유지할 수 있는가에 달려 있다. 여러분이 처음 일을 시작하면서는 일하면서 생긴 고민거리들을 '집으로 가져가는 것'이 일반적이나, 이는 시간이 흐르면서 점점 유해한 영향을 미치게 될 것이다. 여기 내(Bob)가 준비되지 않은 채 맞닥뜨려, 개인적으로나 전문가로서나 엄청난 정서적, 심리적 스트레스를 야기했던 업무적 상황의 몇가지 예가 있다.

- 아직 수련생이었을 때, 한 클리닉에서 시간제로 근무하는 동안, 10대 내담자가 어느 늦은 밤, 자동 응답기를 통해 연락을 남겨 약물을 복용했을지도 모르겠다고 암시했다. 나는 그녀가 지금 어떤 상황이고 내가 어떻게 해야 할지를 동시에 판단하려고 하는 스스로를 발견했다. 911을 불러야하나? 아니면 부모님께 연락해야 하나? 슈퍼바이저에게? Sarah가 지금 진심인가, 아니면 전화를 하기 위한 핑계인가? 나의 법적, 윤리적 책임은 무엇이지? Sarah의 건강을 보장하기 위해 내가 취할 수 있는 최선의 행동은 무엇일까?
- 심리학자로서 나는 젊은 여성을 납치, 강간, 살해한 혐의로 기소되어 감금된, 심각한 정신질환을 겪고 있는 젊은 남성을 상담하게 됐다. 나

는 이 젊은 남성에 대한 나의 평가와 치료가 불러올 파문에 대해 생각하느라 숱한 밤을 뒤척였다. 그가 상태가 좋아져서 내가 사회로 돌려보내자고 했는데, 다시 범죄를 저지른다면? 나는 그 부담을 안고 어떻게 살아갈 수 있을까? 그 죄책감은? 또 책임감은? 나는 사회를 보호하기 위해 안전책을 강구하고, 결코 석방을 권고하지 않겠다고 맹세해야 하나? 그러나 그것이 내담자에게 공정한 처사인가? 그렇지 않으면 그의 석방이 사회에 공정한가?

- 지역사회 정신건강센터의 응급 정신질환 팀에서 수련받는 동안, 우리는 지역사회에서 접수된 위기 사건에 대응할 책임을 맡고 있었다. 따라서 우리는 종종 공격적이고 폭력적인 사람들에게 끼어들어 협상을 시도하며 평가와 치료를 위해 정신건강센터로 데려오는 일을 해야 했다. 이 상황들 대다수는 아드레날린이 넘쳐나게 만들었고, 우리 팀은 전적으로 문제에 관여하여 개입하는 동안은 한시도 경계를 늦출 수 없었다. 나는 계속해서 이런 질문을 스스로에게 던졌다. 이 사람은 얼마나 위험한건가? 그가 우리 팀원 중 한 명을 공격하면 나는 어떻게 해야 하는가? 나를 공격하면? 이 사람이 자살 위험을 알리는 신호를 조금이라도 보이고 있는가? 고래고래 고함을 지르는 사람을 진정시키려면 무슨 말을 해야 하는가?

때때로 상담자들은 위기 상황에서 일할 때 아무리 노력해도 모자라지 않을까 걱정한다. 내담자에게 우리가 할 수 있는 일은 그들이 겪고 있는 바를 존중하고 알아주며 자신의 이야기를 할 수 있도록 하는 것이다. 내담자가 자기 이야기를 할 때, 우리는 그들의 관점에서 지금 무엇을 겪고 있는지를 이해할 수 있도록 잘 들어야 한다. 내담자가 자기를 드러낼 때, 그들이 당면한 상황에 대해 평가하고 내담자에게 가능한 대처 자원을 파악하는 것 또한 중요한 일이다. 다른 사람들이 삶을 원래대로 되돌리려고 노력하고 있을 때 그들과 충분히 연결되고자 하는 우리의 마음은 그 자체로 치유적이며 소중한 것이다. 우리는 내담자가 어디로 가고자 하고 어떤 행동을 고려하고 있는지 감지할 수 있다. 위기에 처한 내담자와의 처음 만남에서 우리가 하는 말과 보여주는 진심 어린 보살핌 및 깊은 연민을 통해 우리는 존재를 선물할 수 있다. 함께 머물

러주는 것은 강력하며 대개 우리가 실제로 상황을 바꾸기 위해 할 수 있는 것들을 능가한다.

스트레스와 정서적 피로는 소진을 야기할 수 있다

상담자는 아주 다양한 위기 상황에서 사람들을 도와달라는 요청을 받곤 하나, 이런 강렬하고도 중요한 업무의 장기적인 영향에 대해서는 면역력이 없다. **대리 외상**은 상담자에게 개인적으로나 전문적으로 부정적인 영향을 줄 수 있다. 대리 외상은 내담자의 외상에 대해 장기간에 걸쳐 강렬하게 노출된 결과로, 상담자가 내담자의 외상 관련 증상들을 따라하기 시작할 때 발생한다(James & Gilliland, 2013). 위기나 외상에 대해 반복해서 듣는 것만으로도 상담자에게 악영향을 미칠 수 있다. 상담자는 세상과 다른 사람들, 관계들을 다르게 보기 시작하며, 좀더 냉소적이 될 수 있다. 초심상담자 및 수련 중인 상담자가 대리 외상에 가장 민감한 것 같다.

위기 개입 및 다른 최전선의 정신건강 상담자들은 종종 **소진**으로 이어질 수 있는 스트레스 자극을 경험한다. 이 스트레스 요인들로는 자신의 업무와 관련된 의사결정 과정에 충분히 참여하지 못하는 것, 업무에서 자신의 능력을 충분히 사용하지 못한다고 느끼는 것, 규정·절차·문서 작업 때문에 힘들어하는 것, 업무 환경에서 불편감 및 위험에 노출되는 것 등이 있다(Brown & O'Brien, 1998). 어느 젊은 사회복지사가 주되게 살인 피해자 가족들에게 위기 개입 작업을 해왔다. 그녀는 내담자들에게 관심을 보이고 공감했지만, 그 업무의 성격상 너무나도 많은 영향을 받았고 결국 직업을 바꿀 계획을 세웠다. 다른 위기 전문가들과 마찬가지로, 그녀 역시 소진이 직업병이란 사실을 깨닫게 된 것이다. 13장에서 언급한 것처럼 이런 일을 하는 상담자들에게 있어 자기 돌봄의 중요성은 아무리 강조해도 부족하다.

외상적 사건을 경험한 사람들을 관찰하고 이들과 함께 작업하는 상담 전문가들은 다른 사람을 돌볼 수 있는 상담자 능력의 계속된 고갈의 결과로 나타나는 스트레스 관련 증상인 **연민 피로**(compassion fatigue)를 겪을 수 있다(Figley, 1995). 우리가 다른 사람에게 받는 것 없이 계속 주기만 할 때, 연민의 능력은 점차 감소된다. Linnerooth, Mrdjenovich와 Moore(2011)는 내담자에게 공감하고 이를 표현하는 복지 사업 전문가들이 내담자의 외상을 내재화할 가능성이 더 높고, 연민 피로에 대한 위험 역시 더 높다고 주장한다. 1장에서 언급했듯, 소진이나 연민 피로의 함정을 피하기 위해서는 상담자가 되려는 개인적 욕구와 동기가 수련 과정에서뿐만 아니라 경력 전반에 걸쳐 반드시 검토되어야 한다(Linley & Joseph, 2007; Skovholt, 2012b; Smith, 2007; Stebnicki, 2008 참고).

　　내담자가 치료에서 나누는, 외상에 대한 다양한 이야기들을 듣는 것으로부터 생겨난 스트레스는 시간이 갈수록 상담자의 회복 탄력성 혹은 대처 능력을 저하시킬 수 있다. Stebnicki(2008)는 이를 **공감 피로**(empathy fatigue)라고 칭했으며, 이는 연민 피로, 이차 외상 스트레스, 대리 외상, 소진 등과 어느정도 공통점이 있다. 공감 피로는 연민 피로와 유사하긴 하나, 내담자를 일상적으로 돌보다가 결국 지치게 된 상담자에게 좀더 구체적으로 초점을 맞춘다 (Stebnicki, 2008). Stebnicki는 내담자를 위해 심리적으로 존재하는 상담자들은 종종 일상적 스트레스, 큰 슬픔, 상실, 불안, 우울, 외상적 사건 등의 주제로 가득찬 내담자 이야기에 깊이 영향받는 대가를 치루게 된다고 생각한다. 공감 피로를 경험하는 상담자들은 전문가 소진으로 향할 수 있다. 따라서 Stebnicki는 상담자들이 사람들과 강렬한 수준에서 대인관계를 맺을 때 좀더 탄력적일 수 있도록 자신의 몸, 마음, 영혼을 준비시키는 것이 중요하다고 강조한다. Skovholt(2012a)는 상담자들이 공감의 균형을 이룰 수 있어야 한다고 생각하는데, 이는 내담자 세계로 들어가 그 안에서 길을 잃지 않는 능력을 의미한다. 너무 부족한 공감은 돌봄이 사라지는 결과를 낳고, 너무 지나친 공감은 상담자로 하여금 내담자 이야기 속에서 자신을 잃어버리게 만든다.

　　J. Eric Gentry —상담자이자 심리 외상 전문가—(2010)는 플로리다의 허리케인 속에 집을 잃고 재해지역에서 전력을 복구하기 위해 아직도 일하고 있는, 전력 회사 직원이자 허리케인 찰리의 피해자인 내담자의 작업이 미친 영향력에 대해 다음과 같이 묘사한다.

나는 엄청난 감정과 이미지의 회오리 바람 속에 남겨졌다. 그 후 며칠 동안 계속해서 이 직원과의 상호작용에서 생겨난 이미지와 정서들을 재경험했다. 이 고통스런 감정과 통찰력 속에서 균형을 잡아주는 것은 그래도 내가 이 직원을 위해 할 수 있는 일은 다 했다는, 위로가 되는 지각이었다…. 그러나 이런 인식에 잠겨있을 때조차도 나는 너무나도 엄청난 참사, 상실, 고통을 마주하며 자신의 무력함을 통렬히 느끼고 있었다.

심리 외상 전문가로서 훈련받고 숙련된 이 전문가 역시 내담자에게 한 반응의 영향력과 재난의 희생자가 묘사하는 이미지로부터 빠져나올 수 없었다. 위기 개입 및 상담 분야 밖에서 친구와 의미 있는 시간을 보내는 것은 절실히 필요했던 휴식을 줄 수 있다. 게다가 비슷한 일을 하는 동료 집단에 참여하는 것 역시, 자주 수면으로 올라오는 감정들을 처리하는 데 있어 효과적인 방법이다. 만약 우리가 지나친 심리적 고통을 짊어지고 다닌다면, 내담자의 위기는 머지않아 우리의 위기가 될 것이다. 이 일이 우리 개인에게 영향을 미치는 방식에 대해 민감성을 유지하는 것이 절대적으로 필요하다. 만약 여러분이 스스로를 돌보길 잊는다면, 사람들의 울부짖음을 뚫고 그들을 도와야 하는 힘든 일을 그리 오래 할 수 없게 될 것이다. 또한 우리는 스스로에게 닥친 위기의 수렁 속에 갇히게 될 것이다. 우리가 맞닥뜨릴 수 있는 수많은 병폐들을 예방할 최선의 방법은 전문가로서 거듭날 수 있는 프로그램과 장기적인 자기 돌봄에 적극적으로 참여하는 것이다(소진과 자기 돌봄 전략에 대한 논의는 13장을 참고하라). 상담자들이 모든 내담자들에게 효과적인 서비스를 제공할 수 있도록 하기 위해, 자기 돌봄과 관련된 구체적인 기준들이 윤리적 필요조건으로 상담 전문가들을 위한 윤리 규정에 등장하기 시작했다.

상담에서 위기 상황은 일반적이다

최근 심리학학위를 획득한 한 대학 졸업생이 처음 상담자 업무 상황 및 처음 만난 내담자에 대해 설명했다. Regina는 심각한 행동 장애 어린이들을 위한 치료 센터로 출근했다. 그녀는 이 시간들이 임상 경험을 얻는 데 소중한 경험이며 이후 대학원에 진학할 때 도움이 될 거라고 생각했다. 그녀가 만난 첫 번째 학생은 아주 호감을 불러일으키지만, 폭력 사건을 일으켰던 7세 소년 Tyler였다. 그는 태아기 알코올 증후군 진단을 받았는데, 그의 양부모는 입양 후 수년이 지나서야 그의 병력을 알게 되었다. Regina는 Tyler와 관계를 잘 발전시켜 갔으나, 그가 격분한 걸 처음 본 순간, 그녀는 압도되었다. Tyler와 작업하던 어느 시점에서, 그녀는 그를 보호하기 위해 그를 제지해야 했고, 그 상황에서 그는 그녀를 물었다. 이 사건으로 인해 Regina는 HIV 검사를 받게 되었고 결과는 꽤 심각했다. 대학에서 들은 그 어떤 수업도 그녀가 Tyler와 겪게 된 일에 대비하게 하지 못했으며, 그녀는 학교에서 실습한 결과로 HIV 양성이 될 수 있다고 전혀 생각하지 못했다. 이 사건은 Regina에게 정말 충격적이었으며, 상담의 진짜 세계에서 일한다는 것이 실제로 어떤 것인지, 얼마나 복잡한 일인지뿐만 아니라 이 일이 갖고 있는 정서적인 타격에 대해서도 직면하게 했다.

전문가로서 경력을 쌓아가는 동안 여러분은 내담자가 삶에서 다루는 각기 다른 심각한 위기들과 마주하게 될 것이다. 어떤 상황들은 다른 것에 비해 좀더 감당할 만하다고 느껴질 수도 있다. 발생한 위기의 종류와 그것이 각 개인의 삶에 미칠 수 있는 영향에 대해 좀더 명료하게 이해하고 있다면 더 도움이 될 것이다. 상담자로서 역할을 하는 동안 여러분이 맞닥뜨릴 수 있는 위기의 범위에 대해 생각해 보자. 다음 각 상황에서 상담자로서의 여러분에 대해 상상해 보자.

- Mia는 8년 동안 남편이었던 사람을 떠나려고 생각하며 상담실에 찾아왔다. 남편이 그녀를 때린 것은 한 번이었으나, 최근에는 말로 공격

하는 일이 많아졌으며 그녀가 떠난다면 가만두지 않겠다고 위협했다. 그는 한번도 아이들을 때리지는 않았지만, 점점 더 술을 마시고 비합리적인 사고를 하여 Mia는 자신과 아이들의 안전을 걱정하게 되었다.

- Jaleel는 학교 상담자에게서 여러분에게 의뢰된 18세 남성이다. 그는 상담자에게 우울하다며 자살을 생각한다고 말했다. 그를 의뢰한 상담자는 Jaleel이 전문상담이 필요하다고 생각했다. 여러분과 만난 첫 회기에서 Jaleel은 "더이상 살 가치를 못 느끼겠어요. 전 친구도 없고 여자친구와도 최근에 헤어졌거든요"라고 말했다.

- Sammy는 애도상담을 위해 찾아왔다. 가장 친한 친구가 범죄 조직의 총격 사건에서 사살되었고, 그녀는 괴로움에 휩싸여 자신의 안전을 몹시 두려워 하고 있다.

- 어제 중학교 운동장에서 총격 사건이 발생했다. 교사 한 명이 경상을 입은 정도였으나, 학교 구성원 전체가 총격 사건에 큰 영향을 받았다. 학교 상담자로서 여러분의 과제는 오늘 세 교실의 학급 회의에서 디브리핑(debriefing, 심리적 외상이나 심한 스트레스를 겪은 사람을 진단이나 치료 목적으로 만나는 것)을 제공하는 것이다.

이 내담자들에게 도움을 줄 만큼 여러분은 정서적으로 힘이 있는가? 이 내담자들 모두와 한꺼번에 작업한다면 어떻게 될까? 이 상황들 중 다른 것보다 더 어렵게 느껴지는 것이 있는가? 만약 이 일이 대단히 스트레스를 준다고 할 때, 자기를 돌보기 위해 여러분은 무엇을 할 수 있을까?

여러분의 위기 대응에 영향을 미치는 요소들

우리의 통제를 넘어서는 사건들은 인재와 같은 정도의 대처 및 정서적 반응을 유도하지 않는다. 누군가가 토네이도나 지진으로 사망했을 때와 총격 사건에서 살해되었을 때 우리는 다르게 반응한다. 자연재해가 닥쳤을 때도 그 상황에 화가 나고 무력해질 수 있지만, 폭력적인 행동을 한 가해자에 대해서는 분노하고 책임을 돌리며, 심지어는 어떤 종류의 복수를 하고 싶어지기도 한다. 이런 위기의 근원을 파악하고 다양한 종류의 구호가 우리에게 어떻게 영향을 미치는지를 인식하는 것이 중요하다.

예상치 못한 사건이 가장 심리적인 혼란을 초래한다. 곧 있을 경제적인 곤경처럼 예상되는 위기는 우리가 미리 전략을 구상할 기회를 준다. 정기 건강 검진이나 구직 인터뷰를 걱정하는 것처럼 간단한 사건들은 빠르게 해결된다. 그러나 건강검진에서 받은 암선난은 훨씬 너 직면하기 어려운 큰 스트레스를 유발하는 장기적인 위기가 될 수 있다.

가벼운 위기가 심각한 영향을 줄 수 있는 반면, 큰 재난에 별 영향을 받지 않을 수도 있다. 일반적으로 말하면 부상이나 죽음과 관련된 위기들이 가장 크게 영향을 미친다. 게다가 우리가 위기 상황 및 관련된 사람들과 가까이 있을수록, 우리는 더욱 겁먹고 외상적인 반응을 보일 가능성이 높다. 다른 동네에서 일어난 산불 피해를 TV에서 보는 것은 산불이 난 현장에서 대피해야 하는 상황에 처하는 것보다 그 영향력이 덜하다.

여러분은 각각 다양한 내담자와 만나 여러분에게 개인적, 전문적으로 타격을 줄 수 있는 상황을 경험하게 될 것이다. 이 사건들에 대해 인지적이고도 정서적으로 준비해야 할 뿐만 아니라 위기에 처한 내담자를 돕기 위해 필요한 지식과 기술들을 잘 갖출 필요가 있다. 여러분의 위기 대응에 영향을 줄 수 있는 몇 가지 요인들을 소개하겠다.

1   여러분의 현재 삶의 상황과 스트레스 수준은 내담자의 위기를 작업할 수 있는 방식에 영향을 미친다. 위기에 대한 스트레스 반응에는 신체적, 정서적, 인지적 요소들이 있다. 여러분이 이혼을 거치는 중이거나, 심각한 경제적 문제에 처했거나, 자녀의 행동 문제를 다루는 중이라면, 자신의 일상 및 내담자의 위기를 처리하는 데에는 덜 효과적일 수 있다.

2   이전 삶에서의 위기는 현재 위기에 대한 반응을 촉발시킨다. 과거에 이를 성공적으로 다루었고 미래에도 그럴 수 있다고 믿는다면, 그런

기대는 과거에 경험이 있고 성공이 이를 뒷받침하고 있다는 사실만으로도 성공적으로 처리할 능력을 필시 향상시킬 것이다. 반면 과거에 그 위기들을 성공적으로 다루지 못했다면, 아주 스트레스가 높은 상황이 발생했을 때, 그걸 다룰 수 있는 자신의 능력에 대해 의문을 갖게 될 것이다.

3   우리의 사고방식은 관찰한 바를 '정상화'하려는 경향이 있다. 밤에 이웃집 앞을 천천히 지나가는 자동차를 보곤 이렇게 생각할 수 있다, "저 사람들은 친구네 집을, 아니면 자기네 집 개를 찾고 있나 보다." 무슨 이유에선지 우리는 그것이 빈집을 찾고 있는 절도범일 수 있다고 생각하려 하지 않고, 이런 현실을 '충분히 인식하기'까지 시간이 좀 걸린다. 상황의 객관적인 사실들을 보다 빠르고 정확하게 파악할수록, 우리는 좀더 빠르게 행동 계획을 세울 수 있을 것이다.

4   위기에서 일반적인 반응은 불신과 혼란스러움이다. 대부분의 사람들이 이런 반응을 극복할 수 있지만, 좀더 심각한 위기에서 어떤 사람들은 몸이 굳고 반응할 수 없게 되기도 한다.

5   위기에 대한 일반적인 다른 반응에는 우리가 경험하는 싸우거나 도망치는 반응이 있는데, 이는 심박수, 호흡수, 근육의 긴장, 혈압 등을 높인다. 우리의 청각과 시력은 높은 경계 상태에 들어간다. 이는 신체의 비상대응 시스템이나 오늘날 스트레스로 가득한 세계에서 이 스트레스 반응은 하루에도 몇 번씩 활성화되어, 피로, 고갈, 대처 불능 급기야는 신체적 장애와 질병을 야기할 수 있다. 효과적인 위기 관리는 우리가 힘을 동원하여 싸우거나 도망치기 반응을 하고 이 시스템이 활성화되는 시간을 줄일 수 있도록 도와줄 것이다. 위기가 종료되면 우리의 뇌는 심박수, 호흡, 근육으로의 혈액 공급을 야기했던 몸에게 정상 수준으로 돌아가라고 신호를 보낸다. 내적인 자기 대화가 이러한 생리적 과정에 영향을 줄 수 있다.

6   유전자 구성도 어떤 사람들을 좀더 강하게 만들거나, 삶의 위기 및 스트레스 자극에 즉각 영향 받게 할 수 있다. 긴 모양의 세로토닌 운반 유전자를 가진 사람들은 심각한 위협에도 침착하고 좀더 신중하게 생각할 수 있는 반면, 짧은 모양의 사람들은 좀더 빠르고 강렬하

게 반응하는 경향이 있다(Touchette, 2003). 그러나 우리의 반응이 유전의 결과인지, 학습의 결과인지 혹은 그 둘의 조합 때문인지 판단할 수는 없다. 유전자 구성에 관계 없이 우리는 위기에 효과적으로 대응하는 능력을 향상시킬 수 있다.

7   스트레스 반응에 대한 신경 화학에서는 기존에 알려진 것보다 더 많은 신경전달물질, 호르몬, 뇌의 피질 영역이 관련되어 있다(James & Gilliland, 2013). 스트레스 상황에 대한 지속적인 노출—긴급 구조원이나 전쟁 지역에서 군 요원으로 일하는 것처럼—은 뇌의 영구적인 변화를 초래할 수 있다. 끊임없이 지속되는 과각성 상태는 외상 후 스트레스 장애에 당연히 한몫을 한다. 심각한 스트레스 및 위기를 겪는 것은 인간의 신체에 정서적, 생리적, 신경생물학적 영향을 미칠 수 있다.

8   시간 왜곡은 위기 상황에서 자주 발생한다. 우리는 자동차 사고가 슬로모션으로 발생하고 실제보다 더 오래 지속되었다는 사람들의 이야기를 듣곤 한다. 위기 상황이 시간에 대한 우리 감각에 이렇듯 영향을 미치기 때문이다.

9   극도의 위기 상황에서 인지 및 문제 해결 능력은 상당히 줄어들 수 있다. 위기에서 대부분의 시간 동안 우리는 정서—두려움, 분노, 믿기지 않음—에 반응을 보이고 사고 과정은 뒤로 물러선다. 불안은 지각에 왜곡을 일으키고 문제 해결 기술을 상실하게 만들 수 있다. 우리는 상황에 대처하기 위해 가능한 한 빨리 사고를 작동시키도록 회복되는 것이 중요하다.

10   우리가 위기를 성공적으로 다룰 때, 미래 위기를 다룰 수 있는 힘이 커지고, 자신의 능력에 대해 자신감을 가질 수 있다. 마찬가지로 우리가 위기에 매번 압도된다면, 다음 위기가 발생했을 때 역시 통제감을 상실할 가능성이 높다.

요약하자면 우리는 위기에 대한 일정한 정서적 반응을 예상할 수 있고 시간이 지남에 따라 회복될 거라고 기대할 수 있다. 위기를 효과적으로 다루는 능력은 과거에 스스로 얼마나 잘 다룰 수 있었는지, 우리가 상황을 어떻게 지각하는지, 현재 상황을 다루기 위해 얼마나 잘 준비하고 연습해 왔는지와 관련 있다. 삶은 일상적으로 작은 위기들을 선물하고, 이는 우리가 모든 종류의 위기들에 대처하는 법을 배울 수 있는 연습장이 된다.

위기의 인지적, 정서적, 행동적 요소들

Take Control of Life's Crises Today! *A Practical Guide*(Haynes, 2014)는 독자들에게 삶의 위기를 더 잘 다룰 방법의 정수를 소개한다. 위기를 다루는 과정에는 일반적으로 인지(사고와 자기 대화), 정서(느낌과 반응), 행동(행동 계획)의 세 가지 요소가 있다.

인지적 요소

13장에서 우리는 스트레스를 관리하고 자신의 인지와 자기 대화가 감정 및 행동에 미치는 방식을 평가하는 데 있어 인지행동적 접근 방식에 대해 논의했다. **자기 대화**는 의식적, 혹은 반의식적 차원에서 우리가 거의 끊임없이 하는 내적 독백이다. 우리의 자기 대화가 비합리적이고 오류가 있을 때, 스트레스를 받고 좌절하며 결정에 어려움을 겪는다. 부정적인 자기 대화의 예는 "이 내담자와 어떻게 되어가는 건지 모르겠어. 이 자살 사고를 어떻게 다뤄야 할지도 모르겠고. 난 형편없는 상담자인 게 틀림없어. 뭘 해야 할지도 모르겠고. 나는 도움이 안 돼." 이런 자기 대화는 실패로 가는 지름길이다. 다음과 같은 긍정적 질문들은 문제 해결로 이어질 수 있다. "지금 무슨 일이 일어나고 있지? 어떻게 하면 이걸 잘 다룰 수 있을까? 이 상황에서 내가 알아야 하는 것은 무엇이지? 임박한 위험이 있나? 어떻게 하면 내담자의 안전을 가장 잘 보장할 수 있지?" 우리가 앞을 생각하며 할 수 있는 일에 집중할 때, 위기를 뚫고 성공적으로 나아갈 기회를 더 많이 가질 수 있다.

이 내담자를 어떻게 도울 수 있을까?

개인 상담소에서 나(Bob)는 결혼 및 가족 문제로 찾아온 내담자(Colleen)를 만났다. 한번은 Colleen이 기분이 안 좋아서 아스피린을 먹었는데 얼마나 먹은 건지 모르겠다고 이야기했다. 나의 자기 대화는 이렇게 흘러갔다. "이거 의료적으로 응급한 상황인 건가? 아니면 그냥 내 관심을 끌려고 하는 건가? 내담자가 죽을 위험에 처한 건가? 무엇이 옳은 일인지 모르겠으면 어쩌지? 내가 행동하지 않아 그녀가 죽게 된다면? 내가 법적 책임을 져야 할 수도 있을까? 면허를 잃게 될 수도 있으려나? 모든 게 엉망이야." 분명 이런 자기 대화는 문제 해결에 도움이 안 된다. 사실 이런 대화는 의심과 두려움을 만들고, 이는 비생산적이다. 나는 의식적으로 나의 자기 대화를 변화시켜 행동 계획을 세우기 시작했다. "그녀가 무엇을, 언제 먹었는지, 아스피린을 먹을 때 무슨 생각을 했었는지 더 물어보자. 그녀는 지금 자살 사고의 징후를 드러내고 있는가? 나는 그녀를 병원으로 데려갈 수도 있고 혹은 구급차를 부를 수도 있다. 남편에게 전화해서 그녀를 데리고 갈 수 있는지 알아봐야 하나? Colleen에게 얼마나 많은 아스피린을 먹은 건지 구체적으로 알아보기 위해 질문을 더 해야 하나? 내가 판단이 안된다면, 911을 불러서 그녀를 병원으로 데려가게 한 다음 남편에게 전화를 해야겠다. 우선적으로 내 내담자에게 안전을 제공할 수 있는 일을 해야 하고, 그 결정의 영향을 다루는 것은 나중이야." 이와 같은 생각들이 몇 초 동안 내 머리 속을 스쳐 지나갔고 나의 사고를 자기 회의와 혼란으로부터 계획을 세우고 내담자의 이익을 위해 움직이는 방향으로 옮겨놓을 수 있었다. 그 결과 Colleen의 동의를 받아 나는 남편에게 전화를 건 후 911에 구급차를 요청했다. 그녀는 입원하여 위 세척을 했고 자살 위험을 평가하기 위해 정신과에서 며칠을 보냈다.

자신의 자기 대화를 검토하며 그것이 여러분 자신과 문제 해결 능력에 어떻게 도움이 되는지 혹은 방해가 되는지를 살펴보라. 문제 해결적 자기 대화는 뇌의 화학물질에 긍정적인 방식으로 영향을 주며, 이는 세로토닌과 도파민과 같은 뇌 속 신경전달물질을 증가시키는 결과를 가져온다(Briere & Scott, 2013; Friedman, 2002). 여러분이 건설적인 자기 대화와 문제 해결 기술을 더 많이 연습할수록, 이런 기술들은 뇌의 화학물질을 변화시킴으로써 더 강화될 수 있다. 우리가 사고를 변화시킬 때, 우리의 자기 대화는 뇌의 화학물질에 영향을 준다. 이는 일상에서나 상담자로서 업무에서나 마찬가지이다. 여러분이 어떻게 건설적인 자기 대화를 할 수 있을지 좀더 자세하게 들여다보자.

자기 대화를 감독하기

1단계 : 자신의 자기 대화를 인식하는 법을 배우자

머리 속에서 줄곧 이어지는 대화가 무엇인지 주목해 보자. 이는 여러분에게 도움이 되는가, 아니면 방해가 되는가? 자기 대화는 너무나 자동적이어서 일어나고 있다는 사실조차 거의 알아차리기 어려우니, 온종일 이에 대한 인식을 높이도록 노력하자. 내담자를 상담하는 동안의 자기 대화에 주목해 보고, 이것이 여러분이 제공한 평가와 개입에 영향을 미치는지 알아보라.

2단계 : 자기 대화의 패턴을 면밀하게 조사해 보자

여러분의 자기 대화는 긍정적인가 아니면 부정적인가? 여러분이 사용하는 표현은 "내 내담자에게 무슨 일이 일어나고 있는지 도통 알 수가 없어"인가 아니면 "잘 모르겠네. 이 내담자를 다른 치료자에게 의뢰해야겠어"인가? 다음과 같은 문제 해결적 자기 대화에 초점을 다시 맞춰보자. "심호흡을 크게 하고 이 상황 및 무엇이 문제를 만들었는지, 해결하려면 무엇을 해야 하는지 살펴보자" 혹은 "다소 압도되지만, 이것이 내담자에게 어떻게 영향을 미치는지, 내담자가 상황을 다룰 수 있게 내가 어떻게 도울 수 있을지에 집중해 보자" 혹은 "다양한 해결책의 장단점은 무엇이지? 어느 것이 성공할 수 있는 최상의 기회일까?" 혹은 "다양한 행동 방침의 윤리적 법적 함의는 무엇일까?" 등이 그것이다.

일지를 작성하는 것은 자신의 자기 대화와 이것이 여러분에게 어떻게 도움이 되는지 혹은 되지 않는지를 더 잘 인식할 수 있는 건설적인 방법이다. 며칠 동안 매번 같은 시간에 15분 동안 자기 대화를 기록하는, **시간 표집**을 해볼 수도 있다. 우리의 사고는 너무 자동적이어서 이를 잘 알아차리지 못하는 경향이 있으므로, 이를 좀더 의식하려면 작업이 필요할 것이다. 또한 슈퍼바이저와의 슈퍼비전 시간 혹은 내담자와의 상담 시간처럼 **구체적인 상황**에서 이어지는 자기 대화를 기록해 볼 수도 있다. 일지를 활용하는 것은 자신의 자기 대화를 분석하고 수정하는 데 도움이 된다. 일지에 초기 사고와 그 결과로 생긴 정서를 포함하여, 상황에 대한 간단한 요약과 자기 대화 내용을 적어보자. 자기 대화의 일지들을 작성한 후에는, 사고의 패턴을 살펴보고 상황을 성공적으로 다루는 데 도움이 되도록 이 패턴의 어느 부분을 바꾸고 싶은지 찾아보자.

3단계 : 자기 대화를 수정하기

이제 여러분은 자신의 자기 대화 패턴에 대해 더 잘 알게 되었고, 이 패턴들을 바꿀 방법을 배울 준비가 되었다. 여러분이 일지에 남긴 상황의 객관적인 사실들을 분석해 보자. 여러분은 자신에게 무슨 말을 했는가? 그것은 상황을 해결하는데 도움이 되었나, 방해가 되었나? 여러분은 상황을 왜곡했는가, 아니면 정확하게 상황을 평가했는가? 자신에게 했던 말이 결과에 좀더 긍정적으로 영향을 미쳤는가? 새로운 자기 대화의 언어를 사용해 보도록 하자. 무엇이 도움이 되고, 무엇이 되지 않는지, 여러분의 자기 대화가 상황을 더 잘 다루는 능력을 어떻게 향상시키는지 살펴보자.

4단계 : 새로운 자기 대화 기술을 연습하고 실행하기

연습은 여러분이 새롭게 익힌 자기 대화 패턴을 적용할 가장 좋은 방법이다. 인내심을 갖고 사고의 새로운 방식을 시도할 수 있도록 자신에게 시간을 주자. 여러분은 위기 상황에서 도움이 될 수 있을 좀더 효과적인 자기 대화를 수정하고, 향상시키고, 시행해 볼 많은 연습이 필요할 것이다. 새로운 자기 대화를 적용하는 것은 자신감을 갖게 하고, 궁극적으로는 이런 자기 대화를 자동적으로 사용하게 될 것이며, 이는 위기를 다룰 준비를 더 잘 할 수 있게 도와줄 것이다.

5단계 : 새로운 기술을 평가하기

이 새로운 기술들이 여러분에게 어떻게 도움이 되는지 평가해 보고 필요에 따라 수정하자. 이렇게 미세하게 조정된 기술들을 일상에 적용해 본 후, 여러분의 수련과 상담자로서의 업무에서 사용해 보자. 내담자와 상담할 때, 슈퍼바이저를 만날 때, 혹은 집단훈련 경험에 참여할 때 자신의 자기 대화에 귀 기울여 보자.

정서적 요소

대부분의 경우 우리는 경험하는 정서의 강도에 영향을 미칠 수 있는 능력이 있다. 때때로 다음과 같은 자기 대화를 해서 정서가 지배하도록 한다.

- "나는 너무 화가 나서 결정 내릴 수가 없어."
- "이 상황들이 왜 항상 나에게 일어나지?"
- "이 슈퍼바이저는 나를 미치게 해. 이런 환경에서는 배울 수 없어."
- "이런 사람이랑 일하는 걸 참을 수가 없어."

우리의 정서는 강렬할 수 있고 통제 불능이라고 느낄 수 있다. 우리는 자기 대화를 활용하여 정서적 반응을 행동으로 옮길 수 있다. 내면의 목소리와 자기 대화는 극적인 진정 효과를 가져올 수 있다. 진정시키는 자기 대화로는 다음과 같은 예들이 있다.

- "내가 화나고 마음이 흔들리고 있는 걸 알아. 하지만 피할 수 없는 이 상황에 대처해야만 해."
- "나는 이제 진정될 거고 이 일을 완결 짓기 위해 해야 할 일들에 집중할거야."
- "과거 상황에 어떻게 대처했는지 지금 걱정할 필요 없어. 현재의 이 순간에만 머무르자."

이러한 자기 대화가 어떻게 긍정적인 영향을 줄 수 있을지에 대해 생각해 보자. Olivia는 지역 호스피스 제공 기관에서 일하는 사회복지사이다. 일상적으로 그녀는 죽음과 죽어가는 것 그리고 이것이 내담자의 가족과 친구들에게 미치는 영향을 다룬다. 만약 그녀가 내담자의 정신적 고통에 집중한다면, 그녀의 자기 대화는 우울하고, 침울해지며, 의기소침해질 것이다. 대신에 Olivia는 자신이 내담자의 사랑하는 사람들과 친구들에게 자원을 제공하고, 상담과 서비스를 통해 위안을 갖게 함으로써 얼마나 그들을 돕고 있는지에 집중했다. 그녀는 자기 대화가 업무의 긍정적인 효과에 주목하도록 했고, 이는 그녀가 긍정적일 수 있게 하는데 도움이 되었다.

어떤 사람들에게 있어서는 위기 혹은 전쟁과 같은 일련의 위기들에 대한 정서적 반응이 정서 조절 장애를 야기하곤 한다(Briere & Scott, 2013, pp. 111-124). 사람들의 각성된 정서적 상태가 몹시 강렬하고 압도적이어서 해리, 부인, 회피와 같은 역기능적 대처 전략이 선택될 수도 있다. 그런 경우에 정서 조절이 위기에서의 회복 작업이 완료되기 전에 재정립되어야 한다. 정서 조절을 복구하기 위한 기법들로는 이완 훈련, 인지 치료, 명상, 불안 관리, 스트레스 면역 훈련 등이 있다.

때때로 정서는 우리의 문제 해결 능력을 방해할 수 있지만, 우리는 가능한 한 빨리 정서적 반응으로부터 회복되어 연습했던 바를 실행에 옮기도록 노력해야 한다. 예를 들면 어떤 사람이 길거리에서 돈을 강탈하려고 할 때, 두려움, 분노, 싸우거나 도망치기 반응 모두가 거의 자동적으로 일어날 수 있다. 이때 머리 속에 행동 계획을 갖고 있는 것은(다음 절에서 좀더 상세히 논의하겠다) 이런 상황에서 유용할 수 있다.

다양한 상황에서 우리의 문제 해결 행동 계획을 연습하고 시연해보는 것은 실제 위기에서 효과적으로 대응할 수 있는 능력을 향상시키고 우리가 정서를 다루는 걸 도와줄 것이다. 다양한 위기 상황을 어떻게 다룰지 정신적으로 준비하는 것은 그런 상황이 실제로 발생했을 때 우리를 도와준다. 우리는 상담에서 발생할 수 있는 모든 가능한 상황들을 예상할 수는 없지만, 우리가 맞닥뜨릴 수 있는 다양한 종류의 상황들—자살 관련 이야기, 정신병적 이야기 및 행동, 다양한 종류의 학대에 대한 보고, 이혼에 대한 논의, 내담자의 공격적인 언어와 행동, 억압된 기억에 대한 논의 등—에서 어떻게 반응할지 찾아보고 생각해 볼 수는 있다.

행동적 요소

위기 상황에서 행동 실행 계획은 상황에 대한 평가, 다양한 행동 방침에 대한 고려, 최선의 행동을 실행하는 것이 포함된다. 정서를 조절하고 효과적인 자기 대화를 연습하는 것은 우리가 행동 방침을 이행하는 방식에 영향을 줄 것이다. 잠재적인 문제에 대해 연습하고 정신적 예행연습을 하는 것은 서로 결합하여, 위기에 처한 사람들과 작업할 때 우리를 좀더 역량 있게 만든다.

과학적인 방식은 문제를 해결하기 위한 가장 효과적인 수단 중 하나로 밝혀졌으며 그 역사가 그리스 철학자 아리스토텔레스에 기원을 갖고 있는 논리의 법칙으로까지 거슬러 올라간다(Godfrey-Smith, 2003). 이 단계들을 거칠수록 우리는 계획과 행동 실행을 강화하고 개선하게 된다.

- 상황을 관찰하고 필요한 정보를 모은다.
- 문제 해결을 위한 다양한 행동 방침을 평가한다.
- 최선의 행동 계획을 선택하고 실행한다.
- 그 계획이 얼마나 잘 시행되었나 평가한다.
- 필요한 경우 계획을 수정한다.

문제 해결에 과학적 방식을 적용하는 것은 위기 상황에 대한 좋은 접근 방식이다. 여러분의 레퍼토리에 이 문제 해결 공식을 포함시키는 것은 그것이 개인적인 위기이든 혹은 상담에서의 위기이든 어떤 상황에서나 도움이 될 것이다.

과학적인 방식: 그 과정에 대한 자세한 설명

고등학교에서 한 시간 전에 총격 사건이 발생했고 여러분은 그 사건을 목격한 학생들에게 위기 상담을 제공하기 위해 호출되었다. 과학적 방식은 여러분이 그 과정을 수행하도록 안내해 줄 수 있다. 여러분은 먼저 전체 학생들을 소집하여 그 사건에 어떻게 반응했는지를 평가하기 위한 심리적 선별 검사를 수행한다. 여러분은 각자에게 무엇을 보고 들었는지, 처음 든 생각이 무엇인지, 그 것이 개인적으로 어떻게 느껴졌는지, 지금은 어떠한지 등을 물어보며, 정보를 모은다. 그들이 밝히는 정보에 따라 가능한 행동 방침이 무엇인지 가늠해 본 다. 여기에는 앞으로 몇 시간 혹은 며칠이 지나면서 어떤 경험을 할 수 있는지 에 관해 학생들을 교육시키는 시간을 갖는 것, 하루 혹은 이틀 동안 후속 디브 리핑 일정을 잡는 것, 좀더 심각한 반응을 보이는 학생들을 파악하여 개인상 담을 의뢰하고 부모에게 알리는 것 등이 포함될 수 있다. 여러분의 다음 할 일 은 각 학생들의 개별적 요구에 가장 잘 맞는 행동 계획을 실행하는 것이다. 어 떤 학생들은 좀더 집중적인 상담을 필요로 할 것이고, 또 다른 학생들은 간단 한 후속 조치만으로도 충분할 것이다. 여러분은 필요에 따라 학교 의례가 요 구하는 바에 따라 부모들에게 연락을 취한다. 시간이 지나고 나면 다양한 행 동 방침들이 학생들에게 어떻게 도움이 되었는지 아닌지를 평가할 것이다. 이 는 특정 개입 방식을 수정하고 다듬는 결과를 가져올 것이다.

회복 탄력성의 역할

회복 탄력성은 스트레스적인 역경에 대처하고 여기에서 회복될 수 있는 개인 의 능력을 뜻한다. 때때로 위기에 처한 사람들은 위기에 대처할 뿐만 아니라 스스로도 몰랐던 자신의 힘을 발견하곤 한다. 회복 탄력성을 지칭할 때 '강인 성', '자원이 많음', '정신적 강인함'과 같은 단어들이 공통적으로 사용된다. 회 복 탄력성은 대처할 수 있는 자신의 능력에 대한 믿음에 크게 좌우되는 일련 의 학습된 행동으로 볼 수 있다. 회복 탄력성은 위기 상황에 성공적으로 대응 할 때 발생하는 과정으로서의 성격적 특징이 아니다. 회복력 있는 사람들이라 고 해서 스트레스와 일시적인 자기 회의에 면역력이 있는 것은 아니지만, 이 들은 위기에 빠르게 적응하고 회복된다. Meichenbaum(2012)은 회복 탄력성 을 다음과 같은 요소들을 포함하는 다면적 개념이라고 주장한다.

- 역경 및 도전적인 삶의 경험에 적응하는 능력
- 스트레스적인 삶의 사건에 성공적으로 대처
- 불행에서 빠르게 회복됨
- 영구적인 손상을 입지 않고 외상 사건을 견뎌냄
- 상황에 적응하고 역경을 극복함

고통스러운 경험에 직면하고, 이를 작업하며, 사람들과 나눔으로써 긍정적인 성장을 이루는 것이 가능하다(Meichenbaum, 2012). 외상이 변화를 위한 도약판이 될 수 있는 것이다. Meichenbaum은 사람들, 집단, 공동체가 스트레스를 주는 삶의 사건 후에 더 강해지고 더 깊은 관계를 발전시킬 수 있음을 확인했다. Tedeschi와 Calhoun(1995)는 이를 **외상 후 성장**이라고 부른다. 사람들은 고군분투를 통해 자신이 갖고 있는지도 몰랐던 내면의 힘과 자원들을 발견한다. 이렇게 새로이 발견되는 힘에는 생존 기술, 자기 수용, 회복 탄력성, 공감, 더 큰 감사, 전반적인 생에 대한 이해 등이 있을 수 있다(Briere & Scott, 2013). 많은 사람들이 비극의 희생양으로 남는 대신, 극적인 생활 환경을 극복해낸다. 여기 몇 가지 예들이 있다.

- 10대 때 납치되어 거의 일 년 동안 추행을 당했던 Elizabeth Smart는 감금된 첫 날 이후 마음 속에 떠올랐던 결심에 대해 이렇게 서술했다. "강간당하고 짐승 취급을 당한 후 내 영혼 안에 무언가 새로운 것이 생겼다. 그때 내 안에서 불타오른 것은 '내가 무엇을 겪게 되든, 나는 살아남을 거야!'라는 확고한 투지였다"(Smart & Steward, 2013, p.5). 그녀는 이 끔찍한 사건을 넓은 시각에서 바라보고 지금은 법대에 진학해 다른 사람들을 옹호할 계획을 세우고 있다.
- 납치되어 10년 동안 감금됐던 세 여성 중 한 명인 Michelle Knight은 죽어버릴까도 생각했지만 그건 너무 쉬운 출구였다고 말했다. 대신 아들을 만나기 위해 살아남아 자신은 "희생자가 아니라 승리자"라고 말하겠다고 맹세했다.
- 33명의 칠레 광부들은 69일 동안 지하 2,300피트(약 700m)에 갇혔었다. 그 광부들 중 한 명인 Edison Pena는 그들에게 열려 있는 공간

에서 조깅을 하기 시작했고, 이것이 갇혀 있다는 사실이 주는 스트레스에 대처하기 위한 수단이 되었다. 그는 하루에 6마일(약 9.6km) 정도를 달렸었다. 그들이 처했던 시련이 지나고 한 달이 채 되지 않아, Pena는 뉴욕 마라톤 대회에서, 마지막 몇 마일은 경련과 무릎 통증으로 걸어야 했지만, 성공적으로 완주했다.

어떤 전문가들은 인류로서 우리는 모두 생존자라는 점에 주목한다. 삶의 사소한 골칫거리들에 크게 불평하곤 하지만, 우리는 극단적인 상황에 처했을 때 놀랄 만큼의 회복 탄력성을 드러낸다. 우리는 모두 중대한 위기의 순간 침착하게, 행동 계획을 세우고 실행하며, 낙관적이고 희망적일 수 있길 바란다. 어떤 사람들은 끔찍한 상황을 겪고도 대처를 잘하는 반면, 또 다른 사람들은 작은 위기에도 무력감을 느낀다. 우리가 과거보다 더 나은 행동을 하고 회복 탄력성을 발달시킨다면, 위기 상황에 처한 우리 자신 및 내담자를 더 잘 도울 수 있게 될 것이다.

여러분은 승산이 거의 없을 때에도 마음의 평정을 잃지 않고 상황을 해결할 행동 계획을 실행할 수 있겠는가? 상담에서 위기 상황 한가운데 처한다면, 그 상황을 빠르고 효과적으로 다룰 능력이 있는가? 여러분 권위에 도전하는 적대적인 보호관찰 대상자와도 작업을 할 수 있겠는가? 그때에도 결단력 있게 개입하고 다음 내담자와의 상담에서도 여러분의 집중과 주의를 잃지 않은 채 작업을 지속할 수 있겠는가?

우리는 어떻게 더 탄력성을 가질 수 있나?

회복 탄력성은 우리가 미래에 시선을 두고 문제 해결을 위한 긍정적인 초점을 유지할 수 있도록 하는 데 도움을 줄 수 있다. 그뿐만 아니라 우리가 문제를 해결할 수 있고 해결할 것이라는 믿음을 유지하고 능력에 대한 자신감을 가질 수 있도록 돕기도 한다. 회복 탄력성은 낙관적이며 희망적인 태도를 주입하고 유지함으로써 위기의 영향으로부터 좀더 빨리 회복될 수 있도록 한다. 선천적으로 탄력적인 사람도 있을 수 있으나, 그게 아니더라도 좀더 탄력적이 되기 위해 연습하고 실행할 수 있는 많은 방법들이 있다. 무엇보다 우선하는 것은 가족 및 친구들과 공고한 관계를 발전시키는 것이다. 공동체 혹은 신앙 기반 집단 역시 사회적인 지지와 도움을 제공할 수 있으며, 많은 사람들이 지역사회에 개입하여 다른 사람들을 도움으로써 자신의 힘을 강화하고 용기를 얻는다. 다른 사람들 및 사회적 지지 체계에 연결되는 것은 회복 탄력성을 개발하고 유지하는 데 극도로 중요하다.

두 번째로, 우리 안에 내재하는 힘에 대해 사색하고, 새로운 힘을 개발시키는 동시에 이를 어떻게 확장할지를 배우는 데에 시간을 할애할 수 있다. Carol Dweck(2006)은 이에 대해 사람들이 연습과 학습에 전념함으로써 지능과 능력의 기저선 너머로 나아가려고 한다는 점에서 '성장형 사고방식(growth mindset)'이라고 묘사한다. '고정형 사고방식(fixed mindset)'에 갇힌 사람들은 자신이 더 배울 수 있다고 믿지 않으며 더 성취하려는 노력을 하지 않는다. 반면 탄력성이 있는 사람들은 희망과 낙관주의에 의지하여 앞으로 더 나아간다.

세 번째로, 우리는 삶의 목표를 찾고 이를 위해 노력할 수 있다. 한 번에 하나의 목표를 갖고 이를 달성하기 위한 작은 걸음들을 이어갈 때 어떤 일이 일어나는지 확인할 수 있다. 우리가 무엇을 바꿀 수 있고 무엇을 바꿀 수 없는지를 인식하는 것은 목표를 세우는 데 있어 중요한 단계이다. 우리는 이미 일어난 일을 바꿀 수는 없지만, 그 사건을 어떻게 바라보고, 반응하고 대처할지는 변화시킬 수 있다. 고통은 종종 있는 그대로를 받아들일 수 없는 데에서 기인하곤 한다. 우리는 위기들에 대처하고 극복했던 과거 성공 경험들을 되새기며, 이런 성공을 미래 위기에 대비한 초석으로 삼을 수 있다. 인간의 영혼은 탄력적이며, 적응적이고, 엄청난 성취를 할 능력이 있다.

네 번째로, 우리는 삶의 역경 및 실수로부터 배울 수 있다. 우리가 한 선택에 대해 스스로를 괴롭히기보다, 잘못된 선택을 재구성하여 성장을 위한 기회로 만들 수 있다. 이렇게 우리는 지속적으로 자기 돌봄에 전념할 수 있다(효과적인 자기 돌봄 프로그램의 핵심 요소들 목록은 13장 자기 돌봄에 대한 절을 참고하라).

마지막으로, 회복 탄력성을 개발하고 유지하기 위한 중요한 요소는 우리의 신념 체계와 자기 대화가 어떤 역할을 하느냐이다. 위기에 대처할 수 있는 능력에 대한 신념은 탄력적인 사람이 되기 위해 필수적이다. 탄력적인 사람은 강하고, 자신감 있고, 단호하며, 문제를 해결할 수 있는 자신의 능력을 신뢰한다. 회복 탄력성은 우리가 스트레스를 주는 역경에서 회복될 수 있도록 도와준다. 또한 역경에 부딪혔을 때, 기대했던 것보다 더 잘 기능할 수 있도록 돕는다. 우리는 자신의 삶에서 회복 탄력성을 개발하는 것뿐만 아니라 내담자 역시 그럴 수 있도록 돕는 일에 매진할 수 있다.

이제는 상담자들이 위기 개입 및 재난대응·행동건강 업무를 할 때 필요한 지식과 기술을 고려해 볼 차례이다. 우리는 위기 상담자들의 역할을 검토하고 재난대응·행동건강에서 상담 전문가들이 제공하는 서비스에 대해 기술하겠다. 또한 위기 개입 업무의 또 다른 측면에 대해서도 살펴보겠다.

위기 개입 업무

위기 개입은 삶에서 다양한 위기를 겪고 있는 사람들, 집단, 공동체를 돕기 위한 지역 기반 접근 방식이다. 위기 개입은 지역사회 기관 업무에서 활용되는 주요 모델 중 하나이다. 여러분은 수련 중인 현장 실습 장소에서 다양한 위기 상황들을 다루는 방식을 배울 것이며 이 기술들을 연습할 많은 기회를 갖게 될 것이다. 위기 개입 모형 개발에 대한 저술에서, Kanel(2015)은 이 모델이 지역 기반 정신건강 프로그램들과 어떻게 연결되는지를 보여준다. 지역 정신건강 운동은 예방 프로그램을 강조하며, 위기 개입 이론의 다수는 심리적인 손상을 최소화하고 정신건강을 증진시키기 위한 개입에 근거한다.

위기 개입은 내담자가 급성 심리적 불균형 상태를 경험하고 있을 때 치료적으로 선택되는 단기적 접근 방식이다. 위기에 처한 개인 혹은 위기 상황에 맞닥뜨린 지역사회는 인지적, 정서적, 행동적으로 일시적인 분열 상태이며 숙련된 도움을 급히 필요로 한다. 이 조력 과정은 일반적으로 사람들이 이전의 기능 수준으로 회복될 때까지 지속되는데 보통 6주 정도이다.

1963년의 지역정신건강센터법은 원래 만성적인 정신질환을 겪고 있는 환자들에게 도움을 주기 위해 만들어졌으나, 지역사회 상담자들은 머지 않아 사설 상담소의 상담자들이 주로 다루던 심리적 문제를 가진 내담자들을 만나기 시작했다. 지역사회 접근 방식의 필수적인 부분은 24시간 응급 서비스인 정신과 응급 치료(Psychiatric Emergency Treatment : PET)를 전개하는 것이다. 이에 정신건강 서비스, 특히 만성적인 정신질환을 갖지 않은 사람들을 위해 단기적 위기 개입을 제공하는 석사 수준의 상담자들이 늘어났다. 단기적 위기 개입 모델은 전통적인 심리치료 형태라기보다 좀더 비용 효율적인 것으로 여겨졌고, 이는 대부분의 건강 관리 조직에서 선호하는 위기 개입 접근 방식이 되었다(Kanel, 2015).

어떤 지역사회에서는, 위기 팀들이 정기적으로 만나 정보를 업데이트하고 위기 상황에 대처하기 위한 절차를 계획한다. 상담 전문직에 있는 사람들이 즉각적인 평가, 개입, 의뢰, 추후 관리를 제공하기 위한 지식, 기술, 훈련을 쌓아야함은 자명하다.

내담자가 선택지를 검토할 수 있도록 돕기

위기에 있는 내담자는 발이 묶였다고 느끼며 가능한 선택지를 탐색하지 못하곤 한다. 실은 선택지가 있는지조차 알지 못하는 것일지도 모른다. 효과적인 상담은 내담자에게 몇 가지 대안들이 있고, 어떤 것은 다른 것보다 더 낫다는 사실을 인식할 수 있게 가르치는 과정을 포함한다. James와 Gilliland(2013)는 위기의 내담자가 자신에게 열려 있는 선택지를 고려할 수 있도록 돕기 위한 세 가지 전략을 제시한다. (1) **상황에 따른 지지 체계**를 파악하는 것으로, 여기에는 내담자들이 위기 동안 힘을 얻을 수 있는, 그들 삶에 관련된 사람들이 포함된다. (2) **대처 기제들**을 논의하는 것으로, 이는 내담자가 위기를 헤쳐 나가기 위해 사용할 수 있는 조치, 행동, 환경적 자원들이다. (3) **긍정적이고 건설적인 사고 패턴**을 강조하는 것으로, 이는 문제를 바라보는 내담자의 시각을 실질적으로 바꿈으로써 스트레스와 불안을 감소시킬 수 있도록 상황을 재구성하는 방식이다. 위기 상담자들은 여러 가지 가능한 행동들을 검토할 수 있으며, 내담자가 특히 자신의 상황이 절망적이며 선택지가 없다고 느낄 때에 다른 시각을 가질 수 있도록 도울 수 있다.

1차 개입

1차 개입은 심리적인 응급 처치라고 생각할 수 있다. 이 수준의 개입은 정신건강 전문가들과 목사, 판사, 경찰, 소방관, 간호사, 긴급 의료원, 의사, 학교 상담자, 가석방 담당관, 교사, 기타 넓은 범주의 복지 사업가들의 관계망에 의해 수행된다.

1차 개입은 즉각적인 지원을 포함하며 그 다음 무엇을 해야 할지에 대한 단기 계획을 수반한다. 이 단계 개입의 주요 목표는 그 사람의 직접적인 대처 능력을 재정립하는 것이다. 이 목표를 달성하기 위해 상담자는 지지를 제공하고, 사망 가능성을 줄이기 위해 할 수 있는 일을 하고, 위기에 처한 사람들을 다른 조력 자원들과 연결하는 등의 일을 한다. 이들은 다양한 상황에서 병원 응급실 혹은 위기 개입 긴급 전화와 같은 광범위한 위기들을 다룰 수 있도록 능력을 갖추고 있어야 한다. 관련 직원들과 면허가 없는 상담자는 처음 위기에 빠진 사람들을 만날 때 빠르고 효과적으로 대처할 수 있도록 훈련을 받을 수 있다.

위기 개입에서 여러분의 일차 과제는 내담자의 안전을 확보하는 것이다. 어떤 내담자들은 자포자기하여 위기에 대처할 수 없고, 자살만이 유일한 해결책이라고 생각한다. 자살 충동은 절망에 직면하여 잠깐 동안 지속되는 것이므로, 여러분의 업무는 생명을 앗아갈 수 있는 행동을 예방하는 것이다. 내담자가 치명적인 행동을 취할 가능성이 있는지를 판단할 때에, 여러분은 물어볼 적절한 질문들을 알고 있어야 할 뿐만 아니라 위험 신호에 대해서도 잘 인지하고 있어야 한다. 자신을 위험에 빠뜨리는 내담자와 계약서를 작성하고 회기 후 후속 조치를 위한 구체적인 계획을 세워라. 다른 상담자에게 의뢰하는 것 역시 이 업무의 아주 중요한 부분이다. 위기에 처한 이 내담자를 돕기에 충분한 지식과 기술이 있는지 스스로 자문해 보자. 자신의 한계와 위기를 겪고 있는 사람들의 생명선이 될 수 있는 지역사회 내 자원들을 알아보자.

위기에 처한 사람들은 모든 것을 동시에 처리해야 한다고 느끼며 압도될 수 있다. 여러분은 내담자가 지금 해야 하는 일과 나중까지 기다려도 되는 일을 구분하게 도와줄 수 있다. 또한 내담자들은 종종 아무 선택지가 보이지 않을 정도로 발이 묶여 있다고 느낀다. 여러분은 그들을 침착하게 만들어 가족, 친구, 지역사회처럼 그들에게 가능한 자원들의 네트워크들을 파악할 수 있게 도울 수 있다. 사람들은 심리적인 응급 처치를 받는 동안 그들이 필요로 하는 이해, 지지, 안내를 받게 되어 자신과 타인에게 해를 끼치지 않게 된다. 이 단계에서 여러분의 임무 중 하나는 내담자가 이후에도 위기를 헤쳐나가기 위해 사용할 수 있는 가능한 방법들을 찾아보고 검토할 수 있게 하는 것이다.

어떤 사람들에게는 이 첫번째 개입 단계에서 위기가 해소될 수 있는데, 특히 위기 상담자가 내담자가 삶 전반에 걸쳐 활용할 수 있는 지역사회 자원과 연결될 수 있도록 한 경우에 그러하다. 지역사회 내에 존재하는 지역 기관들, 학교, 교회, 헬스클럽, 그외 다른 자연적 지지 체계는 사람들이 다양하고도 결코 끝나지 않는 스트레스 자극들(종종 위기 상황을 야기할 수 있는 촉발 사건들)에 대처할 수 있도록 해주는 좀더 자연스러운 방식이다. 1차 위기 개입은 삶이 혼자 힘으로 감당하지 못할 만큼 힘들 때 지역사회가 무엇을 해줄 수 있는지를 배울 수 있는 기회가 된다. 이러한 지역사회 서비스는 사회적으로 연결되어 있다는 느낌을 주며, 이는 삶의 문제들을 성공적으로 다뤄가기 위해 필수적이다.

심리적인 응급 조치

심리적인 응급조치(psychological first aid : PFA)를 제공하는 상담자의 과제는 사람들이 마음의 평정을 회복하기 위해 가능한 모든 자원들을 이용하도록 돕는 것이며, 이는 결국 미래 도전들에 잘 대처할 수 있도록 내담자의 반응들을 작업할 수 있게 만든다. 위기 개입의 목표는 사람들의 기능 수준을 평균 혹은 그 이상으로 높이는 것이며, 이는 내담자가 사건을 다르게 지각하고 대처 기술들을 습득하게 돕는 것으로 이루어진다(Kanel, 2015). 상담자는 자신의 태도와 행동을 통해 지지의 분위기를 형성한다. 앞서 밝혔듯, 아마도 상담자가 제공할 수 있는 최고는 자신의 존재를 선물하는 것일 것이다. 이는 위기에 처한 사람들이 자신의 이야기를 하고, 그들이 겪고 있는 일시적인 혼란 가운데서 어느 정도 안정감을 가질 수 있게 사람들과 연결되도록 '충분히 함께 머무르는' 능력이다.

로스앤젤레스 통합교육구(Los Angeles Unified School District, LAUSD)는 Schreiber, Gurwitch와 Wong(2006)이 개발한 PFA 모형을 채택했다. 이 모형은 LAUSD 교사들이 위기의 여파에 대해 학생들과 작업할 수 있도록 준비시킨다(Joel Cisneros, personal communication, December 17, 2013). 이 모형은 다음과 같은 요소들로 구성된다.

- **듣기**: 이는 교사들이 학생들의 이야기를 들을 수 있는 동시에, 수업 시간의 참여, 출석, 공부 습관과 성적에 있어서 어떤 행동적 변화가 있는지를 지켜볼 수 있는 기회이기도 하다.
- **보호**: 교사들은 교실에서 구조와 일관성을 유지함으로써 학생들의 안녕감을 보호한다. 교사들은 사실에 대한 학생들의 질문에 대답하고 학교 및 지역사회가 그들의 안전을 보장하기 위해 취한 조치들에 대해 지속적으로 알려주도록 권장된다.
- **연결**: 교사들은 학생들의 서서히 변화하는 정서적, 행동적 요구들을 파악하기 위해 '안부를 묻도록' 장려받는다. 필요하다면, 교사들은 학생들을 정신건강기관이나 재난구호와 같은 자원과 연결시킨다.
- **본보기**: 교사들은 침착과 희망의 본보기가 되는 것이 좋다. 학생들은 교사가 안내와 지도를 하리라고 기대할 것이다. 따라서 위기와 관련한 교사들의 개인적인 생각과 감정이 학생들에게 영향을 주므로, 교사들은 이를 잘 의식할 필요가 있다.
- **교육**: 위기는 회복 탄력성과 대처 기술을 가르칠 수 있는 기회가 된다. 교사들은 학생들에게 사람들이 위기에 대해 어떻게 다른 정서적, 행동적 반응을 보이는지 알려준다. 그뿐만 아니라, 교사들은 위기 후에 도움을 구하는 것이 중요하다는 사실을 학생들이 정상적인 것으로 받아들이도록 돕는다.

PFA 모형은 LAUSD 교사들과 그 지역 전체 학교의 위기 팀 구성원들 사이에서 인기를 얻었다. 매해 LAUSD 학교들은 위기 팀과 학교 직원들에게 이 모형에 대해 교육했다.

2차 개입

때때로 초기 단계의 개입이 내담자의 위기를 해결하지 못할 때가 있다. 위기의 영향은 계속되고, 그 흔적들은 작업되어야 한다. 이것이 **위기 치료**라고도 알려진 **2차 개입**이 필요한 상황이다. 이는 즉각적인 대처를 넘어서는 단기 치료적 과정이며 위기 해결과 변화를 목적으로 한다. 이 단계 개입의 주된 목표는 위기에 처한 사람들이 자신의 미래에 더 잘 대처할 수 있게 돕고 그들이 심리적 사상자가 될 가능성을 최소화하는데 있다. 내담자가 위기로부터 배우고 미해결 과제를 작업할 기회를 갖도록 하는 것이 필수적이다. 이상적으로 내담자는 광범위한 종류의 미래 가능성 앞에서 스스로를 차단하지 않고 삶과 새로운 선택에 열려 있을 수 있도록 도움을 받게 된다.

위기 상담에서 내담자는 억눌러 왔을 수 있는 감정을 표현하고 다루길 권유 받는다. 이런 감정들을 표현하고 건설적으로 사용할 수 있는 긍정적 에너지로 바꾸는 것은 내담자를 자유롭게 한다. 일반적으로 이는 사람들에게 가장 어려움을 초래하는, 표현할 수 없었던 감정들(죄책감 혹은 분노와 같은)이다. 쌓였던 감정을 터뜨리는 것은 종종 그 자체로 심리적인 치유를 촉진한다.

2차 위기 개입의 다른 과제는 내담자가 위기 사건에 대해 현실적인 관점을 획득할 수 있도록 돕는 것이다. 그들 삶에서 위기가 갖는 의미를 포함하여, 사건이 그들에게 어떤 영향을 주었는지에 대한 이해를 발달시킬 필요가 있다. 내담자들은 일반적으로 위기로 인해 손상되었던 인지를 재건해야만 한다. 위기 치료의 과정 중 일부에는 내담자의 사고 패턴이 어떻게 특정 행동을 야기하는지에 대해 이해하는 부분이 포함된다. 내담자들은 인지적으로 사건을 다시 구성하도록 도움을 받고, 이는 일련의 새로운 행동들을 가능하게 한다. 위기 작업의 이런 상급 단계는 엄청난 숙련도를 요구하고 특화된 지식과 기술을 지닌 상담 전문가에 의해 제공된다.

위기의 내담자와 작업할 때의 지침

다음 목록은 거의 모든 위기 상황에서 내담자와 작업할 때의 전략에 대한 빠른 가이드이다.

- 내담자의 안전을 보장하라.
- 위기가 내담자에게 정서적으로, 인지적으로, 행동적으로 어떻게 영향을 미치는지 이해할 수 있게 도와라.
- 회복 탄력성을 분석하고 조성하라.
- 내담자와 함께 머물며, 존중하고, 공감을 표현하는 동시에 온전한 관심을 쏟아라.
- 내담자가 '자신의 이야기를 할 수 있게' 촉진하라.
- 폭력적이고, 자기 파괴적이며, 기타 위험한 행동들을 잘 감시하라.
- 기존의 지지 체계를 평가해 보고 내담자가 적절한 자원과 연결될 수 있도록 하라.
- 자기 대화 패턴을 파악하고 수정하며 내담자가 이를 수정함으로써 감정 조절을 더 성공적으로 할 수 있도록 도와라.
- 자신만의 행동 계획을 실천해 보고 다양한 종류의 위기에서 개입할 때 그것들을 시행하길 마다하지 마라.
- 내담자가 자신에게 닥친 위기를 다루기 위한 행동 계획을 발전시킬 수 있도록 도와라.
- 슈퍼비전, 수업들, 독서, 워크숍, 동료와의 자문을 통해 위기 작업에 대해 더 배워라.

위기를 다루는 것은 상담자에게 있어 중요한 일이다. 자신의 위기를 다루고 내담자가 위기를 다루도록 돕기 위해 가능한 한 준비되어 있어라. 잘 훈련된 정신건강 전문가는 어려운 시기에도 희망, 지지, 격려의 긍정적 관점을 유지하며, 내담자와 작업할 때 필요한 기술과 개인으로서의 힘을 갖고 있다.

재난대응행동건강 전문가들

재난 관리 작업을 하는 정신건강 전문가들을 흔히 '재난 정신건강' 분야에서 일한다고 일컫지만, 이 분야에 대한 새롭고 보다 광범위한 용어는 **재난대응행동건강**(disaster behavioral health)으로, 여기에는 다양한 긴급 구조원뿐만 아니라 공공 건강 상담자들도 포함된다. 지난 10년간, 재난대응행동건강 전문가들은 여러 종류의 재난들의 심리적 영향 및 개인들과 지역사회와 작업을 벌이기 위한 효과적인 개입 프로그램에 대해 엄청난 양을 배워 왔다. 이 상담자들은 화재, 홍수, 전쟁, 지진, 허리케인, 토네이도뿐만 아니라 학교 총격 사건, 폭격, 자동차 사고, 테러리즘 행위, 파산, 강간·살인과 같은 인재에 연루된 사람들을 상담한다. 상담 전문가들은 이들 중 어떤 재난이 발생하여 심리적인 영향이 널리 퍼지는 순간, 행동을 개시할 수 있도록 특수 훈련을 받는다. 이런 서비스들을 조직화할 때 적극적인 후원을 하는 조직으로는 미국상담학회(American Counseling Association), 미국심리학회(American Psychological Association), 전국사회복지사협회(National Association of Social Workers), 미국적십자사(American Red Cross) 등이 있다.

재난대응행동건강 상담에서, 상담자들은 외상 상담 및 재난 상담을 제공한다. **외상**은 '부상'을 의미하며, 이 부상은 신체적 혹은 심리적, 혹은 둘 다일 수 있다. 심리적 외상은 한 번 혹은 반복적으로 개인의 대처 능력을 완전히 압도해버리는 직접적인 경험 혹은 사건이다. 대개 개인의 세계관 및 신념 체계는 격변하며 삶에 대한 안보와 안정이 상실되고 불안해진다(ACA, 2011; Briere & Scott, 2013). **외상 상담**은 사람들이 개인적 경험 및 외상 사건에 대한 반응을 다룰 수 있도록 돕는 여러 가지 정신 역동적, 인지행동적, 통합적 접근 방식을 사용한다(Briere & Scott, 2013).

재난 상황에서는 몸과 마음이 모두 충격을 받는다. 2001년 9월 11일, 세계 무역 센터 빌딩을 무너뜨리고 펜타곤(미 국방부 건물:역주)을 파손했던 테러리스트의 공격을 생각해 보자. 이 테러 행위는 예측할 수 없었고, 인재였으며,

고의적이었다. 3,000명의 사람이 죽었고, 약 6,000명이 부상당했다. 신체적인 영향은 9,000명에게 발생했지만, 심리적으로는 수억 명 이상에게 영향을 미쳤다. **물리적인 자취**, 즉 재난에 직접적인 영향을 받은 물리적 영역은 뉴욕시, 펜타곤, 펜실베이니아에서 비행기들 중 한 대가 추락했던 지역에 국한된다. 그러나 **심리적인 자취**, 즉 그 사건에 영향받은 사람들 및 지역사회의 지리적 영역은 미 전역과 전 세계의 사람들을 포함한다. 우리 중 누구라도 그 재난에 대해 어떻게 듣게 됐고 그 이후 며칠, 몇 달 동안 그 사건이 심리적으로 어떤 영향을 끼쳤는지 기억해 낼 수 있다. 여러분은 이 예로부터 이런 종류의 재난에서 심리적인 영향이 얼마나 더 클 지 알 수 있다. 대폭풍 샌디처럼 다소 예측 가능하고, 인간이 야기하지 않은 자연재해는 훨씬 적은 심리적 자취를 남긴다. 우리가 폭풍의 경로에 살고 있었던 게 아니라면, 그 폭풍의 강력함에 대한 뉴스를 보긴 했으나 그 사건이 지나간 후에는 대부분 일상적인 기능 양식으로 돌아왔을 것이다. 위의 두 재난은 사람들과 공동체에 아주 다른 심리적 문제를 초래하고, 따라서 서로 다른 시간 동안의 다른 개입 방식을 요구한다.

우리는 재난들이 거의 언제나 심리적인 결과를 낳는다고 알고 있다. 재난의 종류와 심각도에 따라, 거의 모든 사람들이 고통, 불안, 두려움 등을 경험한다. 대부분은 일정 시간이 지나면 심리적인 개입 없이도 되돌아오고 회복될 것이다. 그러나 어떤 사람들은 그렇지 않아 개입을 필요로 한다. 심리적인 개입은 사람들이 자신의 반응을 이해하고 회복 과정을 촉진시키기 위해 무엇을 할 수 있는지를 알게 함으로써 치유와 회복 과정을 가속화한다.

재난대응행동건강 전문가들은 개인, 가족, 집단, 공동체를 지원하는 법을 훈련받는다. 이 사람들이 사건의 여파를 다루고 가능한 한 빨리 회복될 수 있게 돕기 위해, 긴급 구조원 공동체 및 군대에서는 심리·사회적 개입이 보편화됐다. Lawson(2015)은 재난대응정신건강 상담자로서 서비스를 제공하는 것은 흥미롭고도 보람된 일이지만, 일의 많은 부분이 전통적인 상담실 밖에서 이루어지기 때문에 새로운 도전을 제기한다고 말한다. 상담자들은 현장에서 지원을 제공하고, 음식과 쉼터 같은 기본적인 서비스를 전달하며, 경계가 불분명하고 고지된 동의를 제공하는 것이 가능하지도 현실적이지도 않은 쉼터 같은 곳에서 비공식적인 상담 서비스를 제공해야 할 때도 있다. 상담자들은 경계와 상담관계가 전통적인 상담실 환경과는 아주 거리가 먼 상황에서도 노련하게 일할 수 있도록 훈련되어야 한다. 이 상담자들은 특히 대리 외상, 공감 피로, 연민 피로, 소진 등에 취약하다. 훈련은 상담의 이런 특수 분야에서 일하는 모든 사람들에게 필수적이며, 상담자가 튼튼하고 기능적인 지원 체계를 갖고, 동료 슈퍼비전을 받으며, 현실감을 잘 유지하도록 조치를 취하는 것이 대단히 중요하다. 재난대응행동건강 상담의 업무는 부담이 크고 소모적일 수 있으므로, 상담자는 필수적으로 체력과 회복 탄력성을 개발해야 한다.

Shallcross(2013a)는 직업상 일상적으로 위험한 상황에 처해야 하는 경찰관, 소방관, 기타 다른 긴급 구조원들에 대해 역사적으로 간과되었던 정신건강 지원에 대한 필요성을 다룬다. 전통적으로 긴급 구조원들의 업무에 대해 "받아들여라", "감정을 보이는 것은 약하다는 신호이며 일을 하는데 방해가 된다"는 무언의 규칙이 존재하고 있다. Shallcross는 일터에서의 분위기가 서서히 변화하고 있으며 긴급 구조원들의 정신건강상의 어려움에 대해 더 많은 관심이 쏟아지고 있다고 지적한다. 예를 들어 펜실베이니아 대학의 긍정 심리학 센터는 마틴 셀리그만의 지휘 아래 미육군에게 최첨단의 회복 탄력성 훈련을 제공한다. 이러한 군대 및 긴급 구조원들의 어려움에 대한 새로운 관심은 새로운 상담자들이 절실하게 필요한 도움을 제공할 수 있는 영역이다. 이 분야에서 경험을 쌓고자 한다면, 재난 시 원조에 대한 적십자사의 훈련 과정을 이수하거나, 긴급 구조원의 업무가 그들에게 미치는 영향에 대해 알아보기 위해 동행 프로그램에 참여해 본다거나, 긴급 구조 기관에 고용인 지원 서비스를 제공하는 업무를 찾아보는 활동 등을 고려해 보자.

재난대응행동건강 분야에서 일하는 상담 전문가들이 제공하는 서비스들에는 다음과 같은 내용들이 포함된다.

- 재난에 대한 대처를 강화하고 외상 후 스트레스를 방지하기 위해 사람들과 지역사회를 안정화하고, 지원하며, 정상화하기 위한 재난대응정신건강 서비스를 조직하고 제공한다.

- 개인, 집단, 지역사회에 외상 상담, 재난 상담, 위기 상담을 제공한다.
- 재난 시 긴급 구조원들에게 디퓨징(defusing : 위기긴급해제)을 제공한다. 디퓨징은 심리적인 응급 조치와 유사하나 최전선에서 돌아온 직후 지지를 제공하고 심각한 정서적 반응을 파악하기 위해 진행하는 것이다.
- 사건이 종료된 후 그에 대한 대처와 반응을 토론하는 좀더 구조화된 집단에서 긴급 구조원들에게 디브리핑(debriefing)을 제공한다. 정서적인 치유는 시간에 걸쳐 다양한 속도로 일어나기 때문에 디브리핑은 엇갈리는 결과를 보여왔다. 어떤 사람들은 개입에 즉각 반응을 보이는가 하면, 다른 사람들은 발생한 일과 그것이 미친 영향에 대해 소화하는 일정 시간이 지난 후에 더 잘 반응하기도 한다.
- 재난 이후에 지역사회 조직들이나 공동체가 그들의 정신건강적 요구에 더 잘 부응할 수 있게 계획을 수립하도록 자문을 제공한다.
- 동료 상담자와 재난 정신건강에 경험이 없는 상담자들을 위한 교육과 현장 훈련을 제공한다.
- 재난대응행동건강 분야에서 활용되는 다양한 접근 방식들의 효과성을 판단하기 위해 연구를 수행한다. 예를 들면 세계보건기구(2012)는 일반 대중에게 대규모로 제공하는 디브리핑은 권장되는 치료법이 아니라고 밝혔다.

재난대응행동건강은 심리적 개입을 제공하는 것보다 훨씬 더 많은 작업을 포함한다. 이는 포괄적인 접근 방식을 필요로 하며, 모든 조력 전문직의 전문가들이 재난에 영향 받은 개인, 집단, 공동체에 대한 지도력, 연구, 평가, 자문, 훈련, 개입을 제공해야 한다. 이 업무는 일반적으로 한 번의 큰 재난 사건 내에 수십개의 문화와 하위 집단을 포괄해야 하므로, 다문화적 이슈에 대한 이해가 이 분야 상담자들에게 있어 필수적이다. 그뿐만 아니라 이 업무의 요구적인 특성상 여러분은 자기 삶의 위기와 재난들에 가능한 한 최선의 방식으로 대처하는 법을 배움으로써, 자신의 역전이가 타인을 도울 때 문제가 되지 않도록 하는 것이 아주 중요하다.

상담자, 심리학자, 사회복지사들은 모두 재난대응행동건강에 좀더 적극적으로 참여하고 있다. 이 업무는 상담자들에게 여러 가지 힘을 요구한다.

- 다양한 종류의 위기들과 그것이 어떻게 사람들에게 영향을 미치는지에 대한 지식
- 자연재해, 총격 사건 및 다른 범죄, 자살 행동, 약물 중독 등과 같은 다양한 종류의 위기들에 어떻게 작업할 것인지에 대한 지식과 훈련
- 자신 및 타인에 대한 위협, 학대 보고 등의 위기 행동을 다룰 때 및 심각한 정신질환으로 인한 중증 장애인과 작업할 때 관련 있는 조항들과 주의 법 규정에 정통하기
- 다양한 문화, 민족성, 종교, 성적 지향, 장애, 연령 전체에 걸친 다문화적 사안들에 대한 지식. 이는 특히 재난 시 다양한 배경과 경험을 지닌 다수의 사람들이 내담자로 포함된 집단을 대규모로 상대해야 할 때 더욱 필요하다.
- 한 사람으로서나 한 상담자로서 현실감을 잘 유지하고 자신의 욕구와 위기에 처한 내담자의 욕구를 분리할 수 있기. 여러분은 어떤 상황에서나 작업할 수 있도록 전문가답게 준비되어 있어야 하며, 내담자를 돌보고 함께 머무르는 시간을 존중하는 태도를 견지해야 한다. 게다가 정서적으로도 잘 준비를 하여 듣게 되는 이야기로부터 스스로를 분리할 수 있어야 한다. 이런 종류의 안정성은 상담자로서 일을 할 때 스스로를 어떻게 잘 돌볼 수 있을지 탐색하게 도와주는 개인상담을 받는 과정을 통해서도 증진될 수 있다.

여러분이 재난대응행동건강 분야에서 일할 때 요구되는 자질을 갖고 있다고 생각한다면 중요하게 대두되는 이 분야에 대해 더 배워보길 권유한다.

복습

- 상담은 내담자가 위기를 헤쳐 나갈 수 있게 도와주는 작업을 포함하는 값지고 보람된 직종이다.
- 내담자가 위기를 헤쳐 나갈 수 있도록 돕는 최선의 방법 중 하나는 여러

분 스스로가 자기 삶의 위기를 잘 다룰 수 있게 최선의 준비를 하는 것뿐만 아니라, 내담자가 상담에 오게 하는 다양한 위기 상황들에 대해 실습하고 대비하는 것이다.

- 때때로 위기에 처한 내담자와 작업하는 최선의 방식은 현재에 함께 머물며, 경청하고 내담자를 존중하는 태도로, 내담자가 자신의 이야기를 하도록 격려하는 것이다.

- 자기 대화는 우리가 위기 사건에 어떻게 반응하고 대응하는지에 중요한 영향을 미친다.

- 회복 탄력성은 스트레스를 주는 역경에 대처하고 그로부터 회복할 수 있는 개인의 능력을 뜻한다. 회복 탄력성은 조성되고 개발될 수 있으며, 그 주요 방법 중 하나는 가족, 친구, 지역사회 공동체와 교류하는 것이다.

- 위기 개입은 지역사회 기관의 중요한 작업 양식 중 하나이다. 위기 집단 대다수는 상황적이고 발달적인 위기들을 작업하기 위해 즉각적인 단기적 도움을 필요로 한다.

- 상담, 심리학, 사회복지학, 학교상담에서 가장 급속하게 인기 있는 하위 분야로 떠오르는 것은 재난대응행동건강 분야이다.

- 재난대응행동건강 및 위기 개입 분야에서 집단 및 지역사회와 대규모로 작업하는 것은 다문화적 이슈들과 집단 간의 다양성에 대한 광범위한 이해를 요구한다.

이제 무엇을 할 것인가?

1 여러분은 학교 상담자로 근무하고 있는 중학교에서 한 소년이 칼을 휘두르며 여러 학생들을 위협했다는 걸 알게 됐다고 가정해 보자. 이에 여러분은 교사들이 이런 위기 상황 및 학생들이 받을 심리적 영향을 다룰 수 있도록 훈련을 제공해야 하는 상황이다. 여러분은 이 교사들에게 무슨 이야기를 가장 하고 싶은가?

2 위기 상담자로서 여러분은 두 명의 사망자가 생긴 폭격, 혹은 사망자는 없으나 여러 명의 부상자가 생긴 마을 한 편을 완전히 파괴시킨 토네이도, 혹은 다섯 명이 사망하고 수십 명을 다치게 한 지역 제조 공장의 화재로부터 지역사회 시민들이 회복될 수 있게 도울 계획을 고안해야 한다.

- 각 시나리오에 대해 다음 질문을 생각해 보자.
- 여러분은 이를 어떻게 진행하겠는가?
- 무엇을 알고 있어야 하는가?
- 누구에게 자문을 받고 도움을 얻을 것인가?
- 그 개입의 효과성을 어떻게 측정할 것인가?

3 보스턴 마라톤 폭파, 샌디후크 초등학교 총기 난사, 2013-14년 겨울 극소용돌이 한파, 2009년과 2014년 포트 후드 미군 기지에서 발생한 총기 난사, 미국 남동부를 강타한 허리케인 카트리나 등이 남긴 물리적 자취 및 심리적 자취의 영향에 대해 논의해 보자.

4 위기 상담자가 대리 외상, 공감 피로, 소진의 영향을 다루기 위한 최선의 방법은 무엇이라고 생각하는가? 이런 현상이 발생하지 않도록 방지할 방법이 있는가?

5 여러분은 위기 상담자로서 지역 초등학교에서 인재 및 자연재해 모두에 대한 포괄적인 훈련 및 대응 계획을 고안하는 걸 돕기 위해 고용되었다. 여러분이라면 어떻게 이 과정을 진행해 가겠는가?

6 여러분은 재난대응행동건강 분야에서 상담자, 교육자 혹은 자문가로서 자신의 잠재적인 역할이 무엇이라고 생각하는가? 이 역할을 준비하기 위해 필요하다고 생각하는 훈련과 경험은 무엇인가? 이 업무에서 여러분의 강점은 무엇이며 더 향상시켜야 하는 영역은 무엇인가?

7 경찰서에서 경찰관들이 직업에서 오는 스트레스를 다룰 수 있도록 돕는 프로그램을 개발할 때 여러분은 자문가로서 어떻게 도움을 줄 수 있을 것인가?

8 여러분은 이 장에서 앞으로 삶에서 맞닥뜨릴 위기들에 더 잘 대처하는 방법에 관해 무엇을 배웠는가? 여러분에게는 내담자의 어떤 위기가 작업하기에 특히 도전적일 것 같은가? 그 위기들을 더 잘 다루기 위해서 무엇을 배우고 연습해야 한다고 생각하는가?

9 위기에 처한 사람들을 위해 지역사회에서 이용 가능한 서비스는 무엇인지 조사해 보자. 여러분이 속한 대학에서 제공되는 것은 무엇인지도 알아보자. 지역사회 기관 중 한 곳에 제공하는 위기 서비스가 무엇인지 물어보자. 긴급 직통 전화 업무처럼 위기 개입의 자원봉사자들을 훈련시키기

위해 제공되고 있는 위기 서비스에 대해서도 질문해 보자. 또한 여러분의 지역사회에서 위기 팀의 일원으로 자원봉사를 해보는 것도 고려해 보자. 훈련 프로그램 및 특수한 요구가 있을 때 '대기(on-call)' 상담자로 일할 수 있는지에 대해서도 물어보자.

10 여기에서 언급된 각 자료들의 서지사항은 책 뒷부분 참고문헌을 참고 하라. 자신의 삶에서 위기를 성공적으로 다루기 위한 실질적 가이드는 Haynes(2014)를 찾아보자. 위기 개입에 대한 이론과 실제를 개관한 홀 륭한 자료로는 James와 Gilliland(2013), 위기 개입 기법에 대한 실용적 가이드는 Kanel(2015)이 있다. 재난대응·행동건강 및 회복 탄력성 개발 을 위한 추가적인 자료로는 약물 남용 및 정신건강 서비스 행정부(Substance Abuse and Mental Health Service : SAMHSA) 재난기술지원센터 (www.samhsa.gov)에서 발간하는 재난대응·행동건강에 대한 계간지, *The Dialogue*, 미국심리학회에서 2013년에 온라인으로 출간한 'The Road to Resilience'도 있다(http://www.apa.org/helpcenter/road-resilience. aspx).

맺음말

이제 여러분은 이 책 막바지에 이르렀고, 우리는 여러분의 학습을 공고히 하 기 위해 몇 가지 구체적인 제안을 하려고 한다. 이 내용 전부를 하는 게 내키 지 않는다면, 여러분에게 가장 유용해 보이는 연습문제를 골라보라. 우선 1장 으로 돌아가 한번 더 *Self assessment: An Inventory of Your Attitude and Beliefs About Professional Helping*을 해보기 바란다. 여러분은 이 검사지를 초반에 사전 검사로 했을 것이다. 이제 학습의 마무리로, 여러분은 이 자기 검 사를 다시 한 번 하여 상담에 대한 여러분의 태도 및 신념이 어느 정도나 변했 는지 확인하기 위한 용도로 사용할 수 있다.

우리는 여러분이 각 장의 복습 절 끝에 있는 핵심 사항을 복습하여 중요 한 학습 내용을 공고히 하길 추천한다. 마지막으로 각 장 끝에 있는 이제 무엇 을 할 것인가 절에서 한 가지 활동을 선택하여 직접 해보길 바란다.

만약 이 책이 여러분이 되고자 하는 상담자 유형에 대해 어떤 아이디어 를 얻는데 중요한 역할을 했다면, 우리는 목적을 달성한 것이다. 우리는 여러분이 되고자 하는 상담자를 꿈꾸고 마음 속에 그려 보길 격려한다. 이 책 전체에 걸쳐 제시한 도전들을 지금 즉시 혹은 한꺼번에 모두 다룰 필요는 없다는 사실을 기억하라. 지나친 의욕을 자제하라. 1장에서 우리가 묘사한 '이상적인 상담자'는 그저 추구해야 할 이상이란 사실을 기억하라. 여러분은 지금 적극적으로 질문하는 학생이 됨으로써, 또 현장 실습 활동에 투자함으로써 여러분이 그리는 이미지에 다가가기 시작하는 것이다. 상담 전문직에 대해 배워가는 동안 거치게 되는 자기 탐색의 여정을 신나게 즐기길 바란다.

상담자가 되어가는 과정은 본질적으로 한 사람이 되어가는 과정과 관련된다. 우리는 여러분 삶을 들여다보고 자신의 동기를 이해하는 것의 중요성을 계속 강조해 왔다. 여러분이 모든 문제에서 반드시 자유로워져야 하는 것은 아니나, 내담자에게 본보기가 되는 것 역시 중요함을 역설하고 싶다. 자신의 삶에서 사는 방식대로 내담자에게 권유하고 있는 것은 아닌지 곰곰이 생각해 보자. 만약 여러분이 성장에 수반되는 위험을 내담자가 감수하도록 격려하고 있다면, 여러분 역시 필수적으로 삶에서 그러해야 한다.

지금이 바로 이 책이 여러분에게 어떤 의미가 있는지를 생각해 보기에 좋은 때이다. 스스로 이런 질문들을 해보자. 여전히 상담 전문가가 여러분의 길이라고 생각하는가? 이 업무에 자신의 어떤 점을 활용할 수 있다고 생각하는가? 이 일은 개인적 삶에 어떤 영향을 미칠 것 같은가? 여러분이 맞닥뜨릴 거라고 예상하는 가장 큰 도전은 무엇인가? 이 책에서 다룬 사안들 중 처음과 다른 견해를 갖게 된 것이 있는가? 이 시점에서 자신의 주요 강점 및 한계는 무엇이라고 생각하는가? 그 한계를 다루기 위해 어떤 조치를 취할 수 있겠는가? 자신의 강점을 어떻게 더 증진시킬 수 있는가? 여러분이 어떤 사람인지가 미래에 어떤 상담자가 될지와 필수적으로 연결되어 있다는 사실을 좀더 분명하게 인식하길 바란다. 앞으로도 계속 이어 나갈 여정에서 여러분이 최선을 다할 수 있길 희망한다.

참고문헌

*Alle-Corliss, L., & Alle-Corliss, R. (2006). *Human service agencies: An orientation to fieldwork* (2nd ed.). Belmont, CA: Brooks/Cole, Cengage Learning.

American Association for Marriage and Family Therapy. (2012). *AAMFT code of ethics*. Alexandria, VA: Author.

American Counseling Association. (2011). *Disaster mental health fact sheet 7: Terms to know*. Retrieved from www.counseling.org/docs/trauma-disaster/fact-sheet-7-terms-to-know.pdf

American Counseling Association. (2014). *ACA code of ethics*. Alexandria, VA: Author.

American Group Psychotherapy Association. (2002). *AGPA and IBCGP guidelines for ethics*. Retrieved from http://www.groupsinc.org/home/practice-resources/ethics-in-group-therapy

American Mental Health Counselors Association. (2010). *Code of ethics of the American Mental Health Counselors Association*. Alexandria, VA: Author.

American Psychiatric Association. (2000). *Diagnostic and statistical manual of mental disorders*. (4th ed.). Washington, DC: Author.

American Psychiatric Association. (2013a). *Diagnostic and statistical manual of mental disorders*. (5th ed.). Washington, DC: Author.

American Psychiatric Association. (2013b). *The principles of medical ethics with annotations especially applicable to psychiatry*. Washington, DC: Author.

American Psychological Association. (2010). *Ethical principles of psychologists and code of conduct* (2002, Amended June 1, 2010). Retrieved from http://www.apa.org/ethics/code/index.aspx

American Psychological Association. (2003). Guidelines on multicultural education, training, research, practice, and organizational change for psychologists. *American Psychologist, 58*(5), 377–402.

American School Counseling Association. (2010). *Ethical standards for school counselors*. Alexandria, VA: Author.

*Armstrong, T. (2007). *The human odyssey: Navigating the twelve stages of life*. New York: Sterling.

Arredondo, P., Toporek, R., Brown, S., Jones, J., Locke, D., Sanchez, J., & Stadler, H. (1996). Operationalization of multicultural counseling competencies. *Journal of Multicultural Counseling and Development, 24*(1), 42–78.

Association for Addiction Professionals. (2011). *NAADAC code of ethics*. Alexandria, VA: Author.

*Association for Counselor Education and Supervision. (2011). *Best practices in clinical supervision*. Retrieved from www.acesonline.net/wp-content/uploads/2011/10/ACES-Best-Practices-in-clinical-supervision-document-FINAL.pdf

Association for Lesbian, Gay, Bisexual and Transgender Issues in Counseling. (2008). *Competencies for counseling gay, lesbian, bisexual and transgendered (GLBT) clients*. Retrieved from www.algbtic.org/resources/competencies.html

Association for Lesbian, Gay, Bisexual and Transgender Issues in Counseling. (2009). *Competencies for counseling with transgender clients*. Alexandria, VA: Author.

Association for Specialists in Group Work. (2008). Best practice guidelines. *Journal for Specialists in Group Work, 33*(2), 111–117.

Association for Specialists in Group Work. (2012). *Multicultural and social justice competence principles for group workers*. Retrieved from http://www.asgw.org/

Association for Spiritual, Ethical, and Religious Values in Counseling. (2009). *Competencies for addressing spiritual and religious issues in counseling*. Retrieved from http://www.aservic.org/

Atkinson, D. R. (2004). *Counseling American minorities* (6th ed.). Boston, MA: McGraw-Hill.

*Baker, E. K. (2003). *Caring for ourselves: A therapist's guide to personal and professional well-being*. Washington, DC: American Psychological Association.

Barlow, S. H. (2008). Group psychotherapy specialty practice. *Professional Psychology: Research and Practice, 39*(2), 240–244.

Barnett, J. E. (2007). Psychological wellness: A guide for mental health practitioners. *Ethical Issues in Professional Counseling, 10*(2), 9–18.

Barnett, J. E., Baker, E. K., Elman, N. S., & Schoener, G. R. (2007). In pursuit of wellness: The self-care

---

* 이 목록은 참고문헌뿐 아니라 추천도서도 싣고 있다. 별표(*)가 쳐진 항목은 우리가 특히 더 추천하는 책(자료)이다.

imperative. *Professional Psychology: Research and Practice, 38*(6), 603–612.

Barnett, J. E., Cornish, J. A. E., Goodyear, R. K., & Lichtenberg, J. W. (2007). Commentaries on the ethical and effective practice of clinical supervision. *Professional Psychology: Research and Practice, 38*(3), 268–275.

Barnett, J. E., Doll, B., Younggren, J. N., & Rubin, N. J. (2007). Clinical competence for practicing psychologists: Clearly a work in progress. *Professional Psychology: Research and Practice, 38*(5), 510–517.

*Barnett, J. E., & Johnson, W. B. (2008). *Ethics desk reference for psychologists*. Washington, DC: American Psychological Association.

*Barnett, J. E., & Johnson, W. B. (2015). *Ethics desk reference for counselors* (2nd ed.). Alexandria, VA: American Counseling Association.

*Barnett, J. E., Johnston, L. C., & Hillard, D. (2006). Psychological wellness as an ethical imperative. In L. VandeCreek & J. B. Allen (Eds.), *Innovations in clinical practice: Focus on health and wellness* (pp. 257–271). Sarasota, FL: Professional Resources Press.

Barnett, J. E., Lazarus, A. A., Vasquez, M. J. T., Moorehead-Slaughter, O., & Johnson, W. B. (2007). Boundary issues and multiple relationships: Fantasy and reality. *Professional Psychology: Research and Practice, 38*(4), 401–410.

Barnett, J. E., Wise, E. H., Johnson-Greene, D., & Bucky, S. F. (2007). Informed consent: Too much of a good thing or not enough? *Professional Psychology: Research and Practice, 38*(2), 179–186.

Barros-Bailey, M., & Saunders, J. L. (2010). Ethics and the use of technology in rehabilitation counseling. *Rehabilitation Counseling Bulletin, 53*(4), 255–259.

Beck, A. T. (1976). *Cognitive therapy and the emotional disorders*. New York: New American Library.

Beck, A. T., & Weishaar, M. E. (2014). Cognitive therapy. In D. Wedding & R. J. Corsini (Eds.), *Current psychotherapies* (9th ed., pp. 231–264). Belmont, CA: Brooks/Cole, Cengage Learning.

Bemak, F. (2013). Counselors without borders: Community action in counseling. In J. A. Kottler, M. Englar-Carlson, & J. Carlson (Eds.), *Helping beyond the 50-minute hour: Therapists involved in meaningful social action* (pp. 186–196). New York: Routledge (Taylor & Francis).

Bemak, F., & Chung, R. C-Y. (2007). Training social justice counselors. In C. Lee (Ed.), *Counseling for social justice* (pp. 239–258). Alexandria, VA: American Counseling Association.

Bemak, F., & Chung, R. C-Y. (2008). New professional roles and advocacy strategies for school counselors: A multicultural/social justice perspective to move beyond the nice counselor syndrome. *Journal of Counseling and Development, 86*(3), 372–382.

Bemak, F., & Chung, R. C-Y. (2015). Cultural boundaries, cultural norms, multicultural and social justice perspectives. In B. Herlihy & G. Corey, *Boundary issues in counseling: Multiple roles and responsibilities* (3rd ed., pp. 84–89). Alexandria, VA: American Counseling Association.

*Bennett, B. E., Bricklin, P. M., Harris, E., Knapp, S., VandeCreek, L., & Younggren, J. N. (2006). *Assessing and managing risk in psychological practice: An individualized approach*. Rockville, MD: The Trust.

*Bernard, J. M., & Goodyear, R. K. (2014). *Fundamentals of clinical supervision* (5th ed.). Upper Saddle River, NJ: Pearson.

*Bevacqua, F., & Kurpius, S. E. R. (2013). Counseling students' personal values and attitudes toward euthanasia. *Journal of Mental Health Counseling, 35*(2), 172–188.

Bitter, J. R. (1987). Communication and meaning: Satir in Adlerian context. In R. Sherman & D. Dinkmeyer (Eds.), *Systems of family therapy: An Adlerian integration* (pp. 109–142). New York: Brunner/Mazel.

Bitter, J. R. (2014). *Theory and practice of family therapy and counseling* (2nd ed.). Belmont, CA: Brooks/Cole, Cengage Learning.

*Bohart, A. C., & Wade, A. G. (2013). The client in psychotherapy. In M. J. Lambert (Ed.), *Bergin and Garfield's handbook of psychotherapy and behavior change* (6th ed., pp. 219–257). Hoboken, NJ: Wiley.

*Bongar, B., & Sullivan, G. R. (2013). *The suicidal patient: Clinical and legal standards of care* (3rd ed.). Washington, DC: American Psychological Association.

Bradley, L. J., Hendricks, B., Lock, R., Whiting, P. P., & Parr, G. (2011). E-mail communication: Issues for mental health counselors. *Journal of Mental Health Counseling, 33*(1), 67–79.

*Brammer, L. M., & MacDonald, G. (2003). *The helping relationship: Process and skills* (8th ed.). Boston: Allyn & Bacon.

Briere, J. N., & Scott, C. (2013). *Principles of trauma therapy: A guide to symptoms, evaluation, and treatment* (2nd ed.). Thousand Oaks, CA: Sage.

Brislin, D. C., & Herbert, J. T. (2009). Clinical supervision for developing counselors. In I. Marini & M. A. Stebnicki (Eds.), *The professional counselor's desk reference* (pp. 39–47). New York: Springer.

British Association for Counselling and Psychotherapy. (2013). *Ethical framework for good practice in counselling and psychotherapy*. Retrieved from http://www.bacp.co.uk

Brown, A. P., Marquis, A., & Guiffrida, D. A. (2013). Mindfulness-based interventions. *Journal of Counseling & Development, 91*, 86–104.

Brown, C., & O'Brien, K. M. (1998). Understanding stress and burnout in shelter workers. *Professional Psychology: Research and Practice, 29*(4), 383–385.

Brown, C., & Trangsrud, H. B. (2008). Factors associated with acceptance and decline of client gift giving. *Professional Psychology: Research and Practice, 39*(5), 505–511.

Brown, L. S. (2010). *Feminist therapy*. Washington, DC: American Psychological Association.

California Association of Marriage and Family Therapists. (2010). Disciplinary actions. *The Therapist, 22*(4), 47–57.

California Department of Consumer Affairs. (2011). *Professional therapy never includes sex*. Sacramento, CA: Author.

Campbell, J. C., & Christopher, J. C. (2012). Teaching mindfulness to create effective counselors. *Journal of Mental Health Counseling, 34*(3), 213–226.

Canadian Counselling and Psychotherapy Association. (2007). *CCA code of ethics*. Ottawa: Author.

Capodilupo, C. M., & Sue, D. W. (2013). Microaggressions in counseling and psychotherapy. In D. W. Sue & D. Sue, *Counseling the culturally diverse: Theory and practice* (6th ed., pp. 147–173). New York: Wiley.

Cardemil, E. V., & Battle, C. L. (2003). Guess who's coming to therapy? Getting comfortable with conversations about race and ethnicity in psychotherapy. *Professional Psychology: Research and Practice, 34*(3), 278–286.

*Cashwell, C. S., & Young, J. S. (Eds.). (2011). *Integrating spirituality and religion into counseling: A guide to competent practice*. (2nd ed.). Alexandria, VA: American Counseling Association.

*Chung, R. C-Y., & Bemak, F. (2012). *Social justice counseling: The next step beyond multiculturalism*. Thousand Oaks, CA: Sage.

Chung, R. C-Y., & Bemak, F. (2014). Group counseling with Asians. In J. DeLucia-Waack, C. R. Kalodner, & M. T. Riva (Eds.), *Handbook of group counseling and psychotherapy* (2nd ed., pp. 231–241). Thousand Oaks, CA: Sage.

Christopher, J. C., & Maris, J. A. (2010). Integrating mindfulness as self-care into counselling and psychotherapy training. *Counselling & Psychotherapy Research, 10*, 114–125.

Codes of ethics for the helping professions (5th ed.). (2015). Belmont, CA: Brooks/Cole, Cengage Learning.

Cohen, L., & Chehimi, S. (2010). The imperative for primary prevention. In L. Cohen, V. Chávez, & S. Chehimi, *Prevention is primary: Strategies for community well being* (2nd ed.). San Francisco, CA: Jossey Bass.

Coley, S. M., & Scheinberg, C. A. (2014). *Proposal writing: Effective grantsmanship* (4th ed.). Thousand Oaks, CA: Sage.

Commission on Rehabilitation Counselor Certification. (2010). *Code of professional ethics for rehabilitation counselors*. Schaumburg, IL: Author.

Commission on Rehabilitation Counselor Certification. (2012b). *CRCC advisory opinions from ethics committee minutes 1996-2012*. Retrieved from http://www.crccertification.com/filebin/pdf/AdvisoryOpinions2012-06.pdf

Commission on Rehabilitation Counselor Certification. (2014). *Scope of practice statement*. Retrieved from http://www.crccertification.com/pages/crc_ccrc_scope_of_practice/43.php

Connell, A. (2015). Boundary issues and in-home counseling for clients with disabilities. In B. Herlihy & G. Corey, *Boundary issues in counseling: Multiple roles and responsibilities* (3rd ed., pp. 271–272). Alexandria, VA: American Counseling Association.

*Conyne, R. K., & Bemak, F. (Eds.). (2005). *Journeys to professional excellence: Lessons from leading counselor educators and practitioners*. Alexandria, VA: American Counseling Association.

Cooper, C. C., & Gottlieb, M. C. (2000). Ethical issues with managed care: Challenges facing counseling psychology. *The Counseling Psychologist, 28*(2), 179–236.

*Corey, G. (2010). *Creating your professional path: Lessons from my journey*. Alexandria, VA: American Counseling Association.

*Corey, G. (2013a). *The art of integrative counseling* (3rd ed.). Belmont, CA: Brooks/Cole, Cengage Learning.

*Corey, G. (2013b). *Case approach to counseling and psychotherapy* (8th ed.). Belmont, CA: Brooks/Cole, Cengage Learning.

*Corey, G. (2013c). *Theory and practice of counseling and psychotherapy* (9th ed.) and *Manual*. Belmont, CA: Brooks/Cole, Cengage Learning.

*Corey, G. (2013d). *DVD for Theory and practice of counseling and psychotherapy: The case of Stan and lecturettes*. Belmont, CA: Brooks/Cole, Cengage Learning.

Corey, G. (2016). *Theory and practice of group counseling* (9th ed.) and *Manual*. Belmont, CA: Brooks/Cole, Cengage Learning.

Corey, G., & Corey, M. (2014). *I never knew I had a choice* (10th ed.). Belmont, CA: Brooks/Cole. Cengage Learning.

*Corey, G., Corey, M. S., Callanan, P., & Russell, J. M. (2015). *Group techniques* (4th ed.). Belmont, CA: Brooks/Cole, Cengage Learning.

*Corey, G., Corey, M. S., Corey, C., & Callanan, P. (2015). *Issues and ethics in the helping professions* (9th ed.). Belmont, CA: Brooks/Cole, Cengage Learning.

*Corey, G., Corey, M. S., & Haynes, R. (2014). *Groups in action: Evolution and challenges (DVD and workbook)* (2nd ed.). Belmont, CA: Brooks/Cole, Cengage Learning.

*Corey, G., Corey, M. S., & Haynes, R. (2015). *Ethics in action (DVD and workbook)* (2nd ed.). Belmont, CA: Brooks/Cole, Cengage Learning.

Corey, G., & Haynes, R. (2013). *DVD for integrative counseling: The case of Ruth and lecturettes*. Belmont, CA: Brooks/Cole, Cengage Learning.

*Corey, G., Haynes, R., Moulton, P., & Muratori, M. (2010). *Clinical supervision in the helping professions: A practical guide* (2nd ed.). Alexandria, VA: American Counseling Association.

*Corey, M. S., Corey, G., & Corey, C. (2014). *Groups: Process and practice* (9th ed.). Belmont, CA: Brooks/Cole, Cengage Learning.

*Cormier, S., & Hackney, H. (2012). *Counseling strategies and interventions* (8th ed.). Boston: Allyn & Bacon (Pearson).

*Cormier, S., Nurius, P. S., & Osborn, C. J. (2013). *Interviewing and change strategies for helpers* (7th ed.). Belmont, CA: Brooks/Cole, Cengage Learning.

Cornish, J. A. E., Gorgens, K. A., Monson, S. P., Olkin, R., Palombi, B. J., & Abels, A. V. (2008). Perspectives on ethical practice with people who have disabilities. *Professional Psychology: Research and Practice, 39*(5), 488–497.

Council for Accreditation of Counseling Related Educational Programs. (2009). *CACREP standards*. Alexandria, VA: Author.

Council on Rehabilitation Education. (2012). *CORE accreditation standards*. Retrieved from http://www.core-rehab.org/COREStandards

Counsel on Rehabilitation Education. (2014a). *Structure and functions*. Retrieved from http://www.core-rehab.org/WhatIsCORE

Counsel on Rehabilitation Education. (2014b). *CORE and CACREP affiliation*. Retrieved from http://www.core-rehab.org/Files/Doc/PDF/WhatsNewPDFs/Press%20Release%207.31.13.pdf

Crethar, H. C., & Ratts, M. J. (2008). Why social justice is a counseling concern. *Counseling Today, 50*(12), 24–25.

Crethar, H. C., Torres Rivera, E., & Nash, S. (2008). In search of common threads: Linking multicultural, feminist, and social justice counseling paradigms. *Journal of Counseling and Development, 86*(3), 269–278.

Cummings, N. A. (1995). Impact of managed care on employment and training: A primer for survival. *Professional Psychology: Research and Practice, 26*(1), 10–15.

Dailey, S. F. (2012). Spiritual and/or religious assessment. *Interaction, 11*(3), 3–4.

Dailey, S. F., Gill, C. S., Karl, S. L., & Minton, C. A. B. (2014). *DSM-5 learning companion for counselors*. Alexandria, VA: American Counseling Association.

*Davis, T. E. (2015). *Exploring school counseling: Professional practices and perspectives* (2nd ed.). San Francisco, CA: Cengage Learning.

Day-Vines, N. L., Wood, S. M., Grothaus, T., Craigen, L., Holman, A., Dotson-Blake, K., & Douglass, M. J. (2007). Broaching the subjects of race, ethnicity, and culture during the counseling process. *Journal of Counseling & Development, 85*, 401–409.

*DeJong, P., & Berg, I. (2013). *Interviewing for solutions* (4th ed.). Belmont, CA: Brooks/Cole, Cengage Learning.

DePoy, E., & Gilson, S. F. (2004). *Rethinking disability: Principles for professional and social change*. Belmont, CA: Brooks/Cole, Cengage Learning.

Devereaux, R. L., & Gottlieb, M. C. (2012). Record keeping in the cloud: Ethical considerations.

Professional Psychology: Research and Practice, 43(6), 627–632.

Dew, D. W., & Peters, S. (2002). Survey of master's level rehabilitation counselor programs: Relationship to public vocational rehabilitation recruitment and retention of state vocational rehabilitation counselors. *Rehabilitation Education, 16*, 61–65.

*Diller, J. V. (2015). *Cultural diversity: A primer for the human services* (5th ed.). Belmont, CA: Cengage Learning.

Dobmeier, R. A., & Reiner, S. M. (2012). Spirituality in the counselor education curriculum: A national survey of student perceptions. *Counseling and Values, 57*(1), 47–65.

*Dolgoff, R., Loewenberg, F. M., & Harrington, D. (2009). *Ethical decisions for social work practice* (8th ed.). Belmont, CA: Brooks/Cole, Cengage Learning.

Dugger, S. M., & Francis, P. C. (2014). Surviving a lawsuit against a counseling program: Lessons learned from *Ward v. Wilbanks. Journal of Counseling & Development 92*(2), 135–141.

Duncan, B. L., Miller, S. D., & Sparks, J. A. (2004). *The heroic client: A revolutionary way to improve effectiveness through client-directed, outcome-informed therapy.* San Francisco: Jossey-Bass.

*Dunkley, C., & Stanton, M. (2014). *Teaching clients to use mindfulness skills: A practical guide.* New York: Routledge (Taylor & Francis).

Duran, E., Firehammer, J., & Gonzalez, J. (2008). Liberation psychology as a path toward healing cultural soul wounds. *Journal of Counseling & Development, 86*(3), 288–295.

Dweck, C. S. (2006). *Mindset: The new psychology of success.* New York: Ballantine Books.

*Egan, G. (2014). *The skilled helper: A problem management and opportunity development approach to helping* (10th ed.). Belmont, CA: Brooks/Cole, Cengage Learning.

*Ellis, A. (2001a). *Feeling better, getting better, and staying better.* Atascadero, CA: Impact.

*Ellis, A. (2001b). *Overcoming destructive thoughts, feelings, and behaviors.* Amherst, NY: Prometheus Books.

*Ellis, A. (2004a). *Rational emotive behavior therapy: It works for me—It can work for you.* Amherst, NY: Prometheus Books.

*Ellis, A. (2004b). *The road to tolerance: The philosophy of rational emotive behavior therapy.* Amherst, NY: Prometheus Books.

*Ellis, A., & Ellis, D. J. (2014). Rational emotive behavior therapy. In D. Wedding & R. J. Corsini (Eds.), *Current psychotherapies* (10th ed., pp. 151–191). Belmont, CA: Brooks/Cole, Cengage Learning.

*Englar-Carlson, M., Evans, M. P., & Duffey, T. (2014). *A counselor's guide to working with men.* Alexandria, VA: American Counseling Association.

Erikson, E. (1963). *Childhood and society* (2nd ed.). New York: Norton.

Erikson, E. (1982). *The life cycle completed.* New York: Norton.

Ferguson, A. (2009). Cultural issues in counseling lesbians, gays, and bisexuals. In I. Marini & M. A. Stebnicki (Eds.), *The professional counselor's desk reference* (pp. 255–262). New York: Springer.

Figley, C. R. (1995). Compassion fatigue: Toward a new understanding of the costs of caring. In B. H. Stamm (Ed.), *Secondary traumatic stress.* Lutherville, MD: Sidran Press.

Forester-Miller, H., & Moody, E. E. (2015). Rural communities: Can dual relationships be avoided? In B. Herlihy & G. Corey, *Boundary issues in counseling: Multiple roles and responsibilities* (3rd ed., pp. 251–253). Alexandria, VA: American Counseling Association.

*Frame, M. W. (2003). *Integrating religion and spirituality into counseling: A comprehensive approach.* Belmont, CA: Brooks/Cole, Cengage Learning.

Francis, P. C. (2009). Religion and spirituality in counseling. In I. Marini & M. A. Stebnicki (Eds.), *The professional counselor's desk reference* (pp. 839–849). New York: Springer.

Francis, P. C., & Dugger, S. M. (2014). Special section: Professionalism, ethics, and value-based conflicts in counseling: An introduction to the special section. *Journal of Counseling & Development 92*(2), 131–134.

Friedman, R. A. (2002, August 27). Like drugs, talk therapy can change brain chemistry. *New York Times.*

Gamino, L. A., & Bevins, M. B. (2013). Ethical challenges when counseling clients nearing the end of life. In J. L. Werth Jr. (Ed.), *Counseling clients near the end of life: A practical guide for mental health professionals* (pp. 3–24). New York: Springer.

Gentry, J. E. (2010). Compassion fatigue: Our Achilles heel. In J. Webber & J. B. Mascari (Ed.), *Terrorism, trauma, and tragedies* (3rd ed., pp. 159–164). Alexandria, VA: American Counseling Association Foundation.

Godfrey-Smith, P. (2003). *Theory and reality: An introduction to the philosophy of science.* Chicago: University of Chicago Press.

Gold, S. H., & Hilsenroth, M. J. (2009). Effects of graduate clinicians' personal therapy on therapeutic alliance. *Clinical Psychology and Psychotherapy, 16*(3), 159–171.

*Goldenberg, H., & Goldenberg, I. (2013). *Family therapy: An overview* (8th ed.). Belmont, CA: Brooks/Cole, Cengage Learning.

*Goleman, D. (1995). *Emotional intelligence.* New York: Bantam Books.

Goodwin, L. R., Jr. (2006). Rehabilitation counselor specialty areas offered by rehabilitation counselor education programs. *Rehabilitation Education, 20*, 133–143.

*Gutheil, T. G., & Brodsky, A. (2008). *Preventing boundary violations in clinical practice.* New York: Guilford Press.

*Hackney, H., & Cormier, S. (2013). *The professional counselor: A process guide to helping* (7th ed.). Boston: Allyn & Bacon (Pearson).

Hagedorn, W. B., & Moorhead, H. J. H. (2011). Counselor self-awareness: Exploring attitudes, beliefs, and values. In C. S. Cashwell & J. S. Young (Eds.), *Integrating spirituality and religion into counseling: A guide to competent practice* (2nd ed., pp. 71–96). Alexandria, VA: American Counseling Association.

Haley, W. E., Larson, D. G., Kasl-Godley, J., Neimeyer, R. A., & Kwilosz, D. M. (2003). Roles for psychologists in end-of-life care: Emerging models of practice. *Professional Psychology: Research and Practice, 34*(6), 626–633.

Harper, M. C., & Gill, C. S. (2005). Assessing the client's spiritual domain. In C. S. Cashwell & J. S. Young (Eds.), *Integrating spirituality and religion into counseling: A guide to competent practice* (pp. 31–62). Alexandria, VA: American Counseling Association.

*Haynes, R. L. (2014). *Take control of life's crises today: A practical guide.* Chula Vista, CA: Aventine Press.

*Hazler, R. J., & Kottler, J. A. (2005). *The emerging professional counselor: Student dreams to professional realities* (2nd ed.). Alexandria, VA: American Counseling Association.

Hendricks, B. E., Bradley, L. J., Southern, S., Oliver, M., & Birdsall, B. (2011). Ethical code for the International Association of Marriage and Family Counselors. *The Family Journal, 19*, 217–224. doi: 10.1177/1066480711400814

*Herlihy, B., & Corey, G. (2015a). *ACA ethical standards casebook* (7th ed.). Alexandria, VA: American Counseling Association.

*Herlihy, B., & Corey, G. (2015b). *Boundary issues in counseling: Multiple roles and responsibilities* (3rd ed.). Alexandria, VA: American Counseling Association.

Herlihy, B., & Corey, G. (2015c). Confidentiality. In B. Herlihy & G. Corey, *ACA ethical standards casebook* (7th ed., pp. 169–182). Alexandria, VA: American Counseling Association.

Herlihy, B., & Corey, G. (2015d). Managing value conflicts. In B. Herlihy & G. Corey, *ACA ethical standards casebook* (7th ed., pp. 193–204). Alexandria, VA: American Counseling Association.

Herlihy, B., Hermann, M. A., & Greden, L. R. (2014). Legal and ethical implications of using religious beliefs as the basis for refusing to counsel certain clients. *Journal of Counseling & Development 92*(2), 148–153.

*Hogan, M. (2013). *The four skills of cultural diversity competence: A process for understanding and practice* (4th ed.). Belmont, CA: Brooks/Cole, Cengage Learning.

Homan, M. (2011). *Promoting community change: Making it happen in the real world* (5th ed.). Belmont, CA: Brooks/Cole, Cengage Learning.

*Homan, M. (2016). *Promoting community change: Making it happen in the real world* (6th ed.). San Francisco, CA: Cengage Learning.

How to recognize students who are potentially dangerous. (2011). Johns Hopkins University Counseling Center. Retrieved from http://web.jhu.edu/counselingcenter/worried/recognize

Ivey, A., D'Andrea, M., & Ivey, M. (2012). *Theories of counseling and psychotherapy: A multicultural perspective* (7th ed.). Thousand Oaks, CA: Sage.

*Ivey, A. E., Ivey, M. B., & Zalaquett, C. P. (2014). *Intentional interviewing and counseling: Facilitating client development in a multicultural society* (8th ed.). Belmont, CA: Brooks/Cole, Cengage Learning.

*Jacobs, E. F., Masson, R. L., Harvill, R. L., & Schimmel, S. J. (2012). *Group counseling: Strategies and skills* (7th ed.). Belmont, CA: Brooks/Cole, Cengage Learning.

*James, R. K., & Gilliland, B. E. (2013). *Crisis intervention strategies* (7th ed.). Belmont, CA: Brooks/Cole, Cengage Learning.

Jencius, M. (2015). Technology, social media, and online counseling. In B. Herlihy & G. Corey, *ACA ethical standards casebook* (7th ed., pp. 245–258). Alexandria, VA: American Counseling Association.

*Johnson, R. (2013). *Spirituality in counseling and psychotherapy: An integrative approach that empowers clients.* Hoboken, NJ: Wiley.

Johnson, W. B., Barnett, J. E., Elman, N. S., Forrest, L., & Kaslow, N. J. (2012). The competent community: Toward a vital reformulation of professional ethics. *American Psychologist, 67*(7), 557–569.

*Kanel, K. (2015). *A guide to crisis intervention* (5th ed.). Belmont, CA: Brooks/Cole, Cengage Learning.

Kaplan, D. M. (2014). Ethical implications of a critical legal case for the counseling profession: *Ward v. Wilbanks. Journal of Counseling & Development, 92*(2), 142–146.

Keeton v. Anderson-Wiley, No. 1:10-CV-00099-JRH-WLB, 733 F. Supp. 2d 1368 (S. D. Ga., Aug. 20, 2010).

Kerr, M. E., & Bowen, M. (1988). *Family evaluation: An approach based on Bowen theory.* New York: Norton.

*Kiser, P. M. (2012). *The human services internship: Getting the most from your experience* (3rd ed.). Belmont, CA: Brooks/Cole, Cengage Learning.

Kleist, D., & Bitter, J. R. (2014). Virtue, ethics, and legality in family practice. In J. R. Bitter, *Theory and practice of family therapy and counseling* (2nd ed., pp. 71–93). Belmont, CA: Brooks/Cole, Cengage Learning.

Knapp, S., Gottlieb, M., Berman, J., & Handelsman, M. M. (2007). When law and ethics collide: What should psychologists do? *Professional Psychology: Research and Practice, 38*(1), 54–59.

Knapp, S., Handelsman, M. M., Gottlieb, M. C., & VandeCreek, L. D. (2013). The dark side of professional ethics. *Professional Psychology: Research and Practice, 44*(6), 371–377.

*Knapp, S., & VandeCreek, L. (2003). *A guide to the 2002 revision of the American Psychological Association's ethics code.* Sarasota, FL: Professional Resource Press.

*Knapp, S. J., & VandeCreek, L. (2012). *Practical ethics for psychologists: A positive approach* (2nd ed.). Washington, DC: American Psychological Association.

Kocet, M. M., & Herlihy, B. J. (2014). Addressing value-based conflicts within the counseling relationship: A decision-making model. *Journal of Counseling & Development, 92*(2), 180–186.

*Koocher, G. P., & Keith-Spiegel, P. (2008). *Ethics in psychology and the mental health professions:*

Standards and cases (3rd ed.). New York: Oxford University Press.

*Kottler, J. A. (2000a). *Doing good: Passion and commitment for helping others.* Philadelphia, PA: Brunner-Routledge (Taylor & Francis).

*Kottler, J. A. (2000b). *Nuts and bolts of helping.* Boston: Allyn & Bacon.

*Kottler, J. A. (2010). *On being a therapist* (4th ed.). San Francisco, CA: Jossey-Bass.

*Kottler, J. A., Englar-Carlson, M., & Carlson, J. (Eds.). (2013). *Helping beyond the 50-minute hour: Therapists involved in meaningful social action.* New York: Routledge (Taylor & Francis).

*Kottler, J. A., & Shepard, D. S. (2015). *Introduction to counseling: Voices from the field* (8th ed.). San Francisco, CA: Cengage Learning.

Kwak, J., & Collet, E. P. (2013). Diversity considerations with clients who are near the end of life. In J. L. Werth Jr. (Ed.), *Counseling clients near the end of life: A practical guide for mental health professionals* (pp. 25–51). New York: Springer.

Lamb, D. H., Catanzaro, S. J., & Moorman, A. S. (2003). A preliminary look at how psychologists identify, evaluate, and proceed when faced with possible multiple relationship dilemmas. *Professional Psychology: Research and Practice, 35*(3), 248–254.

Landrum, B., Knight, D. K., & Flynn, P. M. (2012). The impact of organizational stress and burnout on client engagement. *Journal of Substance Abuse Treatment, 42*, 222–230.

Lasser, J. S., & Gottlieb, M. C. (2004). Treating patients distressed regarding their sexual orientation: Clinical and ethical alternatives. *Professional Psychology: Research and Practice, 35*(2), 194–200.

LaViolette, A. D., & Barnett, O. W. (2014). *It could happen to anyone: Why battered women stay* (3rd ed.). Thousand Oaks, CA: Sage.

Lawson, D. M., & Gaushell, H. (1988). Family autobiography: A useful method for enhancing counselors' personal development. *Counselor Education and Supervision, 28*(2), 162–167.

Lawson, D. M., & Gaushell, H. (1991). Intergenerational family characteristics of counselor trainees. *Counselor Education and Supervision, 30*(4), 309–321.

Lawson, G. (2015). Boundaries in disaster mental health. In B. Herlihy & G. Corey, *Boundary issues in counseling: Multiple roles and responsibilities* (3rd ed., pp. 224–228). Alexandria, VA: American Counseling Association.

Lazarus, A. A. (2001). Not all "dual relationships" are taboo: Some tend to enhance treatment outcomes. *The National Psychologist, 10*(1), 16.

Lazarus, A. A. (2015). Transcending boundaries in psychotherapy. In B. Herlihy & G. Corey, *Boundary issues in counseling: Multiple roles and responsibilities* (3rd ed., pp. 27–31). Alexandria, VA: American Counseling Association.

Lazarus, A. A. & Rego, S. A. (2013). What really matters?: Learning from, not being limited by, empirically supported treatments. *The Behavior Therapist, 36*(3), 67–69.

Lee, C. C. (2013a). The cross-cultural encounter: Meeting the challenge of culturally competent counseling. In C. C. Lee (Ed.), *Multicultural issues in counseling: New approaches to diversity* (4th ed., pp. 13–19). Alexandria, VA: American Counseling Association.

Lee, C. C. (2013b). Global literacy: The foundation of culturally competent counseling. In C. C. Lee (Ed.), *Multicultural issues in counseling: New approaches to diversity* (4th ed., pp. 309–312). Alexandria, VA: American Counseling Association.

*Lee, C. C. (Ed.). (2013c). *Multicultural issues in counseling: New approaches to diversity* (4th ed.). Alexandria, VA: American Counseling Association.

Lee, C. C. (2015). Social justice and counseling across cultures. In B. Helihy & G. Corey, *ACA ethical standards casebook* (7th ed., pp. 155–168). Alexandria, VA: American Counseling Association.

*Lee, C. C., & Park, D. (2013). A conceptual framework for counseling across cultures. In C. C. Lee (Ed.), *Multicultural issues in counseling: New approaches to diversity* (4th ed., pp. 3–12). Alexandria, VA: American Counseling Association.

Lee, J., Lim, N., Yang, E., & Lee, S. M. (2011). Antecedents and consequences of three dimensions of burnout in psychotherapists: A meta-analysis. *Professional Psychology: Research and Practice, 42*(3), 252–258.

Lent, J., & Schwartz, R. C. (2012). The impact of work setting, demographic characteristics, and personality factors related to burnout among professional counselors. *Journal of Mental Health Counseling, 34*(4), 355–372.

*Levitt, D. H., & Moorhead, H. J. H. (Eds.). (2013). *Values and ethics in counseling: Real-life ethical decision making.* New York: Routledge (Taylor & Francis).

*Lewis, J. A., Lewis, M. D., Daniels, J. A., & D'Andrea, M. J. (2011). *Community counseling: A multicultural-social justice perspective* (4th ed.). Belmont, CA: Brooks/Cole, Cengage Learning.

Lim, S-L. (2008). Transformative aspects of genogram work: Perceptions and experiences of graduate students in a counseling training program. *The Family Journal: Counseling and Therapy for Couples and Families, 16*(1), 35–42.

Linley, P. A., & Joseph, S. (2007). Therapy work and therapists' positive and negative well-being. *Journal of Social and Clinical Psychology, 26*(3), 385–403.

Linneroth, P. J., Mrdjenovich, A. J., & Moore, B. A. (2011). Professional burnout in clinical military psychologists: Recommendations before, during, and after deployment. *Professional Psychology: Research and Practice, 42*(1), 87–93.

Luke, M., & Hackney, H. (2007). Group coleadership: A critical review. *Counselor Education and Supervision, 46*(4), 280–293.

*Lum, D. (2011). *Culturally competent practice: A framework for understanding diverse groups and justice issues* (4th ed.). Belmont, CA: Brooks/Cole, Cengage Learning.

*Mackelprang, R. W., & Salsgiver, R. O. (2009). *Disability: A diversity model approach in human service practice* (2nd ed.). Chicago, IL: Lyceum Books.

Margolin, G. (1982). Ethical and legal considerations in marital and family therapy. *American Psychologist, 37*(3), 788–801.

Marini, I. (2007). Cross-cultural counseling issues of males who sustain a disability. In A. E. Dell Orto & P. W. Power (Eds.), *The psychological and social impact of illness and disability* (5th ed., pp. 194–213). New York: Springer.

*Maslach, C. (2003). *Burnout: The cost of caring.* Cambridge: Malor Books.

Maslach, C., Jackson, S. E., & Leiter, M. P. (1996). *Maslach Burnout Inventory* (3rd ed.). Palo Alto, CA: Consulting Psychologists Press.

McGoldrick, M. (2011a). *The genogram journey: Reconnecting with your family.* New York: Norton.

*McGoldrick, M. (2011b). Women and the family life cycle. In M. McGoldrick, B. Carter, & N. Garcia-Preto (Eds.), *The expanded family life cycle: Individual, family, and social perspectives* (4th ed., pp. 42–58). Boston: Allyn & Bacon (Pearson).

*McGoldrick, M., Carter, B., & Garcia-Preto, N. (Eds.). (2011a). *The expanded family life cycle: Individual, family, and social perspectives* (4th ed.). Boston: Allyn & Bacon (Pearson).

McGoldrick, M., Carter, B., & Garcia-Preto, N. (Eds.). (2011b). Self in context: Human development and the individual life cycle in systemic perspective. In M. McGoldrick, B. Carter, & N. Garcia-Preto (Eds.), *The expanded family life cycle: Individual, family, and social perspectives* (4th ed., pp. 20–41). Boston: Allyn & Bacon.

McGoldrick, M., Gerson, R., & Petry, S. (2008). *Genograms: Assessment and intervention* (3rd ed.). New York: Norton.

McWhirter, P., & Robbins, R. (2014). Group therapy with Native people. In J. DeLucia-Waack, C. R. Kalodner, & M. T. Riva (Eds.), *Handbook of group counseling and psychotherapy* (2nd ed., pp. 209–219). Thousand Oaks, CA: Sage.

*Meichenbaum, D. (2012). *Roadmap to resilience: A guide for military, trauma victims and their families*. Clearwater, FL: Institute Press.

Miller, E., & Marini, I. (2009). Brief psychotherapy. In I. Marini & M. A. Stebnicki (Eds.), *The professional counselor's desk reference* (pp. 379–387). New York: Springer.

*Miller, W. R., & Rollnick, S. (2013). *Motivational interviewing: Helping people change* (3rd ed.). New York: Guilford Press.

Mosak, H., & Shulman, B. (1988). *Life style inventory*. Muncie, IN: Accelerated Development.

*Murphy, B. C., & Dillon, C. (2015). *Interviewing in action in a multicultural world* (5th ed.). San Francisco, CA: Cengage Learning.

Murphy, S. N. (2013). Attending to countertransference. *Counseling Today, 56*(3), 46–50.

Myers, J. E., & Sweeney, T. J. (Eds.). (2005a). *Counseling for wellness: Theory, research, and practice*. Alexandria, VA: American Counseling Association.

Myers, J. E., & Sweeney, T. J. (2005b). Introduction to wellness theory. In J. E. Myers & T. J. Sweeney (Eds.), *Counseling for wellness: Theory, research, and practice* (pp. 7–14). Alexandria, VA: American Counseling Association.

Myers, J. E., & Sweeney, T. J. (2005c). The wheel of wellness. In J. E. Myers & T. J. Sweeney (Eds.), *Counseling for wellness: Theory, research, and practice* (pp. 15–28). Alexandria, VA: American Counseling Association.

*Nagy, T. F. (2011). *Essential ethics for psychologists: A primer for understanding and mastering core issues*. Washington, DC: American Psychological Association.

National Association of Social Workers. (2008). *Code of ethics*. Washington, DC: Author.

National Board for Certified Counselors. (2012). *National Board for Certified Counselors (NBCC) code of ethics*. Retrieved from http://www.nbcc.org/assets/ethics,/nbcc-codeofethics.pdf

National Organization for Human Services. (2000). Ethical standards of human service professionals. *Human Service Education, 20*(1), 61–68.

Neff, K. (2011). *Self-compassion: Stop beating up on yourself and leave insecurity behind*. New York: HarperCollins (William Morrow).

Neukrug, E. (2011). *Counseling theory and practice*. Belmont, CA: Brooks/Cole, Cengage Learning.

*Neukrug, E. (2012). *The world of the counselor: An introduction to the counseling profession* (4th ed.). Belmont, CA: Brooks/Cole, Cengage Learning.

*Neukrug, E. (2013). *Theory, practice, and trends in human services: An introduction* (5th ed.). Belmont, CA: Brooks/Cole, Cengage Learning.

Neukrug, E. S., & Milliken, T. (2011). Counselors' perceptions of ethical behaviors. *Journal of Counseling & Development, 89*(2), 206–216.

*Newman, B. M., & Newman, P. R. (2009). *Development through life: A psychosocial approach* (10th ed.). Belmont, CA: Wadsworth, Cengage Learning.

*Nichols, M. P. (2013). *Family therapy: Concepts and methods* (10th ed.). Boston: Pearson.

Norcross, J. C. (2000). Psychotherapist self-care: Practitioner-tested, research-informed strategies. *Professional Psychology: Research and Practice, 31*(6), 710–713.

*Norcross, J. C. (2005). The psychotherapist's own psychotherapy: Educating and developing psychologists. *American Psychologist, 60*(8), 840–850.

Norcross, J. C. (2010). The therapeutic relationship. In B. L. Duncan, S. D. Miller, B. E. Wampold, & M. A. Hubble (Eds.). *The heart & soul of change: Delivering what works in therapy* (2nd ed., pp. 113–141). Washington, DC: American Psychological Association.

Norcross, J. C., & Beutler, L. E. (2014). Integrative psychotherapies. In D. Wedding & R. J. Corsini (Eds.), *Current psychotherapies* (10th ed., pp. 499–532). Belmont, CA: Brooks/Cole, Cengage Learning.

*Norcross, J. C., & Guy, J. D. (2007). *Leaving it at the office: A guide to psychotherapist self-care*. New York: Guilford Press.

Norcross, J. C., Pfund, R. A., & Prochaska, J. O. (2014). Psychotherapy in 2022: A Delphi poll on its future. *Professional Psychology: Research and Practice, 44*(5), 363–370.

Okech, J. E. A., & Kline, W. B. (2006). Competency concerns in group co-leader relationships. *Journal for Specialists in Group Work, 31*(2), 165–180.

*Okun, B. F., & Kantrowitz, R. E. (2015). *Effective helping: Interviewing and counseling techniques* (8th ed.). San Francisco, CA: Cengage Learning.

Olkin, R. (2009). Disability-affirmative therapy. In I. Marini & M. A. Stebnicki (Eds.), *The professional counselor's desk reference* (pp. 355–369). New York: Springer.

Orlinsky, D. E., & Ronnestad, M. H. (2005). *How psychotherapists develop: A study of therapeutic work and professional growth*. Washington, DC: American Psychological Association.

Orlinsky, D. E., Schofield, M. J., Schroder, T., & Kazantzis, N. (2011). Utilization of personal therapy by psychotherapists: A practice-friendly review and a new study. *Journal of Clinical Psychology: In Session, 67*(8), 828–842.

*Parham, T. A., & Caldwell, L. D. (2015). Boundaries in the context of a collective community: An African-centered perspective. In B. Herlihy & G. Corey, *Boundary issues in counseling: Multiple roles and responsibilities* (3rd ed., pp. 96–100). Alexandria, VA: American Counseling Association.

Patsiopoulos, A. T., & Buchanan, M. J. (2011). The practice of self-compassion in counseling: A narrative inquiry. *Professional Psychology: Research and Practice, 42*(4), 301–307.

*Pedersen, P. (2000). *A handbook for developing multicultural awareness* (3rd ed.). Alexandria, VA: American Counseling Association.

Pedersen, P. (2003). Culturally biased assumptions in counseling psychology. *The Counseling Psychologist, 31*(4), 396–403.

Pedersen, P. (2008). Ethics, competence, and professional issues in cross-cultural counseling. In P. B. Pedersen, J. G. Draguns, W. J. Lonner, & J. E. Trimble (Eds.), *Counseling across cultures* (6th ed., pp. 5–20). Thousand Oaks, CA: Sage.

Piper, W. E., & Ogrodniczuk, J. S. (2004). Brief group therapy. In J. L. DeLucia-Waack, D. Gerrity, C. R. Kalodner, & M. T. Riva (Eds.), *Handbook of group counseling and psychotherapy* (pp. 641–650). Thousand Oaks, CA: Sage.

Polster, E. (1995). *A population of selves: A therapeutic exploration of personal diversity*. San Francisco, CA: Jossey-Bass.

Pope, K. S., Sonne, J. L., & Holroyd, J. (1993). *Sexual feelings in psychotherapy: Explorations for therapists and therapists-in-training*. Washington, DC: American Psychological Association.

*Pope, K. S., & Vasquez, M. J. T. (2011). *Ethics in psychotherapy and counseling* (4th ed.). San Francisco: Jossey-Bass.

Pope, K. S., & Wedding, D. (2014). Contemporary challenges and controversies. In D. Wedding & R. J. Corsini (Eds.), *Current psychotherapies* (10th ed., pp. 569–603). Belmont, CA: Brooks/Cole, Cengage Learning.

*Powers, R. L., & Griffith, J. (2012). *The key to psychotherapy: Understanding the self-created individual*. Port Townsend, WA: Adlerian Psychology Associates.

*Prochaska, J. O., & Norcross, J. C. (2014). *Systems of psychotherapy: A transtheoretical analysis* (8th ed.). Belmont, CA: Brooks/Cole, Cengage Learning.

Radeke, J. T., & Mahoney, M. J. (2000). Comparing the personal lives of psychotherapists and research psychologists. *Professional Psychology: Research and Practice, 31*(1), 82–84.

*Ratts, M. J., Toporek, R. L., & Lewis, J. A. (2010). *ACA advocacy competencies: A social justice framework for counselors*. Alexandria, VA: American Counseling Association.

Reamer, F. G. (2013). Social work in a digital age: Ethical and risk management challenges. *Social Work, 58*(2), 163–172.

*Remley, T. P., & Herlihy, B. (2014). *Ethical, legal, and professional issues in counseling* (4th ed.). Upper Saddle River, NJ: Pearson.

*Ridley, C. R. (2005). *Overcoming unintentional racism in counseling and therapy: A practitioner's guide to intentional intervention* (2nd ed.). Thousand Oaks, CA: Sage.

Riggar, T. F. (2009). Counselor burnout. In I. Marini & M. A. Stebnicki (Eds.), *The professional counselor's desk reference* (pp. 831–837). New York: Springer.

The Road to Resilience. (2013). American Psychological Association. Retrieved from http://www.apa.org/helpcenter/road-resilience.aspx

Robertson, L. A., & Young, M. E. (2011). The revised ASERVIC spirituality competencies. In C. S. Cashwell & J. S. Young (Eds.), *Integrating spirituality and religion into counseling: A guide to competent practice* (2nd ed., pp. 25–42). Alexandria, VA: American Counseling Association.

Robles, B. (2009). A synopsis of the Health Insurance Portability and Accountability Act. In I. Marini & M. A. Stebnicki (Eds.), *The professional counselor's desk reference* (pp. 801–812). New York: Springer.

Roessler, R. & Rubin, S. E. (1998). *Case management and rehabilitation counseling*. Austin, TX: PRO-ED.

Roysircar, G., Arredondo, P., Fuertes, J. N., Ponterotto, J. G., & Toporek, R. L. (2003). *Multicultural counseling competencies 2003: Association for multicultural counseling and development*. Alexandria, VA: American Counseling Association.

Safran, J. D., & Kriss, A. (2014). Psychoanalytic psychotherapies. In D. Wedding & R. J. Corsini (Eds.), *Current psychotherapies* (10th ed., pp. 19–54). Belmont, CA: Brooks/Cole, Cengage Learning.

*Satir, V. (1983). *Conjoint family therapy* (3rd ed.). Palo Alto, CA: Science and Behavior Books.

*Satir, V. (1989). *The new peoplemaking*. Palo Alto, CA: Science and Behavior Books.

Satir, V., & Baldwin, M. (1983). *Satir: Step by step*. Palo Alto, CA: Science and Behavior Books.

Satir, V., Banmen, J., Gerber, J., & Gomori, M. (1991). *The Satir model*. Palo Alto, CA: Science and Behavior Books.

Satir, V., Bitter, J. R., & Krestensen, K. K. (1988). Family reconstruction: The family within—A group experience. *Journal for Specialists in Group Work, 13*(4), 200–208.

Schank, J. A., Helbok, C. M., Haldeman, D. C., & Gallardo, M. E. (2010). Challenges and benefits of ethical small-community practice. *Professional Psychology: Research and Practice, 41*(6), 502–510.

Schank, J. A., & Skovholt, T. M. (1997). Dual-relationship dilemmas of rural and small community psychologists. *Professional Psychology: Research and Practice, 28*(1), 44–49.

*Schank J. A., & Skovholt, T. M. (2006). *Ethical practice in small communities: Challenges and rewards for psychologists*. Washington, DC: American Psychological Association.

Schreiber, M., Gurwitch, R., & Wong, M. (2006). *Listen, protect, and connect—Model & teach: Psychological first aid for children*. Retrieved from http://www.ready.gov/sites/default/files/documents/files/PFA_SchoolCrisis.pdf

Schreier, B., Davis, D., & Rodolfa, E. (2005). Diversity-based psychology with lesbian, gay and bisexual patients: Clinical and training issues—Practical actions. *California Department of Consumer Affairs (Board of Psychology), 12*, 1–13.

Shafranske, E. P., & Sperry, L. (2005). Future directions: Opportunities and challenges. In L. Sperry & E. P. Shafranske (Eds.), *Spiritually oriented psychotherapy* (pp. 351–354). Washington, DC: American Psychological Association.

Shallcross, L. (2013a). First to respond, last to seek help. *Counseling Today, 56*(2), 44–50.

Shallcross, L. (2013b). Multicultural competence: A continual pursuit. *Counseling Today, 56*(3), 31–43.

Shiles, M. (2009). Discriminatory referrals: Uncovering a potential ethical dilemma facing practitioners. *Ethics & Behavior, 19*(2), 142–155.

*Shulman, L. (2009). *The skills of helping individuals, families, groups, and communities* (6th ed.). Belmont, CA: Brooks/Cole, Cengage Learning.

*Skovholt, T. M. (2001). *The resilient practitioner: Burnout prevention and self-care strategies for counselors, therapists, teachers, and health professionals*. Boston: Allyn & Bacon.

*Skovholt, T. M. (2012a). *Becoming a therapist: On the path to mastery*. Hoboken, NJ: Wiley.

Skovholt, T. M. (2012b). The counselor's resilient self. *Turkish Psychological Counseling and Guidance Journal, 4*(38), 137–146.

Smart, E., & Stewart, C. (2013). *My story*. New York: St. Martin's Press.

Smart, J. (2009). Counseling individuals with disabilities. In I. Marini & M. A. Stebnicki (Eds.), *The professional counselor's desk reference* (pp. 637–644). New York: Springer.

Smith, A. J., Thorngren, J., & Christopher, J. C. (2009). Rural mental health counseling. In I. Marini & M. A. Stebnicki (Eds.), *The professional counselor's desk reference* (pp. 263–273). New York: Springer.

Smith, B. D. (2007). Sifting through trauma: Compassion fatigue and HIV/AIDS. *Clinical Social Work Journal, 35*, 193–198. doi: 10.1007/s10615-007-0096-2

Sommers-Flanagan, J., & Sommers-Flanagan, R. (2014). *Clinical interviewing* (5th ed.). Hoboken, NJ: Wiley.

Speight, S. L. (2012). An exploration of boundaries and solidarity in counseling relationships. *The Counseling Psychologist, 40*(1), 133–157.

*Sperry, L., & Carlson, J. (2014). *How master therapists work: Effecting change from the first through the last session and beyond*. New York: Routledge (Taylor & Francis).

Spotts-De-Lazzer, A. (2012). Facebook for therapists: Friend or unfriend? *The Therapist, 24*(5), 19–23.

*Stebnicki, M. A. (2008). *Empathy fatigue: Healing the mind, body, and spirit of professional counselors*. New York: Springer.

Stebnicki, M. A. (2009a). A call for integral approaches in the professional identity of rehabilitation counseling: Three specialty areas, one profession. *Rehabilitation Counselor Bulletin, 99*(4), 64–68.

Stebnicki, M. A. (2009b). Empathy fatigue in the counseling profession. In I. Marini & M. A. Stebnicki (Eds.), *The professional counselor's desk reference* (pp. 801–812). New York: Springer.

Stebnicki, M. A. (2009c). Empathy fatigue: Assessing risk factors and cultivating self-care. In I. Marini & M. A. Stebnicki (Eds.), *The professional counselor's desk reference* (pp. 813–830). New York: Springer.

Steen, S., Shi, Q., & Hockersmith, W. (2014). Group counseling for African Americans: Research and practice considerations. In J. DeLucia-Waack, C. R. Kalodner, & M. T. Riva (Eds.), *Handbook of group counseling and psychotherapy* (2nd ed., pp. 220–230). Thousand Oaks, CA: Sage.

Stockton, R., Morran, K., & Chang, S. (2014). An overview of current research and best practices for training beginning group leaders. In J. DeLucia-Waack, C. R. Kalodner, & M. T. Riva (Eds.), *Handbook of group counseling and psychotherapy* (2nd ed., pp.133–145). Thousand Oaks, CA: Sage.

Sue, D. W. (2005). Racism and the conspiracy of silence: Presidential address. *The Counseling Psychologist, 33*(1), 100–114.

Sue, D. W., Arredondo, P., & McDavis, R. J. (1992). Multicultural counseling competencies and standards: A call to the profession. *Journal of Counseling and Development, 70*(4), 477–486.

Sue, D. W., Bernier, Y., Durran, A., Feinberg, L., Pedersen, P. B., Smith, E. J., & Vasquez- Nuttal, E. (1982). Position paper: Cross-cultural counseling competencies. *The Counseling Psychologist, 10*(2), 45–52.

Sue, D. W., & Capodilupo. C. M. (2015). Multicultural and community perspectives on multiple relationships. In B. Herlihy & G. Corey, *Boundary issues in counseling: Multiple roles and responsibilities* (3rd ed., pp. 92–95). Alexandria, VA: American Counseling Association.

Sue, D. W., Capodilupo, C. M., Torino, G. C., Bucceri, J. M., Holder, A. M. B., Nadal, K. L., & Esquilin, M. (2007). Racial microaggressions in everyday life: Implications for clinical practice. *American Psychologist, 62*(4), 271–286.

Sue, D. W., Carter, R. T., and colleagues. (1998). *Multicultural counseling competencies: Individual and organizational development*. Thousand Oaks, CA: Sage.

*Sue, D. W., & Sue, D. (2013). *Counseling the culturally diverse: Theory and practice* (6th ed.). New York: Wiley.

*Sweitzer, H. F., & King, M. A. (2014). *The successful internship: Personal, professional, and civic development in experiential learning* (4th ed.). Belmont, CA: Brooks/Cole, Cengage Learning.

Szymanski, E. M., & Parker, R. M. (2003). *Work and disability: Issues and strategies in career development and job placement* (2nd ed.). Austin, TX: PRO-ED.

Tedeschi, R. G., & Calhoun, L. G. (1995). *Trauma and transformation: Growing in the aftermath of suffering*. Thousand Oaks, CA: Sage.

*Teyber, E., & McClure, E. H. (2011). *Interpersonal process in psychotherapy: An integrative model* (6th ed.). Belmont, CA: Brooks/Cole, Cengage Learning.

Thomas, J. L. (2002). Bartering. In A. A. Lazarus & O. Zur (Eds.), *Dual relationships and psychotherapy* (pp. 394–408). New York: Springer.

Thorne, B. (2002). *The mystical power of person-centred therapy: Hope beyond despair*. Hoboken, NJ: Wiley.

Torres-Rivera, E., Torres Fernandez, I., & Hendricks, W. A. (2014). Psychoeducational and counseling groups with Latinos/as. In J. DeLucia-Waack, C. R. Kalodner, & M. T. Riva (Eds.), *Handbook of group counseling and psychotherapy* (2nd ed., pp. 242–252). Thousand Oaks, CA: Sage.

Touchette, N. (2003, July 25). Gene variant protects against depression. *Genome News Network*. Retrieved from www.genomenewsnetwork.org

Tran-Lien, A. (2012). E-mailing your client: Legal and ethical implications. *The Therapist, 24*(3), 20–22.

Vash, C. L., & Crewe, N. M. (2004). *Psychology of disability* (2nd ed.). New York: Springer.

Vilardaga, R., Luoma, J. B., Hayes, S. C., Pistorello, J., Levin, M. E., Hildebrandt, M. J., et al [?] (2011).

Burnout among the addiction counseling workforce: The differential roles of mindfulness and values-based processes and work-site factors. *Journal of Substance Abuse Treatment, 40*, 323–335.

Waller, B. (2013). Real-life social action in the community. In J. A. Kottler, M. Englar-Carlson, & J. Carlson (Eds.), *Helping beyond the 50-minute hour: Therapists involved in meaningful social action* (pp. 86–95). New York: Routledge (Taylor & Francis).

Ward v. Wilbanks, No. 09-CV-11237, Doc. 139 (E. D. Mich., Jul. 26, 2010).

Warren, C. S., Schafer, K. J., Crowley, M. E. J., & Olivardia, R. (2013, June 24). Demographic and work-related correlates of job burnout in professional eating disorder treatment providers. *Psychotherapy: Theory, Research, Practice, Training.* Advance online publication. doi: 10.1037/a0028783

Waters, R. (2004). Making a difference: Five therapists who've taken on the wider world. *Psychotherapy Networker, 28*(6), 356–359.

Wedding, D., & Corsini, R. J. (Eds.). (2014). *Current psychotherapies* (9th ed.). Belmont, CA: Brooks/Cole, Cengage Learning.

Weihenmayer, E. (2001). *Touch the top of the world*. New York: Dutton.

*Welfel, E. R. (2013). *Ethics in counseling and psychotherapy: Standards, research, and emerging issues* (5th ed.). Belmont, CA: Brooks/Cole, Cengage Learning.

Welfel, E. R., & Patterson, L. E. (2005). *The counseling process: A multitheoretical integrative approach* (6th ed.). Belmont, CA: Brooks/Cole, Cengage Learning.

*Werth, J. L., Jr. (Ed.). (2013a). *Counseling clients near the end of life: A practical guide for mental health professionals*. New York: Springer.

Werth, J. L., Jr. (2013b). Counseling clients who are near the end of life. In J. L. Werth Jr. (Ed.), *Counseling clients near the end of life: A practical guide for mental health professionals* (pp. 101–120). New York: Springer.

Werth, J. L., Jr., & Holdwick, D. J. (2000). A primer on rational suicide and other forms of hastened death. *The Counseling Psychologist, 28*(4), 511–539.

Werth, J. L., Jr., & Stroup, J. (2015). Working with clients who may harm themselves. In B. Herlihy & G. Corey, *ACA ethical standards casebook* (7th ed., pp. 231–244). Alexandria, VA: American Counseling Association.

*Werth, J. L., Jr., Welfel, E. R., & Benjamin, G. A. H. (Eds.). (2009). *The duty to protect: Ethical, legal, and professional considerations for mental health professionals*. Washington, DC: American Psychological Association.

Werth, J. L., Jr., & Whiting, E. L. (2015). Boundary issues and multiple relationships when working with clients with end-of-life concerns. In B. Herlihy & G. Corey, *Boundary issues in counseling: Multiple roles and responsibilities* (3rd ed., pp. 259–265). Alexandria, VA: American Counseling Association.

*Wheeler, A. M., & Bertram, B. (2012). *The counselor and the law: A guide to legal and ethical practice*. Alexandria, VA: American Counseling Association.

Wikipedia. (2013). *Definition of disaster*. Retrieved from www.wikipedia.org

*Wilcoxon, S. A., Remley, T. P., & Gladding, S. T. (2012). *Ethical, legal, and professional issues in the practice of marriage and family therapy* (5th ed.) Upper Saddle River, NJ: Merrill/Prentice-Hall (Pearson).

Wise, E. H., Hersh, M. A., & Gibson, C. M. (2012). Ethics, self-care and well-being for psychologists: Re-envisioning the stress-distress continuum. *Professional Psychology: Research and Practice, 43*(5), 487–494.

*Woodside, M., & McClam, T. (2015). *An introduction to human services* (8th ed.). San Francisco, CA: Cengage Learning.

Woody, R. H. (1998). Bartering for psychological services. *Professional Psychology: Research and Practice, 29*(2), 174–178.

World Health Organization. (2012). *Single-session psychological debriefing: Not recommended*. Retrieved from www.who.int/mental health

Wrenn, C. G. (1962). The culturally encapsulated counselor. *Harvard Educational Review, 32*, 444–449.

Wrenn, C. G. (1985). Afterword: The culturally encapsulated counselor revisited. In P. Pedersen (Ed.), *Handbook of cross-cultural counseling and therapy* (pp. 323–329). Westport, CT: Greenwood Press.

*Wubbolding, R. (2011). *Reality therapy: Theories of psychotherapy series*. Washington, DC: American Psychological Association.

*Wubbolding, R. E. (2000). *Reality therapy for the 21st century*. Philadelphia, PA: Brunner-Routledge (Taylor & Francis).

*Yalom, I. D. (1997). *Lying on the couch: A novel.* New York: Perennial.

*Yalom, I. D. (2003). *The gift of therapy.* New York: Perennial.

*Yalom, I. D. (with Leszcz, M.). (2005). *The theory and practice of group psychotherapy* (5th ed.). New York: Basic Books.

Young, J. S., & Cashwell, C. S. (2011a). Integrating spirituality and religion into counseling: An introduction. In C. S. Cashwell & J. S. Young (Eds.), *Integrating spirituality and religion into counseling: A guide to competent practice* (2nd ed., pp. 1–24). Alexandria, VA: American Counseling Association.

Young, J. S., & Cashwell, C. S. (2011b). Where do we go from here? In C. S. Cashwell & J. S. Young (Eds.), *Integrating spirituality and religion into counseling: A guide to competent practice* (2nd ed., pp. 279–289). Alexandria, VA: American Counseling Association.

*Young, M. E. (2013). *Learning the art of helping: Building blocks and techniques* (5th ed.). Boston: Pearson.

Younggren, J. N., & Gottlieb, M. C. (2008). Termination and abandonment: History, risk, and risk management. *Professional Psychology: Research and Practice, 39*(5), 498–504.

Zalaquett, C. P., Fuerth, K. M., Stein, C., Ivey, A. E., & Ivey, M. B. (2008). Reframing the DSM-IV-TR from a multicultural/social justice perspective. *Journal of Counseling and Development, 86*(3), 364–371.

*Zur, O. (2007). *Boundaries in psychotherapy: Ethical and clinical explorations.* Washington, DC: American Psychological Association.

*Zur, O. (2008). *Beyond the office walls: Home visits, celebrations, adventure therapy, incidental encounters and other encounters outside the office walls.* Retrieved from http://www.zurinstitute.com/outofofficeexperiences.html

Zur, O. (2010). *The risky business of risk management.* Retrieved from http://www.zurinstitute.com/riskmanagement.html

Zur, O. (2011a). *Bartering in psychotherapy and counseling: Complexities, case studies and guidelines.* Retrieved from http://www.zurinstitute.com/bartertherapy.html

Zur, O. (2011b). *Gifts in psychotherapy.* Retrieved from http://www.zurinstitute.com/giftsintherapy.html

Zur, O. (2011c). *Therapist burnout: Facts, causes and prevention.* Retrieved from http://www.zurinstitute.com/therapeutic_ethics.pdf.

Zur, O. (2012). *Dual relationships, multiple relationships, boundaries, boundary crossings and boundary violations in psychotherapy, counseling and mental health.* Retrieved from http://www.zurinstitute.com/dualrelationships.html

Zur, O. (2014). Not all multiple relationships are created equal: Mapping the maze of 26 types of multiple relationships. *Independent Practitioner, 34*(1), 15–22.

Zur, O., & Lazarus, A. A. (2002). Six arguments against dual relationships and their rebuttals. In A. A. Lazarus & O. Zur (Eds.), *Dual relationships and psychotherapy* (pp. 3–24). New York: Springer.

*Zur, O., & Nordmarken, N. (2009). *To touch or not to touch: Exploring the myth of prohibition on touch in psychotherapy and counseling.* Retrieved from http://www.zurinstitute.com/touchintherapy.html

Zur, O., & Zur, A. (2011). The Facebook dilemma: To accept or not to accept? Responding to clients' "friend requests" on psychotherapists' social networking sites. *Independent Practitioner, 31*(1), 12–17.

찾아보기